《中蒙俄国际经济走廊多学科联合考察》

丛书出版得到以下项目资助：

科技部科技基础资源调查专项"中蒙俄国际经济走廊多学科联合考察"（2017FY101300）

中国科学院 A 类战略性先导科技专项"泛第三极环境变化与绿色丝绸之路建设"项目"重点地区和重要工程的环境问题与灾害风险防控"课题"中蒙俄经济走廊交通及管线建设的生态环境问题与对策"（XDA20030200）

国家出版基金项目
NATIONAL PUBLICATION FOUNDATION

"十四五"时期国家重点出版物出版专项规划项目

中蒙俄国际经济走廊多学科联合考察

丛书主编　董锁成　孙九林

中蒙俄国际经济走廊社会经济
与投资环境研究

董锁成　李富佳　张丽君　金　良　等 著
齐晓明　万永坤　程　昊

科学出版社
龙门书局
北京

内 容 简 介

本书以中蒙俄三国科学家首次联合开展的中蒙俄国际经济走廊多学科联合科学考察和研究为基础，系统分析中蒙俄经济走廊的社会经济发展时空格局、现状、问题及优化对策；量化评估中蒙俄经济走廊的投资环境，确定优先投资区、潜在投资区、一般投资区、投资风险区，提出重点投资行业和投资对策；开展中蒙俄经济走廊生态经济区划，将中蒙俄经济走廊划分为优化发展区、重点发展区和保育发展区，提出中蒙俄经济走廊生态经济绿色发展模式和对策。本书将为切实推动中蒙俄三国加强经贸和人文领域的国际合作，促进中蒙俄经济走廊社会经济与生态环境绿色、协调和可持续发展，以及保护中蒙俄经济走廊生态环境安全提供科技支撑和决策参考。

本书可供科研机构、政府部门、企事业单位、大专院校及相关人员参考。

审图号：GS 京（2025）0263 号

图书在版编目（CIP）数据

中蒙俄国际经济走廊社会经济与投资环境研究／董锁成等著 . —北京：龙门书局，2025.3. —（中蒙俄国际经济走廊多学科联合考察／董锁成，孙九林主编）.

ISBN 978-7-5088-6494-5

Ⅰ. F125.531.1；F125.551.2

中国国家版本馆 CIP 数据核字第 2024FM0147 号

责任编辑：周　杰／责任校对：樊雅琼
责任印制：徐晓晨／封面设计：无极书装

科　学　出　版　社 出版
北京东黄城根北街 16 号
邮政编码：100717
http://www.sciencep.com
北京中科印刷有限公司印刷
科学出版社发行　各地新华书店经销

*

2025 年 3 月第　一　版　　开本：787×1092　1/16
2025 年 3 月第一次印刷　　印张：25 1/2
字数：610 000
定价：300.00 元
（如有印装质量问题，我社负责调换）

《中蒙俄国际经济走廊多学科联合考察》
学术顾问委员会

主　任　孙鸿烈

副主任　欧阳自远　刘　恕

委　员　叶大年　石玉林　李文华　刘嘉麒　郑　度

　　　　刘兴土　方　新　王艳芬　田裕钊　陈　才

　　　　廖小罕　毛汉英　叶舜赞

项目专家组

组　长　陈宜瑜

副组长　孙九林

专　家　尹伟伦　秦玉才　葛全胜　王野乔　董锁成

《中蒙俄国际经济走廊多学科联合考察》
丛书编写委员会

总　序　一

科技部科技基础资源调查专项"中蒙俄国际经济走廊多学科联合考察"项目，经过中蒙俄三国二十多家科研机构百余位科学家历时 5 年的艰辛努力，圆满完成了既定考察任务，形成了一系列科学考察报告和研究论著。

中蒙俄国际经济走廊是"一带一路"首个落地建设的经济走廊，是俄乌冲突爆发后全球地缘政治研究的热点区域，更是我国长期研究不足、资料短缺，亟待开展多学科国际科学考察研究的战略重点区域。因此，该项考察工作及成果集结而成的丛书出版将为我国在该地区的科学数据积累做出重要贡献，为全球变化、绿色"一带一路"等重大科学问题研究提供基础科技支持，对推进中蒙俄国际经济走廊可持续发展具有重要意义。

该项目考察内容包括地理环境、战略性资源、经济社会、城镇化与基础设施等，是一项科学价值大、综合性强、应用前景好的跨国综合科学考察工作。5 年来，项目组先后组织了 15 次大型跨境科学考察，考察面积覆盖俄罗斯、蒙古国 43 个省级行政区及我国东北地区和内蒙古的 920 万 km²，制定了 12 项国际考察标准规范，构建了中蒙俄国际经济走廊自然地理环境本底、主要战略性资源、城市化与基础设施、社会经济与投资环境等领域近 300 个综合数据集和地图集，建立了多学科国际联合考察信息共享网络平台；获 25 项专利；主要成果是形成了《中蒙俄国际经济走廊多学科联合考察》丛书共计 13 本专著，25 份咨询报告被国家有关部门采用。

该项目在国内首次整编完成了统一地理坐标参考和省、地市行政区的 1∶100 万中蒙俄国际经济走廊基础地理底图，建立了中蒙俄国际经济走廊"点、线、带、面"立体式、全要素、多尺度、动态化综合数据集群；全面调查了地理环境本底格局，构建了考察区统一的土地利用／土地覆被分类系统，在国内率先完成了不同比例尺中蒙俄国际经济走廊全区域高精度土地利用／土地覆被一体化地图；深入调查了油气、有色金属、耕地、森林、淡水等战略性资源的储量、分布格局、开发现状及潜力，提出了优先合作重点领域和区域、风险及对策；多尺度调查分析了中蒙俄国际经济走廊考察全区、重点区域和城市、跨境口岸城市化及基础设施空间格局和现状，提出了中蒙俄基础设施合作方向；调查了中蒙俄国际经济走廊经济社会现状，完成了投资环境综合评估，首次开展了中蒙俄国际经济走廊生态经济区划，揭示了中蒙俄国际经济走廊经济社会等要素"五带六区"空间格局及优先战略地位，提出了绿色经济走廊建设模式；与俄蒙共建了中蒙俄

"两站两中心"野外生态实验站和国际合作平台，开创了"站点共建，数据共享，实验示范，密切合作"的跨国科学考察研究模式，开拓了中蒙俄国际科技合作领域，产生了重大的国际影响。

该丛书是一套资料翔实、内容丰富、图文并茂的科学考察成果，入选了"十四五"时期国家重点出版物出版专项规划项目和国家出版基金项目，出版质量高，社会影响大。在国际局势日趋复杂，我国全面建设现代化强国的历史时期，该丛书的出版具有特殊的时代意义。

中国科学院院士

2022 年 10 月

总 序 二

"中蒙俄国际经济走廊多学科联合考察"是"十三五"时期科技部启动的跨国科学考察项目，考察区包括中国东北地区、蒙古高原、俄罗斯西伯利亚和远东地区，并延伸到俄罗斯欧洲部分，地域延绵 6000 余千米。该区域生态环境复杂多样，自然资源丰富多彩，自然与人文过程交互作用，对我国资源、环境与经济社会发展具有深刻的影响。

项目启动以来，中国、俄罗斯和蒙古国三国科学家系统组织完成了 10 多次大型跨国联合科学考察，考察范围覆盖中俄蒙三国近 50 个省级行政单元，陆上行程近 2 万 km，圆满完成了考察任务。通过实地考察、资料整编、空间信息分析和室内综合分析，制作百余个中蒙俄国际经济走廊综合数据集和地图集，编写考察报告 7 部，发表论著 100 多篇（部），授权 20 多项专利，提出了生态环境保护及风险防控、资源国际合作、城市与基础设施建设、国际投资重点和绿色经济走廊等系列对策，多份重要咨询报告得到国家相关部门采用，取得了丰硕的研究成果，极大地提升了我国在东北亚区域资源环境与可持续发展研究领域的国际地位。该考察研究对于支持我国在全球变化领域创新研究，服务我国与周边国家生态安全和资源环境安全战略决策，促进"一带一路"及中蒙俄国际经济走廊绿色发展，推进我国建立质量更高、更具韧性的开放经济体系具有重要的指导意义。

《中蒙俄国际经济走廊多学科联合考察》丛书正是该项目成果的综合集成。参与丛书撰写的作者多为中蒙俄国家科研机构和大学的著名院士、专家及青年骨干，书稿内容科学性、创新性、前瞻性、知识性和可参考性强。该丛书已入选"十四五"时期国家重点出版物出版专项规划项目和国家出版基金项目。

该丛书从中蒙俄国际经济走廊不同时空尺度，系统开展了地理环境时空格局演变、战略性资源格局与潜力、城市化与基础设施、社会经济与投资环境，以及资源环境信息系统等科学研究；共建了两个国际野外生态实验站和两个国际合作平台，应用"3S"技术、站点监测、实地调研，以及国际协同创新信息网络平台等技术方法，创新了点—线—面—带国际科学考察技术路线，开创了国际科学考察研究新模式，有力地促进了地理、资源、生态、环境、社会经济及信息等多学科交叉和国内外联合科学考察研究。

在"一带一路"倡议实施和全球地缘环境变化加剧的今天，该丛书的出版非常及时。面对百年未有之大变局，我相信，《中蒙俄国际经济走廊多学科联合考察》丛书的出版，将为读者深入认识俄罗斯和蒙古国、中蒙俄国际经济走廊以及"一带一路"提供更加特别的科学视野。

中国科学院院士

2022 年 10 月

总　序　三

　　中蒙俄国际经济走廊覆盖的广阔区域是全球气候变化响应最为剧烈、生态环境最为脆弱敏感的地区之一。同时，作为亚欧大陆的重要国际大通道和自然资源高度富集的区域，该走廊也是全球地缘关系最为复杂、经济活动最为活跃、对全球经济发展和地缘安全影响最大的区域之一。开展中蒙俄国际经济走廊综合科学考察，极具科研价值和战略意义。

　　2017 年，科技部启动科技基础资源调查专项"中蒙俄国际经济走廊多学科联合考察"项目。中蒙俄三国 20 多家科研院校 100 多位科学家历时 5 年的艰苦努力，圆满完成了科学考察任务。项目制定了 12 项项目考察标准和技术规范，建立了 131 个多学科科学数据集，编绘 133 个图集，建立了多学科国际联合考察信息共享网络平台并实现了科学家共享，培养了一批国际科学考察人才。项目主要成果形成的《中蒙俄国际经济走廊多学科联合考察》丛书陆续入选"十四五"时期国家重点出版物出版专项规划项目和国家出版基金项目，主要包括《中蒙俄国际经济走廊多学科联合考察综合报告》《中蒙俄国际经济走廊地理环境时空格局及变化研究》《中蒙俄国际经济走廊战略性资源格局与潜力研究》《中蒙俄国际经济走廊社会经济与投资环境研究》《中蒙俄国际经济走廊城市化与基础设施研究》《中蒙俄国际经济走廊多学科联合考察数据编目》等考察报告，《俄罗斯地理》《蒙古国地理》等国别地理，以及《俄罗斯北极地区：地理环境、自然资源与开发战略》等应用类专论等 13 部。

　　这套丛书首次从中蒙俄国际经济走廊全区域、"五带六区"、中心城市、国际口岸城市等不同尺度系统地介绍了地理环境时空格局及变化、战略性资源格局与潜力、城市化与基础设施、社会经济与投资环境以及资源环境信息系统等科学考察成果，可为全球变化区域响应及中蒙俄跨境生态环境安全国际合作研究提供基础科学数据支撑，为"一带一路"和中蒙俄国际经济走廊绿色发展提供科学依据，为我国东北振兴与俄罗斯远东开发战略合作提供科学支撑，为"一带一路"和六大国际经济走廊联合科学考察研究探索模式、制定技术标准规范、建立国际协同创新信息网络平台等提供借鉴，对我国资源安全、经济安全、生态安全等重大战略决策和应对全球变化具有重大意义。

　　这套丛书具有以下鲜明特色：一是中蒙俄国际经济走廊是国家"一带一路"建设的重要着力点，社会关注度极高，但国际经济走廊目前以及未来建设过程中面临着生态环境风险、资源承载力以及可持续发展等诸多重大科学问题，亟须基础科技数据资源支撑研究。中蒙俄科学家首次联合系统开展中蒙俄国际经济走廊科学考察研究成果的发布，具有重要的战略意义和极高的科学价值。二是这套丛书深入介绍的中蒙俄国际经济走廊地理环境、战略性资源、城市化与基础设施、社会经济和投资环境等领域科学考察成果，将为进一步加强我国与俄蒙开展战略资源经贸与产能合作，促进东北振兴和资源型城市转型，以及推动兴边富民提供科学数据基础。三是将促进地理科学、资源科学、生态学、社会经济科学和信息科学等多学科的交叉研究，推动我国多学科国际科学考察理论与方法的创新。四是丛书主体内容中的 25 份咨询报告得到了中央和国家有关部门采用，为中蒙俄国际经济走廊建设提供了重要科技支撑。希望项目组再接再厉，为中国的综合科学考察事业做出更大的贡献！

中国工程院院士

2022 年 10 月

前　言

　　中蒙俄经济走廊是"一带一路"第一个规划实施的经济走廊。它在全球和东北亚地缘政治、经济格局中的地位和影响不断增强。我国与俄罗斯、蒙古国等东北亚国家有着重要的地缘政治、地缘经济和地缘生态战略关系，三国社会经济联系日趋紧密，投资、经贸合作日趋密切。在共同应对全球气候变化等更多领域建立了更为广泛的合作关系，全面战略伙伴关系不断牢固和加深。因此，我国科学家与俄罗斯、蒙古国科学家共同开展中蒙俄经济走廊社会经济与投资环境等综合考察研究，深入揭示中蒙俄经济走廊社会经济时空格局和演变规律，评价省域尺度投资环境优势及特征，对科技支撑中蒙俄三国经贸合作、建立互惠互利的可持续发展模式和途径，以及推进与巩固中蒙俄经济走廊和"一带一路"倡议合作具有重大意义。科技部于 2017 年启动了科技基础资源调查专项"中蒙俄国际经济走廊多学科联合考察"（2017FY101300），该项目第四课题"中蒙俄国际经济走廊社会经济与投资环境考察及战略咨询"（2017FY101304）以中国科学家为主，通过联合俄罗斯和蒙古国科学家共同针对中蒙俄经济走廊的社会经济发展、投资环境评价、经贸合作战略对策等问题开展深入实地的科学考察和调查，为推进三国经贸合作及中蒙俄经济走廊建设提供数据和决策支撑。

　　中蒙俄国际经济走廊社会经济与投资环境考察及战略咨询课题组与俄罗斯科学院、蒙古国科学院社会经济和资源环境领域研究机构合作，于 2017～2022 年连续在项目考察区域开展了一系列综合科学考察。在科学考察的基础上，通过资料搜集、整理以及相关数据的综合分析，对该地区社会经济及投资环境时空格局进行了系统归纳和总结后形成本书。本书共分为 9 章，第 1 章系统分析中蒙俄经济走廊经济总量、产业结构等经济系统要素及人口、民族、宗教、文化等社会系统要素时空格局和发展现状，由董锁成、李富佳、杨洋、李懿珈、厉静文、刘倩、夏冰等完成；第 2 章重点分析中蒙俄国际经济走廊俄罗斯区域的三次产业发展及社会要素演化时空格局，主要由万永坤等完成；第 3 章详细分析蒙古国三次产业及文化教育医疗等社会事业发展现状，主要由金良、张文娟、乌云嘎、吴海珍、提云哲、唐汉等完成；第 4 章对中国东北三省及内蒙古自治区经济社会发展现状进行分析，重点针对中蒙、中俄间的主要口岸经济社会发展状况进行专题研究，主要由张丽君、时保国等完成；第 5 章通过构建六位一体投资环境评估模型，针对俄罗斯省级行政单元投资环境进行详细评价，分类提出了中俄投资合作对策，主要由李富佳、程昊、刘倩等完成；第 6 章从自然环境、经济社会、法律政策、基础设施等角度评价蒙古国投资环境，并对中蒙投资合作策略进行阐述，由齐晓明、宝音、王琳等完成；第 7 章在全面评价中国各省投资环境整体状况基础上，对中国东北地区四省区投资环境进行详细评价，并提出中国东北与俄蒙等东北亚国家投资合作的重点方向及对策，由李富佳、程昊、刘倩、许双杰、季梦晨、张梦菡、郭珂歆等完成；第 8 章首次构建生态经济区划模型，对中蒙俄经济走廊生态经济耦合系统发展空间格局进行科学区划，提出中蒙俄经济走廊生态经济绿色发展优化布局方案，由董锁成、Tamir Boldanov、厉静文、杨洋、李富佳、夏冰、郑吉、Tcogto Bazarzhapov 等完成；第 9 章重点提出中蒙俄三国共建生态文明、创立四层循环发展模式、共建生态城市等绿色发展战略及合作对策，由董锁成、程昊、李富佳、李宇、李泽红、杨洋、Alexey Bilgaev、郑吉、Tamir Boldanov 等完成。全书由董锁成、李富佳负责制订全书框架和大纲，由董锁成、李富佳、程昊、张丽君、金良、齐晓明、万永坤、夏冰等审定，由程昊、夏冰、杨洋、厉静文、刘倩、王梦媛、Alexey Bilgaev、Tcogto Bazarzhapov、Tamir Boldanov、Ayana Yangutova、张梦菡等负责制图和数据整编与更新。在此，我们向为项目研究及本书出版付出辛勤努力的中蒙俄三国所有专家和同仁表示诚挚的感谢！

由于本书内容涉及俄罗斯、蒙古国和我国北方地区社会经济及投资环境的各个方面，加之作者水平有限，书中难免存在不足之处，恳请读者批评指正。

作　者

2024 年 4 月

目　　录

中篇　中蒙俄经济走廊投资环境综合评价

下篇　中蒙俄经济走廊生态经济区划与绿色发展模式

上　篇

中蒙俄经济走廊社会经济发展

第 1 章 中蒙俄经济走廊社会经济发展现状综合分析

1.1 中蒙俄经济走廊自然背景概述

中蒙俄经济走廊是联通中蒙俄三国及欧亚的核心走廊，地理范围为 30.33°E ~ 141.5°E、37.3°N ~ 62°N，区域总面积约 920 万 km²，包括中俄东北铁路、中蒙俄铁路、俄罗斯西伯利亚大铁路沿线以及中蒙俄边境等地区，具体包括中国东北三省和内蒙古自治区，俄罗斯 32 个州、边疆区、共和国、市和蒙古国 12 个省、市，共计 48 个省级行政区（图 1-1）。

图 1-1 研究区区位

1.1.1 地貌条件

中蒙俄经济走廊海拔由东西两端向中部、由北向南逐渐升高。经济走廊西部地形相对平坦，海拔多低于 200m，乌拉尔山将经济走廊西部隔开，乌拉尔山以西形成东欧平原，乌拉尔山以东形成西西伯利亚平原。经济走廊中部海拔较高，多数地区海拔高于

1000m，主要为高原区，以萨彦岭为分界线，划分为蒙古高原和中西伯利亚高原。经济走廊东部地形多样，海拔多介于 200～1000m，极少数地区的海拔高于 1000m，东北部俄罗斯远东地区以山地为主，其次为丘陵和平原。东南部中国东北地区以东北平原为主，其次是丘陵和山地（图 1-2）。

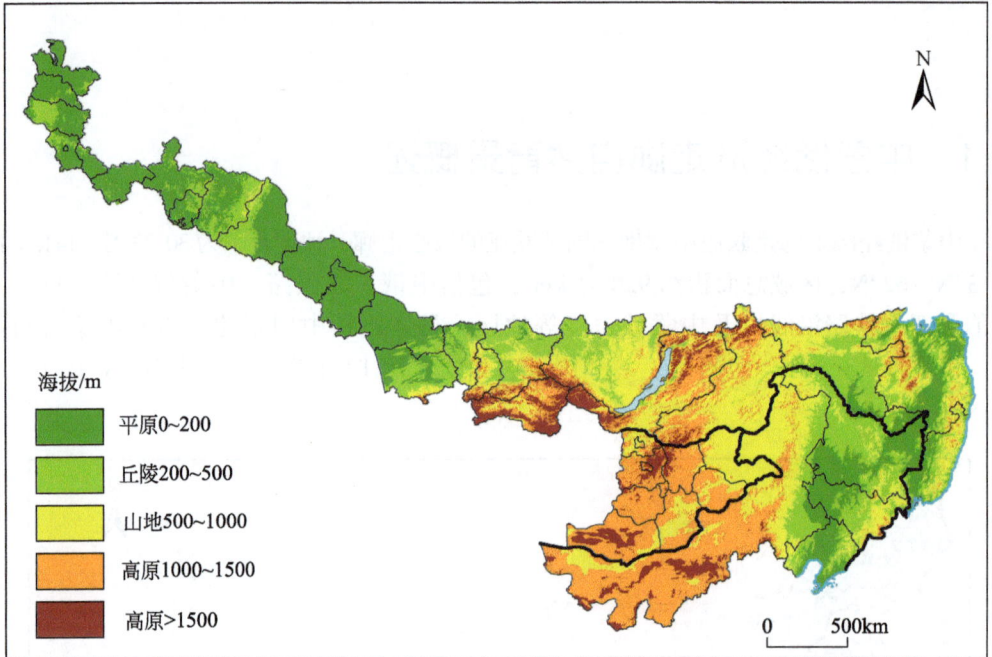

图 1-2　研究区地形

东欧平原是世界第二大平原，平均海拔约 170m，内含瓦尔代丘陵、中俄罗斯丘陵、伏尔加河沿岸丘陵等，并有低于海平面的里海沿岸低地。主要河流有伏尔加河、顿河、第聂伯河。东欧平原矿产资源丰富，有着丰富的煤、铁、石油、锰等。

西西伯利亚平原是亚洲第一大平原，该平原地势低平，中、北部海拔 15～50m，西、南、东部地区海拔为 220～300m，鄂毕河–额尔齐斯河贯穿全境。该平原范围包括秋明州、鄂木斯克州、新西伯利亚州、托木斯克州、阿尔泰边疆区及克麦罗沃州的部分地区，面积约 274 万 km^2。

中西伯利亚高原包括中西伯利亚台地、北西伯利亚平原和雅库特剥蚀平原，面积约 350 万 km^2。中西伯利亚高原地形上以高原山地占优势。其中，台地平均海拔 500～600m，西北部较高，海拔 1000～1500m，最高峰为普托拉纳山，海拔 1701m。

蒙古高原位于 87°40′E～122°15′E，53°08′N～37°46′N，东起大兴安岭，西至阿尔泰山，北界为萨彦岭、雅布洛诺夫山脉，南界为阴山山脉，范围包括蒙古国全境和中国内蒙古自治区北部。蒙古高原大部为古老台地，仅西北部多山地，东南部为广阔的戈壁，中部和东部为大片丘陵，平均海拔 1580m，自西向东逐渐降低。

东北平原介于 118°40′E～128°00′E，40°25′N～48°40′N 位于中国东北部，其西、北、东三面分别为大兴安岭、小兴安岭和长白山脉所包围。东北平原是中国最大的平原，由三江平原、松嫩平原、辽河平原组成，地跨黑龙江省、吉林省、辽宁省和内蒙古自治区四个省区，北起嫩江中游，南至辽东湾，南北长约 1000km，东西宽约 400km，面积达 35 万 km^2。

1.1.2　气候概况

中蒙俄经济走廊整体位于北温带范围内，气候多变，除中国东北部为温带季风气候外，大部分区域属温带大陆性气候，冬季严寒，夏季温热，具有明显的季节分异。经济走廊内年平均气温由东向西、由北向南逐渐升高。经济走廊西部东欧平原和西西伯利亚平原年平均气温较高，全年平均气温高于 0℃。经济走廊中部中西伯利亚高原和蒙古高原北部、经济走廊东北部远东山地年平均气温较低，位于 0℃以下，伊尔库茨克州、布里亚特共和国、阿穆尔州多数地区年均气温更是低于 –10℃。蒙古高原南部和经济走廊东南部中国东北平原年平均气温相对较高，在 0℃以上［图 1-3（a）］。中蒙俄经济走廊年降水量 50～1000mm，地区差异较大，表现为降水自西向东逐渐增多，自北向南逐渐减少，经向地带性显著。经济走廊以蒙古高原北界为分界线，该分界线以南蒙古高原为干旱半干旱区，年降水量少于 400mm，蒙古高原西南部不足 200mm；该分界线以北主要为半湿润区，年降水量为 400～800mm，少数沿海地区为湿润区，年降水量高于 800mm［图 1-3（b）］。2000～2017 年，增温效应最明显的是蒙古高原西部和西伯利亚南部地区，降水增幅较大的地区是俄罗斯欧洲地区、远东地区和中国东北部分地区。

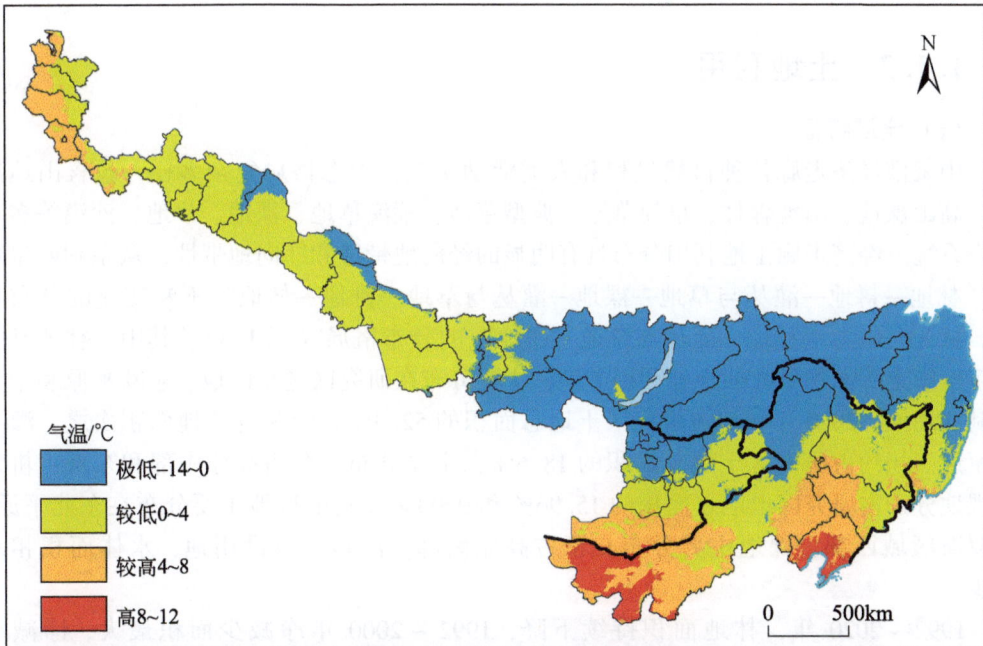

(a)研究区年均气温地域分异格局

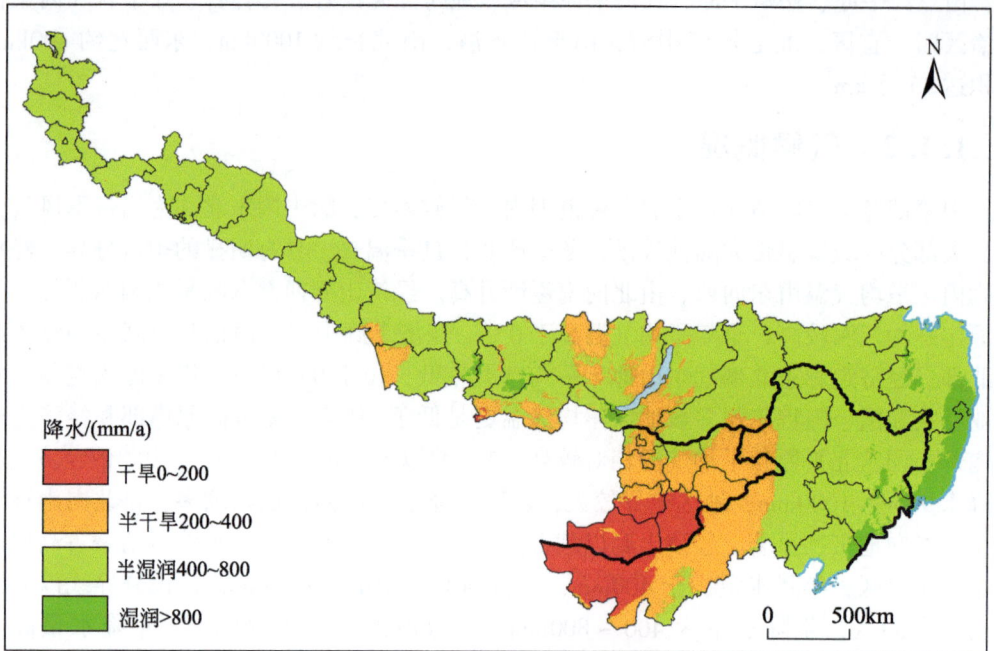

(b)研究区年降水量地域分异格局

图1-3　研究区年均气温和年降水量地域分异格局

1.1.3　土地利用

(1)　全域特征

中蒙俄经济走廊各种自然过程和人类活动交互,生态格局复杂多样,包含山地冰川、高山裸地、山地森林、草甸草原、典型草地、荒漠草地、裸地、沙地、沙漠等多种生态系统。经济走廊土地利用分布具有明显的经向地带性和纬向地带性,从东到西呈现出"林地—耕地—灌丛与草地—裸地—灌丛与草地—耕地—林地"不断变化的分布格局,从北向南为"林地—灌丛与草地—裸地"的分布格局(图1-4)。其中,林地是中蒙俄经济走廊面积最大的土地利用类型,主要分布在研究区远东山地、东欧平原和中西伯利亚高原,2020年林地占研究区土地总面积的52.3%;灌丛与草地面积次之,灌丛与草地面积约占研究区土地总面积的18.6%,主要分布在蒙古高原中部和东部;耕地和裸地分别占研究区土地总面积的15.96%和9.00%,其中耕地主要分布在东北平原、俄罗斯区域西部,裸地主要分布在蒙古高原南部。湿地、建设用地、水体面积相对较少。

1992～2020年,林地面积持续下降,1992～2000年净减少面积最大,净减少26 573.49km²;灌丛与草地面积变化呈先减少后增加趋势,1992～2010年灌丛与草地净减少10 914.39km²,2010～2020年灌丛与草地净增加面积为17 604.45km²,远大于其被占用的面积。1992～2000年裸地面积增加,2000～2020年裸地面积持续下降,净减少了14 559.3km²。耕地、建设用地面积呈持续增加趋势,其中耕地面积增幅较缓,1992～2000年耕地净增加面积分别是2000～2010年、2010～2020年的4.13倍、9.02

倍；建设用地净增加面积持续增大，1992～2000 年建设用地净增加面积分别是 2000～2010 年、2010～2020 年的 35%、40%。

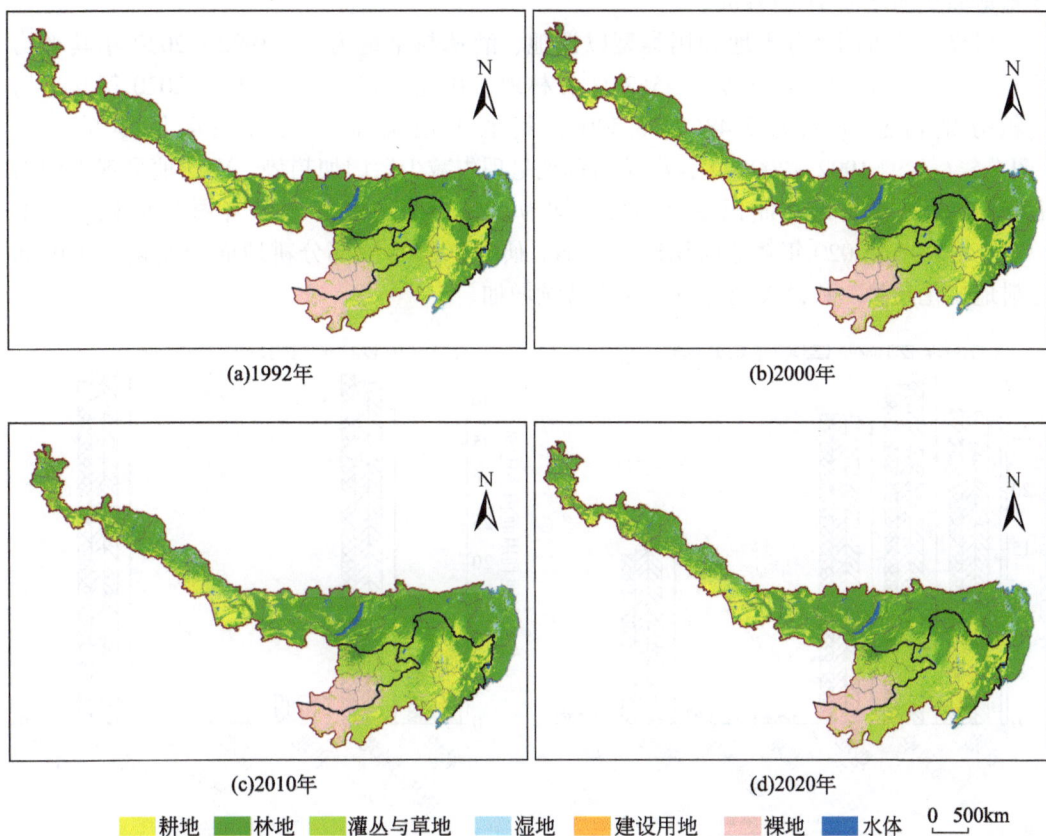

(a)1992年

(b)2000年

(c)2010年

(d)2020年

耕地　林地　灌丛与草地　湿地　建设用地　裸地　水体　0　500km

图 1-4　研究区 1992～2020 年土地利用空间分布

（2）中蒙俄三国土地利用特征

研究区中国部分土地利用类型主要为灌丛与草地、林地和耕地，2020 年三种土地类型分别占中国沿边区域总面积的 29%、27.04% 和 26.63%，其中，灌丛与草地主要分布在内蒙古东部和东北平原西部，林地和耕地主要分布在东北平原；裸地平均面积约占中国沿边区域总面积的 15.02%，主要分布在内蒙古中西部（图 1-5）。1992～2020 年，灌丛与草地、裸地面积均持续下降，净减少面积分别为 13 325km^2、16 632km^2；林地面积变化呈先减少后增加趋势，1992～2000 年林地面积净减少 6382km^2，2000～2020 年林地面积稳步增长；耕地面积呈持续增加趋势，1992～2000 年耕地净增加面积最大，为 12 357km^2。

研究区俄罗斯部分林地是主要土地利用类型，面积占俄罗斯区域总面积的 70% 以上，耕地、灌丛与草地次之，2020 年它们的面积分别占俄罗斯区域总面积的 13.31%、9%［图 1-5（b）］。受气候和地形影响，耕地主要分布在西西伯利亚平原和人口集聚的东欧平原。1992～2020 年，研究区俄罗斯部分林地面积持续下降，2020 年林地面积比 1992 年少 46 741km^2，而耕地、灌丛与草地面积不断增加，净增长面积分别为

8478km²、19 108km²。研究区俄罗斯部分裸地主要分布在贝加尔湖周边，平均面积仅占研究区俄罗斯部分总面积的0.03%，但其面积呈持续增长趋势，与1992年相比，2020年裸地面积净增加41 417km²。

研究区蒙古国部分土地利用类型以裸地、灌丛与草地为主，1992～2020年其平均面积分别占总面积的43.59%、45.21%，林地、耕地面积次之，1992～2020年其平均面积分别占总面积的7.48%、3.50%，其他土地类型在蒙古国区域零星分布[图1-5（c）]。1992～2020年，灌丛与草地呈现先减少后增加趋势，而裸地呈现先增加后减少趋势，两种地类面积变化的折点均为2000年；1992～2010年林地面积减少了1.75%，2010～2020年林地面积迅速增加。研究区蒙古国部分耕地面积变化与中国部分耕地变化趋势一致，表现为耕地面积持续增加。

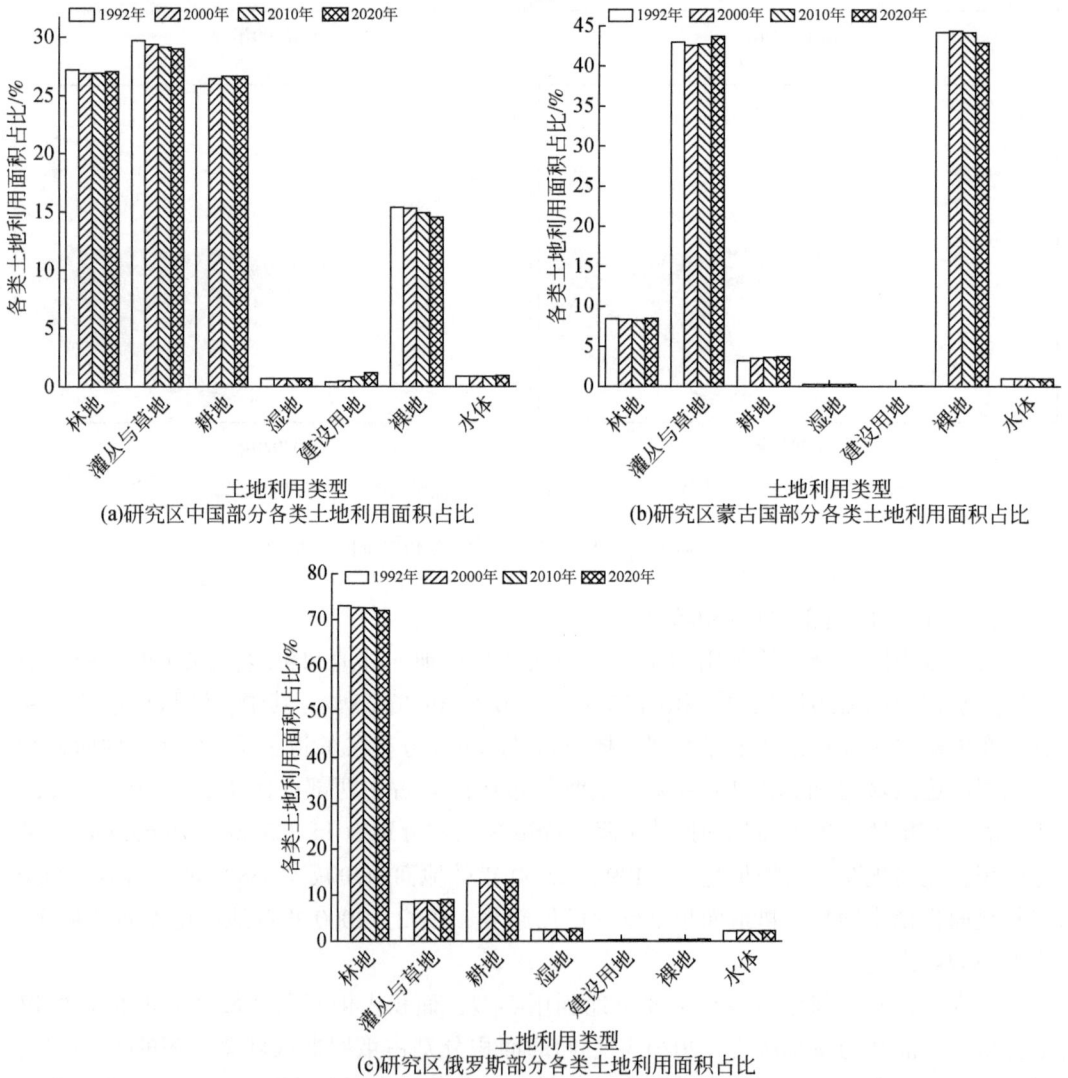

(a)研究区中国部分各类土地利用面积占比

(b)研究区蒙古国部分各类土地利用面积占比

(c)研究区俄罗斯部分各类土地利用面积占比

图1-5 中蒙俄经济走廊三国各类土地利用面积占比

（3）土地利用变化动态度

中蒙俄经济走廊土地利用综合动态度为 1.20%，其中 1992~2010 年土地利用变化活跃，1992~2000 年、2000~2010 年土地综合动态度分别为 1.48%、1.57%，2010~2020 年土地利用变化趋于平缓，综合动态度为 1.10%。从单一土地动态度来看，1992~2020 年中蒙俄经济走廊各种土地利用类型动态度差异显著，建设用地动态度一直处于最高水平，表现为迅速扩张的趋势，且 2000~2010 年研究区全域建设用地动态度最大，为 5.39%；湿地动态度次之，1992~2020 年动态度先减小后增大，2010~2020 年动态度最大，为 0.58%；耕地动态度在 3 个时间段内均>0%，说明耕地在各时期均有不同程度的扩张，其中 1992~2000 年扩张趋势最大，动态度为 0.31%（图 1-6）。

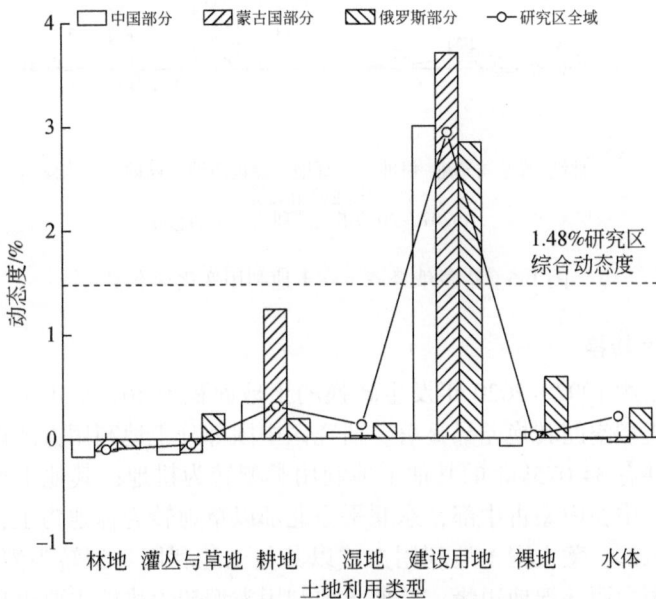

(a)1992~2000年土地利用变化动态度

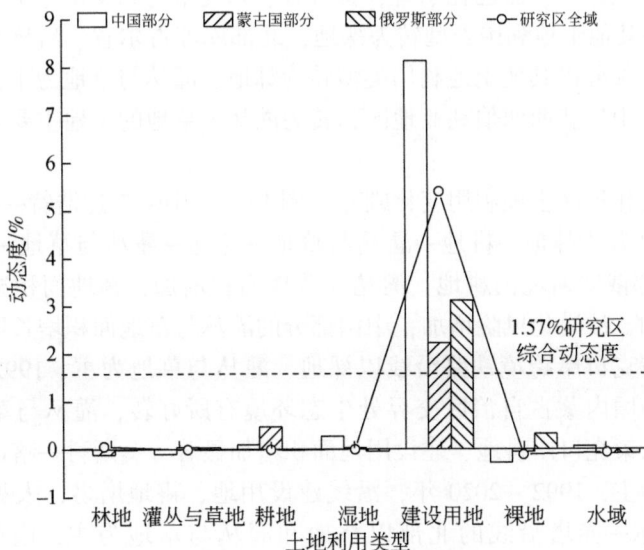

(b)2000~2010年土地利用变化动态度

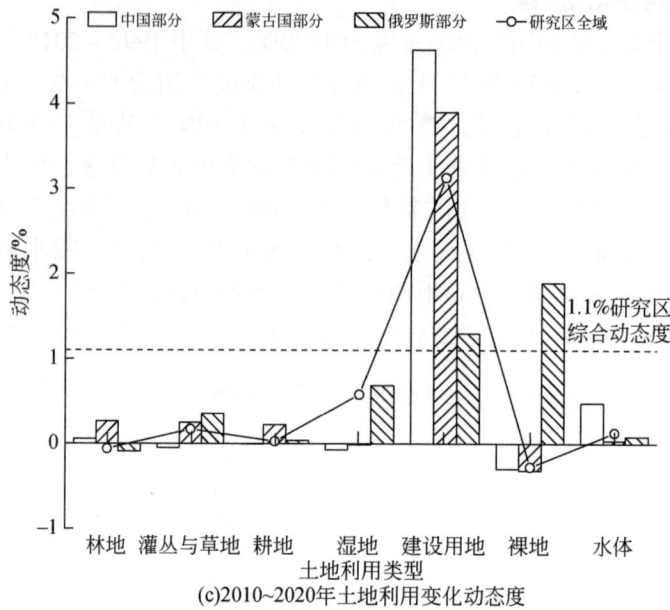

(c)2010~2020年土地利用变化动态度

图1-6　中蒙俄经济走廊土地利用变化动态度

（4）土地利用转换

中蒙俄经济走廊1992~2020年发生转换的土地面积为361 953km²，且中蒙俄三国主要的土地利用类型空间转换差异显著。研究区中国部分土地利用方式以东北三省耕地开垦扩张为主，共有34 075km²的其他土地利用类型转为耕地；其他土地利用类型转为灌丛与草地主要集中在内蒙古中部，东北平原北部以草地转为林地为主，转为建设用地集中在东北平原东部。蒙古国土地利用方式以其他土地利用类型转为灌丛与草地为主，主要分布在蒙古国中西部裸地边缘，其他土地利用类型转为耕地主要出现在中北部的色楞格省、中央省等地区，苏赫巴托尔省、肯特省、东戈壁省和戈壁苏木贝尔省四省交界地带有5701km²的其他土地利用类型转为裸地，北部库苏古尔省、后杭爱省林地扩张也较为明显。俄罗斯部分以其他土地利用类型转为林地、灌丛与草地为主，转为林地的土地主要分布在远东山地和西西伯利亚地区，转为灌丛与草地的土地主要分布在中西伯利亚地区（图1-7）。

中蒙俄跨境合作地区土地利用变化剧烈（图1-7），中蒙二连浩特—扎门乌德经济合作区从北到南依次为"林地—耕地—灌丛与草地—裸地—灌丛与草地—耕地"。1992~2020年，该区北部俄罗斯境内耕地、灌丛与草地面积增加，林地面积减小；蒙古国部分裸地、耕地增加，沙漠化风险增加；中国部分的灌丛与草地面积增长明显，同时裸地面积有所降低。策克口岸跨境铁路沿线以裸地、灌丛与草地为主，1992~2020年，蒙古国东戈壁省与中国内蒙古自治区交界处生态环境有所好转，灌丛与草地面积大幅增加，内蒙古自治区策克口岸耕地、建设用地面积增加显著。莫斯科—喀山高铁沿线以耕地、灌丛与草地为主，1992~2020年，沿线建设用地、耕地增多，人类活动加剧。齐齐哈尔—呼伦贝尔—赤塔沿线的北部以林地和灌丛与草地为主，南部以耕地为主，1992~2020年赤塔附近有部分土地利用类型转为裸地，存在沙漠化风险，内蒙古自治

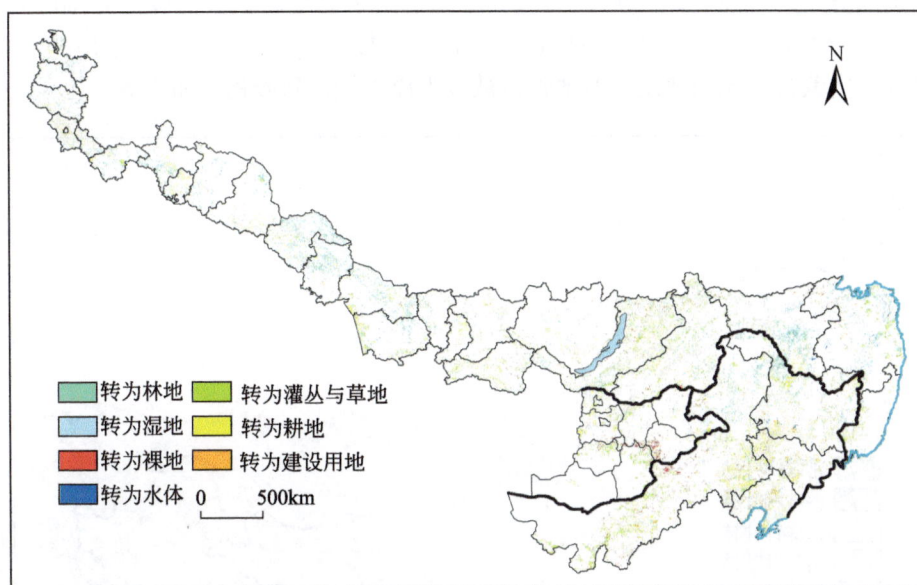

图 1-7　1992～2020 年研究区各类土地利用类型转换空间分布

区境内林地面积增加，齐齐哈尔附近耕地和建设用地增加显著。

1.1.4　植被类型

植被是植被群落的整体，与植物区系相比，植被的特征不仅在于物种组成，还在于物种和植物的各种生命形式的丰富性与组合，以及它们的空间结构及动力学。植被是生物圈中最重要的组成部分，与气候、水文、土壤、地貌和动物生活密切相关。中蒙俄经济走廊植被随气候水热、距离海洋的距离而发生横向变化。

在俄罗斯部分，主要植被类型为泰加林，其欧洲部分以桦树、云杉、松树为主；西伯利亚落叶松是西伯利亚大陆地区山脉植被的典型代表，此外还有云杉、白桦等；东西伯利亚地区和中西伯利亚地区的针叶林是主要树种，包括云杉、落叶松等。此外，俄罗斯欧洲部分和远东地区有少量阔叶林分布，橡树、酸橙树和鹅耳枥（在西部地区）是俄罗斯欧洲部分阔叶林群落的主要物种。西伯利亚南部山区主要分布酸橙树。阿尔泰山脉和锡霍特山脉西部的山地森林以冷杉为主，林下高草丛生，形成复层乔灌草结构。草地草原与草原草甸是俄罗斯欧洲部分和西西伯利亚北部草原带的典型代表。干旱的芒草群落延伸至南乌拉尔山的东部，并进一步延伸至乌拉尔山以南地区。

蒙古国植被受气候、地形等自然地理条件的影响，种类分布、形态、生长发育均具有独特性。蒙古国植被以泰加林、中亚植物为主，共 348 种木本植物和灌木植物、2095种草本植物。其中，乔木 17 种，矮树、大灌木 40 种，灌木 146 种，半灌木 91 种，藤本植物 6 种。泰加林主要分布在杭爱山脉、库苏古尔山地、肯特山脉等地，包括桦树松树混合林、西伯利亚松、松树林、落叶松–松树林等。蒙古国东部平原地带为典型草原带，植被以大丛生针茅、丛生禾草、独特的根茎禾草为主，此外还有锦鸡儿、冷蒿、白刺连片分布。

中国部分主要为混交林（图 1-8），其中，中国东北地区植被由以落叶阔叶林为主向以针叶林为主的混交林转变，主要包括红松、云杉、冷杉、蒙古栎、水曲柳、白桦、千金榆等，内蒙古草原和沙漠过渡地带植被多为樟子松、新疆杨、榆树等。

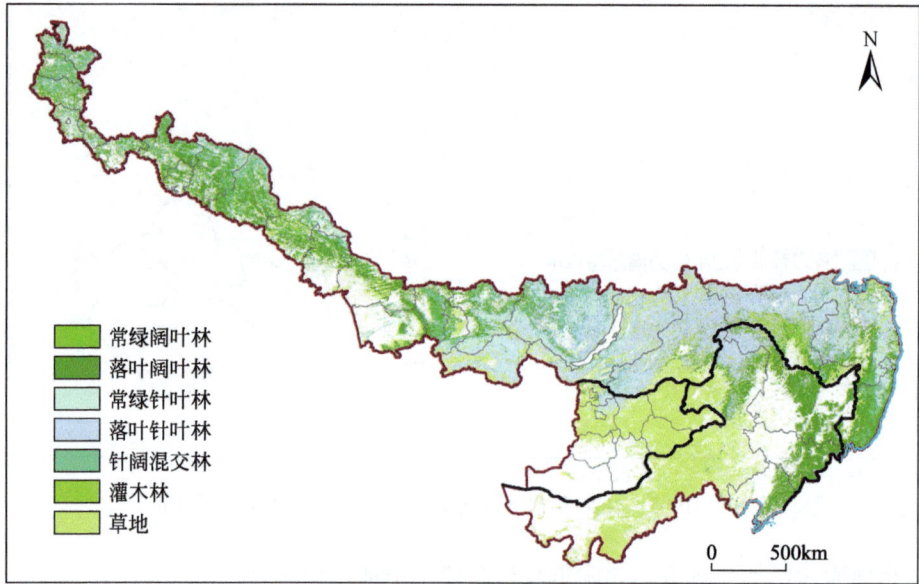

图 1-8　研究区植被分布

1.1.5　土壤

中国部分土壤主要包括黑土、褐土、草甸土、风沙土等类型。黑土主要分布在黑龙江省和吉林省，集中在小兴安岭和长白山西侧；褐土表面呈褐色至棕黄色，分布在辽宁省丘陵低山地区；草甸土主要分布在东北平原和内蒙古自治区的河谷平原或湖盆地区；风沙土的土壤矿质几乎全由细砂颗粒组成，主要分布在内蒙古自治区中西部。蒙古国土壤分为黑土、栗钙土、高山草甸冻土、山地森林草甸土、荒漠灰棕漠土、盐土等，蒙古草原地带主要是黑土、栗钙土，富含丰富腐殖质，高山草甸冻土多分布在寒冷、中湿、冻结期长的地区。俄罗斯土壤类型丰富，自东向西主要土壤类型为不饱和雏形土、铁质灰壤和饱和灰化土。

1.2　中蒙俄经济走廊经济发展总体情况

1.2.1　中蒙俄经济走廊 GDP 及其空间分布格局

中蒙俄经济走廊经济总量差距巨大，分布极不均衡，近年来经济总量波动剧烈，表现为上升—下降—上升—下降的演变趋势（图 1-9）。中蒙俄经济走廊沿线区域的GDP 总量，2010～2013 年从 15 780 亿美元增加至 23 109 亿美元，2013～2016 年迅速下降至 18 064 亿美元，2018 年再度增长至 21 069 亿美元，2020 年则再度下降至

18 757 亿美元。

图 1-9　2010～2020 年中蒙俄经济走廊 GDP 总量

分析其阶段性变化背后的主要原因，2013～2016 年中蒙俄经济走廊 GDP 显著下降一方面是因为西方国家对俄罗斯经济制裁导致的剧烈经济波动，另一方面是由于中国经济新常态的到来，在调结构、去产能、经济增长动力不足的背景下，东北地区，尤其是辽宁省的 GDP 增速迅速下降。

近年来，由于国际纠纷，俄罗斯遭到西方国家强烈的经济制裁，经济增长大幅下降，卢布严重贬值。2013～2016 年，俄罗斯研究单元 GDP 总量不升反降（图 1-10），从 2013 年的 11 439 亿美元下降至 2016 年的 7351 亿美元。2014 年，俄罗斯的 GDP 增速下降至 0.74%，2015 年更是呈现负增长，为 -0.97%。2015 年之后，虽经济恢复增长，但增速总体低于 2013 年之前（图 1-11）。

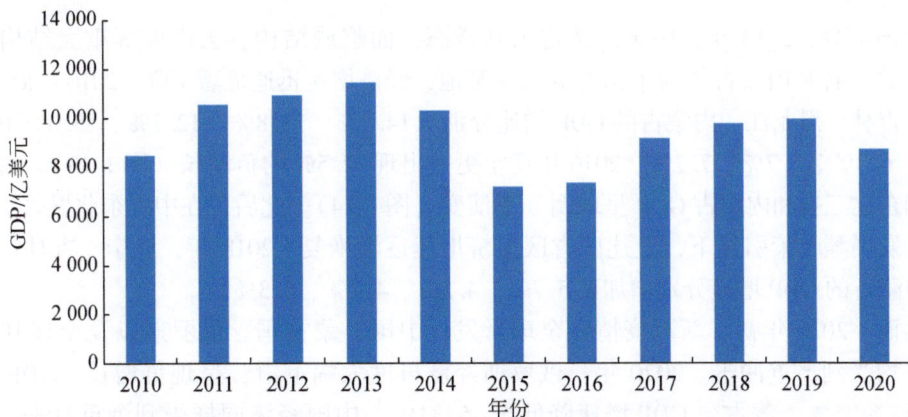

图 1-10　2010～2020 年中蒙俄经济走廊俄罗斯研究单元 GDP 总量

蒙古国的经济发展高度依赖俄罗斯，其经济增长趋势与俄罗斯类似，2013 年以后 GDP 增速迅速持续下降。到 2016 年，GDP 增速降低至 1.17%，下降了 10.48 个百分点。2010～2013 年研究区蒙古国部分 12 个省份的 GDP 从 63 亿美元增加至 108 亿美元，

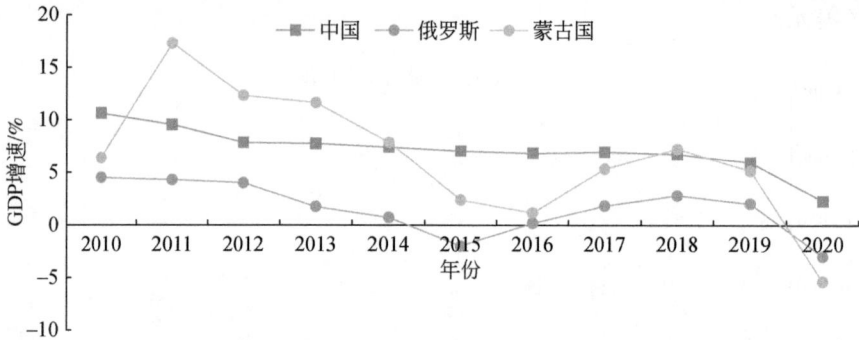

图 1-11　2010～2020 年中蒙俄三国 GDP 增速

此后降低至 2016 年的 96 亿美元，后增长至 2018 年的 114 亿美元（图 1-12）。

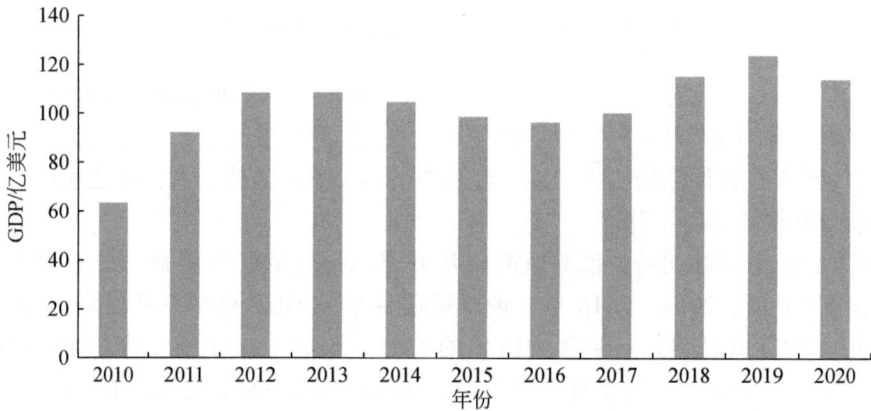

图 1-12　2010～2020 年中蒙俄经济走廊蒙古国研究单元 GDP 总量

中国部分，2013 年，中国经济进入新常态，面临调结构、去产能等重大结构性转变，东北三省和内蒙古作为中国的老工业基地，经济增速迅速显著下降。2010～2015 年，辽宁、吉林、黑龙江、内蒙古的 GDP 增速分别从 14.2%、13.8%、12.7%、15.0% 下降至 3.0%、6.3%、5.7%、7.7%，2016 年辽宁更是出现 −2.5% 的负增长（图 1-13）。由此导致中国东北三省和内蒙古 GDP 呈现倒 U 形演变（图 1-14）。此后，在中央东北振兴、绿色高质量发展等政策引领下，上述四省区经济增速逐渐恢复，2018 年，辽宁、吉林、黑龙江、内蒙古的 GDP 增速分别增加至 5.7%、4.5%、4.7%、5.3%。

然而，2020 年初，新冠疫情在全球暴发，中国、蒙古国、俄罗斯以及全球其他国家经济均受到严重冲击。2020 年，俄罗斯经济再度大幅下滑，呈现负增长，GDP 增速降低至 −2.95%，蒙古国 GDP 增速降低至 −5.34%。中国经济同样受到沉重打击，GDP 增速下降至 2.3%，比 2018 年降低了 4.45 个百分点，即便如此，在全球经济一片低迷衰退中，中国傲然成为疫情影响下唯一一个经济实现正增长的国家。辽宁、吉林、黑龙江和内蒙古四省区的经济增长同样受到疫情的严重影响，2020 年，GDP 增速分别降低至 0.6%、2.4%、1% 和 0.2%。

从中蒙俄经济走廊 GDP 构成来看，中国 4 个研究单元占中蒙俄经济走廊 GDP 的比

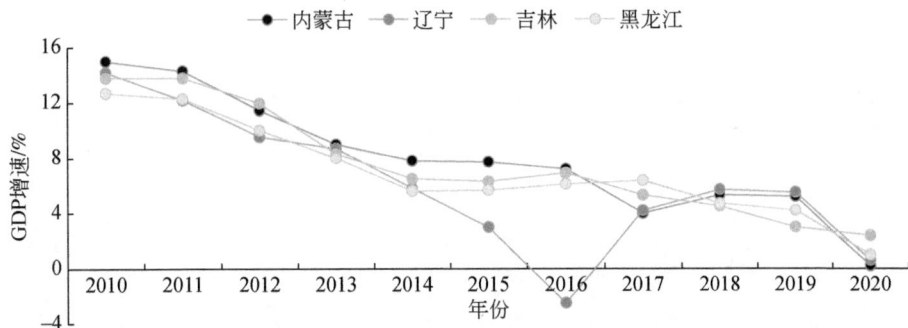

图 1-13   2010～2020 年中蒙俄经济走廊中国研究单元 GDP 增速

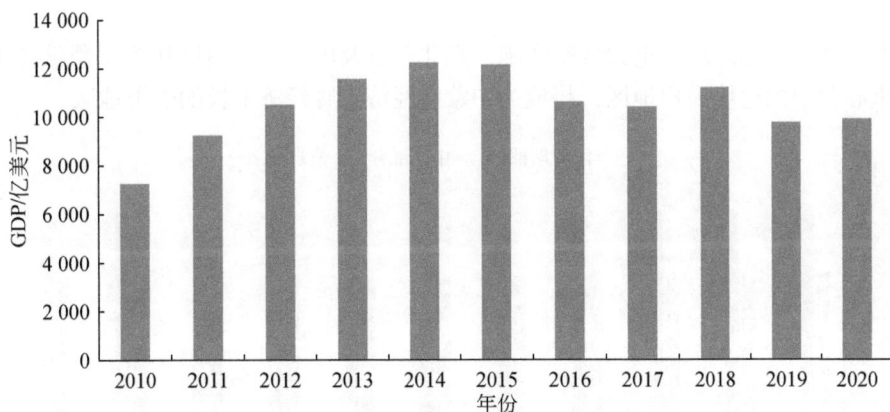

图 1-14   2010～2020 年中蒙俄经济走廊中国研究单元 GDP 总量

例最高，为 50% 左右。中国研究单元占中蒙俄经济走廊 GDP 的比例在 2015 年之前呈上升趋势，2015 年之后呈下降趋势，2020 年则再次上升。俄罗斯则相反，俄罗斯研究单元占中蒙俄经济走廊 GDP 的比例在 2015 年之前呈下降趋势，2015 年之后呈上升趋势，2020 年再次下降至 46.48%（图 1-15），这主要是由地区经济增长态势决定。2010～2015 年，中国经济增长迅速，俄罗斯受西方国家制裁，经济增长缓慢，甚至呈现负增长，因此，中国研究单元占中蒙俄经济走廊 GDP 的比例迅速上升，从 45.96% 增加至 62.53%。此后，随着俄罗斯经济的复苏，俄罗斯研究单元占中蒙俄经济走廊 GDP 的比例逐渐上升，从 2015 年的 36.96% 增加至 2019 年的 50.14%，中国研究单元占中蒙俄经济走廊 GDP 总量的比例逐渐下降至 2019 年的 49.24%。2020 年，由于中国在疫情肆虐时的全球经济中脱颖而出，保持了 2.3% 的正增长，中国研究单元占中蒙俄经济走廊 GDP 的比例再次上升至 52.91%。蒙古国研究单元由于经济体量小，其占中蒙俄经济走廊 GDP 的比例不足 1%，且波动较小。

从各国研究单元占各国 GDP 的比例来看，俄罗斯研究单元占俄罗斯 GDP 总量的比例约为 68%，蒙古国研究单元虽占中蒙俄经济走廊 GDP 的比例较小，却占蒙古国 GDP 的 85% 以上（图 1-16），这表明俄蒙研究单元在俄蒙整体经济构成中至关重要。中国研究单元占中国 GDP 总量的比例较小且逐渐下降，2020 年仅为 6.7%，但中国经济体量巨大，中国各研究单元的 GDP 远高于俄蒙地区，且随着中蒙俄经济走廊、中国东北振兴、俄罗斯

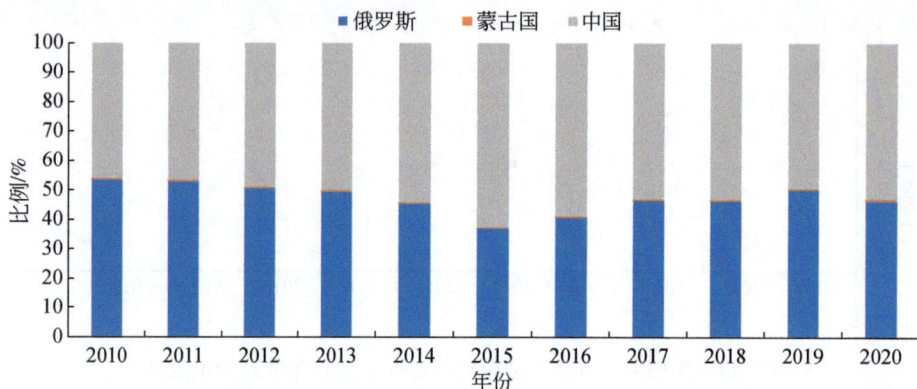

图 1-15　2010~2020 年中蒙俄经济走廊各国研究单元 GDP 之和占中蒙俄经济走廊 GDP 总量的比例

远东开发、蒙古草原之路等重大战略实施，东北三省及内蒙古自治区作为中蒙俄经济走廊的经济重心及中国边境门户地区，将成为中蒙俄经济走廊经济增长的引擎地区。

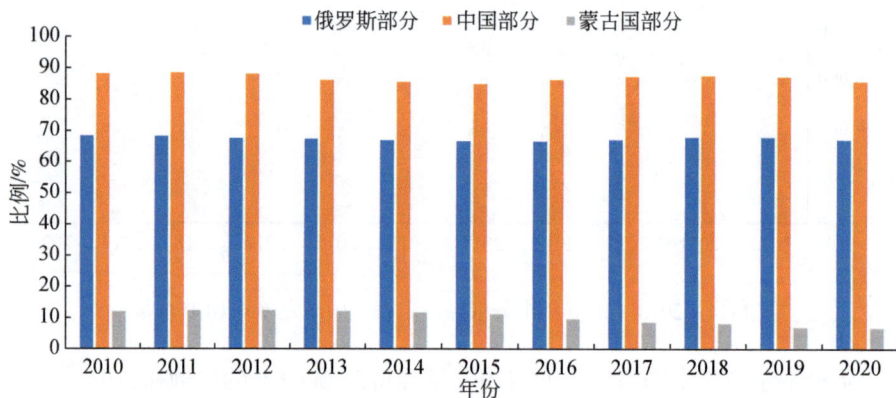

图 1-16　2010~2020 年中蒙俄经济走廊各国研究单元 GDP 之和占各国 GDP 总量的比例

从经济分布格局来看，中蒙俄经济走廊区域经济差距巨大，分布极不均衡，经济重心分布在中国内蒙古、东北三省及俄罗斯莫斯科、圣彼得堡等西部地区（图 1-17）。GDP 总量最大的省份为辽宁省，2020 年其 GDP 为 3639 亿美元，而同期 GDP 总量最小的戈壁苏木贝尔省，为 0.44 亿美元，仅为辽宁省的万分之一。

1.2.2　中蒙俄经济走廊人均 GDP 及其空间分布格局

中蒙俄经济走廊人均 GDP 整体呈现两端高中部低的空间分布格局。中蒙俄经济走廊西部地区、东南部中国东北地区以及中部重要的资源型省份，人均 GDP 较高，蒙古高原地区及俄蒙边境地区人均 GDP 较低。萨哈林州、秋明州是中蒙俄经济走廊最主要的资源型省份，同时也是中蒙俄经济走廊人均 GDP 最高的地区，2020 年，其人均 GDP 分别为 28 558 美元和 26 828 美元。其次为中蒙俄经济走廊最发达的地区莫斯科市、圣彼得堡市，以及资源型省份克拉斯诺亚尔斯克边疆区、内蒙古自治区，人均 GDP 分别为 21 741 美元、13 469 美元、13 198 美元、10 443 美元。其他地区人均 GDP 均不足 10 000 美元，蒙古国地区及俄蒙边境地区人均 GDP 最低，多数单元不足

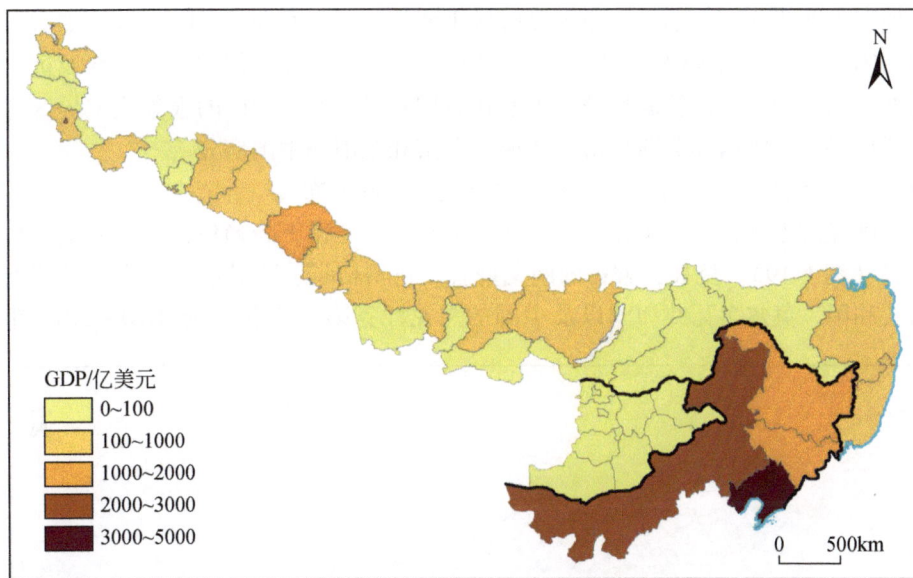

图 1-17　2020 年研究区 GDP 空间分布

5000 美元（图 1-18）。

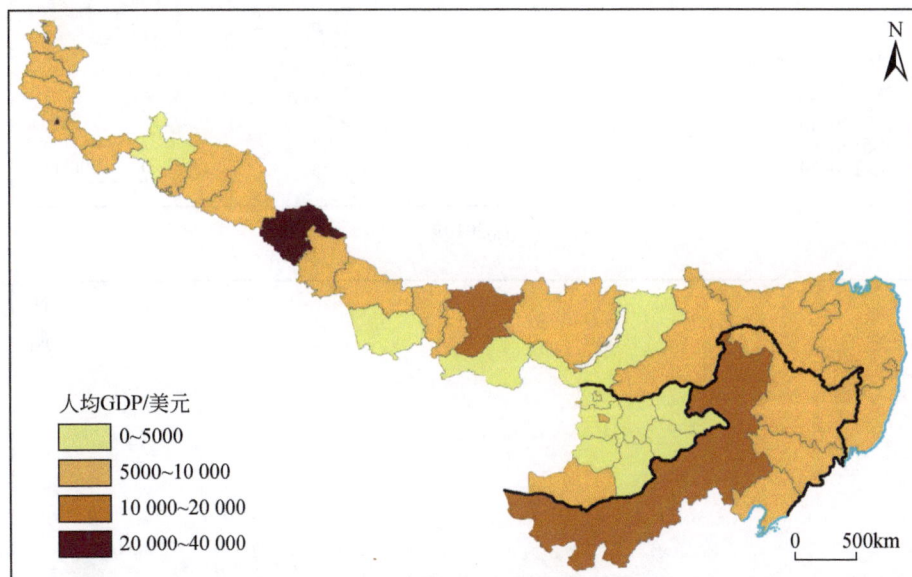

图 1-18　2020 年研究区人均 GDP 空间分布

1.2.3　中蒙俄经济走廊产业结构及其空间分布格局

近年来，中蒙俄经济走廊各研究单元第一产业比例主要呈下降趋势，第二产业比例主要呈上升趋势，受俄蒙经济下行的影响，俄蒙绝大多数地区第三产业比例呈下降趋势。

空间分布方面，中蒙俄经济走廊的第一产业比例较高且处于前工业化阶段的农业主导区域主要位于苏赫巴托尔省、中戈壁省、中央省等蒙古国中东部地区。第二产业比例较高且处于工业化初、中期的工业主导区域主要位于图瓦共和国、阿尔泰边疆区、布里亚特共和国、外贝加尔边疆区、阿穆尔州等俄罗斯西伯利亚联邦管区东南部及远东联邦管区南部。第三产业比例较高且处于工业化后期和后工业化阶段的服务业主导区主要分布于中蒙俄经济走廊西部莫斯科市、圣彼得堡市和东南部中国部分。

（1）中蒙俄经济走廊第一产业演变轨迹及其空间分布

中蒙俄经济走廊各研究单元第一产业比例主要呈缓慢下降趋势，但部分俄蒙地区呈上升趋势（图1-19）。例如，蒙古国南戈壁省、色楞格省、苏赫巴托尔省，俄罗斯的马里埃尔共和国、莫尔多瓦共和国以及中国的黑龙江省第一产业比例2010～2018年分别

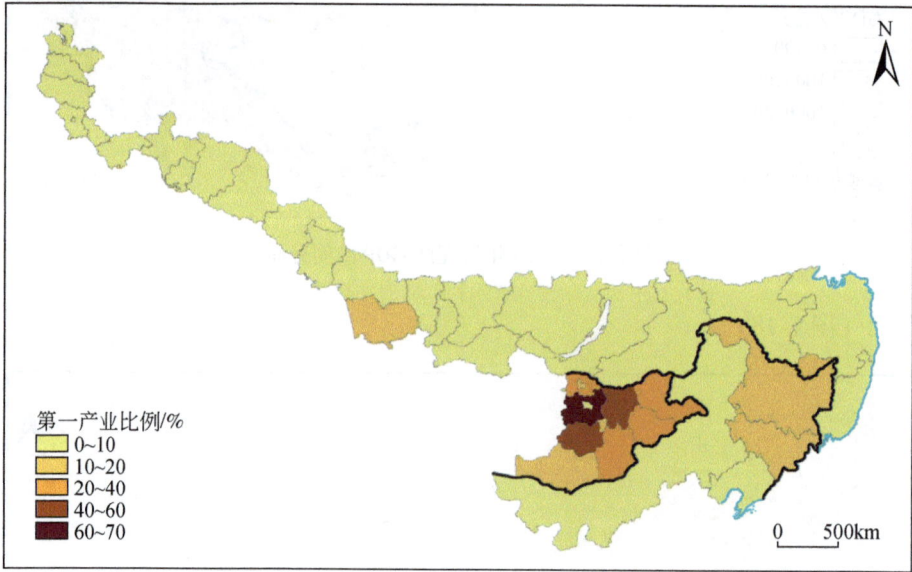

第一产业比例/%
- 0~10
- 10~20
- 20~40
- 40~60
- 60~70

0   500km

(a)2010年

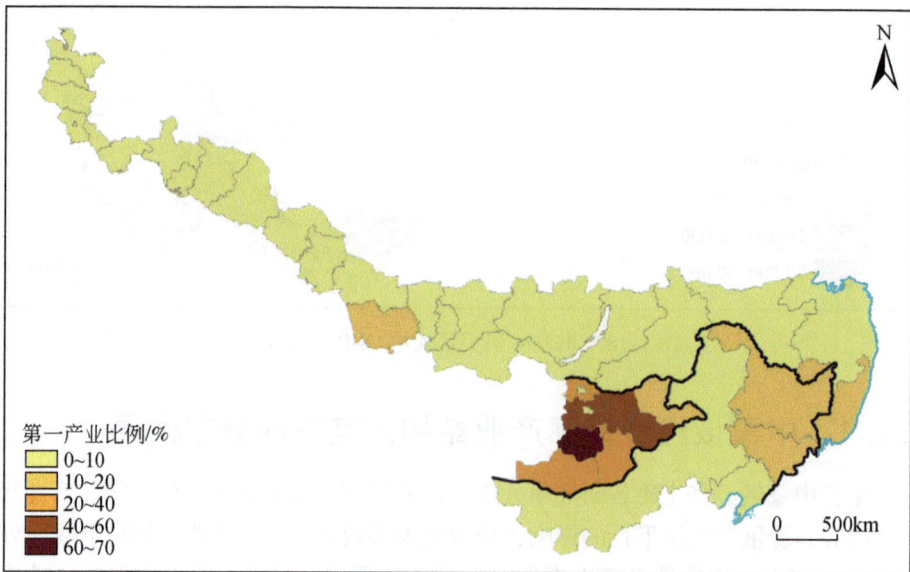

第一产业比例/%
- 0~10
- 10~20
- 20~40
- 40~60
- 60~70

0   500km

(b)2015年

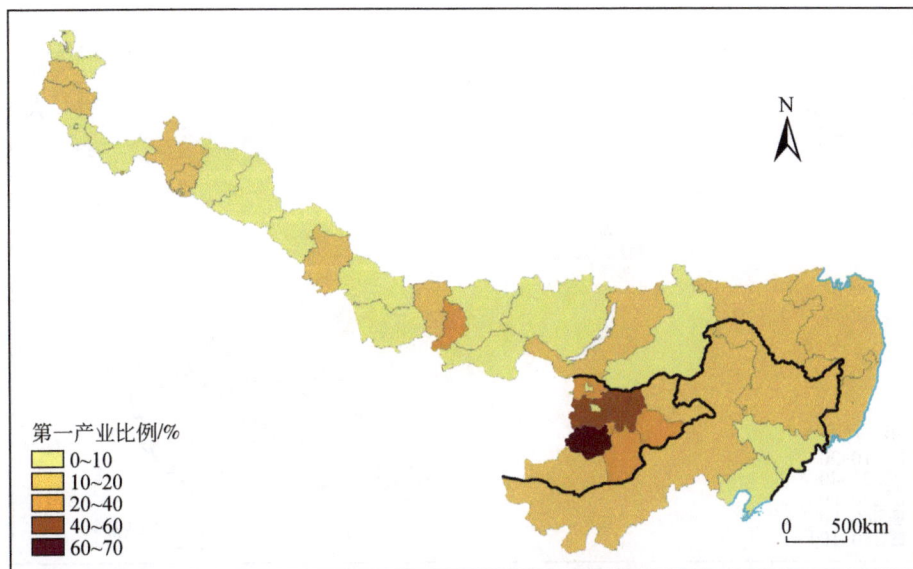

(c)2018年

图 1-19　2010 年、2015 年、2018 年研究区第一产业比例空间分布

增加了 5.26%、2.2%、2.34%、2.6%、2.98%、5.78%。

第一产业比例较大的地区高度集中在蒙古国部分。2018 年，东戈壁省、中戈壁省、戈壁苏木贝尔省、肯特省、苏赫巴托尔省、色楞格省、中央省的第一产业比例仍高于20%，其中，中戈壁省、肯特省的第一产业比例更是高于 50%。

（2）中蒙俄经济走廊第二产业演变轨迹及其空间分布

俄罗斯、蒙古国绝大部分研究单元的第二产业比例呈上升趋势，中国内蒙古及东北三省的第二产业比例呈稳定下降趋势（图 1-20）。2015～2018 年，俄蒙 44 个研究区中，除圣彼得堡市、鄂木斯克州、诺夫哥罗德州以外，其他 41 个研究区的第二产业比例上升。

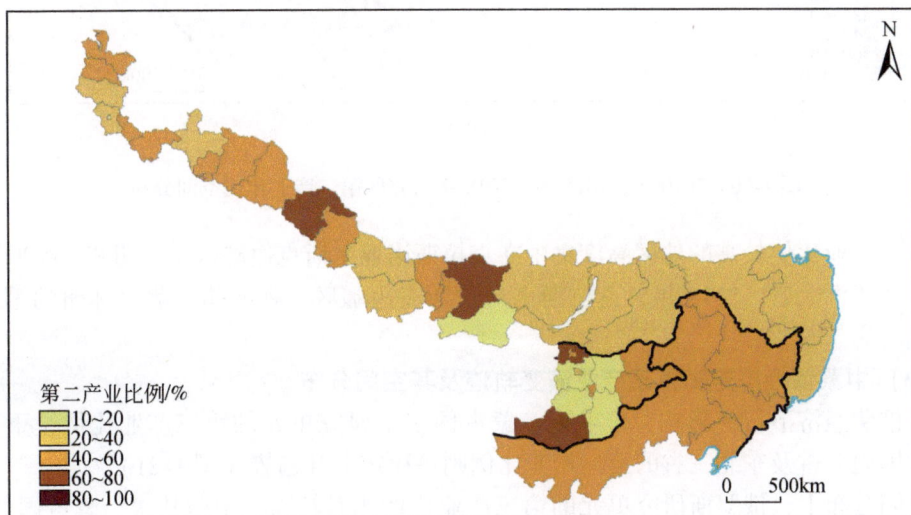

(a)2010年

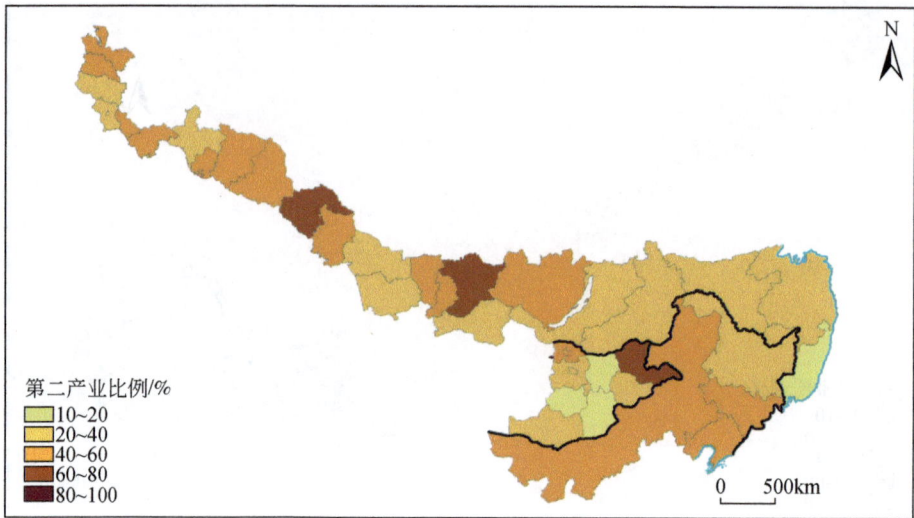

(b)2015年

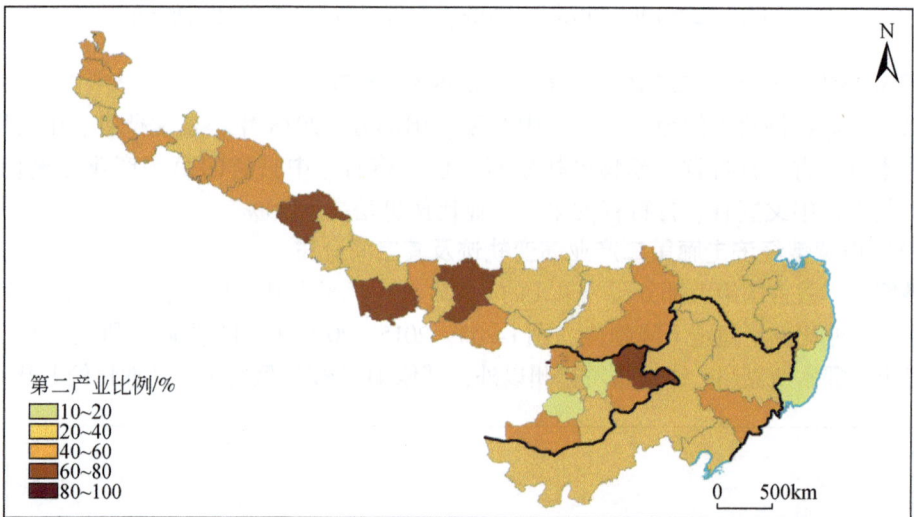

(c)2018年

图 1-20 2010 年、2015 年、2018 年研究区第二产业比例空间分布

　　第二产业比例较高的地区高度集中在克拉斯诺亚尔斯克边疆区、秋明州、萨哈林州等俄罗斯资源大省。2018 年，克拉斯诺亚尔斯克边疆区、秋明州、萨哈林州的第二产业比例均高于 60%。

（3）中蒙俄经济走廊第三产业演变轨迹及其空间分布

　　受俄蒙经济下行的影响，俄罗斯、蒙古国多个研究单元的第三产业比例呈下降趋势；中国内蒙古及东北三省的第三产业比例则呈稳定上升趋势（图 1-21）。

　　空间分布上，俄罗斯研究单元的第三产业比例相对较高，中国其次，蒙古国最低。这是因为苏联给俄罗斯留下的产业结构遗产中工业比例过大，农业和服务业十分落后，而且工业中又以军工生产为主，居民消费品严重短缺。苏联解体后，价格放开，外贸自由化，需求结构骤变，导致工业生产下降，尤其加工部门的生产下降严重。工业萎缩释放出来的劳动力迅速向农业和服务业转移。1991～1998 年，俄罗斯国内生产总值下降了一半，农业生产下降超过 40%，工业生产降幅更大，超过 60%。在此情况下，同期商品生产占 GDP 的比例从 60.5% 降至 39.4%，降幅达 1/3；由于商品生产尤其工业部门商品生产的绝对减少，服务生产的占比大幅提升，从 32.6% 升至 50.9%，增幅达 56%。因此，俄罗斯产业结构的"优化"不同于一般意义上的理解，它不是在经济增长中实现的，而是在产量下降过程中出现的一种非常规的结果，呈现出产业结构的虚高度化。

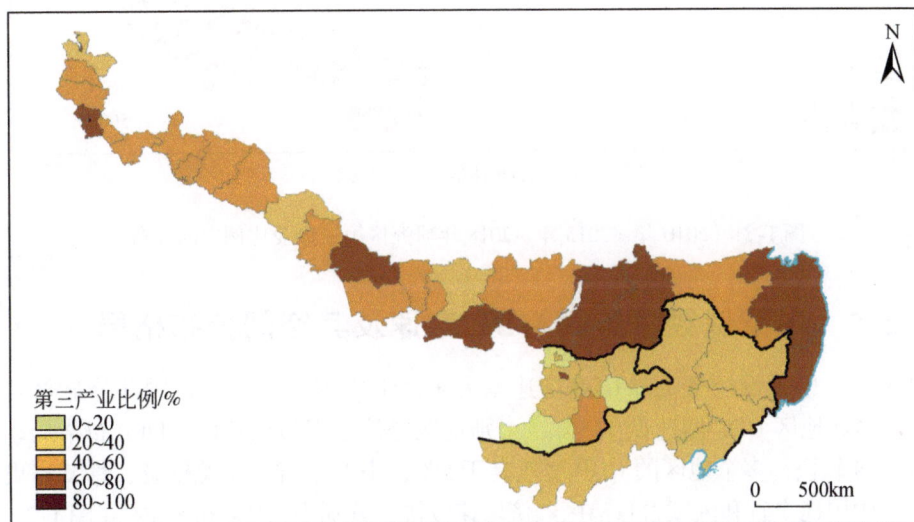

第三产业比例/%
- 0～20
- 20～40
- 40～60
- 60～80
- 80～100

0　500km

(a)2010年

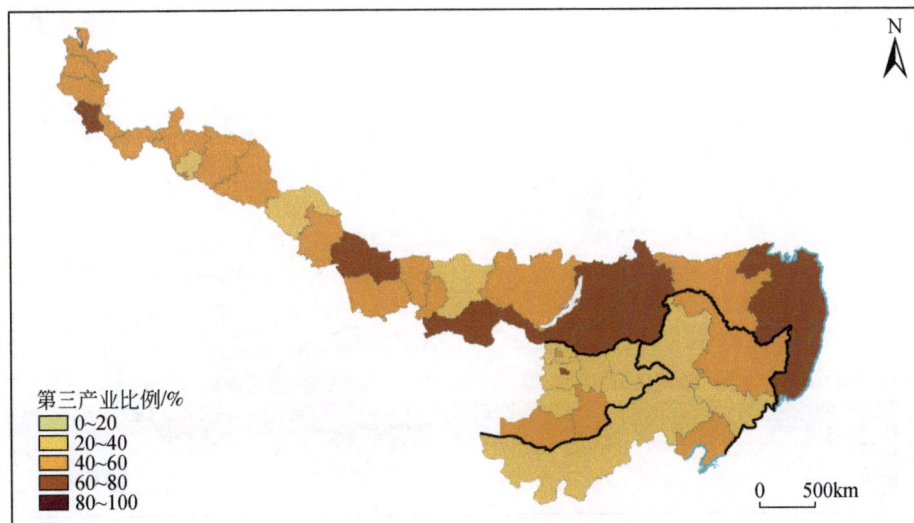

第三产业比例/%
- 0～20
- 20～40
- 40～60
- 60～80
- 80～100

0　500km

(b)2015年

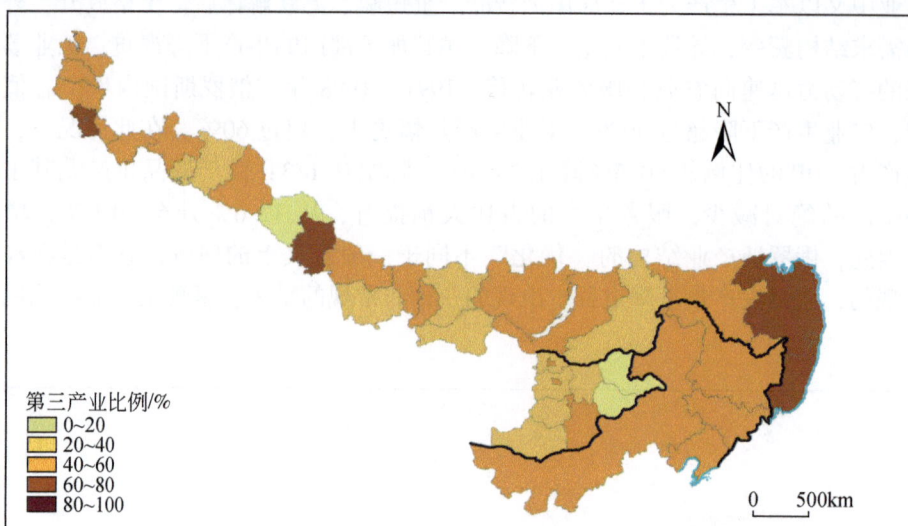

(c)2018年

图 1-21　2010 年、2015 年、2018 年研究区第三产业比例空间分布

1.2.4　中蒙俄经济走廊 GDP 增速及其空间分布格局

2018 年，中蒙俄经济走廊 GDP 增速呈现东南部中国部分和蒙古国部分显著高于其他地区，多数地区 GDP 增速低于5%，个别地区经济呈现负增长的空间分布格局。蒙古国 GDP 增速较快，多个地区的 GDP 增速高于5%，中戈壁省、东戈壁省、肯特省更是高于10%。中国辽宁省和内蒙古自治区经济增速较快，分别为5.7%和5.3%（图 1-22）。

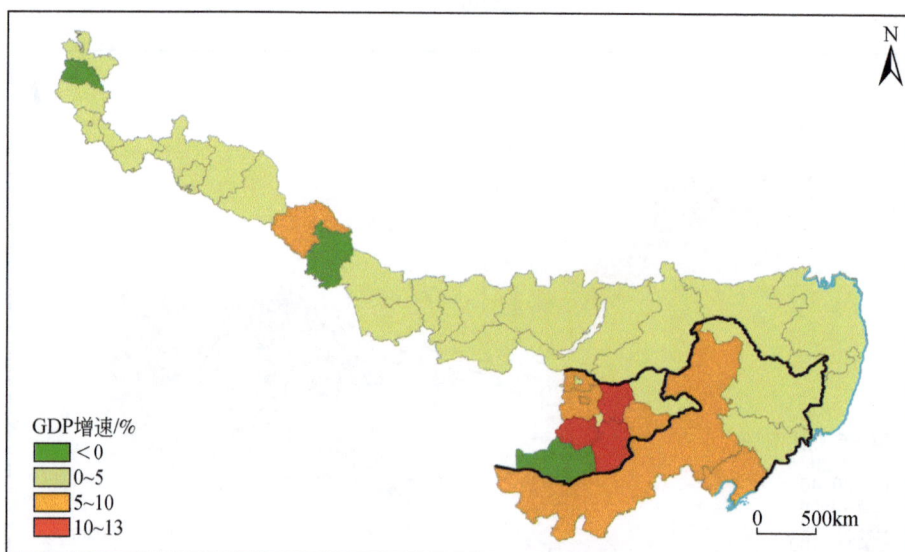

图 1-22　2018 年研究区 GDP 增速空间分布

1.2.5　中蒙俄经济走廊人均固定资产投资额及其空间分布格局

中蒙俄经济走廊西部经济发达地区、东部中国部分及中部资源型省份的人均固定资产投资额高于其他地区，蒙古国地区塌陷严重。资源型省份秋明州、吉林省、萨哈林州、内蒙古自治区的人均固定资产投资额均高于 5000 美元，分别为 9973 美元、7537 美元、7110 美元、6247 美元。黑龙江省、列宁格勒州、莫斯科市、圣彼得堡市、乌兰巴托市等 10 个地区的人均固定资产投资额介于 2000～5000 美元，其他地区则低于 2000 美元。蒙古国部分除了乌兰巴托市以外，所有地区的人均固定资产投资额均不足 1000 美元，色楞格省、中戈壁省、苏赫巴托尔省、中央省更是不足 100 美元（图 1-23）。

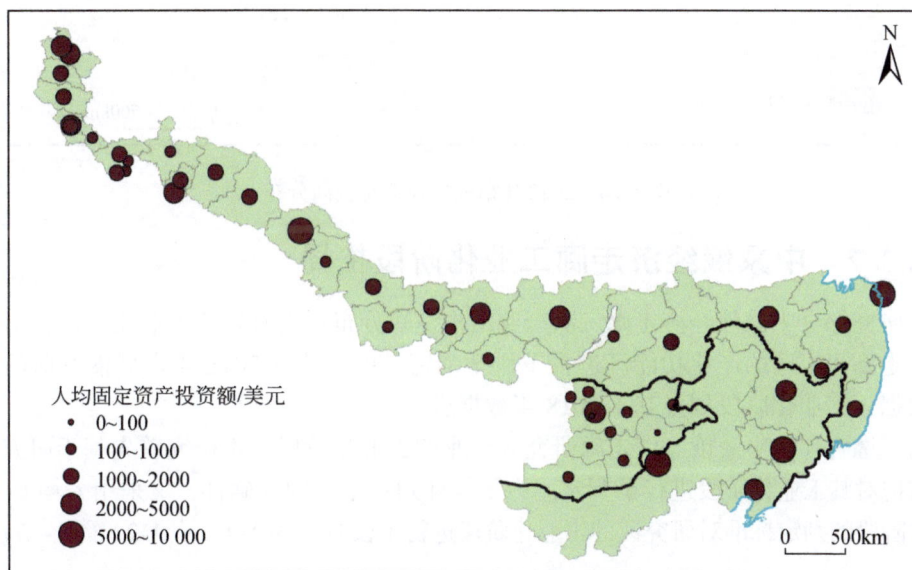

图 1-23　2018 年研究区人均固定资产投资额空间分布

1.2.6　中蒙俄经济走廊失业率格局及其空间分布格局

中蒙俄经济走廊西部发达地区和东南部中国地区的失业率显著低于其他地区，俄蒙边境经济欠发达地区失业率较高，部分地区已超出失业率的国际警戒线。

2022 年中蒙俄经济走廊 28 个地区失业率低于 4%，西部莫斯科市、圣彼得堡市、鞑靼斯坦共和国以及中国部分东北三省和内蒙古自治区的失业率甚至低于 2.5%。中蒙俄边疆地区鄂尔浑省、图瓦共和国、外贝加尔边疆区、达尔汗乌拉省、东方省、色楞格省、布里亚特共和国的失业率均高于 7%，失业率水平高，已超过了国际上公认的失业率警戒线，将对社会稳定性产生威胁。其他 13 个地区的失业率介于 4%～7%（图 1-24）。

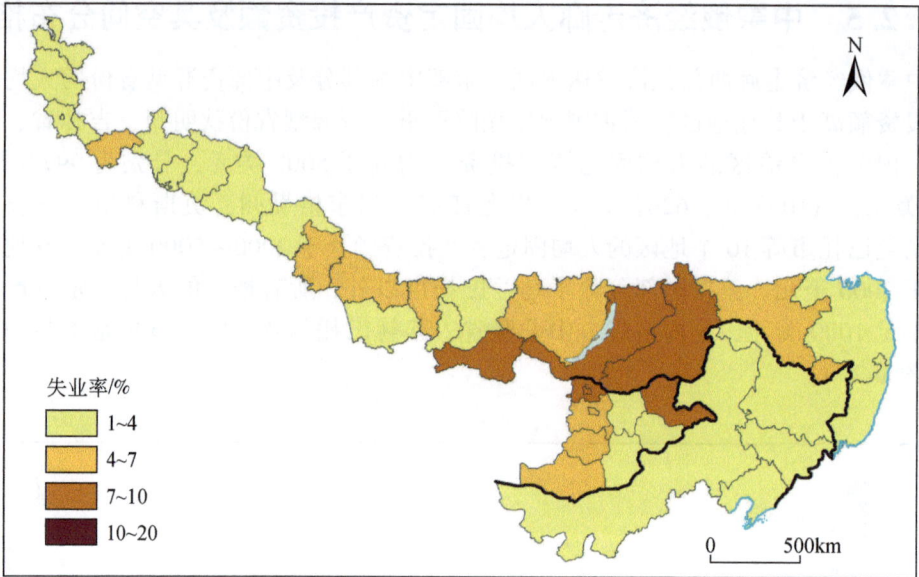

图 1-24 2022 年研究区失业率空间分布

1.2.7 中蒙俄经济走廊工业化阶段格局

本研究综合中蒙俄经济走廊三次产业结构空间分布及其所处的工业化阶段，对中蒙俄经济走廊研究区的产业功能区进行了科学判定，由于缺乏 2018 年之后俄罗斯的产业结构数据，工业化阶段划分基于 2018 年数据进行。

为了综合评估中蒙俄经济走廊研究区产业的工业化阶段，本研究首先基于研究区的产业结构对其工业化阶段进行了判定。为了保证判定结果的准确性，又采用人均 GDP 对工业化阶段的判定标准对研究区的工业化阶段进行了校对（表 1-1、表 1-2、图 1-25）。

表 1-1 工业化阶段划分标准

划分标准	前工业化阶段	工业化实现阶段			后工业化阶段
		初期阶段	中期阶段	后期阶段	
人均 GDP（1970 年美元）	140~280	280~560	560~1 120	1 120~2 100	>2 100
人均 GDP（2004 年美元）	720~1 440	1 440~2 880	2 880~5 760	5 760~10 180	>10 180
人均 GDP（2018 年美元）	938~1 877	1 877~3 754	3 754~7 507	7 507~14 089	>14 089
三次产业结构	$A>I$	$A>20\%$，且 $A<I$	$10\%<A<20\%$，$I>S$	$A<10\%$，$I>S$	$A<10\%$，$I<S$

资料来源：1970 年和 2004 年工业化阶段的人均 GDP 划分标准取自陈佳贵等（2006）；2018 年与 2004 年人均 GDP 的转换因子从世界银行公布的 GDP 平减指数中计算得出。

注：A 表示第一产业比例；I 表示第二产业比例；S 表示第三产业比例

根据三次产业结构对工业化阶段的判定标准，中蒙俄经济走廊各研究单元所处的工业化阶段如表 1-2 所示。

表 1-2　按照三次产业结构划分的中蒙俄经济走廊各研究单元的工业化阶段

工业化阶段	地区
前工业化阶段	东戈壁省、肯特省、南戈壁省、苏赫巴托尔省、中戈壁省、中央省
工业化初期阶段	戈壁苏木贝尔省、色楞格省
工业化中期阶段	阿尔泰边疆区、布里亚特共和国、东方省、哈卡斯共和国、黑龙江省、吉林省、马里埃尔共和国、莫尔多瓦共和国
工业化后期阶段	彼尔姆边疆区、鞑靼斯坦共和国、鄂尔浑省、弗拉基米尔州、克拉斯诺亚尔斯克边疆区、克麦罗沃州、列宁格勒州、内蒙古自治区、诺夫哥罗德州、秋明州、萨哈林州、圣彼得堡、斯维尔德洛夫斯克州、图瓦共和国、外贝加尔边疆区、乌德穆尔特共和国、下诺夫哥罗德州、新西伯利亚州
后工业化阶段	滨海边疆区、楚瓦什共和国、达尔汗乌拉省、鄂木斯克州、哈巴罗夫斯克边疆区、基洛夫州、辽宁省、莫斯科市、莫斯科州、特维尔州、乌兰巴托市、伊尔库茨克州、阿穆尔州、犹太自治区

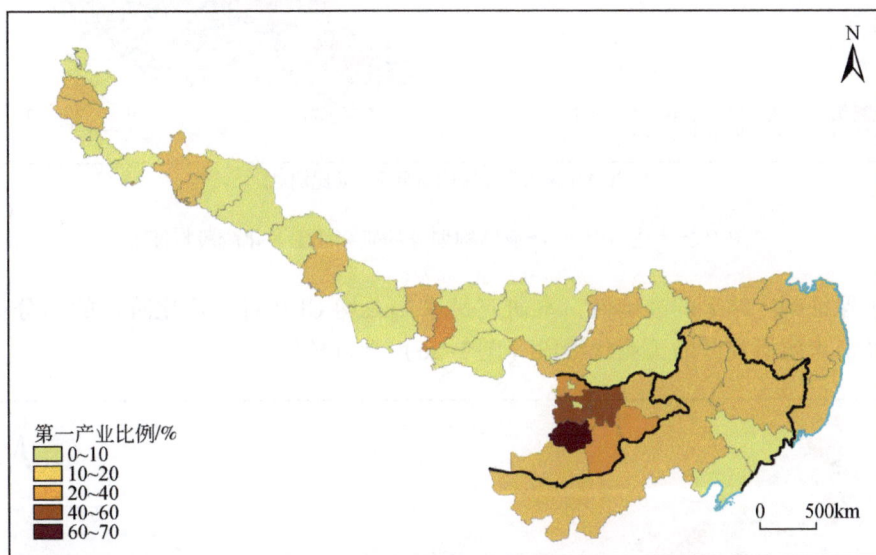

(a)2018年第一产业比例

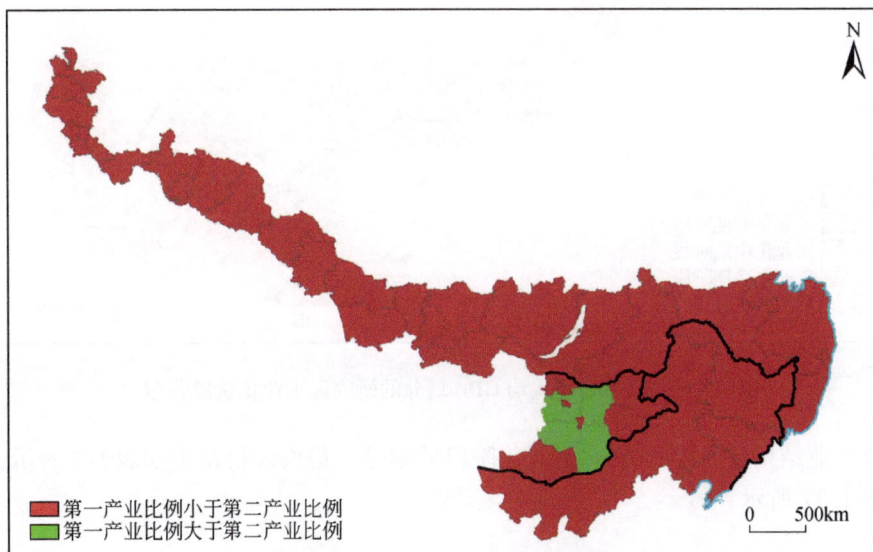

(b)2018年第一产业比例与第二产业比例对比

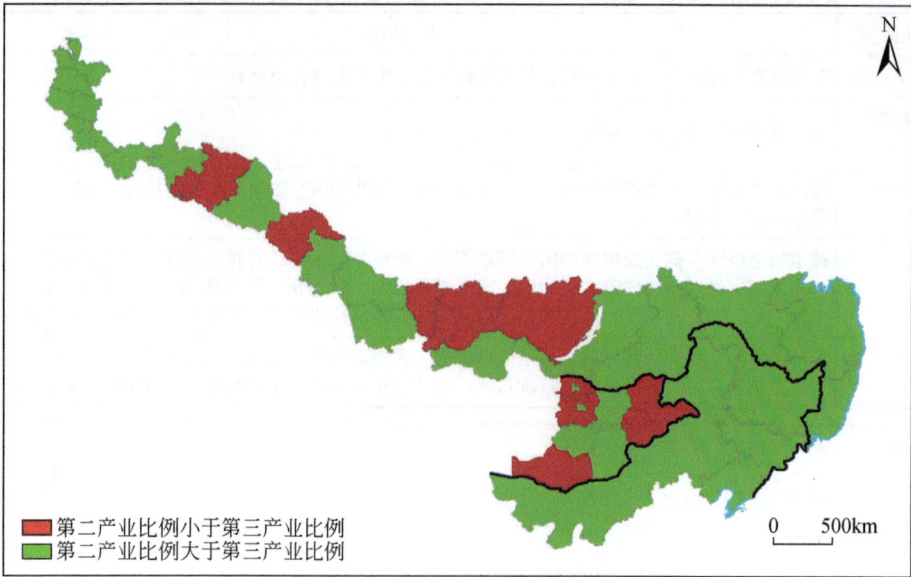

(c)2018年第二产业比例与第三产业比例对比

图 1-25　按 2018 年产业结构划分的研究区工业化阶段特征

为了保证判定结果的准确性，本研究又采用人均 GDP 对工业化阶段的划分标准对中蒙俄经济走廊研究区的工业化阶段（图 1-26）进行核校。

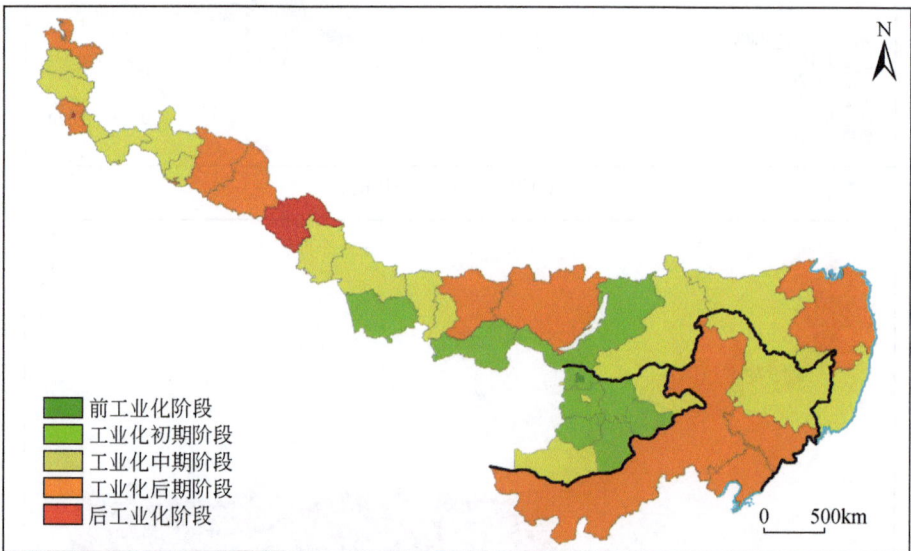

图 1-26　按 2018 年人均 GDP 划分的研究区工业化阶段分布

综合产业结构和人均 GDP 对工业化阶段的划分，最终评价结果如表 1-3 所示，空间分布如图 1-27 所示。

表 1-3　中蒙俄经济走廊各研究单元工业化阶段最终判定结果

工业化阶段	地区
前工业化阶段	东戈壁省、肯特省、南戈壁省、苏赫巴托尔省、中戈壁省、中央省
工业化初期阶段	戈壁苏木贝尔省、色楞格省、楚瓦什共和国、达尔汗乌拉省、基洛夫州
工业化中期阶段	阿尔泰边疆区、布里亚特共和国、东方省、哈卡斯共和国、黑龙江省、吉林省、马里埃尔共和国、莫尔多瓦共和国、滨海边疆区、鄂木斯克州、伊尔库茨克州、阿穆尔州、犹太自治区、鄂尔浑省、外贝加尔边疆区、图瓦共和国
工业化后期阶段	彼尔姆边疆区、鞑靼斯坦共和国、弗拉基米尔州、克拉斯诺亚尔斯克边疆区、克麦罗沃州、列宁格勒州、辽宁省、内蒙古自治区、诺夫哥罗德州、秋明州、萨哈林州、斯维尔德洛夫斯克州、乌德穆尔特共和国、下诺夫哥罗德州、新西伯利亚州、哈巴罗夫斯克边疆区、莫斯科州、特维尔州、乌兰巴托
后工业化阶段	莫斯科市、圣彼得堡市

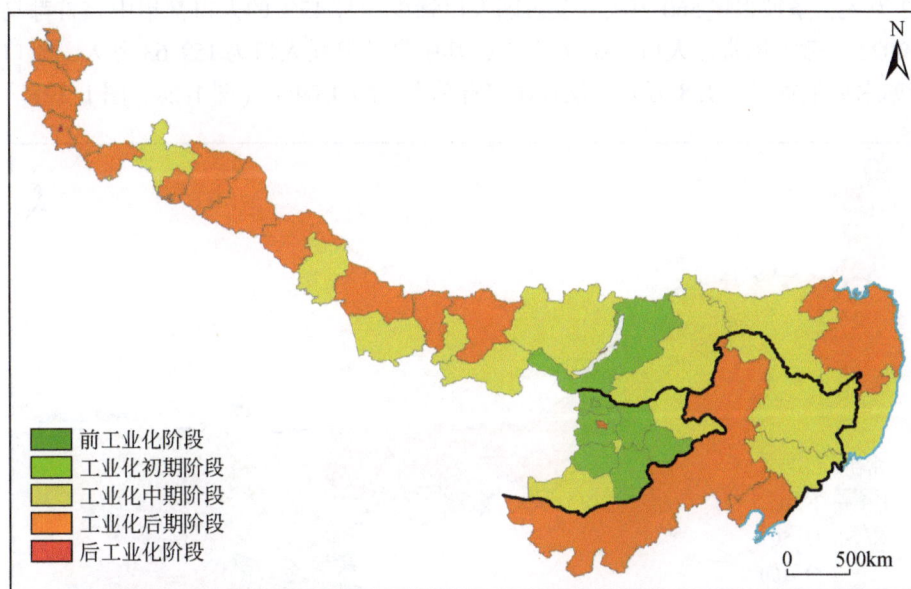

图 1-27　按 2018 年产业结构、人均 GDP 综合判定的研究区工业化阶段分布

综合中蒙俄经济走廊工业化判定结果和三次产业结构空间分布格局，可知，第一产业比例较高的农业主导区域主要位于蒙古国研究单元。第二产业比例较高且处于工业化初中期的工业主导区域主要位于俄罗斯中东部。第三产业比例较高且处于工业化后期和后工业化阶段的服务业主导区域主要分布于俄罗斯西部和东南部中国部分。

1.3　中蒙俄经济走廊社会发展总体情况

1.3.1　中蒙俄国际经济走廊人口概况

（1）人口分布

中蒙俄国际经济走廊人口主要分布于西伯利亚铁路、中蒙俄跨境铁路与伏尔加河、鄂毕河、叶尼塞河、安加拉河、贝加尔湖、阿穆尔河（黑龙江）、色楞格河、克鲁伦河等江河干流和湖泊沿岸及沿海地区。考察区内中国东北三省和内蒙古地区常住人口总数远超俄蒙；俄罗斯人口沿西伯利亚铁路和重点城市集聚分布，考察区内俄罗斯人口占俄罗斯总人口的 52%；蒙古国人口稀少，主要集中在首都乌兰巴托。考察区内共有 48 个行政区，2022 年考察区总人口 87 184.8917 万人。其中，中国区域四个省（自治区）常住人口总数最多，共计 12 045 万人，辽宁省 4197 万人，其次是黑龙江省 3099 万人、内蒙古自治区 2401 万人、吉林省 2348 万人。俄罗斯以中央联邦管区和伏尔加河沿岸联邦管区人口最多，远东联邦管区人口最少。2022 年中央联邦管区人口为 424.03 万人，伏尔加河沿岸联邦管区 2868.32 万人，而远东联邦管区仅有 790.39 万人。沿西伯利亚铁路和重点城市人口集聚分布，形成若干集聚带和集聚中心：伊尔库茨克州-克麦罗沃州-克拉斯诺亚尔斯克边疆区-阿尔泰边疆区-新西伯利亚州，秋明州-斯维尔德洛夫斯克州-彼尔姆边疆区，两个联邦直辖市莫斯科和圣彼得堡。莫斯科市 2022 年常住人口为 1310.42 万人，圣彼得堡 560 万人。蒙古国人口稀少，且 45% 的人口都集中在首都乌兰巴托市，2022 年蒙古国常住人口 336.86 万人，其中乌兰巴托人口为 159.63 万人，人口最少的戈壁苏木贝尔省仅有 1.8 万人，仅有辽宁省总人口的 0.04%（图 1-28、图 1-29）。

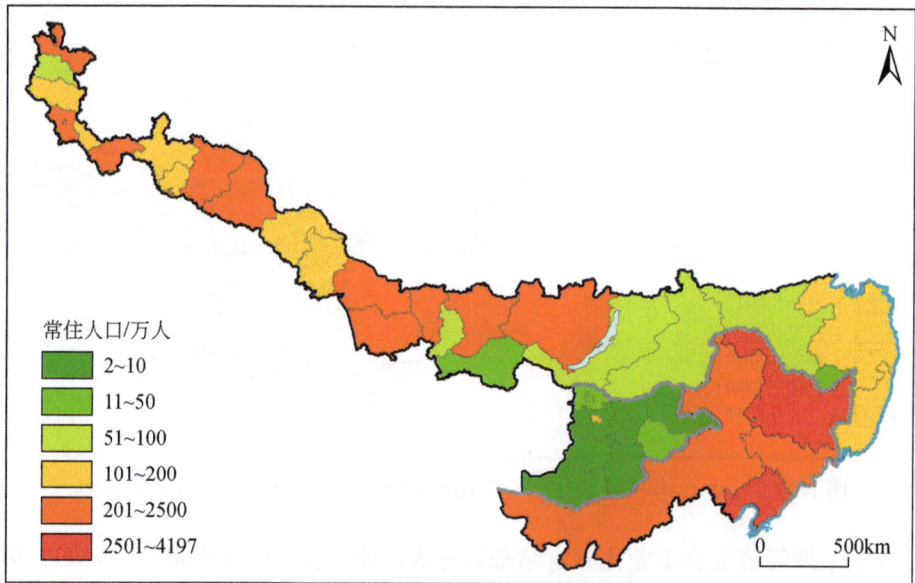

图 1-28　2022 年研究区主要省份常住人口

中国人口密度高于俄罗斯和蒙古国；俄罗斯和蒙古国的人口空间分布极不均衡，俄罗斯远东和西伯利亚联邦管区人口稀少，蒙古国人口密度呈由乌兰巴托市向外辐射、阶梯式下降。2022 年中国人口密度为 150 人/km²，远高于蒙古国 2.2 人/km² 和俄罗斯 8.8 人/km²。2022 年人口密度最高的地区前三位依次为黑龙江省 5361 人/km²、莫斯科市 5116.8 人/km²、圣彼得堡市 4002.9 人/km²，其中莫斯科市、圣彼得堡市是俄罗斯的政治经济中心，因此人口密度远高于国家平均值。排名第四、第五和第六的分别是中国的吉林省、内蒙古自治区和辽宁省，人口密度分别为 2097 人/km²、2002 人/km² 和 1792

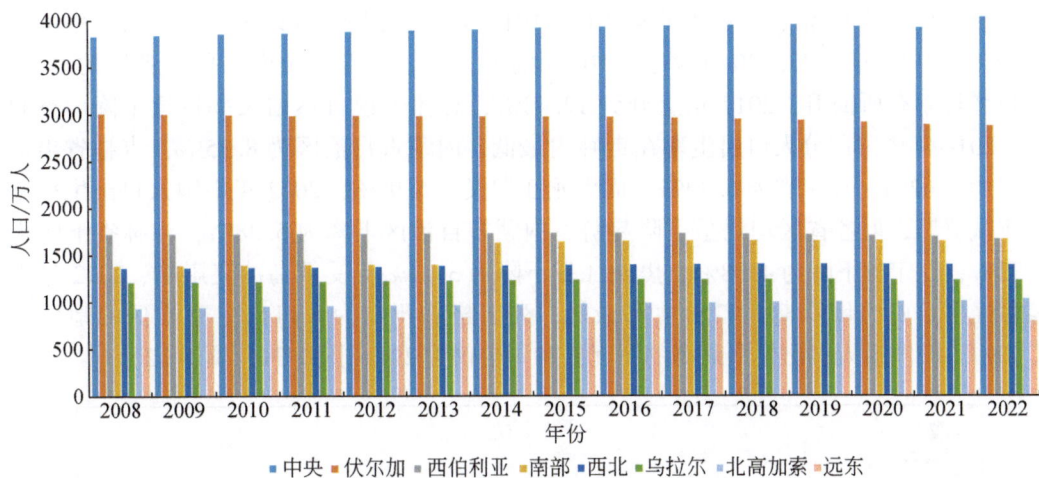

图 1-29　2008～2022 年俄罗斯各行政区人口变化

人/km²。蒙古国的苏赫巴托尔省与乌兰巴托分别位于第七位与第八位。蒙古国人口密度在首都乌兰巴托市最高，呈向外辐射、阶梯式下降，南部及东部地区共有 4 个省人口密度低于 1 人/km²，其中东方省、色楞格省、东戈壁省均为 0.706 人/km²，中戈壁省为 0.6 人/km²（图 1-30）。

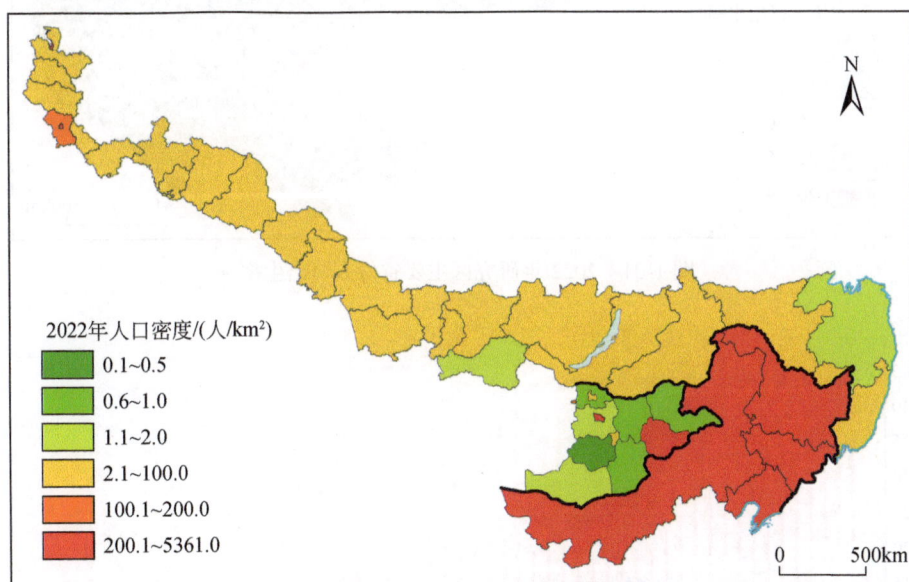

图 1-30　2022 年研究区人口密度

（2）人口增长率

中国人口出生率不断下滑，近年来低于俄蒙，人口增长率出现负值，死亡率缓慢下降。中国东北人口自然增长率快速下滑，人口出生率在中蒙俄经济走廊内最低，导致中国东北和俄罗斯远东劳动力严重不足。中华人民共和国成立后，中国人口快速增长，自 1949 年以来整体上呈现较大幅度增长态势，2020 年中国人口总量为 14.12 亿，约是俄罗斯人口总量的 10 倍、蒙古国的 430 倍。中国自实施计划生育以来，人口出生率不断下降，由 1962 年的 43.37‰下降至 2010 年的 11.9‰，随着"全面二孩"政策的出台，人口增长率有所回升，2017 年上升到 12.43‰，总体来说自然增长率持续下降。空间上，2018 年中国部分人口出生率在走廊内最低，内蒙古自治区为 8.35‰，吉林省出生率仅为 6.62‰，辽宁省为 6.39‰，而黑龙江省仅有 5.98‰。2022 年中国人口出生率略高于俄罗斯，但各省区均仍呈下降趋势，内蒙古自治区下降为 5.38‰，吉林省下降为 4.32‰，辽宁省下降为 4.08‰，黑龙江省下降为 3.34‰。受俄乌冲突影响，2022 年中蒙俄经济走廊内俄罗斯人口出生率最低，列宁格勒州作为人口出生率最低的地区仅 0.87‰，俄罗斯人口出生率最高的图瓦共和国也仅为 2‰（图 1-31、图 1-32）。

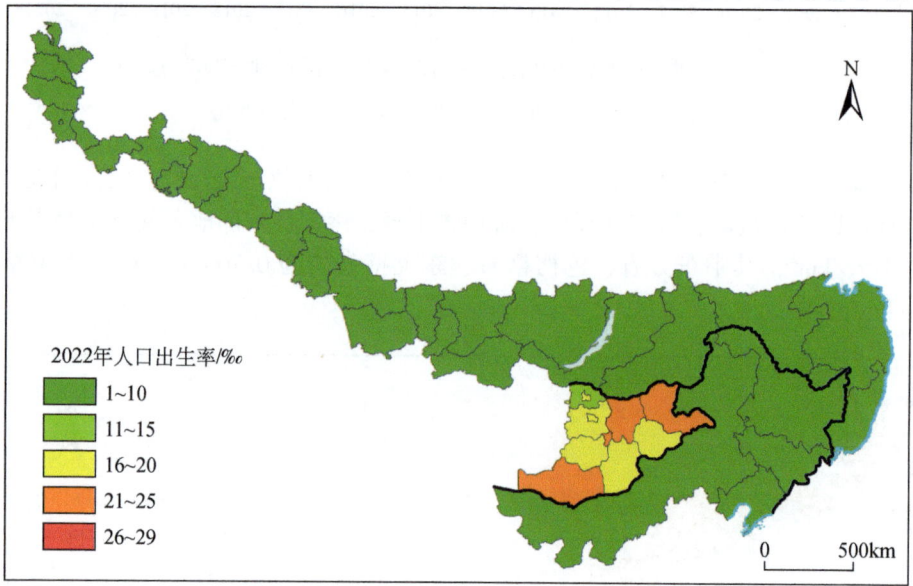

图 1-31　2022 年研究区主要省份人口出生率

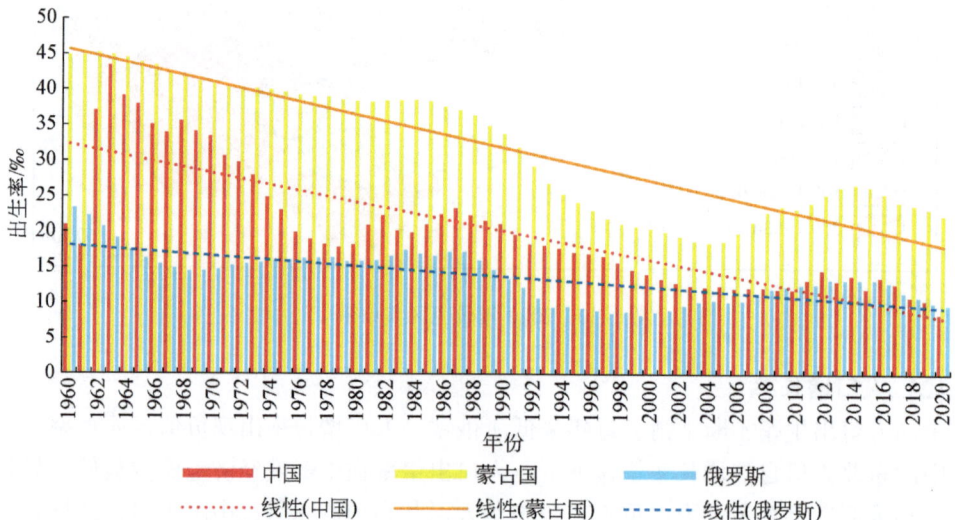

图 1-32　1960～2020 年中蒙俄三国人口出生率

俄罗斯人口增长缓慢，死亡率呈波动上升态势，高死亡率和低出生率导致人口减少。俄罗斯人口从 1960 年的 1.2 亿人口缓慢增长到 1992 年的 1.49 亿，苏联解体以后，人口逐渐下滑至 2020 年的 1.44 亿。2003 年俄罗斯人口死亡率达到 1960 年以来最高值 16.4‰，同年中国为 6.4‰，蒙古国为 7.2‰。在中蒙俄经济走廊内，相较于中国和蒙古国而言，俄罗斯人口死亡率最高，且主要集中在西部欧洲地区，32 个州死亡率排序均高于中蒙两国，其中最高的三个州是特维尔州 17.7‰、诺夫哥罗德州 17.5‰和弗拉基米尔州 16.5‰。从 1992 年起，俄罗斯人口出生率开始低于死亡率，尽管 2005 年之后俄罗斯死亡率指标有所改善，2020 年仍达到 12.81‰，远高于中国的 7.41‰和蒙古国的 6.35‰。而 2020 年俄罗斯的人口出生率仅有 12.12‰，人口出生率低于死亡率，人口增长率为负，因此俄罗斯人口呈不断下降趋势。

蒙古国人口快速增长，出生率远高于中国和俄罗斯，死亡率快速下降。高出生率和低死亡率推动人口增长。经济相对发展滞后的地区，人口出生率最高，呈由乌兰巴托向外辐射递减的态势。蒙古国人口死亡率均在 6‰~8‰，远低于出生率，蒙古国人口增长率远高于中国和俄罗斯。第二次世界大战结束后，随着社会安定、经济发展、生活条件改善、现代医疗保健系统的建立，蒙古国出生率提高、死亡率下降，导致 1961~1989 年人口快速增长（图 1-33、图 1-34）。

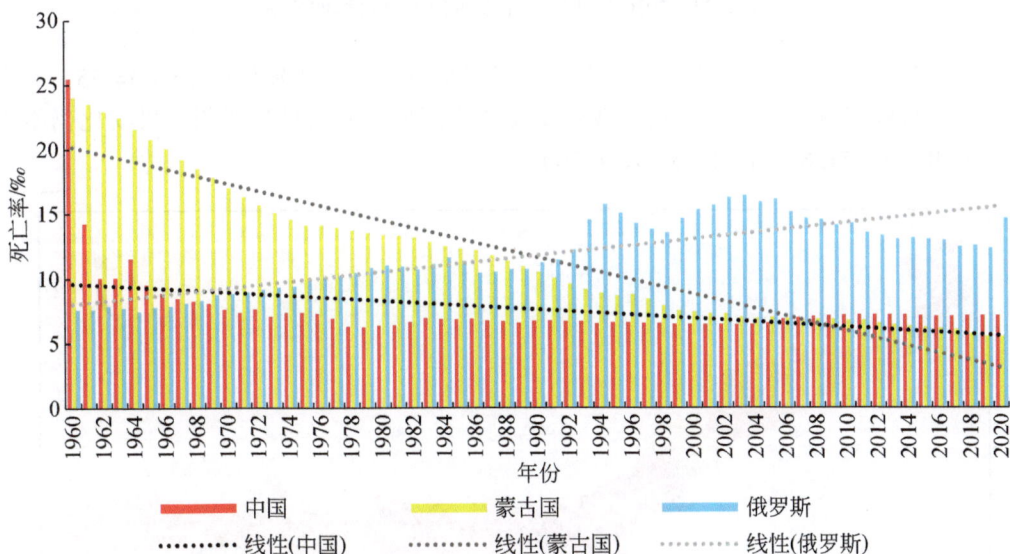

图 1-33　1960~2020 年中蒙俄三国人口死亡率

（3）性别结构

蒙古高原地区男性多于女性，男女性别失衡，社会稳定性较差。俄罗斯女性较多，欧洲部分死亡率高。2020 年男女比例俄罗斯为 46.3∶53.7，中国为 51.3∶48.7，蒙古国为 49.3∶50.7。空间分布上，2020 年男性比例高于 50% 的地区是中国的内蒙古和黑龙江，以及蒙古国的中东部的 9 个省份，男女比例最高的地区是蒙古国的南戈壁省 52.33∶47.67，其次是蒙古国的乌兰巴托 51.49∶48.51、中央省 51.38∶48.62。相反，俄罗斯 32 个州的女性比例均高于男性，且均高于中国和蒙古国，俄罗斯西部欧洲地区

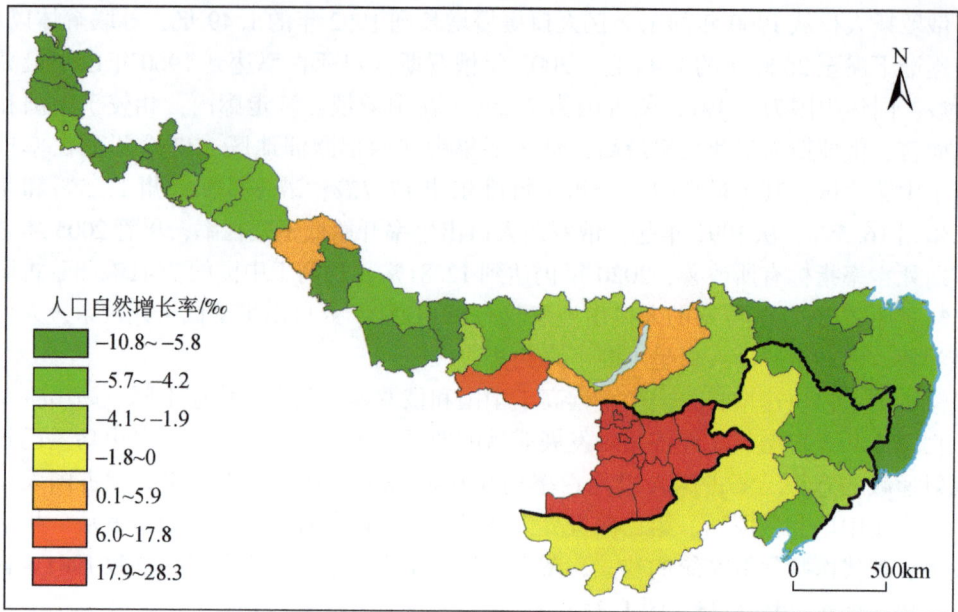

图 1-34　2020 年研究区主要省份人口自然增长率

高于中东部地区。女性比例最高的州是诺夫哥罗德州，男女比例为 45.25∶54.75，其次为下诺夫哥罗德州 45.48∶54.52，俄罗斯女性比例最低的州是秋明州，男女比仍不均衡，为 48.31∶51.69（图 1-35、图 1-36）。

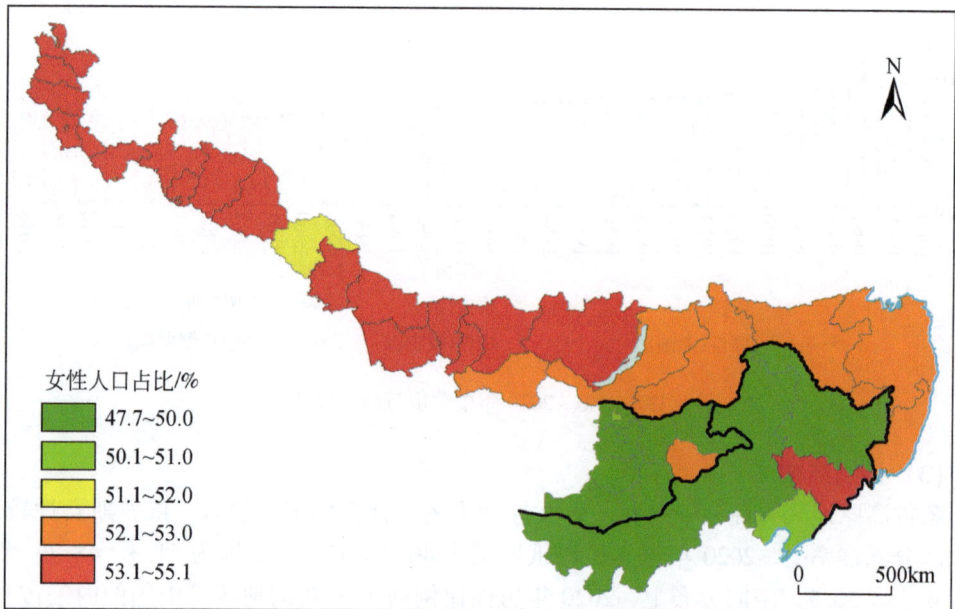

图 1-35　2020 年考察区主要省份女性比例

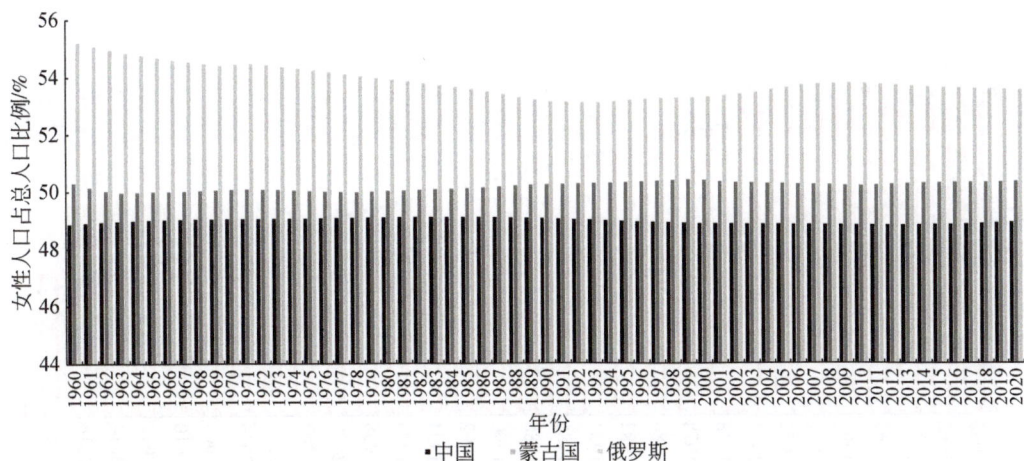

图 1-36　1960~2020 年中蒙俄三国女性人口占各国总人口比例

（4）年龄结构

近 60 年来，俄罗斯和中国 65 岁以上人口占比呈上升趋势，近年来中国老龄人口比例增长迅速。三国 14 岁以下人口都呈下降趋势，中国青少年下降最快，中国 14 岁以下人口比例已经接近俄罗斯，这与中国计划生育政策密切相关。2020 年俄罗斯 65 岁以上人口在总人口中占比为 15.51%，与之相比，中国经过 40 多年严格的计划生育政策，近年来 65 岁以上人口占比快速上升，从 2003 年的 8.68% 上升至 2020 年的 11.97%。中国 14 岁以下人口比例 2020 年为 18.03%，略高于俄罗斯 14 岁以下人口比例（17.68%）。而 15~64 岁的劳动力人口，中国占比虽有所下滑，但依然是三国中占比最大的，为 70.32%，其次为俄罗斯 66.13%（图 1-37、图 1-38）。

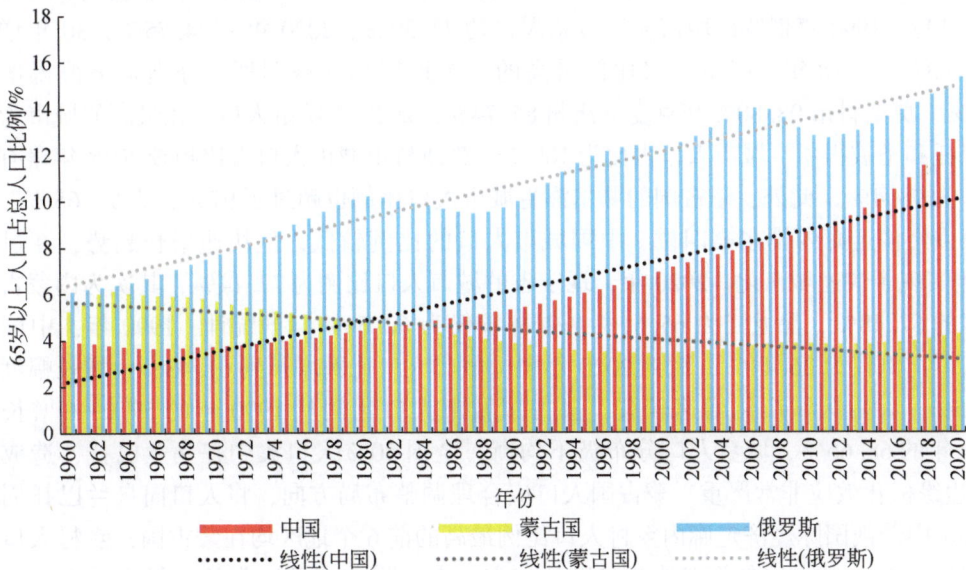

图 1-37　1960~2020 年中蒙俄三国 65 岁以上人口占各国总人口比例

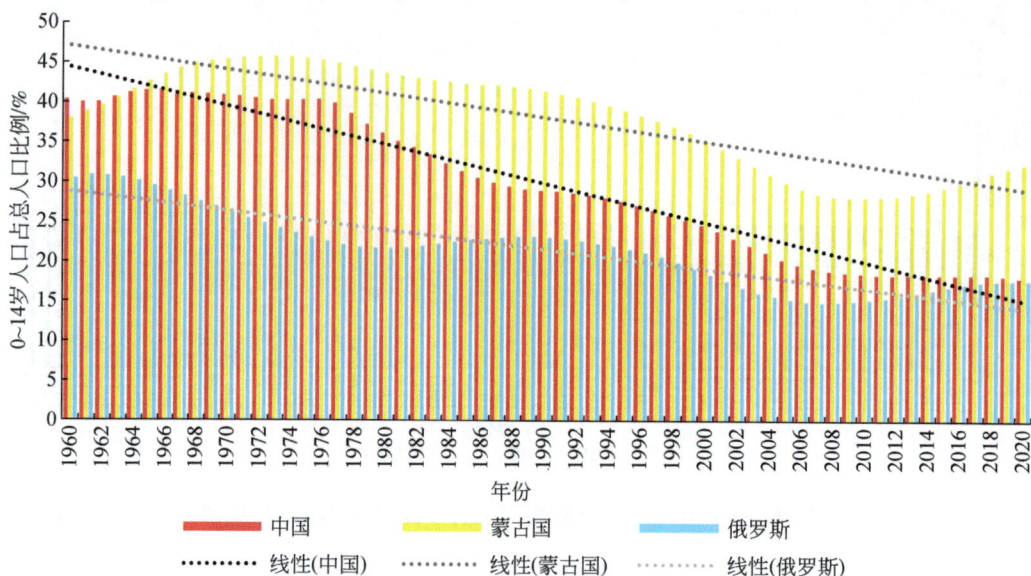

图 1-38　1960～2020 年中蒙俄三国 14 岁以下人口占各国总人口比例

　　蒙古国人口结构属于年轻型，增长潜力大。2020 年 65 岁及以上人口的比例仅为 4.31%，14 岁以下人口比例为 31.09%，15～64 岁人口比例为 64.59%。这种人口结构意味着人口增长的潜力大，处于人口结构的"黄金时代"，可充分发挥"人口红利"作用。可以说，对于工业不发达的蒙古国，在这期间，每年面临的新增劳动年龄人口就业压力还相当大。

　　（5）城乡结构

　　俄罗斯整体的城市化水平高于中国和蒙古国，城市人口比例增长缓慢（图 1-39、图 1-40）。1990 年俄罗斯城市人口占总人口的 73.39%，2020 年为 74.75%，30 年增加了 1.85%。2018 年，城市人口比例最高的三个地区均在俄罗斯，分别是圣彼得堡市 100%、莫斯科市 98.80% 和克麦罗沃州 85.74%。2020 年城市人口占比最高的城市为乌兰巴托和圣彼得堡，城市人口占比为 100%。莫斯科市城市人口占比相较 2018 年略有下降，为 98.4%。此外，蒙古国的鄂尔浑省城市人口比例也超过了 97%，为 97.65%，在中蒙俄经济走廊内排在第四位。中国城市人口的比例较低，呈快速增长趋势，在过去 30 年实现了快速城市化。2020 年，辽宁省的城市人口比例为 72.14%，其次为内蒙古自治区的 67.48%，黑龙江为 65.61%，吉林省仅为 62.64%。据统计，1990 年，中国城市人口比例仅为 26.44%，而到 2020 年中国城市人口比例增长到 61.43%，增长幅度接近 35%。蒙古国城市化增速较缓，蒙古国城市人口比例从 1990 年的 57.03% 增长到 2020 年的 68.66%，城乡人口分布极不均衡，全国 50% 人口集中在乌兰巴托，造成中心-边缘极化效应非常严重。蒙古国人口应合理调整布局方向，将人口向乌兰巴托周围迁移。中蒙俄国际经济走廊内乡村人口比例最高的前 6 个地区均在蒙古国，乡村人口占比超过 50%，其中排名前三的苏赫巴托尔省、中央省和中戈壁省的乡村人口占比达到 86.58%、81.77% 和 73.38%。

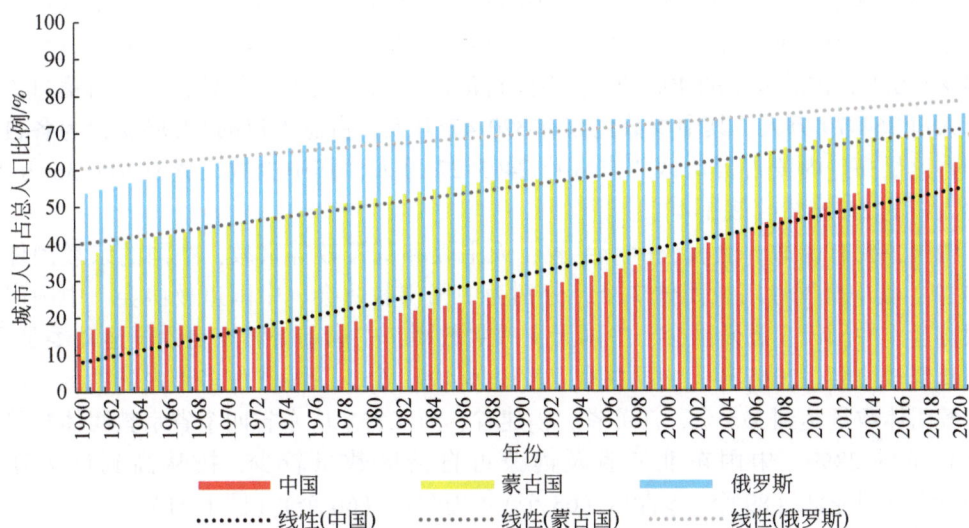

图 1-39　1960～2020 年中蒙俄三国城市人口比例变化

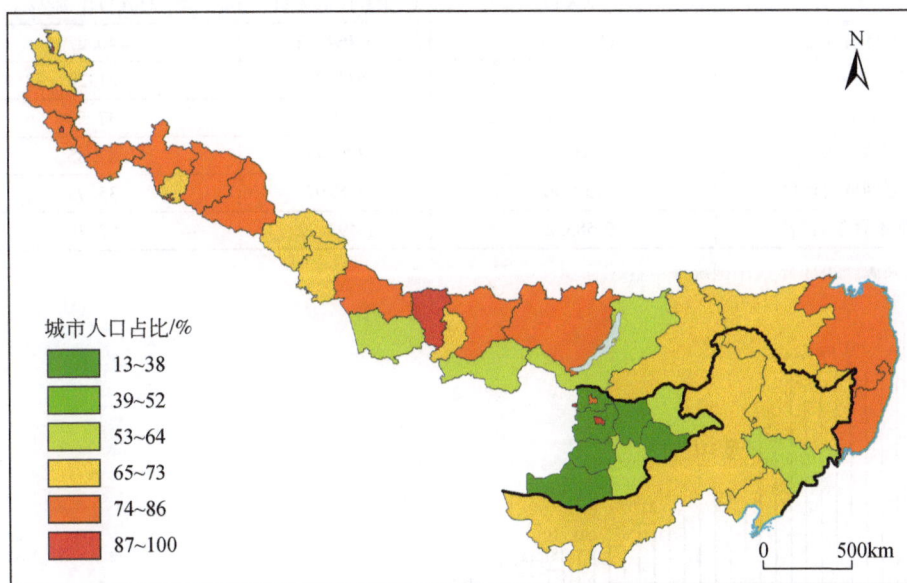

图 1-40　2020 年研究区主要省份城市人口比例

1.3.2　民族与宗教概况

(1) 中国

中华人民共和国成立后，通过识别并经中央政府确认的民族有 56 个，5 个少数民族自治区，30 个少数民族自治州。汉族人口最多，分布于全国各地，2020 年汉族人口占总人口的 91.11%。壮族是少数民族里人口最多的，占全国人口的 1.27%，主要分布于广西壮族自治区、云南省、广东省。回族人口分布广泛，主要集中在宁夏回族自治区和甘肃省。其余几个主要少数民族分别是满族、维吾尔族、苗族、彝族、土家族、藏族、蒙古族。2020 年年末，5 个自治区合计年末总人口 11 088.43 万人，其中少数民族 4464.82 万人，占总人口的 40.27%。不同自治区少数民族占比差异较大，西藏自治区年末人口 364.79 万人，其中少数民族有 320.47 万人，占总人口的 87.85%，为各自治区内占比最高。内蒙古自治区年末人口 2405.27 万人，其中少数民族有 511.36 万人，占总人口的 21.26%（表 1-4）。

中国主要有佛教、道教、伊斯兰教、天主教和基督教等宗教，中国的宗教团体约 5500 个，其中全国性宗教团体 7 个，分别为中国佛教协会、中国道教协会、中国伊斯兰教协会、中国天主教爱国会、中国天主教主教团、中国基督教三自爱国运动委员会、中国基督教协会。2015 年，中国共有宗教团体 4991 个，沿海省份多于内陆地区。江苏省宗教团体数量达到 375 个，江苏省、福建省、浙江省、广东省四个省宗教团体数量占全国总量的 28%。中国东北三省及内蒙古自治区数量较少，按从高到低为辽宁（145 个）>黑龙江（89 个）>吉林（68 个）>内蒙古（66 个）（图 1-41）。

表 1-4 2020 年中国 5 个民族自治区少数民族人口

地区	年末总人口/万人		少数民族人口占
	总人口	少数民族人口	总人口比例/%
5 个自治区合计	11 088.43	4 464.82	40.27
内蒙古自治区	2 405.27	511.36	21.26
广西壮族自治区	5 012.79	1 880.80	37.52
西藏自治区	364.79	320.47	87.85
宁夏回族自治区	720.36	258.97	35.95
新疆维吾尔自治区	2 585.21	1 493.22	57.76

资料来源：2021 年《中国统计年鉴》

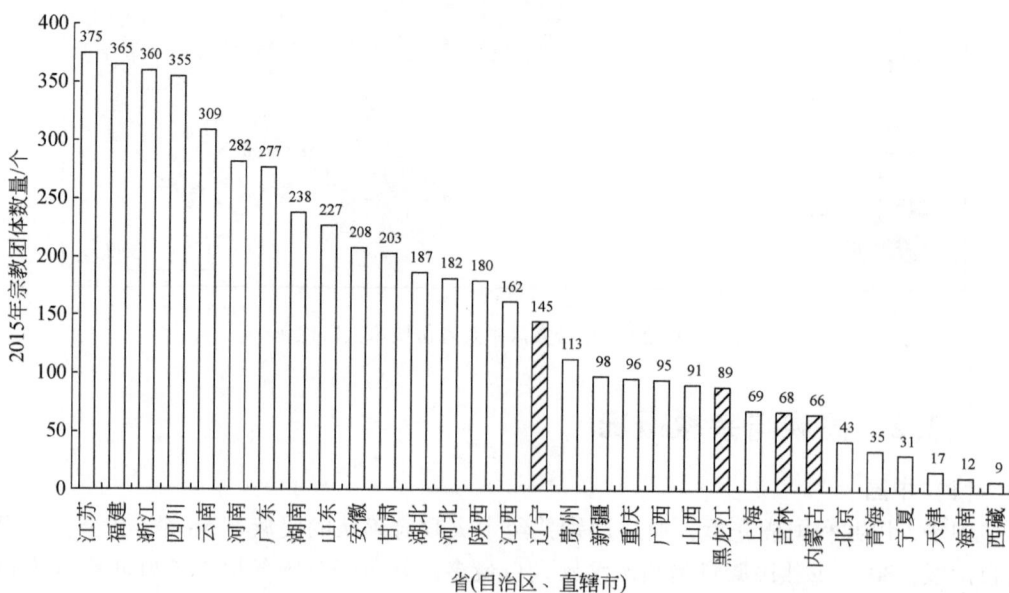

图 1-41 中国宗教团体数量

统计未包括港澳台

（2）俄罗斯

俄罗斯是一个统一的多民族国家，有 190 个民族，以俄罗斯族为主，2019 年俄罗斯族占比达到 80.90%。俄罗斯联邦的人口最多的民族依次为：俄罗斯族、鞑靼族、乌克兰族、巴什基尔族、楚瓦什族、车臣族、亚美尼亚族等。土著少数民族有阿巴扎族、阿留申族、阿留特族、贝塞米亚族、维普森族、沃茨族、多尔甘族、伊佐里亚族等。俄罗斯人民的语言属于以下语系：印欧语系、阿尔泰语系、乌拉尔语系、楚科奇-堪察加语系、爱斯基摩-阿留申语系、叶尼塞语系及东北高加索语系（表 1-5）。

表 1-5　俄罗斯主要民族人口数及比例

民族	语系	主要分布区	1989 年		2002 年		2010 年	
			数量/人	占比/%	数量/人	占比/%	数量/人	占比/%
俄罗斯族	印欧语系	欧洲俄罗斯	119 865 469	81.50	115 889 107	80.60	111 016 896	80.90
鞑靼族	阿尔泰语系	欧洲俄罗斯	5 522 096	3.80	5 554 601	3.90	5 310 649	3.90
乌克兰族	印欧语系	欧洲俄罗斯	4 362 872	3.00	2 942 961	2.00	1 927 888	1.40
巴什基尔族	阿尔泰语系	欧洲俄罗斯	1 345 273	0.92	1 673 389	1.16	1 584 554	1.15
楚瓦什族	阿尔泰语系	欧洲俄罗斯	1 773 645	1.21	1 637 094	1.14	1 435 872	1.05
车臣族	东北高加索语系	高加索	898 999	0.61	1 360 253	0.95	1 431 360	1.04
亚美尼亚族	印欧语系	高加索	532 390	0.36	1 132 033	0.79	1 182 388	0.86
阿瓦尔族	东北高加索语系	高加索	544 016	0.37	814 473	0.57	912 090	0.66
莫尔多瓦族	乌拉尔语系	欧洲俄罗斯	1 072 939	0.73	843 350	0.59	744 237	0.54
哈萨克族	阿尔泰语系	南方	635 865	0.43	653 962	0.46	647 732	0.47

俄罗斯东正教会是俄联邦规模最大、最具影响力的宗教组织，2019 年东正教注册团体数量达到 18 550 个，远高于其他宗教（表 1-6）。俄罗斯各地区宗教团体数量差异巨大，鞑靼斯坦共和国宗教团体数量远高于其他地区，且增长迅速。2015 年，鞑靼斯坦共和国拥有宗教团体 1788 个，到 2018 年增长到 1955 个，增加了 167 个。数量最少的是图瓦共和国，2018 年共有 58 个宗教团体（图 1-42）。

表 1-6　2019 年俄罗斯正式注册的各种宗教团体数量　　　　（单位：个）

宗教组织名称	已注册宗教团体数量（截至 2019 年底）
东正教	18 550
旧礼仪派	387
罗马天主教	237
路德教	222
福音派浸信会	889
新使徒教会	46

宗教组织名称	已注册宗教团体数量（截至 2019 年底）
长老会	194
福音派基督教会	878
全福音派基督教会	59
基督教使徒会	10
佛教	269
犹太教	268
亚美尼亚使徒教会	106

资料来源：2020 年《俄罗斯联邦统计年鉴》

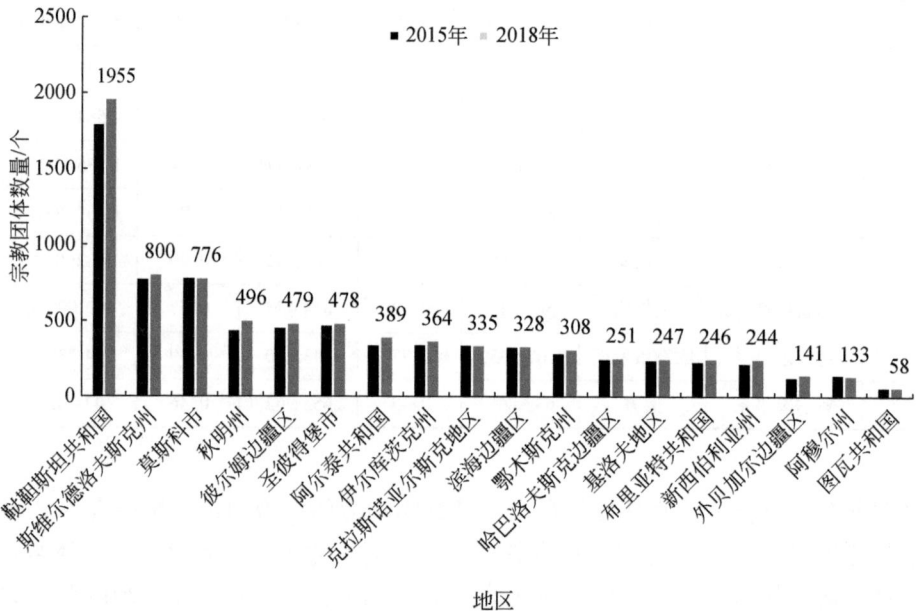

图 1-42　俄罗斯宗教团体数量

（3）蒙古国

蒙古国的主体民族即喀尔喀蒙古族，约占总人口的 86%，其余 14% 为其他支系，包括土尔扈特人、巴岳特人、布里亚特人、达里冈嘎人、扎哈沁人以及生活在中蒙边境的巴尔虎人、乌珠穆沁人等。由于居住地域的不同，各地各部落之间存在方言差异，互相之间以喀尔喀蒙古语为交际语言。社会主义时期的蒙古国照搬苏联民族政策模式，在蒙古人内部进行了区分部落分支的政策，从而导致在一定历史时期蒙古人内部部落意识增强，加剧了蒙古人内部的部族矛盾，这一情况 1991 年后才有所好转。除蒙古语族外，蒙古国突厥语族也有分布，占总人口的 4.5%。其中，哈萨克族最多，人口为 156 000 人；其次是图瓦人 34 000 人、霍屯人 11 304 人，分布于蒙古国西部地区；驯鹿民族查腾族人口最少，只有 500 人。通古斯语族在蒙古国也有分布，主要是鄂温克族的分支哈穆尼堪鄂温克人。除此之外还有少量俄罗斯族。

蒙古国境内的蒙古人曾经普遍信仰萨满教，13 世纪以来由于受到贵族上层的推动开始在境内推广藏传佛教，到明清时期藏传佛教在蒙古得到了非常好的发展，整个宗教体系日臻完善。蒙古国宗教建筑集中于首都乌兰巴托市，2018 年全国宗教建筑共有 364 座，其中乌兰巴托有 193 座，占全国数量的 53%，且数量增加很快，2010～2018 年增速达到 49.6%。2022 年全国宗教建筑减少为 346 座，乌兰巴托宗教建筑减少为 176 座，约占全国数量的 51%（图 1-43）。

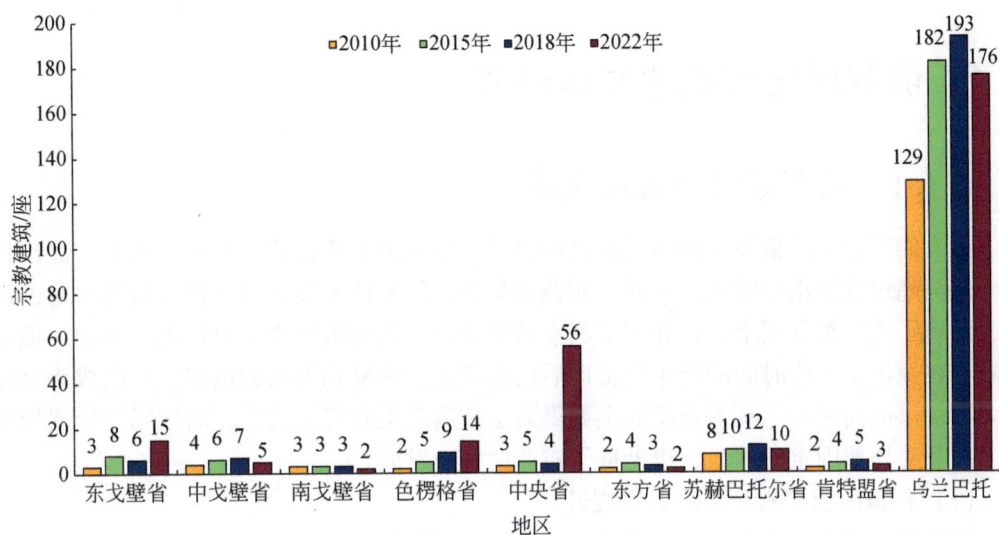

图 1-43　蒙古国宗教建筑数量

第 2 章　中蒙俄经济走廊俄罗斯区域经济社会发展

2.1　俄罗斯区域农业发展研究

2.1.1　俄罗斯农业发展现状

在人们广泛关注俄罗斯能源和武器的时候，俄罗斯农业已悄然复兴，俄农产品出口收入甚至超过武器出口收入。在西方制裁背景下，俄罗斯不仅解决了粮食自给自足的问题，保障了国家粮食安全，还夺回了其在沙皇统治时期的世界小麦出口霸主地位。俄罗斯农业在经历了一段时间的严重危机以后已逐步走上恢复和振兴的道路，一跃成为全球最大粮食供应商之一。其农业崛起主要得益于政府政策和资金扶持，而国际油价崩塌和西方制裁等外部因素的刺激，也助推了农业的快速发展。

（1）种植面积和农业生产效率提升

俄罗斯登记在册的农用土地高达 2.2 亿 hm^2，其中耕地面积约为 1.25 亿 hm^2，人均耕地面积为 0.84hm^2。地多人少、农业用地相对丰裕、土地经营成本低等农业生产特点为俄罗斯农业现代化转型以及向农业大国的跨越提供了有效支持，是俄罗斯农业发展的巨大优势。近年来，俄罗斯政府通过各种政策刺激耕地面积增加。2020 年全俄的总种植面积为 7992.1 万 hm^2，较 2019 年增加 4.1 万 hm^2。其中，小麦、黑麦、玉米、黍米、荞麦、亚麻的播种面积较 2019 年有所增加，而大麦、燕麦、粮用豆类作物、甜菜、土豆、蔬菜和饲料作物的种植面积则有不同程度的减少。2020 年俄罗斯谷物类作物的播种面积为 4789.6 万 hm^2，较 2019 年增加 123.6 万 hm^2，其中小麦的种植面积最大，约占谷物类作物播种面积的 61.5%。目前俄罗斯很多地区农作物产量有很大提升潜力，从粮食单产来看，俄罗斯平均产量为 2200～2600kg/hm^2，一些气候条件良好的地区可达 4000kg。这与近年来该国育种质量提高，以及开始大规模种植高质量的粮、油及其他作物有关。以水稻为例，由于育种改良，近十几年来水稻产量有很大提高，2000 年为 3500kg/hm^2，2005 年达到 4200kg，2010 年提高到 5200kg，2015 年以后已经达到 5600kg。总体上看，由于农业耕种水平的提高，2020～2025 年俄罗斯粮食产量有望达到 3000～3500kg/hm^2，年产量可达 1.3 亿～1.4 亿 t，在满足国内需求的基础上，能够继续保持世界小麦出口第一的地位。

（2）农业发展规划体系发挥牵引作用

为推动农业发展，俄罗斯出台了一系列战略规划，主要包括农业发展规划，农村地区发展战略与专项规划，农用土地的法律、战略与规划，以及农业科技发展规划等，其主要着力点为：加大农村基础设施建设投入，促进农村地区稳定发展，创造适宜农业发展的基础环境；加强对农业用地的监控，建立可信的农业用地信息系统，防治土地流失；鼓励农业投资，加大对优先领域的扶持力度；提高农业科技水平，加大农业急需人才培养力度，激发农业创新活力。当前，通过战略规划支持，俄罗斯农业发展无论是在资金投入，还是在制度建设上都取得了一定成效。资金投入方面，目前农业生产者获得的国家支持达 30 多种。

自 2020 年起，俄罗斯对农业方面的国家支持开始执行新规，将之前的三种补贴即牛奶补贴、一公顷补贴和统一补贴进行合并，调整为补偿性补贴和刺激性补贴两种。补偿性补贴的目的是维持农业生产者的盈利能力，而刺激性补贴则用于支持地区有前景的农业生产经营者。2020 年俄罗斯对农业部门的支持资金超过 3000 亿卢布。制度建设方面，大型农业生产企业在市场原则基础上重新崛起，农场逐步建立，各类农业行业协会渐次成立，国家参与的农业保险制度得以重建。以上各种规划都是农业战略性发展的牵引力量，推动俄罗斯向农业大国迈进。

（3）进口替代政策发挥推动作用

俄罗斯农业进口替代政策始于其保障本国食品安全的计划。2010 年 1 月俄罗斯批准《俄罗斯联邦粮食安全学说》，提出了到 2020 年主要食品的自给率所需达到的指标。2014 年普京总统签署《关于采取特定经济措施确保俄联邦安全总统令》，要求未来一年内禁止从对俄罗斯实施制裁措施的国家，包括美国、欧盟国家、加拿大、澳大利亚、挪威、乌克兰、阿尔巴尼亚、冰岛和列支敦士登公国进口肉类、水果、乳制品及坚果等食品。此后，随着欧美等国对俄罗斯的制裁升级，俄罗斯农产品进口禁令也一再顺延。这个禁令为俄罗斯进口替代向出口导向转型提供了政策支持，对促进俄罗斯农业发展发挥了一定作用。近年来，伴随"进口替代"政策的实施，2014～2019 年俄罗斯农产品出口额增长了一半以上，从 2013 年底的 168 亿美元增至 2019 年底的 256 亿美元，特别是肉制品、油脂产品、食品加工产品的出口供应量显著增加，俄罗斯日益成为世界粮食市场上包括小麦、植物油、糖等主要农产品的供应国。

（4）种植业和养殖业总体呈增长势头

俄联邦国家统计局的数据显示，2020 年俄罗斯谷物类粮食加工后的总产量达 1.33 亿 t，同比 2019 年增产 9.8%。其中，小麦产量占谷物类粮食总产量的比例为 64.6%，较 2019 年增加 3.2%；小麦总产量达 8590 万 t，同比 2019 年增产 15.3%；稻米产量达 114.1 万 t，同比 2019 年增产 3.9%；温室大棚蔬菜产量创下新高，产量达 130 万 t，较 2019 年增产 13.5%。

除种植业之外，养殖业对农业的贡献也很大，2020 年俄罗斯所有类别农场中的肉禽屠宰量（活物称重）为 1560 万 t，比 2019 年增产 3.1%；各类农场的牛奶产量增长 2.7%，达到 3220 万 t；鸡蛋产量与 2019 年持平，达到 448 亿枚；2020 年俄罗斯牛的存栏量为 1805.54 万头，较 2019 年减少 7.06 万头，同比下降 0.4%；猪的存栏量为 2585.54 万头，较 2019 年增加 69.23 万头，同比上升 2.8%；羊的存栏量为 2193.78 万头，较 2019 年减少 67.98 万头，同比下降 3.0%。同时，如图 2-1 所示，2010～2022 年，俄罗斯的种植业、畜牧业生产总值呈明显上升趋势，占农业生产总值的比例逐年增大。

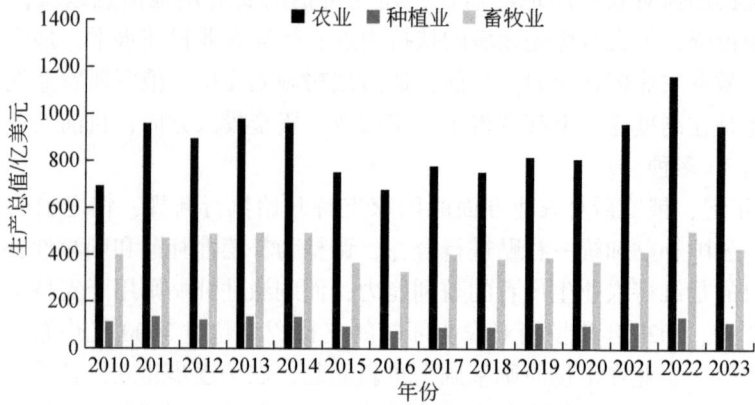

图 2-1　俄罗斯 2011～2020 年农业、种植业、畜牧业生产总值

（5）粮食产量稳步增长

近年来，全球经济增速放缓给俄罗斯经济带来了巨大挑战，但俄罗斯农业却成为其经济发展的一大亮点。2014 年，由于西方对俄制裁，国际市场动荡不堪，原油价格在 15 个月内跌幅超过 70%，卢布跳水。多重压力下，俄罗斯经济大幅下滑，甚至陷入严重衰退，2015 年 GDP 下降 3.7%，2016 年仍为负增长。

然而，自从 2014 年开始，俄罗斯的农业经济却出现了正向增长势头（图 2-1、图 2-2）。2015 年俄罗斯农业产值增长 2.6%，肉类产量达到 948.39 万 t，比上一年增长 4.6%，为苏联解体后的最高水平（1991 年为 937.52 万 t），首次达到"安全水平"（自给自足率不低于 85%）。2016 年俄罗斯粮食产量为 1.207 亿 t（图 2-3），达到 1978 年以来最高水平。2016 年，俄罗斯鱼类和其他水生生物资源捕获量为 480 万 t，增长 5.5%，达到 15 年来的最高水平。2016 年，俄罗斯甜菜产量为 4800 多万吨，超过法国、美国和德国，成为世界最大的甜菜糖生产国。俄罗斯时任农业部长特卡乔夫称"俄罗斯的粮食增产潜力巨大，未来 10 年内俄粮食年产量应增至 1.5 亿 t"。2017 年俄罗斯粮食产量创下了 1977 年来的新高，达到 1.355 亿 t。据俄罗斯政府统计，2018 年俄罗斯粮食总产量达到 1.128 亿 t。全年俄罗斯农产品出口额同比增长了 20%，达 250 亿美元左右。俄罗斯农业部 2019 年宣布俄罗斯国内粮食作物收成达 1.212 亿 t，其中 0.75 亿～0.78 亿 t

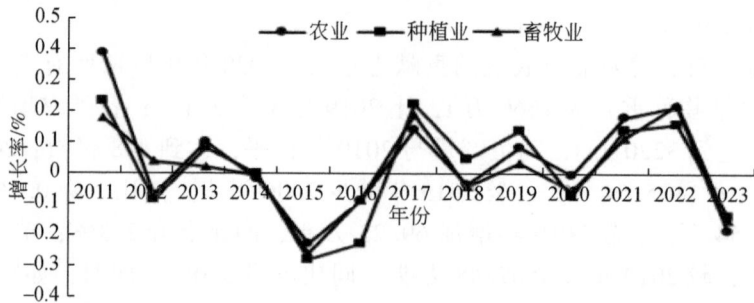

图 2-2　俄罗斯 2011～2020 年农业、种植业、畜牧业生产总值增长率

为小麦。截至 2020 年，俄罗斯粮食总产量达到 1.334 亿 t，与粮食产量历史最高值——2017 年粮食产量几近持平。

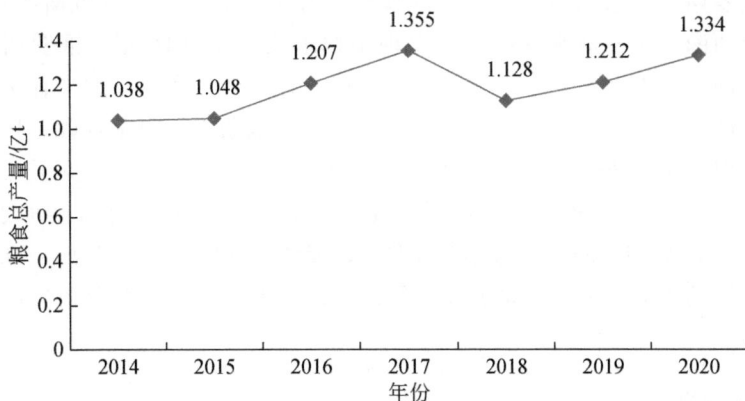

图 2-3　俄罗斯 2014～2020 年粮食总产量

目前，俄罗斯已成为世界农业强国，农业为其经济的可持续发展提供了强大动力。纵观近几年俄罗斯经济形势，可以发现几个关键节点：2015 年，俄罗斯农业逆势增长，成为经济部门中为数不多的正向增长；2016～2017 年，俄罗斯粮食产量连续刷新 20 世纪 70 年代以来的纪录，创下 1.355 亿 t 的历史最高纪录；2018～2020 年，俄罗斯粮食产量实现稳步增长。目前，俄罗斯不仅基本实现了粮食的自给自足，更成为全球粮食出口大国、第一大小麦出口国。2020 年 12 月 21 日，莫斯科谷物交易在衍生品市场上推出了小麦期货交易，进一步促进了谷物贸易的发展。

（6）粮食出口保持较高增长态势

近年来，俄罗斯的农业生产得到快速发展，农产品和食品出口成为拉动俄罗斯经济增长的主要因素。俄罗斯向 130 多个国家出口粮食，最大买家有埃及、土耳其和伊朗。俄罗斯于 2002 年开始大规模出口粮食，并成为全球小麦出口国前十名，近年来俄罗斯一直在世界小麦市场处于领先地位。2014 俄罗斯粮食出口占全球出口量 7%，小麦出口占全球出口量 12%。2014 年俄罗斯农产品出口额为 189 亿美元，同比增长 12.5%。在 2014 年以前，俄罗斯三分之二的出口收入和 50% 的财政收入源于油气收入。而在 2016 年，俄罗斯在 21 世纪首次成为全球最大粮食出口国。在农业领域，中俄农业合作正在不断加强，农产品贸易已经成为中俄贸易新的增长点。2016 年，俄罗斯农产品 10 年来第一次实现对华贸易顺差，近年来俄罗斯向中国出口的农产品规模大幅增长，2020 年，中国在俄罗斯农产品进口总额中所占份额为 13.7%。俄罗斯对中国的农产品供应在 2020 年比上年增长了 27%，达到 40.49 亿美元。目前，中国已经成为俄罗斯食品的最大进口国。

如图 2-4 所示，2014～2020 年俄罗斯农产品出口整体呈上升趋势，特别是 2014 年俄罗斯农产品出口额达 189 亿美元，同比增长 16.5%，创下历史纪录。2015 年，虽然经济形势和外交局势严峻，制裁及禁运降低了俄罗斯出口潜力，但俄罗斯农产品与食品出口仍达到 160 亿美元。俄罗斯依然是世界食品和农产品出口大国。2016 年俄罗斯食品和农业原料的出口总额约为 171 亿美元，较上年增长 6.9%；小麦出口 2900 万 t，比上年增长14%，超过美国和加拿大，首次登上世界首位。小麦出口已经连续多年保持高位，小麦绝大部分出口到北非和近东地区，2016年起，俄罗斯成为全球最大小麦供应国。另外，俄罗斯种植水稻的历史短、规模小，且主要只分布在克拉斯诺达尔边疆区、罗斯托夫州等西南地区，但水稻产量也出现小幅增长。在2016年，俄罗斯水稻种植面积仅仅是小麦面积的1/134，是大麦面积的1/40。近年来，俄罗斯大米在国内和国际市场需求增加，俄罗斯生产的大米出口到土耳其、土库曼斯坦、阿塞拜疆、比利时、蒙古国和哈萨克斯坦等多达36个国家。同时，俄罗斯肉类产量增加，减少了从欧盟和巴西的肉类进口数量。2017年俄罗斯实现了创纪录的粮食大丰收，有力推动了农业出口。2017年俄罗斯农产品和食品出口额增长了约21.05%，达到207亿美元。2020年，俄罗斯农产品出口达到307亿美元，是近几十年以来最高值。未来俄罗斯粮食出口有望进一步增长。

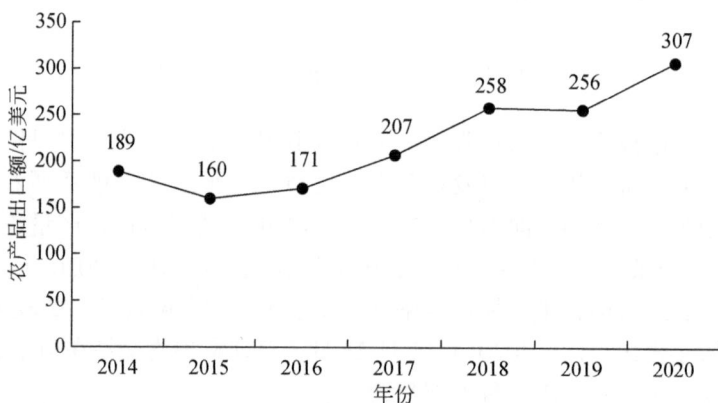

图2-4　2014~2020年俄罗斯农产品出口

俄罗斯农产品出口收入2016~2019年连续4年超过武器出口收入（年均150亿美元）。俄罗斯农业部已把农产品出口扶持项目加入国家农工综合体发展规划，2013~2019年俄罗斯农产品出口额增长了一半以上，从2013年的168亿美元增至2019年的256亿美元，特别是肉制品、油脂产品、食品加工产品的出口供应量显著增加，俄罗斯日益成为世界粮食市场上包括小麦、植物油、糖等主要农产品的供应国。

俄罗斯时任总理梅德韦杰夫曾在政府会议上表示，2035年前俄罗斯争取达到1.5亿t的粮食年产量和5590万t的年出口量。虽然俄罗斯目前的有机农业发展尚处在初级阶段，但其有志成为全球最大有机食品供应国，接下来将以中国、日本和韩国为核心的亚洲地区作为有机食品主要供应目标市场。俄罗斯正在重拾世界粮食市场主要供给国的地位，农作物将成为俄罗斯继能源之后的第二大出口对象。

（7）引资能力不断提高

2017年，俄罗斯农业部门共吸引约6120亿卢布投资，而2016年为5880亿卢布，这表明投资者对这一行业继续保持兴趣，行业也存在吸引投资者的增长点。目前，农业领域的大多数投资方案均由大型集团公司实施，以扩大现有生产为目的。这些方案大多涉及获利空间较大的肉类和蛋类行业，以及目前尚未全部实现进口替代的蔬菜生产行业。此外，大型国外公司也继续入驻俄罗斯市场。从外国企业近年的投资方案看，主要投资领域集中在温室蔬菜种植上，每年以 30% 的速度增长。2017 年俄罗斯温室种植面积提高到 2600hm²，其中 600 多公顷是最近 5 年出现的。

（8）政策扶持力度不断加大

当前，俄罗斯农业发展面临的问题主要是部分产品市场过度饱和，这促使俄罗斯农业生产者从扩大生产规模转向开发新的产品类别、提高原料质量、深化加工水平等方面，俄罗斯也出台了新的扶持政策帮助行业重组。当前，一些大中型农业生产商正计划开发新的市场空间，如生产非传统粮食作物、开发新的畜牧养殖业以进行深加工生产。俄罗斯农业发展中也存在一些结构性问题影响了粮食销售利润的提高，如南部港口粮食换装能力不足，粮食仓储面积不够使得中间商的盈利空间有限。为此，俄罗斯不断出台政策措施解决交通物流问题。同时，俄罗斯还提供资金支持对现有生产企业进行技术革新和改造，如生产大功率拖拉机、联合收割机、研发和生产混合动力机械等。另外，不断加强对农业债务重组的政策支持，为农业提供年利率为 3% ~ 5% 的优惠贷款。每年加大对农业的投入，投资增长率为 8% ~ 10%，并由国家和地方政府牵头，加快培养农业管理人员，为其提供机会到国内外培训，提高其专业水平。

2.1.2　俄罗斯农业崛起的原因

俄罗斯具有发展农业得天独厚的自然条件，但在高油价、外汇充足、财政充裕时期，农业没有得到政府的足够重视。2000 年普京执政后，将农业视为关系国计民生的重要领域，他指出"没有俄罗斯农业的复兴就不可能有俄罗斯经济的复兴"。随着经济形势好转，俄罗斯开始进一步加强农业私有化的改革力度，加大国家对农业的支持，且国际油价跳水和西方制裁等外部因素的刺激，进一步加快了俄罗斯农业崛起的速度。

（1）俄罗斯拥有得天独厚的自然条件和黑土地资源

俄罗斯是世界上国土面积最大的国家，农业地区土地平坦、肥沃，很适合机械化作业。农业是俄罗斯经济最重要的支柱产业之一，集中了国内约 13% 的基本生产设备和 14% 的劳动力，产值约占 GDP 的 6%，农业发展潜力巨大，被称为俄罗斯"经济的未来"。俄罗斯农用土地占到国土面积的 12.9%，高达 2.2 亿 hm²。其中，耕地面积为 123 万 km²，位列世界前茅，约占世界总耕地的 10%。俄罗斯已开垦的耕地面积约有 1.25 亿 hm²，人均耕地面积达到 0.84hm²，是中国的 9 倍，但有接近 10 万 km² 的耕地处于闲置状态。其主要农业区位于西伯利亚和远东地区，主要种植农作物包括谷物（小麦、大麦、燕麦、黑麦、荞麦、玉米等）以及豆类、马铃薯、甜菜、亚麻等，其中种植面积最大的是小麦。主要畜牧动物为牛、绵羊、山羊及猪等。

自 2010 年起，俄罗斯就一直在开垦世界上面积最大的黑土带，逐步加大农产品的种植面积。俄罗斯有 25% 的土地，即约 4 亿 hm² 具有农用价值，而目前实际使用量仅为 50% 左右。肥沃的土地和低廉的土地成本成为俄罗斯农产品全球竞争的巨大优势。以俄罗斯农产品出口的主要品种之一小麦为例，俄罗斯生产每吨小麦的综合成本不到 100 欧元，而相比之下，澳大利亚的成本接近 200 欧元。因此，近年来俄罗斯农产品不断以低廉的价格，抢占欧美传统粮食出口国家的市场份额。

（2）私有化改革进一步深化

十月革命后，苏联将土地收归国有，此后这种单一的土地国有制保持了整整 70 年。

农业生产组织形式主要有两种：集体农庄和国有农场。在这种土地制度下，农业从业者完全没有生产积极性，生产率低下，导致农产品严重短缺，农业发展停滞不前甚至长期处于落后局面。伴随着俄罗斯经济的全盘西化，俄罗斯政府颁布了一系列农业改革政策和法令，围绕着土地私有化和国有农场、集体农庄的改组进行了改革。1991 年 4 月颁布和实施《俄罗斯联邦土地法典》，1991 年 12 月和 1993 年 10 月相继签署《关于俄罗斯联邦实施土地改革的紧急措施》《关于调节土地关系和发展土地改革》两项总统令。主要内容包括：取消国家对土地的垄断，土地所有者有权自由支配自己的土地份额，包括出售、出租和赠送土地份额；改组集体农庄和国有农场并重新登记，建立多种农业经营组织形式。为推进农业的市场化，1991 年，俄罗斯联邦政府取消了对农副产品的价格补贴，农产品实行自由价格，在市场体系不健全的情况下，放开价格加剧了工农业产品价格剪刀差，农业生产受到极大影响。强力推行土地私有制改革并没有彻底解决农用土地自由买卖的问题，在私有化过程中并没有建立起相应的农业经营机制，农业劳动生产率没有得到有效提高，国家对农业的支持有限。土地私有化改革并未真正落到实处，过激的改革措施不仅没有促进农业的发展，反而导致农业生产加速下滑，甚至长期陷入困境。20 世纪 90 年代俄农业陷入严重的危机之中。

2000 年普京执政后，为加快农业发展，俄政府相继出台了一系列促进农业发展的法规政策，加大对农业的支持力度。2001 年 10 月新的《俄罗斯联邦土地法典》出台，2002 年 6 月通过《俄罗斯联邦农用土地流通法》，随后又陆续出台《俄罗斯联邦税法典》《俄罗斯联邦农业发展法》等相关法律。这些法律法规的实施促进了俄罗斯农业改革的深化，最终解决了农用土地自由买卖的问题，使农用土地流通有了法律基础，确保了农业政策的稳定性。2007 年 7 月，俄罗斯政府颁布了《2008～2012 年农业发展、农产品市场调节、农村发展规划》，这是俄罗斯独立以来颁布的第一个农业发展五年规划。该规划中提出了一系列农业发展阶段性目标，在一定程度上改善了农业商品生产者的经营状况，确保了农业的持续发展。

2011 年 11 月 17 日，俄罗斯农业部公布了《2013～2020 年俄罗斯联邦农业发展和农产品、原料和粮食市场调控国家纲要》（简称《新纲要》）。《新纲要》在 2006 年《关于农业发展》的联邦法律和《2020 年前俄罗斯联邦社会经济发展长期构想》的原则基础上制定，是规划未来俄罗斯农业发展的纲领性文件。《新纲要》制定的总体目标是实现俄罗斯食品安全各类产品供应的本地化；在发展农业创新的基础上提高俄罗斯农产品在国内外市场上的竞争力，优化农工综合体的制度结构，为企业发展创造有利条件，提高农业部门的投资吸引力；保证农工综合体生产者的财务稳定；提高农业土地和其他自然资源利用效率，促进生产生态化；保证农村稳定发展。在总体目标下，《新纲要》确定了以下具体任务：为保护和恢复土壤肥力创造条件，发展农业用地土壤改良；提高农村居民的就业率、生活水平和生活质量；促进主要农产品生产的增长；针对检疫传染病和特别危险的动物疾病实施反流行病措施；支持农工综合体中加工业部门和农产品市场基础设施的发展；促进农工综合体的投资活动和创新发展，将预算资金投入基础建设项目；提高调控国内外农产品市场的效率；提高农业生产者的财务稳定性；提高农业用地的使用效率；保证农工综合体各部门管理功能的实现；为农业发展和农产品市场调控措施的实施提供科学保障；完善农工综合体的信息保障系统。

随着农业私有化改革的不断深入，俄罗斯出现了多种农业生产组织。目前，俄罗斯的农业生产经营主体可概括为三种：第一，农业企业，包括一些原有的集体农庄与国有农场、新组建的股份公司、合伙公司和农业生产合作社；第二，家庭农业，包括公民个人副业经济、集体果园和个人菜园；第三，农户（农场）经济。农业企业占比53%，家庭农业占比35%，农户（农场）经济占比12%。这三种不同类型的农业生产组织在发展过程中形成了自然的劳动分工。俄罗斯还通过引入农业控股形式，组建了一些大型农业控股公司，实现规模化经营，劳动生产率大大提高。这些农业控股公司控制着俄罗斯五分之一的耕地面积，贡献了超过40%的农业产值。

（3）政府和金融机构对农业的扶持

为进一步扩大农业从业者数量和提高农村生活水平，保护和恢复自然资源，根据《2008～2012年农业发展、农产品市场调节、农村发展规划》，俄中央和地方政府在5年间累计向农业拨款1.1万亿卢布。2012年俄罗斯加入世界贸易组织后，农业被俄罗斯视为重点保护领域，为尽快提高农业竞争力，政府和金融机构不断完善对农业的补贴政策，加大资金扶持力度。2005～2010年，俄罗斯政府对农业的财政直接支持就增长了135%。

2013年，俄罗斯进一步加大对农业扶持力度，对农业的补贴率为13.5%，补贴额为1904亿卢布（约合57.7亿美元），同比增长28%。为了扶持农机设备产业的发展，自2013年1月1日起，俄罗斯政府大幅提高对国产农机设备的补贴幅度，由15%提高到30%。尽管面临严重经济危机，但俄罗斯政府2014年用于农业发展的投资达1880亿卢布（约合23亿美元），使农业实现3.7%的年度增长，农产品出口大增。为了提高对农业生产的资金保障能力，除了直接资金补贴外，俄罗斯政府还加大了对各类金融机构的扶持。2013年俄罗斯政府向俄罗斯农业银行注资300亿卢布（约合10亿美元），以确保银行资本充足，向农工综合体领域的中小型企业、农业消费合作社、农民（农场主）和私人企业家提供贷款。

2015年7月31日俄政府出台第766号令，扩大国家在农业领域的扶持范围，主要有奶牛养殖、农产品和畜牧产品加工、育种和基因育种中心、批发和配送中心，以及对葡萄酒生产厂的现代化改造。2015年俄罗斯政府共向农业领域投资2000亿卢布（约合30.3亿美元），可以说政府对农业的支持力度史无前例。

虽然俄罗斯继承了苏联时期遗留的不合理的农业部门与制度，但政府在改善本国农业方面作了不少努力，从计划经济向市场经济的转变已从根本上重组了本国的农业生产和贸易。俄罗斯政府在2014年颁发的禁止或限制从部分西方国家进口包括蔬菜、水果、肉类、乳制品等在内的农产品的法令，大大促进了本国农业发展，农业经济持续正向增长。俄罗斯政府投入大量资金用于设施修建、改良土壤和水利条件，温室面积已经覆盖至少$25km^2$（统计至2018年底），并大量进口农机农具，建立大规模农业控股企业，同时提高农业补贴资金数额。即使在财政严苛的2017年，俄罗斯政府对本国农业也投入了国家扶持资金，还引入了对农业企业优惠贷款的机制。

2019年，俄罗斯政府重新制定了国家农业发展规划，将其延长到2025年。在新版本中，添加了"农产品出口的发展""农业数字化""农民与农业合作支持体系建设"等多项内容。同时，该计划的总预算增长了近三倍，即从22 000亿卢布到82 000亿卢布，各级预算从 2970 亿卢布增加到 7930 亿卢布。2021～2025 年，全国财政拨款资金预计为 42 000 亿卢布，其中中央财政拨款为 23 300 亿卢布。自 2018 年以来，该计划的各主要项目均逐步实施，旨在确保粮食安全、提高附加值、保证出口增长以及扩大固定资产投资。到 2025 年，农产品产值预计比 2017 年增加 16.3%，其中经济作物增加 18.0%、畜牧业增加 11.0%、粮食产量增加 30.0%，力争将农业生产者的盈利能力至少提升 10.0%。根据 2018 年签署的总统令，俄罗斯农产品出口额预计在 2024 年增加至 450 亿美元，其中，粮食出口增加 1.5 倍至 114 亿美元，油类产品增加 2.8 倍至 86 亿美元，食品加工类产品增加 2.5 倍至 86 亿美元，鱼类和海产品增加 1.9 倍至 85 亿美元。为实现这一目标而实施的"农产品出口项目"的融资将在 2024 年达到 4068 亿卢布，其中 388 亿卢布已于 2019 年完成。

为了实现这一目标，俄罗斯政府还采取了各项措施，引入创新机制，试图重新确立农工综合体在本国经济中的领先地位。俄罗斯农业发展以农工综合体为主，除了农业外，还包括食品和加工工业、农业工程、肥料及防护设备的生产、物流等所有支持与协调农业发展的分支行业。农工综合体在俄罗斯农业发展中能够整合农业产业链、消除农业与工业之间的壁垒、提升农业产值和竞争力，具有举足轻重的作用。

（4）农业领域实施"进口替代"

普京在上任初期就提出"我们最优先的任务是要将粮食产出提升至 80 年代末 90 年代初的水平，并大幅降低整个国家对食品进口的依赖"。自西方国家对俄罗斯实施制裁以来，俄罗斯决定禁止或限制从部分西方国家进口农产品，并大力在农业领域推行"进口替代"政策。

进口替代政策旨在发展本国制造业来替代部分进口产品，从而激励本国产业发展，实现产品本地化并促进经济增长。近 20 年来，俄罗斯农产品的进口额一直高于出口额，农产品在俄罗斯进口中占有重要的份额。仅 2000～2008 年，俄罗斯农产品进口额从 70 亿美元升至 330 亿美元。2012 年，俄罗斯的农产品进口额更是高达 460 亿美元，农产品进口约占俄罗斯进口总额的 14%，其中肉奶和酒类超过 30%，俄罗斯也因此成为第二大农产品进口国。

针对西方制裁，俄罗斯总统普京 2014 年 6 月签署一项进口禁令，俄罗斯自 2014 年 8 月 7 日开始禁止或限制从部分西方国家进口农产品，具体商品清单包括肉类、乳制品、蔬菜和水果。禁止进口范围除欧盟和美国外，还包括加拿大、澳大利亚和挪威等国家。采取上述措施有利于俄罗斯国家安全利益，且符合世界贸易组织规则。该进口禁令大大刺激了俄罗斯国内的农产品生产。禁令实施的三年中，受政府支持和卢布贬值影响，食品进口额不断缩小，出口额持续增长。2014 年俄农产品出口额达 189 亿美元，同比增长 16.5%，创下历史纪录；进口额同比下降 8%，为 397 亿美元。2015 年 4 月 16 日，俄罗斯总统普京在"直播连线"中表示，俄罗斯应将制裁作为经济发展的契机，推进农业领域"进口替代"。普京指出，此前俄罗斯农产品市场多被外国农产品占据，国产农产品所占份额很小。俄罗斯禁止自美欧等国家和地区进口食品虽导致食品涨价，但为本国农产品进入市场创造了机会。普京认为，农产品"进口替代"有利于保障俄罗斯食品安全，因此要在农业领域大力推行"进口替代"政策。俄罗斯不仅可以完全满足国内粮食需求，而且还可以成为世界粮食生产和出口大国。

2020 年，俄罗斯主要农产品的自给率不断提高，进口量逐年下降，进口替代成效显著。特别是猪肉进口额下降了近 90%，从 2013 年的 26 亿美元降至 2019 年的 2.7 亿美元；牛肉的进口额下降了 50% 多，从 32 亿美元降至 13 亿美元；禽肉的进口额下降了近 50%，从 9.11 亿美元降至 4.1 亿美元。与此同时，蔬菜、水果的进口额也大幅下降。例如，番茄的进口下降了 40% 多，苹果和梨的进口额下降了一半以上（从 12 亿美元降至 5.86 亿美元）。目前，俄罗斯国产食品填补了国内市场需求的 80% ~ 90%，农业从业者们的新目标转向发展并扩大食品出口。

2.1.3　俄罗斯农业发展存在的问题

农业快速发展态势下，俄罗斯食品安全问题已基本解决，俄罗斯农业发展战略调整窗口期业已来临。从 2017 年起，俄罗斯农业发展战略侧重点开始由进口替代向出口导向转变，即农业发展从满足国内需求、保障国家粮食安全，向提高国际竞争力、完善农业产业链、积极融入国际分工体系转变。2018 年普京总统在其第四任期开始的 5 月命令中提出，2024 年俄罗斯农产品出口额要增加到 450 亿美元。就目前情况而言，俄罗斯农业发展战略从进口替代向出口导向转变的任务依然十分艰巨，提高其农业国际竞争力任务仍然艰巨。

（1）劳动力短缺

俄罗斯劳动力十分短缺，尤其是青壮年劳动力，缺口在 1000 万人以上。俄罗斯本来人口基数就小，且呈现持续减少趋势，再加上农业综合企业提供的职业劳动时间长、劳动强度大、收入较低，相对于金融等领域，农业行业在就业市场上竞争力较低。同时，俄罗斯农村劳动力不足。俄罗斯农村普遍缺少熟练掌握农业生产技术的青壮年劳动力，主要原因在于俄罗斯农村的大多数青年人都搬迁到城市居住，农村只剩下年迈体弱者。这些因素严重阻碍了俄罗斯农业的发展。

（2）农业科技教育水平难以支撑产出率的进一步提升

首先，农业技术装备投入不足。据俄罗斯农业部资料，俄罗斯多数地区农业基础设施不够发达，2020 年俄罗斯每 1000hm² 耕地仅配备 2 台拖拉机和 1.6 台联合收割机，与主要国家存在较大差距（美国为 25.9 台和 17.9 台，德国为 65 台和 11.5 台）。因此每个收割季节损失谷物、蔬菜、水果、棉花和甜菜等 2000 万 t 左右。如果俄罗斯不租借或购买农业机械，那么就要增加 28 万台拖拉机和 9 万台联合收割机。其次，农业科技投入不足。2014 ~ 2015 年俄罗斯农业科技投入在科技总投入中所占比例约为 1.6%。最后，农业教育基础薄弱。苏联解体后，俄罗斯进入 10 年社会动荡时期，造成了大量科技人才的流失，许多原有的项目也被迫终止。而俄罗斯现有的农业教育研究与市场需求脱节，大学与研究机构倾向于由公共资金支持的没有特定对象的研究项目，无法提供给市场持续可用的、富有竞争力的技术。诸如物联网、无人机监控、数字化贸易基础设施、纳米技术和新材料等基于最新科技的农业技术主要集中在少数几个大公司里，小生产者无法享受最新科技带来的好处。俄罗斯目前仅有 54 所大学致力于农业教育，每年约有 2.5 万名农业专业毕业生，难以满足农业整体发展需要。上述因素导致俄罗斯整体农业科技含量水平不高，新技术扩散与应用不足。

（3）农产品加工落后

尽管农产品产量较大，但俄罗斯的农产品加工较为落后，高质量的农业加工产品仍需要大量进口。根据俄罗斯国家粮食委员会统计，2013 年小麦出口量为 1550 万 t，进口量约 200 万 t；玉米的出口量和进口量分别是 30 万 t 和 20 万 t 左右；大豆进口量为 63 万 t；全国油籽碾榨能力仅为 80 万 t，加工能力较差。例如，俄罗斯联邦生产的小麦的加工质量一直都很差。据俄罗斯联邦的国家粮食部门统计，2013 年，俄罗斯联邦的食用级小麦产量大约占到国产小麦总量的 70%。俄罗斯联邦国内用于面粉和面包生产的优质软麦年均产量约为 2000 万 t。据俄罗斯联邦小麦质量标准，按照谷朊等元素的含量，可以把小麦分成若干等级。其中，一级、二级小麦均属于高质量的小麦。但因为俄罗斯国内生产和加工的高质量小麦数量太少，俄罗斯联邦的面包生产商不得不进口。

（4）农业生产者结构不平衡

俄罗斯农业生产者通常分为三类：第一类是农业企业；第二类是农场以及农业个体经营者；第三类是农户。从农业企业看，2020 年，俄罗斯农业企业全年实现产值 3.56万亿卢布，同比 2019 年增幅为 6.3%。俄罗斯农业企业分化问题较为严重，41% 的农业企业仅创造农业总产值的 1% 左右，而 1.7% 的农业企业创造了 45% 的农业总产值，其中 4 家最大的农业控股公司产值占到了农业总产值的 5.7%。从农场以及农业个体经营者看，虽然苏联解体后，俄罗斯农场和农业个体经营者就开始出现，但发展相对不足。从自用农产品生产者看，其在俄罗斯农业中仍占有重要地位，创造的产值占农业总产值的比例约为 1/3，但其劳动生产率较低，仅为农业企业和农场的 1/5。可见，因自给自足的农户在农业生产结构中占比较高，俄罗斯农业劳动生产率整体水平与发达国家相比仍存在较大差距。

（5）基础设施建设滞后

俄罗斯仓储、码头、运输等基础设施不足，存储难、运输难等问题成为俄罗斯农产品生产和出口的瓶颈，火车车皮不足问题尤为严重。俄罗斯农业科学院数据显示，由于物流、仓储、运输体系发展滞后等原因，每年造成的损失谷物 1500 万 ~2000 万 t、肉类 100 万 t、牛奶 700 万 t。受基础设施所限，俄罗斯农产品出口能力很难大幅提升，进而对国内生产造成不利影响。如果无法出口的过剩农产品增加，会引致国内价格下行，进而引起农产品生产者收益减少甚至亏损，届时减产就成为农业生产者的理性选择。鉴于此，俄罗斯正在加快建设用于扩大粮食出口的基础设施，如建设储粮库、粮食转运站，以及在现有港口设置谷物专用电梯等。

（6）农业土地制度有待完善

根据 1991 年 12 月 27 日俄联邦第 323 号总统令和 1991 年 12 月 29 日第 86 号政府令，俄罗斯集体农庄社员、国有农场和农业企业的职工，以分得"土地份额"的形式，享有对土地的所有权。2002 年颁布的《俄罗斯联邦农用土地流通法》对农用土地流转规则进行了明确。上述制度实施过程中存在的主要问题有两个。一是无法把农用土地集中在有效率的生产者手中。名义上已实行私有化的农业用地中，只有少部分人完成了地籍登记，履行了国家注册手续，成为土地的实际拥有者。大部分"土地份额"现实中是以集体所有形式存在，所有权人并不掌握实际地块。二是把名义的"土地份额"转换为实际的私有土地过程中，因为配套措施不到位、地方政府执行不力等原因，存在着巨大的困难和障碍，土地流转成本较高。例如，虽然《俄罗斯联邦农用土地流通法》规定，如果农用土地在 3 年内没有被用来进行农业生产及相关活动，可以终止所有人对该土地的权利，但现实中未被使用农业用地权利被强制收回的情况鲜有发生。

（7）农业支持政策须进一步加强

首先，政策是农业生产顺利实施的有效支持，俄罗斯农业支持政策欠缺稳定性，支持农业发展的财政资金数额、农业发展规划及其实施机制每年调整，甚至每年多次调整。其次，资金分配助强抑弱。虽然俄罗斯重视农业生产，给予农业生产者一定补助，但约有 45% 的补助给了 2% 的农业生产者，这种明显的差距导致贫富分化严重。以 2015 年为例，48% 的农业企业难以获得补贴或者仅可获得不足 100 万卢布的经营性补贴，41% 的农业补贴落入 1.2% 的农业企业之手，其中俄罗斯最大的 5 家农业企业获得的补贴占 6.4%，由此加剧农业企业强者恒强、弱者恒弱、严重分化的态势。最后，资金分配在不同类别的农业项目之间也存在失衡问题。

（8）农业对国际市场的依赖程度高

俄罗斯粮食出口数量很大，农产品和食品进口数量也很大。俄罗斯的外资主要来自欧洲，外资占俄罗斯农业总费用的 10%，这些资金主要被用在俄罗斯西部地区农业发展上。

2.1.4　俄罗斯农业生产的未来发展趋势及对策

农业作为俄罗斯国民经济的重要支柱产业，其发展依然落后于美国等其他世界大国。在 20 世纪 90 年代的俄罗斯经济危机中，农业发展不断衰退。随着近年来国家宏观经济环境的不断改善，俄罗斯农业才有所转机，相关农业指标也不断呈现出持续增长的势头。从宏观角度来看，俄罗斯农业对国家经济的贡献比例仍然不高；但从微观角度来看，得益于土地私有化的推行，俄罗斯的农业生产组织已经发生了翻天覆地的变化，农业部门结构有了明显的变化，生产效率也明显提高。与此同时，农业生产区域分布也更趋合理。农业改革的进一步加强及其对农业发展潜力的挖掘将会对俄罗斯未来农业的发展产生很大的影响。

为克服上述发展障碍，配合农业发展战略调整，俄罗斯农业政策正在作出相应调整。从目前看，侧重点在以下七个方面。

（1）绿色食品开拓国际农产品市场

2017 年俄罗斯颁布法律，禁止境内饲养转基因动物、种植转基因作物、生产或进口转基因食品，力图在国际市场塑造俄罗斯绿色食品形象，增强俄罗斯农产品出口竞争力。2018 年为落实普京总统在新的 5 月命令中提出的农产品出口 450 亿美元目标，俄罗斯农业部与农业企业将中国、东南亚国家、非洲国家、波斯湾国家和印度确定为重要出口目标市场，与主要出口市场国家进行降低农产品关税和非关税壁垒方面的沟通协调，并且力求完善农产品检验检疫系统，目的是保证俄罗斯出口农产品符合出口国家的检疫标准，进而开拓国际市场，实现多国家合作，促进俄罗斯农业发展。

（2）依托农业保险支持农业生产

农业保险覆盖率低是发展中国家农业生产面临的主要问题。针对农业保险覆盖率低的问题，2014 年 12 月第 424 号联邦法对《有关农业保险领域国家支持联邦法》（260号）进行修订，决定建立联合农业保险制度。作为联合农业保险制度的实施机制，2016年 1 月 1 日起，全国农业保险公司联盟成立。自联盟成立之日起，只有加入全国农业保险公司联盟的保险公司才有权签订获得国家支持的农业保险合同。目前，全国农业保险公司联盟已制定 2020 年农业保险制度实施方案，农业部也已批准。方案从 2019 年起在22 个地区试点推广，已取得初步成效。

（3）快速提升农业科技水平

当前，现代农业生物技术尤其是生物育种技术快速发展，大数据、云计算和物联网技术基础之上的智慧农业异军突起，在科技时代，农业产业格局正在经历重大调整和革命性突破。为适应世界农业发展趋势，提升农业技术水平，2017 年俄罗斯推出《2017～2025 年俄联邦农业科技发展规划》，目的是提高农业技术研发水平，在降低对其他国家技术依赖的基础上增强农业生产竞争力，明确俄罗斯农业科技研究的主要方向，即培育种植业和畜牧业的育种能力，减少进口；利用先进技术增加优质饲料及饲料添加剂生产；发展植物病虫害防治和动物疫病防治技术；生产和引进生物农药及农用化学品生产技术；发展现代农产品加工和储存技术等。

（4）进一步完善农用土地制度

为防止农业用地流失，俄罗斯制定了与农用土地监控及资源构想相关的政策，依托政府的专项法案规定，简化了农业闲置土地的认定程序。例如，制定的《2020 年前农用土地和用于农业发展的非农用地的国家监控和建立相关土地的国家信息资源构想》（2010 年 No1292-p）和《2014～2020 年俄联邦农用地复垦开发规划》（2013 年 No922），目标是使 1000 万 hm² 土地回归农业生产用途。与此同时，俄罗斯还在酝酿通过三项法案。一是简化对农业用地闲置的认定程序。一旦确定农业用地所有者 3 年内不使用土地，俄罗斯农业监督局就可以做事实认定，不必再经过法律程序。二是上调农用土地税率，从国家土地评估登记价格的 0.3% 提高到 10%，迫使闲置土地所有者出售或出租土地。三是简化程序，使无人认领"土地份额"尽快转归地方自治机构所有。

（5）改进农业支持政策

目前俄罗斯农业发展国家规划项下的支出主要包括对农村可持续发展的补贴、对农业生产者的直接补贴和优惠贷款、对农业机械制造商的补贴、对俄罗斯铁路公司的粮食运输补贴、农产品出口支持资金及土地复垦支持资金等。为确保农业生产者盈利能力，政府正在改进国家支持机制和手段。一是各种补贴并轨，简化补贴申请程序，赋予地方政府补贴当地特色农业的自主权。二是增加农业优惠贷款，从 2017 年起，农业优惠贷款利率低于 5%。三是增加对农业生产者的直接补贴，支持资金向农场与个体经营者倾斜，力图在 2022 年之后使农场与个体经营者创造的产值占农业总产值的 1/3。四是加大农机购置折扣力度，从之前的 15%～20% 增大至 25%～30%。

（6）改善物流配送等农业基础设施

农业生产的发展离不开加工业的辅助，离不开市场的开拓。仓储、物流等环节是农产品走向市场的关键。俄罗斯为了实现农业大跨步发展，正在加快物流配送基础设施建设，在打通铁路、陆路、空运等关键运输环节的同时，增加海港、电梯和仓储码头的数量，为农业生产发展提供硬件支持。俄罗斯粮用港口名义转运能力为 5270 万 t（2017

年实际达到 4000 万 t)，俄罗斯农业部计划到 2024 年，使港口谷物转运能力达到 7770 万 t。此外，俄罗斯计划建造 6 个农产品批发配送中心：2022 年底之前建成 3 个农产品配送中心，2022～2024 年再建成 3 个。为了与上述计划配套，俄罗斯还计划完善集装箱运输，依托应用数字技术提高物流服务水平，提升农产品运输能力。

(7) 鼓励发展农业合作社

农业合作社能够提高农业生产者市场竞争能力和谈判地位、开拓市场、促进销售；实行标准化生产，降低农产品生产成本，保障农产品质量安全，提高农产品质量；使农业生产者享受更广泛更优质的技术、市场营销和信息服务。针对只有 2% 的农场加入了农业消费合作社的情况，俄罗斯通过国家资助方式鼓励建立农业消费合作社，农业消费合作社依托政策帮助俄罗斯在解决农村居住环境问题的基础上留住人口和人才，进而实现配套措施跟进。2017 年以利佩茨克州、托木斯克州、秋明州、乌里扬诺夫斯克州、布里亚特共和国、鞑靼斯坦共和国、萨哈（雅库特）共和国、阿尔泰边疆区、彼尔姆边疆区、哈巴罗夫斯克边疆区 10 个地区作为试点，推广建立农业消费合作社，其中在利佩茨克州、秋明州和萨哈（雅库特）共和国推进效果较好。

上述政策调整确实是对症之策，但俄罗斯农业发展能否达成 "2024 年农产品出口 450 亿美元" 的战略目标，真正实现出口导向的战略转型，还有两个因素不容忽视。一方面是农村人居环境的改善。农业发展离不开农村的发展，而农村发展的基础在于农村居民的发展。当前俄罗斯农村地区面临人口总量持续下降、老龄化严重、人均收入增长缓慢、住房老化、基础设施状况较差、公共服务水平亟待提高等突出问题。改善农村人居环境，吸引并留住农业人口是农业发展之前提与根本。另一方面是配套改革措施的跟进。近年来，俄罗斯农业生产者的利润率呈不断下降趋势，剔除农业补贴因素，2015～2017 年农业经营者平均利润率分别为 11.8%、9.3% 和 8.5%，其主要原因是受到燃油、电力、化肥、农业技术装备等价格上涨的影响。采取价费改革等配套措施，减轻农业经营者负担，对俄罗斯农业发展尤为必要。

2.2　俄罗斯区域工业发展研究

俄罗斯以其发达的重工业闻名于世。但 "十月革命" 前的俄国，工业很不发达，在工农业总产值中，工业占比较低，而工业部门结构中又以轻工业为主，其产值约占工业总产值的 2/3。国内战争结束后，在国民经济恢复基础上，苏联通过了实现国家社会主义工业化的决议。决议明确规定，工业化总路线的基础就是从重工业开始，以发展重工业为核心，即机器制造业。近年来，俄罗斯工业整体呈现出先上升后下降趋势，2010～2018 年工业产值在地区生产总值中所占的比例呈上升趋势，2019～2020 年，转为下降趋势。制造业产值占地区生产总值的比例由之前的近 1/2 变为近 1/3（图 2-5）。

2014 年后，俄罗斯经济发展的外部条件持续恶化，乌克兰危机引发西方国家实施经济制裁、国际油价大跌、美元加息等，不利的外部因素连续打击着本已脆弱的国民经济。在内忧外患下，俄罗斯经济陷入危机，同时也再次凸显了俄罗斯经济能源、原材料化的结构弊病。在随后的反危机政策中，俄罗斯政府大力推行 "进口替代" 政策，旨在通过 "进口替代" 减少机器设备进口、增加非能源产品出口，降低经济的对外依赖

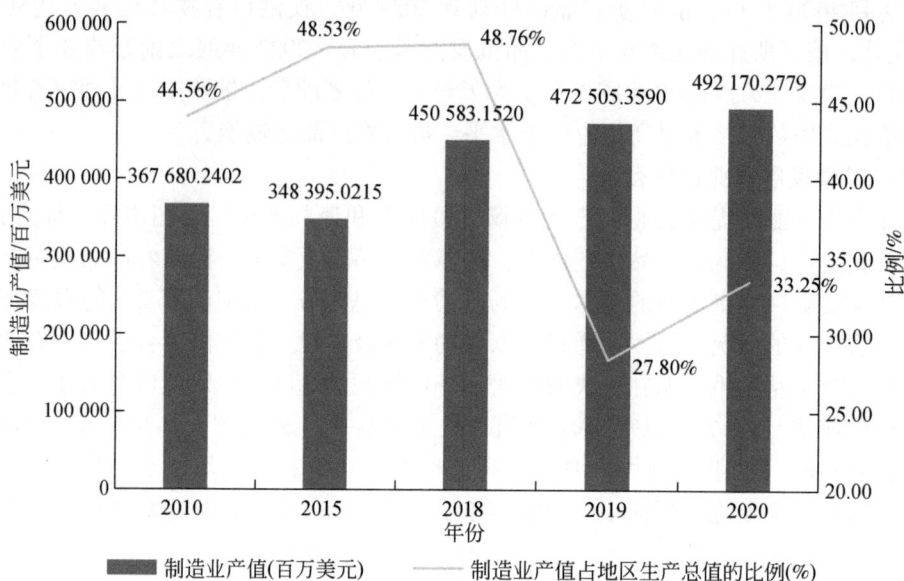

图 2-5　俄罗斯主要年份制造业产值及所占地区生产总值的比例
资料来源：根据俄罗斯联邦国家统计局数据绘制

程度。然而，进口替代政策仅在食品工业和化工业等领域取得了比较明显的效果，对促进机器制造业发展仍收效甚微。

2.2.1　俄罗斯工业发展现状

20 世纪 90 年代，俄罗斯经济经历了从计划经济到市场经济的制度转型。苏联解体后，俄罗斯积极参与全球资源配置，组装加工向外转移、研发设计留在本国、向产业链和价值链的高端跃升。然而，俄罗斯的"去工业化"伴随着制造业严重萎缩，经济更加向能源、原材料化发展，在世界产业分工体系中进一步向产业链和价值链低端移动。进入 21 世纪，随着经济形势的改善，俄罗斯工业生产也逐渐恢复，尤其 2000～2008年，在国际原油价格的推动下，依靠大量原油出口，俄罗斯工业一度实现快速增长，但高增长时期也为未来发展埋下了一些隐患。2008 年世界金融危机后，特别是 2014 年受欧美制裁后，俄罗斯政府逐渐意识到制造业对经济长期增长的关键作用，力图通过创新驱动的"新工业化"来重振制造业，实现从资源出口型转向创新驱动型的发展模式突破。

2.2.1.1　工业增长态势

自 2017 年 1 月 1 日起，俄罗斯联邦国家统计局对经济活动进行重新分类，根据新的划分方法，工业内部包含四大类别：矿产资源开采业，加工工业，电力、燃气和蒸汽及空调的供应业，给排水、废品收集及加工利用、清污业。2018 年俄罗斯工业增加值为 27.73 万亿卢布，其中，矿产资源开采业增加值为 11.95 万亿卢布，比 2017 年同期增长 3.8%；加工工业增加值为 12.78 万亿卢布，同比增长 1.5%；电力、燃气和蒸汽及空调的供应业增加值为 2.53 万亿卢布，同比增长 1.1%；给排水、废品收集及加工利用、清污业增加值为 4667 亿卢布，同比增长 1.2%。

工业增速缓慢。俄罗斯主要采用工业生产指数这一指标来衡量工业生产发展趋势。工业生产指数是用加权算数平均数编制的工业产品实物量指数，是衡量工业企业产品物量的综合指标。2014 年以来，俄罗斯工业整体维持增长［除焦炭及石油产品生产业、塑胶及橡胶制品生产业、金属制品生产（机器和设备制造除外）业、计算机、电子及光学产品生产业、其他运输工具及设备制造业外］，但增速较低。矿产资源开采业和加工工业增长始终在 2%~4% 的区间内变动。2018 年俄罗斯工业生产指数增长了 2.9%，其中，矿产资源开采业同期增长 4.1%，加工工业增长 2.6%（表 2-1），矿产资源开采业增速快于加工工业。

危机后大部分行业实现了恢复性增长。2014 年以来，加工工业的多个行业，如食品生产，饮料生产，木材加工、木材及软木制品生产（家具除外）、秸秆制品及编制材料生产，以及化工业，总体上呈现增长态势，即使在 2015 年经济危机时期也保持着 1% 以上的增速，这 4 个行业也正是俄罗斯实行"进口替代"政策表现最好的行业。药品及医用材料生产近年来增长势头迅猛，2015~2018 年分别达到了 8.5%、27.5%、12.7% 和 8.2% 的高增长。受新冠疫情的影响，药品及医用材料生产行业在 2019~2020 年有了较大幅度的增长，2020 年的增速达到了 42.72%。汽车、拖车及半挂车制造业在危机后快速发展，2017 年和 2018 年增速达到 14.5% 和 13.3%。但在 2020 年增速下降到 -5.31%。2015 年经济危机后，大部分行业都实现了恢复性增长。2018 年，汽车、拖车及半挂车制造，纸及纸制品生产，印刷及复印，其他制成品生产，木材加工、木材及软木制品生产（家具除外）、秸秆制品及编制材料生产，这 5 个行业的生产增长较快；计算机、电子及光学产品生产，不包含在其他分类中的机器和设备制造，其他运输工具及设备制造，以及机器和设备的修理及安装，这 4 个行业生产仍在下降，其余行业均实现不同程度的增长。2020 年，皮革及制品生产，印刷及复印，焦炭及石油产品生产，汽车、拖车及半挂车制造，其他运输工具及设备制造这 5 个行业均为负增长，其中焦炭及石油产品生产行业的下降率最高，为 17.31%（表 2-1）。

表 2-1　2014~2020 年俄罗斯工业生产指数　　　　　（单位：%）

行业	2014 年	2015 年	2016 年	2017 年	2018 年	2019 年	2020 年
加工工业	3.2	-1.7	2.6	2.5	2.6	6.36	0.73
食品生产	4.9	3.1	5.6	4.2	4.9	10.28	8.87
饮料生产	-5.6	0.8	6.6	0.6	2.6	8.61	1.34
烟草制品生产	-8.9	-3.2	-2.7	-25.2	3.8	-7.14	17.31
纺织品生产	-3.0	0.6	7.5	2.8	3.6	3.91	17.57
服装生产	0.5	-18.8	7.2	8.5	4.1	2.07	9.14
皮革及制品生产	-4.1	-8.2	6.7	4.2	3.7	-4.74	-7.34
木材加工、木材及软木制品生产（家具除外）、秸秆制品及编制材料生产	-3.6	-4.1	8.3	3.9	10.6	6.09	3.64
纸及纸制品生产	3.4	1.6	0.4	6.9	12.6	0.98	1.83

续表

行业	2014 年	2015 年	2016 年	2017 年	2018 年	2019 年	2020 年
印刷及复印	−4.9	−9.1	13.2	−2.8	12.5	7.98	−2.11
焦炭及石油产品生产	6.1	0.9	−3.2	1.1	1.8	−1.38	−17.31
化工业	2.3	5.8	7.09	5.1	2.7	0.43	3.81
药品及医用材料生产	−5.4	8.5	27.5	12.7	8.2	14.52	42.72
塑胶及橡胶制品生产	9.7	−2.0	5.5	3.8	2.4	5.00	8.04
其他非金属矿产品生产	1.1	−6.1	−2.9	11.2	4.4	9.30	2.05
冶金业	7.2	4.0	−0.3	0.1	1.7	16.18	10.31
金属制品生产（机器和设备制造除外）	4.5	3.5	12.7	3.4	1.3	10.73	3.94
计算机、电子及光学产品生产	8.9	6.1	8.5	−1.7	−1.5	11.94	0.66
电气设备制造	−2.1	−9.5	8.1	4.7	2.9	3.99	3.26
不包含在其他分类中的机器和设备制造	−7.9	−4.7	1.5	6.8	−0.6	6.81	7.95
汽车、拖车及半挂车制造	−11.3	−23.1	5.8	14.5	13.3	6.27	−5.31
其他运输工具及设备制造	16.2	5.4	8.1	6.3	−2.2	5.27	−2.85
家具生产	−0.2	−7.2	−29.1	8.8	5.5	2.47	6.21
其他制成品生产	5.1	−9.9	−23.3	10.3	11.2	10.88	13.21
机器和设备的修理及安装	−5.6	−5.6	−1.2	−7.9	−2.0	9.87	4.36

资料来源：根据俄罗斯联邦国家统计局数据测算所得

2.2.1.2 工业结构变化

（1）工业增加值在 GDP 中的比例增加

2010 年，工业增加值在 GDP 中的占比为 28.20%。2014 年伊始俄罗斯经济深陷危机，工业中各行业的生产也出现不同程度的下降。2014 年，工业增加值在 GDP 中的比例仅为 25.60%。2016 年下半年起，随着经济的逐步复苏，俄罗斯工业生产也逐步恢复。2018 年俄罗斯工业增加值在 GDP 中增至 29.60%，比 2017 年同期增长了近两个百分点。工业增加值占比的增加主要得益于矿产资源开采业的增长，2018 年国际原油价格回升，矿产资源开采业生产随之恢复，矿产资源开采业在 GDP 中所占的比例增至 12.8%（2017 年为 10.8%）；加工工业占 GDP 的比例为 13.6%（2017 年为 13.5%）；电力、燃气和蒸汽及空调的供应业占 GDP 的比例为 2.7%（2017 年为 2.9%）；给排水、废品收集及加工利用、清污业占 GDP 的比例为 0.5%（2017 年为 0.5%）。而 2020 年工业增加值相较于 2019 年又下降了 2.48 个百分点（图 2-6）。

（2）能源、原材料化趋势仍在继续

工业结构能源、原材料化一直是俄罗斯经济多年的顽疾。2016～2018 年，随着国际能源价格的逐步回升，矿产资源开采业在工业中所占比例从 22.3% 增至 26.9%，而加工工业的比例从 66.4% 降至 63.5%。如将矿产资源开采业，木材加工、木材及软木

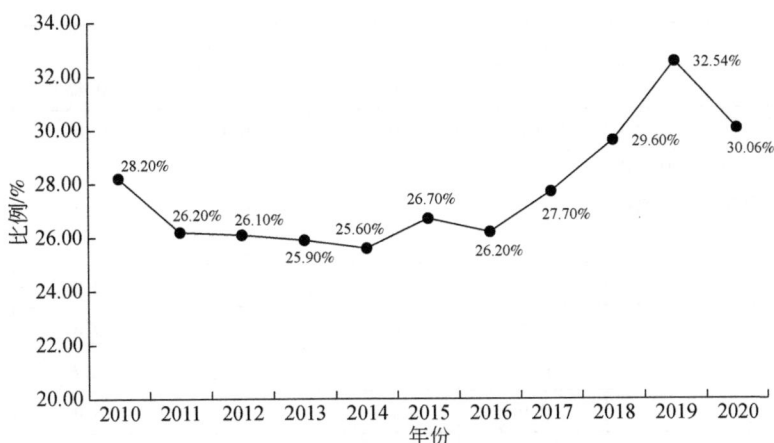

图 2-6　2010～2020 年俄罗斯工业在产业结构中的比例
资料来源：根据俄罗斯联邦国家统计局数据绘制

制品生产（家具除外）、秸秆制品及编制材料生产，纸及纸制品生产，印刷及复印，焦炭及石油产品生产，冶金业，其他非金属矿产品生产，金属制品生产（机器和设备制造除外），电力、燃气和蒸汽及空调的供应业等能源和原材料生产相关行业进行简单加总，可以观察到 2016～2018 年，能源、原材料相关行业在工业中的比例从 63% 增至 67.5%；2020 年大部分工业行业的增速与 2019 年相比只有零点几个百分点的增长，只有少部分行业增长率与 2019 年持平。由此可见，俄罗斯工业结构畸形的问题仍在加剧。新的统计分类还将加工工业下的细分行业按照技术水平从低到高的顺序进行排列。低技术水平部门为原材料初级加工及劳动密集型部门，具体包括：食品生产，饮料生产，烟草制品生产，纺织品生产，服装生产，皮革及制品生产，木材加工、木材及软木制品生产（家具除外）、秸秆制品及编制材料生产，纸及纸制品生产，印刷及复印。中技术水平部门包括：焦炭及石油产品生产、化工业、药品及医用材料生产、塑胶及橡胶制品生产、其他非金属矿产品生产、冶金业、金属制品生产（机器和设备制造除外）。高技术水平部门主要为机器制造业，具体包括：计算机、电子及光学产品生产，电气设备制造，不包含在其他分类中的机器和设备制造，汽车、拖车及半挂车制造，其他运输工具及设备制造。以 2016～2018 年的数据为例来说明低、中、高技术水平部门实际产值在工业中的比例变化：低技术水平部门实际产值在工业中的比例从 16.1% 降至 13.1%，中技术水平部门比例略有提高，从 35.7% 增至 36.8%，高技术部门比例由 12.4% 降至 11.6%（表 2-2）。

表 2-2　2016～2020 年俄罗斯工业结构变化　　　　（单位：%）

工业结构	2016 年	2017 年	2018 年	2019 年	2020 年
食品生产	10.3	9.3	8.3	13.53	14.62
饮料生产	1.5	1.3	1.1	1.73	1.74
烟草制品生产	0.5	0.3	0.3	0.44	0.51
纺织品生产	0.4	0.3	0.3	0.50	0.59

续表

工业结构	2016 年	2017 年	2018 年	2019 年	2020 年
服装生产	0.3	0.3	0.3	0.42	0.45
皮革及制品生产	0.2	0.1	0.1	0.16	0.1
木材加工、木材及软木制品生产（家具除外）、秸秆制品及编制材料生产	1.0	0.9	0.9	1.5	1.5
纸及纸制品生产	1.4	1.3	1.4	2.0	2.0
印刷及复印	0.5	0.4	0.4	0.6	0.6
焦炭及石油产品生产	13.0	14.3	15.4	21.6	17.7
化工业	4.9	4.7	4.7	6.9	7.1
药品及医用材料生产	0.8	0.7	0.7	1.3	1.9
塑胶及橡胶制品生产	1.8	1.7	1.6	2.6	2.8
其他非金属矿产品生产	2.5	2.3	2.2	3.7	3.7
冶金业	8.6	8.9	8.7	14.9	16.4
金属制品生产（机器和设备制造除外）	4.1	3.8	3.5	5.7	5.9
计算机、电子及光学产品生产	2.4	2.1	1.9	3.2	3.2
电气设备制造	1.6	1.5	1.4	2.2	2.3
不包含在其他分类中的机器和设备制造	2.0	1.9	1.8	2.8	3.0
汽车、拖车及半挂车制造	3.2	3.7	3.7	5.7	5.4
其他运输工具及设备制造	3.2	2.9	2.8	4.8	4.6
家具生产	0.4	0.4	0.3	0.6	0.6
其他制成品生产	0.4	0.4	0.4	0.6	0.6
机器和设备的修理及安装	1.5	1.4	1.3	2.5	2.6

资料来源：根据俄罗斯联邦国家统计局各年份实际产值计算得出

（3）工业企业固定资产投资整体增长

稳定持续的固定资产投资对工业发展起积极的推动作用。2018 年，工业固定资产投资额为 6.9946 万亿卢布，同比增长 9.1%，与 2014 年相比增长 24.3%。2020 年，工业固定资产投资额为 437.18 亿美元，工业固定资产投资在固定资产投资总额中的占比相较于 2018 年增长了 1.3%，相较于 2014 年增长了 13.1%。其中，矿产资源开采业固定资产投资额占比同比下降 0.6%，与 2014 年相比增长 1%；加工工业固定资产投资额占比同比增长 0.7%，与 2014 年相比下降 0.3%；电力、燃气和蒸汽及空调的供应业固定资产投资额占比同比增长 0.2%，与 2014 年相比下降 2.4%；给排水、废品收集及加工利用、清污业固定资产投资额占比同比增长 0.3%，与 2014 年相比持平。工业在固定资产投资总额中的比例持续增长。2014～2020 年，工业在固定资产投资总额中的比例从 39.5% 增至 52.6%；矿产资源开采业固定资产投资占比从 15.4% 增至 16.4%；加工工业固定资产投资却略有下降，从 15.0% 降至 14.7%。食品生产、纸及纸制品生产、化工业、冶金业和金属制品生产（机器和设备制造除外）这 5 个行业固定资产投资比例总体持续升高，也正因为固定资产投资的增加保障了这 5 个行业生产的稳步提高。机器制造业产业链长、技术含量高，该行业的发展有助于产业结构的优化升级。长期以来，俄罗斯机器制造业缺乏投资、发展滞后，机器和设备长期依赖进口。2015 年经济危机后，俄罗斯政府出台"进口替代"战略，主要就是为了改变制造业落后的现状，然而，2016~2020 年，计算机、电子及光学产品生产，电气设备制造，不包含在其他分类中的机器和设备制造，汽车、拖车及半挂车制造，其他运输工具及设备制造等机器制造相关行业的固定资产投资比例不是保持不变，就是出现下降（表 2-3），因此，在机器制造领域"进口替代"战略的政策效果并不显著。

表 2-3　2014~2020 年俄罗斯工业各行业在固定资产投资
总额中的比例　　　　　　　　　（单位：%）

行业	2014 年	2015 年	2016 年	2017 年	2018 年	2019 年	2020 年
整个经济	100.0	100.0	100.0	100.0	100.0	100.0	100.0
工业	39.5	40.3	39.6	40.1	51.3	51.1	52.6
矿产资源开采业	15.4	17.2	18.4	19.0	18.2	17	16.4
加工工业	15.0	15.6	14.3	14.3	14.7	14	14.7
食品生产	1.4	1.4	1.3	1.5	1.5	1.5	1.6
饮料生产	0.3	0.2	0.2	0.2	0.2	0.2	0.2
烟草制品生产	0.1	0.1	0.1	0.1	0.1	0.1	0.1
纺织品生产	0.10	0.05	0.05	0.10	0.10	0.1	0.04
服装生产	0.10	0.04	0.02	0.03	0.03	0.03	0.03
皮革及制品生产	0.10	0.04	0.02	0.02	0.03	0.02	0.01
木材加工、木材及软木制品生产（家具除外）、秸秆制品及编制材料生产	0.4	0.4	0.4	0.4	0.4	0.3	0.3
纸及纸制品生产	0.3	0.3	0.4	0.4	0.5	0.5	0.5
印刷及复印	0.1	0.1	0.1	0.1	0.1	0.1	0.1
焦炭及石油产品生产	3.5	3.4	2.6	2.8	2.5	2.8	3.3
化工业	1.6	2.2	2.5	2.6	2.8	2.4	2.5
药品及医用材料生产	0.3	0.3	0.2	0.2	0.2	0.3	0.5
塑胶及橡胶制品生产	0.3	0.4	0.3	0.3	0.3	0.3	0.3
其他非金属矿产品生产	1.0	0.7	0.5	0.4	0.6	0.5	0.4
冶金业	1.5	1.7	1.8	1.8	1.8	1.7	1.9
金属制品生产（机器和设备制造除外）	0.3	0.3	0.3	0.6	0.7	0.6	0.5
计算机、电子及光学产品生产	0.4	0.5	0.4	0.4	0.3	0.3	0.3
电气设备制造	0.2	0.2	0.2	0.3	0.2	0.2	0.2

续表

行业	2014 年	2015 年	2016 年	2017 年	2018 年	2019 年	2020 年
不包含在其他分类中的机器和设备制造	0.6	0.6	0.4	0.4	0.3	0.4	0.3
汽车、拖车及半挂车制造	0.9	0.9	0.7	0.5	0.8	0.5	0.4
其他运输工具及设备制造	0.8	0.7	0.7	0.8	0.8	0.8	0.8
家具生产	0.2	0.1	0.1	0.1	0.1	0.1	0.1
其他制成品生产	0.1	0.1	0.1	0.1	0.1	0.1	0.1
机器和设备的修理及安装	0.2	0.1	0.1	0.1	0.1	0.3	0.3
电力、燃气和蒸汽及空调的供应业	7.9	6.6	5.9	5.9	6.0	5.3	5.5
给排水、废品收集及加工利用、清污业	1.2	0.9	1.0	0.9	0.9	0.9	1.2

资料来源：根据俄罗斯联邦国家统计局数据测算所得

（4）工业企业投资积极性

近年来，俄罗斯工业企业投资积极性有所提高。俄罗斯联邦国家统计局数据显示，2018 年，11 个行业的工业企业中进行固定资产投资的占比高于 95%。其中，金属矿产开采业中 99% 的企业进行了固定资产投资；石油和天然气开采、焦炭及石油产品生产中进行固定资产投资的企业占比为 98%；煤炭开采业、冶金业中有 97% 的企业进行了固定资产投资；药品及医用材料生产、矿产开采服务、化工业中有 96% 的企业进行了固定资产投资；饮料生产，汽车、拖车及半挂车制造，电力、燃气和蒸汽及空调的供应业中进行固定资产投资的企业占比为 95%。从行业分布看，矿产资源开采业固定资产投资积极性高于加工工业。从资金来源看，80% 的工业企业的固定资产投资为自有资金。在煤炭开采业、石油和天然气开采业、金属矿产开采业、焦炭及石油产品生产业、化工业、冶金业等行业中 95%～99% 的企业使用自有资金进行投资。26% 的工业企业在投资中会使用信贷资金，信贷资金使用较为活跃的行业为其他矿产开采业（56% 的企业使用信贷资金）、矿产开采服务业（54%）、煤炭开采业（47%）、焦炭及石油产品生产业（45%）、冶金业（42%）和化工业（40%）。投资积极性高的行业除使用自有资金进行投资之外，还使用信贷资金。仅有 6% 的工业企业使用预算资金进行固定资产投资。

（5）阻碍工业企业投资的主要因素

根据俄罗斯联邦国家统计局问卷调查结果，阻碍工业企业投资的主要因素包括：国际市场行情、获得项目贷款的机制复杂、汇率变动、商业贷款利率高、投资风险高、自有资金不足、通胀率较高和国内经济形势的不确定性等。这些因素对不同行业的影响程度也不同。例如，国际市场行情对煤炭开采、石油和天然气开采业的投资影响最为显著，70% 的煤炭开采企业及 66% 的石油和天然气开采企业认为国际市场行情影响投资行为；汇率变动对石油和天然气开采业（61% 的企业认为汇率变动影响其投资行为）、纸及纸制品生产业（67%）、化工业（67%）、冶金业（69%）及汽车制造业（65%）等出口产品较多的行业影响相对显著；对投资风险较为敏感的行业有：石油和天然气开采业（84% 的企业认为风险高阻碍投资），金属矿产开采业（71%），其他矿产开采业（68%），矿产开采服务业（68%），纸及纸制品生产（68%），焦炭及石油产品生产业（70%），化工业（73%），冶金业（88%），计算机、电子及光学产品生产（65%）。商业贷款利率较高、自有资金不足、通胀率较高、国内经济形式的不确定性这几个因素对各行业投资的影响均较为显著。

2.2.2　俄罗斯工业发展存在的主要问题

2008 年国际金融危机后，俄罗斯工业快速增长的趋势受到遏制，工业中一些问题逐渐凸显。当前俄罗斯工业中存在的主要问题包括：固定资产老化、财务状况恶化、技术密集型产业发展滞后、企业缺乏创新积极性、工业制成品国际竞争力不强等，这些问题都将会长期阻碍俄罗斯工业发展。

（1）固定资产老化

俄罗斯工业部门固定资产老化现象严重。例如，2015 年工业企业建筑平均使用年限为 24 年，使用 30～50 年的建筑所占比例最大，达到 30%；工业基础设施平均使用年限为 21 年，使用 20 年以上的设施占比达 50%；机器和设备平均使用年限为 12 年，使用 15 年以上的机器设备占比达 27%；交通工具平均使用年限为 9 年，使用 10 年以上的交通工具占比达 35%（表 2-4）。2015 年，俄罗斯工业中矿产资源开采业的固定资产磨损程度高达 52.8%，完全磨损的占 19.9%；加工工业的固定资产磨损程度为 45.9%，完全磨损的占 15%；水、电、气的生产和调配业的固定资产磨损程度为 39.2%，完全磨损的占 11.8%。固定资产磨损程度高而更新率低导致生产设备工艺落后、劳动生产率低。目前，俄罗斯的机器制造业基本根据本国的旧工艺制造，大部分属于第三代和第四代工艺。与之相比，世界机器制造业从 20 世纪 80 年代就开始推广第五代工艺。此外，固定资产老化还导致高投入低产出的粗放生产模式难以改变，具体表现在材料消耗高、能源消耗高和劳动力消耗高等方面。同时，也应看到，尽管目前俄罗斯工业企业固定资产老化现象仍很严重，但如果与往年数据进行比较可以看出，2013 年已出现更新加快的趋势。2005～2013 年，矿产资源开采业的固定资产更新率从 11.9% 增至 14.1%，加工工业的固定资产更新率从 12.6% 增至 14.2%，水、电、气的生产和调配业的固定资产更新率从 8.8% 增至 11.4%。可以说，俄罗斯政府扶持工业发展的政策取得了一定的成效，但固定资产的现代化改造有赖于投资的增加。2014 年之后，在西方制裁、油价下跌等因素的影响下，俄罗斯经济深陷困境，卢布贬值期间，俄罗斯央行又多次提高利率拯救卢布，然而这一措施的直接恶果是企业融资困难，固定资产投资下降，使得工业化和现代化在资金紧张的情况下难以推进。2015 年俄罗斯各工业部门固定资产更新率再次下降，矿产资源开采业为 12.6%，加工工业为 11.4%，水、电、气的生产和调配业为 8.1%。加工工业与水、电、气的生产和调配业的固定资产更新率甚至低于 2005 年的水平。2019～2020 年，矿产资源开采业、皮革及制品生产、其他非金属矿产品生产、金属制品生产（机器和设备制造除外）、不包含在其他分类中的机器和设备制造这 5 个行业的固定资产投资率在降低，而其他行业的投资均增加或与 2019 年持平。

表 2-4　俄罗斯工业主要固定资产使用年限结构

工业固定资产	年限结构	2010 年	2011 年	2012 年	2013 年	2014 年	2015 年
建筑	5 年以下/%	5	4	5	5	6	7
	5~10 年/%	5	5	6	6	6	8
	10~15 年/%	6	6	5	6	6	6
	15~20 年/%	9	9	9	8	9	8
	20~30 年/%	25	23	21	22	24	22
	30~50 年/%	33	37	35	34	29	30
	50 年以上/%	5	4	5	5	6	6
	平均使用年限/a	26	26	25	25	25	24
基础设施	5 年以下/%	7	7	9	8	9	8
	5~10 年/%	7	8	7	8	10	11
	10~15 年/%	8	7	7	7	—	7
	15~20 年/%	12	13	13	11	13	10
	20~30 年/%	24	28	26	27	22	25
	30~50 年/%	25	21	22	23	21	22
	50 年以上/%	2	2	2	2	1	3
	平均使用年限/a	21	21	21	21	19	21
机器和设备	5 年以下/%	15	14	15	15	15	15
	5~10 年/%	22	24	25	24	27	28
	10~15 年/%	26	26	22	24	21	24
	15~20 年/%	14	13	14	16	16	15
	20~30 年/%	14	15	16	13	13	10
	30 年以上/%	5	4	4	4	3	2
	平均使用年限/a	14	13	13	13	12	12
交通工具	5 年以下/%	19	20	21	22	26	22
	5~10 年/%	32	30	30	32	30	32
	10~15 年/%	20	22	23	21	18	19
	15~20 年/%	13	12	12	11	11	10
	20 年以上/%	5	6	4	4	5	6
	平均使用年限/a	9	10	9	9	9	9

资料来源：根据俄罗斯联邦国家统计局数据测算所得

（2）财务状况恶化

近年来，俄罗斯工业企业财务状况恶化，具体表现在企业利润率降低和亏损企业增加这两方面。俄罗斯企业的投资仍主要依赖自有资金，因此，企业利润率低是导致投资不足的直接原因，而造成企业利润率下降的主要原因则是需求下降带来销售收入的减少。从表 2-5 可以看出，2010～2015 年，工业利润率整体呈下降趋势，矿产资源开采业从 31.9% 降至 24.9%，加工工业从 14.8% 降至 11.9%，水、电、气的生产和调配业从 7.1% 降至 5.0%。其中，利润率降幅最大的是焦炭和石油制品生产业（从 25.5% 降至 7.1%）、橡胶和塑胶制品生产业（从 19.2% 降至 7.3%）以及机器和设备的生产业（从 19.1% 降至 7.5%）。2015～2018 年，工业利润有所上升，矿产资源开采业从 24.9% 升至 31.4%，加工业从 11.9% 升至 12.0%，水、电、气的生产和调配业从 5.0% 升至 8.5%。但 2018～2020 年，这些产业的利润率又开始回落，矿产资源开采业的利润率从 31.4% 降到 21.9%，水、电、气的生产和调整业的利润率从 8.5% 降到 8.3%，利润降幅最大的是造纸和印刷业（从 27.6% 降到 14.8%）。在利润率下降的同时，亏损企业也逐渐增多。以 2010～2015 年为例来说明，矿产资源开采业中亏损企业从 567 家增至 793 家，亏损企业占比从 38.3% 增至 44.9%，亏损金额从 671 亿卢布增至 4056 亿卢布。加工工业中亏损企业从 4384 家增至 4719 家，亏损企业占比从 29.5% 增至 30.6%，亏损金额从 3064 亿卢布增至 1.1222 万亿卢布，其中，焦炭和石油制品生产业亏损企业从 29 家增至 49 家，亏损企业占比从 26.1% 增至 35.8%，亏损金额从 109 亿卢布增至 1447 亿卢布；机器制造业亏损企业从 434 家增至 496 家，亏损企业占比从 28.6% 增至 30.7%，亏损金额从 211 亿卢布增至 522 亿卢布。

表 2-5　俄罗斯工业企业产品销售利润率　　　　　　（单位：%）

工业	2010 年	2011 年	2012 年	2013 年	2014 年	2015 年	2018 年	2019 年	2020 年
矿产资源开采业	31.9	31.4	28.0	22.1	19.2	24.9	31.4	28.0	21.9
加工工业	14.8	13.2	10.7	8.8	9.9	11.9	12.0	11.5	11.6
食品工业（包括饮料和烟草）	10.8	7.8	9.4	8.6	9.1	9.9	7.8	7.5	8.0
纺织和缝纫工业	5.4	6.3	6.2	7.7	8.9	12.8	8.3	6.5	10.4
皮革及制品的生产和制鞋业	6.6	8.6	9.1	6.9	4.6	8.1	7.0	5.2	6.2
木材加工和木制品生产业	3.0	3.7	0.7	8.0	12.2	12.2	13.2	6.9	11.5
造纸和印刷业	11.3	11.5	10.1	8.5	10.2	17.6	27.6	18.8	14.8
焦炭和石油制品生产业	25.5	21.9	12.8	9.3	8.3	7.1	8.8	9.7	5.3
化工业	25.7	22.4	12.9	9.3	21	31.4	25.2	22.1	20.6
橡胶和塑胶制品生产业	19.2	24.1	21.2	15.6	6.2	7.3	7.4	8.0	10.5
其他非金属矿石加工业	6.7	6.7	7.6	7.1	8.2	7.5	11.1	10.5	11.6

续表

工业	2010 年	2011 年	2012 年	2013 年	2014 年	2015 年	2018 年	2019 年	2020 年
冶金和金属制品生产业	8.1	10.8	11.3	8.7	16.4	21.7	25.8	21.6	25.2
机器和设备的生产业	19.1	14.2	11.3	9.9	6.2	7.5	10.4	9.6	10.8
电子设备和光电仪器生产业	6.9	6.6	7.0	7.1	9.9	10.6	12.0	13.3	12.8
运输工具和设备生产业	9.1	9.1	8.3	8.1	4.3	4.9	2.3	1.9	1.2
水、电、气的生产和调配业	7.1	6.4	3.9	4.4	3.7	5.0	8.5	8.9	8.3

资料来源：根据俄罗斯联邦国家统计局数据测算所得

（3）技术密集型产业发展滞后

19 世纪 80 年代以来，美国的经济效率、劳动生产率和技术创新始终处于世界领先地位，是世界制造业的领导者。根据美国加工工业内部结构的变化，工业化大致分为四个阶段：①工业化早期（1884～1920 年），以蒸汽机和电力为动力，美国建成了运输网络，在劳动密集型产业发展的基础上，资本密集型产业得以发展，烟草、食品、造纸和冶金等行业发展速度最快；②工业化中期（1920～1950 年），以内燃机为动力，汽车、电气设备与化工业发展迅速；③工业化后期（1950～1990年），橡胶、塑胶工业和化工业增长快速，而轻工业部门、食品工业和冶金工业等部门增长放缓；④后工业化阶段（1990 年以后），以机器设备、电子产品和运输设备为主导产业，通过技术创新和全球化的商业模式成为世界技术的领导者。伴随着新技术革命的浪潮，航空航天、计算机、自动化设备等技术密集型产业逐步在工业中占据主导地位。从美国的工业化进程看，经历了从劳动密集型产业到资本密集型产业，再到技术密集型产业的发展历程。对比俄罗斯工业发展状况，食品工业、纺织缝纫、制鞋、木材加工和造纸印刷等劳动密集型产业在整个行业中的占比为23.1%，与世界主要发达国家和中国相比，比例略高。焦炭和石油制品生产业、其他非金属矿石加工业、冶金和金属制品生产业属于资本密集型产业，其中焦炭和石油制品生产业在俄罗斯加工工业中所占比例最大，达到 21.3%，远远超过其他四个国家（表 2-6）。资本密集型产业在加工工业中占 41.4%，与之相比，美国为27.8%，德国为 21.9%，日本为 22.4%，中国为 29.1%。可以说，俄罗斯资本密集型产业在加工工业中占据主导地位。而产品技术含量较高的化工、橡胶、塑胶制品生产业和机器制造业在俄罗斯加工工业中的比例仅为 30%，与之相比，美国为48.8%，德国为 56.6%，日本为 56.8%，中国为 47%，俄罗斯技术密集型产业的比例与其他四个国家相比尚存在较大差距。对比美国工业化的历程，目前，俄罗斯资本密集型产业仍占据主导地位，与 20 世纪 50～60 年代的美国发展水平相当，其工业化水平与世界主要发达国家相比则落后了大约 60 年。

表2-6 俄罗斯加工工业结构的国际比较 （单位:%）

国家	年份	食品工业	纺织、缝纫、皮革、制鞋业	木材加工、木制品生产、造纸、印刷业	焦炭和石油制品生产业	化工、橡胶、塑胶制品生产业	其他非金属矿石加工业	冶金和金属制品生产业	机器制造业
俄罗斯	2015	17.7	1.0	4.4	21.3	10.5	3.8	16.3	19.5
美国	2010	13.2	0.8	5.9	13.6	20.3	2.2	12.0	28.5
德国	2012	10.4	1.2	4.6	6.6	13.8	2.4	12.9	42.8
日本	2012	12.2	1.1	5.4	6.3	14.6	2.3	13.8	42.2
中国	2011	10.5	7.7	3.4	5.1	14.1	5.3	18.7	32.9

（4）缺乏创新积极性

企业是参与市场经营活动和创新活动的主体，因此，企业缺乏创新积极性是阻碍工业发展的关键因素。2008年国际金融危机后，大多数企业疲于应对金融危机带来的不利影响，创新积极性下降，工业企业用于技术研发的支出在产值中的占比低于2%。2010年后，随着宏观经济形势趋好和经济现代化战略的实施，俄罗斯工业企业创新积极性略有提高，进行技术创新的企业和产品均有所增加。2005～2013年，矿产资源开采业中技术创新企业的占比从5.6%增至6.4%，创新产品产值占比从2.7%增至6.0%；加工工业中技术创新企业占比从10.9%增至11.9%，创新产品产值占比从7.0%增至11.6%（表2-7）。2014～2015年受经济危机影响，上述两个指标有所回落。2016年，矿产资源开采业中技术创新企业的占比仅为5.5%，创新产品产值占比仅为4.0%；加工工业中技术创新企业占比为11.8%，创新产品产值占比为10.9%。

表2-7 俄罗斯工业企业中创新企业及创新产品比例 （单位:%）

项目	工业	2005年	2010年	2011年	2012年	2013年	2014年	2015年	2016年
进行技术创新企业占受访企业总数的比例	矿产资源开采业	5.6	6.6	6.8	7.0	6.4	6.5	5.8	5.5
	加工工业	10.9	11.3	11.6	12.0	11.9	12.2	12.1	11.8
	水、电、气的生产与调配业	4.2	4.3	4.7	4.9	4.7	4.5	4.3	4.1
创新产品产值占工业总产值的比例	矿产资源开采业	2.7	2.7	6.7	6.5	6.0	7.2	3.7	4.0
	加工工业	7.0	6.7	9.6	9.6	11.6	9.9	10.6	10.9
	水、电、气的生产和调配业	0.1	0.7	0.6	0.4	0.8	0.6	0.8	2.3

资料来源：根据俄罗斯联邦国家统计局数据测算所得

从企业创新支出占销售收入的比例看，工业企业创新支出在销售收入中的比例低于俄罗斯经济整体水平。例如，与2009年相比，2016年全俄企业创新支出在销售收入中的比例增至2.5%，矿产资源开采业中创新支出占销售收入的比例却降至1.3%，加工工业比例维持不变，仍为2.0%，水、电、气的生产和调配业比例为1.5%。美国企业一般将10%左右的销售收入用于产品研发和创新，与之相比，俄罗斯企业无论在创新投入还是在创新积极性方面都与其存在巨大差距（表2-8）。

表2-8　俄罗斯企业创新支出在销售收入中的比例　　（单位:%）

工业	2009年	2010年	2011年	2012年	2013年	2014年	2015年	2016年
整个经济	1.9	1.6	2.2	2.5	2.9	2.9	2.6	2.5
矿产资源开采业	2.0	1.0	0.9	1.1	1.1	1.4	1.3	1.3
加工工业	2.0	1.8	1.9	2.1	2.7	2.4	2.1	2.0
水、电、气的生产和调配业	1.1	1.0	0.8	1.8	1.8	1.8	1.2	1.5

资料来源：根据俄罗斯联邦国家统计局数据测算所得

相对于自主研发、自主创新和培养企业自身的科研技术潜力而言，俄罗斯企业更愿意进口外国先进的工艺设备，以便能更快速地实现生产设备的现代化。企业对研发工作的客观需求与科研和实验设计机构的研发方向严重脱节，技术市场的创新基础设施（如中介、信息、法律、金融及其他服务）不发达，知识产权和创新产品技术认证的保护及转让的法律问题并未完全解决，这些因素都会阻碍企业创新积极性的提高。此外，对于大企业而言，由于大型企业多为俄罗斯特权精英把持，他们满足于既得利益，不关心企业的长远发展，因此创新动力不足；而对于中小企业而言，又存在着市场准入、行政壁垒和资金约束等障碍，更多表现为创新能力不足。

（5）工业制成品国际竞争力不强

一国的出口商品结构是该国经济发展水平、产业结构、资源禀赋和贸易政策的综合反映。表2-9将俄罗斯出口商品结构与美国、德国、日本三国进行比较。立足于自然资源禀赋优势和比较优势，俄罗斯一直依靠能源拉动经济的发展。虽说在俄罗斯大力推行"进口替代"战略和投资促进计划等一系列结构改革措施，以及2020年新冠疫情导致全球能源需求大幅度下降的背景下，矿产品以及燃料的出口收入在俄罗斯出口总额中的比例有所下降，但并不足以撼动能源行业在俄罗斯经济中的主导地位，2020年俄罗斯燃料占比为49%，而当年俄罗斯的食品占比为8%，矿石和金属占比为9%，制成品占比为27%，其他占比7%。美国出口商品以资本密集型商品、工业制品、消费品为主。2020年，美国对外贸易中制成品占比最高，为69%。德国具有一些很强的优势产业，如塑胶单丝、印刷和装订机械及其零件、传动轴、客运汽车、飞机及相关设备、航天飞机等产品，其在国际市场占有率达到20%以上，2020年其制成品占比仍高达88%。日本的出口商品结构中，机械和运输设备这一类商品比例很高，其次是以材料分类的制成品和化学品这两类商品。2020年其制成品占比高达92%。可以说，美国、德国和日本三国中，具有国际竞争力的行业大多属于中等和高等技术水平。反观俄罗斯出口商品结构，工业制成品在总出口额中的比例仅为27%，仍依赖能源行业，这充分说明俄罗斯工业制成品的国际竞争力不强，出口贸易结构亟待优化升级。

表 2-9　2024 年俄罗斯出口商品结构占比的国际比较　　　　（单位：%）

国家	石油及天然气	重金属	汽车制造	电子产品
俄罗斯	40	25	80	10
美国	6	9	15	30
日本	2	12	4	30
德国	~3	8	18	7

资料来源：俄罗斯联邦统计局和世界贸易组织（WTO）统计数据

2.2.3　俄罗斯工业发展趋势及对策

作为苏联国家遗产的继承者，俄罗斯工业基础具有与苏联相同的特点，即工业基础发展不均衡，重工业发展占优先地位，直至近年来，一些新兴工业部门才逐渐涌现。为了促进俄罗斯工兴振兴，俄罗斯政府通过《俄罗斯 2001～2010 年发展纲要》等一系列鼓励工业发展的政策，促进俄罗斯通过走经济现代化的道路恢复大国雄风，快速缩小与发达国家之间的差距。俄罗斯政府制定工业政策的出发点是为了提高俄罗斯工业在世界贸易组织范围内的竞争力。俄罗斯政府认为，全面参加世界经济一体化，对于发展俄罗斯有前景的工业部门是有利的。为此，俄罗斯政府促进各个工业部门减少能源消耗、提高科技含量，加强与国际高科技领域的合作，从而发展本国经济。近年来，俄罗斯工业政策着力点主要集中在四个方面：一是专项投资合同；二是工业园区和产业集群的发展；三是进口替代；四是打击工业产品的非法流通。在一系列政策的驱动下，俄罗斯联邦层面签署了诸多专项投资合同，如 2016 年 6 月在圣彼得堡国际经济论坛框架下，一些德国公司成功签署专项投资合同，在俄罗斯境内实施生产农用机械产品等，进而为俄罗斯经济带来数千亿卢布的投资。此外，俄罗斯已在全国建设上百个工业园区，入驻企业涵盖了仪器仪表、电子、激光、化工、制药、生物技术和新材料等工业领域范围。整体看来，俄罗斯旨在通过吸引投资、发展创新及企业发展，提高国家经济竞争力。具体表现在：一是促进国家与私营企业的合作，通过金融杠杆吸引私人资本向重大项目投资；二是推进大专案建设，组建大型企业，使其成为国家落实产业政策的载体；三是制定产业长期发展战略、行业发展计划等系列工业政策。

为促进工业发展，俄罗斯政府制定并出台了一系列战略、纲要及措施，希望通过政府的规划和政策扶持扩大工业固定资产投资，改变技术工艺落后、企业缺乏创新积极性的现状，提高工业企业及产品在国内外市场上的竞争力。

（1）制定工业发展战略，提高工业竞争力

2013 年 1 月，俄罗斯联邦政府批准了《发展工业和提高工业竞争力》国家纲要（以下简称《纲要》），旨在激发工业领域发展潜能、提高工业企业的竞争力。《纲要》指出，21 世纪初的发展经验表明，俄罗斯应当制定国家工业政策，形成系统的工业发展战略及相应的实施手段。在俄罗斯，没有国家的参与，工业领域重大的基础设施、投资和创新任务很难完成，在国内和国际市场上的竞争力水平也很难提高。这份国家纲要是俄罗斯政府专门针对工业发展而制定的系统、长期的政策，是研究俄罗斯再工业化政策的主要参考。

《纲要》下设 17 个子纲要，分别为：①汽车工业；②农用机械，食品及深加工；③专业生产部门的机械制造业；④轻工业及民族手工艺品制造业；⑤加快发展国防工业综合体；⑥运输工具制造业；⑦车床及工具制造业；⑧重型机械制造业；⑨动力工程和电机工程机械制造业；⑩冶金业；⑪森林工业综合体；⑫技术标准；⑬化学工业综合体；⑭发展复合材料及制品的生产；⑮发展稀有金属和稀土金属工业；⑯完善煤矿工人的生活保障体系；⑰保障本国家纲要的实施。

为保障《纲要》的执行，俄罗斯划拨了 2408 亿卢布为其中 11 个子纲要提供预算资金。《纲要》分两阶段实施，第一阶段为 2012～2015 年；第二阶段为 2015～2020 年。预算拨款逐年递减，在第一阶段，国家利用财政资金对工业中重点行业进行大规模投资，实行固定资产的更新换代，而在第二阶段，国家投资则起抛砖引玉的作用，带动私营企业自主投资。从执行效果看，整个工业无论从固定资产更新、利润率，还是从产品竞争力、企业创新积极性上看都没有太大改观。

（2）制定国家纲要，规划重点行业发展

为促进工业发展，俄罗斯政府先后制定了航空工业发展、电子和无线电工业发展、医药和医疗产业发展、造船业发展和军工综合体发展等国家纲要。这些国家纲要是分别对航空、电子和无线电、医药和医疗、造船、军工五个俄罗斯工业中的重点及优势领域进行规划的战略参考，明确了这些行业的发展目标，设定了其长期及短期发展任务，并划拨预算资金以落实纲要中的各项措施，这对推动这五大领域未来发展具有重要作用。

（3）建立工业发展基金

为工业发展提供资金支持的制造业大多为资本密集型产业，企业固定资产更新需要大量资金，因此，资金短缺一直是困扰制造业发展的难题。例如，2014 年，俄罗斯联邦工业和贸易部对之前的俄罗斯技术发展基金进行了改革，并在此基础上建立了俄罗斯工业发展基金。该基金为工业项目提供优惠的融资条件，帮助工业企业解决技术设备更新、大型机器设备租赁及大型工业项目实施过程中遇到的资金问题。工业发展基金的建立对推动俄罗斯工业现代化、建立新的产业组织及实施进口替代政策起到了重要作用。

（4）提供长期优惠贷款

工业发展基金为工业企业提供长期优惠贷款，在执行过程中贯彻"四不"原则：一是矿产资源开采业，电力、燃气和蒸汽及空调的供应业，以及给排水、废品收集及加工利用、清污业等不在支持范围之内；二是基金不允许用于厂房建设及大修、购买不动产、军用产品生产、偿还贷款及贷款利息，也不能用于补充流动资产；三是该基金不是拯救陷入困境的企业；四是该基金不追求高盈利，因此不参股企业，也不向受资助企业收取利益分成和佣金。截至 2019 年 2 月 22 日，工业发展基金已向 375 个工业项目提供了 854 亿卢布的贷款支持。从行业分布看，机器制造业项目最多，共 135 个项目，获得的主要贷款资金占总额的 30.6%；化工业 44 个项目，主要贷款规模占 10.9%；生物制药业项目 48 个，主要贷款规模占 9.7%；冶金业 44 个项目，主要贷款规模占 8.8%；电气设备制造业 22 个项目，主要贷款规模占 6.1%；林业 20 个项目，主要贷款规模占 4.8%；电子行业 18 个项目，主要贷款规模占 4.5%；轻工业 18 个项目，主要贷款规模占 4.1%；建筑材料 13 个项目，主要贷款规模占 2.9%；新材料 10 个项目，主要贷款规模占 2.8%；家具制造 2 个项目，主要贷款规模占 0.2%；生物技术 1 个项目，主要贷款规模占0.014%。从资金用途看，大部分工业企业获得贷款，77%的资金用于购置机器设备，12%的资金用于支付第三方服务（包括工程承包和新产品生产等），7%的资金用于购买生产所需材料及组件，4%的资金用于支付工资。

（5）签订"特别投资合同"，吸引投资

根据《俄罗斯联邦工业政策法》，为吸引对工业部门的投资，支持大型工业项目的实施，工业发展基金还积极推行"特别投资合同"政策。"特别投资合同"由投资者与国家签订，明确规定了合同双方的义务，项目发起人（即投资者）有义务在规定期限内组织工业品生产，俄罗斯联邦（或联邦主体）有义务保证税收及监管条件的稳定，并提供相关支持。"特别投资合同"要求最低投资额为7.5亿卢布，投资者在建立现代化工厂或对企业进行现代化改造时，新购置设备的比例不超过25%，项目应使用最佳可用技术，生产的产品经俄罗斯工业和贸易部确定在俄罗斯无同类产品。"特别投资合同"有效期为项目盈利之后5~10年。国家支持项目的具体措施包括：税收优惠、政府采购、租用联邦主体土地的特殊优惠等，具体支持力度取决于项目参数。截至目前，已签订34项"特别投资合同"，其中，医药行业7项、汽车制造业7项、化工业5项、机器制造业5项、机床制造业5项、农机及特殊机器制造业2项、冶金（材料）业2项、航空工业1项。同时，吸引投资4383亿卢布，减税5200亿卢布，创造1.7669万个工作岗位。

（6）为工业项目贷款及债券发放利息补贴

工业发展基金还为工业项目贷款及债券提供利息补贴，要求项目总价1.5亿~75亿卢布，贷款期限不超过3年，贷款额不超过项目总价的80%。具体办法为：如贷款或债券为卢布，当利率高于基准指标，按基准指标的70%发放补贴，当利率低于基准指标，按利率的70%发放补贴；如贷款或债券为外币，当利率高于4%，按基准指标的90%发放补贴，当利率低于4%，按利率的90%发放补贴。例如，2017年，工业发展基金为107个工业项目发放了45.47亿卢布利息补贴，2018年上半年为90个工业项目发放利息补贴15.93亿卢布。其中，化工业获得利息补贴最多，林业次之，此后依次为冶金、生物技术、重型机械制造、运输工具制造、汽车制造、能源机械制造、车床制造和农机制造等。

（7）发放各类补贴，扶持制造业发展

多年来，能源行业一直是俄罗斯经济的支柱产业，而制造业的发展则一直滞后于能源及原材料行业。俄罗斯政府为扶持制造业发展，通过对不同行业发放不同类型工业补贴的方式，给予制造业更多政策倾斜，鼓励制造业企业投资，促进制造业发展。

其中，汽车制造企业获得补贴的范围包括：第一，汽车制造企业创新项目投资的贷款利息；第二，将远东联邦管区生产的汽车运往俄罗斯国内其他地区所产生的运输费用；第三，因处理车辆（底盘）报废所产生废弃物的支出；第四，补贴俄罗斯信贷机构在2013~2014年因发放个人购车贷款而造成的收入损失；第五，轮式车辆制造企业在维持就业岗位方面的支出；第六，生产符合欧Ⅳ和欧Ⅴ车辆尾气排放标准汽车及完成质保义务等方面产生的费用；第七，汽车行业中能源密集型企业使用能源的部分成本；第八，轮式车辆制造企业用于采购、生产线模具更新、生产设备现代化所需贷款的利息；第九，轮式车辆制造企业建立及组织生产远程和自主操控交通工具的支出。

运输工具制造企业获得补贴的范围为：俄罗斯租赁企业因在收购大轴重创新型货车时提供折扣而带来的收益损失。例如，运输工具制造企业在 2008～2011 年从俄罗斯信贷机构、俄罗斯联邦与对外经济银行（外经银行）以及国际金融组织获得的用于技术改造的贷款利息。

农业机械及食品加工机械制造业获得补贴的范围包括：自行式和牵引式设备制造企业在维持就业方面的支出、在能源密集型生产中的能源支出和生产及设备保养所需费用。

（8）鼓励工业品出口，推行进口替代政策

2014 年乌克兰危机后，西方国家对俄罗斯金融、能源和军事三大重要领域实施制裁，此后随着国际能源价格的大幅下跌，俄罗斯经济结构能源化的弊病凸显。例如，在 2015 年的反危机政策中，俄罗斯政府推出"进口替代"政策，对农业、食品工业、医药业、生物技术、机械制造业、石油化工业、轻工业、信息行业、航空航天工业、国防工业和原子能工业等 20 多个行业实施进口替代，力图通过进口替代减少机器设备进口、增加非能源产品出口，降低俄罗斯经济的对外依赖程度。

为鼓励工业品出口，俄罗斯政府推出一系列政策措施，具体包括：第一，为高科技产品出口提供资金支持。对俄罗斯外经银行和俄罗斯进出口银行因向俄罗斯高科技产品的外国买家提供优惠贷款而产生的部分费用提供补贴；补偿军工产品出口企业在俄罗斯信贷机构和外经银行贷款的部分利息；出台一项新的补贴机制，用于补偿出口企业在海外市场获得相关认证的费用。第二，举办并参与博览会。组织举办国际工业博览会、组织并参与 2020 年迪拜世界博览会，来展示俄罗斯工业发展成果，将产品推广到国外市场。第三，开展多边工业合作。参与欧洲尖端科技领域"尤里卡"计划框架内的国际创新活动，与"金砖国家"及各种多边国际组织进行先进工业技术的交流。第四，加强与独联体国家高新技术领域的合作。积极将俄罗斯产品供应与采购、联合项目、成立合资企业等问题纳入独联体合作框架；协助开展独联体国家的商业访问活动，组织俄罗斯工业产品成果展；在独联体框架内制定并跟踪监测俄罗斯竞争力产品清单，并每年更新；为独联体框架内高效的工业合作创造条件。第五，与中东和非洲国家进行在高新技术领域的合作。参与俄罗斯与中东和非洲国家政府间经贸合作委员会的工作；组织工业企业代表赴中东和非洲国家进行商务访问；在中东和非洲国家推广俄罗斯产品及服务；吸引中东和非洲国家投资俄罗斯工业，并在俄罗斯境内建立合资公司。第六，在欧洲国家持续对俄罗斯实施制裁的情况下，加强与欧洲国家的双边合作。通过召开工业部门间工作组会议、与欧洲国家先进领域代表进行交流、组织工业企业代表出访、吸引外国企业定期参加俄罗斯国际创新工业展和圣彼得堡经济论坛等方式，促进国家优先领域发展。第七，加强与亚洲和美洲国家的高新技术领域合作。参与俄罗斯与亚洲和美洲国家政府间经贸合作委员会的工作；组织工业部门代表赴亚洲和美洲国家进行商务访问；在亚洲和美洲推广俄罗斯的产品及服务；吸引亚洲和美洲国家对俄罗斯工业部门的投资及技术转让，并在俄罗斯境内建立合资公司。

通过以上对俄罗斯工业战略及政策的分析不难看出，俄罗斯政府对工业的扶持仍然停留在以资金支持、行业补贴为主的层面上，这些政策只能对中低技术水平的工业部门起到较好的刺激作用，对机器制造业等高新技术产业部门则收效甚微。工业的长足发展所需要的不仅仅是资金，更重要的是建立良好的竞争机制和对私人资本、知识产权的有效保护机制，以及建立起有利于技术创新的制度环境和完善的法律体系。

2.3　俄罗斯区域服务业发展研究

2.3.1　服务业发展现状

IHS Markit 数据显示，经季节调整后，俄罗斯 2021 年 1 月服务业采购经理人指数（PMI）重现扩张，由前值 48 回升至 52.7，结束连续三个月收缩。2020 年 10 月至 2021 年 1 月，服务商新业务四个月来首呈扩张；新出口订单量继续下降，但降速放缓至五个月来最低；就业仅微降，为五个月连降期内减幅最小；积压工作自 2017 年 11 月以来首次增加。服务商的成本通胀率连降第二个月，且显低于 2021 年 11 月所创近期高位，企业以较低速度增加产出费用，导致其收费通胀率创半年新低。服务商对来年产出预期前景信心继续升至自 2019 年 10 月以来最高。俄罗斯 2021 年 1 月综合产出指数也重现扩张，由前值 48.3 续升至 52.3，结束连续三个月收缩。2020 年 9 月至 2021 年 1 月，综合新业务五个月来首呈扩张，但新出口订单急降。私营企业略减少员工人数，积压工作进一步下降。综合投入成本通胀有所下降，导致产出费用升幅放缓。受惠服务业信心升至 15 个月最高，私企对来年产出预期乐观程度达自 2019 年 10 月以来最高，但商品生产商积极情绪有所下降。

俄罗斯金融市场网站报道，根据俄罗斯劳动和社会保障部以及俄罗斯劳动研究所专家的研究结果，近年来，俄罗斯实体经济部门就业人数有所减少，服务业就业人数有所增加。2012 年以来，酒店业和公共餐饮业从业人员分别增长 20% 与 19.8%，金融保险业增长 10.7%，文化、体育和休闲娱乐业增长 9.7%，交通运输业增长 4.9%。高科技和知识密集型产业所占份额逐年上升，2011~2020 年，从 19.6% 上升到 23.4%，增幅达到 19.39%。同时，农业从业人员下降 19.6%，工业从业人员下降 2.5%，建筑从业人员下降 1.2%。

俄罗斯的服务业占经济的 50% 以上，高于印度和中国。服务业从业人员约 4000 万人，占总就业人口的 60%。近年来，服务业整体表现强于其他行业，但发展趋势不稳定。2010 年 8 月 4 日俄罗斯国际电报报告，根据俄罗斯"外贸银行资本"计算，服务业业务继续改善。2019 年 7 月和 2020 年 8 月，服务业采购经理人指数分别为 49.7 和 58.5。运输仓储是最昂贵的服务业，而金融服务和酒店餐饮的价格仍在下降。在俄罗斯服务业的内部构成中，比例最大的是为消费者服务的传统批发与零售贸易，以及汽车、摩托车和个人日用品的维修服务，总体占比维持在 1/3 左右。俄罗斯生产性服务业在整个服务业中所占比例很小，总体发展水平相对较低，现代服务业结构趋势不明显。

（1）批发零售业发展现状

批发零售业是俄罗斯的主要服务业，是国内居民就业和收入的重要渠道。2000 年以来，随着俄罗斯经济的全面复苏，经济重新步入增长轨道，居民收入水平不断提高，零售业年销售额以两位数的速度逐年增长。2005 年零售总额近 2500 亿美元，带动了服务业的发展。据俄罗斯联邦国家统计局统计，2018 年上半年俄罗斯的零售总额达到 14.586 万亿卢布，比 2017 年同期增长 2.6%。2018 年 6 月的零售总额为 2.561 万亿卢布，同比增长 3%。行业组织和个体企业家贡献率为 94.2%，零售和批发市场贡献率为 5.8% (2017 年 6 月分别为 93.7% 和 6.3%)。在 6 月的零售总额中，食品占 47.4%，包括饮料和烟草制品；非食品占 52.6% (2017 年 6 月分别为 48.1% 和 51.9%)。近年来，为了保护国内商业利益，规范零售渠道，俄罗斯政府出台了一系列禁止和限制外国人在俄罗斯从事零售服务业的规定，调整了外商投资进入零售业的门槛和方向，造成了零售业的洗牌。目前，俄罗斯批发零售业主要集中在一些大型企业集团，包括本土的 X5 和 Magnit，以及海外零售商，如 Ocean、家乐福等。金融危机的出现打击了消费者市场，也使俄罗斯许多中小批发商和零售商面临困境，甚至破产。市场波动增加了行业的投资风险，进一步的并购和业务整合势在必行。

(2) 交通运输业发展现状

交通运输业是俄罗斯的主要服务业，在国民经济中占有重要地位。产业构成包括铁路、公路、航空、内河、海运和管道。其中，运输服务主要包括铁路、公路和管道。2017 年，俄罗斯各种运输方式的货物运输总量达到 94.47 亿 t（货物周转量）。其中，铁路 13.44 亿 t、公路 68.61 亿 t、管道 10.62 亿 t、海运 27.7 亿 t、内河 1.52 亿 t、航空 100 万 t[①]。客运总量 230.74 亿人次，据不完全数据统计，其中铁路客运 12.78 亿人次，公路和城市公共交通客运 125.58 亿人次，内河客运 2100 万人次，航空客运 4700 万人次，比 2000 年增长 18%。

其中，铁路运输增长最快，增长 28.4%。由于铁路运输量大、速度快、效率高、成本低，在俄罗斯的运输体系和国民经济中发挥着重要作用。俄罗斯铁路运输以货运为主，50% 的大宗货物依靠铁路运输。集装箱运输和包装运输是货物铁路运输的主要方式。目前，铁路总里程超过 8 万 km，货运量居世界第二位。以莫斯科为中心、覆盖全国的铁路网已经形成。在欧洲，铁路的密度相对较高，而在东亚和东北亚的西伯利亚，只有西伯利亚铁路和拜亚铁路等主要干线。

公路运输也是俄罗斯交通运输体系的重要组成部分。目前，汽车客运量占总客运量的 30%，短途运量占总运量的 70% 以上。随着汽车工业的发展，门到门服务越来越普及，汽车运输的优势将更加明显，道路货运量将继续增加。俄罗斯公路运输潜力巨大，但公路里程相对较少。而当前路网长度较短，道路质量较差，实际负荷率较低，是制约经济增长的重要因素。

管道运输是一种特殊的专业运输方式，其成本是铁路运输的一半。主要用于输送石油、石油产品和天然气。目前，俄罗斯作为一个能源大国，其一半以上的石油和石油产品通过管道运输。俄罗斯建立统一的天然气供应体系来进行管道运输，在确保国内供应和满足出口需求方面发挥着不可替代的作用。

俄罗斯是世界内河运输较发达国家。内河运输的主要货物有石油及石油产品、木材、粮食、煤炭、铁矿石等。但其运输规模小，在运输业中的作用不明显。

---

① 很多货物运输的过程中涉及不同运输方式的组合运输，造成加总数和运输总量对不上，这属于正常现象。

俄罗斯领土连接欧亚两大洲，其独特的地理位置决定了俄罗斯已成为亚欧之间的桥梁。著名的西伯利亚铁路，总长 9289km，是世界上最长的铁路，从 COC① 的角度看，年运输量约 100t。理论上，西伯利亚干线运输的优势是显而易见的。成本优势理论认为，一个国家在其拥有的资源领域进行生产和加工过程中将具有比较优势，并且在地理资源方面，它所有的资源也具有比较优势。俄罗斯幅员辽阔的领土也是连接欧亚大陆的主要通道。俄罗斯铁路通过西伯利亚干线向东与朝鲜、中国和蒙古国铁路相连，通过西伯利亚干线向西与原苏联一些国家的铁路和欧洲铁路相连。此外，由于地理距离的原因，俄罗斯铁路运输时间相对较短。如果使用西伯利亚铁路，从中国到芬兰的集装箱列车运输时间不到 10 天；如果使用海运，时间将增加到 28 天。总而言之，俄罗斯的运输业在土地资源方面表现出较为明显的价格优势。

此外，成本优势理论指出，一个国家所体现的成本优势也体现在利用无形资源生产加工过程中产生的比较优势上。其中无形资源主要是指国家制度和政策的优势，而俄罗斯运输业的优势正与此密切相关。俄罗斯的运输业具有较低的政治风险，因为超过 90% 的西伯利亚干线位于俄罗斯。俄罗斯是一个民主稳定、政治稳定的国家，而且俄罗斯政府高度重视俄罗斯运输业的发展，通过使用国家机器保障俄罗斯运输业的发展，为运输业制定了许多有益的政策，如俄罗斯政府批准的《关于建立运输走廊的共同政策协定》。

(3) 会展服务业发展现状

近年来，会展服务业发展迅速。1992 年，莫斯科最大的国有展览公司国际展览中心、国家经济成果展览馆相继进行股份制改革，展览业开始以市场化的方式运作，逐步形成规模，得到世界同行的认可。除了选择市场化、国际化的道路外，会展服务业发展迅速的另一个重要原因是各级会展业拥有相对健全的管理机构。自 2000 年以来，俄罗斯会展业随着经济复苏呈现出快速发展势头，每年在俄罗斯举办的展览超过 2500 个，而且数量还在逐渐增加。在一定程度上，会展服务业还具有指向性，具有作为俄罗斯国民经济发展晴雨表和俄罗斯企业发展风向标的功能。

(4) 旅游业发展现状

旅游业是俄罗斯的新兴经济部门。以 2009 年为例，旅游业产值约占国内生产总值的 2.5%，从业人员超过 100 万人。虽然在国民经济中并不突出，但近年来却发展迅速。俄罗斯拥有丰富的旅游资源，包括莫斯科、圣彼得堡、黑海疗养院、伏尔加河沿岸城市和沿海边疆地区。政府高度重视旅游业的发展，于 1995 年颁布了《国际旅游活动许可管理条例》和《个别行业许可管理条例》，同时实施了旅游公司许可证管理、行业旅游项目标准化和旅游产品质量认证管理制度，规范管理旅游公司的经营。自 2000 年以来，政府成立了新的国家旅游局，改变了以往体育旅游部门的非营利旅游管理模式，将旅游的社会属性调整为经济属性。政府还制定了中长期旅游发展规划，统一组织了俄罗斯旅游年等活动，提升了俄罗斯的国家形象。然而，俄罗斯的旅游服务接待能力尚且不足，加上经济形势频繁波动，不利于旅游业的可持续发展。但是俄罗斯旅游业在国家竞争优

---

① COC，即 Carrier's Own Container，意指承运人的集装箱。

势方面优势显著，从国家竞争理论的市场需求因素来看，俄罗斯旅游业的需求量很大。自 2014 年受到西方国家制裁后，卢布加速下跌，使得外国游客来俄的旅游服务变得更便宜，俄罗斯游客的旅游成本下降，这也是外国游客选择前往俄罗斯旅游的原因之一。

根据国家竞争理论中的产业要素，俄罗斯旅游业具有竞争力。俄罗斯拥有丰富多样的文化资源，使其在产业要素上具备竞争力。俄罗斯地理位置优越，拥有丰富的文化遗产和多样的自然景观，因此旅游业竞争激烈。俄罗斯拥有 26 处世界遗产（联合国教育、科学及文化组织认定），其多样的地形为旅游业提供了丰富多彩的目标。莫斯科、圣彼得堡、加里宁格勒、斯塔夫罗波尔、克拉斯诺达尔边境疗养院、高加索和西伯利亚的滑雪胜地、"俄罗斯金环"（包括 Giev Town、Vladimir、Suzdal、Costa Roma、Uglich、Yaroslavl 等)，以及伏特加河旅游线路是俄罗斯主要的旅游线路。另外通往阿尔泰山脉和贝加尔湖的西伯利亚干线，沿海地区和堪察加半岛的火山也吸引着大量游客。从国家竞争理论的政策角度来看，俄罗斯旅游业在战略选择上同样具备竞争力，俄罗斯政府为俄罗斯旅游业提供了多项政策支持和保障。例如，俄罗斯政府目前批准了一个项目计划——《俄罗斯联邦发展国内游和入境游计划（2011—2018)》。根据该计划，俄罗斯的服务和旅游设施得到了提升，经济特区在俄罗斯最美丽、最受欢迎的地区得到了建立，为提供旅游服务和酒店服务的旅游企业提供了有利条件。此外，取消签证限制也增加了前往俄罗斯旅游的游客数量，尤其是来自中国、韩国、以色列和拉丁美洲的游客数量每年增长 40%。几十年前，俄罗斯的酒店服务水平较低，但近年来有了显著提升，这归功于服务设施的不断发展以及俄罗斯近年来频繁举办的世界政治代表大会和各类主要运动活动，如冬季奥林匹克运动会、世界大学生运动会、金砖国家峰会和上海合作组织峰会。

（5）航天服务业发展现状

服务要素按强度包括劳动密集型、技术密集型和资本密集型。俄罗斯航天工业作为该国的核心产业，在劳动、技术和资本等方面具有明显的比较优势。在劳动要素方面，俄罗斯航天工业以高素质、高水平的劳动力为支撑，为航天工业提供服务。服务贸易的比较优势主要体现在以人为本，劳动力成本和质量是主要参考。从早期的空间探索到现在，俄罗斯一直处于空间服务和产品领域的领先地位，这与高水平的劳动力密不可分。尤里·加加林作为世界上第一个进入太空的人，就证明了俄罗斯在航天领域的高素质劳动力储备。就资本要素而言，不仅俄罗斯航天工业提供以资本和技术设施为核心的高水平服务，而且俄罗斯政府和私人投资者也为该行业提供了大量资金。具体来说，商用运载火箭市场有利可图，它主要将近地和中地卫星送入轨道，具有巨大的获益空间，也正吸引越来越多的俄罗斯国有企业和跨国公司开始关注空间技术，并投入大量资金进行空间设计。在这种情况下，俄罗斯的空间技术潜力将在外国银行和公司的投资下获得充分释放。

在技术要素密集度方面，俄罗斯航天业主要依靠技术创新发展高新技术，提供具有竞争力的服务。目前，俄罗斯已经实施了一些新型运载火箭的开发计划，其中一部分进行了重新制造，另一部分进行了重新装配。俄罗斯太空火箭的军火库将增加新的高效运载火箭，包括"安加拉"、"罗斯"、"亚马尔"和"奥涅加"等"联盟-2"系列的翻新产品。与其他国家相比，俄罗斯研制的新型高效运载火箭具有一定的竞争优势：价格低廉、地面基础设施发达、安全性高。专家认为，"安加拉"运载火箭具有广阔的发展前景，它将以 12 美元/kg 的价格把有效载荷送入地球静止轨道，而现在的市场平均价格是 25 美元/kg。另外，提供空间服务的外国公司对俄罗斯的运载火箭表现出了极大的兴趣，将其视为竞争对手的同时也寻求合作伙伴关系。在航天服务领域，俄罗斯的前景广阔，但目前主要问题是缺乏培训和合格的人才，因此有必要加强专业培训，并开发制造现代航天技术材料和设备，支持国内相关航天公司在国内市场的成功运营。

俄罗斯服务业以批发零售业、交通运输业、会展服务业与航天服务业为主，从这些细分行业分析俄罗斯经济发展情况，可以看出俄罗斯国内服务贸易发展的基本情况及特点，以此对俄罗斯国内服务贸易的发展进行概要了解。其中批发零售业是俄罗斯服务贸易的最大领域，其次港口经济等俄罗斯运输业发展相对迅速，会展服务业在服务业贸易中也占据一定份额。另外，航天服务业作为俄罗斯未来服务业的主要发力方向也得到了较快发展。总之，俄罗斯服务贸易总体呈现较快的发展，规模不断扩大，同时贸易水平得到了提升。

2.3.2　俄罗斯服务贸易发展存在的问题

俄罗斯服务业虽然取得了一定规模的扩大与发展，但是由于俄罗斯国内以及国际贸易环境因素，还存在着很多问题制约着俄罗斯服务业规模的扩大，影响俄罗斯服务业进一步发展。另外，由于受到国内经济发展的影响，俄罗斯服务业发展存在着多方面的问题，从贸易结构以及成熟度来看都制约了俄罗斯服务贸易的持续健康发展。

(1) 服务贸易结构失衡

如表 2-10 所示，俄罗斯服务贸易发展不平衡，其中运输业和旅游业占据重要地位。而金融业和保险业由于其高附加值而排在最后，出口量有限，所占比例很小。这表明，俄罗斯服务贸易发展仍然缓慢，需要改进。俄罗斯与一些国家集团之间的服务贸易往来中，主要收入来源是独联体国家中的其他运输（尤其是铁路和管道）。由于地理位置接近、历史、文化和家庭关系，独联体国家在俄罗斯的服务出口总额中所占的份额达到 46%（其中个人旅行最多），而在 2006 年，非独联体国家的这一数字约为 20%。从独联体国家服务贸易进口来看，主要包括通信服务、公共服务和较低份额的建筑、保险、金融及其他商业服务。其中通信服务在独联体国家中占比 5.2%，而在非独联体国家中仅为 1.6%；公共服务在独联体国家中占比 9.3%，而在非独联体国家中仅为 1.4%。

表 2-10　俄罗斯 2019～2020 年服务贸易细分行业规模

指标	年份	总贸易额	运输业	旅游业	货物相关服务	其他服务
规模/亿美元	2019	1604	206	115	52	722
	2020	1126	161	110	39	677
增长率/%	2019	0.66	-4.00	2.73	-3.86	2.12
	2020	-29.8	-21.8	-4.3	-25.0	-6.2

服务贸易竞争优势指数是一个国家是否具有服务贸易竞争力的重要反映，主要是指一个国家或地区的进出口贸易差额占其进出口贸易总额的比例。自 2011 年以来，服务

贸易整体竞争优势指数略有提高，虽然价值不大，但有逐年上升的趋势。2016～2019年运输服务贸易竞争优势指数均大于 0，在 0.16～0.18 波动（表 2-11）。总体而言，与其他行业相比，运输服务贸易竞争优势明显。其中，旅游业竞争优势指数的负值表明俄罗斯旅游业竞争力较差，旅游资源尚未充分开发，整体环境仍需进一步改善；保险业和金融业竞争优势指数负值较大，说明这两个行业竞争力较差；文化娱乐业的竞争优势指数逐年下降，说明文化娱乐业亟须改善。

表 2-11　2016～2019 年俄罗斯服务贸易细分行业竞争优势指数（TC 指数）

年份	运输	旅游	建筑	保险	金融	计算机	文化娱乐	特许权
2016	0.18	−0.51	−0.02	−0.11	−0.27	−0.17	−0.42	−0.80
2017	0.16	−0.55	0.05	−0.57	−0.33	−0.07	−0.49	−0.78
2018	0.18	−0.50	0.07	−0.32	−0.14	−0.02	−0.51	−0.76
2019	0.17	−0.54	−0.05	−0.54	−0.36	0.02	−0.50	−0.74

俄罗斯近年来服务贸易的发展速度有所下降，2008 年服务贸易的出口额为 506.94 亿美元，占全球服务贸易的 1.41%，2019 年服务贸易的出口额为 672 亿美元，占全球服务贸易的 1.02%。从中可以看出，虽然服务贸易的出口额有所提高，但在全球服务贸易中的比例却在下降。从产业结构来说，在俄罗斯服务贸易中处于主要地位的仍然是建筑服务、运输服务等传统部门。虽然保险服务和计算机与信息服务等近年来有较大的提升，但服务贸易结构总体来说仍然处于不平衡状态。

（2）服务贸易成熟度较低

俄罗斯在服务成熟度方面的劣势主要表现在其提供多种语言服务的能力较弱。根据 2011 年俄罗斯软件开发和软件出口调查，与 2008 年和 2009 年相比，2010 年俄罗斯 IT 公司的英语熟练开发人员增加了 3%，达到 68%。虽然越来越多的软件开发人员懂外语（主要是英语），但俄罗斯并不是一个英语水平很高的国家。根据 Education First 国际语言学校的一项研究，在成人的平均英语水平这一测度中，俄罗斯在 44 个非英语母语国家中排名第 32 位。调查还显示，俄罗斯 IT 专业人员懂德语的比例为 5%～10%，而能说其他语言的只有 4%～5%，语言不畅通使得俄罗斯 IT 专家需要花费更多的时间、精力和资金来创建计算机解决方案，这使得 IT 行业竞争力受到极大的影响，而且减缓了相关企业前进的步伐。

（3）服务贸易现代化程度低

由于俄罗斯经济不稳定，服务业的发展也面临不确定性。具体来说，俄罗斯服务贸易的 NBT 指数中，一直为正值的运输服务业近年来呈现出优势逐渐削弱的趋势。保险业的竞争力自 2000 年以来有所提高，虽然 NBT 指数仍为负，但基本稳定在 −0.35 的水平。就计算机和信息服务业而言，随着俄罗斯政府对信息技术发展的重视，这项服务贸易的竞争力不断提高，其 NBT 指数已从 2005 年的 −0.07 增至 2006 年的 0.02；然而，受全球金融危机影响，2007 年和 2018 年分别下降至 −0.05 和 −0.16。俄罗斯旅游业的 NBT 指数总体为负（1994～2018 年），变化不大。这表明：一方面，俄罗斯旅游业属于传统服务业，尚处于起步阶段；另一方面，俄罗斯旅游业仍具有巨大的经济增长和就业增长潜力。专利和特许权使用费服务行业的 NBT 指数非常小，并趋于下降，这一结果不仅反映了专利、许可等先进技术低是导致俄罗斯在世界服务贸易市场竞争中处于劣势的重要原因，也反映了俄罗斯经济发展所需的专利和许可服务主要依靠国外市场来满足的现状。

（4）国际竞争力较低

现代世界贸易的一个重要特征是服务进出口的动态增长。这一增长的主要原因可以说是发达国家的转型和欠发达国家正处于"新信息社会"，其特点是服务消费增加，主要是信息消费。2018 年，俄罗斯服务出口总额为 647.588 亿美元，较 2017 年上升12.4%。在服务进口方面，可以注意到，2018 年这一数字达到了 947.023 亿美元，与2017 年相比，进口上升了 6.57%，其主要类型是旅游、运输和商业服务（图 2-7）。

图 2-7　俄罗斯服务进出口额

俄罗斯是商业服务的净出口国。俄罗斯 2018 年的服务贸易逆差为 299.435 亿美元，总体而言，贸易规模不大，市场竞争力相对较弱，服务贸易进口远高于服务贸易出口，处于贸易逆差阶段。

国际市场份额指数是指一国服务贸易出口额占世界服务贸易出口总额的比例，国际市场份额的大小代表一个国家在服务贸易中的国际竞争力。2014 年，一些欧美国家对俄罗斯实施经济制裁，致使俄罗斯经济发展缓慢，2015 年服务贸易出口总额仅为516.159 亿美元，比 2014 年下降 141.286 亿美元，低于中国和印度。例如，印度 2015年服务贸易出口额为 2053.32 亿美元，中国 2015 年服务贸易出口总额为 2335.668 亿美元，为俄罗斯的 4 倍多。美国在 2018 年服务贸易出口中位居世界第一，其次是英国和德国，但美国服务贸易出口额（8284.25 亿美元）是英国（3780.105 亿美元）的两倍多。俄罗斯排名靠后（647.588 亿英元），在服务贸易出口方面远远落后于美国和英国。英国服务贸易的出口额约为俄罗斯服务贸易的 5.8 倍，美国服务贸易的出口额约为俄罗斯的 12.8 倍。从这些数据可以看出，美国和英国的服务贸易在全球服务贸易市场上具有较强的竞争力，而俄罗斯在世界服务贸易中的竞争力仍然相对较弱，不仅与美国、英国和德国等服务贸易出口大国没有可比性，也落后于中国、印度和加拿大。

综上所述，俄罗斯服务贸易的整体竞争力和各服务部门的竞争力都很弱。2010~2020 年，俄罗斯的服务贸易发展缓慢，长期来看，俄罗斯服务贸易总体水平低、国际竞争力弱，制约了其商品贸易的进一步发展，不利于宏观经济的稳定和发展。同时考虑到经济全球化背景下的国际分工，俄罗斯以燃料和原材料为主的经济结构在短期内难以改变。俄罗斯服务业在国民经济中的比例虽然高于其他行业，但在以能源经济为主导的产业结构中，服务业特别是软件信息服务业的投资明显不足。另外，国际服务业转移参与和接受的基础不足，也阻碍了俄罗斯服务业的现代化进程。

2.3.3 俄罗斯服务贸易发展趋势及对策

从上述发展服务贸易的战略目标和发展思路出发，应确保近年来快速发展的旅游、劳务输出、建筑、金融、保险、咨询等传统服务贸易继续发展成为俄罗斯发展服务贸易的重点。在此基础上，俄罗斯应重点培育现代信息网络、贸易和物流，特别关注生产性服务贸易的发展，加强工业设计、品牌、营销等环节的服务能力；同时做好国际服务外包工作，以承接国际服务外包为服务贸易发展的起点。此外，还应注意促进具有民族特色的文化娱乐等优质服务业的发展。

2.3.3.1 制定与完善服务业发展战略

(1) 加大服务业贸易政策扶持力度

服务贸易的发展离不开服务业的坚实基础作为支撑。由于技术进步往往首先发生在服务领域，俄罗斯可以通过服务贸易来减少技术成本，以换取更大的技术进步或技术增长收益，从而获得技术扩散的好处，促进现代服务的发展。在服务贸易的交流中获得增值利益的同时，俄罗斯还可以通过咨询、培训、技术引进等形式的技术服务，获得先进的技术和信息，提高国内服务水平。此外，以商业形式提供的服务也可以给俄罗斯带来示范模仿学习效应和竞争效应，进而引发技术创新。通过模仿、消化、吸收和改进，这些效益将有助于俄罗斯缩小与其他发达国家在服务提供水平和质量上的差距，并获得后发优势。此外，过去的经验也表明，转型国家在服务提供能力和服务市场自由化进程中的多样性方面往往可以取得巨大进展。因此，对于转型期国家而言，大力发展服务贸易可以提高现代服务业的服务交付能力和发展水平，加快实现经济赶超战略的进程。俄罗斯如要巩固竞争优势，应充分利用俄罗斯传统服务业发展的有利条件，继续发挥俄罗斯廉价劳动力的作用，将现代科技应用于交通、旅游等传统服务业，提高传统服务业的技术含量和附加值。此外，传统服务业应积极参与国际竞争，在激烈的竞争中打造俄罗斯传统服务业的品牌优势。同时，要抓住发达国家产业结构调整的机遇，采取优惠措施，吸引跨国公司向俄罗斯转移科技含量较高的传统服务业。政府通过积极引导各方面力量和国家预算安排专项资金，重点扶持专利、特许使用等高附加值服务业薄弱环节和重点领域的发展，提高自主创新能力，拥有自主创新的核心技术，提高俄罗斯服务业薄弱环节的比较优势，从而在国际市场上拥有发言权。同时，积极引进国外咨询、现代物流、银行、保险、证券、外包会计、审计、律师、会展、医疗、保理等行业的优质资源，吸收国际先进的技术知识和管理经验，积极创新。除此之外，俄罗斯政府可以实施相关政策，妥善保护这些新兴产业直到其足够成熟，否则容易受到外国巨头的封锁，影响产业发展。

（2）优化服务贸易发展结构

服务贸易的发展并不是有益无害的，可能影响一国的国家经济安全。首先，服务贸易的发展必然要求国内服务市场在开放方面做出承诺，这在一定程度上使国家丧失了部分经济决策自主权。其次，国外高质量、低成本服务的竞争对手可能迅速占领国内服务市场，同时阻碍新兴服务业特别是高科技服务业的发展。最后，服务市场的过度开放可能使国内经济容易受到外部经济波动的冲击，特别是金融服务市场的开放应更加谨慎和渐进。

政府应为服务业基础设施建设提供更多的资金和政策支持，加强服务业基础设施建设，扩大铁路、公路、航空、港口等交通运输规模，加强电信、信息网络等邮电通信建设；同时，加大高端酒店、购物中心、办公楼等商业建设项目的开发力度，尤其是需要大力支持技术密集型、知识密集型服务业及通信、金融、计算机和信息服务、专利许可等新兴服务业。一方面，政府必须制定有利于现代服务业发展的产业政策，采取有效措施，确保其正确实施，避免半途而废的局面，为现代服务业的发展提供资金支持，创造良好的外部环境；另一方面，俄罗斯现代服务业的弱势群体也应努力提高自身素质，为俄罗斯现代服务业的发展奠定坚实的基础，应积极组织和加强与新兴服务业有关的知识学习，定期组织国内人员去考察和借鉴现代服务业发达的跨国公司的经验。

2.3.3.2　提升服务贸易产业成熟度

（1）延长服务贸易产业链

目前，"产业融合"作为一种新型的产业发展模式已经引起了人们的广泛关注。在制造业和服务业日益紧密融合的推动下，这种新的工业模式将成为俄罗斯未来经济增长的焦点。目前，国际分工并不局限于产品，而是渗透到同一产品的不同环节和过程中。作为某一产品生产的一部分，三大产业贯穿整个产业链，逐步走向深度融合。其中，服务业在这一过程中发挥着重要作用。可以说，服务业已成为促进其他经济部门增长的过程工业。根据"微笑曲线"理论，在商品形成的水平产业链中，制造业位于"微笑曲线"的底部，研发和营销环节在两端，属于服务领域。因此，大力发展生产性服务贸易，促进制造业的发展，不仅可以促进服务业与现代制造业的有机结合，促进货物贸易的增长，而且可以有效地提高俄罗斯制造业在全球的水平和地位，延长产业链与加强国际分工，提高生产效率和技术创新水平，进而获得更丰厚的利润价值。

（2）提升服务业聚集度水平

通过提升俄罗斯服务贸易聚集度，提升规模效应，可以提升服务贸易总体发展效率。尽管俄罗斯交通运输聚集度水平相对较高，取得了一定的进展，但其他服务业仍然存在规模较小、集聚效应不明显的问题。因此，俄罗斯政府需要正确引导产业发展，对资本、信息、技术、管理等增加吸附能力，不断提升服务业发展的细分行业规模，增强服务业发展龙头企业的带头与引领效应，不断整合资源，发挥服务贸易发展的规模效应，不断增强其对投资与资金的吸附能力，从整体上提升服务贸易的聚集度水平。

2.3.3.3 提升服务贸易技术水平

(1) 注重技术人力资本积累

在当今社会，高素质的人才已成为服务业生产的重要因素，高素质人才的缺乏必然导致服务贸易国际竞争力的丧失。俄罗斯现代服务业发展缓慢的主要原因之一是人才资源支持不足，因此，必须大力发展教育，培养服务业人才。一方面，各级政府要加大对教育的投入，教育、科学技术、人事、劳动保障等部门要积极引导高校完善和加强与现代服务业发展相适应的学科与专业建设，提高服务业人员的专业水平和综合素质。另一方面，俄罗斯应积极实施"人才回流"战略，为海外人才提供优待，吸引他们回国，为国内服务业的发展作出贡献。同时，应采取各种优惠措施，积极搭建平台，为吸引国外高层次人才到俄罗斯工作提供良好的环境。

(2) 改善服务业发展科技环境

现代经济社会生活离不开科学技术的发展，邮电、工业设计、金融等现代服务业与科技发展水平密切相关。技术服务领域可以成为俄罗斯经济的驱动力之一，但这需要国家支持，消除官僚投资的技术障碍，建立国家技术教育体系，提高国家秩序的效率。因此，为了实现俄罗斯服务出口国的潜力，有必要扩大服务范围，集中精力发展知识密集型服务，以增加传统服务的竞争力，如运输服务。通过适当的国家政策和高质量的专家培训，未来几年服务供给的增长或将成为俄罗斯出口多元化、降低原材料在出口中占比的重要因素。科技环境的变化必然给服务业发展带来新的机遇，俄罗斯政府需改善服务业发展的科技环境，加快实施国家重大科技项目，大力培育和发展战略性新兴产业，推动关键技术突破，前瞻性部署基础研究，大力培养创新科技人才。

2.3.3.4 提升俄罗斯服务贸易竞争力

综上所述，重视和大力发展服务贸易不仅关系到转型国家经济发展和现代化转型的成功与否，而且关系到能否在新一轮全球竞争中夺取制高点，获得产业转移的效益，以较少的成本进行要素重组。因此，重视服务贸易的发展对转型国家具有深远的意义。与此同时，发展服务贸易对转型国家经济的负面影响也不容忽视。

(1) 提升应对国际贸易规则能力

俄罗斯供应商在国外市场获得的优势是加入世界贸易组织的结果，在为外国服务提供商制定准入承诺的过程中，有必要找到一个利益平衡点，在保护国内市场的同时能够满足外国投资的需要。同时，俄罗斯外贸部门应创新外贸服务产品的内容和形式，大幅降低外贸服务产品的成本，保持和扩大外贸服务产品的比较优势，积极寻找新的贸易点，积极参与制定新一轮的世界贸易规则等，以应对跨太平洋伙伴关系协定（TPP）和跨大西洋贸易与投资伙伴关系协定（TTIP）对俄罗斯出口贸易构成的壁垒和挑战。

(2) 改善俄罗斯服务贸易环境

要提高一国服务贸易的国际竞争力，就必须着力建设服务业的主导地位。目前，国际上正在把服务业从发达国家转移到发展中国家，俄罗斯要牢牢抓住产业转移的机遇，提高服务业的竞争力，缩小与发达国家的差距。为了提高服务贸易的竞争力，俄罗斯承接服务外包的具体方式包括：一是采取多元化的服务外包承接战略，在承接传统服务外包业务的基础上，积极提升承接服务外包业务水平，注重生产性服务外包业务的承接。一方面，生产性服务是其他生产部门的重要投入，其降低成本、提高效率的特点将有利于整个经济，从而增强转型国家赶超领先国家的潜力。另一方面，提高服务外包水平将有助于推动俄罗斯现代高技术含量服务业的发展。现代服务业的发展对提高服务贸易的竞争力具有重要作用。根据发达国家的经验，以高新技术现代服务业为核心的现代服务贸易快速发展，可以形成后发优势，实现经济的跨越式增长。二是建立区域服务外包产业集群，最大限度地发挥区域辐射和带动作用。三是要形成自己独特的服务外包品牌，走自主创新之路。盲目接手发达国家分解的服务业，容易陷入后续发展的陷阱，也可能造成"产业空洞化"的安全隐患。因此，转型期国家服务外包业最终应走自主创新之路，形成自身的核心竞争力。

总之，俄罗斯应牢牢把握服务业国际转移的机遇，把积极承接国际服务外包作为加快产业结构调整和优化的重要机遇，努力做好服务外包业务，以期促进俄罗斯服务业的发展，促进国民经济健康、可持续发展。因此，竞争和管制对于服务贸易的发展是必要的，在服务贸易的发展中起着支撑作用。为营造良好的竞争环境，转型国家在制定竞争政策时应注意竞争市场与有效监管的平衡，即监管的内容和手段应以促进竞争为重点。在这方面，我们可以考虑以下几点：一是要重视中小服务企业的发展，进一步增加中小服务企业的进出口；二是完善知识产权保护法、信用体系法等促进竞争和良好秩序形成的法律法规；三是积极参与反垄断或促进竞争中的国际合作；四是强化竞争政策的实施效果，从整体上制定俄罗斯服务贸易发展战略；五是不断延长俄罗斯服务贸易产业链，重视技术与人力资本的积累，改善俄罗斯服务业发展科技水平，以此提升俄罗斯服务贸易发展的技术水平；六是通过不断应对国际贸易规则，改善俄罗斯服务贸易发展的国际贸易环境，以此提升俄罗斯服务贸易发展的整体竞争力。

2.4　俄罗斯社会发展研究

俄罗斯联邦政府 2019 年 2 月 13 日第 207−r 号令就俄罗斯联邦空间发展的主要趋势、问题和挑战、目标、优先事项和方向进行分析，增加主要交通、能源、信息和电信基础设施的可用性与质量，降低区域间差异水平，减少区域内社会经济差异，以及加强俄罗斯联邦组成实体的区域间合作和社会经济发展的协调。俄罗斯国土广阔、地区发展失衡、人口分布失衡以及基础设施分布失衡等问题容易造成俄罗斯整体政治、社会和经济的不稳定。实现地区间经济社会均衡协调发展具有重要的战略意义。因此，在从计划体制向市场体制演变的过程中，基于市场在资源配置中的决定性作用，以及广阔疆域与人口持续减少之间的矛盾等深层次原因，俄罗斯区域经济社会发展正在面临经济空间收缩、生活空间收缩等诸多挑战。为推动区域经济社会均衡发展，实现国家的重新崛起，俄罗斯实施了一系列区域发展战略和政策措施。

但是，从目前情况来看，俄罗斯区域经济社会均衡发展还存在着许多问题。例如，俄罗斯国际新闻通讯社 2020 年 6 月 1 日报道，专家根据俄罗斯联邦主体 2019 年主要发展指标对各地区社会经济发展情况进行了第十次评级，分析参数分为经济规模、经济效率、预算和社会领域指标。评级结果显示，评分最高和最低的地区社会经济发展水平差距尽管仍然很大，但正在逐渐缩小，排名靠后地区的评分显著提高。大型金融、工业中心以及以原材料生产为导向的地区位居前列，而工业化程度低且农业主导的地区则排名靠后。排名前两位的为莫斯科、圣彼得堡，其后依次为汉特–曼西自治区、莫斯科州、鞑靼斯坦共和国、亚马尔–涅涅茨自治区、斯维尔德洛夫斯克州、克拉斯诺达尔边疆区、列宁格勒州和秋明州，与 2018 年相比，前十名组成地区没有变化。排名最靠后的地方是高补贴地区：犹太自治州、图瓦共和国、阿尔泰共和国、印古什共和国、卡拉恰伊–切尔克斯共和国、卡尔梅克共和国、楚科奇自治区、北奥塞梯–阿兰共和国、卡巴尔达–巴尔卡尔共和国和堪察加边疆区。

2.4.1 俄罗斯人口状况

近年来，俄罗斯政府采取了吸引移民、优先开发西部地区等政策来解决人口区域的不平衡问题。但总体来看，还存在着俄罗斯西伯利亚地区的人口数量偏少，地区内人口分布不均的种种问题。

(1) 总人口分布情况

如图 2-8 所示，考察区总人口变化的对比可见，鞑靼斯坦共和国、列宁格勒州、莫斯科市、莫斯科州总人口呈上升趋势；阿穆尔州、外贝加尔边疆区、楚瓦什共和国、弗拉基米尔州、基洛夫州、乌德穆尔特共和国、伊尔库茨克州总人口呈下降趋势。总体来看，俄罗斯东部地区人口密度与西部地区整体差距较大，呈现西高东低的特征。俄罗斯东部地区人口相对稳定，在整个东部地区仅新西伯利亚人口呈现出增长的趋势。

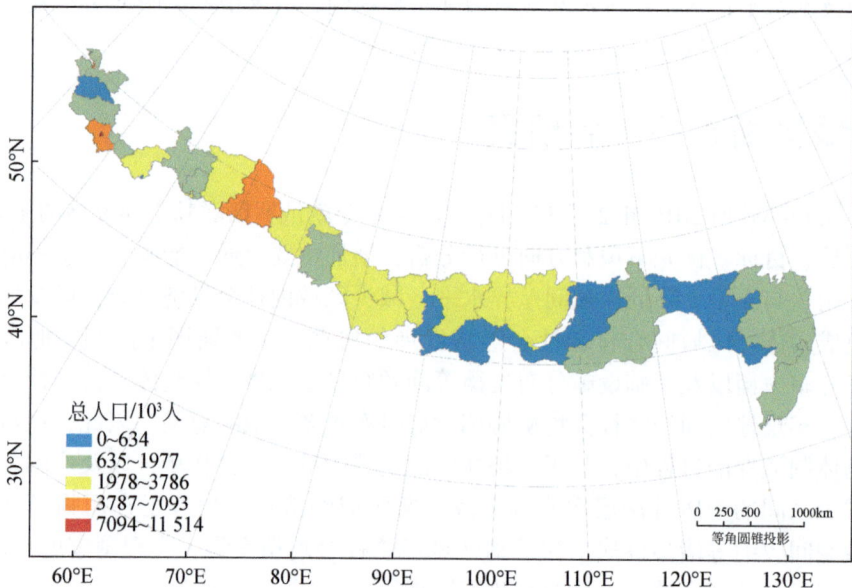

(a)2010年考察区俄罗斯部分人口分布

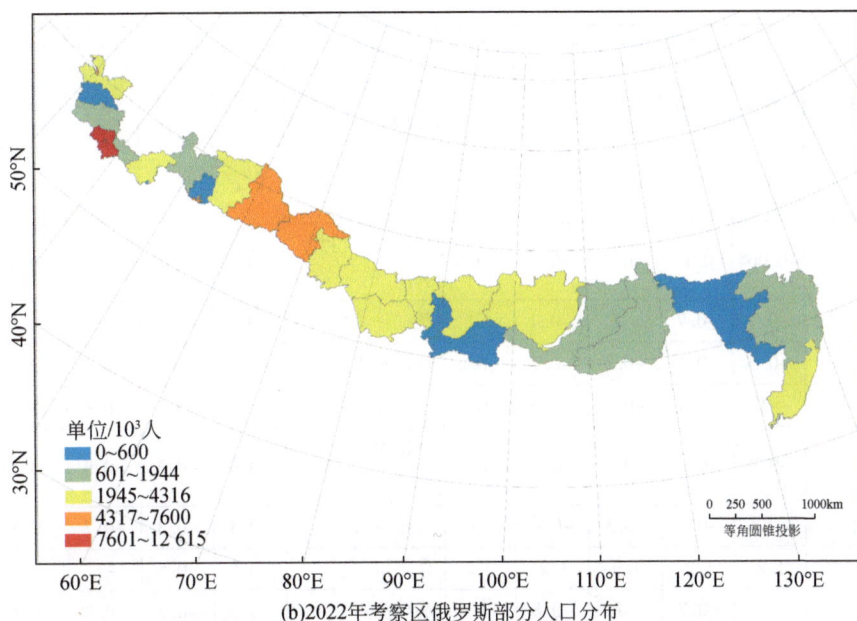

(b)2022年考察区俄罗斯部分人口分布

图2-8　2010年与2020年考察区俄罗斯部分人口分布对比

（2）人口净增长率

如表2-12所示，对比考察区俄罗斯部分人口净增长情况可发现，阿尔泰共和国、加里宁格勒地、图瓦共和国等地区人口一直处于净增长态势，但总人口却一直在减少，尤其是图瓦共和国人口净增长一直保持在1%以下。其主要原因还是年轻人通过工作定居向较发达的西部流动，留在俄罗斯东部地区的年轻人也主要向新西伯利亚等大城市集中，导致俄罗斯农村空心化、废弃化等现象非常严重，西伯利亚和远东地区尤为突出。

此外，俄罗斯农村人口绝对数量之所以持续下降，主要基于两大因素。第一，农村生育率低位下行。从1993年开始，农村育龄妇女的总和生育率开始低于维持人口总量不变的2.2%的水平，之后各年持续下降。虽然自2006年实施民生优先项目以后，农村育龄妇女的总和生育率水平开始有所提高，但远低于2.2%的水平。特别值得注意的是，从2015年起，俄罗斯农村居民的生育率开始低于城市。第二，人口流失严重。有关社会调查显示，2018年约有50%的年轻人有意离开农村。基于上述两大因素，俄罗斯农村人口绝对数量还将持续下降，据估算，到2026年俄罗斯农村人口将减至3170万人。

表2-12　考察区俄罗斯部分人口净长率　　　　　　　　（单位：%）

地区	2010年	2015年	2018年	2019年	2020年	地区	2010年	2015年	2018年	2019年	2020年
俄罗斯联邦	0.02	0.2	−0.1	−0.02	−0.4	伏尔加河沿岸联邦管区	−0.4	−0.1	−0.5	−0.4	−0.7
中央联邦管区	0.3	0.4	0.2	0.1	−0.5	巴什科尔托斯坦共和国	0.1	−0.02	−0.3	−0.3	−0.6
别尔哥罗德州	0.04	0.1	−0.2	0.1	−0.5	马里共和国	−0.6	−0.2	−0.3	−0.1	−0.6

地区	2010 年	2015 年	2018 年	2019 年	2020 年	地区	2010 年	2015 年	2018 年	2019 年	2020 年
布良斯克州	-0.9	-0.6	-0.9	-0.6	-0.8	莫尔多瓦共和国	-0.7	-0.2	-1.2	-0.7	-1.4
弗拉基米尔州	-0.6	-0.6	-0.9	-0.5	-1.2	鞑靼斯坦共和国	0.1	0.4	0.1	0.1	-0.2
沃罗涅日州	-0.004	0.1	-0.3	-0.2	-0.8	乌德穆尔特共和国	-0.3	-0.02	-0.4	-0.4	-0.5
伊万诺沃州	-0.7	-0.7	-1	-0.7	-1	楚瓦什共和国	-0.4	-0.1	-0.6	-0.5	-0.8
卡卢加州	-0.6	-0.1	-0.3	-0.7	-0.2	彼尔姆边疆区	-0.6	-0.1	-0.5	-0.4	-0.8
科斯特罗马州	-1	-0.4	-0.9	-0.6	-0.8	基洛夫州	-1	-0.5	-0.9	-0.8	-1
库尔斯克州	-0.8	0.2	-0.7	-0.3	-0.7	下诺夫哥罗德州	-0.6	-0.3	-0.6	-0.4	-0.8
利佩茨克州	-0.4	-0.2	-0.5	-0.4	-1	奥伦堡州	-0.5	-0.3	-0.7	-0.3	-0.7
莫斯科州	1.2	1.2	1.3	1.2	0.2	奔萨州	-0.6	-0.5	-1	-1	-1.1
奥廖尔州	-1	-0.7	-1	-0.8	-1.2	萨马拉州	-0.2	-0.2	-0.3	-0.1	-0.8
梁赞州	-0.9	-0.5	-0.7	-0.5	-1	萨拉托夫州	-0.6	-0.2	-0.9	-0.8	-1.1
斯摩棱斯克地区	-1	-0.6	-0.7	-0.8	-1.5	乌里扬诺夫斯克州	-0.9	-0.4	-0.7	-0.7	-0.9
坦波夫州	-0.9	-1.1	-1.7	-0.9	-1.2	乌拉尔联邦管区	-0.01	0.3	-0.05	0.1	-0.3
特维尔州	-1.1	-0.8	-1.1	-0.7	-1.2	库尔干州	-1.1	-0.9	-1.3	-0.9	-1.1
图拉州	-0.9	-0.5	-0.9	-0.9	-1.2	斯维尔德洛夫斯克州	-0.3	0.1	-0.2	-0.1	-0.5
雅罗斯拉夫尔州	-0.7	0.02	-0.5	-0.5	-1	亚马尔–涅涅茨自治区	0.1	-1.1	0.5	0.5	0.5
莫斯科市	1.4	1.1	0.9	0.5	-0.2	秋明州	0.7	1.8	1.3	1.2	0.4
西北联邦管区	0.2	0.1	0.1	0.1	-0.3	车里雅宾斯克州	-0.2	0.1	-0.5	-0.3	-0.7
卡累利阿共和国	-0.9	-0.4	-0.7	-0.7	-0.8	西伯利亚联邦管区	-0.2	0.1	-0.3	-0.3	-0.7
科米共和国	-1.4	-0.9	-1.3	-1.2	-0.8	阿尔泰共和国	0.6	0.7	0.4	0.6	0.3
阿尔汉格尔斯克州	-1	-0.8	-0.9	-0.7	-0.8	图瓦共和国	0.3	0.6	0.8	0.9	0.9
涅涅茨自治区	-0.03	1.1	-0.4	0.6	0.6	哈卡斯共和国	-0.1	0.2	-0.3	-0.4	-0.4
阿尔汉格尔斯克州	-1.1	-0.9	-1	-0.7	-0.9	阿尔泰边疆区	-0.6	-0.3	-0.7	-0.7	-0.9
沃洛格达州	-0.6	-0.3	-0.8	-0.6	-0.8	克拉斯诺亚尔斯克边疆区	-0.1	0.3	-0.1	-0.3	-0.4
加里宁格勒州	0.3	0.8	0.8	1	0.6	伊尔库茨克州	-0.5	-0.1	-0.3	-0.3	-0.7

续表

地区	2010 年	2015 年	2018 年	2019 年	2020 年	地区	2010 年	2015 年	2018 年	2019 年	2020 年
列宁格勒州	0.8	0.2	1.9	1.5	0.9	克麦罗沃州	-0.4	-0.3	-0.8	-0.6	-0.9
摩尔曼斯克州	-0.7	-0.5	-0.7	-0.9	-1.2	新西伯利亚州	0.2	0.6	0.2	0.2	-0.4
诺夫哥罗德州	-1.1	-0.5	-1	-0.6	-0.7	鄂木斯克州	-0.4	0.01	-0.8	-0.9	-1.2
普斯科夫州	-1.6	-0.7	-1.1	-0.6	-0.9	托木斯克州	0.8	0.2	-0.1	-0.4	-0.8
圣彼得堡	1.4	0.7	0.6	0.3	-0.3	远东联邦管区	-0.4	-0.2	-0.4	-0.2	-0.6
南方联邦管区	-0.02	0.4	0.1	0.1	0.1	布里亚特共和国	0.2	0.4	-0.1	0.3	-0.1
阿迪格共和国	0.04	0.5	0.3	1.8	0	萨哈（雅库特）共和国	-0.01	0.3	0.3	0.5	1
卡尔梅克共和国	-0.3	-0.7	-1	-0.6	-0.4	外贝加尔边疆区	-0.3	-0.4	-0.7	-0.6	-0.6
克拉斯诺达尔边疆区	0.3	1.1	0.8	0.5	0.1	堪察加边疆区	-0.5	-0.4	-0.3	-0.5	-0.4
阿斯特拉罕州	-0.1	-0.3	-0.3	-0.8	-0.8	滨海边疆区	-0.6	-0.2	-0.5	-0.4	-1
伏尔加格勒州	-0.3	-0.4	-0.5	-0.7	-0.7	哈巴罗夫斯克边疆区	-0.5	-0.3	-0.5	-0.4	-1.1
罗斯托夫州	-0.2	-0.1	-0.4	-0.1	-0.4	阿穆尔州	-0.7	-0.5	-0.7	-0.4	-1
塞瓦斯托波尔市		4.3	1.5	1.3	11.9	马加丹州	-1.6	-1.2	-2	-0.8	-0.8
北高加索联邦管区	0.9	0.6	0.4	0.6	0.4	萨哈林州	-0.9	-0.2	-0.1	-0.3	-0.5
达吉斯坦共和国	1.6	0.8	0.7	0.8	0.7	犹太自治区	-0.7	-1.3	-1.3	-1	-1.2
印古什共和国	0.7	1.9	1.9	1.9	1.6	楚科奇自治区	-1.6	-0.8	0.6	1.2	-1.5
卡巴尔达-巴尔卡尔共和国	0.03	0.2	0.05	0.2	0.1	斯塔夫罗波尔边疆区	0.3	0.1	-0.2	0.3	-0.4
卡拉恰伊-切尔克斯共和国	0.8	-0.3	-0.2	-0.01	0	北奥塞梯共和国	0.1	-0.2	-0.4	-0.3	-0.5
车臣共和国	2	1.7	1.4	1.5	1.3						

（3）劳动力结构

如表 2-13 和表 2-14 所示，考察区内各行政主体人口比例较为合理，但每千名男性所对应女性都超过千人，尤其在发达地区性别比例失衡较为严重。根据世界卫生组织调查显示，2012 年俄罗斯男性因为过度饮酒造成的非正常死亡比例达到 30.5%。根据俄罗斯国家人口统计局调查显示，2017 年，俄罗斯男性的人均寿命提高到了 67.5 岁，女性则为 78 岁。这主要是天气寒冷等各方面的原因，无论是男性还是女性，都喜欢饮酒，而且是浓度比较高的烈酒，长时间酗酒会对身体造成很大的危害，影响身体健康，引发多种疾病，而男性饮酒量甚于女性，导致男性死亡率远高于女性。

表 2-13　考察区俄罗斯部分 2018 年劳动年龄结构

地区	总计/%	各年龄段劳动力构成/%							平均劳动力年龄/岁
		15～19岁	20～29岁	30～39岁	40～49岁	50～59岁	60～69岁	70岁以上	
弗拉基米尔州	100	0.3	16.2	27.9	25.6	22.1	7.4	0.5	42.2
莫斯科州	100	0.2	14.2	29.9	25.9	21.2	8.1	0.5	42.5
特维尔州	100	0.6	16.1	27.5	24.7	22	8.5	0.6	42.4
莫斯科市	100	0.3	13.5	29.8	25.7	22.6	7.6	0.5	42.7
加里宁格勒州	100	0.3	17.7	28.4	24.8	20.1	8.1	0.6	41.8
列宁格勒州	100	0.2	15.8	30.3	24.6	20.7	8	0.4	42
诺夫哥罗德州	100	0.4	15.6	28.8	25.6	22.7	6.3	0.6	42.1
圣彼得堡市	100	0.1	15.9	30.6	24.2	21.2	7.6	0.4	42
马里共和国	100	0.3	17.1	30.1	23.7	22.6	5.6	0.5	41.5
莫尔多瓦共和国	100	0.3	18.2	27.6	25.5	22.4	5.6	0.5	41.5
鞑靼斯坦共和国	100	0.6	19.4	29.2	23.9	21.8	4.7	0.4	40.8
乌德穆尔特共和国	100	0.7	17.5	30	25.8	21.3	4.5	0.2	40.9
楚瓦什共和国	100	0.4	18.1	27.4	25.7	22.5	5.6	0.3	41.4
彼尔姆州	100	0.6	18	30.7	27.2	19.5	3.7	0.3	40.4
基洛夫州	100	0.6	16.3	28.7	25.4	22.1	6.5	0.4	41.8
下诺夫哥罗德州	100	0.5	17.3	28.7	24.6	22	6.5	0.4	41.6
斯维尔德洛夫斯克州	100	0.6	17.1	30.8	26.5	18.8	5.7	0.5	41
秋明州	100	0.4	16.8	32.7	26.7	20.2	3.1	0.1	40.4
图瓦共和国	100	0.5	18.2	33.1	25.9	17.6	4.1	0.6	40.1
哈卡斯共和国	100	0.5	16.3	32	26.1	18.7	6	0.4	41.1
阿尔泰边疆区	100	0.6	16.3	29.4	26.8	21	5.5	0.4	41.5
克拉斯诺亚尔斯克边疆区	100	0.5	18.4	30.2	25.5	19.2	5.7	0.5	40.9
伊尔库茨克州	100	1.1	18.7	30.2	25.3	18.1	6.2	0.4	40.7
克麦罗沃州	100	0.4	16.9	31.4	26.6	18.7	5.6	0.4	41
新西伯利亚州	100	0.7	18	31.1	25.2	18.6	6	0.4	40.8
鄂木斯克州	100	1	17.6	28.3	23.9	21.2	7.3	0.7	41.6
布里亚特共和国	100	0.5	18.5	32.5	24.6	18.8	4.7	0.3	40.4
外贝加尔边疆区	100	0.8	20.4	32.3	25.4	17.1	3.9	0.1	39.6
滨海边疆区	100	0.5	17.4	28.2	26.5	19.9	6.9	0.6	41.7

续表

地区	总计/%	各年龄段劳动力构成/%							平均劳动力年龄/岁
		15 ~ 19 岁	20 ~ 29 岁	30 ~ 39 岁	40 ~ 49 岁	50 ~ 59 岁	60 ~ 69 岁	70 岁以上	
哈巴罗夫斯克边疆区	100	0.6	19	30	24.8	18.1	6.9	0.6	40.9
阿穆尔州	100	0.4	17.4	29.7	26.8	19.7	5.6	0.4	41.1
犹太自治区	100	0.6	17.4	30.3	26	18	7.3	0.4	41.1

表 2-14　考察区俄罗斯部分性别结构

地区	2005 年	2010 年	2015 年	2018 年	2019 年	2020 年
弗拉基米尔州	1230	1220	1211	1206	1202	1158
莫斯科州	1187	1169	1165	1161	1158	1159
特维尔州	1233	1215	1199	1194	1191	1190
莫斯科市	1140	1169	1166	1164	1164	1164
加里宁格勒州	1133	1131	1130	1128	1126	1127
列宁格勒州	1181	1151	1137	1134	1135	1138
诺夫哥罗德州	1230	1228	1222	1215	1212	1210
圣彼得堡市	1235	1229	1213	1208	1210	1210
马里共和国	1154	1150	1146	1143	1140	1144
莫尔多瓦共和国	1174	1176	1152	1125	1120	1124
鞑靼斯坦共和国	1166	1166	1162	1158	1158	1158
乌德穆尔特共和国	1168	1175	1172	1171	1171	1171
楚瓦什共和国	1153	1151	1141	1137	1135	1136
彼尔姆州	1173	1183	1177	1176	1176	1177
基洛夫州	1171	1176	1173	1170	1171	1170
下诺夫哥罗德州	1212	1212	1206	1201	1199	1199
斯维尔德洛夫斯克州	1180	1184	1180	1179	1177	1176
秋明州	1065	1076	1072	1068	1068	1070
图瓦共和国	1115	1108	1093	1088	1087	1087
哈卡斯共和国	1156	1157	1152	1151	1153	1154
阿尔泰边疆区	1157	1165	1164	1165	1166	1167
克拉斯诺亚尔斯克边疆区	1141	1147	1142	1141	1142	1143
伊尔库茨克州	1152	1161	1163	1164	1162	1163
克麦罗沃州	1173	1182	1179	1177	1176	1176

地区	2005 年	2010 年	2015 年	2018 年	2019 年	2020 年
新西伯利亚州	1 155	1 152	1 148	1 149	1 148	1 150
鄂木斯克州	1 159	1 166	1 163	1 163	1 163	1 164
布里亚特共和国	1 106	1 102	1 100	1 097	1 095	1 095
外贝加尔边疆区	1 092	1 091	1 087	1 086	1 086	1 087
滨海边疆区	1 088	1 089	1 087	1 090	1 087	1 089
哈巴罗夫斯克边疆区	1 103	1 101	1 096	1 099	1 100	1 103
阿穆尔州	1 100	1 109	1 113	1 113	1 109	1 112
犹太自治区	1 088	1 101	1 108	1 107	1 103	1 104

注：表中数据为每千名男性对应的女性人数

2018 年俄罗斯农村人口老龄化现象非常突出，60 岁以上人口在农村总人口中占比已超过 1/4，预计到 2026 年，中央联邦管区和伏尔加河沿岸联邦管区老龄人口将接近 1/3。与此同时，俄罗斯农村人口预期寿命，尤其是男性居民预期寿命较短。农村男性居民预期寿命有两个阶段下降比较明显。第一阶段是苏联解体之初的 1992～1995 年，第二阶段是 1998～2005 年。2006 年俄罗斯实施国家"健康"优先项目后，农村男性居民预期寿命有所提高，但直至 2018 年也仅为 65.4 岁（2016 年农村居民预期寿命为 69.9 岁，城市居民为 71.9 岁）。正是上述因素在一定程度上导致了俄罗斯农村适龄劳动人口占比下降，2016 年为 55%，低于城市 3.3 个百分点。此外，俄罗斯农村劳动人口受教育程度普遍不高，2018 年俄罗斯全体就业人口中，受过高等教育者占 33.5%，受过中等职业教育者占 45.1%，而俄罗斯农业就业人口中，上述比例分别为 11.6% 和 41.3%，在农业专业技术人员中，年轻专家所占比例也相对较低。地区人口自然增长率低与大量移民迁出导致地区人口总量偏少。尽管当地拥有丰富的自然资源，但石油、天然气、煤矿、木材等行业劳动力短缺近 50%。第一、第二产业的发展缓慢，反向影响地区基础设施建设，使人口难以迁入，劳动力结构不合理进一步加剧。

（4）收入差距不断扩大

根据 2018 全球人均收入排名最新数据来看，俄罗斯人均年收入为 8949.197 美元，约合人民币 58 189.468 7 元，排名第 73。而根据俄罗斯劳动和社会保障部的数据，2018 年俄罗斯平均月薪仅为 3.6 万卢布，约合人民币 3816 元，人均年收入约合人民币 45 792 元。其中，采矿业月薪中位数为 6.5 万卢布（约合 6097 元人民币），轻工业行业为 2 万卢布（约合 1876 元人民币）；金融业收入最高，其平均薪酬达每月 7.8 万卢布（约合人民币 8280 元），人均年收入约为人民币 99 360 元。收入最低的是农业产业工人，平均月收入仅为 2.1 万卢布（约合人民币 2220 元），人均年收入约为人民币 26 640 元。此外，据俄罗斯联邦国家统计局发布数据，2017 年以来，俄罗斯男女收入差距进一步拉大，男性收入比女性平均高出 29.3%，这一趋势自 2013 年起就已经显现，当时俄罗斯男性收入比女性平均高出 25.8%。

2.4.2　俄罗斯社会发展情况

(1) 居民生活水平

无论是对于个人还是家庭，居民收入都是衡量生活水平的综合指标之一。虽然，考察区俄罗斯部分居民人均收入一直在持续增长（表 2-15），但居民收入结构发生了变化，劳动报酬的比例下降，企业主经营活动收入的比例上升。随着收入的增加，家庭支出中食品的份额缩小，服装、住房、市政公用设施的支出变化不大，而满足文化和其他非物质的需求支出明显增长。

表 2-15　考察区俄罗斯部分居民生活状况　　　　（单位：卢布）

地区	人均收入				人均消费支出			
	2005 年	2010 年	2015 年	2020 年	2005 年	2010 年	2015 年	2020 年
弗拉基米尔州	4 107	12 956	22 712	25 922	2 630	8 413	16 980	20 653
莫斯科州	7 445	22 641	38 463	47 046	6 077	15 673	27 730	36 961
特维尔州	5 606	13 873	23 672	27 681	4 514	10 018	18 787	21 885
莫斯科市	24 014	44 051	60 535	77 283	16 961	30 195	48 277	51 704
加里宁格勒州	6 481	16 040	25 510	29 518	4 437	11 278	20 030	22 543
列宁格勒州	5 687	14 798	25 541	33 149	4 010	10 496	20 263	26 907
诺夫哥罗德州	5 476	15 599	25 631	26 268	3 897	10 854	21 731	22 646
圣彼得堡市	12 264	24 824	37 428	49 207	7 709	17 944	31 483	35 917
马里共和国	3 376	10 336	18 550	21 264	2 377	7 228	13 425	15 376
莫尔多瓦共和国	4 103	11 294	17 588	20 631	2 410	6 568	11 813	15 155
鞑靼斯坦共和国	7 383	18 424	32 404	35 635	5 022	13 955	24 847	28 399
乌德穆尔特共和国	4 657	12 984	24 255	25 449	3 047	8 688	16 267	18 867
楚瓦什共和国	3 958	11 066	18 141	21 155	2 853	7 725	13 658	16 425
彼尔姆州	8 273	19 834	31 606	30 215	5 377	13 643	21 047	23 999
基洛夫州	4 644	13 331	21 565	24 192	3 057	8 378	16 461	19 147
下诺夫哥罗德州	6 057	16 477	30 003	33 645	4 327	11 536	21 628	26 132
斯维尔德洛夫斯克州	9 022	22 194	34 113	37 374	6 055	16 694	28 403	29 868
秋明州	14 983	28 757	41 893	50 059	8 371	17 624	28 998	32 659
图瓦共和国	4 162	10 160	15 572	18 972	1 958	4 299	8 962	10 668
哈卡斯共和国	5 177	12 806	19 116	23 837	2 934	7 926	16 923	20 781
阿尔泰边疆区	4 640	11 029	20 860	23 864	3 548	8 165	15 334	17 672
克拉斯诺亚尔斯克边疆区	7 790	18 262	27 053	32 832	5 153	12 246	20 324	24 070
伊尔库茨克州	7 119	15 110	21 753	27 571	4 596	9 286	14 833	19 410

续表

地区	人均收入				人均消费支出			
	2005 年	2010 年	2015 年	2020 年	2005 年	2010 年	2015 年	2020 年
克麦罗沃州	7 889	15 341	21 879	25 433	5 224	9 976	15 490	18 792
新西伯利亚州	6 639	16 276	25 541	31 563	5 880	12 648	19 518	23 479
鄂木斯克州	6 969	15 199	25 283	27 354	4 582	10 402	18 665	22 079
布里亚特共和国	6 027	14 271	23 858	26 092	3 927	9 604	19 158	22 031
外贝加尔边疆区	5 908	14 205	22 014	27 046	3 747	9 192	16 288	19 463
滨海边疆区	7 163	17 298	31 072	37 304	5 075	11 636	24 273	27 916
哈巴罗夫斯克边疆区	9 654	22 479	35 460	41 740	6 157	14 623	28 169	34 158
阿穆尔州	5 988	14 323	28 240	35 499	3 876	9 599	21 622	27 298
犹太自治区	6 406	15 348	23 759	28 048	4 192	9 446	17 131	21 006

俄罗斯各地区收入低于最低生活费标准的居民比例差异也拉大了。2005 年收入低于最低生活费标准的居民占居民总数 15% 以下的地区有：斯维尔德洛夫斯克州、圣彼得堡市、克麦罗沃州、鞑靼斯坦共和国、秋明州和莫斯科市，可算作俄罗斯最富裕的地区。收入低于最低生活费标准的居民占居民总数 15%～20% 的地区有：莫斯科州、特维尔州、加里宁格勒州、鄂木斯克州、彼尔姆州、下诺夫哥罗德州，可以算作较富裕的地区；收入低于最低生活费标准的居民占居民总数在 20%～25% 的地区有：阿尔泰边疆区、列宁格勒州、克拉斯诺亚尔斯克边疆区、诺夫哥罗德州、伊尔库茨克州、新西伯利亚州、乌德穆尔特共和国、哈巴罗夫斯克边疆区，被称作中等地区；收入低于最低生活费标准的居民占居民总数在 25%～40% 的地区有：弗拉基米尔州、哈卡斯共和国、马里共和国、莫尔多瓦共和国、布里亚特共和国、外贝加尔边疆区、楚瓦什共和国、滨海边疆区、基洛夫州、阿穆尔州、犹太自治区，属于低保障地区；收入低于最低生活费标准的居民占居民总数在 40% 以上的地区有图瓦共和国。总体来说，北部和中央区是经济形势较好的地区，西伯利亚和远东处于中等水平，乌拉尔是经济形势恶化的地区。2020 年收入低于最低生活费标准的居民占居民总数 15%～20% 的地区有：马里共和国、莫尔多瓦共和国、楚瓦什共和国、哈卡斯共和国、阿尔泰边疆区、克拉斯诺亚尔斯克边疆区、伊尔库茨克州、布里亚特共和国、阿穆尔州；超过 20% 的地区包括外贝加尔边疆区、犹太自治区和图瓦共和国（表 2-16）。

（2）社会保障

东欧剧变后，由于政治动荡、经济滑坡、物价上涨，俄罗斯所承袭的苏联社会保障体制已难以为继，国家和企业负担沉重，保障基金基础薄弱，税收征收不力和拖欠严重，基金入不敷出日益严重。迫于经济压力和社会稳定的需要，俄罗斯政府从 90 年代初开始进行社会保障制度改革，历经十三年的探索，目前已初步建立了以养老保险、医疗保险和社会保险为主要支柱的新的社会保障体系。

表 2-16　收入低于最低生活费标准居民占比　　　　　（单位:%）

地区	2005 年	2010 年	2015 年	2018 年	2020 年	地区	2005 年	2010 年	2015 年	2018 年	2020 年
弗拉基米尔州	29.5	17.3	14.7	13.1	12.5	斯维尔德洛夫斯克州	12.6	10	9.9	9.5	9
莫斯科州	18.4	10.1	8.3	7.3	6.8	秋明州	11.5	11.9	14	12.1	11.7
特维尔州	18.6	13.2	13	12.2	11.4	图瓦共和国	44.4	29.6	36.9	34.4	31.7
莫斯科市	13.3	10	8.9	6.7	6.1	哈卡斯共和国	26.9	18.4	19.2	18.5	18.5
加里宁格勒州	19.9	12.4	13.6	13.7	13.5	阿尔泰边疆区	24.9	23.9	18	17.4	17.5
列宁格勒州	21.1	12.6	10.3	8.4	8.7	克拉斯诺亚尔斯克边疆区	21.4	17.9	18.9	17.1	17
诺夫哥罗德州	23.8	14.9	13.9	13.8	13.7	伊尔库茨克州	21.3	18.1	20.7	17.7	17.6
圣彼得堡市	10.3	8.6	8.5	6.6	5.9	克麦罗沃州	12.8	11	15.7	13.9	13.2
马里共和国	39.7	24	22.2	20.4	19.5	新西伯利亚州	21.9	16.3	17.3	14.1	13.8
莫尔多瓦共和国	30.1	18.3	19.8	17.8	17.6	鄂木斯克州	16.1	14.1	14.2	13.6	13.6
鞑靼斯坦共和国	12.8	7.7	7.1	7	6.6	布里亚特共和国	32.6	19.2	18.9	19.1	20
乌德穆尔特共和国	22.4	13.7	12.3	12.2	11.9	外贝加尔边疆区	26.1	19	21.3	21.4	20.9
楚瓦什共和国	26.7	18.2	17.9	17.8	16.8	滨海边疆区	27.4	16.3	16.2	13.9	13
彼尔姆州	16.9	13.2	12.8	14.9	13.3	哈巴罗夫斯克边疆区	20.7	15.9	14.1	12.2	12
基洛夫州	26.2	14.2	15.3	15.2	14.1	阿穆尔州	30.1	23.7	15.2	15.6	15.2
下诺夫哥罗德州	17.5	12.3	9.9	9.5	9.5	犹太自治区	27.6	19.5	25.1	23.7	23.7

从表 2-17 可见，万人病床数、万人医生数由于经济发达程度和历史原因，中心城市和经济较为发达的地区医疗设施供给较为充裕，如列宁格勒州；反之，医疗设施等硬件设施不足，如加里宁格勒州。值得注意的是，莫斯科市因大量人口流入，便利可用公共医疗资源相对比较短缺（表 2-17）。

表 2-17　考察区俄罗斯部分社会保障状况

地区	万人病床数/张				万人医生数/人			
	2005 年	2010 年	2015 年	2020 年	2005 年	2010 年	2015 年	2020 年
弗拉基米尔州	104.2	77.3	86	84.4	33.7	33.1	33.8	36.5
莫斯科州	110.5	75.2	75.7	84	34.7	35.8	38	46.5
特维尔州	124.8	108.4	95.3	92	51.6	53.1	43.4	45.9
莫斯科市	96	93.4	67.6	71.6	72.7	77.7	55.7	69.9
加里宁格勒州	88.8	73.7	66	59.6	30.6	34.4	33.6	37.1

地区	万人病床数/张				万人医生数/人			
	2005 年	2010 年	2015 年	2020 年	2005 年	2010 年	2015 年	2020 年
列宁格勒州	115.9	124.7	103.8	103.6	50.1	57.4	53.3	51.1
诺夫哥罗德州	133.2	103.4	85.5	94.4	34.7	34.6	34.1	32.4
圣彼得堡市	104.8	90.7	79.9	78.6	151.4	85.3	73.8	89.1
马里共和国	124.7	111.5	90.3	81	34.1	33.5	34.8	36.4
莫尔多瓦共和国	125.7	105.9	81.5	80.5	51.4	51.8	53.7	54.6
鞑靼斯坦共和国	107.1	77.6	65.8	63.9	44.9	44.2	40.6	44.3
乌德穆尔特共和国	125.1	102	92.8	76.7	56.9	58.5	55.3	51.2
楚瓦什共和国	112.2	89.4	83.7	85.5	47.6	47.6	49.3	50.6
彼尔姆州	118.6	87.3	86.3	74.3	55.1	54.2	49.2	50.4
基洛夫州	150.2	111.1	90.1	88.5	46.3	48.9	44.4	49.7
下诺夫哥罗德州	128.5	102.9	89.1	89.3	44.5	47.6	47.4	48.4
斯维尔德洛夫斯克州	109.1	101.6	90.8	87.3	42.4	45.7	42.4	45.4
秋明州	99.1	83.5	75.9	72.3	49	53.9	50.9	57.1
图瓦共和国	170.9	143.9	126.5	106.7	42.8	45.6	48.9	50.6
哈卡斯共和国	108.4	90.6	74.8	74.9	37.8	38.1	39	40.1
阿尔泰边疆区	117.7	112.1	97.6	90.9	46.7	48.7	42.9	43.4
克拉斯诺亚尔斯克边疆区	113.6	102.1	85.7	81.7	50.3	53.7	47.6	50.6
伊尔库茨克州	124.5	108.7	106	93.7	47.5	49.9	45.5	49.2
克麦罗沃州	104.4	92.7	89.9	91.7	47	47.7	42.9	44.2
新西伯利亚州	131.8	109.1	98.4	95.4	61.7	58.3	51.6	56
鄂木斯克州	121.4	99.2	81.7	81.4	55.8	53.9	50.6	51.2
布里亚特共和国	105.7	97	88.7	84.7	38.6	41.3	45.6	44.7
外贝加尔边疆区	139.1	116.6	101.4	97.5	52.5	56.1	48.8	52.3
滨海边疆区	96.1	91.7	102	97.4	53.5	52.7	50	51.1
哈巴罗夫斯克边疆区	110.6	97.3	86.9	82.8	60.5	61.1	53.5	57.5
阿穆尔州	144.2	114.7	102.4	95	60.7	62.8	55.4	55.4
犹太自治区	151.9	141.1	124.5	116.2	37	35.4	37.9	37.6

但从总体来看，俄罗斯各地区的卫生水平已得到显著提升，不仅居民的基本医疗有保障，公民也可得到高科技医疗救助，成功遏制住了人口不断下降的势头，婴儿出生率提高，俄罗斯人的人均寿命也有所提高。2019 年，普京总统签署第 254 号总统令，批准《2025 年前俄罗斯联邦卫生发展战略》，提出了一系列发展目标，重点关注完善基础设施、提高技术水平、加强人才培养等问题，各州卫生水平也得到了明显改善。但是，面对不断增加的人口老龄化压力，日益庞大的老年人口的赡养使国家（实为在职职工）

压力加剧，但又没有专门积累的储备资金，所以很容易出现支付危机。这样，固有的养老制度无法适应社会政治经济的转型，社会保障体系面临着严峻的考验。

（3）居民教育

苏联解体之后，统一的教育空间随之瓦解，地域广阔、民族众多、语言各异，俄罗斯地缘政治环境急剧变化，民族宗教纷争不断，不确定、不稳定因素层出不穷，国家安全形势日益严峻，教育空间的统一事关俄罗斯联邦的统一。普京执政以来，高度重视"统一教育空间"，出台了许多有力措施以实现国家教育空间统一。目前，俄罗斯的教育体制划分为：小学到高中的教育（11 年）、本科教育（4 年）、硕士研究生的教育（2年）、专家学制（5 年）、副博士（3 年）、博士（3 年）。国家不仅负担义务教育，还负担部分课外教育，2018 年参加课外活动的中小学生比例接近 70% ~ 75%，其中 50% 是免费的。规定是在公立大学中的公费大学生比例不得低于 40%，但公费大学生的实际比例约为 50%，对没有奖学金就无法继续完成学业（成绩好）的大学生，奖学金要达到最低生活保障。2012 年 10 月 11 日俄罗斯总理德米特里·梅德韦杰夫表示，俄罗斯2015 年前的教育预算支出将达 8 万亿卢布，2016 ~ 2020 年的教育经费预计将超 20 万亿卢布，这一数字与国防预算支出相当。为了实现建设教育强国"4.0 时代"战略目标"从娃娃抓起"，以竞赛方式选拔和奖励各领域的天才儿童，形成了天才儿童教育发掘与培养模式，以天才儿童培养机制引领教育。

如表 2-18 所示，俄罗斯在普京执政时期，非常注重教育的发展，即便是在 2015 年受西方制裁的情况下，依然保持了教育投入不断。2018 年俄罗斯总统普京签署总统令，确定了 2024 年前俄罗斯在社会、经济、教育和科学等领域的国家发展目标与战略任务，即俄罗斯中小学教育要进入世界 10 强国家行列，并把改善中小学教育的教育环境作为一项重要工作，通过实施新一代国家教育标准，更新教学内容，并引入新的教学方法、教学技术，保证学生获得基础性技能和能力，提高学生学习的热情和学校教育质量。同时，调整高校教学计划，改善留学生生活和学习条件，从 2017 年开始着手调整留学移民政策，进一步提高教育开放力度，为优秀外国留学生在俄就业创造便利，鼓励社会办学，支持那些商人和有能力的人投资教育。

表 2-18　考察区俄罗斯部分教育投入　　　　（单位：百万卢布）

俄罗斯联邦行政主体	2010 年	2015 年	2020 年	俄罗斯联邦行政主体	2010 年	2015 年	2020 年
弗拉基米尔州	589.4	677.1	1 298.7	秋明州地区	11 041.8	11 320.1	10 795.2
莫斯科州	2 577.3	17 410.6	17 926.4	布里亚特共和国	1 897.0	953.1	1 930.1
特维尔州	615.9	695.2	733.6	图瓦共和国	258.5	807.7	893.8
莫斯科市	15 751.1	22 541.5	13 810.4	哈卡斯共和国	313.5	685.2	794.0
列宁格勒州	715.3	3 138.7	7 654.8	阿尔泰边疆区	981.2	1 412.5	2 112.6
诺夫哥罗德州	191.0	482.2	596.1	外贝加尔边疆区	369.0	886.5	563.2
圣彼得堡	8 505.3	13 878.3	17 895.2	克拉斯诺亚尔斯克边疆区	2 322.8	6 356.9	6 480.8
马里共和国	307.3	630.7	602.0	伊尔库茨克州	2 047.2	2 845.0	4 612.6
莫尔多瓦共和国	746.8	1 616.5	1 528.9	克麦罗沃州	1 762.3	3 060.1	3 320.3

续表

俄罗斯联邦行政主体	2010 年	2015 年	2020 年	俄罗斯联邦行政主体	2010 年	2015 年	2020 年
鞑靼斯坦共和国	5 870.7	14 555.3	10 618.8	新西伯利亚州	1 617.5	7 411.6	6 060.4
乌德穆尔特共和国	869.1	1 901.3	2 332.4	鄂木斯克州	1 282.6	2 243.5	1 135.1
楚瓦什共和国	467.6	879.6	2 009.0	滨海边疆区	25 304.4	4 453.3	3 259.4
彼尔姆州	1 676.4	2 556.1	3 503.0	哈巴罗夫斯克边疆区	699.6	1 606.0	2 179.3
基洛夫州	479.8	1 236.1	2 210.9	阿穆尔州	466.9	618.9	531.9
下诺夫哥罗德州	2 153.3	4 831.0	4 693.6	萨哈林州	557.0	3 836.6	3 008.1
斯维尔德洛夫斯克州	3 473.2	7 999.3	7 133.7	犹太自治区	267.2	189.9	180.2

（4）科技创新

2014 年 12 月 4 日，普京总统在国情咨文中指出，《国家技术倡议计划》是俄罗斯国家政策的优先发展方向之一。该计划确定了航空网络、汽车网络、能源网络、金融网络、食品网络、健康网络、海洋网络、神经网络和安全网络九大市场网络，以及数字建模、新材料、增量制造、量子通信、生物技术、大数据、新能源等 13 个优先技术方向，其核心目标是发展在未来 15～20 年具有广阔前景的新兴高技术市场，培育出若干具备国际影响力的技术型大企业，保持俄罗斯在新一轮全球技术革命中的竞争力，并要求政府致力于解决以下主要社会经济问题：一是通过国家专项计划、兴建科技园区、实施创新项目等措施促进研发的发展及科技成果的应用，转换经济发展模式，为经济的持续稳定增长创造条件；二是提高各级政府的服务质量，有针对性地解决社会问题，提高公民的社会保障和生活条件。

如表 2-19 所示，考察区（俄罗斯）科技创新中心主要集中在中央联邦管区的莫斯科市，伏尔加河沿岸联邦管区下诺夫哥罗德地区和西伯利亚联邦管区的伊尔库茨克州，虽然每年所研发的技术（专利）并不多，但在技术推广和应用方面却成效显著。这说明一方面俄罗斯非常注重技术进步和科学研究，尤其对技术推广与应用非常关注；另一方面也反映出俄罗斯目前科研创新能力大幅度下降。分行业来看，2008～2020 年俄罗斯高科技出口商品（指具有高研发强度的产品，如用于航空、计算机、药物、科学仪器和电力机械中的产品）总体表现起伏较大，2015 年俄罗斯居民专利申请数量达到最高点，而就在这一年其高新技术出口占比也最高。同时，2015 年俄罗斯研发投入的强度也是近几年中最高的。

表 2-19　2005～2020 年考察区俄罗斯部分研发的新技术　　（单位：件）

地区	2005 年	2010 年	2015 年	2020 年	地区	2005 年	2010 年	2015 年	2020 年
弗拉基米尔州	11	—	15	16	斯维尔德洛夫斯克州	31	52	90	180
莫斯科州	32	66	68	168	秋明州	31	11	22	67
特维尔州	—	3	—	5	图瓦共和国	—	—	—	—
莫斯科市	103	205	259	342	哈卡斯共和国	—	—	—	—
加里宁格勒州	4	—	—	8	阿尔泰边疆区	—	—	3	—

续表

地区	2005 年	2010 年	2015 年	2020 年	地区	2005 年	2010 年	2015 年	2020 年
列宁格勒州	—	7	13	31	克拉斯诺亚尔斯克边疆区	15	6	19	30
诺夫哥罗德州	—	4	25	13	伊尔库茨克州	4	10	22	—
圣彼得堡市	67	127	160	192	克麦罗沃州	6	7	8	—
马里共和国	—	—	—	—	新西伯利亚州	21	23	23	56
莫尔多瓦共和国	11	8	10	9	鄂木斯克州	6	4	8	—
鞑靼斯坦共和国	6	17	58	65	布里亚特共和国	—	5		
乌德穆尔特共和国	3	3	22	6	外贝加尔边疆区	11	—		8
楚瓦什共和国	—	8	2	7	滨海边疆区		3	5	
彼尔姆州	8	15	24	48	哈巴罗夫斯克边疆区	10	—	12	13
基洛夫州	3	—		11	阿穆尔州				4
下诺夫哥罗德州	55	37	64	28	犹太自治区	—	—	—	—

2.4.3　俄罗斯社会发展特征

(1) 人口集聚

根据俄罗斯联邦人口统计结果显示，人口向中心区域集中的趋势越来越明显。截至 2018 年，俄罗斯 20% 的人口生活在百万人口以上的特大城市，11% 的人口生活在 50 万～100 万人口的大城市，9% 生活在 25 万～50 万人口的城市，10% 生活在 10 万～25 万人的城市。尽管俄罗斯农村人口占总人口比例为 27%，但农村地区人口的空间集聚也越来越明显。截至 2018 年，13% 的村庄没有常住人口，人口不足 10 人的村庄占 24%，11～50 人村庄占 21%，51～100 人村庄占 9%，100 人以上村庄占 33%。其中人口不足 300 人的村庄人口持续缩减，3000 人以上村庄的人口还在增加。

(2) 产值与知识经济的集聚

从地区生产总值看，2020 年，莫斯科市、圣彼得堡市、莫斯科州、秋明州、斯维尔德洛夫斯克州、鞑靼斯坦共和国、克拉斯诺达尔边疆区等联邦主体在全俄 GDP 中所占的比例达到 53.2%，其中全俄 GDP 近 1/3 由莫斯科市、莫斯科州等创造。从税收额看，2020 年莫斯科市、莫斯科州、圣彼得堡市、鞑靼斯坦共和国、克拉斯诺亚尔斯克边疆区等 7 个联邦主体创造了全俄 54.2% 的税收收入。从知识经济看，2017～2018 学年，莫斯科市的大学生数量占全俄的 16.6%，圣彼得堡市大学生数量占 6.1%。与知识经济发展程度息息相关的科学城的分布也较为集中，俄罗斯共有 75 个科学城，其中有 31 座位于莫斯科州，最少的是北高加索和远东联邦管区，仅分别拥有 1 座。

(3) 城市群中心城市对本地区资源的吸纳能力较强

俄罗斯全国共有 1119 座城市，百万以上人口城市有 20 座，10 万以上人口城市有 173 座，其中 52 个为大型城市群。大多数城市群中心城市的人口在 30 万以上。83% 的城市群分布在俄罗斯的欧洲部分，另外还有 25 个联邦主体没有形成城市群①。现有大城市群的中心城市中，除了莫斯科市和圣彼得堡市能够吸纳区域之外的资源外，其他地区的中心城市仅能吸纳本地区资源，但中心城市吸纳本地区资源（包括人口、加工工业、零售贸易、劳动人口、新建住房和投资 6 项）的能力较强，除了克拉斯诺达尔吸纳了本地区不足 1/6 的资源外，其他城市均在 1/4 以上。

（4）土地撂荒问题严重

20 世纪 90 年代以后，由于农民和农场主觉得从事农业生产无利可图，农用土地大面积撂荒，2002 年与 1990 年相比农用土地面积减少 27.4%。进入 21 世纪以来，农用土地面积继续下降。虽然 2006～2015 年在保护农用土地相关联邦规划框架下，有 135 万 hm² 农用土地免于水蚀，108 万 hm² 土地免受风蚀，还开发了 520 万 hm² 农用土地，但到 2016 年，根据俄罗斯农业部数据，实际被利用的农用土地为 1.927 亿 hm²，占登记在册的农用土地面积的 86.8%。此外，尚有 3940 万 hm² 农用土地未加以利用，其中约有耕地 1860 万 hm²，占全俄实际农用土地总面积的 9.65%，主要集中在阿穆尔州（190.1 万 hm²）、基洛夫州（164.8 万 hm²）和克拉斯诺亚尔斯克边疆区（95.4 万 hm²）等。这些未被利用的耕地中，有 180 万 hm²（占 9.7%）已撂荒 2 年，860 万 hm²（占 46.2%）被撂荒 2～10 年；820 万 hm²（占 44.1%）荒废达 10 年以上。

2.4.4　俄罗斯社会发展趋势

（1）俄罗斯人口很难实现快速增长

2012 年 25～29 岁妇女数量达到峰值后开始下降，29～39 岁妇女数量也开始下降。2017 年 25～29 岁妇女数量大幅减少，低于 2000 年的水平。2018 年 30～34 岁妇女数量下降，在育龄妇女数量快速下降的情况下，人口规模难以实现快速增长。

（2）社会福利水平难以保持

在俄罗斯联邦成立的起初十年里，失业作为当时最严重的社会问题，持续限制着俄罗斯社会保障制度的发展。失业保障金曾一度超出俄罗斯社会保障支出的 1/4，导致社会保障运行质量差、效率低，影响居民对社会保障制度的认同感和满意度。受新冠疫情的影响，俄罗斯经济每年损失约 900 亿美元，具备工作能力且领取养恤金人数增加了 700 万～800 万人。如果经济不能复苏，国家支付养恤金和其他社会福利的能力将会出现严重的问题。

（3）俄罗斯城乡医疗卫生差别巨大

截至 2020 年末，全俄范围内医生和卫生技术人员的需求量为 50 万人以上。医务人员短缺不仅体现为总量不足，也反映在地区分布不均上（表 2-20）。与城市相比，农村医疗卫生机构所面临的专业人员不足问题更加突出。农村医疗保障程度根本上与地区整体经济社会发展水平密切相关，区域差距较大。

（4）失业人数不断增加

国际检查咨询网站 FinExpertiza 分析部门的研究显示，2020 年 4～6 月，俄罗斯实际

---

① 俄罗斯联邦国家统计局. http://www.gks.ru/［2023-01-01］.

失业月平均人数超过930万人，占俄罗斯经济活动人口的12%；而俄罗斯联邦国家统计局宣布的4~6月失业人口为（平均每月）447万人，占劳动力的6%。新冠疫情导致俄罗斯国内经济低迷，严重冲击了劳动力市场，这极大提高了失业率。同时，申请失业救济程序的简化以及补助金额的提升也是影响登记失业人数的因素之一（表2-21）。

表 2-20　俄罗斯联邦、联邦管区及农村地区医生数量

| 地区 | 全俄和各联邦管区 | | | | 其中：农村地区 | | | |
| | 医生总数/人 | | 医生数/万人 | | 医生总数/人 | | 医生数/万人 | |
	2017 年	2020 年	2017 年	2020 年	2017 年	2020 年	2017 年	2020 年
俄罗斯联邦	545 150	545 498	37.30	37.40	55 651	54 131	14.90	14.50
中央联邦管区	146 289	147 382	37.20	37.50	8 636	8 812	12.30	12.60
西北联邦管区	59 671	60 142	42.80	43.10	2 504	2 440	11.50	11.20
南方联邦管区	56 875	56 816	34.60	34.60	9 565	9 351	15.50	15.20
北高加索联邦管区	34 027	34 468	34.60	35.10	8 359	7 983	17.00	16.20
伏尔加河沿岸联邦管区	107 419	106 389	36.40	36.00	12 851	12 333	15.50	14.90
乌拉尔联邦管区	42 657	42 422	34.50	34.30	3 080	2 973	13.40	12.90
西伯利亚联邦管区	73 092	65 098	37.90	37.80	7 914	6 364	15.20	14.30
远东联邦管区	25 120	32 781	40.70	39.90	2 742	3 875	18.40	17.30

资料来源：俄罗斯联邦卫生部统计数据

表 2-21　考察区俄罗斯部分各州失业率　　　　　　　　（单位：%）

俄罗斯联邦行政主体	2010 年	2015 年	2018 年	2017 年 1~3 月	2018 年 1~3 月	2019 年 1~3 月	2020 年 1~3 月	2020 年 5~7 月
俄罗斯联邦	7.3	5.6	4.8	5.6	5.1	4.8	4.6	6.2
中央联邦管区	4.6	3.5	2.9	3.6	3.1	3.0	2.9	4.0
弗拉基米尔州	6.1	5.6	4.7	5.7	4.6	4.5	3.7	7.1
莫斯科市	3.3	3.3	2.7	3.3	2.9	2.8	2.6	3.8
特维尔州	6.6	5.6	4.1	5.4	4.4	4.3	4.1	4.3
莫斯科州	1.8	1.8	1.2	1.6	1.3	1.2	1.6	2.3
西北联邦管区	5.9	4.7	3.9	4.3	4.1	3.7	3.7	5.5
列宁格勒州	5.2	5.1	4.1	4.5	4.1	3.8	3.7	5.7
诺夫哥罗德州	5.6	4.6	4.2	4.2	4.2	3.9	4.1	6.1
圣彼得堡市	2.6	2.1	1.5	1.7	1.5	1.3	1.5	3.2
伏尔加河沿岸联邦管区	7.6	4.8	4.4	5.0	4.7	4.4	4.3	5.6
马里共和国	10.5	5.3	5.0	6.6	7.0	5.0	5.7	7.5
莫尔多瓦共和国	5.4	4.2	4.2	4.8	4.5	4.6	5.1	5.6
鞑靼斯坦共和国	6.2	4.0	3.3	3.9	3.4	3.4	3.2	4.0

续表

俄罗斯联邦行政主体	2010 年	2015 年	2018 年	2017 年1~3 月	2018 年1~3 月	2019 年1~3 月	2020 年1~3 月	2020 年5~7 月
楚瓦什共和国	9.5	5.0	5.0	5.4	5.4	5.1	4.6	7.1
彼尔姆边疆区	8.3	6.3	5.4	6.6	6.1	5.3	5.3	6.3
基洛夫州	8.6	5.3	5.1	5.4	5.3	5.0	4.6	5.9
下诺夫哥罗德州	7.7	4.3	4.2	4.3	4.3	4.2	4.2	4.8
乌拉尔联邦管区	8.0	6.2	4.7	6.2	5.0	4.5	4.4	6.0
斯维尔德洛夫斯克州	8.4	6.5	4.8	6.1	5.0	4.6	4.6	6.5
秋明州	6.9	4.9	3.2	4.3	3.4	2.9	3.0	3.7
西伯利亚联邦管区	8.5	7.4	6.5	7.3	6.6	6.5	5.8	8.1
图瓦共和国	21.7	18.6	14.8	19.8	12.2	12.9	12.0	21.0
哈卡斯共和国	9.1	5.8	5.2	4.6	5.1	5.6	7.2	10.2
阿尔泰边疆区	8.8	8.0	6.1	7.8	6.5	7.4	5.2	6.0
克拉斯诺亚尔斯克边疆区	6.2	6.2	4.9	5.3	4.9	4.7	3.6	7.7
伊尔库茨克州	10.1	8.2	7.6	9.5	7.1	7.3	6.9	7.9
克麦罗沃州	8.9	7.7	6.1	7.4	6.1	6.3	5.4	7.0
新西伯利亚州	7.7	6.9	6.7	6.0	7.5	6.1	5.6	7.0
鄂木斯克州	8.1	6.8	6.8	7.6	7.6	7.3	7.3	10.5
远东联邦管区	9.1	7.1	6.3	7.1	6.6	6.1	6.0	6.8
布里亚特共和国	10.4	9.2	9.3	10.0	9.3	9.7	10.0	10.7
外贝加尔边疆区	11.1	10.4	10.2	10.7	10.5	9.6	9.3	9.9
滨海边疆区	9.5	6.9	5.4	5.6	5.5	5.3	5.4	5.8
哈巴罗夫斯克边疆区	8.9	5.3	3.8	6.0	4.2	3.7	3.0	4.5
阿穆尔州	6.9	5.8	5.6	6.8	6.0	5.2	5.1	6.3
萨哈林州	8.9	6.3	5.3	10.5	9.2	8.2	6.9	6.5
犹太自治区	9.3	7.9	7.0	10.5	9.2	8.2	6.9	6.5

此外，与俄罗斯其他联邦管区相比，远东联邦管区的交通基础设施薄弱，铁路、公路、航空建设在全俄处于落后地位。

第3章 中蒙俄经济走廊蒙古国区域经济社会发展

3.1 蒙古国农业发展现状及变化趋势

3.1.1 蒙古国农业发展的自然条件

蒙古国地质结构复杂，山脉多火山岩构成。土壤类型以栗钙土和盐碱土为主，北部有冻土层。从北至南大体分布山地森林带、高山带、森林草原带、草原带、荒漠草原带和荒漠带六大植被带。蒙古国地势自西向东逐渐降低，平均海拔为1580m。其中，山地面积77.7万km²，约占国土总面积的1/2；戈壁沙漠面积40万km²，约占国土总面积的1/4；湖泊面积为1.6万km²，约占总国土面积的1%。蒙古国可利用土地面积为15 646.64万hm²，其中农牧业用地面积占80%，森林面积占10%，水域面积只占1%。

蒙古国气候属典型的大陆性气候，常年平均气温为15.6℃。冬季最低气温可至－50℃，夏季戈壁地区最高气温在40℃以上。蒙古国境内河流总长6.7万km，平均年径流量为390亿m³，其中88%为内流河。湖泊水资源量为1800亿m³，地下水资源量为120亿m³。

3.1.2 蒙古国种植业发展现状及变化趋势

种植业是蒙古国农业的主要组成部分，是关系蒙古国国计民生的重要产业。20世纪40年代前，蒙古国经济以传统游牧业为主，其产值在国民经济中的占比较高，从事畜牧业人员达到蒙古国总人口的90%，是典型的牧业国家。20世纪40年代，蒙古国调整经济结构，提出"从牧业国家向工业国家转移"的发展战略。因此，20世纪60年代，蒙古国种植业得到较快发展，进入了产业化阶段，农作物产量出现新的增长。

(1) 蒙古国农作物播种面积

蒙古国农作物播种面积在2003～2008年一度出现减少趋势，从2009年起又大幅度增加，2015年达到50余万公顷，2015～2022年总体呈现持续上涨趋势，2022年播种面积达到62.16221万hm²。蒙古国农作物播种面积虽在中间年份出现了减少趋势，但整体呈现出增长态势，这表明蒙古国农业发展在长期内保持了积极的方向，这有利于蒙古国粮食安全、农业经济发展以及农牧民收入的增加（图3-1）。

(2) 蒙古国农作物产量情况

蒙古国农作物产量相对大的有谷物、小麦和马铃薯，此外还种植蔬菜、大麦、燕麦和水果等。谷物、小麦和马铃薯的产量在2022年分别为42.86万t、40.19万t和21.4万t，且年际变化较大。其余作物，除了饲料在2019年产量突破10万t外，产量均相对

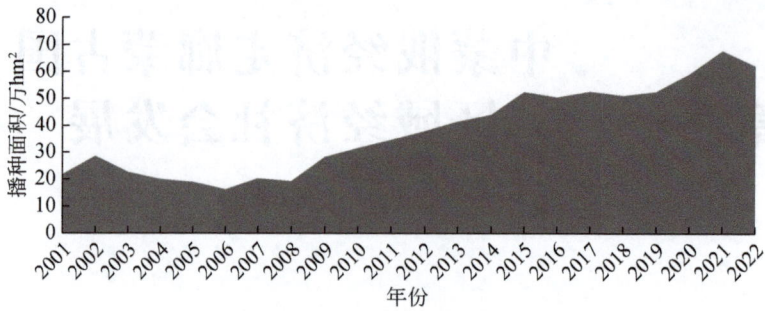

图 3-1　蒙古国农作物播种面积变动情况
资料来源：蒙古国国家统计局

较小，不足 10 万 t。近二十年来，蒙古国谷物和小麦的产量变化走势相似，产量走势近乎重合。谷物、小麦和马铃薯产量相对变动幅度较大，出现波动次数较多。2000～2007年，谷物和小麦产量波动幅度相对较小，变动较为平缓；2007～2019 年，谷物和小麦产量出现几次较大的波动，分别为 2010 年、2013 年、2015 年和 2017 年，这可能受到了气候变化、种植技术、市场需求和政府政策等因素的影响。马铃薯产量在 2012 年达到峰值，产量为 24.59 万 t，这可能与特定的气候条件、种植面积扩大或生产效率提高有关。蔬菜、饲料、经济作物、大麦、燕麦和水果产量呈现平缓上升趋势，这表明蒙古国可能在逐渐增加这些作物的种植，以丰富食物种类和满足市场需求。从整体来看，蒙古国主要农作物产量呈现出增长趋势（图 3-2）。

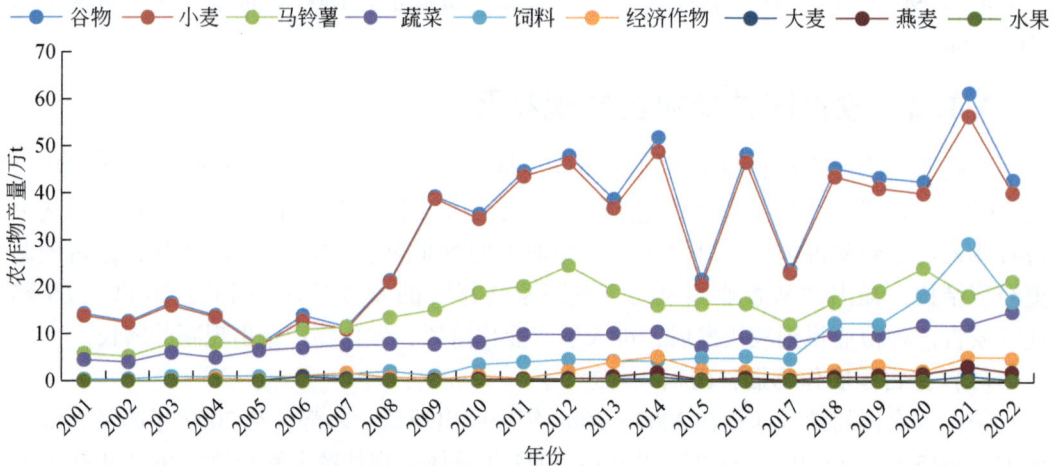

图 3-2　蒙古国全部农作物产量变化趋势
资料来源：根据《蒙古国统计年鉴》数据整理获得

（3）蒙古国农业总产值结构及其变化

蒙古国农业总产值自 2000 年以后持续上涨，2011 年之后上涨幅度进一步提高，2015 年达到 429.9 万图格里克，2016 年总产值下降，2017 年以后又上升，2022 年达到 633.5 万图格里克。其中，畜牧业产值 2009 年减少，2009～2011 年增幅相对较小，

2012 年起快速增加，2016 年畜牧业产值下降，总体呈逐步增加趋势，可能与自然条件、市场价格波动等因素有关。2022 年，畜牧业产值为 548.2 万图格里克，种植业产值为 85.3 万图格里克。种植业产值在 2000～2010 年缓慢增长，这期间可能受到了国家对经济结构调整和发展战略改变以及种植技术改进、种植面积增加等因素的影响，种植业产值总体呈现稳步增加的趋势（图 3-3）。蒙古国农业发展未来需要继续关注气候变化对畜牧业和种植业的影响，并采取适应性措施。

图 3-3　蒙古国农业总产值变动情况
资料来源：根据《蒙古国统计年鉴》数据整理获得

3.1.3　蒙古国畜牧业发展现状及变化趋势

畜牧业是蒙古国传统支柱产业，在蒙古国国民经济中占有举足轻重的地位，对蒙古国经济增长始终发挥着重要作用。

（1）蒙古国牲畜情况

近 20 年来，蒙古国牲畜总头数总体上呈上升趋势，到 2022 年牲畜总头数达到历年最多，为 7112.15 万头，相较 2010 年增加了 3839.2 万头。但由于蒙古国的自然条件差、气候比较恶劣，每隔几年发生一次雪灾，自然灾害对牲畜头数的影响较大。如 2000～2002 年和 2009～2010 年，据 2010 年蒙古国官方资料，大雪寒潮天气引起的罕见雪灾造成蒙古国 300 万头牲畜死亡。

近 20 年来，牲畜头数经历了三次波动，分别出现在 2002 年、2009 年和 2010 年。2001～2002 年牲畜头数减少，2003 年起逐步恢复增加。2010 年，牲畜头数比 2009 年减少 1100 万只以上，减少了近 25.7%，之后快速增加，达到了新的增长高峰。这种快速恢复和增长可能与多种因素有关，如气候条件的改善、有效的政策支持、市场需求增加等。2022 年蒙古国牲畜头数总量达到了 7112.15 万只（图 3-4）。

（2）蒙古国牧民和牧户的基本情况

从表 3-1 的数据统计可以看出，2022 年蒙古国有牧户 19.0776 万户，30.5079 万牧民从事畜牧业。2010～2022 年，蒙古国牧户总数呈现整体上升趋势，而牧民总数整体下降，受雪灾等自然灾害的影响或因自身技术创新问题，一些牧户的牲畜头数减少。对于牧民来说，草原畜牧业是生存和发展的基础，更是牧民收入的主要来源。由于牲畜头数的减少，部分牧户为了维持生计，把剩余的牲畜委托给亲戚，进城打工，不再从事畜

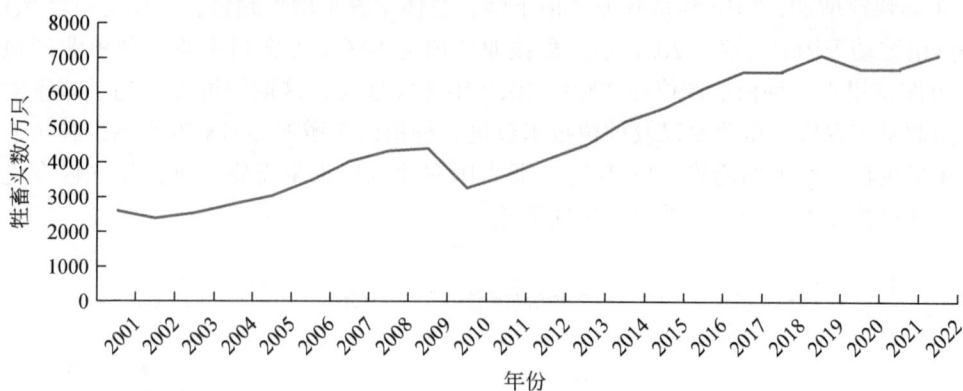

图 3-4　蒙古国牲畜头数变化趋势

资料来源：根据《蒙古国统计年鉴》数据整理获得

牧产业。大多数青年对从事畜牧业失去兴趣，选择到城市生活或在城市高校学习，对城市生活有兴趣的牧民比例越来越高。数据显示，15～34 岁年龄段的牧民人数逐渐减少，从 2010 年的 43.5% 减少到 2022 年的 26.9%。

表 3-1　蒙古国牧户和牧民的总数（不同年龄段）

项目	2010 年	2011 年	2012 年	2013 年	2014 年	2015 年	2016 年	2017 年	2018 年	2019 年	2020 年	2021 年	2022 年
牧户总数/户	160 265	154 917	146 081	145 311	149 735	153 085	160 650	169 743	169 706	171 605	181 051	188 605	190 776
牧民总数/人	327 154	311 185	289 646	285 691	293 620	297 828	311 373	303 590	288 700	285 482	298 789	305 430	305 079
15～34 岁占比/%	43.5	41.5	40.7	38.5	37	36	34.8	34.5	33.3	31	29.8	28	26.9
35～59 岁占比/%	43.5	46.0	49.7	51.8	53.3	54.4	55.3	52.5	54.2	56.1	56.8	57.8	58.5
≥60 岁占比/%	13.0	12.5	9.6	9.7	9.7	9.6	9.9	13.0	12.5	12.9	13.4	14.2	14.6

资料来源：根据《蒙古国统计年鉴》数据整理获得

　　有研究将牧户生产规模和生活水平之间的关系定为：牲畜总头数在 500 头（只）以上的牧户为小康户，牲畜总头数在 200～500 头（只）的牧户为中等收入户，牲畜头数在 200 头（只）以下的牧户为贫困户。按照这一标准，2022 年蒙古国贫困牧户为 8.7635 万户，占牧户总数的 45.93%，其牲畜数量为 815.5 万头（只），占畜牧总数的 12.63%；中等收入户为 5.9902 万户，占牧户总数的 31.41%，其牲畜数量为 1950.82 万头（只），占牲畜总数的 30.19%；小康户为 4.3239 万户，占牧户总数的 22.66%，其牲畜数量为 3695.17 万头（只），占牲畜总数的 57.18%（表 3-2）。牧民主要收入来源是畜牧业，他们将畜牧业视为财富，并习惯以畜群的头数来计算财富，到 2019 年蒙古国的贫困户还是在牧户总数中占很大一部分。由于牧户所拥有牲畜的数量直接关系到牧民的收入情况，如果收入不能提高，蒙古国牧民的贫困化趋势很难得到改变。

表 3-2　2022 年蒙古国不同牲畜数量组牧户情况

牲畜数量组	牧户数量/户	牧户比例/%	牲畜头数/万头（只）	牲畜头数比例/%
<100	48 384	25.36	234.89	3.64
101~200	39 251	20.57	580.61	8.99
201~500	59 902	31.41	1 950.82	30.19
501~999	31 256	16.38	2 149.68	33.27
1000~1499	9 920	5.20	1 148.49	17.77
1500~2000	1 445	0.76	243.93	3.77
≥2001	618	0.32	153.07	2.37
总数	190 776	100	6 461.49	100

资料来源：根据《蒙古国统计年鉴》数据整理获得

3.1.4　蒙古国农业发展存在的问题

1）农畜产品加工能力较低，难以获得高附加价值的农畜产品。蒙古国国内农畜产品加工技术落后，设备陈旧，产品大多以初级原料的形式销往国外。大量原料产品直接被外国企业收购，导致蒙古国的大型产品加工厂因原料不足而无法发挥出其全部的生产能力。蒙古国大型产品加工厂生产能力不足，在市场上难以形成竞争力。

2）草原面积减小、草场退化、生态环境脆弱。气候变化对蒙古国畜牧业生产带来不利影响，草原荒漠化引发草原面积减小、草场退化、牧场水源短缺等问题，这些均为蒙古国畜牧业发展带来不利影响。随着草原退化，草原的载畜压力持续加大，植物高度、盖度、产量下降，地表裸露和沙化加剧，鼠虫病害多发，生物多样性减少，使得蒙古国畜牧业生产面临挑战。同时，自然灾害也是影响畜牧业发展的重要因素之一。

3）农畜产品的质量与卫生问题难以保证，阻碍了蒙古国农畜产品进入国外市场。针对畜肉的生产加工，蒙古国合法的屠宰企业数量少，大部分的宰杀牲畜得不到卫生部门的检疫。此外，蒙古国国内畜群分散、交通不便以及运输的高成本等问题，都是发展蒙古国畜肉产品加工的不利因素。

3.1.5　解决对策

1）重点培育与扶持农畜产品加工的龙头企业。充分发挥牧区现有的资源优势，加大对农畜产品加工企业的资金投入，鼓励发展、壮大农畜产品加工的龙头企业。对农牧民定期开展良种繁育、科学饲养、产品加工、市场经营等方面的技能培训，利用大型企业承接草原畜牧业发展。促进产品加工向深加工、精加工、系列加工方面发展，实现产品增值。

2）加强草原的保护与建设工作，建立草畜平衡制度。蒙古国草原辽阔，草场类型多样，自然生态环境脆弱，气候条件恶劣。草原建设要因地制宜、量力而行，注意实现草原保护与合理载畜量间的平衡。要根据蒙古国本国国情出发，集中国家整体的人力、物力、财力，有计划、有重点地对天然草场进行建设，建立草原保护修复制度体系，控制草原载畜量，减小过度放牧的可能性，落实草原征占用审核审批制度、草原执法监督制度、完善国有草场资源有偿使用制度，建立草原数字化监管体系，科学推进林草生态防治，提高草场质量，促进草原生态实现良性循环，形成人与自然和谐共生的新格局。

3）加强动物防疫体系和能力建设，确保畜牧业安全。高标准做好动物疫病预防工作，认真落实以高密度免疫为重点的防疫措施。加大动物保护工程的建设力度，建立健全动物疫病的控制与检测体系，定期开展针对重点动物的疫病集中防疫专项行动。从动物疫病预防、疫情监测报告、控制扑灭、检验检疫、动物诊疗、监督管理等方面，建立全链条、全周期、全覆盖、可追溯的动物疫病防控工作体系。组织专家现场指导免疫技术，加强疫苗、耳标等防疫物资管理，对饲养、屠宰、无害化处理、运输等环节，开展大扫除、大清洗、大消毒，建立重大动物疫病扑灭控制预案和运转有效的机制。

3.2　蒙古国工业发展现状及变化趋势

3.2.1　蒙古国工业的形成与发展阶段

20 世纪 40 年代是蒙古国工业形成的关键时间段，40 年代初，蒙古国与苏联、东欧国家形成密切合作。蒙古国初步形成以轻工业，包括纺织、服装、皮革、制鞋和食品工业为主的工业经济体系，建立起乌兰巴托联合工厂、哈特噶勒洗毛厂等较大工厂，实现 3000 多万图格里克的固定资产。

20 世纪 50 年代蒙古国工业进入快速发展阶段，1952 年蒙古国已建立起包括 19 家全国性大工厂在内的 148 家工厂。此时蒙古国工业生产能力仍然非常落后，但加工业的人均占有量已超过世界平均水平。

20 世纪 60 年代，蒙古国进入工业化进程的加速期；60 年代中期到 80 年代中期，蒙古国工业进入高速增长的时期，工业总产值年增长率达到 8%～9%，工业总产值占国内生产总值的比例由 1940 年的 12.77% 上升到 1980 年的 42.5%。蒙古国工业经济中占重要地位的是以采掘和粗加工为主的有色金属工业，但是缺乏本国自身的冶炼工业。20 世纪 70～80 年代，蒙古国的机械工业在工业总产值中的占比近乎空白，食品工业占比达到 30% 左右。

20 世纪 90 年代，蒙古国工业发展进入转型期，给蒙古国工业生产带来较大的变化，使蒙古国工业总量和结构出现新的特点。转型期之后的蒙古国工业发展受到经济复苏的影响出现多次波动。同时相关政策的出台，推动了蒙古国工业相关产业的发展。

3.2.2　蒙古国工业发展现状及变化趋势

3.2.2.1　蒙古国国内生产总值的工业构成及年度变动情况

蒙古国工业在其国内生产总值中占有重要地位，2000～2022 年蒙古国采矿和采石业在国内生产总值中占比变动幅度较大，2000～2001 年占比上升，2002 年占比下降，2003 年再次上升，在 2006 年达到峰值，此时占比为 30%。2007～2013 年，采矿和采石业占比呈现下降趋势，直到 2014 年开始才得到回升，2022 年达到 25.1%。2000～2020 年，蒙古国采矿和采石业在国内生产总值中的占比远远领先于电力、煤气和水供应业以及制造业占比。制造业占比整体低于采矿和采石业占比，高于电力、煤气和水供应业，居于中间位置。制造业占比在 2000～2002 年上升，2005 年占比达到最低点为 4.4%，从 2006 年开始上升，在 2014～2016 年占比再次下降，2022 年蒙古国制造业占比达到 8.6%。电力、煤气和水供应业占比走势平稳，变动不大，始终低于采矿和采石业以及制造业占比，2022 年占比为 1.7%。2022 年蒙古国采矿和采石业、制造业以及电力、煤气和水供应业的总占比达到 35.4%，可见，蒙古国工业在其国内生产总值中占有重要地位，这反映了蒙古国经济结构的特点，即工业特别是采矿业对经济的贡献较大，且根据占比走势观察，工业占比可能会继续上升（图 3-5）。

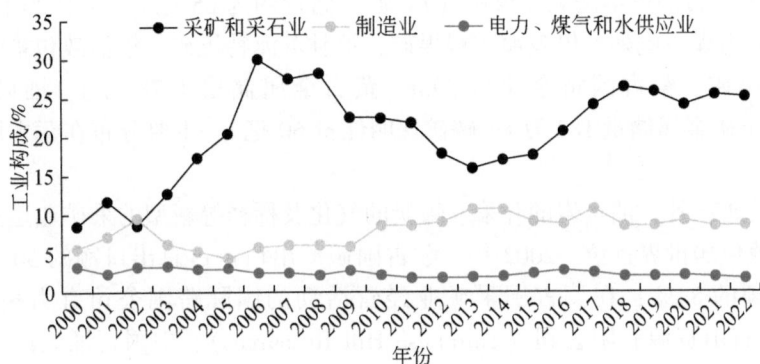

图 3-5   蒙古国国内生产总值的工业构成

资料来源：根据《蒙古国统计年鉴》数据整理获得

从年度变动情况来看，制造业占比的年度变动幅度最大，2005 年出现最低值，为 -24.1%，2007 年出现最高峰，达到 32.3%。采矿和采石业占比年度变动最大值为 2004 年的 34.4%，电力、煤气和水供应业占比的年度变动幅度最小，最大值为 2012 年的 17.6%，如图 3-6 所示。

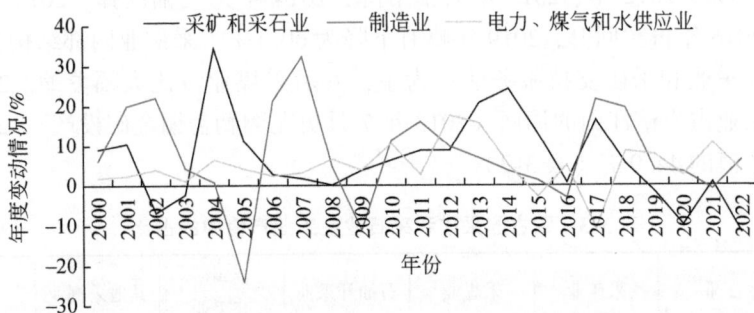

图 3-6   蒙古国工业在国内生产总值中占比的年度变动情况

资料来源：根据《蒙古国统计年鉴》数据整理获得

3.2.2.2　蒙古国矿业发展情况

（1）蒙古国的采矿资源储量概况

矿业是蒙古国的重要基础工业，在蒙古国经济发展中占有举足轻重的地位。截至2015年底，蒙古国矿产资源探明储量已升至世界第七位，且提升空间仍然很大。已发现和确定80多种矿产，有800多个矿区和8000多个采矿点，主要有煤、石油、铜、锰、钨、钼、铁、铝、铅、锌、汞、锡、金、萤石、稀土、磷、石棉、石墨、铀等矿产资源。根据2015年底蒙古国矿产资源局公布的统计数据，蒙古国铜矿储量4580万t，居亚洲第一，目前已发现的三大铜矿——额尔登特斑岩铜钼矿、查干苏布日嘎斑岩铜钼矿、奥尤陶勒盖斑岩铜金矿（OT矿）均已列入国家战略矿产名录。蒙古国煤炭储量258亿t，引人注目的塔本陶勒盖煤矿（TT矿）储量约为65亿t，其中20亿t为焦煤，其余为优质动力煤。此外，巴嘎淖尔褐煤矿、那林苏海特煤矿、锡伯敖包褐煤矿也是蒙古国的重要煤矿。蒙古国黄金储量598t，萤石金属储量1578万t，铀矿金属储量125万t，稀土矿金属储量183万t；磷矿探明储量60亿t，主要分布在蒙古国北部库苏古尔湖盆地。

除传统的矿产外，油页岩的开采、煤炭的气化及稀释等新型的采矿业迅速发展。蒙古国采掘指数位居世界首位。2002年，蒙古国矿产出口量占总出口额的50%，而2022年占总出口额的84%；在蒙古国采矿业经营活动的国际跨国公司有力拓集团（Rio Tinto）、绿松石山资源有限公司（Turquoise Hill Resources）、中国石油天然气集团有限公司（Petro China）、皮博迪能源矿业公司（Peabody Winsway Resources）、法国阿海珐公司（Areva）等。

（2）蒙古国采矿业发展情况

近年来，采矿业、农牧业、批发和零售贸易与汽车维修业、加工业是蒙古国的四大产业。就采矿业的GDP（国内生产总值）占比而言，近几年来徘徊于19%～25%，始终居第一大产业的地位。

从采矿业的工业产值占比看，2010～2022年以来徘徊于55%～65%，峰值出现在2011年为64.8%，2012年、2013年大幅下降，2014年又大幅反弹，2015年大幅下降至55.1%，2016年再次回升，2019年略有下降为60.1%。采矿业内部结构为，2010年时以金属矿开采业和采矿支持服务活动为主，其后采煤业占比大幅萎缩。2013年起出现金属矿开采业占半壁江山的局面（2013年7月奥尤陶勒盖铜金矿投产），2014年更是占到了工业产值的44.9%（表3-3）。

表3-3　蒙古国采矿和采石业在工业产值中的占比　　　　　　　　（单位:%）

年份	工业	采矿业	采煤业	石油开采业	金属矿开采业	其他采掘业	采矿支持服务活动
2010	100	63.6	14.4	2.5	26.2	1.6	18.9
2011	100	64.8	24.4	3.1	24.7	1.5	11.1
2012	100	58.9	17.5	4.4	23	1.6	12.4
2013	100	58.4	14	7.4	31.3	1.1	4.6

年份	工业	采矿业	采煤业	石油开采业	金属矿开采业	其他采掘业	采矿支持服务活动
2014	100	64.4	7.5	7.8	44.9	1	3.2
2015	100	55.1	6.4	5.6	39.6	1	2.5
2016	100	55.6	10.3	4.6	37.6	0.9	2.2
2017	100	57.7	18.5	4.3	31.9	1.1	1.9
2018	100	62.1	26.2	3.5	29.5	0.9	2.0
2019	100	60.1	27.1	3.1	26.4	1.0	2.5
2020	100	55.7	20.8	1.4	30.2	1.1	2.2
2021	100	56.7	12.4	2.1	38.8	1.1	2.3
2022	100	57.7	23.8	1.7	29.4	0.5	2.3

资料来源：根据《蒙古国统计年鉴》数据整理获得

另外，从矿产品的出口情况看，虽然出口额有所起伏，但多年来始终是出口绝对大户，出口占比以 2012 年（峰值近 90%）为分水岭，之后开始下降，到 2015 年跌至78.8%。就主要出口矿产品而言，2015 年铜精粉、铁矿石、煤炭、锌精粉、萤石、铂精粉、原油等占矿产品出口总额的 78.1%。

3.2.2.3　蒙古国制造业发展情况

（1）蒙古国制造业在工业产值中占比变动情况

制造业是蒙古国的重要产业，在蒙古国国内生产总值的工业构成中占有重要的地位，2000～2012 年占比不足 10%，2013 年突破 10%，且在 2015 年和 2016 年占比出现回落，近年来占比在 10% 左右波动，低于采矿业。

从制造业的工业产值占比看，制造业占比相对较高，2010～2022 年以来徘徊于25%～36%，峰值出现在 2015 年，为 35.9%。2014 年制造业占比略有下降，2015 年又大幅回升，2016～2018 年总体呈现下降趋势，2022 年制造业在工业产值中的占比为31.7%。制造业内部结构：2010 年时以食品、饮料制造业为主，纺织品制造业和基本金属制造业占比在 2% 左右波动，皮革及相关产品制造业占比较低，2010～2022 年始终在 0.5% 左右波动，波动幅度不大，这可能意味着该行业在蒙古国制造业中并不是一个重点发展的领域（表 3-4）。

表 3-4　蒙古国制造业在工业产值中的占比　　　　　　（单位：%）

年份	工业	制造业	食品、饮料制造业	纺织品制造业	皮革及相关产品制造业	基本金属制造业
2010	100	25	9.9	3.3	0.8	2.2
2011	100	25.9	9.3	2.2	0.4	1.2
2012	100	30.7	10.2	2.1	0.4	1.2
2013	100	30.8	10.1	2.7	0.4	1.2

续表

年份	工业	制造业	食品、饮料制造业	纺织品制造业	皮革及相关产品制造业	基本金属制造业
2014	100	28.1	9.2	2.2	0.4	2.2
2015	100	35.9	21.3	2.1	0.5	2.1
2016	100	33.3	18.6	2.2	0.4	1.6
2017	100	32.3	15.6	1.6	0.4	1.4
2018	100	28.3	17.5	1.7	0.3	1.4
2019	100	30.4	19.2	2.0	0.3	1.3
2020	100	32.4	22.4	0.8	0.3	0.9
2021	100	31.4	19.5	1.5	0.3	1.2
2022	100	31.7	19.2	1.4	0.4	1.0

资料来源：根据《蒙古国统计年鉴》数据整理获得

（2）蒙古国制造业主要产品产量情况

从蒙古国制造业主要产品产量在 2010～2022 年的变动情况来看，水泥的产量相对较高，2010～2011 年产量增加，2012 年产量减少，2013 年达到最低值为 258 800t，2014 年产量增加，2015 年略微回落，产量为 410 100t，2016～2022 年水泥产量持续增长，2022 年达到 1 368 000t，显示出显著的增长。这可能与蒙古国经济的恢复和基础设施项目的推动有关。其他产品产量相对较少，2010～2022 年，变动幅度不大，且产量明显低于水泥的产量（图 3-7）。

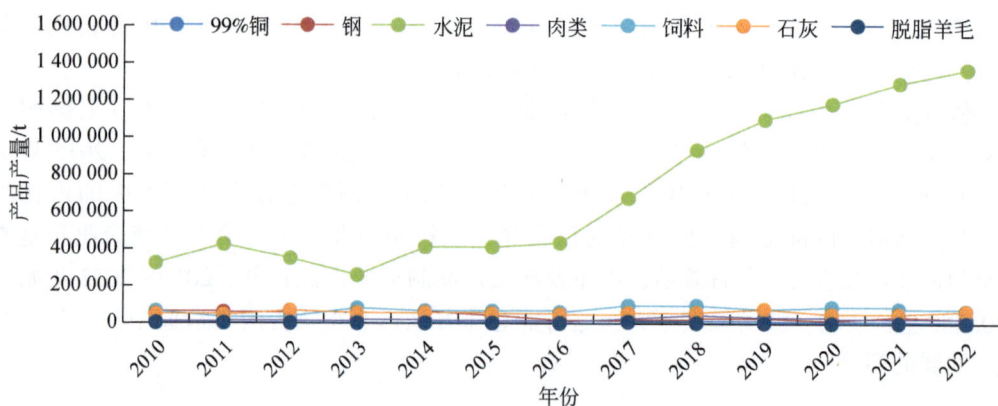

图 3-7　蒙古国制造业主要产品产量变动情况
资料来源：根据《蒙古国统计年鉴》数据整理获得

3.2.2.4　蒙古国电力、煤气和水供应业发展情况

（1）蒙古国电力、煤气和水供应在工业产值中占比变动情况

电力、煤气和水供应行业是蒙古国的重要产业之一，在蒙古国国内生产总值的工业

构成中占有较小的比例，2010～2019 年电力、煤气和水供应行业占比始终不足 5%，变动不大，比较平稳。

从电力、煤气和水供应行业的工业产值占比看，电力、煤气和水供应行业占比相对较低，电力、燃气、蒸汽和空调供应业占比在 2010～2019 年不足 10%，峰值出现在 2021 年，为 10.8%。2022 年电力、燃气、蒸汽和空调供应业[①]在工业产值中的占比为 9.4%。供水、排污、废物管理和补救活动以及水的收集、处理和供应业占比更低，2010～2022 年占比均低于 3%。电力、煤气和水供应业占比整体变动幅度不大，始终占较小的比例，表明这些行业的发展相对稳定，但没有显著的增长（表 3-5）。

表 3-5　蒙古国电力、煤气和水供应在工业产值中的占比　　　（单位：%）

年份	工业	电力、燃气、蒸汽和空调供应业	供水、排污、废物管理和补救活动	水的收集、处理和供应业
2010	100	9.8	1.7	1.3
2011	100	7.7	1.6	1.2
2012	100	8.4	2.0	1.4
2013	100	8.7	2.2	1.4
2014	100	5.9	1.7	1.0
2015	100	7.1	1.9	1.0
2016	100	9.1	2.0	1.1
2017	100	8.4	1.6	1.0
2018	100	8.2	1.3	0.8
2019	100	8.4	1.2	0.8
2020	100	10.7	1.2	0.8
2021	100	10.8	1.1	0.8
2022	100	9.4	1.2	0.8

资料来源：根据《蒙古国统计年鉴》数据整理获得

（2）蒙古国电力、煤气和水供应业产量情况

从蒙古国 2010～2022 年电力、煤气和供水业主要产品产量的变动情况来看（图 3-8），相比于热能和水的供应量，电力的产量处于居中的位置，呈现直线上升趋势，由 2010 年的 431 280 万 kW·h 增加到了 2022 年的 803 500 万 kW·h。热能的产量在电力、煤气和水供应行业中处于最高的位置，产量也呈增长态势，说明热能供应是蒙古国能源结构中的重要组成部分，热能产量的增长可能与城市化进程、居民和工业用热需求的增加有关。供水产量相比于电力和热能最低，2010～2022 年稳定增长。2022 年

---

① 空调设备的安装与维护。

热能产量为15 643kcal，供水量为6540万 m³。

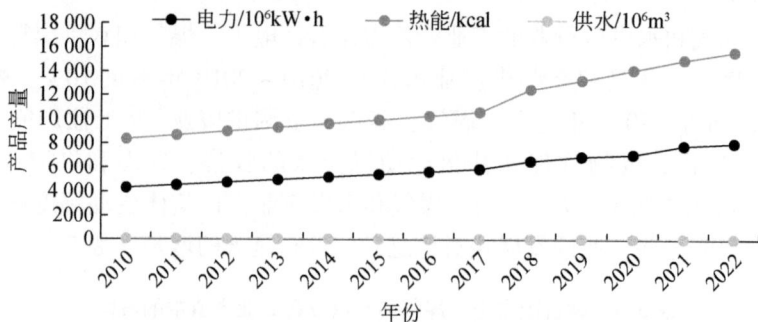

图 3-8　蒙古国电力、煤气和水供应业产量变动情况

资料来源：根据《蒙古国统计年鉴》数据整理获得

3.2.3　蒙古国工业发展存在的问题

1）采矿业是蒙古国为数不多的符合现代产业特征的支柱产业，但其过度依赖采矿业、矿产品的大宗贸易，以及独特的地缘位置等，蒙古国经济发展面临着长期的挑战。基础设施滞后、没有出海口是蒙古国显著的地缘经济特征，而矿业生产的特点是运输成本所占比例很大。蒙古国目前主要有一条南北向 1800 余千米的铁路，2015 年载货量为3582.3 万 t，只有部分铁矿石和有色金属精粉利用铁路运输。蒙古国公路多为砂石路和土路，且仅有 12% 左右为硬化路。中俄蒙三国铁路过境运输合作机制达成，增加了经由蒙古国的过境运输配额，这无疑将进一步加重本已饱和的蒙古国铁路运输负荷。蒙古国边境口岸设施陈旧落后，通关能力差，远远不能满足企业的贸易与投资并举的实际需求。在这些因素的叠加作用下，除了对焦煤的刚性需求外，在动力煤和铁矿石的进口贸易方面，中国从蒙古国的进口量往往不及从澳大利亚的进口量。近年来，蒙古国与中国、俄罗斯、日本虽有一些基础设施建设方面的项目协定，但蒙古国土辽阔，建设所需资金缺口巨大，解决基础设施滞后问题尚需时日。此外，水电短缺、施工开工期短，也是矿产开发的重要制约因素。

蒙古国作为内陆国，致力于开辟第三市场以减少对中俄的依赖。中国天津港是其重要的出海口之一，但由于特殊时期如港口调整等因素，天津至集宁段的运输压力增大，包括蒙古国在内的多国货物面临运输延迟。因此，蒙古国在寻求多元化出口渠道的同时，也面临着运输配额和效率的挑战。2014 年 8 月习近平主席访蒙时承诺可以利用中国华北、东北开放的国际港口，但蒙古国境内铁路建设迟迟不能启动，其利用问题至今仍停留在纸面上。

2）工业发展缓慢，对外依赖性高，产业结构与布局不合理。蒙古国的经济发展以初级产品生产、对外出口为主，基础设施陈旧落后，工业发展缓慢。蒙古国经济发展模式与本国国情相脱离，矿产资源优势利用不足，工业发展以进口工业制成品、出口初级产品模式为主。由于高度的对外依赖性，蒙古国的经济独立性较差，工业生产发展严重受到其他国家的牵制与影响。近年来，随着经济的发展，蒙古国各区域的产业结构也发生了一些变化，但并未掩盖其产业结构不合理的缺点。蒙古国工业发展力度不够，水平较低，以进口工业制成品、出口初级产品为主的生产模式使得蒙古国未能打造出自己独有的特色产业，畜牧业产品生产加工仍停留于初级产品的粗放式生产层面，产品的附加值低，市场竞争力弱。同时，蒙古国产业发展存在空间布局不合理的问题，关乎经济发展的重要机构及劳动力过度集中在乌兰巴托市，其他地区发展利用程度较低。

3.2.4　解决对策

1）完善基础设施建设，努力扩大对外开放。蒙古国发展本国工业，完善本国基础设施的建设是工业发展的重要环节。随着蒙古国社会经济的不断发展，采矿业等工业的发展运行，蒙古国应该努力为工业发展提供平台，加快推进以公路、铁路、通信等为主的基础设施建设，保持重点产业链供应链顺畅，努力为扩大开放提供条件，通过对外开放为工业发展创造更多机会，学习国外的发展经验与技术，扩展市场空间，以实现大开放促进大发展。

2）优化产业结构。蒙古国的工业发展以采矿和采石业为主，而制造业与电力、煤气和水供应业等行业发展较为缓慢。蒙古国矿产开发业的发展依靠其地理优势与资源优势，在本国工业发展中占据主导地位，限制了其他产业的发展和结构的调整。在调整产业结构的过程中，蒙古国应加深对传统矿产开发业的优化与升级改造，使其继续发挥对蒙古国经济的带动作用，同时提高对科技含量高的相关产业的投入，以新型工业化为目标，以项目建设作为抓手，加大项目建设力度，注重做优存量，培育增量，达到优化产业结构的目的。

3）大力推进产业区的开发与建设，调整产业空间布局分布。蒙古国在区域发展上呈现出乌兰巴托市一区独大的趋势，其他地区虽有较多的工业资源，但发展滞后。为此，蒙古国应选择重点矿产资源，推动产业区的建设，以产业区建设促进矿产资源的有效开发，以推进各区域工业化和城市化进程，促进各地区经济实现高速协调发展，推动区域发展均衡化。

3.3　蒙古国服务业发展现状及变化趋势

随着蒙古国经济社会的发展，服务业也获得了一定的发展，并且出现了新的变化特点。

3.3.1　蒙古国国内生产总值的服务业构成及年度变动情况

蒙古国服务业在其国内生产总值中占有一定的地位，2010～2022 年蒙古国批发和零售贸易、汽车修理、摩托车及个人与家庭用品业在国内生产总值中占比较大，2010～2011 年占比上升，在 2011 年达到峰值，此时占比为 22.1%，2012～2017 年批发和零售贸易、汽车修理、摩托车及个人与家庭用品业占比呈现下降趋势，这种情况直到 2018 年开始回升，2020 年再次下降，2021 年出现回升，2022 年达到 16.1%。2010～2022 年，蒙古国批发和零售贸易、汽车修理、摩托车及个人与家庭用品业在国内生产总值中的占比远远高于房地产活动、运输和存储等其他行业占比。房地产活动占比整体低于批发和零售贸易、汽车修理、摩托车及个人与家庭用品行业占比，高于运输和存储、教育、金融和保险活动、信息和通信等其他行业，居于第二位。房地产活动占比在2010～2012年下降，2013～2015年上升，2015年占比达到最高点为6.9%，2015～2016年占比稳定，从2017年再次下降，2022年蒙古国房地产活动占比达到4.5%。运输和存储业占比2010～2013年呈现下降趋势，2013年达到最低点为4.3%，2014年占比增加，2015年达到最大值为5.2%，随后占比下降，2022年为4.2%。住宿和食品服务活动以及艺术和娱乐业占比变动幅度小，始终低于批发和零售贸易、汽车修理、摩托车及个人与家庭用品，运输和存储业，房地产活动等其他行业，2022年住宿和食品服务活动占比达到1.1%，艺术和娱乐业占比达到0.4%（图3-9）。可见，蒙古国服务业在其国内生产总值中占有一定地位。

图 3-9　蒙古国国内生产总值的服务业构成
资料来源：根据《蒙古国统计年鉴》数据整理获得

　　从年度变动情况来看，批发和零售贸易、汽车修理、摩托车及个人与家庭用品以及住宿和食品服务活动占比的年度变动幅度较大，2014年批发和零售贸易、汽车修理、摩托车和个人和家庭用品出现最低值为-6.9%，2011年出现最高峰，达到42.5%。2020年住宿和食品服务活动出现最低值为-23.7%，2012年出现最大值为44.9%，这种波动可能与旅游业的发展、国内外游客数量的变化、经济状况以及其他宏观经济因素有关。运输和存储业占比年度变动最大值为2014年的20.9%，教育业占比的年度变动幅度最小，最大值为2011年的7.8%，最小值为2017年的-9.1%（图3-10），这表明教育业的稳定性较高，但也可能反映了政府对教育资源的分配、教育政策的变化或人口结构的变化。

批发和零售贸易、汽车修理、摩托车及个人与家庭用品　　房地产活动

运输和存储　　专业、科学和技术活动

住宿和食品服务活动　　教育

信息和通信　　健康和社会工作

金融和保险活动　　艺术和娱乐

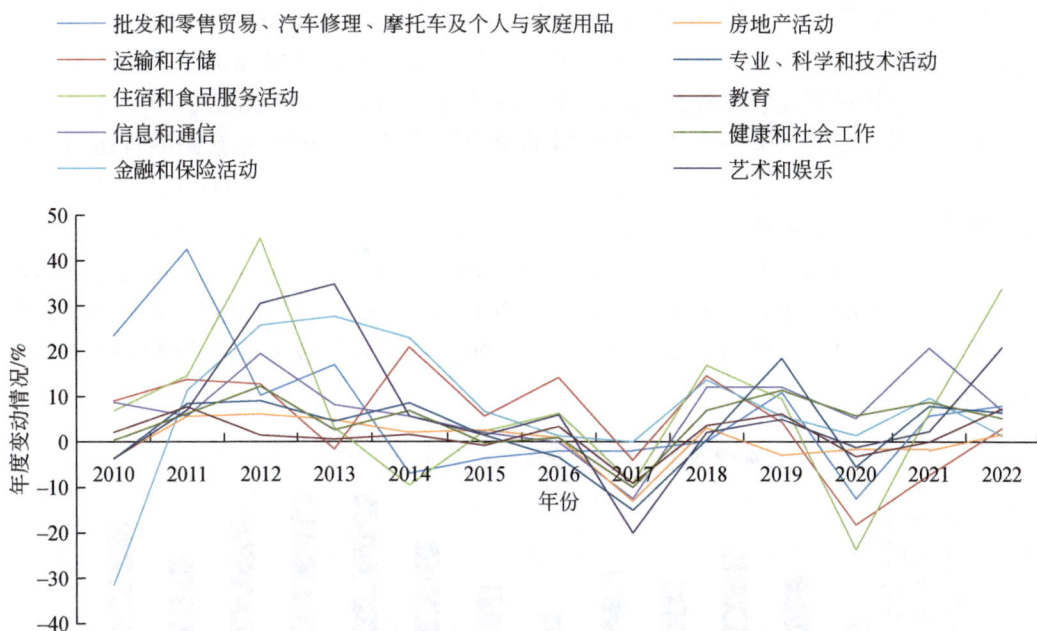

图 3-10　蒙古国服务业在国内生产总值中占比的年度变动情况

资料来源：根据《蒙古国统计年鉴》数据整理获得

3.3.2　蒙古国交通和通信业的现状及发展趋势

（1）货运量的现状特点

从蒙古国 2010～2022 年来的货运周转总量来看，2010～2011 年周转总量上升，2012～2013 年下降，2014 年货运周转总量达到 1 741 950 万 t·km，2015 年再次下降，并在 2015～2019 年保持稳定上升趋势，2022 年蒙古国货运周转总量达到 17 534.1 百万 t·km，最小值为 2010 年的 12 124.8 百万 t·km（图 3-11）。

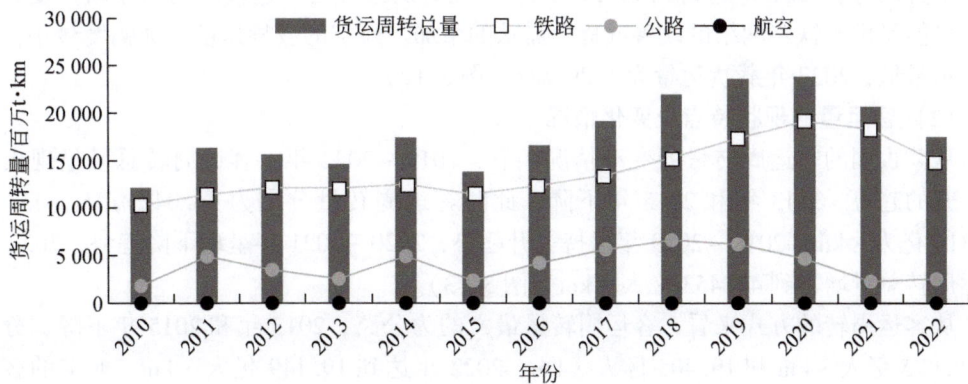

图 3-11　蒙古国货运周转量的变动情况

资料来源：根据《蒙古国统计年鉴》数据整理获得

从货运周转的方式来看，铁路运输的货运周转量最大，2015 年周转量出现最低值，为 1 146 260 万 t·km，此后呈现上升趋势。公路运输的货运周转量低于铁路运输，高于航空，且周转量幅度波动较大，2011 年、2014 年、2018 年出现峰值，2013 年、2015 年、2021 年出现低值。航空的货运周转量的变动幅度最小。2022 年铁路的货运周转量为 1 491 020 万 t·km，公路为 259 190 万 t·km，航空为 320 万 t·km（图 3-11）。可见，铁路的货运周转量远远高于公路和航空，在蒙古国货运的发展中占有重要地位。

从蒙古国载货总量的变动情况来看，蒙古国载货总量呈现出波动上升的趋势，2010 年为最低点，此时为 2941.59 万 t，2013 年、2015 年、2021 年出现低点，载货总量分别为 4236.14 万 t、3219.73 万 t 和 4923.81 万 t，2022 年蒙古国载货总量达到 6081.34 万 t（图 3-12）。

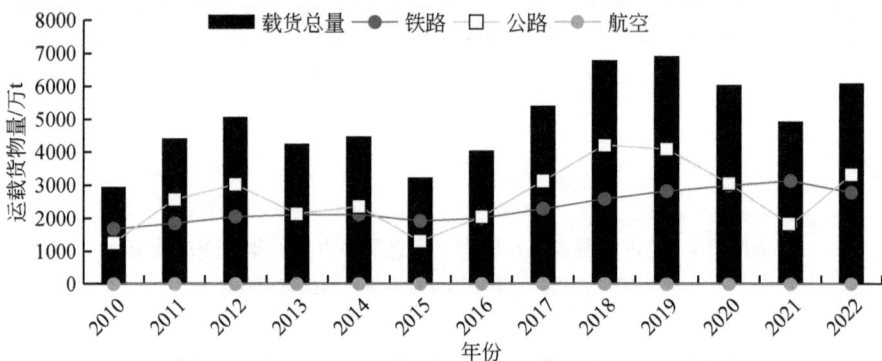

图 3-12　蒙古国运载货物量的变动情况

资料来源：根据《蒙古国统计年鉴》数据整理获得

从运载货运的方式来看，公路的变动幅度最大，2018 年出现最大值为 4203.38 万 t，2015 年和 2021 年出现低点分别为 1304.37 万 t 和 1797.03 万 t，2022 年达到 3307.56 万 t。铁路的载货运量变动幅度较小，2015 年载货运量下降达到 1915.08 万 t，2016～2021 年保持上升趋势，2021 年达到 3126.14 万 t，这表明铁路货运在这段时间内逐渐恢复并增长，可能是由于铁路网络的改善或货运需求的增加。航空的载货运量变动幅度最小，载货运量最低，2022 年载货运量为 1.29 万 t（图 3-12）。

（2）客运量的现状特点及变化情况

从蒙古国的客运周转量的变动情况来看，2010～2022 年，客运周转总量呈现出波动上升的趋势。2013 年和 2015 年下降，此时客运周转量分别为 46.042 亿人·km 和 49.316 亿人·km，2016～2019 年保持上升趋势，2020～2021 年呈现下降趋势，2022 年客运周转总量增加到 44.453 亿人·km（图 3-13）。

从客运周转的方式来看，客运周转量最大的为公路，2013 年和 2015 年下降，分别为 18.975 亿人·km 和 19.405 亿人·km，2022 年达到 19.149 亿人·km。航空的客运周转量在 2014 年出现低值，此时为 12.471 亿人·km，2015～2019 年保持稳定上升趋势，并在 2015～2017 年以及 2019 年总量超过了公路，2022 年达到 18.284 亿人·km。客运周转总量最小、变动情况最为平稳的是水运，且其近十年的客运周转量远低于其他三种方式（图 3-13）。

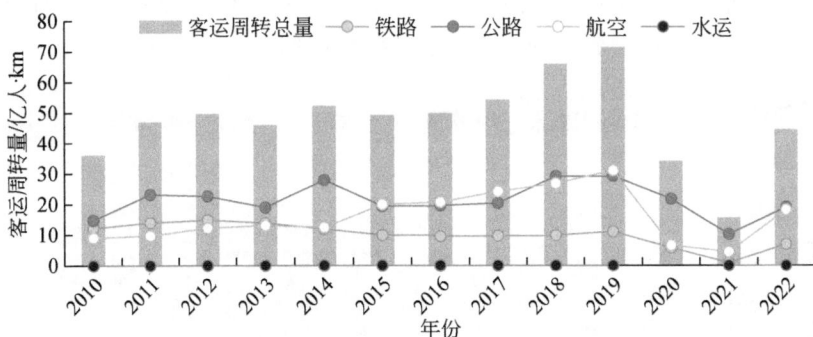

图 3-13　蒙古国客运周转量的变动情况

资料来源：根据《蒙古国统计年鉴》数据整理获得

从蒙古国载客量的变动情况来看，2010～2022 年蒙古国载客量呈现出波动下降的趋势，2019 年达到 1.73 亿人，低于 2010 年的 2.507 亿人。最大值出现在 2014 年，为 3.442 亿人，2021 年为最低点（图 3-14）。

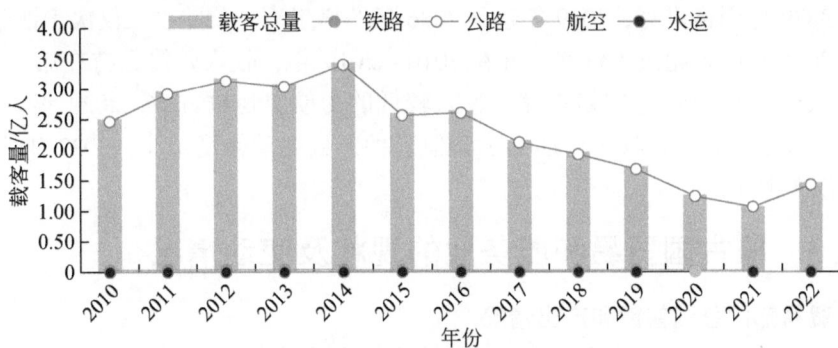

图 3-14　蒙古国载客量的变动情况

资料来源：根据《蒙古国统计年鉴》数据整理获得

从载客的方式来看，公路运输的载客量明显高于其他三种方式，并呈现出波动下降的趋势。2014 年为最大值，此时为 3.402 亿人，2021 年为最低点，此时为 1.0702 亿人。从图 3-14 中可以看出，蒙古国公路运输的载客量很大程度上决定了载客总量的变动。水运的载客量最小，变动幅度最小。铁路和航空的载客量远低于公路，且变动较小，见图 3-14。

(3) 交通和通信业收入变动情况

从蒙古国 2010～2022 年的交通和通信业的总收入变动情况来看，总收入呈现出波动上升趋势，实现了从 2010 年的 5936 亿图格里克到 2019 年的 20 464 亿图格里克的几倍的增加，这表明该行业在这段时间内经历了快速的发展，可能是由于技术进步、基础设施投资、市场需求增加等因素的推动。总收入在 2015 年、2021 年出现低值，分别为 9790 亿图格里克和 13 807 亿图格里克。总收入在 2019～2021 年呈现出明显的下降趋势，这与当时新冠疫情产生的影响有关。由于在 2022 年新冠疫情得到了一定程度的控制,交通和通信业得到逐步恢复,总收入开始增加(图 3-15)。随着人口的增长和生活方式的变化,对交通和通信服务的需求可能会继续增加。

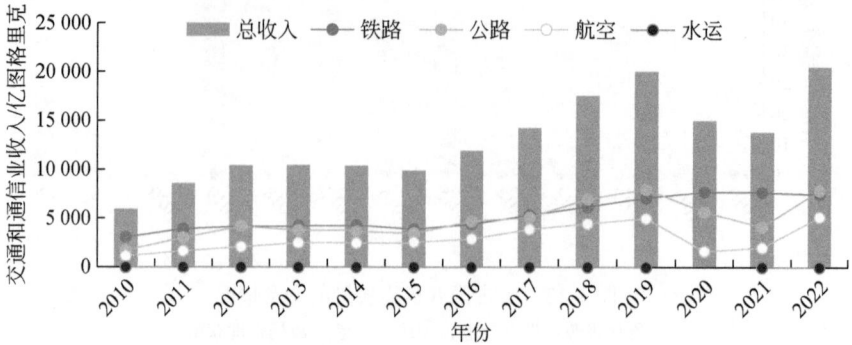

图 3-15 蒙古国交通和通信业的收入变动情况
资料来源:根据《蒙古国统计年鉴》数据整理获得

从蒙古国交通和通信业收入的方式来看,收入最高的最初为铁路运输方式,2015 年下降为 3879 亿图格里克,2019 年达到 7086 亿图格里克。公路收入仅次于铁路运输方式,且在 2016 年收入超过了铁路,并在 2016~2019 年,收入始终保持在第一的位置,2019 年收入达到了 7961 亿图格里克。收入较低的为航空运输方式,2022 年为 5130 亿图格里克。水运运输方式收入远远低于其他三种,且变动幅度最小,2022 年为 6 亿图格里克(图 3-15)。

3.3.3 蒙古国贸易和服务业的现状及变动情况

(1) 贸易部门总销售额和产出情况

从蒙古国 2010~2022 年的贸易部门总销售额变动情况来看,总销售额为波动上升的状态,2010~2015 年保持稳定的增长趋势,2015 年的销售额为 176 987 亿图格里克,并在 2016 年下降为 167 736 亿图格里克,此后总体呈上升趋势,2022 年达到 424 572 亿图格里克(图 3-16)。

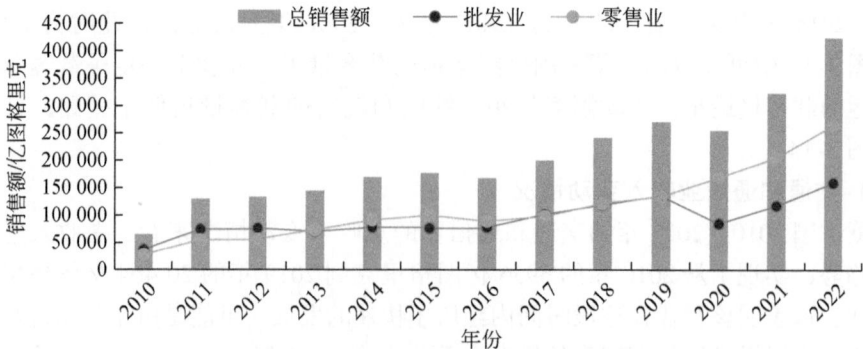

图 3-16 蒙古国贸易部门总销售额变动情况
资料来源:根据《蒙古国统计年鉴》数据整理获得

从蒙古国贸易部门总销售额的划分来看，2010～2012 年，批发业的总销售额较高，2013 年零售业的销售额超过了批发业，并且这种趋势一直保持到了 2016 年，2017 年批发业销售额较高，为 101 942 亿图格里克，超过了同年的零售业的销售额，后者为 98 062 亿图格里克。2018 年零售业的销售额再次赶超批发业，但在 2019 年低于批发业，此时零售业的销售额为 134 819 亿图格里克，批发业的销售额为 135 948 亿图格里克。2020～2022 年，零售业的销售额始终高于批发业（图 3-16）。

从蒙古国的贸易部门产出变动情况来看，总产出 2010～2019 年呈现出稳定上升趋势，2019 年达到 61 237 亿图格里克。

从贸易部门产出的具体划分来看，2014 年零售业的产出略高于批发业，2015 年批发业的产出明显高于零售业，2016 年零售业的产出赶超批发业，并且这种情况维持到2019 年。2019 年批发业的产出为 27 840 亿图格里克，零售业的产出为 33 397 亿图格里克（图 3-17）。

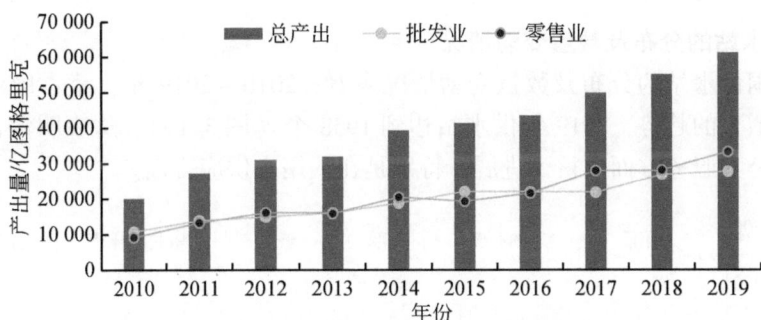

图 3-17　蒙古国贸易部门产出变动情况
资料来源：根据《蒙古国统计年鉴》数据整理获得

（2）住宿和餐饮服务业的总产出情况

从蒙古国住宿和餐饮服务业的总产出变动情况来看，2010～2020 年，住宿和餐饮服务业的总产出呈现波动增长的趋势。2010～2012 年、2016～2018 年增长幅度较大，2013～2016 年增长幅度较小，2019～2020 年出现明显的下滑趋势，2020 年下降到 8641 亿图格里克。这一数据可能受到了新冠疫情的影响，因为 2020 年全球多数国家实施了封锁措施，对旅游业和服务业产生了巨大冲击。因此，这一数据可能低于预期。

从蒙古国住宿和餐饮服务业产出的具体划分来看，2010～2022 年，餐饮行业的产出始终高于住宿业，2010 年差距较小，差距最大的年份为 2022 年，2022 年餐饮行业的产出为 10 228 亿图格里克，住宿业的产出为 3826 亿图格里克（图 3-18）。餐饮行业的产出明显高于住宿业，这可能反映了餐饮业的需求普遍较高，以及消费者对于餐饮服务的更大需求。

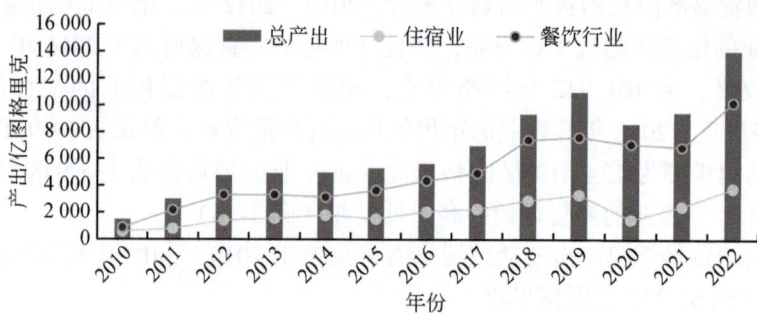

图 3-18　蒙古国住宿和餐饮服务业的总产出变动情况
资料来源：根据《蒙古国统计年鉴》数据整理获得

3.3.4　蒙古国公共服务和设施情况

（1）供水站的分布及数量变动情况

从蒙古国供水站的分布及数量变动情况来看，2010～2019 年，蒙古国供水站总量呈现为稳定增长的趋势，2019 年供水站达到 1958 个（图 3-19）。这表明蒙古国在改善基础设施和公共服务方面取得了进展，特别是在饮用水供应方面。

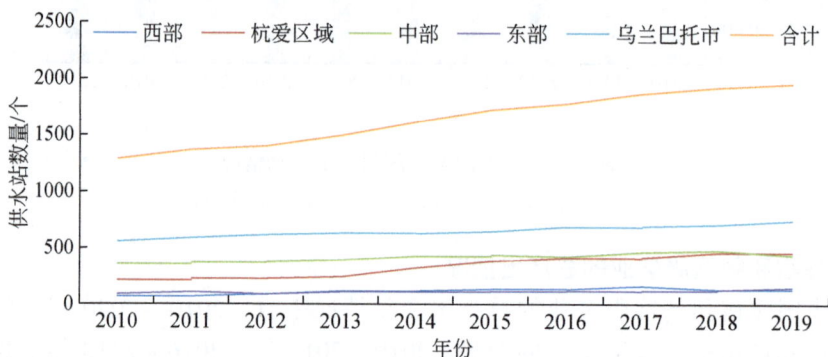

图 3-19　蒙古国供水站的分布及数量变动情况
资料来源：根据《蒙古国统计年鉴》数据整理获得

从供水站的分布区域来看，乌兰巴托市的供水站总数最多，作为蒙古国的首都和最大城市，这与城市的人口密度和服务需求相一致，中部地区数量居于第二位，居于第三位的杭爱区域在 2019 年供水站数量超过了中部地区，2019 年杭爱区域的供水站数量为 471 个，而中部地区为 442 个。西部和东部地区的供水站数量近似，且十年间的变化趋势相似度较高，近乎重合，2017 年西部地区的供水站数量略高于东部地区，此时西部和东部地区的供水站数量分别为 164 个和 121 个，见图 3-19。

为了满足不断增长的人口和城市化需求，蒙古国需要持续投资于供水设施的建设和维护。

（2）水罐车的分布及数量变动情况

从蒙古国 2010～2019 年的水罐车的数量变动来看，水罐车的数量在 2014 年出现下降，此时为 178 个，2015 年再次增加，2019 年达到 228 个。

从水罐车的分布区域来看，乌兰巴托市的水罐车数量最多，且远高于其他地区。2011 年、2014 年、2017 年乌兰巴托市水罐车数量下降，分别为 56 个、58 个、74 个。杭爱区域和中部地区的水罐车数量出现交叉，交叉出现在 2010~2012 年，2012~2019 年，杭爱区域的水罐车数量始终高于中部地区。西部地区的水罐车数量在 2010~2019 年始终最低，2019 年西部地区拥有水罐车数量为 16 个（图 3-20）。

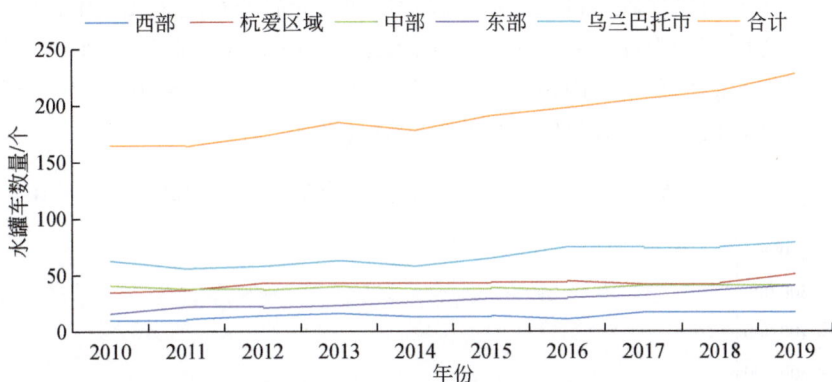

图 3-20 蒙古国水罐车的分布及数量变动情况
资料来源：根据《蒙古国统计年鉴》数据整理获得

（3）澡堂的分布及数量变动情况

从 2010~2019 年的蒙古国澡堂数量变动的情况来看，2016~2017 年下降，2018~2019 年增加，2019 年蒙古国拥有的澡堂数量为 861 个。2015 年蒙古国拥有的澡堂数量最多，此时为 920 个。

从澡堂的分布情况来看，乌兰巴托市拥有的澡堂数量在 2010~2019 年最多，2017 年减少到 260 个，2019 年乌兰巴托市拥有澡堂数量为 278 个。西部、杭爱区域和中部区域澡堂数量在 2010~2019 年出现交叉，东部地区的澡堂拥有量在十年内始终最低，2019 年西部地区澡堂拥有量为 163 个（图 3-21）。

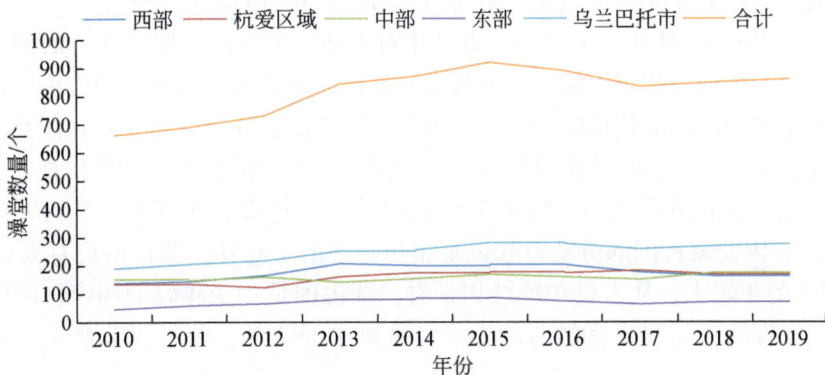

图 3-21 蒙古国澡堂的分布及数量变动情况
资料来源：根据《蒙古国统计年鉴》数据整理获得

（4）水车供水家庭的分布及数量变动情况

从 2010～2019 年的蒙古国水车供水家庭数量变动的情况来看，2010～2019 年缓慢上升，2019～2020 年出现明显的上升趋势，2022 年蒙古国水车供水家庭的数量为 638 275 户。

从水车供水家庭的分布情况来看，乌兰巴托市拥有的水车供水家庭户数在 2010～2019 年最多，变化趋势不明显，2022 年乌兰巴托市拥有的水车供水家庭户数为 206 134 户，这是一个重要的里程碑。这表明水资源管理和供应服务在过去几年中得到了显著改善。西部、杭爱区域和中部区域的水车供水家庭户数在 2010～2019 年平稳增加，东部地区的水车供水家庭户在十年内始终最低，其 2022 年的数量为 58 033 户，这反映了该地区的人口密度较低，且基础设施建设相对滞后（图 3-22）。

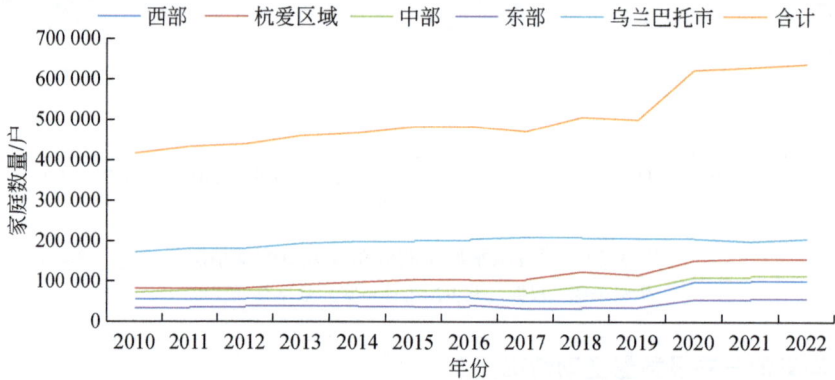

图 3-22　蒙古国水车供水家庭的分布及数量变动情况

资料来源：根据《蒙古国统计年鉴》数据整理获得

3.3.5　蒙古国服务业发展存在的问题

1）服务业的开放程度较低。不论是从对外开放的政府角度，还是对外宣传方面，蒙古国几乎都是依靠国内的服务业推动服务产值的提高，服务业和服务贸易的国际竞争力很低，现有的服务业和服务贸易水平与国际市场存在着较大的差距。

2）蒙古国服务业从业人员的整体质量相对不高。蒙古国在服务业方面的资本要素投入相对欠缺，劳动力相对短缺，缺少从事服务行业的高素质人才。蒙古国国内财务状况不佳，复杂的经济环境使得蒙古国不得不先把经济发展的注意力投入到涉及国计民生的基础产业，服务业发展缺乏相应的资本要素投入。由于蒙古国人口数相对较少，是世界上人口密度最低的国家之一，2019 年蒙古国总人口仅有 320 万人，平均人口密度为 2.04 人／km²，因此蒙古国的劳动力数量是相对匮乏的。此外，蒙古国现有人口中 70% 为 35 岁以下的年轻人，从人口年龄结构来看，蒙古国是一个年轻的国家，所以蒙古国国内很多行业都缺乏经验丰富的劳动力。资本要素的缺乏，使得服务业发展缺乏人才培养。

3.3.6　解决对策

1）扩大服务业整体的对外开放规模。蒙古国应该鼓励企业发展，加大与其他国家间的交流，合作共赢，进一步扩大蒙古国的服务业开放规模。通过将本国服务业与国际市场接轨，从而刺激和鼓励本国的服务企业不断提高核心竞争力，充分参与国际竞争，从而提高蒙古国服务业企业的国际竞争水平，推动蒙古国服务业和服务贸易发展，进而从整体上提高蒙古国的服务业发展水平。

2）加强服务产业的从业人员培训，加大对服务业的资本投入力度。服务业发展对相关产业从业人员的综合素质以及从业技能要求较高，资本的投入又能为相关人员的培养提供资金支持。高素质人才是促进服务业发展、提高服务业发展水平、获得市场竞争力的重要因素，蒙古国若想推动本国服务业实现可持续发展，要加大资金投入，向蒙古国服务产业输入人才，建立服务业的人才储备库，以备未来之需。培训相关从业人员的服务理念，开展相关的从业技能培训，通过在社会生活中的经验积累，培养实践经验，这是推动蒙古国服务业深入发展的重要基石。

3.4　蒙古国教育业发展现状及变化趋势

教育是提高劳动力素质和人才培养的主要途径。教育水平的提升对推动经济发展的重要作用不言而喻。经济与教育的发展是相互促进的，经济发展为教育提供物质基础，教育水平的提高带来劳动力和技术等生产要素的利用效率提升。蒙古国境内教育水平的差异对蒙古国经济发展的影响较大，对蒙古国人才的培养有着强大的推动作用。蒙古国实行国家普及免费普通教育制，受高等教育人口所占比例较高。

3.4.1　蒙古国教育事业的发展史

1921 年前，蒙古国没有正规的学校，广大民众难以受到正规教育。民众接受教育的方式只有宗教熏陶和家庭传授，全国文盲率高达 99.1%。1921 年以后，蒙古向苏联学习，采取各种有力措施，开始建立并努力推动各级各类教育的发展。经过九十年的努力，蒙古国不但建立和发展了多层次、多类型的完整教育体系，而且教育普及率达到了相当的高度，目前全国人口的三分之一为在校学生。

自 1921 年起，蒙古国的教育发展大致经历了四个时期。第一个时期（1921～1939年），是教育体系初步建立的时期。在经济基础和教育基础极其薄弱的情况下，初等教育、中等教育、技术教育、师范教育与全民扫盲教育相继起步并粗具规模。第二个时期（1940～1960 年），是确立完整的教育体系的时期。全民初等教育基本普及，省会城市中等教育大规模发展，蒙古国立大学诞生，技术教育进一步扩张，师范教育协调发展，扫盲教育达到高潮。第三个时期（1961～1989 年），是不断完善教育体系的时期。在苏联教育模式影响下，初等教育、中等教育体系重新调整，高等教育进一步扩充，技术教育、师范教育快速推进，扫盲教育基本终结。第四个时期（1990 年至今），是重新调整和扩展教育体系的时期。初等教育、中等教育经过短暂的曲折而重新崛起，国立、私立高等教育兴盛，师范教育进一步扩充，因高等教育机构增多，中等技术学校逐步减少。

3.4.2　蒙古国教育事业发展的现状特点

（1）幼儿园数量的变动情况

从蒙古国的幼儿园数量变动情况来看，2010～2022年，蒙古国的幼儿园数量整体呈现增长趋势，蒙古国幼儿园数量从2010年的839个达到2022年的1413个，实现了近两倍的增长，这表明蒙古国为了提高教育水平和儿童福祉，显著增加了对学前教育的投资和重视。

从各地区的幼儿园数量变动情况来看，乌兰巴托市的幼儿园数量最多，远远超过蒙古国其他地区，2022年乌兰巴托市幼儿园数量为639个。中部和杭爱区域的幼儿园数量在2010～2022年差距不大（图3-23）。

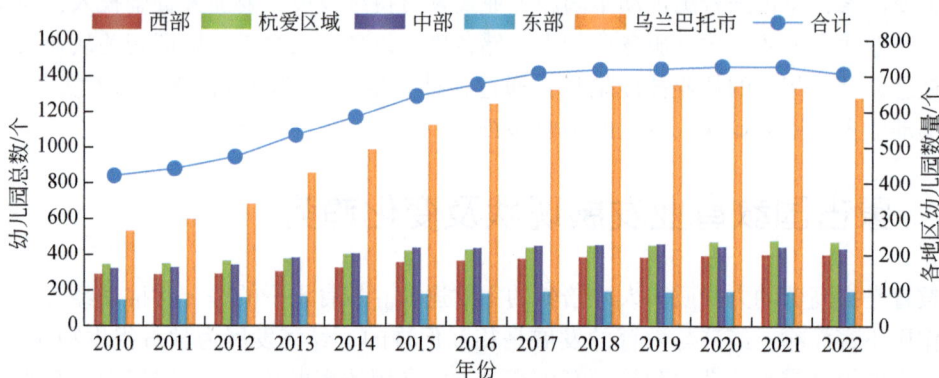

图3-23　蒙古国幼儿园的数量变动情况

资料来源：根据《蒙古国统计年鉴》数据整理获得

（2）中小学数量的变动情况

从2010～2022年的中小学数量的变动情况来看，蒙古国中小学数量保持增长趋势。2022年蒙古国中小学数量为859个。

从各地区的数量分布情况来看，乌兰巴托市中小学数量最多，东部地区数量最少，乌兰巴托市2022年的中小学数量为296个，东部地区2022年中小学数量为70个。数量居于第二位的是杭爱区域，2022年其共有中小学数量为176个。2010～2022年，各地区中小学数量变动幅度不大，总体保持增长趋势（图3-24）。

（3）中小学教师与学生的数量变动情况

从2010～2022年的蒙古国中小学教师与学生的变动情况来看，中小学学生数量和教师数量保持增长趋势，中小学学生数量从2010年的51.22万人增长到2022年的74.64万人，教师数量从2010年的2.6358万人增加到2022年的3.61万人。中小学教师与学生的比例趋势在2010～2013年上升，2014～2022年呈现出下降的趋势，在2022年达到4.8%（图3-25），这可能是由于学生人数的增长速度超过了教师数量的增长速度，师生比例下降。这将对教育质量产生负面影响，因为较低的师生比例意味着教师的工作负担增加，每个学生能够获得的关注和资源减少。

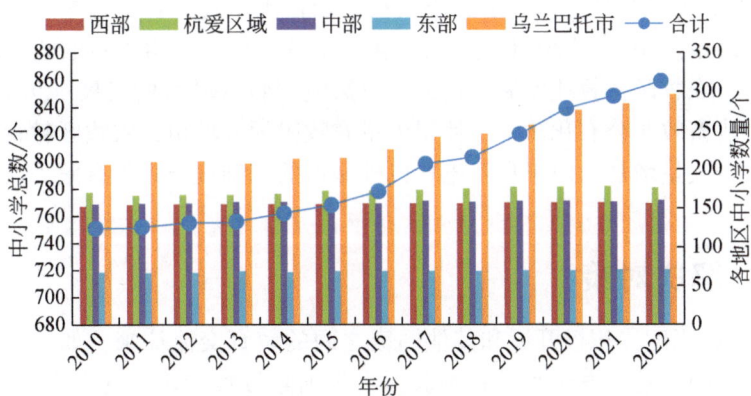

图 3-24　蒙古国中小学的数量变动情况
资料来源：根据《蒙古国统计年鉴》数据整理获得

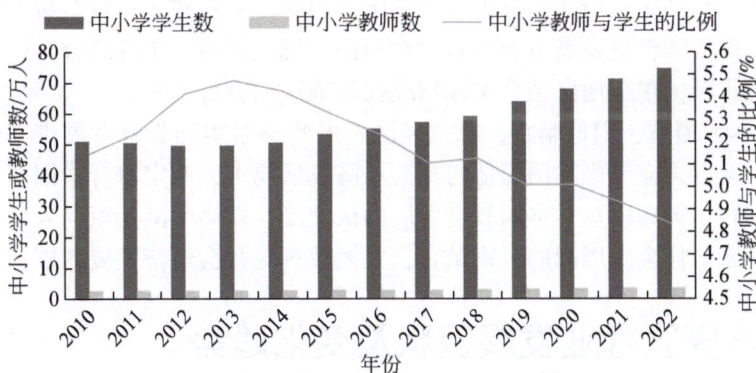

图 3-25　蒙古国中小学教师与学生变动情况
资料来源：根据《蒙古国统计年鉴》数据整理获得

3.4.3　蒙古国教育事业发展中存在的问题

1）教育发展的模式单一。蒙古国教育发展在起步后没有汲取众家之长，而一味跟随苏联教育发展的步伐，采用苏联的教育模式，使得蒙古国教育发展陷入单一的发展模式中。从 1921 年起，随着苏联的教育改革，蒙古国的教育改革也随之不断变化。直到 20 世纪 80 年代后期，伴随蒙古国开放程度的扩大，民众对教育的认识度提高，引发了 90 年代之后各层次教育的重大变革。此时，产生了初等教育基础的产业动摇与重新确立、中等教育崛起与曲折、高等教育的扩展与技术学校的消亡等现象。在这种情况下，蒙古国现有的单一教育模式阻碍了蒙古国教育的发展与进步，寻求新的发展思路，从外国获得经验方法成为蒙古国改革教育模式的选择。

2）地区发展差距大，教师投入数量不足。蒙古国教育事业的发展主要集中分布在乌兰巴托市，东部地区教育投入最少。西部、杭爱区域、中部差距较小，但是幼儿园数量较少。相比于 2010～2022 年波动式增长的中小学学生数，蒙古国教师数量较少，且增长量较小，对蒙古国中小学教育业的发展带来一定的不利影响。

3）经济发展政策与教育发展措施不衔接。蒙古国从建国初期开始，进行了多次的重大经济政策改革。20世纪30年代初公社化政策的出台，使得大量农牧民放弃发展农牧业涌入城市，农牧区畜牧业发展受创，严重影响农牧区教育的发展。20世纪50年代末，蒙古国采取畜牧业公有化政策，使得大量农牧民涌入城市，农牧区教育的发展受到影响，城市人口大量增加，由于乌兰巴托以外城市的基础设施条件有限，城市教育也受到影响。

3.4.4　解决对策

1）扩大开放程度，积极开展和其他国家之间的教育交流往来，如开展线上专家交流大会，学习他国的教育方法和教育经验，走与国际教育接轨的发展之路。开阔视野，学习多国的教学模式，投入教学资金，鼓励邻近国家的优秀教育专家提供帮助，将有利于蒙古国改变原有的教育模式特点，兼收并蓄、博采众长。

2）鉴于蒙古国人口分布的特点，宜采取针对性的地区教育培训方案，以提升教育资源的有效分配与利用。培养一批高水平的师资力量，采用政策和资金援助的方式，鼓励部分年轻人投入到教育发展事业中来，对西部、杭爱区域、中部结合实际情况考虑增加一定量的幼儿园，东部地区结合实际情况提高地区的教育水平。

3）结合本国国情，因地制宜，总结经济发展政策给本国教育发展带来的利弊，开展教育改革。蒙古国应考虑本国国情与社会经济发展要求，制定符合本国国情的教育改革措施，将有利于提高民众对本国教育发展的认同度，提高学龄儿童的入学率，实现蒙古国的教育发展与社会发展间的紧密结合，发挥教育对社会经济发展的推动作用。

3.5　蒙古国医疗业发展现状及变化趋势

3.5.1　蒙古国医疗卫生制度的发展历程

蒙古国医疗卫生制度的建立与发展主要表现为三个阶段：1921～1940年建立蒙古国初期的现代医疗体系；1941～1990年建立社会主义医疗卫生体制；1991年至今，医疗卫生制度从计划经济向市场经济转变，蒙古国医疗卫生体制不断进行结构性调整，推动了蒙古国医疗业的发展。

3.5.2　蒙古国医疗业发展的现状特点

（1）卫生机构数量的变动情况

从蒙古国的卫生机构数量变动来看，2010～2022年，蒙古国国有卫生机构数量变动不大，实现从2010年的391个增加到了2022年的511个。私有卫生机构的数量变动较大，且在数量上远远高于国有卫生机构的数量，实现从2010年的1997个增加到2022年的4487个（图3-26），增长近两倍，私有卫生机构数量的快速增长也可能与公立医疗服务的不充分有关，居民可能寻求私立医疗机构以获得更快捷的服务。

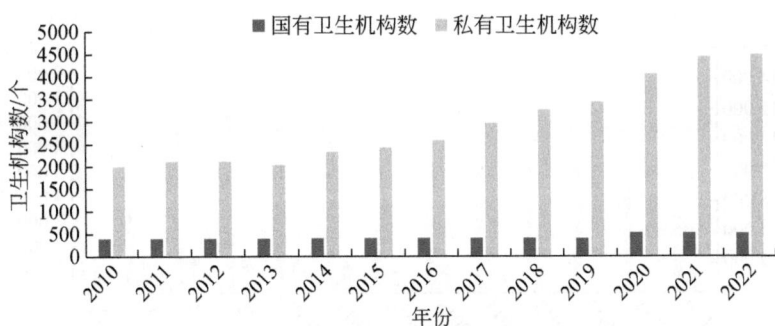

图 3-26　蒙古国卫生机构数量情况

资料来源：根据《蒙古国统计年鉴》数据整理获得

（2）卫生部门支出及卫生组织人员数量的变动情况

从蒙古国卫生部门支出及卫生组织人员的变动情况来看，2010～2022 年，蒙古国卫生部门的支出和卫生组织人员数量均呈现出增长的态势。蒙古国卫生组织人员数呈现出稳定的增长趋势，而卫生部门支出呈现出较大的波动增长。2016 年蒙古国的卫生部门支出达到 101 528.11 亿图格里克，从 2017 年出现小幅度下降，2018～2022 年保持高速增长的趋势，2022 年达到 181 778.015 亿图格里克，相比于 2010 年的卫生部门支出33 309.498 亿图格里克，实现了近六倍的增长。2022 年蒙古国卫生组织人员数实现从2010 年的 39 608 人增加到达到 63 340 人（图 3-27）。

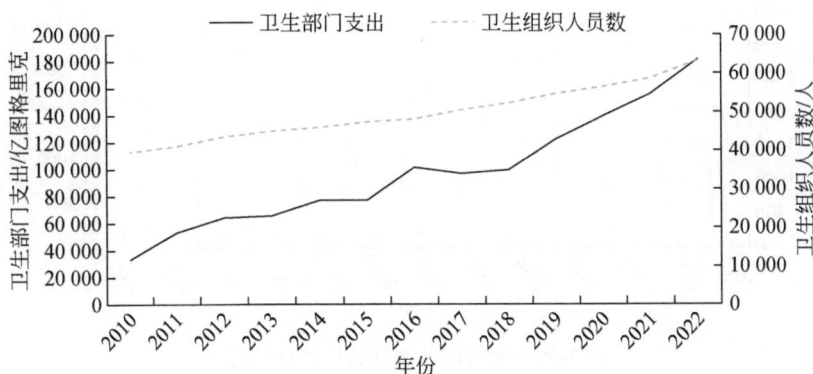

图 3-27　蒙古国卫生部门支出及卫生组织人员情况

资料来源：根据《蒙古国统计年鉴》数据整理获得

（3）医生数量的变动情况

从 2010～2022 年的蒙古国医生数量变动情况来看，医生数量呈现出稳定的增长趋势，实现从 2010 年的 7497 人增加到 2022 年的 13 983 人。杭爱区域和中部地区的医生数量变动差距不大，中部地区的医生数量实现从 2010 年的 958 人增加到 2022 年的 1522人，杭爱区域实现从 2010 年的 935 人增加到 2022 年的 1572 人。乌兰巴托市医生数量远高于蒙古国的其他地区，2022 年医生数量为 9112 人。东部地区的医生数量最少，2022 年东部地区的医生数量为 574 人（图 3-28）。

图 3-28   蒙古国医生数量变动情况

资料来源：根据《蒙古国统计年鉴》数据整理获得

（4）药剂师数量的变动情况

从蒙古国药剂师的数量变动情况来看，2010～2022 年其呈现出波动式的增长趋势，2010～2014 年增加，2015 年下降到 1504 人，2016～2022 年再次增加，2022 年达到 3762 人 。乌兰巴托市的药剂师数量变动情况和蒙古国整体的变动情况相似，2010 年药剂师数量为 925 人，2010～2013 年增长，2014～2015 年下降，2016～2022 年增加，2022 年达到 2645 人。东部地区的药剂师数量最少，2022 年药剂师数量为 103 人（图 3-29）。

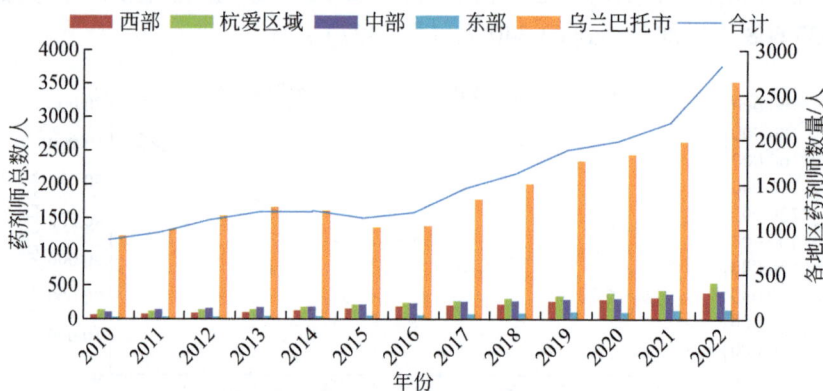

图 3-29   蒙古国药剂师数量变动情况

资料来源：根据《蒙古国统计年鉴》数据整理获得

3.5.3   蒙古国医疗业发展中存在的问题

1）私有卫生机构迅速发展，国有卫生机构发展缓慢。私有卫生机构的迅速发展，占据了蒙古国内大量的医疗服务需求。私有卫生机构的迅速发展使得患者在就医时获得更多选择，但政府尚未建立对私立医疗卫生机构的医疗费用控制机制，且私有医疗卫生机构的医疗服务本身存在质量问题，而国有卫生机构因为发展缓慢、数量出现不断减少的趋势，难以满足国内患者的医疗需求。患者的医疗需求难以得到解决，对于蒙古国目前的医疗卫生体系而言，是蒙古国医疗业发展亟须解决的问题。

2）医疗卫生费用在不断增长。蒙古国医疗卫生采用的药品物资、医疗器械设备等大部分依靠国外进口，医疗卫生服务费用总体较高。蒙古国经济基础较为薄弱，医疗卫生水平落后，伴随人口增长，对住院的需求量日益增加，导致蒙古国医疗保险经费的可持续性面临严峻挑战，加剧了蒙古国医疗卫生保险的负担。

3.5.4　解决对策

1）出台相应政策，对私立医疗卫生机构的医疗费用建立控制机制，加大对国有医疗卫生事业发展的资金投入。通过资金投入的方式，适当增加国有医疗卫生机构的数量，提高医疗卫生水平，为私立医疗卫生机构提供财政补贴，一定程度上可以减少蒙古国国民自身承担的医疗费用。

2）改革完善医疗保险。结合蒙古国国情，逐步完善医疗保险方案，扩大医保覆盖范围，采用以家庭为单位的参保单位，完善相应医疗制度，为农牧民医疗保险基金的建立和筹集提供帮助，建立有针对性的医疗保障制度，优化其国内私有医院与其他治疗中心的管理工作。

3.6　蒙古国文化发展的现状特点及变化趋势

蒙古国有着悠久的历史文化，由于长期保持游牧的生计方式，其文化特点与游牧生活方式相适应，形成了独特的草原文化。

3.6.1　蒙古国文化发展的现状特点

（1）文艺行业员工数量的变动情况

从 2010～2022 年的蒙古国文艺行业员工数量变动情况来看，蒙古国文艺行业的员工数量呈现出波动式的增长趋势，2010～2013 年的员工数量在增加，2014～2015 年文艺行业的员工数量下降，2016 年上升达到 7140 人，2017 年下降，2018～2019 年增加，2022 年蒙古国文艺行业的员工数量为 7305 人（图 3-30）。

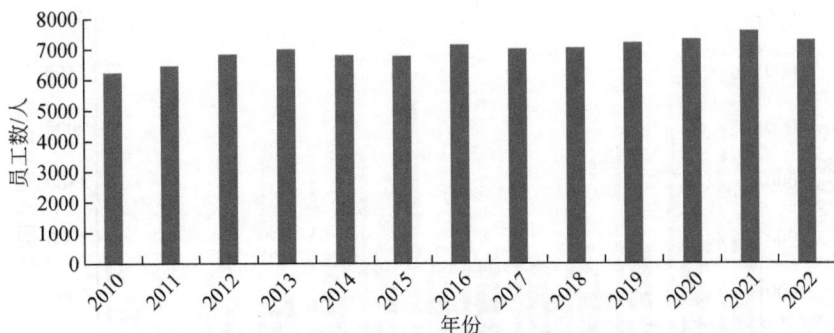

图 3-30　蒙古国文艺行业员工数量情况

资料来源：根据《蒙古国统计年鉴》数据整理获得

（2）文艺表演及观众数量的变动情况

根据 2010～2022 年的蒙古国文艺表演和观众情况，专业艺术和文化表演及活动数量呈现出减少的趋势，而观众人数变化幅度较大，最终呈现出减少的趋势。专业艺术和文化表演及活动数量 2010~2011 年增加，2012~2013 年下降，2014~2016 年增加，2017~2021 年下降，2022 年蒙古国专业艺术和文化表演及活动为 2839 场。观众数量在 2010~2011 年增加，2012 年减少，2013 年增加，2014 年下降，2015 年增加到峰值 464.27 万人，2016 年下降，2017 年增加，2018 年减少，2022 年再次减少到 125.69 万人（图 3-31）。

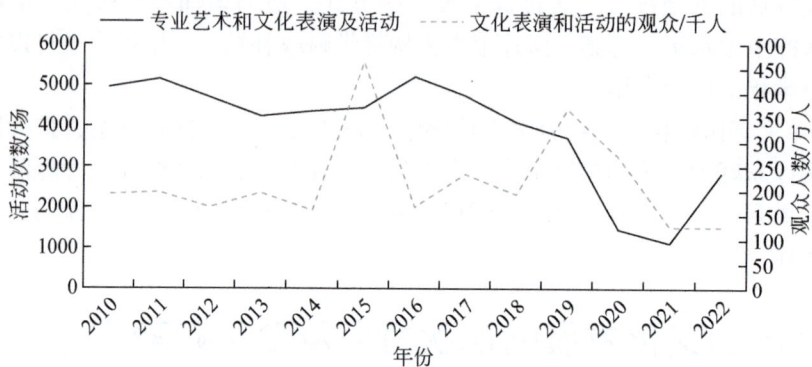

图 3-31　蒙古国文艺表演及观众情况
资料来源：根据《蒙古国统计年鉴》数据整理获得

根据 2010~2022 年的蒙古国各地区的专业艺术和文化表演及活动情况，乌兰巴托市的专业艺术和文化表演及活动次数最高，变动幅度最大，2010~2015 年减少，2015 年为最低点 1479 场，2016 年上升，此时为峰值 2530 场，2017 年下降，2018 年上升，2019 年开始减少，2022 年上升为 1530 场。2022 年专业艺术和文化表演及活动场次数居于第二位的为杭爱区域，此时为 462 场，而中部地区居于第三位，为 377 场。2022 年东部地区的活动场次数最低，为 121 场（图 3-32）。

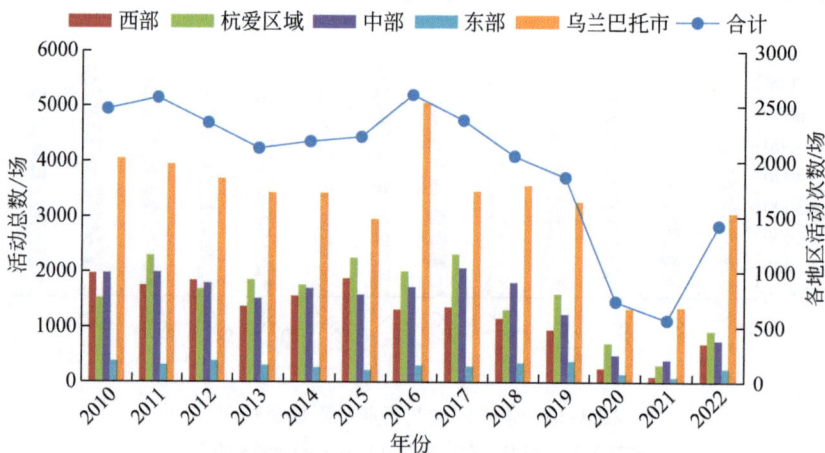

图 3-32　蒙古国专业艺术和文化表演及活动情况
资料来源：根据《蒙古国统计年鉴》数据整理获得

　　根据蒙古国各地区的文化表演和活动的观众人数变动，乌兰巴托市 2010 ~ 2012 年观众人数减少，2012 年为 67.65 万人，2013 年人数增加，2014 年人数减少，2015 年人数增加，此时为峰值 351.1 万人，2016 年下降，2017 年增加，2018 年下降，2019 年增加，2022 年下降为 40.31 万人。中部地区居于第二位，2022 年中部地区的文艺表演活动观众数为 37.19 万人。东部地区的观众数量最少，2022 年为 9.18 万人（图 3-33）。

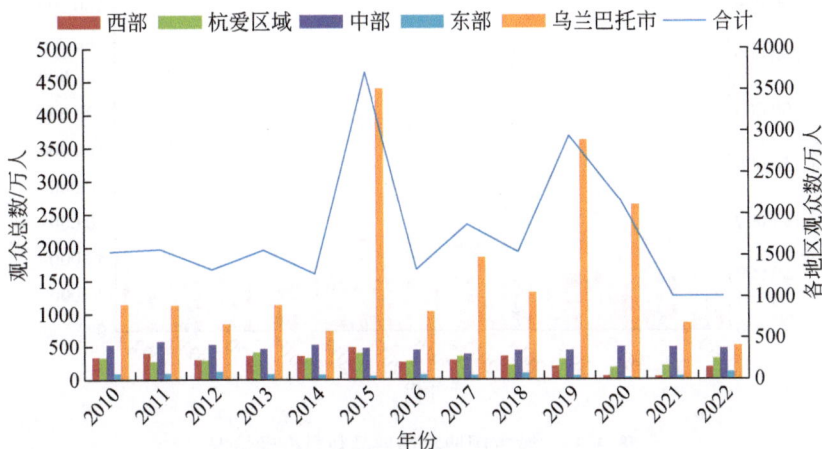

图 3-33　蒙古国文化表演和活动的观众数量情况
资料来源：根据《蒙古国统计年鉴》数据整理获得

(3) 博物馆展品数量及参观人数的变动情况

　　根据 2010 ~ 2022 年蒙古国博物馆的展品数量和参观人数的数量变动来看，博物馆展品的数量在 2010 ~ 2014 年增加，2015 ~ 2022 年逐年波动变化，最终 2022 年增加到249 264 件。博物馆参观人数在 2010 ~ 2022 年的变动幅度较大，2013 年达到峰值，为92.06 万人，2014 ~ 2016 年下降，2018 年增加，2019 ~ 2021 年再次减少，2022 年又增加为 97.28 万人（图 3-34）。

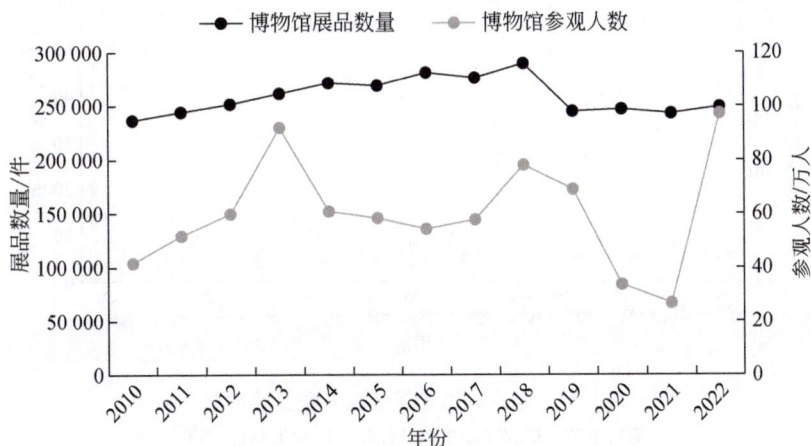

图 3-34　蒙古国博物馆展品数量及参观人数情况变动
资料来源：根据《蒙古国统计年鉴》数据整理获得

根据蒙古国各地区的博物馆展品数量变动情况来看，乌兰巴托市的博物馆展品数量呈现出波动式增加，2022 年乌兰巴托市展品数量为 148 939 件。杭爱区域的展品数量为第二位，2022 年杭爱区域的展品数量为 36 391 件。东部地区的数量最少，2022 年博物馆拥有的展品数量为 9320 件（图 3-35）。

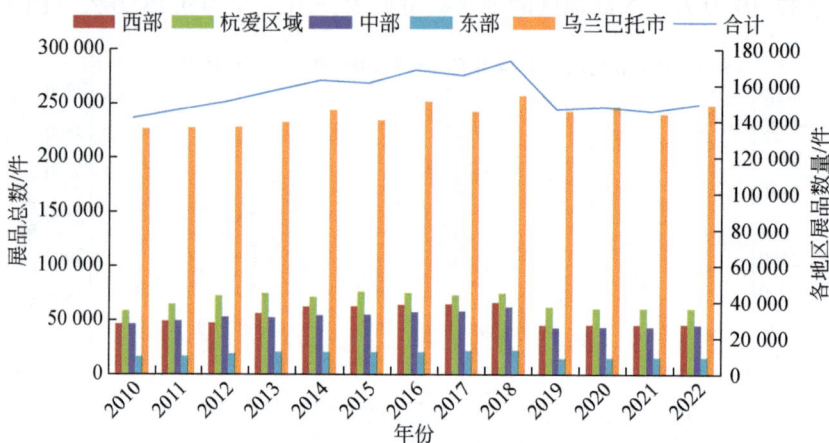

图 3-35　蒙古国博物馆展品数量变动情况

资料来源：根据《蒙古国统计年鉴》数据整理获得

根据 2010～2022 年蒙古国各地区的博物馆参观人数变动情况，可以发现乌兰巴托市博物馆的参观人数呈现出波动式的增长趋势。乌兰巴托市博物馆参观人数在 2010～2013 年保持较高增长态势，2013 年达到峰值，为 59.53 万人。杭爱区域居于第二位，东部地区数量最少，2022 年杭爱区域博物馆参观人数为 17.28 万人，2022 年东部地区博物馆参观人数为 10.05 万人（图 3-36）。

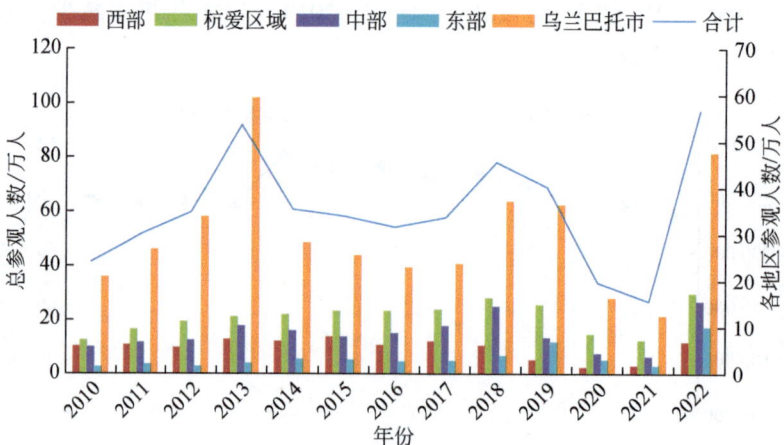

图 3-36　蒙古国博物馆参观人数变动情况

资料来源：根据《蒙古国统计年鉴》数据整理获得

（4）文化中心数量的变动情况

根据 2010～2022 年蒙古国文化中心数量的变动情况来看，蒙古国文化中心的数量整体呈现出增长趋势。2010～2013 年蒙古国文化中心数量在增加，整体变动幅度不大，2022 年实现从 2010 年的 341 个增加到 346 个。从各地区的文化中心数量来看，杭爱区域的文化中心数量最多，2022 年文化中心数量为 101 个，数量上居于第二位的是中部地区，2022 年中部地区文化中心数量为 95 个，居于第三位的是西部地区，2022 年西部地区的文化中心数量为 90 个，乌兰巴托市文化中心数量最少，2022 年文化中心数量仅为 13 个（图 3-37）。

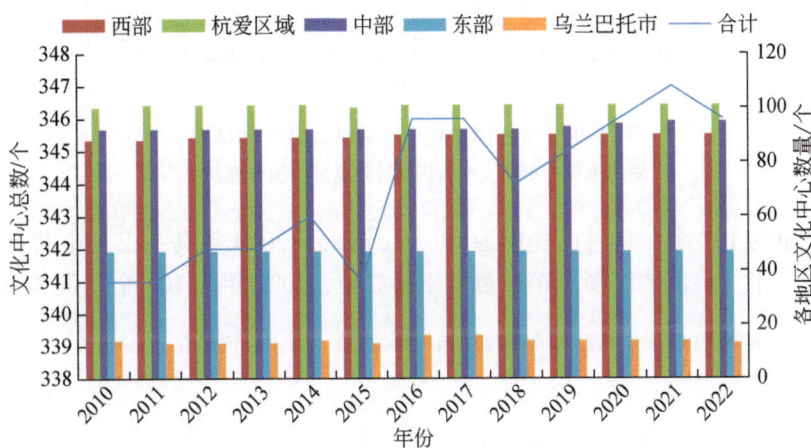

图 3-37　蒙古国文化中心数量变动情况

资料来源：根据《蒙古国统计年鉴》数据整理获得

文化中心数量的地区差异反映了文化资源分配的不均衡。乌兰巴托市作为文化和政治中心，其文化中心数量相对较少，这可能需要政府在未来进行更多的文化投资和资源分配。

（5）文化中心容纳人数的变动情况

根据蒙古国文化中心容纳人数的变动情况来看，2010～2014 年蒙古国文化中心容纳人数逐年增加，2014 年到达顶峰，为 93 037 人，2015～2018 年人数下降，2021 年人数为 91 466 人。杭爱区域的文化中心容纳人数最高，2022 年容纳人数为 23 731 人，东部地区的容纳人数最少，为 11 015 人。乌兰巴托市文化中心的容纳人数呈现出波动式的下降趋势，相比于 2010 年 18 225 人，2022 年容纳人数降为 13 336 人（图 3-38）。

（6）公共图书馆数量的变动情况

根据 2010～2022 年蒙古国公共图书馆的数量变动情况，可以发现蒙古国的图书馆数量整体呈现出下降趋势，相比于 2010 年的 373 个，2022 年蒙古国共有 368 个图书馆，这可能是多种因素造成的，包括政府财政预算的调整、数字化趋势对传统图书馆服务的冲击，以及公众阅读习惯的变化等。

从蒙古国各地区的图书馆数量变动情况来看，杭爱区域的图书馆数量最多，乌兰巴托市的图书馆数量最少，且减少的幅度较大，这样的减少可能与城市化和现代通信技术的发展有关，居民可能更倾向于使用数字媒体进行阅读和获取信息。2022 年杭爱区域

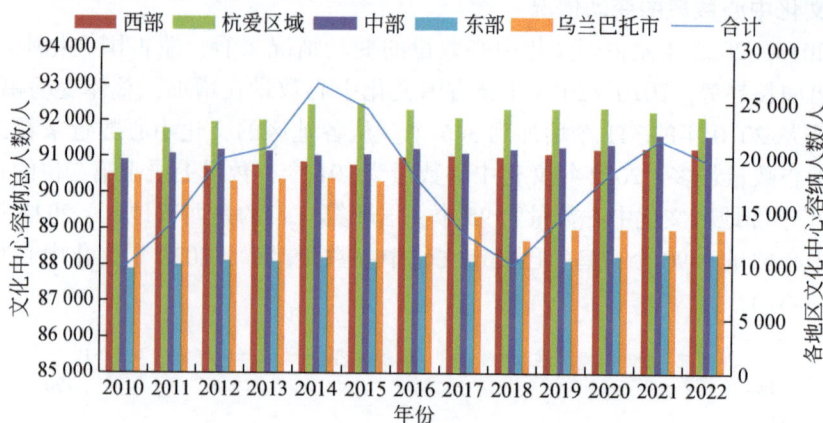

图 3-38　蒙古国文化中心容纳人数变动情况
资料来源：根据《蒙古国统计年鉴》数据整理获得

的图书馆数量为 107 个，乌兰巴托市为 13 个，相比于 2010 年乌兰巴托市共有的 28 个，减小量超过一半。中部地区图书馆数量居于第二位，2022 年为 104 个（图 3-39）。

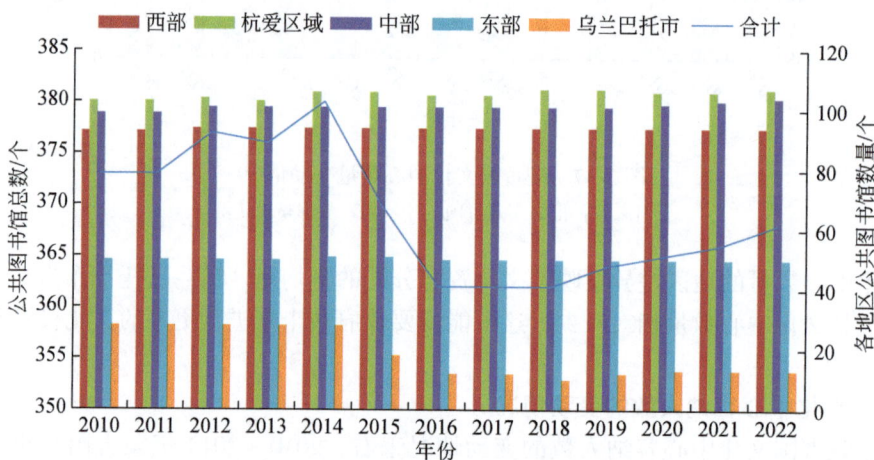

图 3-39　蒙古国公共图书馆数量变动情况
资料来源：根据《蒙古国统计年鉴》数据整理获得

（7）公共图书馆的座位容量的变动情况

根据 2010~2022 年蒙古国公共图书馆的座位容量数量变动情况，可以发现蒙古国图书馆的座位容量波动幅度较大，2010~2012 年增加，2013 年减少，2014 年增加到最大值 10 795 个，2015~2016 年减少，2017 年增加，2018 年下降达到最低值 10 445 个，2019 年增加为 10 592 个。从各地区公共图书馆的座位容量情况看，杭爱区域的容量最大，东部地区的容量最小。中部地区为第二位，第三位为西部地区。2022 年杭爱区域的图书馆座位容量为 3126 个，中部地区为 2673 个，东部地区 1266 个，西部地区为 2161 个。各地区近十年的公共图书馆的座位容量变化不大（图 3-40）。

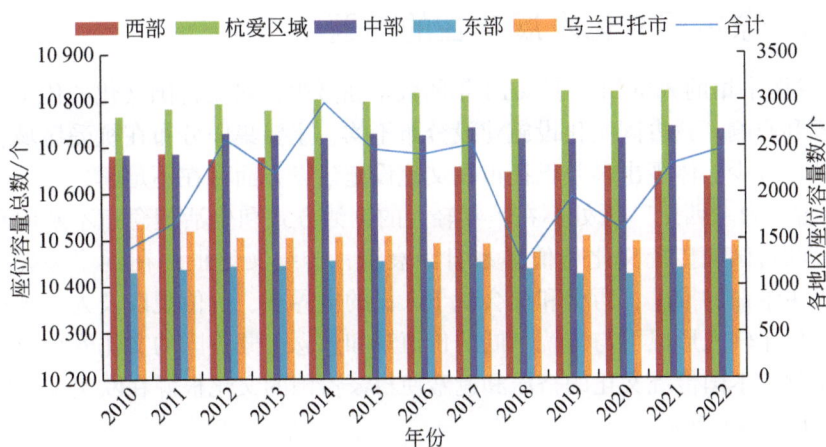

图 3-40　蒙古国公共图书馆的座位容量变动情况

资料来源：根据《蒙古国统计年鉴》数据整理获得

(8) 公共图书馆的注册读者数的变动情况

　　根据 2010～2022 年蒙古国公共图书馆的注册读者数变动情况发现，蒙古国公共图书馆的注册读者数呈现出波动的趋势。2010～2011 年数量减少，2012 年数量增加，2013 年数量减少，2014 年增加，2015～2016 年减少，2017～2019 年数量增加，2020～2021 年数量急剧减少，2022 年数量增加，为 30 628.1 万人。从各地区的公共图书馆注册读者数量变化情况来看，2010～2012 年，乌兰巴托市的读者数量最多，2013 年起，杭爱区域赶超乌兰巴托市，成为公共图书馆注册读者数量最多的区域。2010～2022 年，乌兰巴托市公共图书馆注册读者数量整体呈现出下降趋势，2022 年公共图书馆注册读者数量为 3503.0 万人。杭爱区域整体呈现为上升趋势，2022 年读者数量为 11 970.6 万人。2022 年西部地区的公共图书馆注册读者数量居于第二位，为 7019.4 万人（图 3-41）。

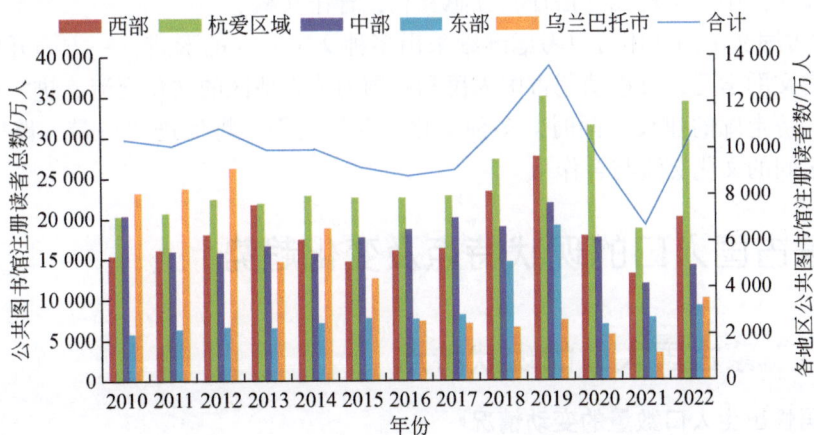

图 3-41　蒙古国公共图书馆的注册读者数变动情况

资料来源：根据《蒙古国统计年鉴》数据整理获得

3.6.2　蒙古国文化发展存在的问题

1）公共图书馆的数量相比于 2010 年的数量在减少，对蒙古国文化的传承与记录带来一定的不利影响。蒙古国文化设施建设分布不均，主要集中分布在杭爱区域，乌兰巴托市分布数量较少，体现出乌兰巴托市在文化设施建设方面存在不足。

2）蒙古国内"西化"无处不在，年轻人的生活方式和生活理念正不断向欧美的同龄人看齐，蒙古国的传统文化价值体系日渐衰退，传统文化根源在逐步丢失。在蒙古国，随着民主革命的推进，历史和社会赋予人民的世界观、价值观以及人生观正在发生变革，新一代年轻人形成了与传统不同的价值观和观念。蒙古国的文化安全形势不容乐观，西方文化对本国传统文化的挤压和遮蔽使得蒙古的文化根源在欧美文化的侵蚀中丢失，"西化"影响深远。

3）蒙古国现有的文字受到欧美文明、苏联文化的影响，呈现出多种文字并存的局面。随着互联网时代的到来和急速发展，以及历史政策因素的影响，拉丁蒙古文成为蒙古国民间日常生活中不可或缺的组成部分，其在网络上使用频率超过西里尔蒙古文。蒙古国国内在推行回鹘式蒙古文，但是西里尔蒙古文通用文对蒙古国民众的影响很深。

3.6.3　解决对策

1）增加图书馆的建设数量，政府投入定量资金，用于图书馆的建设工作，将有利于蒙古国纸质书籍、资料文化的传承与记录。增加乌兰巴托市的文化投入，增加文化中心的建设数量，扩大规模，增加文艺宣传性质的文艺演出次数，将对蒙古国文艺的推广起到一定的作用。

2）蒙古国文化发展应考虑取其精华，去其糟粕，在保留自身优秀传统文化的同时，学习借鉴他国文化的优点与特色，博采众长。例如，借鉴学习中国的优秀传统文化，在广泛的文化交流中，实现相互信任，互惠互利，合作共赢。

3）蒙古国文字的使用可以考虑继续采用多种文字并存的形式，一方面开展对传统回鹘式蒙古文的学习，可推动蒙古国人民和我国内蒙古地区的文化交流，进一步加强中蒙俄国际经济走廊的建设。同时，多种文化并存的局面，将促进"一带一路"共建国家和地区之间的文化交流与合作。

3.7　蒙古国人口的现状特点及变化趋势

3.7.1　蒙古国人口的现状特点

（1）男性出生人口数量的变动情况

从 2010~2022 年的蒙古国男性出生人口数量变动情况来看，蒙古国男性出生人口呈现出波动变化的趋势，2010~2014 年增加，2015~2017 年下降，2019 年上升到 40 096 人。2020~2022 年出现下降的趋势，2022 年下降到 34 326 人，这主要是受到了疫情的影响。从各地区的数量变动情况来看，乌兰巴托市作为蒙古国的首都和最大城市，其男性出生人口数量远高于其他地区，乌兰巴托市男性出生人口数量 2010～2015 年增加，2016～2017 年下降，2019 年增加到 20 973 人，这可能与城市化的推进、医疗资源的集中，以及年轻人口向城市迁移有关。居于第二位的是杭爱区域，杭爱区域男性出生人口数量 2010～2014 年增加，2014 年杭爱区域男性出生人口数为 7365 人，2015～2017 年男性出生人口数量下降，2018～2020 年男性出生人口数量增加，2022 年杭爱区域男性出生人口数为 6264 人。东部地区的男性出生人口数最少，2022 年男性出生人口数为 2365 人（图 3-42）。

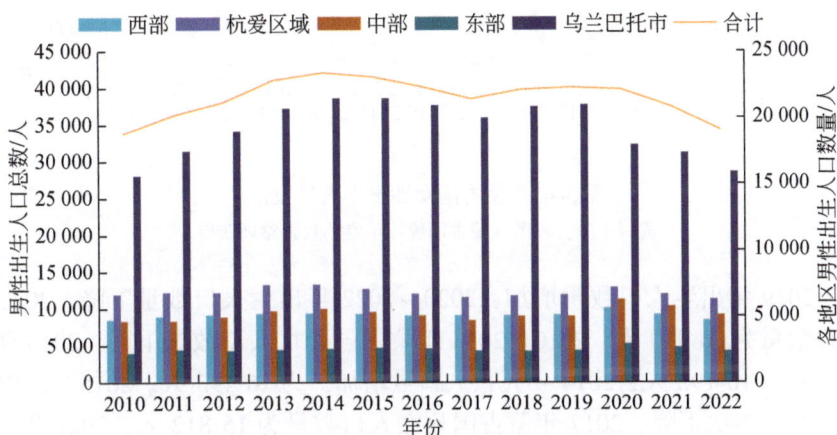

图 3-42　蒙古国男性出生人口数量

资料来源：根据《蒙古国统计年鉴》数据整理获得

（2）女性出生人口数量的变动情况

从 2010～2022 年的蒙古国女性出生人口数来看，2010～2014 年女性出生人口数增加，2014 年蒙古国女性出生人口数达到峰值，为 39 621 人。2015～2017 年人口数减少，2017 年女性出生人口数为 35 790 人，2018～2019 年女性出生人口数量再次增加，2019 年蒙古国女性出生人口数量为 38 124 人。2019～2022 年由于受到新冠疫情的影响，女性出生人口数出现减少的趋势。

从各地区的女性出生人口数量变动来看，2010～2014 年乌兰巴托市女性出生人口数量增加，2014 年达到峰值，女性出生人口数为 20 340 人，2015～2017 年人口数下降，2017 年女性出生人口数下降为 18 418 人。2018～2019 年女性出生人口数量再次增加，2020～2022 年女性人口数量下降，2022 年乌兰巴托市女性出生人口数量为 14 939 人。居于第二位的是杭爱区域，2010～2013 年女性出生人口数增加，2013 年女性出生人口数增加到 7101 人，2014～2019 年女性出生人口数量减少，2020 年女性出生人口数增加，之后 2021～2022 年女性出生人口数再次减少，2022 年杭爱区域的女性出生人口数量为 4950 人。东部地区的女性出生人口数量最少，2022 年女性出生人口数为 2378 人（图 3-43）。

（3）出生和死亡人口数量的变动情况

从 2010～2022 年的蒙古国出生和死亡人口数量来看，出生人口数量 2010～2014 年增加，2014 年蒙古国出生人口数达到峰值，为 81 715 人。2015～2017 年出生人口数下

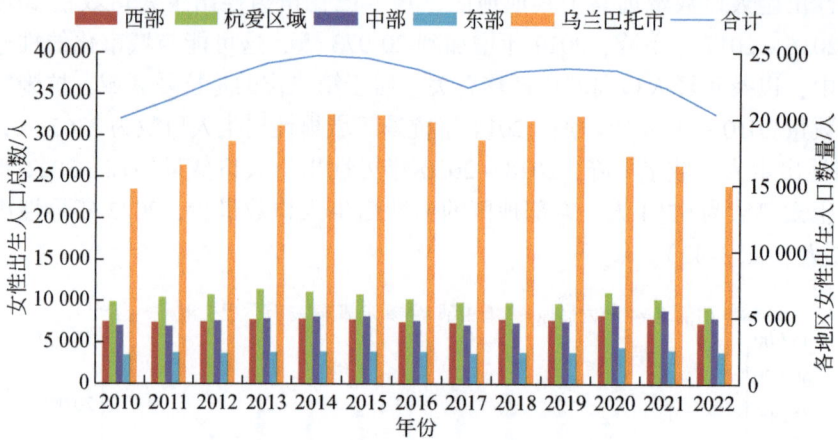

图 3-43　蒙古国女性出生人口数量

资料来源：根据《蒙古国统计年鉴》数据整理获得

降，2018～2019 年出生人口数量增加，2020～2022 年出生人口数量下降，2022 年蒙古国出生人口数量为 66 910 人。2010～2013 年蒙古国死亡人口数量下降，2013 年蒙古国死亡人口数量为 16 192 人，2014 年死亡人口数增加，为 16 495 人。2015～2017 年蒙古国死亡人口数量再次下降，2017 年蒙古国死亡人口数量为 15 812 人，2021 年蒙古国死亡人口数增加，2022 年下降为 19 301 人（图 3-44）。

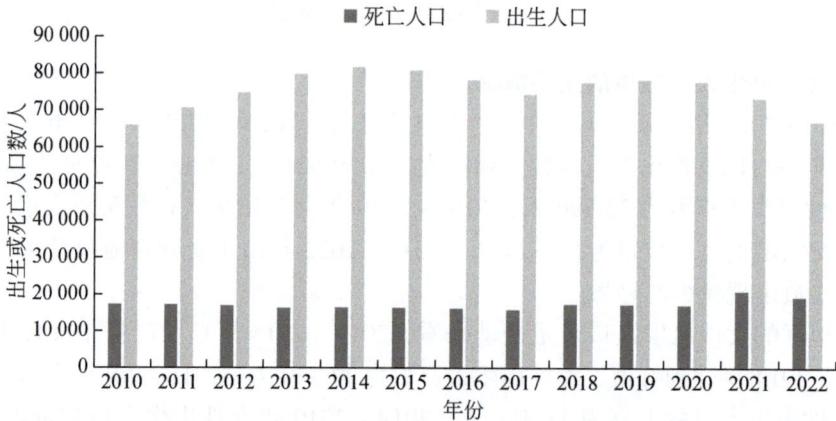

图 3-44　蒙古国出生人口和死亡人口数量情况

资料来源：根据《蒙古国统计年鉴》数据整理获得

3.7.2　蒙古国人口发展存在的问题

1）人口规模小且增长缓慢。蒙古国面积为 156.56 万 km^2，人口稀少，2019 年总人口仅有 320 万人，平均人口密度为 2.04 人/km^2，人口规模小是制约蒙古国社会经济发展的重要因素之一。近年来蒙古国人口增长速度放缓，2019 年年均人口增长率低于 2.2%，蒙古国经济总量小，基础设施和公共服务领域较为落后。

2）新生儿的死亡率偏高，死亡人数较多。蒙古国国土广大，至今仍以游牧经济为主，其国内城市数量少，导致医疗条件的相对落后、医疗体系建立不完善。大型医院的缺乏，使得新出生婴儿的死亡率较高，很多疾病难以得到及时的救治，使得蒙古国人口增长很是缓慢，且从长期的角度来看，也是很难解决的。

3）人口外流。蒙古国虽然长期和平，但是国内经济发展十分缓慢，增速低。由于经济落后，蒙古国内每年有大量人口迁移海外，前往俄罗斯、中国、北美、欧洲等国家和地区。蒙古国大量人口外流，在一定程度上加剧了蒙古国的贫困，劳动力的缺乏一定程度上也限制了蒙古国经济的发展。

3.7.3　解决对策

1）采取鼓励生育的政策，给予经济上的鼓励与支持，结合蒙古国实际情况，继续采取鼓励生育的政策，营造利于人口增长的环境，加大对医疗设施的投入力度，提高医疗水平，降低妇女生育死亡的危险，减少常见疾病引发的人口死亡的可能性，为分娩的妇女提供财政补贴，并适当增加补贴力度，提供相应的假期待遇。

2）积极推动中蒙俄国际经济走廊的建设，加强彼此之间的交流合作，增加就业机会，吸引外来人口的流入，适当放开人口流入政策，彼此之间互惠互通。定期与中国内蒙古地区进行交流沟通，学习中国内蒙古地区的人口政策和经验，将有利于蒙古国制定符合本国国情的人口政策，促进人口增长。

第4章 中国东北三省和内蒙古自治区 社会经济发展

本章以黑龙江、吉林、辽宁、内蒙古四省区为研究区域，基于省级尺度对其四省区的社会经济发展全貌进行梳理分析，以更好地了解其发展现状，为之后的分析以及政策提出奠定基础。

4.1 中国东北三省和内蒙古自治区经济发展水平总体分析

4.1.1 内蒙古自治区经济发展水平分析

从经济规模来看，2015～2022 年内蒙古自治区 GDP 稳定上升，从 2015 年的 12 948.99 亿元上涨到2022 年的 23 388.9 亿元，其中 2021 年度增加近 4000 亿元。社会消费品零售总额在 2015～2022 年维持相对稳定，由 2015 年的 4103.51 亿元上升至 2022 年的4971.4 亿元，可以看到，内蒙古自治区的社会消费品零售总额存在波动，自 2019 年达到峰值后在 5000 亿元左右波动。一般公共预算收入呈现上升趋势，2022 年为 2824.39 亿元，较 2015 年的 1964.48 亿元上升了约 860 亿元，约增加 43.77%，而且一般公共预算收入主要在 2021 和 2022 两个年度出现大规模上升。一般公共预算支出也有显著上升，其中 2022 年较 2021 年增长了约 648 亿元。人均 GDP 在 2015～2022 年稳步上升，内蒙古自治区的人均 GDP 从 2015 年的 52 972 元上涨到 2022 年的 97 433 元，增加了44 461 元，增加幅度明显。从变化的具体状况来看，除 2020 年可能受到新冠疫情影响以外，其余年份人均 GDP 都稳定上升，而 2021 年度内蒙古自治区人均出现大幅上升，当年度增加了 16 497 元（表 4-1、图 4-1）。

表 4-1　2015～2022 年内蒙古自治区经济规模主要指标

年份	GDP/亿元	人均 GDP/元	社会消费品零售总额/亿元	一般公共预算收入/亿元	一般公共预算支出/亿元
2015	12 948.99	52 972	4 103.51	1 964.48	4 252.96
2016	13 789.26	56 560	4 415.88	2 016.43	4 512.71
2017	14 898.05	61 196	4 642.64	1 703.21	4 529.93
2018	16 140.76	66 491	4 852.3	1 857.65	4 831.46
2019	17 212.53	71 170	5 051.1	2 059.69	5 100.91
2020	17 258.04	71 640	4 760.45	2 051.2	5 270.16
2021	21 166	88 137	5 060.31	2 349.95	5 239.57
2022	23 388.9	97 433	4 971.4	2 824.39	5 887.7

资料来源：国家统计局

图 4-1　2015～2022 年内蒙古自治区经济规模主要指标变动情况
资料来源：国家统计局

从经济结构看，内蒙古自治区的第一产业呈现波动状态，2015～2022 年，第一产业比例经历了先下降后略有上升的趋势，比例从 12.6% 降至 2019 年的 10.8%，随后在 2020年略微回升至 11.7%，最终在 2022 年稳定在 11.5%。第二产业比例在 2015～2018 年持续下降，从 40.7% 降至 39.2%，之后在 2019 年和 2020 年保持相对稳定。然而，从 2021 年开始，第二产业比例显著上升至 45.7%，并在 2022 年进一步升至 48.5%。这种上升趋势可能反映了内蒙古自治区在工业化、基础设施建设或资源开发等方面加大了力度，尤其是在能源、矿产资源丰富的背景下，这些领域的投资和生产活动可能有所增加。第三产业比例在 2015～2018 年逐年上升，从 46.7% 增加至 49.9%，显示出服务业的持续增长和经济结构的优化。然而，从 2020 年开始，第三产业比例略有下降，2020年降至 48.8%，然后在 2021 年和 2022 年继续下降至 43.5% 和 40.0%。这可能意味着在特定年份内，内蒙古自治区经济增长动力从服务业转向了第二产业，或是外部环境变化、政策调整等因素影响了服务业的发展速度（表 4-2、图 4-2）。

表 4-2　2015～2022 年内蒙古自治区经济结构主要指标　　　　（单位：%）

年份	第一产业增加值占 GDP 比例	第二产业增加值占 GDP 比例	第三产业增加值占 GDP 比例
2015	12.6	40.7	46.7
2016	12	40.5	47.5
2017	11.1	39.4	49.5
2018	10.9	39.2	49.9
2019	10.8	39.3	49.9
2020	11.7	39.5	48.8

年份	第一产业增加值 占 GDP 比例	第二产业增加值 占 GDP 比例	第三产业增加值 占 GDP 比例
2021	10.8	45.7	43.5
2022	11.5	48.5	40.0

资料来源：国家统计局

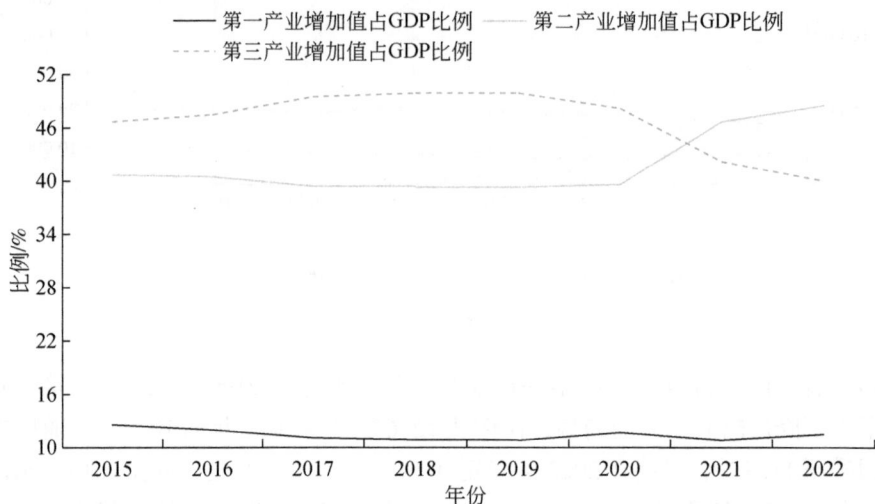

图 4-2　2015～2022 年内蒙古自治区 2015～2022 年经济结构主要指标变动情况

资料来源：国家统计局

从经济增长速度来看，2020～2021 年，内蒙古自治区的各项指标增长率都显著提升。但是，外贸进出口总额增长率、规模以上工业增加值增长率以及一般公共预算收入增长率呈现较大的波动。2015～2017 年，GDP 增长率逐渐下滑，从 7.70% 降至 4.00%，紧接着稳定在 5% 左右，2020 年受新冠疫情严重影响，GDP 增长率骤降至 0.20%。2021 年经济强劲反弹，GDP 增长率回升至 6.70%。一般公共预算收入增长率波动较大，2017 年出现大幅下滑（-15.53%），之后几年有所恢复，特别是 2021 年增长到 14.56%。一般公共预算支出增长率在 2021 年出现了罕见的负增长（-0.58%），这可能与财政紧缩政策或结构调整有关。2015～2016 年，规模以上工业增加值增长率增长缓慢，2017 年大幅回升至 7.23%，体现了产业结构调整的初步成效。2020 年受疫情冲击，增长率仅为 2.55%，但 2021 年实现了惊人的 50.85% 增长率，显示了强劲的复苏和可能的基数效应。2022 年，规模以上工业增加值增长率继续保持较快增长，增长率达到 15.60%。消费市场在 2018 年之前较为活跃，之后全社会消费品零售额增长率逐渐下降，2020 年受新冠疫情打击严重，出现负增长（-5.80%）。2021 年虽有回升，但 2022 年再次下滑至 -1.80%，表明消费复苏面临挑战。外贸在 2016 年和 2020 年遭遇负增长，尤其是 2020 年受全球新冠疫情和贸易环境影响显著。但 2021 年和 2022 年，外贸进出口总额增长率分别达到了 17.29% 和 21.84%。综合来看，内蒙古自治区经济在过去几年中经历了从放缓到疫情冲击，再到逐步复苏的过程，其中 2021 年表现出明显的复苏势头（图 4-3）。

图 4-3　2015～2022 年内蒙古自治区经济增长速度主要指标变动情况
资料来源：国家统计局

从经济活力来看，内蒙古自治区规模以上工业企业 R&D 经费支出总体呈现波动上升趋势（图 4-4），经费从 2015 年的 1 186 260.5 万元增加到 2022 年的 1 708 541 万元，增长约 44.03%。这表明企业对研发的投入持续增加，尽管期间（如 2017 年）有轻微下滑，但长期看研发投入保持强劲增长。规模以上工业企业 R&D 项目数从 2015 年的 1801 项增加到 2021 年的 3750 项，增长超过一倍，显示出企业不仅在研发资金上加大投入，同时也在拓展研发项目的广度和深度，创新活动活跃。国内专利申请受理量增长显著，从 2015 年的 2585 项增长到 2022 年的 9065 项，增长接近 3.5 倍。这一数据直接反映了研发活动的成果转换能力增强，企业的技术创新产出效率提升明显。这些数据显示

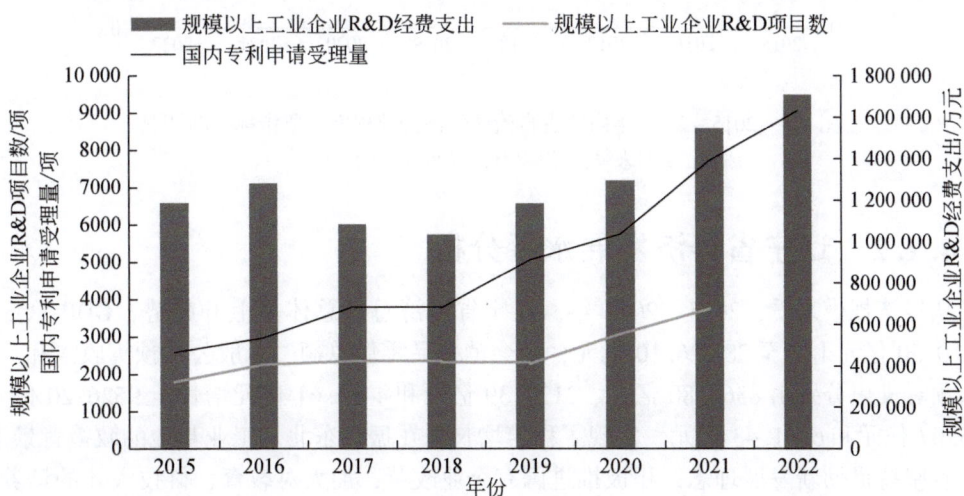

图 4-4　2015～2022 年内蒙古自治区经济活力主要指标变动情况
资料来源：国家统计局

了内蒙古自治区企业在推动科技创新方面取得了积极进展。随着 R&D 经费的持续增长和项目数量的增加，企业的研发能力和技术水平在不断提升，这对提升地区乃至国家的产业竞争力具有重要意义。

从经济开放程度来看，2015～2019 年，外贸进出口总额持续增长，从 7 925 407 万元增长到 10 977 989 万元，显示出较强的对外贸易活力。尽管 2020 年受全球新冠疫情的影响，外贸进出口总额略有下滑至 10 516 252 万元，但随后两年迅速反弹并突破新高，2021 年达到 12 364 898 万元，2022 年更是增至 15 243 696 万元，显示出强大的恢复力和增长潜力。2020 年的数据受全球新冠疫情冲击明显，但随后两年的快速回升，尤其是 2022 年相比 2019 年增长了约 38.86%，表明内蒙古自治区在应对国际贸易挑战和恢复经济活动方面取得了一定成效。2015～2019 年，旅游外汇收入稳步增长，从 96 249 万美元增长至 134 009 万美元，显示出内蒙古旅游业的国际吸引力在增强。然而，2020 年受全球新冠疫情影响，旅游外汇收入急剧下降至仅 3401 万美元，显示出疫情对国际旅游业的重创（图 4-5）。

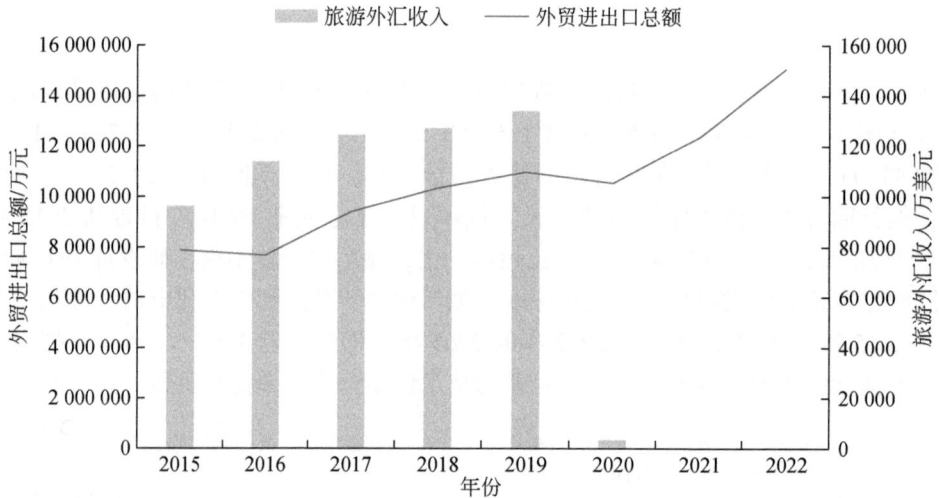

图 4-5　2015～2022 年内蒙古自治区经济开放程度主要指标变动情况
资料来源：国家统计局（2016～2023 年）

4.1.2　辽宁省经济发展水平分析

从经济规模来看，2015～2022 年，辽宁省经济总量总体呈上升趋势，GDP 总量由 20 210.30 亿元上升至 28 826.10 亿元，社会消费品零售总额、一般公共预算收入和一般公共预算支出分别由 8364.80 亿元、2127.39 亿元和 4481.61 亿元增长至 9526.20 亿元、2525.07 亿元和 6261.43 亿元，实现了稳定增长。在振兴东北老工业基地的政策背景下，辽宁省坚持贯彻新发展理念，积极推进国有企业改革，加大对教育、科技人才的培养和投入，鼓励发展新兴产业，经济总量总体呈现上升趋势。2019～2020 年疫情期间辽宁实体经济受重创，经济总量呈轻微下降（图 4-6、表 4-3）。

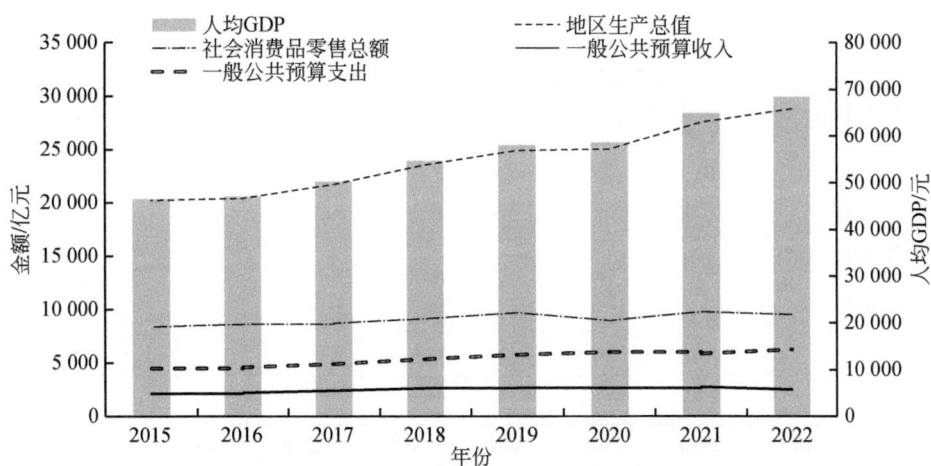

图 4-6　2015～2022 年辽宁省经济规模主要指标变动情况
资料来源：国家统计局

表 4-3　2015～2022 年辽宁省经济规模主要指标

年份	GDP/亿元	人均 GDP/元	社会消费品 零售总额/亿元	一般公共预算 收入/亿元	一般公共预算 支出/亿元
2015	20 210.30	46 482.00	8 364.80	2 127.39	4 481.61
2016	20 392.50	47 069.00	8 597.10	2 200.49	4 577.47
2017	21 693.00	50 221.00	8 696.40	2 392.77	4 879.42
2018	23 510.50	54 657.00	9 112.80	2 616.08	5 337.72
2019	24 855.30	58 019.00	9 670.60	2 652.40	5 745.09
2020	25 011.40	58 629.00	8 960.90	2 655.75	6 014.17
2021	27 569.50	64 992.00	9 783.90	2 765.59	5 879.21
2022	28 826.10	68 422.00	9 526.20	2 525.07	6 261.43

资料来源：国家统计局

　　从经济结构看，2015～2022 年辽宁省第一产业增加值占 GDP 的比例基本在 9% 徘徊，在 2015 年为 10.16%，2022 年维持在 9.01%；辽宁省第二产业增加值占 GDP 的比例总体呈现下降趋势，从 2015 年的 41.29% 下降至 2022 年的 39.42%；第三产业增加值占 GDP 的比例有所上升，从 2015 年的 48.55% 稳步提升至 2018 年的 51.57%，总体来看辽宁省的第二产业发展缓慢，第三产业发展势头良好。辽宁省作为东北地区老工业基地之一，在工业化过程中的问题不断凸显，传统的资源密集型生产经营方式的产业优势在逐渐减弱。近些年，辽宁省致力于产业结构转型升级，淘汰落后产能，鼓励发展新兴工业和第三产业（图 4-7、表 4-4）。

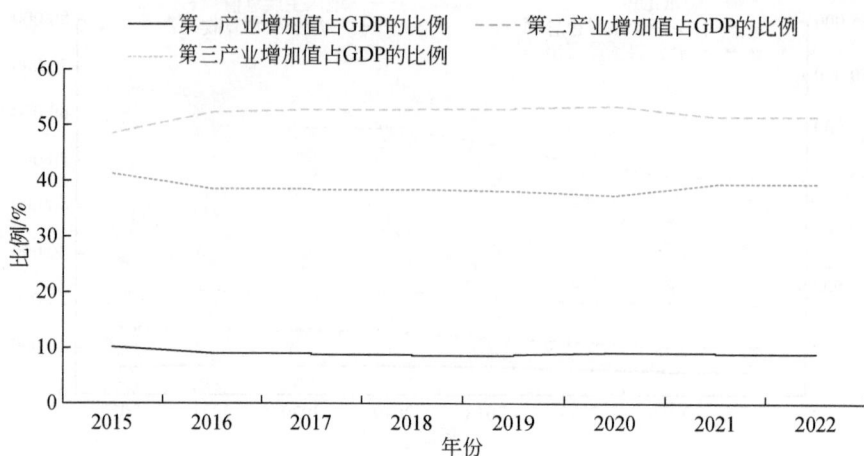

图 4-7 2015~2022 年辽宁省经济结构主要指标变动情况

资料来源：国家统计局

表 4-4 2015~2022 年辽宁省经济结构主要指标 （单位：%）

年份	第一产业增加值 占 GDP 比例	第二产业增加值 占 GDP 比例	第三产业增加值 占 GDP 比例
2015	10.16	41.29	48.55
2016	9.03	38.57	52.40
2017	8.77	38.39	52.84
2018	8.59	38.49	52.92
2019	8.76	38.12	53.11
2020	9.14	37.41	53.45
2021	8.93	39.48	51.59
2022	9.01	39.42	51.57

资料来源：国家统计局

从经济增长速度来看，2015~2022 年，辽宁省 GDP 增长率、规模以上工业增加值增长率、一般公共预算收入增长率和一般公共预算支出增长率总体呈先上升后下降的趋势。其中，2015~2018 年，辽宁省 GDP 增长率、规模以上工业增加值增长率、一般公共预算收入增长率和一般公共预算支出增长率均呈现上升趋势，GDP 增长率从 2015 年的 0.92% 上升至 2018 年的 8.38%，规模以上工业增加值增长率从 2015 的 -8.91% 上升至 2018 年的 9.80%，一般公共预算收入增长率从 2015 的 -33.37% 上升至 2018 年的 9.33%，一般公共预算支出增长率从 2015 的 -11.79% 上升至 2018 年的 9.39%。2018~2020 年，受疫情因素影响，国民经济整体增速放缓，四项经济指标均有所下降，于 2020 年分别降至 0.63%、-1.82%、0.13% 和 4.68%。2020~2022 年，除一般公共预算支出增长率外，其他三项指标均呈现先上升后下降的趋势（图4-8）。

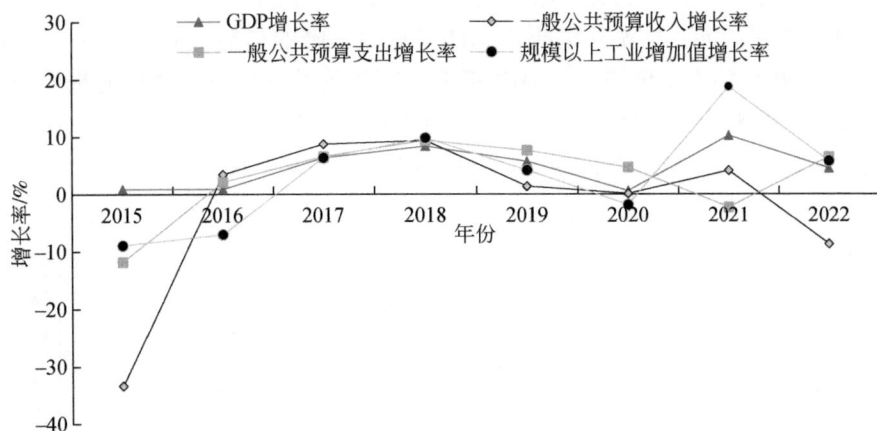

图 4-8　2015～2022 年辽宁省经济增长速度主要指标变动情况
资料来源：国家统计局

　　从经济活力来看，辽宁省规模以上工业企业 R&D 经费支出逐年增加，从 2015 年的 2 418 803 万元增加到 2021 年的 3 756 732 万元，年均增速为 6.49%。国内专利申请受理量在 2015～2021 年稳中有升（图4-9）。自"十三五"时期，辽宁省深入实施创新驱动发展战略，加快推进高水平创新型省份建设，科技创新实力稳步提升，省级科技创新基地建设发展体系初步形成。在此基础上，基于"十四五"国家科技创新部署和《辽宁省国民经济和社会发展第十四个五年规划及二〇三五年远景目标纲要》，辽宁省提出 2025 年初步建成具有全国影响力的区域科技创新中心的发展目标。

图 4-9　2015～2021 年辽宁省经济活力主要指标变动情况
资料来源：国家统计局

从经济开放程度来看，2015～2020 年，辽宁省外贸进出口总额总体呈现先上升后下降的态势，从 2015 年的 959.5 亿美元增长至 2018 年的 1146 亿美元，最后下降至 2020 年的 948.3 亿美元；旅游外汇收入总体呈现出下降的趋势，从 2015 年的 16.37 亿美元下降至 2020 年的 1.2 亿美元，2019 年为辽宁省旅游外汇收入骤减的重要节点，在全球新冠疫情的影响下，全球范围经济下行趋势明显，人民消费能力受限，对旅游业的冲击则更为明显，辽宁省旅游外汇收入同样受此冲击（图 4-10）。

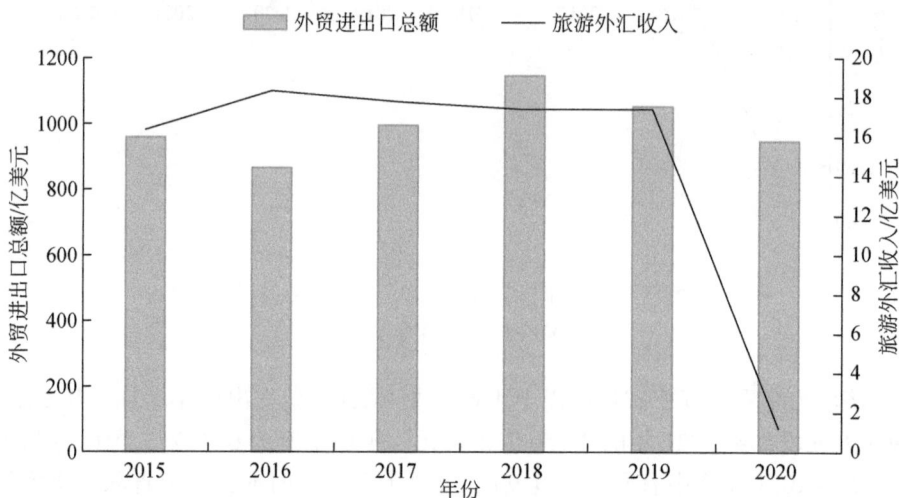

图 4-10　2015～2020 年辽宁省经济开放程度主要指标变动情况

资料来源：国家统计局

4.1.3　吉林省经济发展水平分析

从经济规模来看，2015～2022 年吉林省经济总量不断扩大，GDP 由 2015 年的 10 018 亿元提高到 2022 年的 12 818.1 亿元；人均 GDP 总体呈现增长趋势，发展态势好。社会消费品零售总额 2015～2019 年呈增长趋势，2020～2022 年小幅波动，随着经济的稳定增长、居民收入的提高，以及电子商务和零售技术的快速发展，消费市场不断活跃，居民消费能力不断提升。地方财政一般预算收入呈轻微波动下降趋势；地方财政一般预算支出 2015～2020 年呈增长趋势，2021 年下降，2022 年回升。新冠疫情对众多企业产生了较大的冲击，为了刺激因疫情而受阻的经济恢复，响应居民和企业在疫情后复苏中的需求，政府实施了减税降费等众多政策（表 4-5、图 4-11）。

表 4-5　2015～2022 年吉林省经济规模主要指标

年份	人均 GDP/元	GDP/亿元	社会消费品零售总额/亿元	地方财政一般预算收入/亿元	地方财政一般预算支出/亿元
2015	38 128	10 018	3 571.73	1 229.35	3 217.10
2016	40 259	10 427	3 812.89	1 263.78	3 586.09
2017	42 890	10 922	3 992.28	1 210.91	3 725.72
2018	44 925	11 253.8	4 073.79	1 240.89	3 789.59

续表

年份	人均 GDP/元	GDP/亿元	社会消费品零售 总额/亿元	地方财政一般 预算收入/亿元	地方财政一般 预算支出/亿元
2019	47 554	11 726.8	4 212.93	1 116.95	3 933.42
2020	50 561	12 256	3 823.95	1 085.02	4 127.17
2021	55 148	13 163.8	4 216.63	1 143.98	3 696.84
2022	54 279	12 818.1	3 807.73	851.00	4 044.01

资料来源：国家统计局官网、吉林统计年鉴（2016～2023 年）

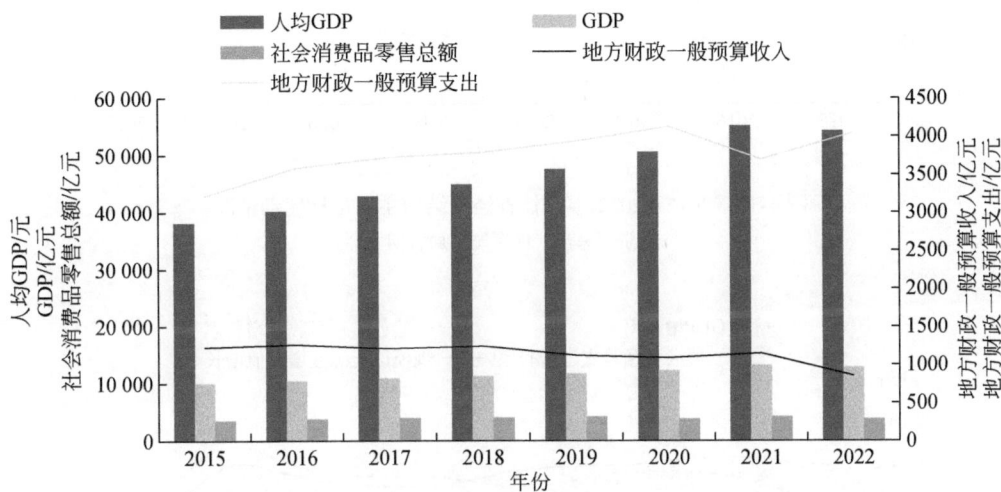

图 4-11　2015～2022 年吉林省经济规模主要指标变动情况

资料来源：国家统计局官网、吉林统计年鉴（2016～2023 年）

从经济结构看，2015～2022 年吉林省第一产业增加值占 GDP 的比例呈现先下降后上升的趋势，在 2015 年为 12.68%，2017 年下降至 10.03%，2022 年回升到 13.18%；吉林省第二产业增加值占 GDP 的比例呈现下降趋势，从 2015 年的 38.31% 下降至 2022 年的 34.09%。第三产业增加值占 GDP 的比例整体呈上升趋势，2015 年为 49.01%，2022 年为 52.73%。总体来看，吉林省的产业结构为"三二一"，且第三产业发展势头良好，随着信息技术的持续进步，尤其是互联网、大数据、人工智能和云计算的广泛应用，服务业的运营模式和服务模式发生了根本性变革，不仅提升了服务效率，还拓宽了服务的范围，使得远程医疗、在线教育、金融科技和电子商务等新兴领域得到了迅猛发展（图 4-12）。

从经济增长速度来看，2015～2022 年，吉林省 GDP 增长率呈现波动下降趋势，2022 年大幅下降至 -2.63%，增长速度放缓；一般公共预算收入增长率持续大幅波动，2022 年降到 -25.61%；一般公共预算支出增长率波动下降，2022 年又大幅回升至 9.39%；规模以上工业增加值增长率呈现波动下降趋势，2022 年大幅下降至 -6.4%。经济增长速度变缓（图 4-13）。

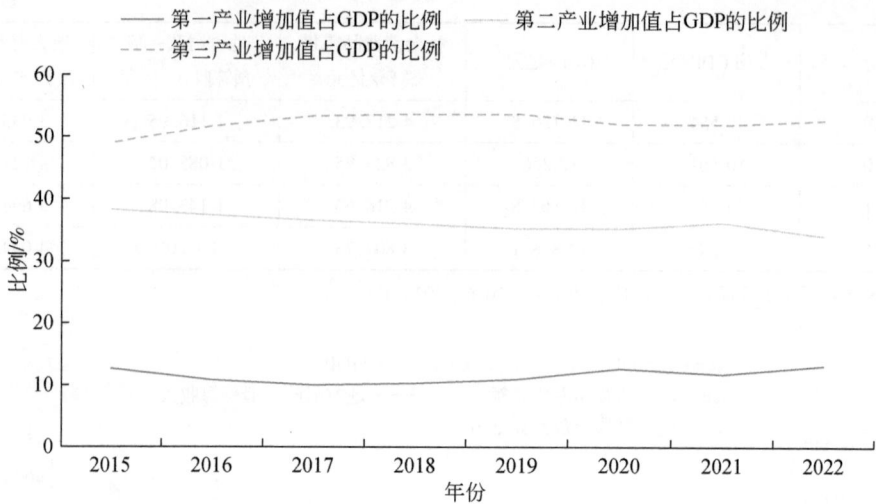

图 4-12　2015～2022 年吉林省经济结构主要指标变动情况
资料来源：国家统计局官网

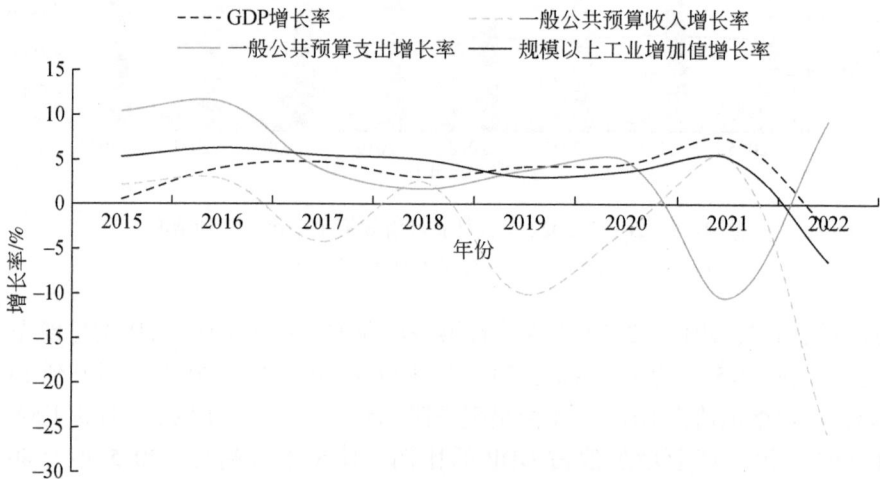

图 4-13　2015～2022 年吉林省经济增长速度主要指标变动情况
资料来源：国家统计局官网、吉林统计年鉴（2016～2023 年）

从经济活力来看，2015～2021 年，吉林省规模以上工业企业 R&D 经费支出在 2016 年上升，但是在 2017～2018 年下降，2019～2021 年逐年增加，2021 年为 858 433 万元；规模以上工业企业 R&D 项目（课题）数在 2015～2017 年逐步增加，2018 年数量有所下降，2019～2021 年又呈上升趋势；国内专利申请受理量则在 2015～2021 年中稳中有升，从 14 800 件增加到 38 807 件（图 4-14）。近年来，吉林省加大对科技创新平台建设的支持，支持新型研发机构发展，以科技创新推动高质量发展。

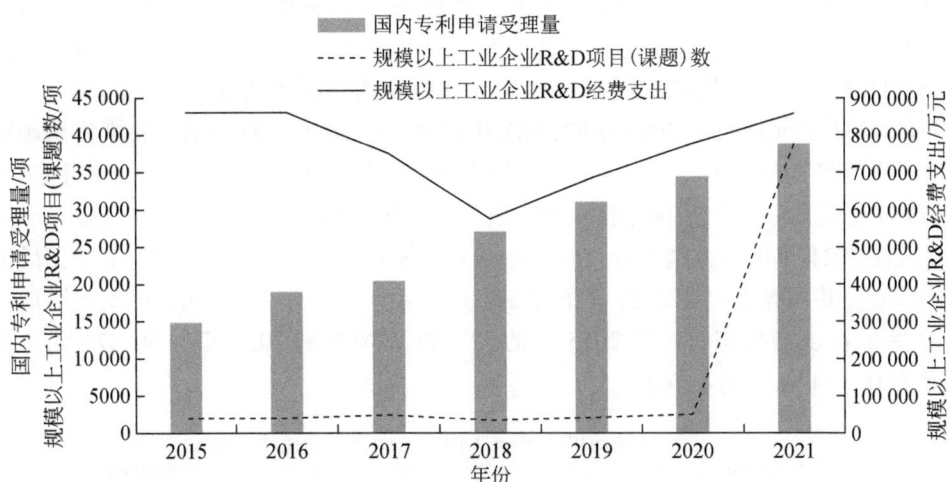

图 4-14　2015~2021 年吉林省经济活力主要指标变动情况

资料来源：国家统计局官网

从经济开放程度来看，2015~2022 年，吉林省外贸进出口总额总体呈现波动上升的态势；旅游外汇收入在 2016 年上升，2017~2019 年持续下降，从 2015 年的 7.6579 亿美元下降至 2019 年的 6.1496 亿美元，疫情导致的国际边境封闭和物流限制对进出口贸易产生了巨大的影响，随着疫情的全球蔓延，国际旅行也几乎完全停滞。疫情后，进出口贸易逐步恢复，政府出台众多政策鼓励开放发展，经济开放程度不断提高（图 4-15）。

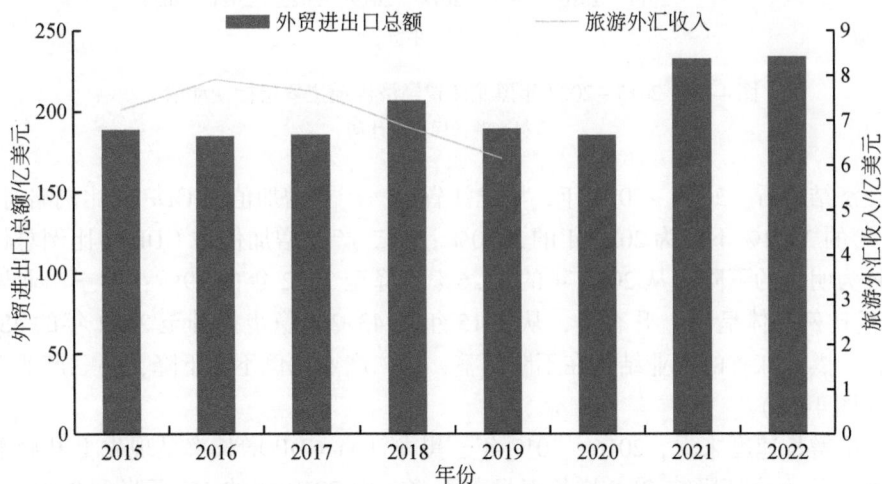

图 4-15　2015~2022 年吉林省经济开放程度主要指标变动情况

资料来源：吉林统计年鉴（2016~2023 年）

4.1.4　黑龙江省经济发展水平分析

黑龙江省不仅是我国优质商品粮生产基地，同时作为向北开放的桥头堡与新高地，是与欧洲和东北亚联通的主要通道，具有对俄进行经贸的优势条件。依托资源和区位优势，黑龙江省经济总量不断扩大，经济发展质量正在不断提高。从经济规模来看，2015～2022 年，黑龙江省经济总量不断扩大，GDP 由 2015 年 11 690.0 亿元增长到 2022 年的 15 831.5 亿元，增长额达到 4141.5 亿元；社会消费品零售总额呈现波动上升，从 2015 年的 4471 亿元增长到 2019 年的 5603.9 亿元，自 2019 后社会消费品零售总额绝对值出现下降趋势，2022 年为 5210 亿元，较 2019 年减少 393.9 亿元，但总体上较 2015 年上涨 739 亿元。一般公共预算收入和一般公共预算支出稳步增长，黑龙江省一般公共预算收入在 2021 年出现大幅上升，较上年增长 148 亿元，是 2015～2022 年增长最多的一年。一般公共预算支出在 2021 年下降 344.6 亿元，但总体上较 2015 年支出增加。人均 GDP 呈现稳步增长态势，从 2015 年的 32 759 元增加到 2022 年的 50 873 元，人均 GDP 提高 18 114 元（图 4-16）。

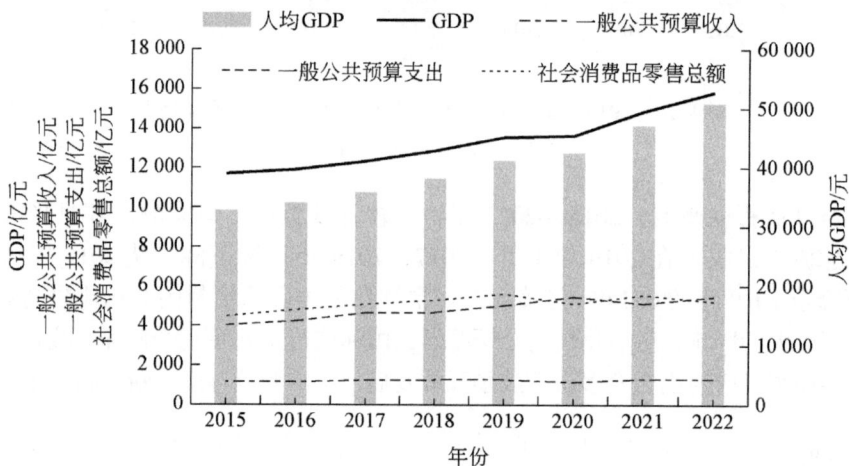

图 4-16   2015～2022 年黑龙江省经济规模主要指标变动情况
资料来源：国家统计局

从经济结构看，2015～2022 年，黑龙江省第一产业增加值占 GDP 的比例略有下降，由 2015 年的 23.2% 下降为 2022 年的 23.0%；第二产业增加值占 GDP 的比例总体来看出现了较为明显的下降，从 2015 年的 33.6% 下降至 2022 年的 29%；第三产业增加值占 GDP 的比例总体呈现上升态势，从 2015 年的 43.2% 稳步提升至 2022 年的 48.1%。总体来看，黑龙江省的产业结构在不断调整，第二产业比例不断下降，第三产业发展势头良好（图 4-17）。

从经济增长速度来看，2016～2017 年，黑龙江省 GDP 增长率呈现先上升后下降趋势，2020 年受到疫情影响 GDP 增长率显著下降，由 2019 年的 4% 下降到 0.9%，增长率下降 3.1 个百分点；一般公共预算收入增长率呈现波动状态，2017 年与 2021 年增长较多，分别为 8% 和 13%；一般公共预算支出增长率呈现放缓趋势，说明一般公共预算支出不断增加，2015 年与 2017 年增速较快，增速均在 15% 以上，分别为 17% 和 20%，2015～2022 年的 8 年中，仅有 2021 年为负增长，增速下降到 −6%；规模以上工业增加值增长率稳中有升，工业依旧发挥着坚实的支撑作用（图 4-18）。

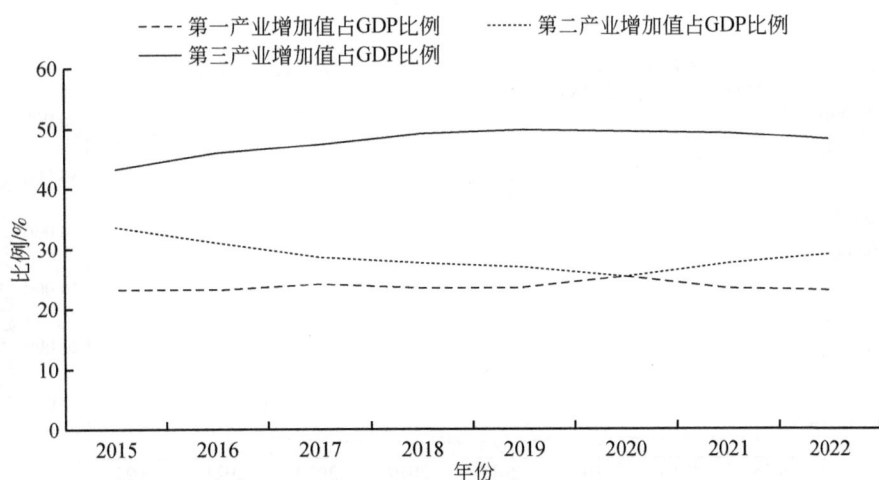

图 4-17　2015～2022 年黑龙江省经济结构主要指标变动情况
资料来源：国家统计局

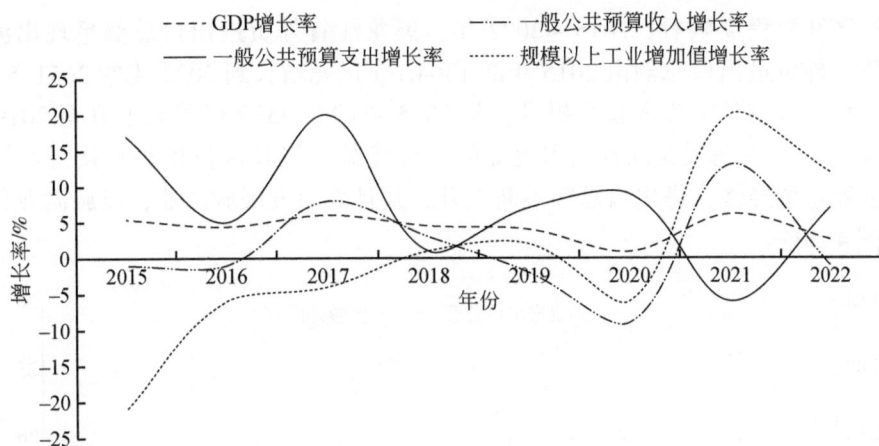

图 4-18　2015～2022 年黑龙江省经济增长速度主要指标变动情况
资料来源：国家统计局

从经济活力来看，2015～2022 年，黑龙江省规模以上工业企业 R&D 经费支出总体呈现出先下降后上升的趋势，2015～2018 呈现下降趋势，由 2015 年的 880 392 万元下降到 2018 年的 605 680 万元，随后增加到 2022 年的 979 976 万元，表明企业对研发的投入持续增加；国内专利申请受理数在 2015～2022 年同样总体呈上升趋势，由 2015 年的 34 611 项上升到 2022 年的 49 027 项，说明黑龙江省对科技的重视程度不断加强，以科技创新为动力为经济发展注入活力；规模以上工业企业 R&D 项目（课题）数同样呈现上涨趋势，由 2015 年的 3080 项增加到 2021 年的 3979 项，说明企业非常重视经济发展的新颖性与创造性（图 4-19）。

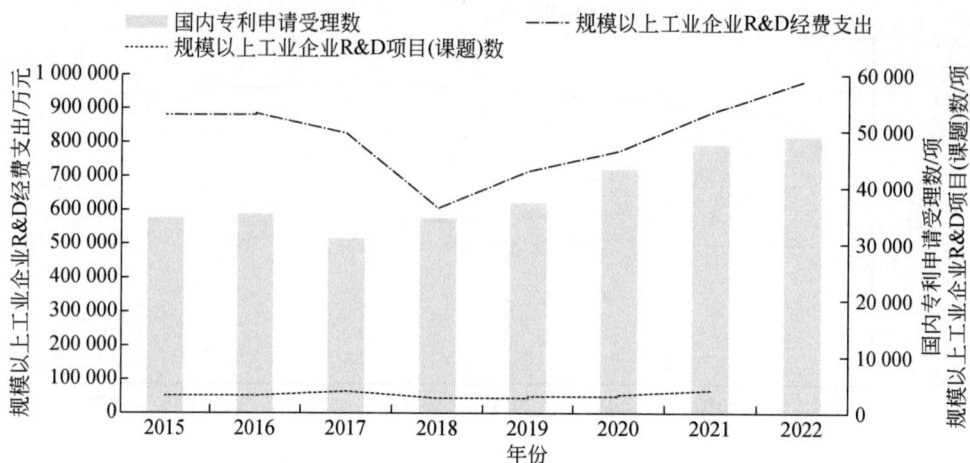

图 4-19　2015～2022 年黑龙江省经济活力主要指标变动情况

资料来源：国家统计局

从经济开放程度来看，2015～2022 年，黑龙江省外贸进出口总额呈现出波动上升的态势，外贸进出口总额由 2015 年的 1364.35 亿元增长到 2022 年的 2651.5 亿元，增长近一倍；旅游外汇收入稳步提升，从 2015 年的 3.9533 亿美元上升至 2019 年的 6.4593 亿美元，说明黑龙江省利用边境的区位优势，将其区位优势转换为经济发展优势，发展边贸经济，进出口总额不断上升，并且大力发展旅游业，以旅游业促经济发展（图 4-20）。

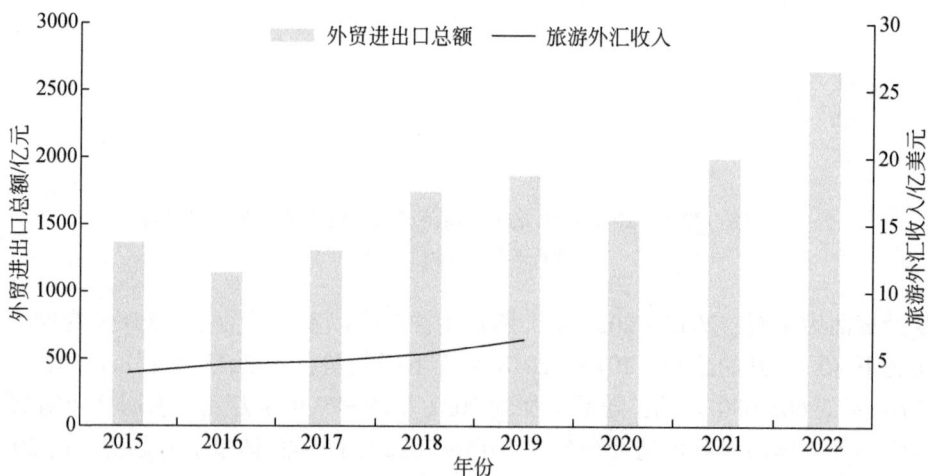

图 4-20　2015～2022 年黑龙江省经济开放程度主要指标变动情况

资料来源：黑龙江统计年鉴和国家统计局（2015～2022 年）

4.2　中国东北三省和内蒙古自治区社会发展水平总体分析

4.2.1　内蒙古自治区社会发展水平分析

从内蒙古自治区人口与就业来看，2015～2022 年，常住人口数量呈现轻微下降趋势，从 2015 年的 2440 万人减少到 2022 年的 2401.17 万人，减少了约 38.83 万人，降幅约为 1.6%。这可能是受人口迁移、生育率下降等因素的影响。城镇居民人均可支配收入逐年增长，从 2015 年的 30 594.1 元增加到 2022 年的 46 295.36 元，增长了约 51.3%。农民居民人均可支配收入同样保持上升趋势，从 2015 年的 10 775.89 元增长到 2022 年的 19 640.94 元，增长了约 82%，增长率高于城镇居民，显示了农村经济的快速发展和农民收入的显著提高（图 4-21）。

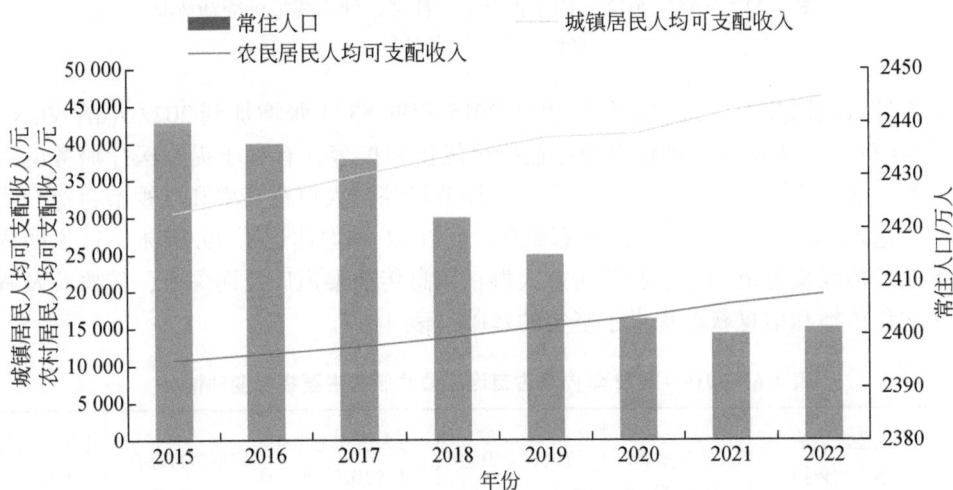

图 4-21　2015～2022 年内蒙古自治区人口与就业主要指标变动情况

资料来源：国家统计局

从社会福利来看，内蒙古自治区城镇居民对社会保险制度的参与度不断提高的趋势，这对于保障城镇居民的基本生活和社会稳定具有积极意义。城镇居民基本医疗保险年末参保人数从 2015 年的 477.44 万人增加到 2022 年的 586.83 万人。城镇职工参加养老保险人数也呈现逐年增长的趋势，从 2015 年的 370.83 万人增加到 2022 年的 559.84 万人。参加失业保险人数总体上也呈现增长趋势，但增长速度相对缓慢，从 2015 年的 242.06 万人增加到 2022 年的 308.43 万人（图 4-22）。

从公共服务来看，2015～2022 年，内蒙古自治区在文化、卫生和娱乐等公共服务领域的发展呈现出以下几个特点：①文化类服务供给稳定，每万人拥有的艺术表演团体机构数和公共图书馆机构数基本保持稳定，均在 0.040 个和 0.05 个左右。②卫生领域的各项指标显著提升，每万人拥有中卫生技术人员的数量逐年增加，从 2015 年的 65 人增加到了 2022 年的 90.4 人，增长了近 39.08%，反映出卫生人力资源的显著提升。

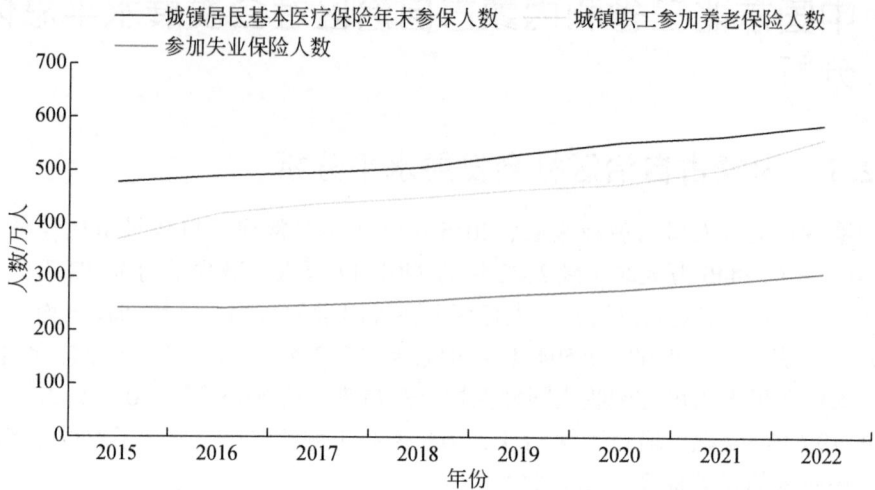

图 4-22　2015～2022 年内蒙古自治区社会福利主要指标变动情况
资料来源：国家统计局

③每万人拥有的医疗卫生机构床位数也从 2015 年的 53.3 张增加到 2022 年的 69.8 张，增长约 30.96%，表明医疗硬件设施也在持续优化和扩容，有利于提高医疗服务的可及性和质量。④在文化娱乐服务供给方面，广播节目综合人口覆盖率和电视节目综合人口覆盖率均达到 99% 以上，且逐年略有增长，至 2022 年均达到了 99.75%。这说明内蒙古自治区的传媒覆盖范围几乎遍及所有人群，信息传播渠道广泛而深入，传媒普及程度高，为文化传播和信息获取提供了坚实的基础（表4-6）。

表 4-6　2015～2022 年内蒙古自治区公共服务主要指标变动情况

年份	万人艺术表演团体机构数拥有量/个	万人公共图书馆机构拥有量/个	万人拥有卫生技术人员数/人	万人医疗卫生机构床位拥有量/张	广播节目综合人口覆盖率/%	电视节目综合人口覆盖率/%
2015	0.040	0.05	65	53.3	99.05	99.1
2016	0.040	0.05	67.6	55.3	99.09	99.19
2017	0.040	0.05	71.3	59.4	99.24	99.22
2018	0.039	0.05	74.3	62.8	99.24	99.22
2019	0.039	0.05	77.3	63.4	99.24	99.22
2020	0.039	0.05	84.1	67.4	99.66	99.68
2021	0.038	0.05	88.2	69.4	99.74	99.74
2022	0.038	0.05	90.4	69.8	99.75	99.75

资料来源：国家统计局

从消费水平来看，内蒙古自治区全体居民人均消费支出从 2015 年的 17 178.53 元增长至 2022 年的 22 298.36 元，总体呈现上升趋势，表明居民生活水平和消费能力在不断提高。尽管 2020 年略有下降（可能是受全球新冠疫情初期影响），但随后 2021 年和 2022 年迅速反弹。居民消费价格指数从 2015 年的 101.13 增长至 2022 年的 101.8，除 2021 年略有下降外，大部分年份都保持在 101 以上，表明消费品价格整体呈温和上涨趋势。商品零售价格指数从 2015 年的 100.46 上升至 2022 年的 103.8，除 2020 年因疫情原因略降至 100.5 外，整体呈现上升趋势（图 4-23）。

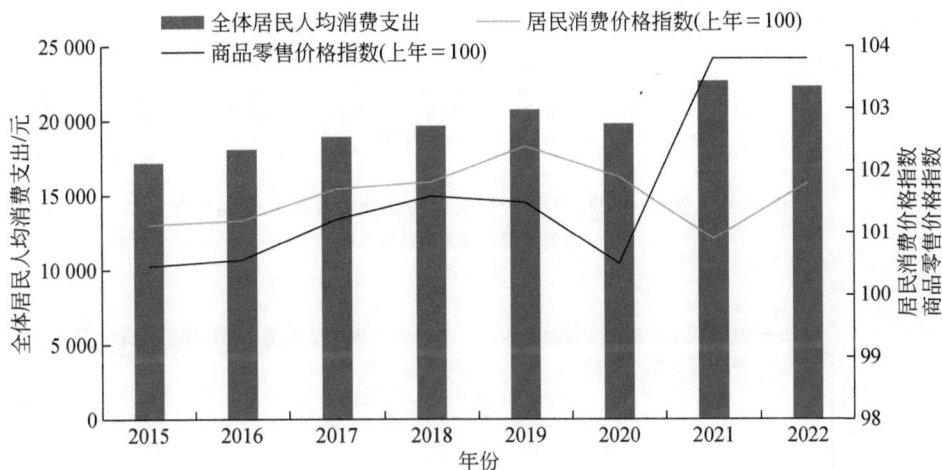

图 4-23　2015 ~ 2022 年内蒙古自治区消费主要指标变动情况

资料来源：国家统计局

4.2.2　辽宁省社会发展水平分析

从人口与就业来看，2015 ~ 2022 年辽宁省农村居民人均可支配收入和城镇居民人均可支配收入都稳步提高，农村居民人均可支配收入从 12 057 元/a 提高到 19 908 元/a，城镇居民人均可支配收入从 31 126 元/a 增加到 44 003 元/a。辽宁省常住人口呈现下降趋势，从 4338 万人下降至 4197 万人，辽宁省是人口流出大省，近几年虽然经济总量有所上升，但是其自身经济发展水平同发达省份始终存在较大差距，受经济发展水平限制，留住本地人才能力有限（图 4-24）。

从社会福利来看，2015 ~ 2022 年辽宁省城镇职工参加养老保险人数、参加失业保险人数呈现逐年增长趋势，城镇居民基本医疗保险年末参保人数呈现 2015 ~ 2017 年下降，2017 ~ 2018 年迅速增至峰值，2018 年之后轻微下降的趋势。2017 年辽宁省 9 市实现医保异地全联网，丹东、辽阳、朝阳三市也在积极推进相关软件升级工作，伴随医保全联网政策的覆盖，病人报销不再需要复印病历或者开重复证明，报销手续进一步简化，社会福利水平稳步提升（图 4-25）。

从公共服务来看，辽宁省万人艺术表演团体机构数拥有量呈现轻微递减趋势，万人公共图书馆机构拥有量变化不大；万人拥有卫生技术人员数和万人医疗卫生机构床位拥

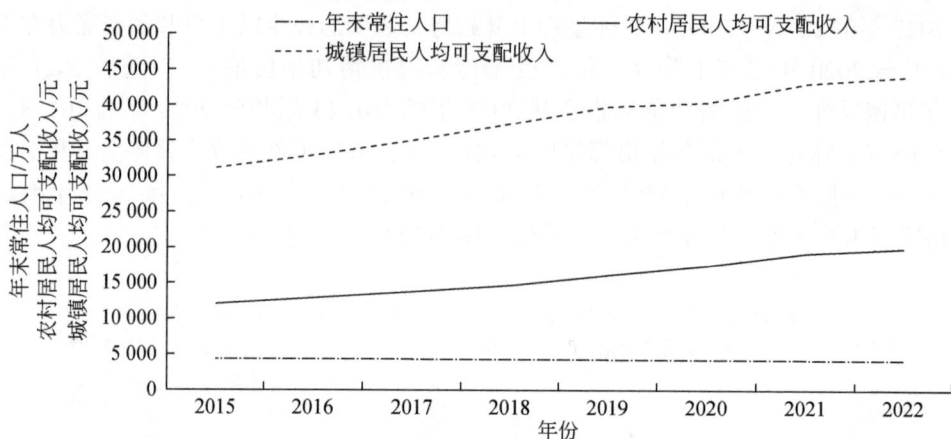

图 4-24   2015~2022 年辽宁省人口与就业主要指标变动情况

资料来源：国家统计局

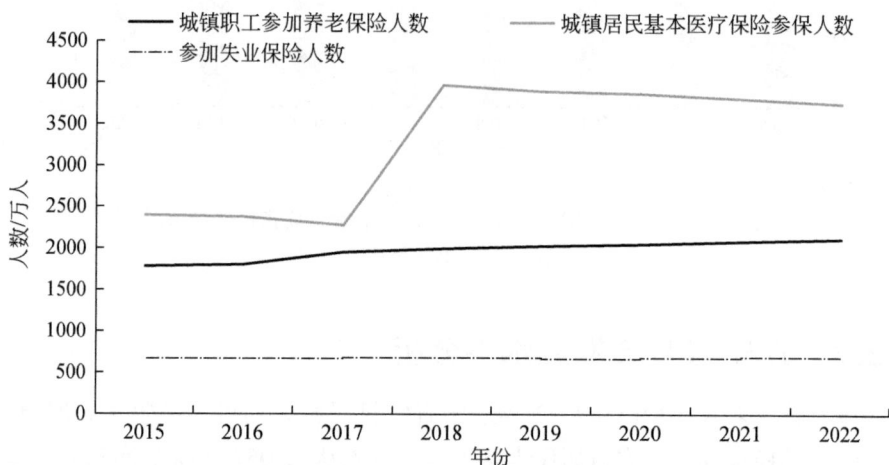

图 4-25   2015~2022 年辽宁省社会福利主要指标变动情况

资料来源：国家统计局

有量有较大幅度的增加，其中万人拥有卫生技术人员数从 2015 年的 60.95 人增加至 2022 年的 81.08 人，万人医疗卫生机构床位拥有量从 61.55 张增加至 77.72 张。辽宁省广播节目综合人口覆盖率和电视节目综合人口覆盖率均达到 99% 以上，且稳中有升。辽宁省重视基本公共文化服务建设，支持和引导落实国家基本公共文化服务标准，促进基本公共文化服务标准化、均等化，保障群众基本文化权益。特别是 2021 年辽宁省《公共文化服务体系建设补助资金管理暂行办法》的实施，辽宁省基本公共文化服务项目得到鼓励和支持，基层公共文化体育设施条件得以改善，基层公共文化服务人才队伍建设随之加强（表 4-7）。

表 4-7　2015～2022 年辽宁省公共服务主要指标变动情况

年份	万人艺术表演团体机构数拥有量/个	万人公共图书馆机构拥有量/个	万人拥有卫生技术人员数/人	万人医疗卫生机构床位拥有量/张	广播节目综合人口覆盖率/%	电视节目综合人口覆盖率/%
2015	0.06	0.03	60.95	61.55	99.00	99.10
2016	0.06	0.03	64.13	65.73	99.10	99.10
2017	0.04	0.03	67.53	69.25	99.10	99.20
2018	0.04	0.03	70.64	73.27	99.10	99.20
2019	0.06	0.03	72.29	73.37	99.20	99.30
2020	0.04	0.03	74.29	73.91	99.40	99.40
2021	0.04	0.03	78.98	76.73	99.50	99.50
2022	0.04	0.03	81.08	77.72	99.50	99.50

资料来源：国家统计局

从消费水平来看，2015～2022 年，辽宁省全体居民人均消费支出总体呈现递增趋势，从 2015 年的 17 200 元增加至 2022 年的 22 604 元。居民消费价格指数和商品零售价格指数分别从 2015 年为 101.4 和 100.5，增加至 2022 年的 102.0 和 102.6，有小幅度增加的趋势。全体居民人均消费支出同居民消费价格指数趋势相同，均呈现递增趋势，这表明消费支出受物价水平影响，并不能反映出人民消费水平得到提高。受全球经济波动的影响，居民消费价格指数短时间内无法实现持续下降（图 4-26）。

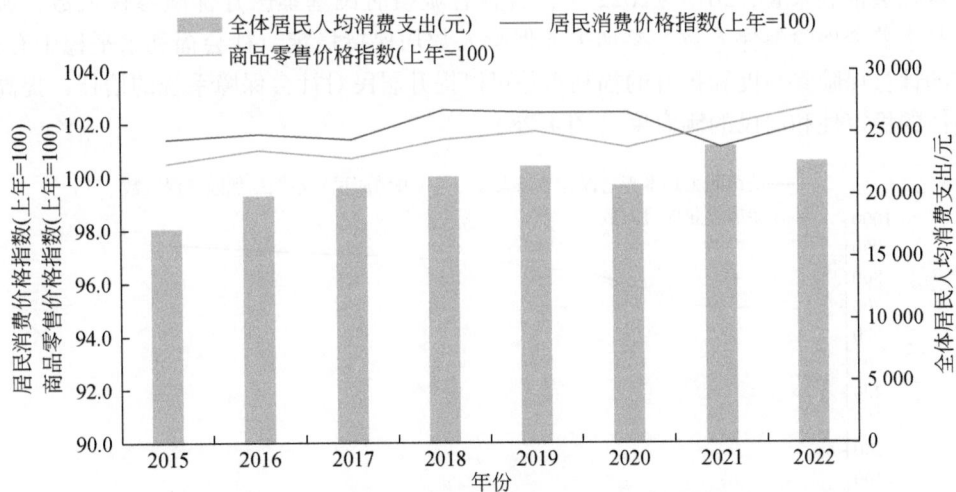

图 4-26　2015～2022 年辽宁省消费水平主要指标变动情况
资料来源：国家统计局

4.2.3　吉林省社会发展水平分析

从人口与就业来看，吉林省常住人口数量整体呈微弱下降趋势，从 2015 年的 2613

万人下降至 2022 年的 2348 万人。2015 ~ 2022 年，吉林省农村居民人均可支配收入和城镇居民人均可支配收入均稳步提高，农村居民人均可支配收入从 11 326 元/a 提高到 18 134 元/a，城镇居民人均可支配收入从 24 900 元/a 增加到 35 471 元/a。农村与城镇居民人均可支配收入的稳步提高是经济发展、政策执行和社会福利提升的综合反映，人均可支配收入的提高直接关联到居民生活质量的提升，居民能够负担得起更好的教育、医疗和其他基本服务，享受更高标准的生活（图 4-27）。

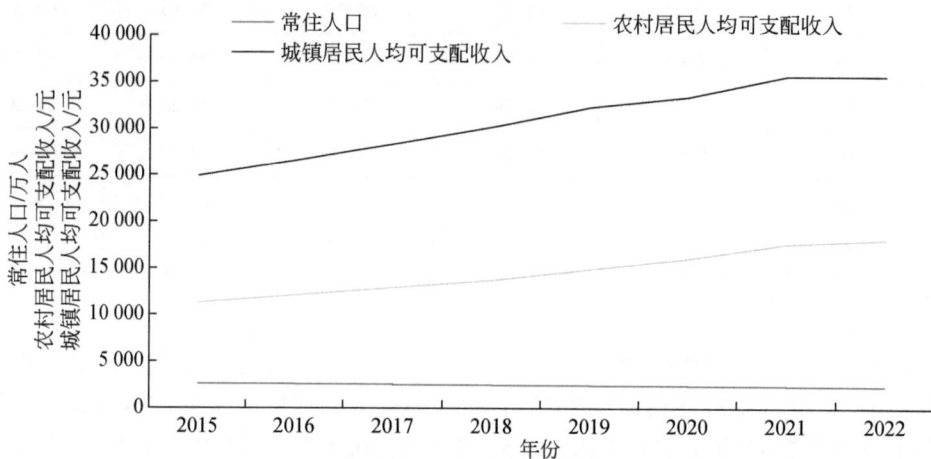

图 4-27　2015 ~ 2022 年吉林省人口与就业主要指标变动情况

资料来源：吉林统计年鉴（2016 ~ 2023 年）

从社会福利来看，2015 ~ 2022 年，吉林省城镇居民基本医疗保险参保人数、城镇职工基本养老保险参保人数、参加失业保险人数均保持稳定，社会福利水平稳中有升。稳定的社会保险参与度和提升的福利水平可以提升居民对社会保障系统的信任，提高社会整体的稳定性和居民的满意度（图 4-28）。

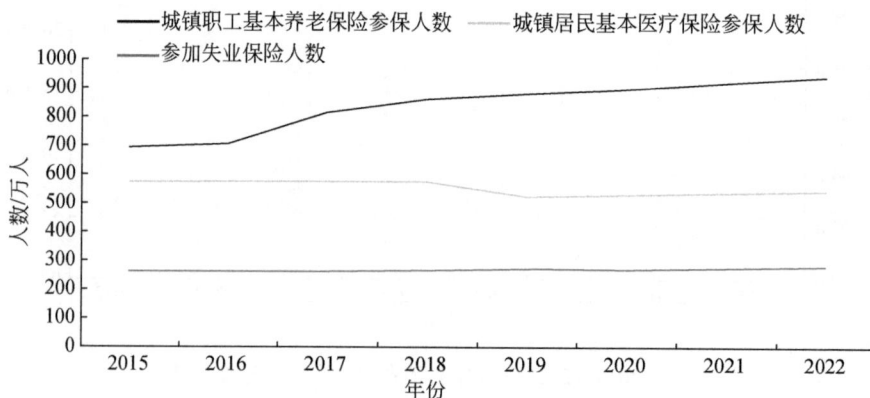

图 4-28　2015 ~ 2022 年吉林省社会福利主要指标变动情况

资料来源：国家统计局

从公共服务来看，2015～2022年吉林省万人艺术表演团体拥有量略有上升；万人公共图书馆机构拥有量变化不明显；广播节目综合人口覆盖率、电视节目综合人口覆盖率呈现增长趋势，丰富了公众的文化生活，促进了文化产业的发展，群众精神文化需求不断得到满足。万人口拥有卫生技术人员数、万人医疗卫生机构床位数逐年上升，医疗卫生资源总量持续增加，公众的健康意识也显著提高。丰富多彩的文化为居民提供了精神的慰藉和心灵的成长空间，医疗资源的增加保障了居民的健康，二者共同发展提升了社会的整体福祉，共同推动了社会的和谐与进步（表4-8）。

表4-8 2015～2022年吉林省公共服务主要指标

年份	万人艺术表演团体拥有量/个	万人公共图书馆机构拥有量/个	万人口拥有卫生技术人员数/人	万人医疗卫生机构床位数/张	广播节目综合人口覆盖率/%	电视节目综合人口覆盖率/%
2015	0.02	0.03	58	14.45	98.60	98.80
2016	0.02	0.03	61	15.12	98.70	98.80
2017	0.03	0.03	62	15.37	98.90	98.90
2018	0.03	0.03	68	16.70	99.00	99.10
2019	0.04	0.03	70	17.03	99.40	99.40
2020	0.04	0.03	88	17.31	99.40	99.50
2021	0.05	0.03	92	17.65	99.50	99.60
2022	0.05	0.03	93	17.72	99.60	99.60

资料来源：国家统计局

从消费水平来看，2015～2022年，吉林省居民消费价格指数（上年=100）由2015年的101.7波动变化为2022年的102.1，物价总体保持平稳；2015～2019全体居民人均消费支出稳定增长，由2015年的13 764元提高到2019年的18 075元，2020～2022年持续波动，消费潜力还有待进一步挖掘，需要优化消费环境，开发新的产品和服务，满足居民的多元化消费需求。同时，通过媒体和公共活动促进消费文化的发展，增加消费的社会接受度，提升消费潜力（图4-29）。

4.2.4 黑龙江省社会发展水平分析

从人口与就业来看，2015～2022年黑龙江省农村居民人均可支配收入和城镇居民人均可支配收入都稳步提高，农村居民人均可支配收入由2015年的12 665元增长至2022年的18 577元，提高5912元；城镇居民人均可支配收入由2015年的24 203元增长至2022年的36 042元，提高11 839元。城镇居民人均可支配收入高于农村居民人均可支配收入。常住人口数量总体平稳，但呈现出轻微的下降趋势，从2015年的3529万人下降至2022年的3099万人。人口流失是目前黑龙江省经济发展的劣势之一（图4-30）。

从社会福利来看，2015～2022年，黑龙江省城镇居民基本医疗保险年末参保人数从2015年的1594.8万人增长到2022年的2767.8万人，总体上呈上升态势，2015～2018上涨1313.8万人，2019年较2018下降71.5万人；城镇职工参加养老保险人数稳

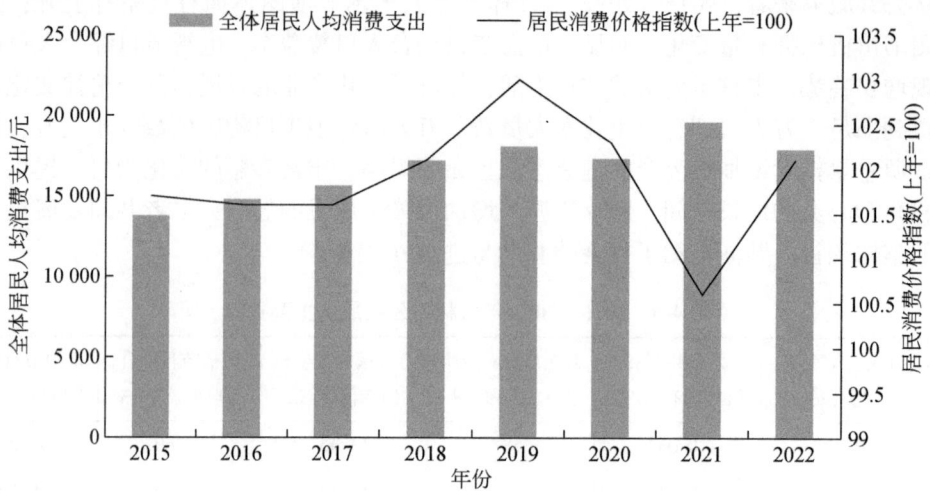

图 4-29　2015～2022 年吉林省消费水平主要指标变动情况

资料来源：吉林统计年鉴（2016～2023 年）和国家统计局

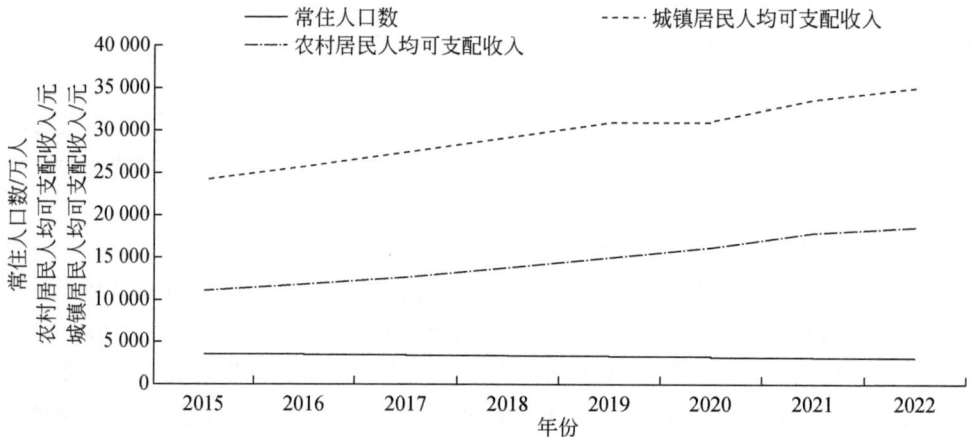

图 4-30　2015～2022 年黑龙江省人口与就业主要指标变动情况

资料来源：国家统计局

步上升，居民参保意识不断增强，2015 年有 1118 万人参加养老保险，发展至 2022 年，已有 1507.31 万人；受到疫情影响，就业的稳定性得到重视，因此参加失业保险人数同样呈现增长趋势，2015 年 312.84 万人参加失业保险，2022 年则增长至 332.16 万人，社会福利水平稳步提升（图 4-31）。

从公共服务来看，2015～2022 年，黑龙江省万人艺术表演团体拥有量有所提升；万人公共图书馆机构拥有量基本没有变化，居民文化生活与精神需求得到保障；广播节目综合人口覆盖率、电视节目综合人口覆盖率同样在波动中呈现增长趋势，广播节目综合人口覆盖率已从 98.6% 增加到 100%，黑龙江省全体人民均能收听到广播节目，电视节目综合人口覆盖率也由 98.8% 增加到 100%，群众精神生活日益丰富；万人拥有卫生

图 4-31　2015～2022 年黑龙江省社会福利主要指标变动情况

资料来源：国家统计局

技术人员数、万人医疗卫生机构床位拥有量持续增长，万人拥有卫生技术人员数 2022 年达到 82 人、万人医疗卫生机构床位拥有量 2022 年达到 26.13 张，说明黑龙江省医疗服务能力逐步提升，能不断满足人民医疗需求（表 4-9）。

表 4-9　2015～2022 年黑龙江省公共服务主要指标

年份	万人艺术表演团体拥有量/个	万人公共图书馆机构拥有量/个	万人拥有卫生技术人员数/人	万人医疗卫生机构床位拥有量/张	广播节目综合人口覆盖率/%	电视节目综合人口覆盖率/%
2015	0.01	0.03	56	21.26	98.6	98.8
2016	0.02	0.03	58	22.01	99.2	99.0
2017	0.02	0.03	61	24.17	98.8	98.9
2018	0.02	0.03	61	25.01	99.0	99.1
2019	0.03	0.03	63	26.26	99.2	99.1
2020	0.03	0.03	76	25.33	99.9	99.9
2021	0.03	0.03	80	26.05	99.9	99.9
2022	0.03	0.03	82	26.13	100	100

资料来源：国家统计局

从消费水平来看，2015～2022 年，黑龙江省居民消费价格指数（上年＝100）2015 年为 101.1，2022 年为 101.9，变化幅度较小，物价水平总体稳定；全体居民人均消费支出总体上呈上升态势，由 2015 年的 13 403 元增长为 2022 年的 20 412 元，表明黑龙江省居民消费水平提升（图 4-32）。

本章以黑龙江、吉林、辽宁、内蒙古四省区为研究区域，基于省级尺度对其社会经济发展全貌进行梳理分析，以更好地了解其发展现状，为之后的分析以及政策提出奠定基础。

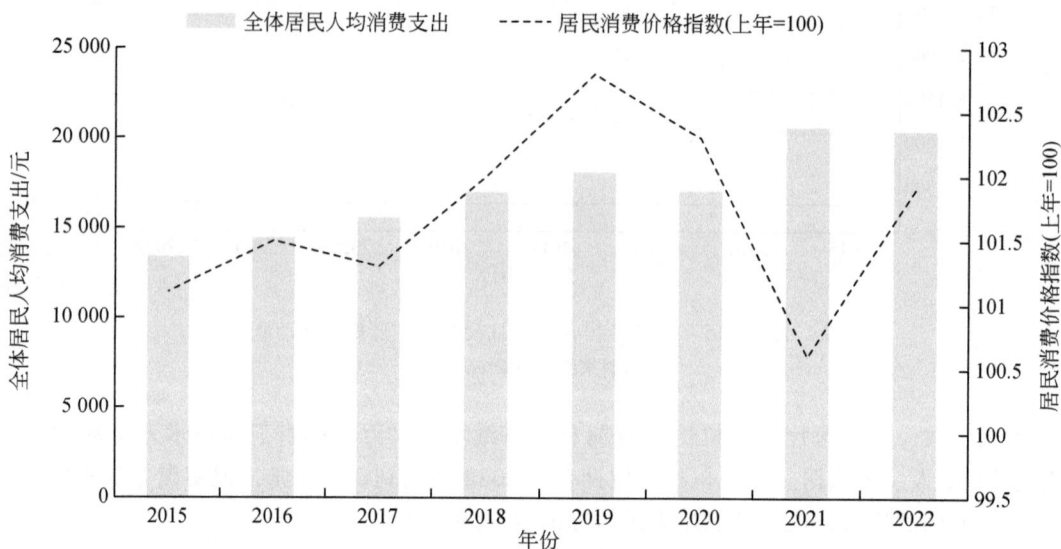

图 4-32　2015～2022 年黑龙江省消费水平主要指标变动情况

资料来源：黑龙江统计年鉴（2016～2022 年）和国家统计局

4.3　中国东北三省和内蒙古中心城市社会经济发展水平分析

本节以黑龙江、吉林、辽宁、内蒙古四省区 48 个地级市（盟、地区、自治州）为研究区域，对其社会经济发展现状进行描述性分析。

4.3.1　中国东北三省和内蒙古中心城市经济发展水平总体分析

（1）国内生产总值变动

2015～2021 年，48 个地级市（盟、地区、自治州）GDP 总量平均值整体呈现下降趋势，GDP 总量平均值由 2015 年的 1679.33 亿元下降到 2021 年的 1539.19 亿元。2015～2021 年位于 48 个地级市 GDP 平均值以上的城市数量整体呈现递减趋势，从各地级市的七年 GDP 排名情况来看，其中，大连市 GDP 在七年排名中均位列第一，大兴安岭地区位列最后，大连市、沈阳市、长春市、哈尔滨市和鄂尔多斯市 GDP 总量较高，相比较而言，阿拉善盟、鹤岗市、伊春市、七台河市、大兴安岭地区等地区 GDP 总量较低，排名较靠后（表 4-10）。

表 4-10　中心城市 GDP 总量排名及变化

项目	2015 年	2016 年	2017 年	2018 年	2019 年	2020 年	2021 年
平均值以上城市	大连市、沈阳市、长春市、包头市、鄂尔多斯市、呼和浩特市、大庆市、吉林市、鞍山市、通辽市、辽阳市、赤峰市、松原市（14）	大连市、沈阳市、长春市、包头市、鄂尔多斯市、呼和浩特市、大庆市、吉林市、鞍山市、通辽市、赤峰市、松原市（12）	大连市、长春市、沈阳市、鄂尔多斯市、包头市、呼和浩特市、大庆市、吉林市、鞍山市、赤峰市（11）	大连市、长春市、沈阳市、哈尔滨市、鄂尔多斯市、包头市、呼和浩特市、大庆市、吉林市、鞍山市（10）	大连市、沈阳市、长春市、哈尔滨市、鄂尔多斯市、鞍山市、呼和浩特市、包头市、大庆市、吉林市（13）	大连市、长春市、沈阳市、哈尔滨市、鄂尔多斯市、包头市、呼和浩特市、大庆市、赤峰市、鞍山市（10）	大连市、沈阳市、长春市、哈尔滨市、鄂尔多斯市、呼和浩特市、大庆市、包头市、赤峰市、鞍山市、吉林市（11）
平均值/亿元	1679.33	1551.97	1494.22	1559.10	1373.10	1476.61	1539.19
平均值以下城市	呼伦贝尔市、营口市、齐齐哈尔市、锦州市、绥化市、四平市、牡丹江市、通化市、盘锦市、锡林郭勒盟、乌兰察布市、抚顺市、本溪市、辽阳市、丹东市、葫芦岛市、朝阳市、佳木斯市、延边朝鲜族自治州、铁岭市、辽源市、白城市、白山市、阜新市、鸡西市、黑河市、乌海市、双鸭山市、兴安盟、阿拉善盟、伊春市、鹤岗市、七台河市、大兴安岭地区（34）	鞍山市、赤峰市、齐齐哈尔市、绥化市、牡丹江市、四平市、营口市、通辽市、锡林郭勒盟、盘锦市、锦州市、乌兰察布市、盘锦市、抚顺市、本溪市、辽阳市、巴彦淖尔市、丹东市、乌兰察布市、延边朝鲜族自治州、佳木斯市、本溪市、辽阳市、朝阳市、辽源市、铁岭市、白城市、葫芦岛市、乌海市、鸡西市、黑河市、阜新市、双鸭山市、兴安盟、阿拉善盟、伊春市、鹤岗市、七台河市、大兴安岭地区（36）	松原市、牡丹江市、绥化市、呼伦贝尔市、四平市、通辽市、锡林郭勒盟、营口市、盘锦市、锦州市、佳木斯市、四平市、抚顺市、本溪市、通化市、辽阳市、锡林郭勒盟、乌兰察布市、延边朝鲜族自治州、本溪市、辽阳市、丹东市、葫芦岛市、巴彦淖尔市、朝阳市、辽源市、铁岭市、白城市、白山市、乌海市、鸡西市、黑河市、双鸭山市、阜新市、鹤岗市、七台河市、阿拉善盟、伊春市、大兴安岭地区（37）	赤峰市、松原市、营口市、盘锦市、齐齐哈尔市、呼伦贝尔市、牡丹江市、通辽市、锦州市、绥化市、朝阳市、四平市、辽阳市、抚顺市、通化市、本溪市、锡林郭勒盟、丹东市、葫芦岛市、巴彦淖尔市、乌兰察布市、朝阳鲜族自治州、白城市、辽源市、铁岭市、鸡西市、双鸭山市、乌海市、黑河市、兴安盟、阜新市、鹤岗市、伊春市、阿拉善盟、七台河市、大兴安岭地区（38）	营口市、盘锦市、通辽市、齐齐哈尔市、呼伦贝尔市、绥化市、锦州市、巴彦淖尔市、朝阳市、锡林郭勒盟、辽阳市、抚顺市、牡丹江市、四平市、本溪市、丹东市、葫芦岛市、佳木斯市、松原市、延边朝鲜族自治州、铁岭市、鸡西市、黑河市、乌海市、兴安盟、通化市、白城市、辽源市、白山市、阜新市、双鸭山市、鹤岗市、阿拉善盟、七台河市、大兴安岭地区（35）	吉林市、营口市、通辽市、齐齐哈尔市、呼伦贝尔市、绥化市、锦州市、巴彦淖尔市、朝阳市、锡林郭勒盟、辽阳市、抚顺市、牡丹江市、本溪市、丹东市、松原市、葫芦岛市、四平市、佳木斯市、延边朝鲜族自治州、铁岭市、黑河市、鸡西市、乌海市、兴安盟、通化市、四平市、白城市、白山市、辽源市、阜新市、双鸭山市、鹤岗市、阿拉善盟、伊春市、七台河市、大兴安岭地区（38）	通辽市、营口市、齐齐哈尔市、锦州市、绥化市、锡林郭勒盟、巴彦淖尔市、朝阳市、乌兰察布市、抚顺市、辽阳市、本溪市、牡丹江市、丹东市、葫芦岛市、松原市、佳木斯市、四平市、延边朝鲜族自治州、铁岭市、鸡西市、通化市、乌海市、黑河市、兴安盟、四平市、阜新市、白城市、白山市、辽源市、鹤岗市、阿拉善盟、伊春市、七台河市、大兴安岭地区（37）

（2）社会消费品零售总额变动

2015～2021 年，48 个地级市社会消费品零售总额平均值整体呈现先上升再下降的趋势。2018 年，48 个地级市社会消费品零售总额平均值达到最高，为 794.29 亿元。四省区省会城市以及大连市的社会消费品零售总额七年里均位于前列（表 4-11）。2021年，沈阳市社会消费品零售总额最高（3985.08 亿元），大兴安岭地区社会消费品零售总额最低（51.16 亿元）。

（3）一般公共预算收入变动

2015～2021 年，48 个地级市（盟、地区、自治州）的一般公共预算收入平均值整体呈现递增趋势，由 2015 年的 116.96 亿元增加至 2021 年的 131.07 亿元。七年排名中，沈阳市、大连市、长春市、鄂尔多斯市、哈尔滨市位列前五，其中沈阳市、哈尔滨市、长春市为省会城市。鹤岗市、七台河市、辽源市、伊春市和大兴安岭地区位列末尾(表 4-12)。

（4）一般公共预算支出变动

2015～2021 年，48 个地级市（盟、地区、自治州）一般公共预算支出整体呈现递增趋势。七年排名中，哈尔滨市、大连市、沈阳市、长春市、鄂尔多斯市位列前五，鹤岗市、乌海市、七台河市、阿拉善盟和大兴安岭地区位列末尾（表 4-13）。

（5）人均 GDP 变动

2015～2021 年，48 个地级市（盟、地区、自治州）人均 GDP 七年排名中，排名靠前的城市多来自内蒙古自治区涉及鄂尔多斯市、阿拉善盟、乌海市、包头市、锡林郭勒盟和呼和浩特市，还包括来自辽宁省的大连市和黑龙江省的大庆市。阜新市、齐齐哈尔市、铁岭市、伊春市和绥化市位列末尾（表 4-14）。

4.3.2　中国东北三省和内蒙古中心城市社会发展水平总体分析

（1）每万人普通本、专科在校生变动

2015～2021 年，呼和浩特市、长春市、哈尔滨市、沈阳市在校生人数较多；绥化市、朝阳市、松原市、伊春市、白山市在校生人数较少（表 4-15）。

（2）每万人文化馆拥有量变动

各地级市（盟、地区、自治州）2015～2021 年每万人文化馆拥有量中，锡林郭勒盟、阿拉善盟等地区拥有量较高、长春市、大连市、四平市、沈阳市拥有量较低（表 4-16）。

（3）每万人公共图书馆机构拥有量变动

当前各地级市（盟、地区、自治州）七年每万人公共图书馆机构拥有量中，阿拉善盟、锡林郭勒盟、伊春市拥有量较高，长春市、四平市、松原市拥有量较低（表 4-17）。

（4）卫生技术人员变动

各地级市（盟、地区、自治州）2015～2021 年每万人拥有卫生技术人员拥有量中，包头市、呼和浩特市卫生技术人员数量较多，乌兰察布市、通辽市、黑河市等地区卫生技术人员数量较少（表 4-18）。

表 4-11　中心城市社会消费品零售总额排名及变化

项目	2015 年	2016 年	2017 年	2018 年	2019 年	2020 年	2021 年
平均值以上城市	沈阳市、大连市、和浩特市、包头市、吉林市、大庆市、山市、齐齐哈尔市、大庆市、鞍山市（9）	沈阳市、哈尔滨市、大连市、长春市、和浩特市、包头市、吉林市、大庆市、山市、齐齐哈尔市、鞍山市（10）	哈尔滨市、沈阳市、长春市、大连市、和浩特市、包头市、吉林市、大庆市、山市、齐齐哈尔市、鞍山市、鄂尔多斯市、赤峰市（12）	哈尔滨市、沈阳市、大连市、长春市、包头市、和浩特市、大庆市、吉林市、齐齐哈尔市、鄂尔多斯市、赤峰市（11）	沈阳市、哈尔滨市、长春市、大连市、和浩特市、包头市、大庆市、绥化市、鞍山市、牡丹江市、赤峰市、鄂尔多斯市（12）	沈阳市、哈尔滨市、长春市、大连市、和浩特市、包头市、鞍山市、大庆市、丹江市、赤峰市、尔多斯市、吉林市（12）	沈阳市、哈尔滨市、长春市、大连市、和浩特市、包头市、鞍山市、大庆市、丹江市、赤峰市、尔多斯市、吉林市（12）
平均值/亿元	684.9	738.87	726.64	794.29	570.34	469.96	504.67
平均值以下城市	齐齐哈尔市、鄂尔多斯市、赤峰市、抚顺市、松原市、锦州市、呼伦贝尔市、四平市、绥化市、牡丹江市、丹东市、通化市、延边朝鲜族自治州、营口市、葫芦岛市、通辽市、盘锦市、朝阳市、铁岭市、岛市、佳木斯市、本溪市、阜新市、巴彦淖尔市、锡林郭勒盟、鸡西市、兴安盟、辽源市、白城市、乌海市、双鸭山市、鹤岗市、伊春市、七台河市、黑河市、阿拉善盟、大兴安岭地区（39）	鄂尔多斯市、赤峰市、抚顺市、松原市、锦州市、呼伦贝尔市、四平市、绥化市、牡丹江市、丹东市、通化市、延边朝鲜族自治州、营口市、葫芦岛市、通辽市、朝阳市、铁岭市、岛市、佳木斯市、本溪市、盘锦市、辽阳市、阜新市、巴彦淖尔市、锡林郭勒盟、鸡西市、兴安盟、辽源市、白山市、白城市、乌海市、双鸭山市、鹤岗市、伊春市、黑河市、七台河市、阿拉善盟、大兴安岭地区（38）	抚顺市、呼伦贝尔市、绥化市、锦州市、四平市、通辽市、丹东市、营口市、佳木斯市、葫芦岛市、朝阳市、辽阳市、盘锦市、朝阳市、本溪市、阜新市、铁岭市、巴彦淖尔市、锡林郭勒盟、鸡西市、辽源市、白山市、乌海市、双鸭山市、鹤岗市、黑河市、延边朝鲜族自治州、七台河市、伊春市、阿拉善盟、大兴安岭地区、通化市（36）	松原市、鄂尔多斯市、呼伦贝尔市、牡丹江市、绥化市、抚顺市、丹东市、四平市、营口市、佳木斯市、延边朝鲜族自治州、葫芦岛市、朝阳市、通化市、盘锦市、辽阳市、铁岭市、阜新市、乌兰察布市、巴彦淖尔市、锡林郭勒盟、鸡西市、白城市、白山市、兴安盟、辽源市、双鸭山市、乌海市、鹤岗市、伊春市、延边朝鲜族自治州、松原、河市、七台河市、阿拉善盟、大兴安岭地区（37）	佳木斯市、盘锦市、延边朝鲜族自治州、齐齐哈尔市、锦州市、通辽市、呼伦贝尔市、丹东市、朝阳市、葫芦岛市、辽阳市、四平市、通化市、乌兰察布市、本溪市、盘锦市、松原市、巴彦淖尔市、锡林郭勒盟、鸡西市、阜新市、抚顺市、铁岭市、兴安盟、本溪市、白城市、白山市、乌海市、河市、伊春市、双鸭山市、乌源市、黑河市、七台河市、营口市、善盟、阿拉善盟、大兴安岭地区（36）	营口市、盘锦市、绥化市、延边朝鲜族自治州、锦州市、通辽市、呼伦贝尔市、丹东市、朝阳市、葫芦岛市、辽阳市、松原市、乌兰察布市、巴彦淖尔市、锡林郭勒盟、通化市、铁岭市、抚顺市、四平市、本溪市、白山市、白城市、河市、乌海市、兴安盟、辽源市、伊春市、双鸭山市、河市、七台河市、营口市、阿拉善盟、善盟、大兴安岭地区（36）	营口市、盘锦市、锦州市、绥化市、延边朝鲜族自治州、呼伦贝尔市、通辽市、朝阳市、丹东市、葫芦岛市、辽阳市、松原市、乌兰察布市、鸡西市、木斯市、阜新市、巴彦淖尔市、通化市、锡林郭勒盟、铁岭市、抚顺市、四平市、白城市、白山市、乌海市、辽源市、鹤岗市、阿拉善盟、本溪市、黑河市、伊春市、双鸭山市、七台河市、阿拉善盟、善盟、大兴安岭地区（36）

表 4-12　中心城市一般公共预算收入排名及变化

项目	2015 年	2016 年	2017 年	2018 年	2019 年	2020 年	2021 年
平均值以上城市	沈阳市、大连市、鄂尔多斯市、长春市、哈尔滨市、包头市、呼和浩特市、吉林市、大庆市、鞍山市、通化市、通辽市（12）	沈阳市、大连市、鄂尔多斯市、长春市、哈尔滨市、包头市、呼和浩特市、延边朝鲜族自治州、吉林市、大庆市、鞍山市、通辽市、通化市（13）	大连市、沈阳市、哈尔滨市、长春市、鄂尔多斯市、呼和浩特市、大庆市、鞍山市、包头市、盘锦市、营口市（11）	沈阳市、大连市、鄂尔多斯市、长春市、哈尔滨市、呼和浩特市、大庆市、鞍山市、包头市、盘锦市、营口市（11）	沈阳市、大连市、鄂尔多斯市、长春市、哈尔滨市、呼和浩特市、大庆市、鞍山市、包头市、盘锦市、营口市（11）	沈阳市、大连市、鄂尔多斯市、长春市、哈尔滨市、呼和浩特市、大庆市、鞍山市、包头市、盘锦市、营口市（11）	沈阳市、大连市、长春市、鄂尔多斯市、哈尔滨市、呼和浩特市、大庆市、鞍山市、包头市、盘锦市、营口市（11）
平均值/亿元	116.96	122.11	109.51	117.66	131.07	118.91	131.07
平均值以下城市	赤峰市、营口市、呼伦贝尔市、四平市、锡林郭勒盟、盘锦市、锦州市、自治州、乌海市、齐齐哈尔市、辽阳市、丹东市、巴彦淖尔市、葫芦岛市、白城市、乌兰察布市、本溪市、绥化市、朝阳市、铁岭市、松原市、辽源市、白山市、佳木斯市、阜新市、鸡西市、黑河市、兴安盟、七台河市、双鸭山市、阿拉善盟、鹤岗市、伊春市、大兴安岭地区（36）	赤峰市、四平市、呼伦贝尔市、营口市、锡林郭勒盟、盘锦市、锦州市、乌海市、齐齐哈尔市、辽阳市、延边朝鲜族自治州、抚顺市、丹东市、本溪市、巴彦淖尔市、葫芦岛市、白城市、乌兰察布市、绥化市、朝阳市、铁岭市、松原市、辽源市、佳木斯市、阜新市、鸡西市、黑河市、兴安盟、七台河市、双鸭山市、阿拉善盟、鹤岗市、伊春市、大兴安岭地区（35）	吉林市、赤峰市、锦州市、抚顺市、辽阳市、呼伦贝尔市、锡林郭勒盟、齐齐哈尔市、葫芦岛市、通辽市、丹东市、延边朝鲜族自治州、朝阳市、本溪市、牡丹江市、巴彦淖尔市、通化市、乌兰察布市、绥化市、四平市、乌海市、铁岭市、松原市、白城市、佳木斯市、阜新市、鸡西市、黑河市、兴安盟、双鸭山市、七台河市、阿拉善盟、鹤岗市、白山市、辽源市、伊春市、牡丹江市、大兴安岭地区（37）	赤峰市、吉林市、锦州市、抚顺市、辽阳市、呼伦贝尔市、葫芦岛市、锡林郭勒盟、齐齐哈尔市、通辽市、丹东市、朝阳市、本溪市、绥化市、延边朝鲜族自治州、巴彦淖尔市、通化市、铁岭市、四平市、乌海市、松原市、白城市、佳木斯市、阜新市、鸡西市、黑河市、兴安盟、七台河市、双鸭山市、阿拉善盟、鹤岗市、白山市、辽源市、伊春市、大兴安岭地区（37）	赤峰市、吉林市、辽阳市、呼伦贝尔市、葫芦岛市、锡林郭勒盟、抚顺市、通辽市、齐齐哈尔市、朝阳市、丹东市、本溪市、绥化市、延边朝鲜族自治州、巴彦淖尔市、通化市、佳木斯市、铁岭市、四平市、乌海市、松原市、白城市、安盟、阜新市、黑河市、鸡西市、七台河市、双鸭山市、阿拉善盟、鹤岗市、白山市、辽源市、伊春市、大兴安岭（37）	赤峰市、锦州市、辽阳市、吉林市、呼伦贝尔市、锡林郭勒盟、朝阳市、抚顺市、通辽市、齐齐哈尔市、丹东市、本溪市、绥化市、葫芦岛市、延边朝鲜族自治州、巴彦淖尔市、乌海市、牡丹江市、通化市、佳木斯市、铁岭市、四平市、松原市、阜新市、白城市、兴安盟、黑河市、鸡西市、双鸭山市、鹤岗市、阿拉善盟、白山市、七台河市、辽源市、伊春市、大兴安岭（37）	营口市、赤峰市、呼伦贝尔市、锦州市、辽阳市、锡林郭勒盟、通辽市、吉林市、齐齐哈尔市、朝阳市、丹东市、抚顺市、葫芦岛市、本溪市、绥化市、乌海市、牡丹江市、巴彦淖尔市、通化市、佳木斯市、延边朝鲜族自治州、松原市、铁岭市、四平市、阜新市、黑河市、鸡西市、兴安盟、白城市、双鸭山市、阿拉善盟、鹤岗市、白山市、七台河市、辽源市、伊春市、大兴安岭（37）

表 4-13　中心城市一般公共预算支出排名及变化

项目	2015 年	2016 年	2017 年	2018 年	2019 年	2020 年	2021 年
平均值以上城市	大连市、哈尔滨市、沈阳市、长春市、鄂尔多斯市、赤峰市、包头市、呼和浩特市、呼伦贝尔市、吉林市、齐齐哈尔市、绥化市、通辽市、乌兰察布市、延边朝鲜族自治州（16）	哈尔滨市、大连市、沈阳市、长春市、赤峰市、鄂尔多斯市、齐齐哈尔市、包头市、呼和浩特市、呼伦贝尔市、吉林市、绥化市、通辽市、延边朝鲜族自治州、乌兰察布市（15）	哈尔滨市、大连市、长春市、沈阳市、鄂尔多斯市、赤峰市、齐齐哈尔市、呼伦贝尔市、呼和浩特市、绥化市、吉林市、包头市、通辽市、延边朝鲜族自治州、乌兰察布市、四平市（15）	大连市、沈阳市、哈尔滨市、长春市、鄂尔多斯市、赤峰市、齐齐哈尔市、绥化市、吉林市、呼伦贝尔市、呼和浩特市、包头市、延边朝鲜族自治州、乌兰察布市、通辽市（15）	哈尔滨市、大连市、沈阳市、长春市、鄂尔多斯市、赤峰市、绥化市、齐齐哈尔市、吉林市、呼伦贝尔市、呼和浩特市、通辽市、延边朝鲜族自治州、乌兰察布市、包头市、锦州市（16）	哈尔滨市、大连市、沈阳市、长春市、鄂尔多斯市、赤峰市、绥化市、齐齐哈尔市、吉林市、呼伦贝尔市、呼和浩特市、通辽市、乌兰察布市、包头市、朝鲜族自治州（15）	沈阳市、哈尔滨市、大连市、长春市、鄂尔多斯市、赤峰市、齐齐哈尔市、呼伦贝尔市、呼和浩特市、绥化市、乌兰察布市、大庆市、通辽市、吉林市、佳木斯市、包头市（16）
平均值/亿元	276.12	287.43	298.66	318.19	340.43	359.51	318.79
平均值以下城市	大庆市、鞍山市、巴彦淖尔市、兴安盟、锡林郭勒盟、牡丹江市、四平市、丹东市、佳木斯市、松原市、白城市、朝阳市、铁岭市、营口市、盘锦市、葫芦岛市、黑河市、抚顺市、辽阳市、鸡西市、阜新市、双鸭山市、本溪市、伊春市、辽源市、乌海市、鹤岗市、七台河市、阿拉善盟、大兴安岭地区（32）	大庆市、四平市、丹东市、通化市、鞍山市、锡林郭勒盟、巴彦淖尔市、牡丹江市、佳木斯市、松原市、白城市、朝阳市、铁岭市、营口市、丹东市、葫芦岛市、盘锦市、黑河市、抚顺市、辽阳市、鸡西市、阜新市、双鸭山市、本溪市、乌海市、伊春市、辽源市、七台河市、鹤岗市、阿拉善盟、大兴安岭地区（32）	大庆市、鞍山市、丹东市、牡丹江市、佳木斯市、巴彦淖尔市、通化市、锡林郭勒盟、朝阳市、白城市、松原市、兴安盟、铁岭市、营口市、丹东市、葫芦岛市、盘锦市、黑河市、鸡西市、抚顺市、辽阳市、阜新市、本溪市、双鸭山市、伊春市、辽源市、乌海市、鹤岗市、七台河市、阿拉善盟、大兴安岭地区（32）	大庆市、四平市、鞍山市、佳木斯市、锦州市、朝阳市、锡林郭勒盟、巴彦淖尔市、兴安盟、松原市、通化市、丹东市、营口市、黑河市、葫芦岛市、铁岭市、盘锦市、鸡西市、抚顺市、辽阳市、阜新市、本溪市、双鸭山市、伊春市、辽源市、乌海市、鹤岗市、七台河市、阿拉善盟、大兴安岭地区（33）延边朝鲜族自治州数据缺失	鞍山市、四平市、巴彦淖尔市、朝阳市、佳木斯市、锡林郭勒盟、松原市、兴安盟、通化市、白城市、盘锦市、葫芦岛市、丹东市、黑河市、铁岭市、牡丹江市、营口市、鸡西市、抚顺市、白山市、辽阳市、阜新市、双鸭山市、本溪市、鹤岗市、辽源市、七台河市、乌海市、阿拉善盟、大兴安岭（32）	四平市、鞍山市、大庆市、巴彦淖尔市、朝阳市、锡林郭勒盟、佳木斯市、松原市、兴安盟、通化市、白城市、盘锦市、葫芦岛市、丹东市、黑河市、铁岭市、营口市、鸡西市、辽阳市、伊春市、抚顺市、白山市、阜新市、本溪市、鹤岗市、辽源市、七台河市、乌海市、阿拉善盟、大兴安岭（33）	鞍山市、朝阳市、锡林郭勒盟、延边朝鲜族自治州、兴安盟、巴彦淖尔市、牡丹江市、营口市、通化市、白城市、松原市、葫芦岛市、四平市、丹东市、铁岭市、伊春市、抚顺市、鸡西市、辽阳市、白山市、阜新市、双鸭山市、本溪市、鹤岗市、辽源市、乌海市、七台河市、大兴安岭、阿拉善盟、大兴安岭（32）

表 4-14　中心城市人均 GDP 排名及变化

项目	2015 年	2016 年	2017 年	2018 年	2019 年	2020 年	2021 年
平均值以上城市	鄂尔多斯市、阿拉善盟、包头市、大连市、大庆市、乌海市、呼和浩特市、锡林郭勒盟、沈阳市、本溪市、鞍山市、长春市、盘锦市、营口市、呼伦贝尔市、辽源市、松原市、通辽市、哈尔滨市 (20)	鄂尔多斯市、阿拉善盟、包头市、乌海市、大连市、大庆市、呼和浩特市、锡林郭勒盟、大连市、长春市、沈阳市、辽源市、松原市、营口市、呼伦贝尔市、吉林市、白山市、巴彦淖尔市 (17)	鄂尔多斯市、阿拉善盟、大连市、大庆市、包头市、长春市、呼和浩特市、锡林郭勒盟、盘锦市、呼伦贝尔市、哈尔滨市、吉林市、松原市、沈阳市、巴彦淖尔市 (11)	鄂尔多斯市、阿拉善盟、大连市、大庆市、包头市、长春市、呼和浩特市、锡林郭勒盟、盘锦市、沈阳市、本溪市、哈尔滨市、白山市、营口市 (14)	鄂尔多斯市、阿拉善盟、大连市、大庆市、乌海市、盘锦市、呼和浩特市、锡林郭勒盟、长春市、沈阳市、本溪市、巴彦淖尔市、营口市、呼伦贝尔市 (14)	鄂尔多斯市、阿拉善盟、乌海市、包头市、大连市、盘锦市、大庆市、乌海市、锡林郭勒盟、长春市、沈阳市、本溪市、巴彦淖尔市、呼伦贝尔市 (14)	鄂尔多斯市、阿拉善盟、包头市、乌海市、大连市、大庆市、锡林郭勒盟、呼和浩特市、长春市、本溪市、沈阳市、营口市、巴彦淖尔市、呼伦贝尔市 (15)
平均值/元	58 768	50 426	57 708	53 515	51 098.96	52 514.19	60 279.69
平均值以下城市	抚顺市、吉林市、辽源市、白山市、兴安盟、阜新市、朝阳市、双鸭山市、鸡西市、牡丹江市、乌兰察布市、延边朝鲜族自治州、赤峰市、锦州市、丹东市、鹤岗市、七台河市、黑河市、葫芦岛市、大兴安岭地区、齐齐哈尔市、绥化市、四平市、铁岭市、伊春市、通辽市 (28)	通化市、营口市、牡丹江市、丹东市、赤峰市、乌兰察布市、本溪市、延边朝鲜族自治州、鞍山市、抚顺市、双鸭山市、鸡西市、黑河市、齐齐哈尔市、七台河市、葫芦岛市、大兴安岭地区、鹤岗市、朝阳市、阜新市、绥化市、四平市、铁岭市、伊春市、通辽市 (31)	哈尔滨市、白山市、牡丹江市、丹东市、本溪市、鞍山市、辽源市、通化市、通辽市、锦州市、延边朝鲜族自治州、双鸭山市、鸡西市、赤峰市、丹东市、黑龙江、齐齐哈尔市、七台河市、葫芦岛市、鹤岗市、朝阳市、大兴安岭地区、兴安盟、绥化市、阜新市、铁岭市、伊春市 (34)	吉林市、辽源市、松原市、呼伦贝尔市、本溪市、鞍山市、牡丹江市、通化市、通辽市、锦州市、延边朝鲜族自治州、双鸭山市、赤峰市、丹东市、葫芦岛市、黑河市、鸡西市、大兴安岭地区、鹤岗市、四平市、朝阳市、齐齐哈尔市、阜新市、哈尔滨市、绥化市、伊春市、铁岭市 (34)	哈尔滨市、鞍山市、本溪市、乌兰察布市、通辽市、白山市、抚顺市、赤峰市、大兴安岭地区、辽源市、双鸭山市、锦州市、延边朝鲜族自治州、牡丹江市、丹东市、吉林市、通化市、伊春市、葫芦岛市、朝阳市、松原市、七台河市、白城市、齐齐哈尔市、铁岭市、四平市 (34)	鞍山市、辽阳市、本溪市、乌兰察布市、通辽市、白山市、抚顺市、大兴安岭地区、锦州市、辽源市、鹤岗市、鸡西市、延边朝鲜族自治州、牡丹江市、吉林市、通化市、伊春市、葫芦岛市、朝阳市、绥化市、七台河市、齐齐哈尔市、松原市、白城市、铁岭市、四平市 (34)	白山市、鞍山市、乌兰察布市、哈尔滨市、黑河市、大兴安岭地区、辽源市、通辽市、赤峰市、双鸭山市、锦州市、延边朝鲜族自治州、鸡西市、鹤岗市、佳木斯市、丹东市、牡丹江市、伊春市、吉林市、白城市、七台河市、葫芦岛市、朝阳市、阜新市、绥化市、齐齐哈尔市、松原市、四平市、铁岭市 (33)

表 4-15　中心城市每万人普通本、专科在校生排名及变化

项目		2015 年	2016 年	2017 年	2018 年	2019 年	2020 年	2021 年
	平均值以上城市	呼和浩特市、大连市、长春市、顺市、沈阳市、锦州市、阜新市、哈尔滨市、牡丹江市、吉林市（13）	乌海市、呼和浩特市、阿拉善盟、四平市、长春市、本溪市、沈阳市、锦州市、佳木斯市、大庆市、哈尔滨市、牡丹江市、吉林市（14）	乌兰察布市、呼和浩特市、四平市、长春市、本溪市、白城市、沈阳市、锦州市、佳木斯市、大庆市、哈尔滨市、牡丹江市、齐齐哈尔市（13）	包头市、呼和浩特市、大连市、长春市、抚顺市、本溪市、沈阳市、锦州市、佳木斯市、大庆市、哈尔滨市、牡丹江市（12）	包头市、呼和浩特市、吉林市、长春市、大连市、抚顺市、本溪市、沈阳市、锦州市、阜新市、佳木斯市、哈尔滨市、大庆市、牡丹江市（14）	包头市、呼和浩特市、吉林市、四平市、大连市、长春市、抚顺市、本溪市、沈阳市、锦州市、阜新市、佳木斯市、哈尔滨市、大庆市、牡丹江市、齐齐哈尔市（16）	包头市、呼和浩特市、吉林市、四平市、长春市、大连市、抚顺市、本溪市、沈阳市、锦州市、阜新市、佳木斯市、哈尔滨市、大庆市、牡丹江市（15）
	平均值/人	79.45	89.82	94.45	140.35	155.85	165.17	183.96
	平均值以下城市	乌兰察布市、兴安盟、呼伦贝尔市、巴彦淖尔市、赤峰市、通辽市、鄂尔多斯市、阿拉善盟、锡林郭勒盟、松原市、白山市、辽源市、通化市、丹东市、朝阳市、盘锦市、营口市、辽阳市、铁岭市、鞍山市、伊春市、绥化市、七台河市、双鸭山市、鸡西市、鹤岗市、黑河市、齐齐哈尔市、吉林市、本溪市（33）	乌兰察布市、兴安盟、包头市、巴彦淖尔市、通辽市、鄂尔多斯市、锡林郭勒盟、松原市、白城市、辽源市、通化市、山市、丹东市、朝阳市、盘锦市、营口市、辽阳市、铁岭市、鞍山市、伊春市、绥化市、七台河市、双鸭山市、鸡西市、鹤岗市、黑河市、齐齐哈尔市、吉林市（32）	乌海市、兴安盟、呼伦贝尔市、赤峰市、通辽市、鄂尔多斯市、阿拉善盟、锡林郭勒盟、松原市、白山市、辽源市、通化市、大连市、抚顺市、朝阳市、营口市、辽阳市、七台河市、锦州市、阜新市、伊春市、绥化市、双鸭山市、鸡西市、鹤岗市、黑河市、齐齐哈尔市、本溪市（33）	乌兰察布市、乌海市、呼伦贝尔市、巴彦淖尔市、通辽市、鄂尔多斯市、阿拉善盟、锡林郭勒盟、白山市、辽源市、通化市、大连市、丹东市、抚顺市、盘锦市、营口市、辽阳市、七台河市、伊春市、绥化市、双鸭山市、鸡西市、鹤岗市、黑河市、齐齐哈尔市、本溪市、吉林市（34）	乌兰察布市、乌海市、呼伦贝尔市、赤峰市、鄂尔多斯市、锡林郭勒盟、松原市、白山市、辽源市、通化市、丹东市、朝阳市、营口市、辽阳市、七台河市、鞍山市、伊春市、绥化市、鹤岗市、鸡西市、黑河市、齐齐哈尔市（32）	乌兰察布市、兴安盟、巴彦淖尔市、赤峰市、通辽市、鄂尔多斯市、锡林郭勒盟、阿拉善盟、白城市、白山市、辽源市、通化市、化市、丹东市、朝阳市、营口市、辽阳市、鞍山市、伊春市、绥化市、七台河市、双鸭山市、鸡西市、鹤岗市、黑河市（30）	乌兰察布市、乌海市、兴安盟、巴彦淖尔市、赤峰市、通辽市、锡林郭勒盟、阿拉善盟、松原市、白山市、辽源市、通化市、朝阳市、营口市、辽阳市、鞍山市、伊春市、七台河市、绥化市、双鸭山市、鸡西市、鹤岗市、黑河市、齐齐哈尔市（31）

注：延边朝鲜族自治区与大兴安岭地区数据缺失，下同

表4-16 中心城市每万人文化馆拥有量排名及变化

项目	2015年	2016年	2017年	2018年	2019年	2020年	2021年
平均值以上城市	乌兰察布市、乌海市、锡林郭勒盟、阿拉善盟、白山市、伊春市、鸡西市、哈尔滨市、呼伦贝尔市、鹤岗市、齐齐哈尔市 (11)	乌兰察布市、乌海市、锡林郭勒盟、阿拉善盟、白山市、伊春市、鸡西市、哈尔滨市、呼伦贝尔市、鹤岗市、齐齐哈尔市 (12)	乌兰察布市、乌海市、锡林郭勒盟、阿拉善盟、七台河市、双鸭山市、鸡西市、呼伦贝尔市、阜新市、伊春市、牡丹江市、丹东市、鹤岗市、齐齐哈尔市 (12)	乌兰察布市、兴安盟、巴彦淖尔市、呼伦贝尔市、鄂尔多斯市、锡林郭勒盟、阿拉善盟、松原市、通辽市、通化市 (10)	乌兰察布市、乌海市、鄂尔多斯市、呼伦贝尔市、锡林郭勒盟、阿拉善盟、白山市、七台河市、伊春市、双鸭山市、牡丹江市、鸡西市、鹤岗市 (14)	乌兰察布市、乌海市、兴安盟、巴彦淖尔市、呼伦贝尔市、锡林郭勒盟、阿拉善盟、白山市、七台河市、伊春市、双鸭山市、牡丹江市、鸡西市、鹤岗市、黑河市 (16)	乌兰察布市、乌海市、兴安盟、呼伦贝尔市、巴彦淖尔市、锡林郭勒盟、鄂尔多斯市、阿拉善盟、辽源市、通化市、辽阳市、七台河市、伊春市、双鸭山市、牡丹江市、鸡西市、鹤岗市 (17)
平均值/个	0.04	0.05	0.06	0.04	0.04	0.04	0.04
平均值以下城市	兴安盟、包头市、巴彦淖尔市、呼和浩特市、赤峰市、通辽市、吉林市、鄂尔多斯市、四平市、松原市、白城市、辽源市、通化市、长春市、大连市、丹东市、本溪市、抚顺市、朝阳市、沈阳市、营口市、盘锦市、辽阳市、葫芦岛市、锦州市、阜新市、铁岭市、鞍山市、七台河市、佳木斯市、双鸭山市、大庆市、牡丹江市、绥化市、黑河市 (35)	兴安盟、包头市、巴彦淖尔市、呼和浩特市、赤峰市、通辽市、吉林市、鄂尔多斯市、四平市、松原市、白城市、辽源市、通化市、长春市、大连市、丹东市、抚顺市、本溪市、朝阳市、沈阳市、营口市、盘锦市、辽阳市、葫芦岛市、锦州市、阜新市、铁岭市、鞍山市、七台河市、佳木斯市、双鸭山市、大庆市、牡丹江市、绥化市、黑河市、齐齐哈尔市 (34)	兴安盟、包头市、赤峰市、巴彦淖尔市、呼和浩特市、鄂尔多斯市、四平市、通辽市、吉林市、松原市、白城市、辽源市、通化市、长春市、大连市、丹东市、抚顺市、本溪市、朝阳市、沈阳市、营口市、盘锦市、辽阳市、葫芦岛市、锦州市、阜新市、铁岭市、鞍山市、七台河市、佳木斯市、大庆市、哈尔滨市、绥化市、黑河市、齐齐哈尔市 (34)	乌海市、包头市、赤峰市、四平市、辽源市、吉林市、白城市、长春市、大连市、辽阳市、通化市、丹东市、抚顺市、本溪市、朝阳市、沈阳市、营口市、盘锦市、锦州市、葫芦岛市、铁岭市、鞍山市、伊春市、双鸭山市、佳木斯市、哈尔滨市、大庆市、牡丹江市、绥化市、鹤岗市、黑河市、齐齐哈尔市 (36)	兴安盟、包头市、呼和浩特市、赤峰市、巴彦淖尔市、通辽市、吉林市、四平市、松原市、辽源市、白城市、通化市、长春市、丹东市、大连市、抚顺市、本溪市、朝阳市、沈阳市、营口市、盘锦市、辽阳市、阜新市、锦州市、铁岭市、鞍山市、伊春市、哈尔滨市、牡丹江市、大庆市、绥化市、黑河市、齐齐哈尔市 (32)	包头市、赤峰市、呼和浩特市、鄂尔多斯市、通辽市、四平市、吉林市、松原市、白城市、辽源市、通化市、长春市、大连市、丹东市、抚顺市、朝阳市、沈阳市、本溪市、营口市、盘锦市、辽阳市、葫芦岛市、锦州市、阜新市、铁岭市、鞍山市、哈尔滨市、大庆市、绥化市、齐齐哈尔市 (30)	包头市、呼和浩特市、通辽市、四平市、白城市、长春市、大连市、朝阳市、沈阳市、本溪市、盘锦市、营口市、铁岭市、阜新市、锦州市、佳木斯市、哈尔滨市、大庆市、绥化市、黑河市、齐齐哈尔市 (29)

表 4-17　中心城市每万人公共图书馆机构拥有量排名及变化

项目		2015 年	2016 年	2017 年	2018 年	2019 年	2020 年	2021 年
平均值以上城市		乌兰察布市、乌海市、锡林郭勒盟、呼伦贝尔市、阿拉善盟、辽阳市、伊春市、大庆市、哈尔滨市、绥化市、鸡西市、黑河市、齐齐哈尔市 (13)	乌兰察布市、乌海市、通辽市、呼伦贝尔市、阿拉善盟、锡林郭勒盟、七台河市、黑河市 (8)	乌兰察布市、乌海市、呼伦贝尔市、巴彦淖尔市、鄂尔多斯市、锡林郭勒盟、白山市、阿拉善盟、本溪市、盘锦市、辽阳市、阜新市、伊春市 (15)	乌兰察布市、乌海市、呼伦贝尔市、巴彦淖尔市、锡林郭勒盟、白山市、阿拉善盟、本溪市、盘锦市、辽阳市、伊春市、阜新市 (15)	乌兰察布市、乌海市、呼伦贝尔市、巴彦淖尔市、鄂尔多斯市、锡林郭勒盟、白山市、阿拉善盟、本溪市、盘锦市、辽阳市、伊春市、阜新市 (15)	乌兰察布市、乌海市、兴安盟、巴彦淖尔市、阿拉善盟、白山市、辽阳市、伊春市、本溪市、沈阳市、盘锦市、阜新市、黑河市 (13)	乌兰察布市、兴安盟、乌海市、呼伦贝尔市、巴彦淖尔市、锡林郭勒盟、白山市、通化市、盘锦市、本溪市、辽阳市、七台河市、伊春市、黑河市 (15)
平均值 /个		0.04	0.05	0.04	0.04	0.04	0.04	0.04
平均值以下城市		兴安盟、包头市、呼和浩特市、巴彦淖尔市、鄂尔多斯市、赤峰市、通辽市、吉林市、四平市、松原市、白城市、辽源市、通化市、长春市、丹东市、大连市、抚顺市、朝阳市、本溪市、营口市、盘锦市、葫芦岛市、铁岭市、锦州市、阜新市、鞍山市、七台河市、双鸭山市、佳木斯市、牡丹江市、鸡西市、鹤岗市、齐齐哈尔市 (33)	兴安盟、包头市、呼和浩特市、巴彦淖尔市、鄂尔多斯市、赤峰市、通辽市、四平市、吉林市、松原市、白城市、辽源市、通化市、长春市、辽阳市、大连市、丹东市、抚顺市、沈阳市、朝阳市、本溪市、盘锦市、营口市、葫芦岛市、铁岭市、锦州市、阜新市、鞍山市、七台河市、双鸭山市、佳木斯市、哈尔滨市、大庆市、绥化市、牡丹江市、鸡西市、鹤岗市、齐齐哈尔市 (38)	包头市、呼和浩特市、赤峰市、通辽市、吉林市、四平市、松原市、辽源市、白城市、通化市、长春市、大连市、丹东市、抚顺市、东市、营口市、铁岭市、锦州市、七台河市、台河市、鞍山市、佳木斯市、哈尔滨市、大庆市、绥化市、牡丹江市、鸡西市、鹤岗市、黑河市、齐齐哈尔市 (31)	包头市、呼和浩特市、赤峰市、通辽市、吉林市、四平市、松原市、白城市、辽源市、通化市、长春市、大连市、丹东市、抚顺市、东市、营口市、铁岭市、锦州市、七台河市、鞍山市、佳木斯市、哈尔滨市、大庆市、绥化市、牡丹江市、鸡西市、鹤岗市、黑河市、齐齐哈尔市 (31)	包头市、呼和浩特市、赤峰市、通辽市、吉林市、四平市、松原市、辽源市、白城市、通化市、长春市、大连市、丹东市、抚顺市、东市、营口市、铁岭市、锦州市、七台河市、鞍山市、佳木斯市、哈尔滨市、大庆市、绥化市、牡丹江市、鸡西市、鹤岗市、黑河市、齐齐哈尔市 (31)	包头市、呼和浩特市、赤峰市、通辽市、吉林市、四平市、松原市、辽源市、通化市、长春市、大连市、丹东市、抚顺市、朝阳市、沈阳市、营口市、葫芦岛市、铁岭市、锦州市、七台河市、鞍山市、佳木斯市、哈尔滨市、大庆市、绥化市、牡丹江市、鸡西市、鹤岗市、齐齐哈尔市 (33)	包头市、呼和浩特市、赤峰市、鄂尔多斯市、吉林市、四平市、松原市、辽源市、白城市、通化市、长春市、大连市、丹东市、抚顺市、沈阳市、朝阳市、营口市、葫芦岛市、铁岭市、锦州市、阜新市、鞍山市、双鸭山市、大庆市、哈尔滨市、牡丹江市、绥化市、鸡西市、鹤岗市、齐齐哈尔市 (31)

表4-18　中心城市卫生技术人员排名及变化

项目	2015年	2016年	2017年	2018年	2019年	2020年	2021年
平均值以上城市	包头市、呼和浩特市、赤峰市、吉林市、长春市、大连市、沈阳市、铁岭市、鞍山市、大庆市、哈尔滨市、牡丹江市、齐齐哈尔市（14）	包头市、呼和浩特市、赤峰市、吉林市、长春市、大连市、沈阳市、鞍山市、大庆市、哈尔滨市、牡丹江市、齐齐哈尔市（12）	包头市、呼伦贝尔市、呼和浩特市、赤峰市、吉林市、长春市、大连市、沈阳市、锦州市、鞍山市、大庆市、哈尔滨市、牡丹江市、大庆市、绥化市、齐齐哈尔市（17）	包头市、呼伦贝尔市、赤峰市、长春市、大连市、大庆市、沈阳市、锦州市、鞍山市、大庆市、哈尔滨市、牡丹江市、齐齐哈尔市（12）	乌海市、兴安盟、呼伦贝尔市、包头市、呼和浩特市、赤峰市、鄂尔多斯市、多伦善盟、阿拉善盟、白山市、吉林市、大连市、白城市、辽源市、沈阳市、伊春市、双鸭山市、哈尔滨市、牡丹江市、大庆市、鸡西市、鹤岗市（21）	乌海市、兴安盟、包头市、呼伦贝尔市、巴彦淖尔市、赤峰市、呼和浩特市、鄂尔多斯市、锡林郭勒盟、阿拉善盟、白山市、吉林市、长春市、大连市、通化市、沈阳市、伊春市、双鸭山市、牡丹江市、大庆市、鸡西市、鹤岗市、齐齐哈尔市（23）	乌海市、兴安盟、呼伦贝尔市、包头市、呼和浩特市、赤峰市、巴彦淖尔市、锡林郭勒盟、阿拉善盟、吉林市、四平市、辽源市、白城市、通化市、长春市、大连市、沈阳市、大庆市、本溪市、盘锦市、辽阳市、鸡西市、牡丹江市、佳木斯市、哈尔滨市、鹤岗市、江市（25）
平均值/人	53.11	56.43	62.31	66.98	70.87	76.61	81.35
平均值以下城市	乌兰察布市、乌海市、兴安盟、通辽市、鄂尔多斯市、锡林郭勒盟、阿拉善盟、四平市、松原市、白城市、辽源市、通化市、丹东市、本溪市、抚顺市、朝阳市、盘锦市、锦州市、营口市、辽阳市、葫芦岛市、阜新市、七台河市、伊春市、双鸭山市、佳木斯市、绥化市、鸡西市、鹤岗市、黑河市（32）	乌兰察布市、乌海市、兴安盟、呼伦贝尔市、通辽市、鄂尔多斯市、锡林郭勒盟、阿拉善盟、四平市、松原市、白城市、辽源市、通化市、丹东市、本溪市、抚顺市、朝阳市、盘锦市、锦州市、营口市、辽阳市、葫芦岛市、铁岭市、阜新市、七台河市、伊春市、双鸭山市、佳木斯市、绥化市、鸡西市、鹤岗市、黑河市（34）	乌兰察布市、乌海市、兴安盟、通辽市、鄂尔多斯市、巴彦淖尔市、锡林郭勒盟、阿拉善盟、四平市、松原市、白城市、辽源市、通化市、丹东市、本溪市、抚顺市、朝阳市、盘锦市、营口市、辽阳市、葫芦岛市、铁岭市、阜新市、七台河市、伊春市、双鸭山市、鸡西市、鹤岗市、黑河市（29）	乌兰察布市、乌海市、兴安盟、巴彦淖尔市、鄂尔多斯市、锡林郭勒盟、阿拉善盟、四平市、松原市、辽源市、白城市、通化市、丹东市、抚顺市、本溪市、朝阳市、营口市、辽阳市、葫芦岛市、铁岭市、阜新市、七台河市、伊春市、双鸭山市、佳木斯市、牡丹江市、绥化市、鸡西市、鹤岗市、黑河市（34）	乌兰察布市、通辽市、松原市、四平市、辽源市、通化市、丹东市、朝阳市、锦州市、营口市、辽阳市、鞍山市、阜新市、七台河市、双鸭山市、黑河市、绥化市、齐齐哈尔市（25）	乌兰察布市、通辽市、四平市、松原市、辽源市、丹东市、本溪市、盘锦市、葫芦岛市、锦州市、营口市、辽阳市、鞍山市、阜新市、七台河市、绥化市、哈尔滨市、黑河市（23）	乌兰察布市、鄂尔多斯市、通辽市、松原市、辽源市、四平市、白城市、丹东市、朝阳市、营口市、盘锦市、葫芦岛市、锦州市、阜新市、七台河市、铁岭市、鞍山市、伊春市、大庆市、双鸭山市、绥化市、鸡西市、黑河市（21）

4.4　中国东北三省和内蒙古国际口岸社会经济发展水平分析

4.4.1　中蒙俄国际经济走廊口岸城市建设的战略背景

中蒙俄国际经济走廊建设与重点口岸经济发展相辅相成、互相促进，共同服务于中国的"丝绸之路经济带"、俄罗斯主导的欧亚经济联盟、蒙古国的"草原之路"三大倡议对接的大目标。2016 年 9 月，《建设中蒙俄经济走廊规划纲要》正式对外发布，把加强口岸建设和海关、检验检疫监管作为七大重点合作领域之一，这无疑为廊道重点口岸经济发展带来前所未有的新机遇和新动力。

中蒙俄国际经济走廊本质上属于一种跨边境次区域合作，是途经国家少、通关成本低且穿越蒙古国境内连通亚欧大陆的最短路线。它自天津、大连经二连浩特、满洲里，通过蒙古国、俄罗斯抵达欧洲（波罗的海）。主要节点城市包括北京、天津、大连、沈阳、长春、哈尔滨及乌兰巴托、伊尔库茨克、叶卡捷琳堡、圣彼得堡等，重点产业园区有满洲里和二连浩特国家重点开发开放试验区、蒙古赛音山达工业园区、俄罗斯喀山经济特区等。二连浩特、满洲里、绥芬河和黑河是中蒙俄国际经济走廊中国段最为关键的口岸节点城市，综合分析各口岸城市的发展基础、地理区位、资源禀赋及政策平台等情况，既有助于各口岸城市的发展，同时也能更好地服务国家战略。

4.4.2　中国东北三省和内蒙古国际口岸社会经济发展水平总体分析

（1）二连浩特口岸

二连浩特口岸位于中国的正北方，内蒙古自治区锡林郭勒盟西部，东西南三面与美丽富饶的苏尼特草原相邻，北与蒙古国扎门乌德隔界相望，是中国通往蒙古国的唯一铁路口岸，过货能力 350 万 t，是中蒙两国唯一的铁路口岸，也是欧亚大陆桥中的重要战略枢纽。二连浩特口岸也是国务院首批批准的全国 13 个沿边开放城市之一，二连浩特口岸的外贸情况见图 4-33。

（2）满洲里口岸

满洲里口岸处于中俄蒙三角地带，北接俄罗斯，西邻蒙古国，是第一欧亚大陆桥的交通要冲，是中国通往俄罗斯等独联体国家和欧洲各国重要的国际大通道，也是中国最大的陆路口岸，承担着中俄贸易 65% 以上的陆路运输任务。满洲里口岸是中国沿边口岸中唯一的公、铁、空三位一体的国际口岸，也是唯一实行 24 小时通关的陆路口岸。辖区内中俄、中蒙边境线长 1819km，其中，中俄边境线长 1812km，中蒙边境线长 807km。2013 ~ 2023 年，满洲里出境班列已通达欧洲 11 个国家、28 座城市，承担着全国中欧班列近三成的运量，国内集货地已覆盖天津、长沙、广州、苏州等 60 余个城市。经满洲里口岸进出境的中欧班列开行线路由 1 条增加到 57 条，运行数量由 2013 年的 15 列增长到 2022 年的 4818 列，进出口货物种类从单一的水果蔬菜、日用百货到如今的光伏产品、冷链产品等。截至 2023 年 5 月，满洲里铁路口岸进出境中欧班列已突破 2 万

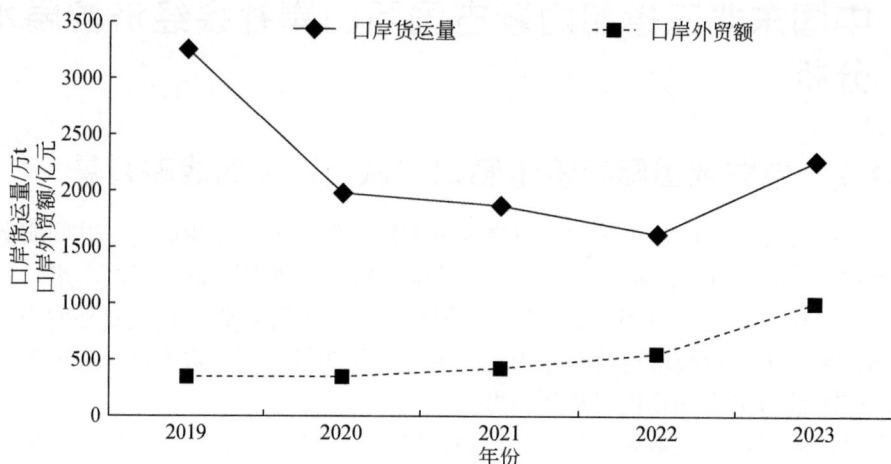

图 4-33 2019～2023 年二连浩特口岸外贸情况

资料来源：2019～2023 年二连浩特市国民经济和社会发展统计公报（2019～2023 年）

列，满洲里口岸的外贸情况见图 4-34。

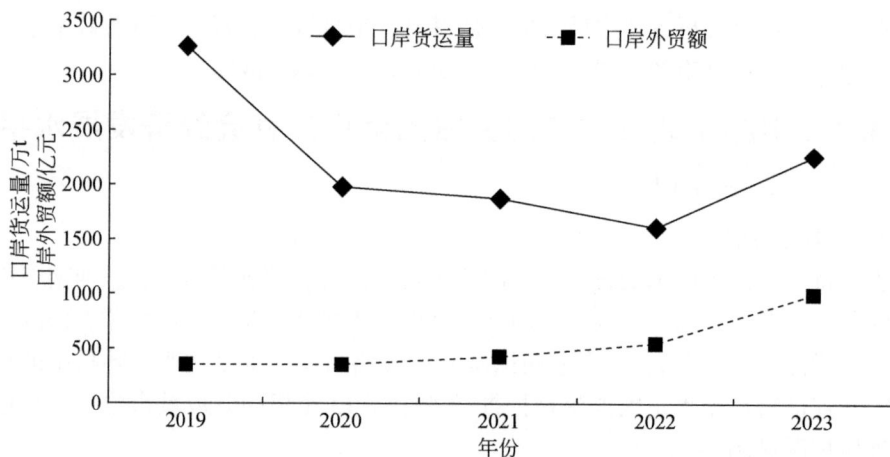

图 4-34 2019～2023 年满洲里口岸外贸情况

资料来源：2019～2023 年满洲里市国民经济和社会发展统计公报（2019～2023 年）

（3）绥芬河口岸

绥芬河处于东北亚经济圈的中心地带，是中国通往日本海的唯一陆路贸易口岸，距俄远东最大的港口城市符拉迪沃斯托克（海参崴）230km，有一条铁路、两条公路与俄罗斯相通。通过俄罗斯的符拉迪沃斯托克（海参崴）、纳霍德卡港口，连接中国、俄罗斯、日本、韩国、朝鲜等国家和地区陆海通道的关节点，是中国参与东北亚多边国际经济合作与竞争的"窗口"和"桥梁"。绥芬河口岸外贸情况见图 4-35。

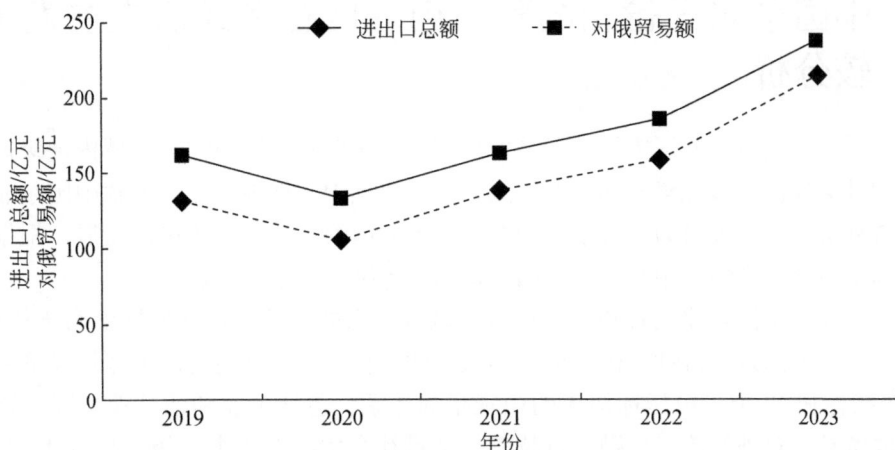

图 4-35　2019～2023 年绥芬河口岸外贸情况

资料来源：2019～2023 年绥芬河市国民经济和社会发展统计公报（2019～2023 年）

（4）黑河口岸

黑河口岸与俄罗斯远东第三大城市——阿穆尔州首府布拉戈维申斯克（海兰泡）市隔黑龙江相望，是 1982 年经国务院批准恢复的国家一类口岸，黑河—布拉戈维申斯克（海兰泡）市的货运码头间距 3500m、客运码头间距 650m，是中俄边境线上距离最近、规格最高的口岸。黑河口岸 1987 年恢复开通至 2022 年末，累计出入境旅客 2169.9 万人次、进出口货物 1124.9 万 t，有 7 年出入境旅客超百万，是中俄边境线上过客能力最强的口岸之一。黑河口岸的外贸情况见图 4-36。

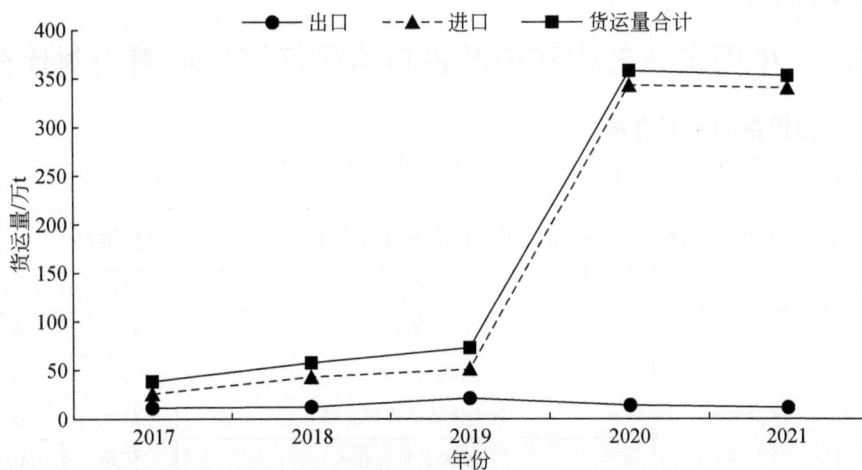

图 4-36　2017～2021 年黑河口岸外贸情况

资料来源：2017～2021 年黑河市国民经济和社会发展统计公报（2017～2021 年）

4.5 中国东北三省和内蒙古自治区社会经济发展潜力比较分析

为了进一步衡量考察区内社会经济发展现状，比较考察区域间、区域内地级市、国际口岸的社会经济发展优势和面临的挑战，充分挖掘中蒙俄国际经济走廊中国东北三省和内蒙古社会经济发展潜力，推动中国东北三省和内蒙古社会经济快速发展。根据研究需要，本节将分为省域、中心城市、国际口岸三个维度来对比分析。

首先，建立中国东北三省和内蒙古自治区级层面的经济、社会发展潜力指标体系，并基于不同维度的理论特性、衡量标准和数据的可获得性，分别构建了衡量经济发展的5个二级指标和23个三级指标构成的微观指标体系，包括工业和建筑业、固定资产投资、国内贸易、对外经济、金融、科技等；衡量社会发展的4个二级指标和16个三级指标构成的微观指标体系，包括就业、社会保障、教育、科学技术、医疗卫生、消费支出等，并根据平均确权法确定两个微观指标体系二级指标权重，分别为0.20和0.25，以此来计算各一级指标下具体指标的权重结果。其次，建立中国东北三省和内蒙古中心城市① （46个地级市）层面的经济、社会发展潜力指标体系，并基于不同维度的理论特性、衡量标准和数据的可获得性，分别构建了衡量经济发展的4个二级指标和15个三级指标构成的微观指标体系，衡量社会发展的3个二级指标和13个三级指标构成的微观指标体系，包括就业、社会保障、教育、科学技术、医疗卫生等，并根据平均确权法确定二级指标权重，分别为0.25和0.33，以此来计算各一级指标下具体指标的权重结果，从而更好地对比分析东北三省和内蒙古自治区所辖的46个地级市的社会经济发展潜力。此外，本节内容也将从国际口岸视角，对比分析中国东北三省和内蒙古国际口岸社会经济发展潜力。

4.5.1 中国东北三省和内蒙古自治区经济发展潜力对比分析

（1）指标权重的分配方案

中国东北三省和内蒙古经济发展潜力维度指标及其权重见表4-19。

表4-19　中国东北三省和内蒙古经济发展潜力维度指标的权重计算结果

一级指标	二级指标	具体指标	单位	权重
经济发展潜力	经济规模（0.20）	GDP	亿元	0.1667
		人均GDP	元	0.1667
		社会消费品零售总额	亿元	0.1666
		一般公共预算收入	亿元	0.1666
		一般公共预算支出	亿元	0.1667
		工业增加值	亿元	0.1667

---

① 由于数据缺失较多，所以在地级市经济社会发展潜力分析中将大兴安岭地区和延边朝鲜族自治州剔除。

续表

一级指标	二级指标	具体指标	单位	权重
经济发展潜力	经济结构 (0.20)	第一产业产值占 GDP 的比例	%	0.0333
		第二产业产值占 GDP 的比例	%	0.0333
		第三产业产值占 GDP 的比例	%	0.0334
	经济速度 (0.20)	GDP 增长率	%	0.1250
		一般公共预算收入增长率	%	0.1250
		一般公共预算支出增长率	%	0.1250
		规模以上工业增加值增长率	%	0.1250
		金融机构人民币各项存款余额增长率	%	0.1250
		社会消费品零售额同比增长率	%	0.1250
		全年固定资产投资（不含农户）增长率	%	0.1250
		进出口总额同比增长率	%	0.1250
	经济活力 (0.20)	规模以上工业企业 R&D 经费支出	万元	0.2500
		万人专利申请量	件	0.2500
		万人授权专利数量	件	0.2500
		万人普通本、专科在校生	人	0.2500
	经济开放 (0.20)	进出口总额	亿元	0.5000
		实际利用外资	亿美元	0.5000

（2）综合指数基本结果与分析思路

将负向指标正向化出来，并对基础指标进行无量纲标准化，对每个一级指标中的各具体指标赋予权重后，基于各具体指标的得分，得出各一级指标的得分，进而得出中国东北三省和内蒙古经济微观维度的得分。在接下来的分析中，首先对 2015～2021 年中国东北三省和内蒙古经济发展分别进行了一个整体的综合性分析，以期对 2015～2021 年中国东北三省和内蒙古经济发展有一个整体的认识。其次对 2015～2021 年中国东北三省和内蒙古经济发展进行横向比较分析，比较中国东北三省和内蒙古之间在微观维度和整体水平上的差异，从而把握中国东北三省和内蒙古各地区的优势和不足之处。为进一步分析各地区在各方面得分不同的原因，再次比较中国东北三省和内蒙古各地区各二级指标的得分情况，观察微观维度的二级指标得分排名与微观维度的得分排名是否一致，找出导致排名较为靠后的地区的微观维度分数低的症结所在，即哪个二级指标使其微观维度得分较低，同时穿插分析这个二级指标所包含的具体指标的得分情况，从而分析出导致地区差异的较为具体的原因。在比较过程中，也可以观察到各指标排名较为靠前的地区的突出之处，进而为其他地区提供可供参考的发展建议。

（3）总体对比分析

通过对微观维度的数据进行标准化处理，按照一级指标进行分组，对微观维度中的一级指标中的各具体指标赋予权重，再将微观维度中的一级指标赋予 0.20 的权重，计算出中国东北三省和内蒙古的经济发展得分。计算结果如表 4-20、图 4-37 所示。可以发现，各年度中国东北三省和内蒙古经济发展平均得分呈现微弱波动，但总体呈现下降的趋势。各年度中国东北三省和内蒙古各地区经济发展的得分排名如下：2015年，辽宁省>吉林省>黑龙江省>内蒙古自治区。辽宁省的经济发展得分最高，为0.6005，内蒙古自治区的经济发展得分最低，为0.4198。2016年，吉林省>辽宁省>内蒙古自治区>黑龙江省。吉林省的经济发展得分最高，为0.5797，黑龙江省的经济发展得分最低，为0.4011。2017年，辽宁省>黑龙江省>吉林省>内蒙古自治区。辽宁省的经济发展得分最高，为0.7203，内蒙古自治区的经济发展得分最低，为0.3091。2018年，辽宁省>黑龙江省>内蒙古自治区>吉林省。辽宁省的经济发展得分最高，为0.7540，吉林省的经济发展得分最低，为0.3156。2019年，辽宁省>内蒙古自治区>黑龙江省>吉林省。辽宁省的经济发展得分最高，为0.6614，吉林省的经济发展得分最低，为0.2658。2020年，辽宁省>黑龙江省>吉林省>内蒙古自治区。辽宁省的经济发展得分最高，为0.6484，内蒙古自治区的经济发展得分最低，为0.3307。2021年，辽宁省>黑龙江省>内蒙古自治区>吉林省。辽宁省的经济发展得分最高，为0.6607，吉林省的经济发展得分最低，为0.3530。总体来看，东北三省和内蒙古经济发展得分呈现下降趋势，平均得分从2015年的0.5052下降到2021年的0.4478，但2021年平均得分水平高于2020年，说明新冠疫情后，东北三省和内蒙古经济在恢复向好。从各地区经济发展逐年得分的发展来看，辽宁省经济发展相对于内蒙古自治区、黑龙江省和吉林省发展较好。从图4-37可以发现，辽宁省的得分有上升的趋势，黑龙江省、吉林省和内蒙古自治区经济发展得分在波动中均出现不同程度的下降，但内蒙古自治区2021年经济发展得分较2020年有所提高。

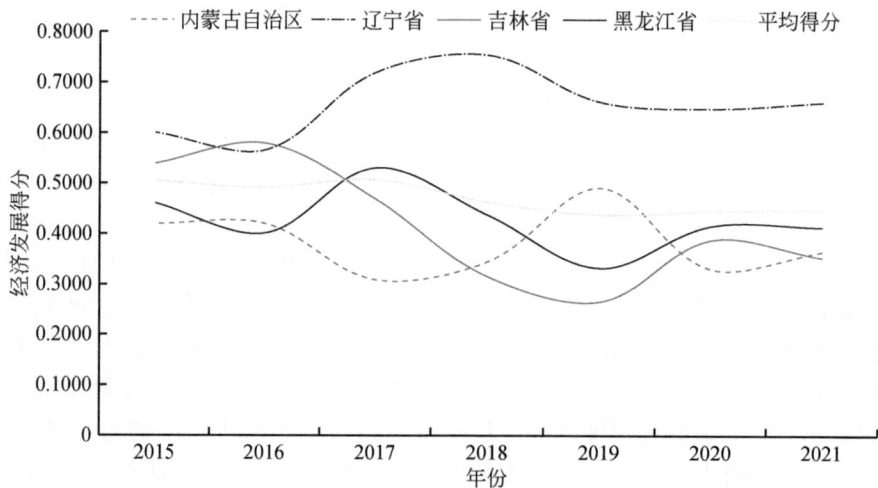

图4-37　2015~2021年中国东北三省和内蒙古经济发展得分情况

表4-20　2015~2021年中国东北三省和内蒙古经济发展得分情况

地区	2015年	2016年	2017年	2018年	2019年	2020年	2021年
内蒙古自治区	0.4198	0.4199	0.3091	0.3451	0.4909	0.3307	0.3646
辽宁省	0.6005	0.5661	0.7203	0.7540	0.6614	0.6484	0.6607
吉林省	0.5401	0.5797	0.4682	0.3156	0.2658	0.3877	0.3530

续表

地区	2015 年	2016 年	2017 年	2018 年	2019 年	2020 年	2021 年
黑龙江省	0.4604	0.4011	0.5308	0.4368	0.3323	0.4152	0.4131
平均得分	0.5052	0.4917	0.5071	0.4629	0.4376	0.4455	0.4478

（4）具体维度对比分析

在上一节从总体上分析了东北三省和内蒙古经济发展逐年的得分情况，在接下来的分析中，将从经济规模、经济结构、经济速度、经济活力、经济开放 5 个二级指标具体展开来进一步分析东北三省和内蒙古的经济发展情况，以期发现各地区经济发展存在的具体问题，进而针对性地提供政策建议（表 4-21、图 4-38）。

表 4-21　2015～2021 年中国东北三省和内蒙古经济发展二级指标平均得分情况

二级指标	2015 年	2016 年	2017 年	2018 年	2019 年	2020 年	2021 年
经济规模	0.3769	0.4416	0.4178	0.4118	0.4226	0.4274	0.4472
经济结构	0.5366	0.4963	0.5124	0.4939	0.4820	0.4906	0.5074
经济速度	0.6016	0.5730	0.5565	0.4935	0.5248	0.4657	0.5308
经济活力	0.5443	0.4916	0.4835	0.4296	0.3814	0.4180	0.4301
经济开放	0.4665	0.4561	0.5653	0.4855	0.3772	0.4255	0.3237

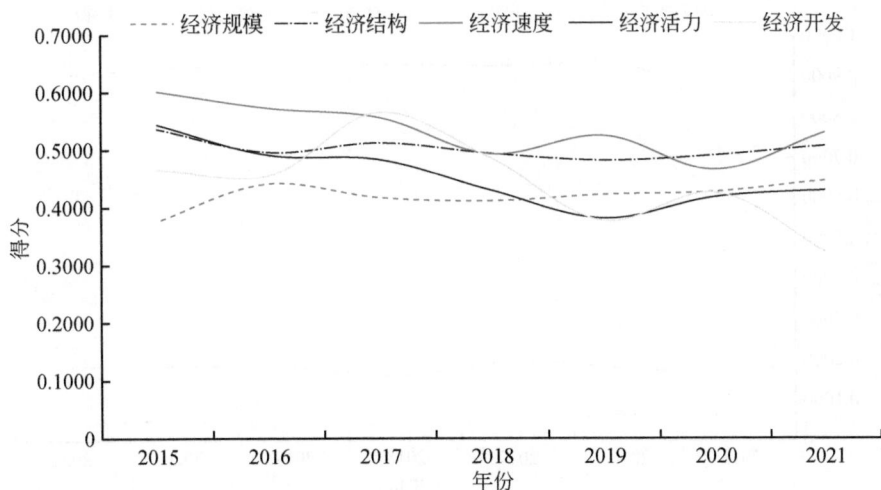

图 4-38　2015～2021 年中国东北三省和内蒙古经济发展二级指标平均得分情况

为了具体探究中国东北三省和内蒙古各地区经济发展情况，下面将分指标对各地区经济规模、经济结构、经济速度、经济活力、经济开发进行具体分析，以比较在经济发展中，东北三省和内蒙古各地区所面临的不同现实情况。

1）经济规模。在经济规模方面，计算结果如表 4-22、图 4-39 所示，从 2015～2021年平均得分来看，中国东北三省和内蒙古的经济规模总体呈现上升的趋势。具体的得分情况：辽宁省>内蒙古自治区>黑龙江省>吉林省。辽宁省经济规模得分较高，呈现上升趋势；内蒙古自治区次之，在波动中呈现上升趋势；黑龙江省经济规模得分较低，但略有上升趋势；吉林省得分最低，且总体呈现逐年下降的趋势。从具体的指标来分析，辽宁省 GDP、社会消费品零售总额、一般公共预算收入、一般公共预算支出和工业增加值水平较高，所以辽宁省的经济规模得分较高。内蒙古自治区人均 GDP、工业增加值水平较黑龙江省和吉林省较高，使得内蒙古自治区经济规模得分高于黑龙江省和吉林省。吉林省 GDP、社会消费品零售总额、一般公共预算收入、一般公共预算支出和工业增加值水平总体较低，且上升较为缓慢，所以吉林省的经济规模得分较低。黑龙江省人均 GDP 和工业增加值水平较低，所以黑龙江省经济规模得分增长幅度较小。总体来看，各省（自治区）的经济规模的潜力还有待进一步挖掘。

表 4-22　2015~2021 年中国东北三省和内蒙古经济规模得分情况

地区	2015 年	2016 年	2017 年	2018 年	2019 年	2020 年	2021 年
内蒙古自治区	0.5080	0.5953	0.5000	0.5144	0.5467	0.5484	0.6651
辽宁省	0.7798	0.9298	0.9277	0.9303	0.9270	0.9258	0.9058
吉林省	0.0553	0.0644	0.0465	0.0404	0.0360	0.0525	0.0350
黑龙江省	0.1645	0.1771	0.1968	0.1620	0.1806	0.1831	0.1829
平均得分	0.3769	0.4416	0.4178	0.4118	0.4226	0.4274	0.4472

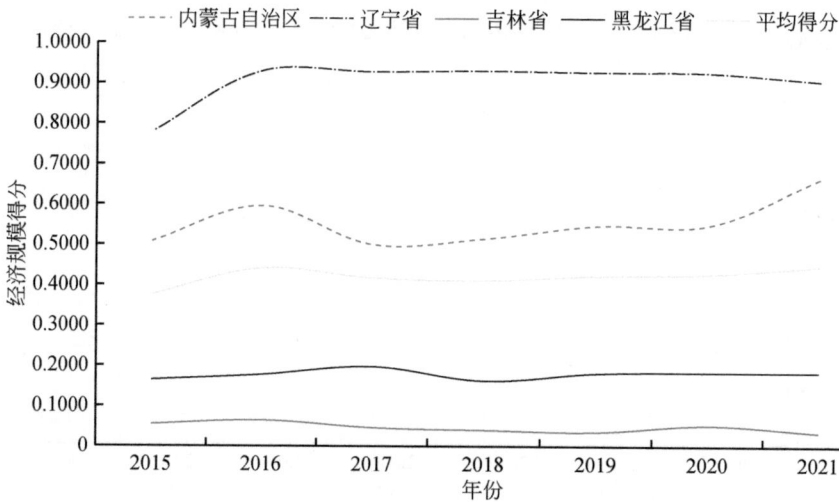

图 4-39　2015~2021 年中国东北三省和内蒙古经济规模得分情况

2）经济结构。在经济结构方面，计算结果如表 4-23、图 4-40 所示，从 2015~2021 年平均得分来看，中国东北三省和内蒙古的经济结构总体比较稳定，存在较小幅度的下降。具体地，辽宁省和吉林省经济结构得分较高，但在波动中均呈现出不同程度的下降；内蒙古自治区得分较低，且呈现出一定的下降趋势；黑龙江省得分最低，但呈现出上升的趋势。从具体的指标来看，辽宁省、吉林省第三产业产值占 GDP 的比例总体较高，所以辽宁省和吉林省的经济结构均呈现较高的水平，但第三产业产值占 GDP 的比例在小幅波动中增幅较小，所以总体上辽宁省和吉林省的经济结构得分呈现下降趋势。内蒙古自治区第三产业产值占 GDP 的比例水平次之，且在小幅波动中略有下降，同时第二产业产值占 GDP 的比例总体较高，所以内蒙古自治区经济规模得分较高，但经济结构得分呈现下降趋势。黑龙江省第二产业产值占 GDP 的比例、第三产业产值占 GDP 的比例较低，第一产业产值占 GDP 的比例较高，但第一和第二产业占比在逐步降低，所以黑龙江省的经济结构得分较低，但呈现上升趋势。

表 4-23　2015～2021 年中国东北三省和内蒙古经济结构得分情况

地区	2015 年	2016 年	2017 年	2018 年	2019 年	2020 年	2021 年
内蒙古自治区	0.5708	0.4853	0.5038	0.4423	0.4034	0.3862	0.3779
辽宁省	0.6403	0.5990	0.6054	0.5879	0.5830	0.6157	0.5283
吉林省	0.6019	0.5675	0.6071	0.6122	0.6081	0.5511	0.5514
黑龙江省	0.3333	0.3333	0.3333	0.3333	0.3333	0.4095	0.5721
平均得分	0.5366	0.4963	0.5124	0.4939	0.4820	0.4906	0.5074

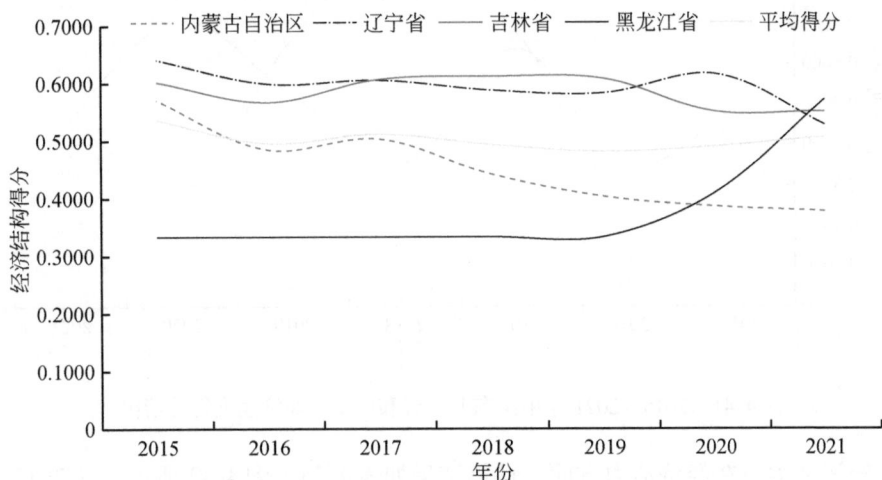

图 4-40　2015～2021 年中国东北三省和内蒙古经济结构得分情况

3）经济速度。在经济速度方面，计算结果如表 4-24、图 4-41 所示，从 2015～2021 年平均得分来看，中国东北三省和内蒙古的经济速度总体呈现下降的趋势，但各个省区的波动较大。内蒙古自治区初始经济速度得分较高，但整体呈现下降的趋势；吉林省得分次之，但波动幅度较大；黑龙江省得分相对较低，在 2015～2017 年，黑龙江省经济速度缓慢下降，在 2017 年和 2020 年出现了两次明显的上升；辽宁省经济速度得分最低，但在波动中呈现上升趋势。从具体的指标来看，内蒙古自治区全年固定资产投资（不含农户）增长率、社会消费品零售额同比增长率、一般公共预算支出增长率、规模以上工业增加值增长率、GDP 增长率水平变动幅度较大，所以内蒙古自治区经济速度得分较高，但总体呈现下降趋势，这从内蒙古自治区的经济结构和经济活力得分也能够得到印证；辽宁省经济速度得分呈现上升趋势，这在一定程度上也是由辽宁省的经济结构和经济活力水平决定的。

表 4-24　2015~2021 年中国东北三省和内蒙古经济速度得分情况

地区	2015 年	2016 年	2017 年	2018 年	2019 年	2020 年	2021 年
内蒙古自治区	0.8990	0.8797	0.5000	0.4875	0.7023	0.2546	0.6931
辽宁省	0.2996	0.2621	0.6797	0.8991	0.6647	0.2873	0.4632
吉林省	0.7110	0.8070	0.4072	0.2290	0.2085	0.6108	0.4861
黑龙江省	0.4968	0.3433	0.6393	0.3583	0.5239	0.7103	0.4808
平均得分	0.6016	0.5730	0.5565	0.4935	0.5248	0.4657	0.5308

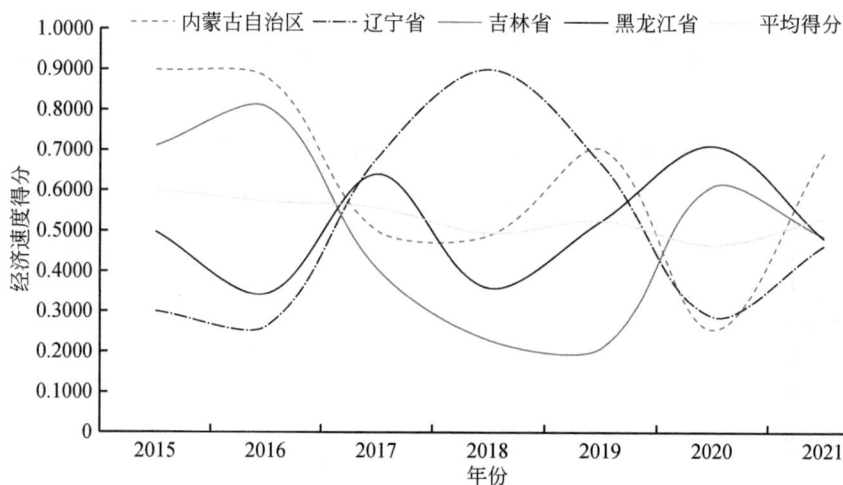

图 4-41　2015~2021 年中国东北三省和内蒙古经济速度得分情况

4）经济活力。在经济活力方面，计算结果如表 4-25、图 4-42 所示，从 2015~2021 年平均得分来看，中国东北三省和内蒙古的经济活力总体呈现下降趋势。具体的得分情况：辽宁省>吉林省>黑龙江省>内蒙古自治区。其中辽宁省得分最高，但在波动中略有下降；其次是吉林省，但呈现出在波动中下降的趋势；黑龙江省得分较低，在波动呈现下降趋势，但 2019~2021 年处于上升趋势；内蒙古自治区得分最低，且在波动中呈现下降趋势。从具体的指标来看，辽宁省的规模以上工业企业 R&D 经费支出、万人专利申请量、万人授权专利数量、万人普通本、专科在校生水平均较高，从研发投入到专利授权，这些都说明了辽宁省的经济活力，辽宁省这几年在不断加大研发和创新投入力度，不断激发经济发展活力。以上指标的水平同样解释了内蒙古自治区经济活力得分相对较低的原因，下一步内蒙古自治区可从加大研发和创新投入力度方面着手，进一步提高经济活力，更好地融入中蒙俄国际经济走廊的发展。

表 4-25　2015～2021 年中国东北三省和内蒙古经济活力得分情况

地区	2015 年	2016 年	2017 年	2018 年	2019 年	2020 年	2021 年
内蒙古自治区	0.1209	0.0643	0.0416	0.0472	0.5022	0.0503	0.0612
辽宁省	0.9594	0.9316	0.9092	0.8745	0.6325	0.9131	0.9061
吉林省	0.4991	0.4598	0.4987	0.4660	0.2673	0.4356	0.4364
黑龙江省	0.5976	0.5106	0.4845	0.3306	0.1235	0.2729	0.3167
平均得分	0.5443	0.4916	0.4835	0.4296	0.3814	0.4180	0.4301

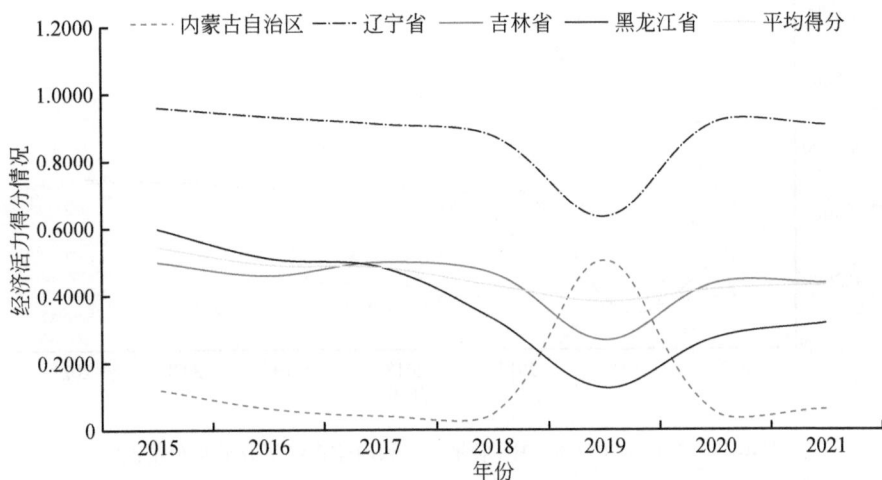

图 4-42　2015～2021 年中国东北三省和内蒙古经济活力得分情况

5）经济开放。在经济开放方面，计算结果如表 4-26、图 4-43 所示，从 2015～2021 年平均得分来看，中国东北三省和内蒙古的经济开放总体呈现下降的趋势，且各省区波动较大。黑龙江省经济开放表现相对最好，但呈现波动趋势；吉林省次之，但在波动中呈现下降的趋势；辽宁省得分较低，但在波动中呈现上升趋势；内蒙古自治区得分最低，但呈现逐年增长的趋势。从具体的指标来看，黑龙江省和吉林省进出口总额和实际利用外资得分较其他省（自治区）均较高，所以黑龙江省和吉林省经济开放得分较高，但由于实际利用外资出现较大幅度的减少，所以黑龙江省和吉林省经济开放得分呈现下降趋势。这说明下一步黑龙江省和吉林省要积极利用中蒙俄国际经济走廊，加大对外经济合作，提高经济开放水平，实现经济发展合理转型。辽宁省和内蒙古自治区经济开放得分呈现上升趋势，这也在一定程度上说明辽宁省和内蒙古自治区发挥了一定的地理优势，对外交流和合作水平在不断提升。

表 4-26　2015～2021 年中国东北三省和内蒙古经济开放得分情况

地区	2015 年	2016 年	2017 年	2018 年	2019 年	2020 年	2021 年
内蒙古自治区	0	0.0751	0	0.2341	0.2997	0.4138	0.0256
辽宁省	0.3232	0.1081	0.4794	0.4780	0.5000	0.5000	0.5000

地区	2015 年	2016 年	2017 年	2018 年	2019 年	2020 年	2021 年
吉林省	0.8331	1.0000	0.7818	0.2301	0.2091	0.2884	0.2563
黑龙江省	0.7098	0.6411	1.0000	1.0000	0.5000	0.5000	0.5129
平均得分	0.4665	0.4561	0.5653	0.4855	0.3772	0.4255	0.3237

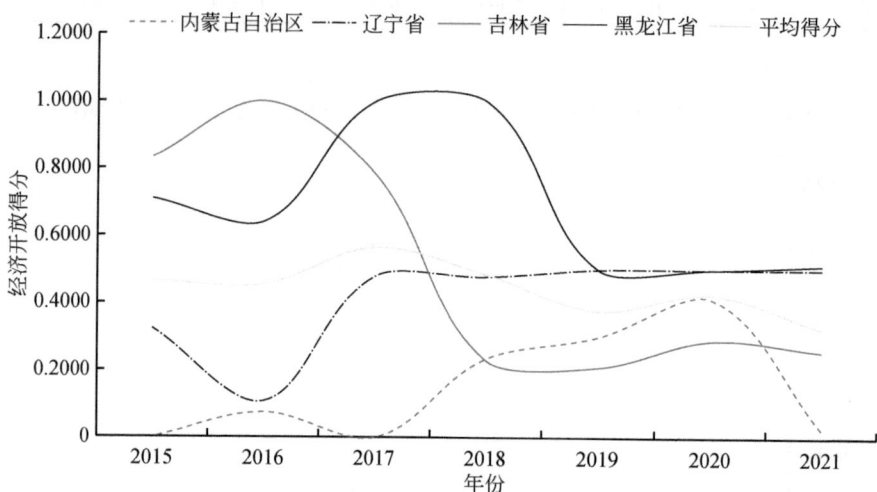

图 4-43　2015~2021 年中国东北三省和内蒙古经济开放得分情况

（5）中国东北三省和内蒙古自治区经济发展面临的挑战分析

1）各地区经济规模、经济活力、经济开放普遍较低，亟须提高。通过对描述中国东北三省和内蒙古经济发展的经济规模、经济结构、经济速度、经济活力和经济开放的经济微观二级指标的分析，可以发现，从 2015~2021 年，在中国东北三省和内蒙古的经济发展中，经济速度>经济结构>经济活力>经济开放>经济规模，其中，经济规模在所有指标中得分最低，经济开放次之；得分最高的是经济速度，其次是经济结构。这表明中国东北三省和内蒙古整体经济结构较好，所以经济速度相应得分较高，但是经济活力得分较低，说明中国东北三省和内蒙古的经济发展潜力尚未有效挖掘，这也可以从经济规模和经济开放得分水平得到印证，说明了东北三省和内蒙古继续探索高水平对外开放的现实诉求，也说明了中蒙俄国际经济走廊对于东北三省和内蒙古的经济发展的重要引擎作用。

2）各地区经济结构、经济速度表现较好，需继续保持。由计算结果可得，从总体上看，从 2015~2021 年，在中国东北三省和内蒙古的经济发展中，经济结构、经济速度相较于经济活力、经济开放和经济规模表现较好。具体的表现为经济速度>经济结构，这表明中国东北三省和内蒙古整体经济结构较好，这在一定程度上决定了东北三省和内蒙古具备的经济速度。但从各指标的逐年变化来看，可以发现，从 2015~2021 年，只有经济规模呈现上升趋势，经济结构和经济速度都有不同程度的下降。这说明在我国全面深化改革的进程中，东北三省和内蒙古面临着经济转型的现实需求，下一步应积极利用东北三省和内蒙古地理区位、自然资源等优势，探索如何促进对外交流、合作，积极融入中蒙俄经济走廊，推动经济高质量发展。

4.5.2　中国东北三省和内蒙古自治区社会发展潜力对比分析

（1）指标权重的分配方案

中国东北三省和内蒙古社会发展潜力维度指标及其权重见表4-27。

表4-27　中国东北三省和内蒙古社会发展潜力维度指标的权重计算结果

一级指标	二级指标	具体指标	单位	权重
社会发展潜力	人口与就业（0.25）	常住人口	万人	0.2500
		城镇化率	%	0.2500
		农村居民人均可支配收入	元	0.2500
		城镇居民人均可支配收入	元	0.2500
	社会福利（0.25）	城镇职工基本养老保险参保人数	人	0.3333
		城镇居民基本医疗保险参保人数	人	0.3333
		失业保险参保人数	人	0.3334
	公共服务（0.25）	每万人艺术表演团体拥有量	个	0.1429
		每万人公共图书馆机构拥有量	个	0.1429
		人均拥有公共图书馆藏	册	0.1429
		广播节目综合人口覆盖率	%	0.1429
		电视节目综合人口覆盖率	%	0.1428
		每万人拥有卫生技术人员数	人	0.1428
		每万人医疗卫生机构床位数	张	0.1428
	消费水平（0.25）	居民消费价格指数（上年=100）	%	0.5000
		居民人均生活消费支出	%	0.5000

（2）综合指数基本结果与分析思路

将负向指标正向化出来，并对基础指标进行无量纲标准化，对每个一级指标中的各具体指标赋予权重后，基于各具体指标的得分，得出各一级指标的得分，进而得出中国东北三省和内蒙古社会微观维度的得分。在接下来的分析中，首先对 2015～2021 年中国东北三省和内蒙古社会发展分别进行一个整体的综合性分析，以期对 2015～2021 年中国东北三省和内蒙古社会发展有一个整体的认识。其次，对 2015～2021 年中国东北三省和内蒙古社会发展进行横向比较分析，比较中国东北三省和内蒙古之间在微观维度和整体水平上的差异，从而把握中国东北三省和内蒙古各地区的优势和不足之处。为进一步分析各地区在各方面得分不同的原因，再次比较中国东北三省和内蒙古各地区各二级指标的得分情况，观察微观维度的二级指标得分排名与微观维度的得分排名是否一致，找出导致排名较为靠后的地区微观维度分数低的症结所在，即哪个二级指标使其微观维度得分较低，同时穿插分析这个二级指标所包含的具体指标的得分情况，从而分析出导致地区差异的较为具体的原因。在比较过程中，也可以观察到各指标排名较为靠前的地区的突出之处，进而为其他地区提供可供参考的发展建议。

（3）总体对比分析

通过对微观维度的数据进行标准化处理，按照一级指标进行分组，对微观维度中的一级指标中的各具体指标赋予权重，再将微观维度中的一级指标赋予 1/4 权重，计算出中国东北三省和内蒙古的社会发展得分。计算结果如表 4-28、图 4-44 所示。可以发现，2015～2021，中国东北三省和内蒙古社会发展平均得分总体得分呈现微弱波动，总体呈现上升趋势。各年度中国东北三省和内蒙古各地区社会发展的得分：2015 年，辽宁省>内蒙古自治区>黑龙江省>吉林省。辽宁省的社会发展得分最高，为 0.8304；吉林省的社会发展得分最低，为 0.1288。2016 年，辽宁省>内蒙古自治区>黑龙江省>吉林省。辽宁省的社会发展得分最高，为 0.7886；吉林省的社会发展得分最低，为 0.1024。2017 年，辽宁省>内蒙古自治区>黑龙江省>吉林省。辽宁省的社会发展得分最高，为 0.8153；吉林省的社会发展得分最低，为 0.1139。2018 年，辽宁省>内蒙古自治区>黑龙江省>吉林省。辽宁省的社会发展得分最高，为 0.9245；吉林省的社会发展得分最低，为 0.1484。2019 年，辽宁省>内蒙古自治区>黑龙江省>吉林省。辽宁省的社会发展得分最高，为 0.7429；吉林省的社会发展得分最低，为 0.2707。2020 年，辽宁省>黑龙江省>内蒙古自治区>吉林省。辽宁省的社会发展得分最高，为 0.8798；吉林省的社会发展得分最低，为 0.2457。2021 年，辽宁省>内蒙古自治区>黑龙江省>吉林省。辽宁省的社会发展得分最高，为 0.8386；吉林省的社会发展得分最低，为 0.1399。从各地区逐年的社会发展得分情况来看，辽宁省的社会发展得分始终领先于其他三个省份，从图 4-44 可以发现，辽宁省的社会发展得分在波动中略有上升，内蒙古自治区的社会发展得分在波动中呈现下降趋势，吉林省和黑龙江省的社会发展得分在波动中呈现上升趋势。

表 4-28　2015～2021 年中国东北三省和内蒙古社会发展得分情况

地区	2015 年	2016 年	2017 年	2018 年	2019 年	2020 年	2021 年
内蒙古自治区	0.5089	0.4906	0.5290	0.3929	0.3386	0.3262	0.4450
辽宁省	0.8304	0.7886	0.8153	0.9245	0.7429	0.8798	0.8386
吉林省	0.1288	0.1024	0.1139	0.1484	0.2707	0.2457	0.1399
黑龙江省	0.2191	0.2692	0.1703	0.2010	0.2887	0.3610	0.2641
平均得分	0.4218	0.4127	0.4071	0.4167	0.4102	0.4532	0.4219

（4）具体维度对比分析

在总体分析的基础上，对中国东北三省和内蒙古社会发展有了一个整体的认识，在接下来的分析中，将从人口与就业、社会福利、公共服务、消费水平 4 个二级指标具体展开来进一步分析东北三省和内蒙古的社会发展情况，在对比中将发现各地区存在的不同问题以及产生问题的原因（图 4-45、表 4-29）。

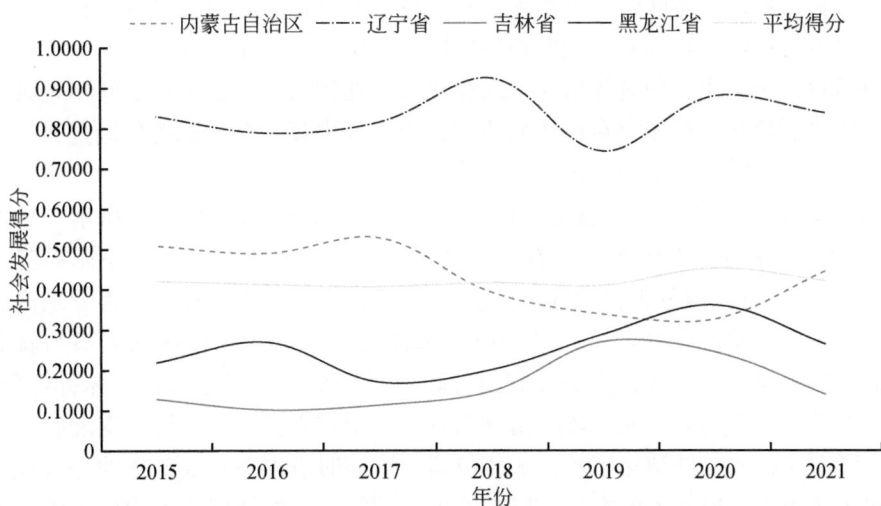

图 4-44　2015～2021 年中国东北三省和内蒙古社会发展得分情况

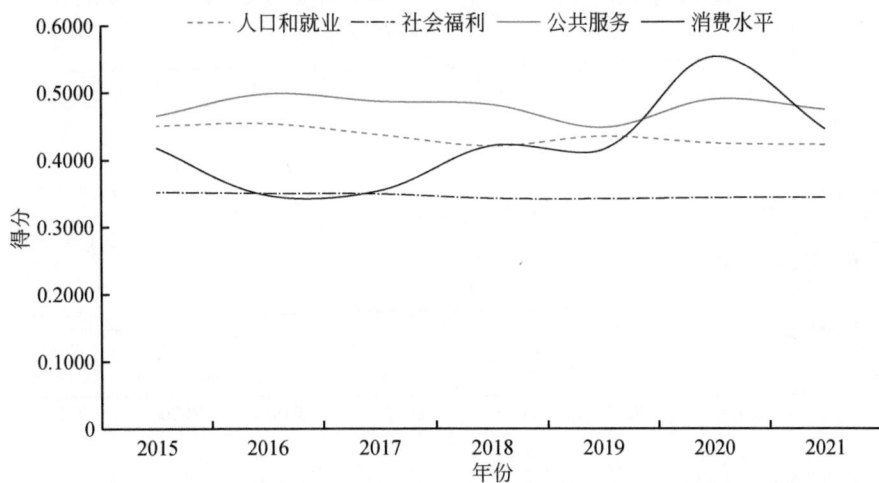

图 4-45　2015～2021 年中国东北三省和内蒙古社会发展二级指标平均得分情况

表 4-29　2015～2021 年中国东北三省和内蒙古社会发展二级指标平均得分情况

二级指标	2015 年	2016 年	2017 年	2018 年	2019 年	2020 年	2021 年
人口与就业	0.4510	0.4543	0.4376	0.4209	0.4352	0.4249	0.4226
社会福利	0.3525	0.3505	0.3495	0.3428	0.3421	0.3438	0.3443
公共服务	0.4657	0.4984	0.4871	0.4821	0.4484	0.4902	0.4748
消费水平	0.4181	0.3476	0.3543	0.4209	0.4152	0.5537	0.4458

　　下面将分指标对各地区人口与就业、社会福利、公共服务、消费水平进行具体分析，以比较在社会发展中，东北三省和内蒙古各地区所面临的不同现实情况。为了更加全面详尽地比较中国东北三省和内蒙古各地区的社会发展的具体情况的差异，还须对中

国东北三省和内蒙古各地区的具体指标进行比较。具体指标是对各维度指标的细化，其陈述的问题更为具体，可以直接地发现各地区发展中存在不足之处，在分情况比较各具体指标的同时，还会注意到具体指标之间存在的内在逻辑。很多指标之间不是独立存在的，其发达或落后与否可能存在相同的原因，抑或其中某一个指标得分低是另一个指标得分低的原因，这些在以下的分析中均有体现。

1）人口与就业。在人口与就业方面，计算结果如表4-30、图4-46所示，从2015～2021年平均得分来看，中国东北三省和内蒙古的人口与就业总体呈现下降趋势。具体的得分情况：辽宁省>内蒙古自治区>黑龙江省>吉林省。其中，辽宁省得分最高，但略有下降；其次是内蒙古自治区，但在2015～2021年，内蒙古自治区的人口与就业得分在波动中总体呈现上升趋势；黑龙江省得分较低，且呈现下降趋势；吉林省得分最低，且在波动中呈现下降趋势。从具体的指标来看，辽宁省农村居民人均可支配收入、城镇居民人均可支配收入、城镇化率较其他省份高，这同时也得益于辽宁省的经济规模、经济结构和经济活力。吉林省的农村居民人均可支配收入、城镇居民人均可支配收入、城镇化率水平相对较低，所以吉林省人口与就业得分相对较低。

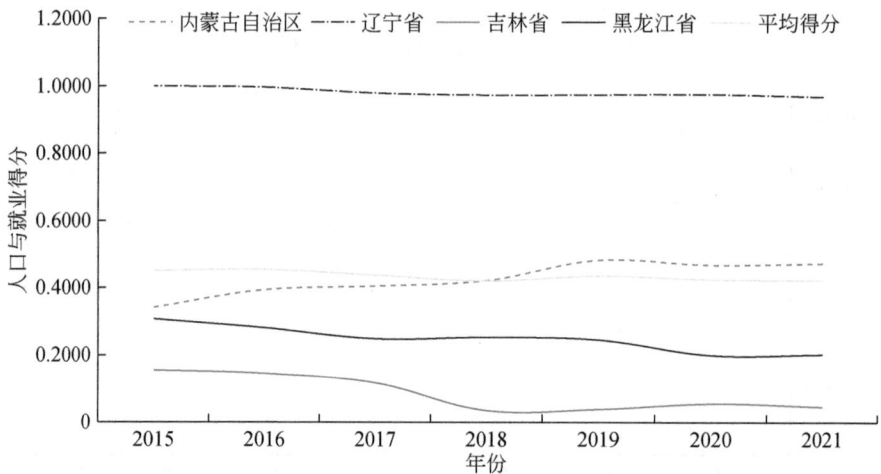

图4-46 2015～2021年中国东北三省和内蒙古人口与就业得分情况

表4-30 2015～2021年中国东北三省和内蒙古人口与就业得分情况

地区	2015年	2016年	2017年	2018年	2019年	2020年	2021年
内蒙古自治区	0.3419	0.3941	0.4051	0.4219	0.4823	0.4681	0.4729
辽宁省	1.0000	0.9966	0.9794	0.9736	0.9745	0.9761	0.9691
吉林省	0.1553	0.1458	0.1176	0.0352	0.0388	0.0557	0.0466
黑龙江省	0.3070	0.2808	0.2482	0.2527	0.2450	0.1998	0.2020
平均得分	0.4510	0.4543	0.4376	0.4209	0.4352	0.4249	0.4226

2）社会福利。在社会福利方面，计算结果如表4-31、图4-47所示，从2015～2021年平均得分来看，中国东北三省和内蒙古的社会福利总体相对平稳，但略有下降趋势。具体的得分情况：辽宁省>黑龙江省>吉林省>内蒙古自治区。其中，辽宁省得分最高，

且总体平稳；其次是黑龙江省，但呈现下降趋势；吉林省得分较低，且在波动中略呈下降趋势；内蒙古自治区得分最低，但在波动中呈现上升趋势。从具体的指标来看，辽宁省的城镇职工基本养老保险参保人数、城镇居民基本医疗保险参保人数、失业保险参保人数较内蒙古自治区相对较高，但内蒙古自治区城镇职工基本养老保险参保人数、城镇居民基本医疗保险参保人数、失业保险参保人数稳步上升，所以内蒙古自治区社会福利得分水平呈现上升趋势。

表 4-31　2015~2021 年中国东北三省和内蒙古社会福利得分情况

地区	2015 年	2016 年	2017 年	2018 年	2019 年	2020 年	2021 年
内蒙古自治区	0	0	0	0	0.0005	0.0071	0.0131
辽宁省	1.0000	1.0000	1.0000	1.0000	1.0000	1.0000	1.0000
吉林省	0.1086	0.1014	0.1111	0.1069	0.0943	0.0897	0.0883
黑龙江省	0.3013	0.3007	0.2871	0.2645	0.2737	0.2784	0.2758
平均得分	0.3525	0.3505	0.3495	0.3428	0.3421	0.3438	0.3443

图 4-47　2015~2021 年中国东北三省和内蒙古社会福利得分情况

3）公共服务。在公共服务方面，计算结果如表 4-32、图 4-48 所示，从 2015~2021 年平均得分来看，中国东北三省和内蒙古的公共服务，在波动中略有上升趋势。具体的得分情况：内蒙古自治区>辽宁省>黑龙江省>吉林省。其中，内蒙古自治区得分最高，但在波动中呈现下降趋势；其次是吉林省，同时在 2015~2021 年，吉林省的公共服务整体呈现上升趋势；黑龙江省得分较低，但在波动中呈现上升趋势；吉林省得分最低，但在波动中同样呈现上升趋势。从具体的指标来看，内蒙古自治区每万人艺术表演团体拥有量、人均拥有公共图书馆藏量、广播节目综合人口覆盖率、电视节目综合人口覆盖率、每万人拥有卫生技术人员数、每万人医疗卫生机构床位数水平相较于其他省（自治区）具有较高得分，表明内蒙古自治区的公共服务水平相较于其他省具有较高水平，但内蒙古自治区公共服务得分呈现下降趋势。总体来看，各省区公共服务水平均有待提升，下一步均应加大公共服务投入和建设。

表 4-32　2015～2021 年中国东北三省和内蒙古公共服务得分情况

地区	2015 年	2016 年	2017 年	2018 年	2019 年	2020 年	2021 年
内蒙古自治区	0.6964	0.7328	0.8659	0.8463	0.5486	0.4509	0.6328
辽宁省	0.7793	0.6455	0.7651	0.7243	0.4970	0.5432	0.3852
吉林省	0.1188	0.1197	0.1712	0.2137	0.4497	0.4010	0.4246
黑龙江省	0.2682	0.4954	0.1460	0.1440	0.2984	0.5658	0.4567
平均得分	0.4657	0.4984	0.4871	0.4821	0.4484	0.4902	0.4748

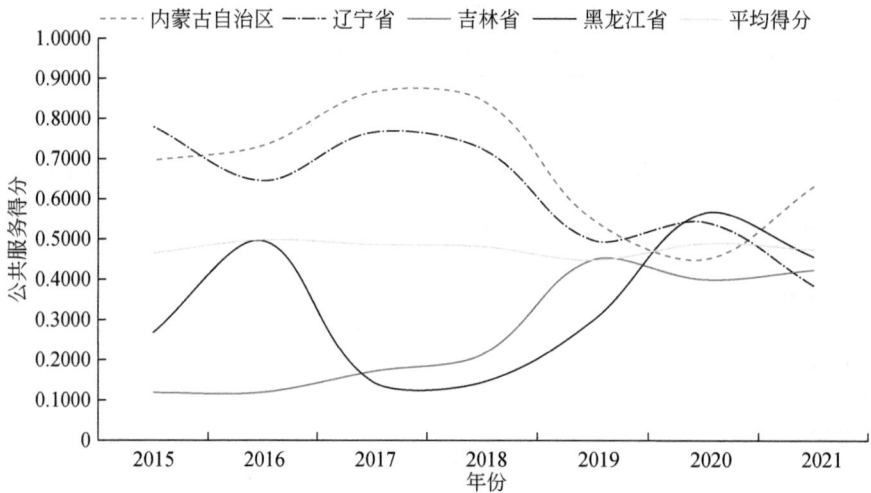

图 4-48　2015～2021 年中国东北三省和内蒙古公共服务得分情况

4）消费水平。在消费水平方面，计算结果如表 4-33、图 4-49 所示，从 2015～2021 年平均得分来看，中国东北三省和内蒙古的消费水平总体呈现上升的趋势，但各省区的波动较大。其中，辽宁省得分最高，且在波动中呈现上升的趋势；内蒙古自治区和吉林省在 2015～2021 年均在波动中呈现出不同程度的下降趋势；黑龙江省消费水平得分呈现上升趋势。从具体的指标来看，辽宁省居民人均生活消费支出相对于其他省区具有较高的水平，所以辽宁省消费水平得分相对最高，且呈现上升趋势，辽宁省的经济发展得分在一定程度上也能够解释这一结论。内蒙古自治区消费水平得分呈现下降趋势，这也可以从对内蒙古自治区的经济速度、经济活力和经济结构分析中得到印证。

表 4-33　2015～2021 年中国东北三省和内蒙古消费水平得分情况

地区	2015 年	2016 年	2017 年	2018 年	2019 年	2020 年	2021 年
内蒙古自治区	0.9972	0.8353	0.8448	0.3032	0.3232	0.3786	0.6612
辽宁省	0.5425	0.5125	0.5167	1.0000	0.5000	1.0000	1.0000

续表

地区	2015 年	2016 年	2017 年	2018 年	2019 年	2020 年	2021 年
吉林省	0.1325	0.0427	0.0556	0.2377	0.5000	0.4362	0.0000
黑龙江省	0	0	0	0.1429	0.3377	0.4000	0.1220
平均得分	0.4181	0.3476	0.3543	0.4209	0.4152	0.5537	0.4458

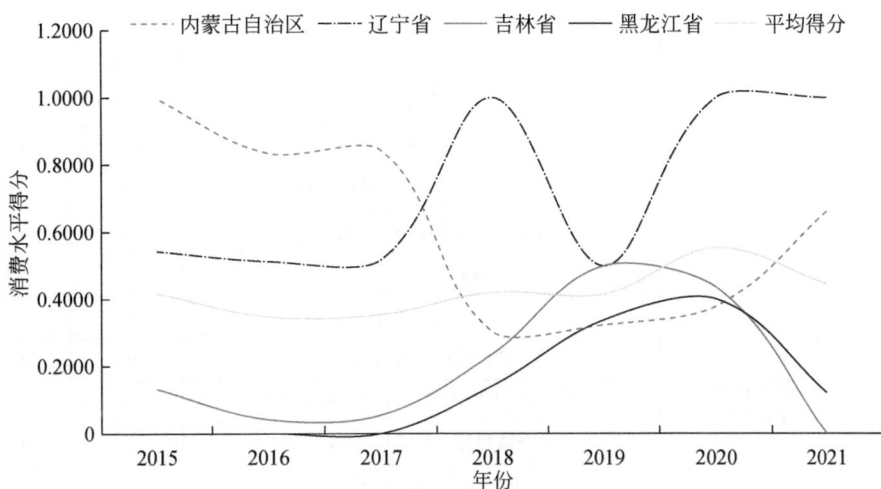

图 4-49　2015～2021 年中国东北三省和内蒙古消费水平得分情况

（5）中国东北三省和内蒙古经济发展面临的挑战分析

1）各地区人口与就业、消费水平、社会福利相对较低，有待提高。通过对描述中国东北三省和内蒙古社会发展的人口与就业、社会福利、公共服务和消费水平的社会微观二级指标的分析，可以发现，2015～2021 年，在中国东北三省和内蒙古的社会发展中，公共服务＞人口与就业＞消费水平＞社会福利，其中公共服务在所有指标中得分最高，人口与就业次之，得分最低的是社会福利，其次是消费水平。这表明中国东北三省和内蒙古整体公共服务水平较高，人民生活幸福感较高，但是人口与就业、消费水平和社会福利得分相对较低。2015～2021 年，公共服务和消费水平呈现出上升的趋势，人口与就业和社会福利呈现下降的趋势，说明中国东北三省和内蒙古的人口与就业和社会福利还有待提升。

2）各地区公共服务水平表现较好，需继续保持。由计算结果可得，总体上看，2015～2021 年，中国东北三省和内蒙古社会发展中，公共服务相较于人口与就业、消费水平和社会福利表现较好，且在波动中呈现上升的趋势。经济与社会的发展是相辅相成、相互促进的，经济发展水平高，社会发展才有基础，而较好的社会发展，也能够更好地促进经济的发展，给经济发展提供更好的软环境。下一步各地区应进一步扩大服务群体，提升基本公共服务水平和质量，推进城乡基本公共服务均等化。同时，在上面的分析中，我们得出东北三省和内蒙古的经济潜力还未充分挖掘，下一步中蒙俄经济走廊将进一步释放东北三省和内蒙古的经济潜力，促进东北三省和内蒙古的社会发展。

191

4.5.3 中国东北三省和内蒙古中心城市经济发展潜力对比分析

中国东北三省和内蒙古中心城市经济发展微观维度指标及其权重见表4-34。

表 4-34 中国东北三省和内蒙古中心城市经济发展微观维度指标的权重计算结果

一级指标	二级指标	具体指标	单位	权重
经济发展水平 (0.50)	经济规模 (0.25)	GDP	亿元	0.2000
		人均 GDP	元	0.2000
		社会消费品零售总额	亿元	0.2000
		一般公共预算收入	亿元	0.2000
		一般公共预算支出	亿元	0.2000
	经济结构 (0.25)	第一产业产值占 GDP 的比例	%	0.0333
		第二产业产值占 GDP 的比例	%	0.0333
		第三产业产值占 GDP 的比例	%	0.0334
	经济速度 (0.25)	GDP 增长率	%	0.2000
		一般公共预算收入增长率	%	0.2000
		金融机构人民币各项存款余额增长率	%	0.2000
		社会消费品零售额同比增长率	%	0.2000
		进出口总额同比增长率	%	0.2000
	经济活力 (0.25)	万人授权专利数量	件	0.5000
		万人普通本、专科在校生	人	0.5000

(1) 总体对比分析

通过对微观维度的数据进行标准化处理，按照一级指标进行分组，对微观维度中的一级指标中的各具体指标赋予权重，再将微观维度中的一级指标赋予1/4权重，计算出中国东北三省和内蒙古中心城市的经济发展得分。计算结果如表 4-35 所示，可以发现，2015～2021 年，中国东北三省和内蒙古中心城市经济发展平均得分总体在波动中呈现上升趋势[①]，由 2015 年的 0.3153 上升为 2021 年的 0.3516。具体地，各地级市经济发展得分排名呈现如下变化：2015 年，排名前十的城市分别为沈阳市、长春市、大连市、哈尔滨市、呼和浩特市、包头市、鄂尔多斯市、吉林市、绥化市、齐齐哈尔市；2017年，排名前十的城市分别为沈阳市、长春市、大连市、哈尔滨市、呼和浩特市、包头市、鄂尔多斯市、吉林市、绥化市、齐齐哈尔市；2019 年排名前十的城市分别为沈阳市、大连市、哈尔滨市、大庆市、鄂尔多斯市、呼和浩特市、长春市、盘锦市、四平市、黑河市；2021 年排名前十的城市分别为沈阳市、大连市、长春市、哈尔滨市、大庆市、鄂尔多斯市、呼和浩特市、佳木斯市、吉林市、黑河市。从排名变化来看，沈阳市、大连市、哈尔滨市经济发展相对较好，一直稳居前四；呼和浩特市、鄂尔多斯市排

---

① 在不影响中心城市经济发展得分分析的情况下，为了更加清晰直观地展现中心城市排名结果，这里只展示了 2015 年、2017 年、2019 年和 2021 年中心城市经济发展综合得分及排名。

名基本徘徊在第五至七名，排名相对稳定；而其他城市排名相对不稳定。2019 年大庆市代替了 2015 年和 2017 年排名在前的长春市，首次挤进前五名，2021 年仍保持在第五名。其中，在排名前十的城市中，呼和浩特市的排名下降较为明显，由 2015 年的第 5 名下降为 2021 年的第 7 名。相比较而言，2015 年，排名后十位的城市为白山市、阜新市、鸡西市、双鸭山市、朝阳市、七台河市、本溪市、丹东市、铁岭市、伊春市；2017 年，排名后十位的城市为白山市、阜新市、鸡西市、双鸭山市、朝阳市、七台河市、本溪市、丹东市、铁岭市、伊春市；2019 年，排名后十位的城市为巴彦淖尔市、呼伦贝尔市、乌兰察布市、白山市、抚顺市、伊春市、通辽市、铁岭市、辽源市、通化市；2021 年，排名后十位的城市为营口市、松原市、白山市、阿拉善盟、辽源市、辽阳市、葫芦岛市、兴安盟、通化市、乌兰察布市。其中，白山市排名一直较为靠后，经济发展综合得分较低。

表 4-35　2015～2021 年中国东北三省和内蒙古中心城市经济发展综合得分及排名

排名	2015 年		2017 年		2019 年		2021 年	
	城市	得分	城市	得分	城市	得分	城市	得分
1	沈阳市	0.5913	沈阳市	0.5923	沈阳市	0.5988	沈阳市	0.5881
2	长春市	0.5851	长春市	0.5730	大连市	0.5461	大连市	0.5717
3	大连市	0.5780	大连市	0.5614	哈尔滨市	0.4851	长春市	0.5458
4	哈尔滨市	0.5144	哈尔滨市	0.5244	大庆市	0.4273	哈尔滨市	0.5367
5	呼和浩特市	0.4934	呼和浩特市	0.4607	鄂尔多斯市	0.4202	大庆市	0.5221
6	包头市	0.4297	包头市	0.4386	呼和浩特市	0.3887	鄂尔多斯市	0.4988
7	鄂尔多斯市	0.3934	鄂尔多斯市	0.4314	长春市	0.3689	呼和浩特市	0.4325
8	吉林市	0.3733	吉林市	0.3714	盘锦市	0.3643	佳木斯市	0.4168
9	绥化市	0.3419	绥化市	0.3644	四平市	0.3379	吉林市	0.3854
10	齐齐哈尔市	0.3403	齐齐哈尔市	0.3519	黑河市	0.3358	黑河市	0.3793
11	四平市	0.3380	四平市	0.3347	锦州市	0.3257	牡丹江市	0.3761
12	盘锦市	0.3258	盘锦市	0.3250	阜新市	0.3237	包头市	0.3759
13	乌兰察布市	0.3252	乌兰察布市	0.3246	包头市	0.3210	锦州市	0.3758
14	鞍山市	0.3161	鞍山市	0.3095	佳木斯市	0.3180	阜新市	0.3687
15	通辽市	0.3141	通辽市	0.3054	本溪市	0.3175	齐齐哈尔市	0.3628
16	营口市	0.3134	营口市	0.3028	牡丹江市	0.3094	双鸭山市	0.3607
17	佳木斯市	0.3129	佳木斯市	0.3027	朝阳市	0.3086	丹东市	0.3578
18	通化市	0.3093	通化市	0.3003	乌海市	0.3003	本溪市	0.3524
19	乌海市	0.3093	乌海市	0.2947	鞍山市	0.2960	朝阳市	0.3429
20	赤峰市	0.2980	赤峰市	0.2894	赤峰市	0.2886	呼伦贝尔市	0.3374
21	兴安盟	0.2975	兴安盟	0.2884	吉林市	0.2867	赤峰市	0.3371
22	锦州市	0.2951	锦州市	0.2882	营口市	0.2840	铁岭市	0.3326
23	牡丹江市	0.2884	牡丹江市	0.2866	辽阳市	0.2837	七台河市	0.3324
24	呼伦贝尔市	0.2847	呼伦贝尔市	0.2861	双鸭山市	0.2810	鞍山市	0.3307

排名	2015 年		2017 年		2019 年		2021 年	
	城市	得分	城市	得分	城市	得分	城市	得分
25	鹤岗市	0.2809	鹤岗市	0.2829	阿拉善盟	0.2789	鸡西市	0.3301
26	大庆市	0.2749	大庆市	0.2807	葫芦岛市	0.2742	鹤岗市	0.3295
27	辽阳市	0.2739	辽阳市	0.2783	兴安盟	0.2728	白城市	0.3280
28	巴彦淖尔市	0.2733	巴彦淖尔市	0.2773	锡林郭勒盟	0.2712	盘锦市	0.3211
29	锡林郭勒盟	0.2710	锡林郭勒盟	0.2765	白城市	0.2648	抚顺市	0.3117
30	抚顺市	0.2700	抚顺市	0.2754	丹东市	0.2635	锡林郭勒盟	0.3067
31	松原市	0.2699	松原市	0.2722	绥化市	0.2627	巴彦淖尔市	0.3013
32	白城市	0.2691	白城市	0.2698	松原市	0.2601	四平市	0.3004
33	黑河市	0.2687	黑河市	0.2630	七台河市	0.2579	伊春市	0.3002
34	葫芦岛市	0.2604	葫芦岛市	0.2627	齐齐哈尔市	0.2538	乌海市	0.2972
35	阿拉善盟	0.2578	阿拉善盟	0.2613	鹤岗市	0.2532	绥化市	0.2957
36	辽源市	0.2571	辽源市	0.2602	鸡西市	0.2472	通辽市	0.2923
37	白山市	0.2493	白山市	0.2566	巴彦淖尔市	0.2438	营口市	0.2871
38	阜新市	0.2440	阜新市	0.2523	呼伦贝尔市	0.2428	松原市	0.2854
39	鸡西市	0.2407	鸡西市	0.2517	乌兰察布市	0.2384	白山市	0.2833
40	双鸭山市	0.2406	双鸭山市	0.2510	白山市	0.2384	阿拉善盟	0.2681
41	朝阳市	0.2349	朝阳市	0.2456	抚顺市	0.2382	辽源市	0.2633
42	七台河市	0.2334	七台河市	0.2433	伊春市	0.2252	辽阳市	0.2631
43	本溪市	0.2224	本溪市	0.2314	通辽市	0.2130	葫芦岛市	0.2627
44	丹东市	0.2189	丹东市	0.2224	铁岭市	0.2082	兴安盟	0.2453
45	铁岭市	0.2182	铁岭市	0.2102	辽源市	0.1983	通化市	0.2443
46	伊春市	0.2042	伊春市	0.1932	通化市	0.1944	乌兰察布市	0.2370
平均得分	—	0.3153	—	0.3158	—	0.3026	—	0.3516

（2）具体维度对比分析

经计算，可以发现，中国东北三省和内蒙古各中心城市经济规模综合得分排名①呈现如下变化（表4-36）：2015 年，排名前十的城市分别为大连市、沈阳市、哈尔滨市、长春市、鄂尔多斯市、包头市、呼和浩特市、大庆市、吉林市、鞍山市；2017 年，排名前十的城市分别为大连市、沈阳市、哈尔滨市、长春市、鄂尔多斯市、呼和浩特市、包头市、大庆市、吉林市、赤峰市；2019 年排名前十的城市分别为沈阳市、大连市、长春市、鄂尔多斯市、哈尔滨市、呼和浩特市、包头市、大庆市、赤峰市、盘锦市；2021 年排名前十的城市分别为沈阳市、大连市、长春市、鄂尔多斯市、哈尔滨市、包头市、呼和浩特市、大庆市、赤峰市、鞍山市。从排名变化来看，大连市、沈阳市、哈

---

① 为了更加清晰直观地展现排名结果，这里只展示了中心城市 2015～2018 年排名的前十名和后十名。

尔滨市长春市经济规模相对较好，一直稳居前五；呼和浩特市、包头市、鄂尔多斯市、大庆市排名基本徘徊在第五、六、七、八、九名，排名相对稳定；第九、十名的中心城市排名较不稳定。相比较而言，2015 年，排名后十位的城市为辽源市、葫芦岛市、兴安盟、阜新市、鸡西市、黑河市、双鸭山市、伊春市、鹤岗市、七台河市；2017 年，排名后十位的城市为辽源市、铁岭市、鸡西市、兴安盟、黑河市、双鸭山市、阜新市、鹤岗市、伊春市、七台河市；2019 年，排名后十位的城市为白山市、白城市、铁岭市、鸡西市、双鸭山市、阜新市、鹤岗市、伊春市、辽源市、七台河市；2021 年，排名后十位的城市为铁岭市、四平市、双鸭山市、阜新市、伊春市、辽源市、鹤岗市、七台河市、乌海市、兴安盟。其中，辽源市、鹤岗市、阜新市、伊春市、七台河市排名一直相对靠后。

表 4-36　2015～2021 年中国东北三省和内蒙古中心城市经济规模综合得分及排名

项目	排名	2015 年		2017 年		2019 年		2021 年	
		城市	经济规模综合得分	城市	经济规模综合得分	城市	经济规模综合得分	城市	经济规模综合得分
2015～2021 年中国东北三省和内蒙古中心城市经济规模综合得分及前十名排名	1	大连市	0.8461	大连市	0.8783	沈阳市	0.8476	沈阳市	0.8418
	2	沈阳市	0.8355	沈阳市	0.8006	大连市	0.7684	大连市	0.7588
	3	哈尔滨市	0.6755	哈尔滨市	0.7358	长春市	0.6056	长春市	0.6927
	4	长春市	0.6126	长春市	0.7203	鄂尔多斯市	0.5659	鄂尔多斯市	0.6311
	5	鄂尔多斯市	0.6031	鄂尔多斯市	0.5374	哈尔滨市	0.5001	哈尔滨市	0.5654
	6	包头市	0.4334	呼和浩特市	0.3753	呼和浩特市	0.3182	包头市	0.3315
	7	呼和浩特市	0.3783	包头市	0.3463	包头市	0.3139	呼和浩特市	0.3306
	8	大庆市	0.3053	大庆市	0.3218	大庆市	0.2741	大庆市	0.2782
	9	吉林市	0.2749	吉林市	0.2617	赤峰市	0.2091	赤峰市	0.2362
	10	鞍山市	0.2310	赤峰市	0.2036	盘锦市	0.1981	鞍山市	0.2089
2015～2021 年中国东北三省和内蒙古中心城市经济规模综合得分及后十名排名	37	辽源市	0.0844	辽源市	0.0787	白山市	0.0618	铁岭市	0.0695
	38	葫芦岛市	0.0778	铁岭市	0.0676	白城市	0.0529	四平市	0.0668
	39	兴安盟	0.0681	鸡西市	0.0613	铁岭市	0.0528	双鸭山市	0.0597
	40	阜新市	0.0503	兴安盟	0.0597	鸡西市	0.0505	阜新市	0.0586
	41	鸡西市	0.0495	黑河市	0.0588	双鸭山市	0.0461	伊春市	0.0536
	42	黑河市	0.0413	双鸭山市	0.0450	阜新市	0.0415	辽源市	0.0502
	43	双鸭山市	0.0300	阜新市	0.0421	鹤岗市	0.0357	鹤岗市	0.0457
	44	伊春市	0.0201	鹤岗市	0.0242	伊春市	0.0313	七台河市	0.0265
	45	鹤岗市	0.0134	伊春市	0.0222	辽源市	0.0304	乌海市	-0.0460
	46	七台河市	0.0071	七台河市	0.0173	七台河市	0.0202	兴安盟	-0.1103

　　经计算，可以发现，各地级市经济结构综合得分排名呈现如下变化（表 4-37）：2015 年，排名前十的城市分别为呼和浩特市、哈尔滨市、佳木斯市、黑河市、齐齐哈尔市、朝阳市、双鸭山市、大连市、七台河市、伊春市；2017 年，排名前十的城市分别为呼和浩特市、哈尔滨市、吉林市、沈阳市、包头市、鞍山市、大连市、通化市、丹

东市、牡丹江市；2019 年排名前十的城市分别为呼和浩特市、哈尔滨市、吉林市、沈阳市、包头市、鞍山市、大连市、丹东市、通化市、通辽市；2021 年排名前十的城市分别为呼和浩特市、哈尔滨市、松原市、吉林市、包头市、沈阳市、通辽市、齐齐哈尔市、丹东市、鞍山市。从排名变化来看，呼和浩特市、哈尔滨市、吉林市、沈阳市、包头市经济结构相对较好。相比较而言，2015 年，排名后十位的城市为通化市、通辽市、辽阳市、四平市、巴彦淖尔市、白山市、辽源市、锡林郭勒盟、大庆市、阿拉善盟；2017 年，排名后十位的城市为巴彦淖尔市、兴安盟、鸡西市、伊春市、绥化市、黑河市、鹤岗市、四平市、松原市、辽源市；2019 年，排名后十位的城市为黑河市、巴彦淖尔市、绥化市、大庆市、鹤岗市、阿拉善盟、四平市、松原市、辽源市、乌海市；2021 年，排名后十位的城市为鹤岗市、巴彦淖尔市、四平市、锡林郭勒盟、盘锦市、辽阳市、抚顺市、大庆市、阿拉善盟、乌海市。其中锡林郭勒盟、巴彦淖尔市的排名有所上升。

表 4-37　2015～2021 年中国东北三省和内蒙古中心城市经济结构综合得分及排名

项目	排名	2015 年		2017 年		2019 年		2021 年	
		城市	经济结构综合得分	城市	经济结构综合得分	城市	经济结构综合得分	城市	经济结构综合得分
2015～2018 年中国东北三省和内蒙古中心城市经济结构综合得分及前十名排名	1	呼和浩特市	0.4377	呼和浩特市	0.4520	呼和浩特市	0.4668	呼和浩特市	0.4572
	2	哈尔滨市	0.4184	哈尔滨市	0.4319	哈尔滨市	0.4460	哈尔滨市	0.4481
	3	佳木斯市	0.4119	吉林市	0.4265	吉林市	0.4380	松原市	0.4443
	4	黑河市	0.4067	沈阳市	0.4250	沈阳市	0.4347	吉林市	0.4304
	5	齐齐哈尔市	0.4047	包头市	0.4202	包头市	0.4283	包头市	0.4247
	6	朝阳市	0.4039	鞍山市	0.4162	鞍山市	0.4250	沈阳市	0.4225
	7	双鸭山市	0.4036	大连市	0.4142	大连市	0.4227	通辽市	0.4196
	8	大连市	0.4031	通化市	0.4109	丹东市	0.4226	齐齐哈尔市	0.4170
	9	七台河市	0.4029	丹东市	0.4093	通化市	0.4203	丹东市	0.4134
	10	伊春市	0.4015	牡丹江市	0.4049	通辽市	0.4182	鞍山市	0.4130
2015～2021 年中国东北三省和内蒙古中心城市经济结构综合得分及后十名排名	37	通化市	0.3765	巴彦淖尔市	0.3717	黑河市	0.3832	鹤岗市	0.3715
	38	通辽市	0.3765	兴安盟	0.3715	巴彦淖尔市	0.3807	巴彦淖尔市	0.3707
	39	辽阳市	0.3762	鸡西市	0.3712	绥化市	0.3778	四平市	0.3706
	40	四平市	0.3743	伊春市	0.3687	大庆市	0.3767	锡林郭勒盟	0.3659
	41	巴彦淖尔市	0.3703	绥化市	0.3625	鹤岗市	0.3733	盘锦市	0.3635
	42	白山市	0.3697	黑河市	0.3621	阿拉善盟	0.3729	辽阳市	0.3614
	43	辽源市	0.3695	鹤岗市	0.3602	四平市	0.3316	抚顺市	0.3556
	44	锡林郭勒盟	0.3592	四平市	0.3195	松原市	0.3316	大庆市	0.3538
	45	大庆市	0.3565	松原市	0.3195	辽源市	0.3316	阿拉善盟	0.3425
	46	阿拉善盟	0.3538	辽源市	0.3195	乌海市	0.3316	乌海市	0.3410

经计算，可以发现，各地级市经济速度综合得分排名呈现如下变化（表 4-38）：

2015 年，排名前十的城市分别为四平市、乌兰察布市、兴安盟、乌海市、绥化市、通化市、辽源市、营口市、呼和浩特市、白城市；2017 年排名前十的城市分别为营口市、盘锦市、伊春市、乌海市、沈阳市、鄂尔多斯市、黑河市、大连市、朝阳市、绥化市；2019 年，排名前十的城市分别为四平市、盘锦市、乌海市、葫芦岛市、乌兰察布市、营口市、包头市、阜新市、朝阳市、兴安盟；2021 年排名前十的城市分别为鄂尔多斯市、乌海市、佳木斯市、铁岭市、长春市、七台河市、双鸭山市、包头市、鹤岗市、大庆市。从排名变化来看，2015～2021 年，重点城市的经济速度排名起伏较大。相比较而言，2015 年，排名后十位的城市为锦州市、伊春市、阜新市、抚顺市、鞍山市、丹东市、七台河市、铁岭市、本溪市、大庆市；2017 年，排名后十位的城市为兴安盟、通化市、大庆市、白城市、吉林市、本溪市、抚顺市、丹东市、辽源市、铁岭市；2019年，排名后十位的城市为长春市、吉林市、鸡西市、佳木斯市、齐齐哈尔市、大连市、通辽市、丹东市、呼伦贝尔市、抚顺市；2021 年，排名后十位的城市为松原市、盘锦市、四平市、乌兰察布市、抚顺市、葫芦岛市、阿拉善盟、通化市、营口市、辽阳市。可以发现，2015～2021 年，各重点城市经济速度的后十名的排名波动较大。

表 4-38　2015～2021 年中国东北三省和内蒙古中心城市经济速度综合得分及排名

项目	排名	2015 年		2017 年		2019 年		2021 年	
		城市	经济速度综合得分	城市	经济速度综合得分	城市	经济速度综合得分	城市	经济速度综合得分
2015～2021 年中国东北三省和内蒙古中心城市经济速度综合得分及前十名排名	1	四平市	0.6377	营口市	0.8048	四平市	0.7567	鄂尔多斯市	0.7705
	2	乌兰察布市	0.6308	盘锦市	0.7318	盘锦市	0.6136	乌海市	0.7524
	3	兴安盟	0.6304	伊春市	0.6789	乌海市	0.6053	佳木斯市	0.7450
	4	乌海市	0.6190	乌海市	0.6779	葫芦岛市	0.5759	铁岭市	0.7383
	5	绥化市	0.6126	沈阳市	0.6600	乌兰察布市	0.5599	长春市	0.7233
	6	通化市	0.5895	鄂尔多斯市	0.6509	营口市	0.5300	七台河市	0.7157
	7	辽源市	0.5613	黑河市	0.6495	包头市	0.5290	双鸭山市	0.7003
	8	营口市	0.5527	大连市	0.6255	阜新市	0.5234	包头市	0.6939
	9	呼和浩特市	0.5385	朝阳市	0.6121	朝阳市	0.5194	鹤岗市	0.6921
	10	白城市	0.5348	绥化市	0.6101	兴安盟	0.5172	大庆市	0.6887
2015～2021 年中国东北三省和内蒙古中心城市经济速度综合得分及后十名排名	37	锦州市	0.3550	兴安盟	0.4361	长春市	0.3694	松原市	0.5380
	38	伊春市	0.3365	通化市	0.4325	吉林市	0.3694	盘锦市	0.4821
	39	阜新市	0.3342	大庆市	0.4163	鸡西市	0.3690	四平市	0.4777
	40	抚顺市	0.3165	白城市	0.3985	佳木斯市	0.3672	乌兰察布市	0.4659
	41	鞍山市	0.3062	吉林市	0.3769	齐齐哈尔市	0.3353	抚顺市	0.4607
	42	丹东市	0.2945	本溪市	0.3678	大连市	0.3327	葫芦岛市	0.4603
	43	七台河市	0.2933	抚顺市	0.3668	通辽市	0.3218	阿拉善盟	0.4578
	44	铁岭市	0.2778	丹东市	0.3609	丹东市	0.2920	通化市	0.4576
	45	本溪市	0.2708	辽源市	0.3457	呼伦贝尔市	0.2550	营口市	0.4068
	46	大庆市	0.2076	铁岭市	0.2640	抚顺市	0.2301	辽阳市	0.3356

经计算，可以发现，各地级市经济活力综合得分排名呈现如下变化（表4-39）：2015年，排名前十的城市分别为长春市、沈阳市、大连市、呼和浩特市、哈尔滨市、包头市、鞍山市、吉林市、锦州市、齐齐哈尔市；2017年排名前十的城市分别为吉林市、哈尔滨市、呼和浩特市、长春市、大连市、沈阳市、兴安盟、牡丹江市、包头市、大庆市；2019年，排名前十的城市分别为沈阳市、大连市、哈尔滨市、大庆市、呼和浩特市、长春市、锦州市、抚顺市、鄂尔多斯市、吉林市；2021年排名前十的城市分别为大庆市、沈阳市、长春市、哈尔滨市、大连市、呼和浩特市、锦州市、吉林市、抚顺市、本溪市。从排名变化来看，2015~2021年，沈阳市、大连市、长春市、哈尔滨市、呼和浩特市的经济活力排名相对比较靠前。相比较而言，2015年，排名后十位的城市为丹东市、白城市、阿拉善盟、朝阳市、伊春市、通化市、呼伦贝尔市、松原市、白山市、辽源市；2017年，排名后十位的城市为葫芦岛市、本溪市、通辽市、铁岭市、呼伦贝尔市、营口市、伊春市、锦州市、丹东市、朝阳市；2019年，排名后十位的城市为朝阳市、通辽市、鹤岗市、伊春市、巴彦淖尔市、通化市、松原市、双鸭山市、绥化市、白山市；2021年，排名后十位的城市为朝阳市、通辽市、赤峰市、鸡西市、鹤岗市、伊春市、白山市、松原市、双鸭山市、绥化市。2015~2021年，朝阳市、伊春市经济活力排名一直相对靠后。

表4-39　2015~2021年中国东北三省和内蒙古中心城市经济活力综合得分及排名

项目	排名	2015年		2017年		2019年		2021年	
		城市	经济活力综合得分	城市	经济活力综合得分	城市	经济活力综合得分	城市	经济活力综合得分
2015~2021年中国东北三省和内蒙古中心城市经济活力综合得分及前十名排名	1	长春市	0.8600	吉林市	0.6603	沈阳市	0.7883	大庆市	0.6394
	2	沈阳市	0.7429	哈尔滨市	0.6088	大连市	0.7628	沈阳市	0.6228
	3	大连市	0.6775	呼和浩特市	0.5237	哈尔滨市	0.6537	长春市	0.6146
	4	呼和浩特市	0.6191	长春市	0.4040	大庆市	0.5816	哈尔滨市	0.6047
	5	哈尔滨市	0.4767	大连市	0.3740	呼和浩特市	0.5787	大连市	0.5923
	6	包头市	0.4013	沈阳市	0.3598	长春市	0.3991	呼和浩特市	0.5000
	7	鞍山市	0.3324	兴安盟	0.2642	锦州市	0.2844	锦州市	0.3073
	8	吉林市	0.3013	牡丹江市	0.1995	抚顺市	0.2671	吉林市	0.2973
	9	锦州市	0.2996	包头市	0.1884	鄂尔多斯市	0.2632	抚顺市	0.2938
	10	齐齐哈尔市	0.2705	大庆市	0.1868	吉林市	0.2468	本溪市	0.2766
2015~2021年中国东北三省和内蒙古中心城市经济活力综合得分及后十名排名	37	丹东市	0.0699	葫芦岛市	0.0673	朝阳市	0.0594	朝阳市	0.0765
	38	白城市	0.0674	本溪市	0.0600	通辽市	0.0564	通辽市	0.0745
	39	阿拉善盟	0.0652	通辽市	0.0598	鹤岗市	0.0543	赤峰市	0.0707
	40	朝阳市	0.0591	铁岭市	0.0532	伊春市	0.0472	鸡西市	0.0651
	41	伊春市	0.0588	呼伦贝尔市	0.0516	巴彦淖尔市	0.0362	鹤岗市	0.0626
	42	通化市	0.0575	营口市	0.0443	通化市	0.0290	伊春市	0.0603
	43	呼伦贝尔市	0.0328	伊春市	0.0395	松原市	0.0268	白山市	0.0507
	44	松原市	0.0299	锦州市	0.0216	双鸭山市	0.0104	松原市	0.0345
	45	白山市	0.0294	丹东市	0.0159	绥化市	0.0045	双鸭山市	0.0209
	46	辽源市	0.0134	朝阳市	0.0022	白山市	0.0033	绥化市	0

4.5.4　中国东北三省和内蒙古中心城市社会发展潜力对比分析

中国东北三省和内蒙古中心城市社会发展微观维度指标及其权重见表 4-40。

表 4-40　中国东北三省和内蒙古中心城市社会发展微观维度指标的权重计算结果

一级指标	二级指标	具体指标	单位	权重
社会发展水平 (0.50)	人口与就业 (0.333)	常住人口	万人	0.2500
		城镇化率	%	0.2500
		农村居民人均可支配收入	元	0.2500
		城镇居民人均可支配收入	元	0.2500
	社会福利 (0.333)	城镇职工基本养老保险参保人数	人	0.3333
		城镇居民基本医疗保险参保人数	人	0.3333
		失业保险参保人数	人	0.3334
	公共服务 (0.334)	每万人文化馆拥有量	个	0.1667
		每万人公共图书馆机构拥有量	个	0.1667
		广播节目综合人口覆盖率	%	0.1667
		电视节目综合人口覆盖率	%	0.1667
		每万人拥有卫生技术人员数	人	0.1667
		每万人医疗卫生机构床位数	张	0.1667

(1) 总体对比分析

通过对微观维度的数据进行标准化处理，按照一级指标进行分组，对微观维度中的一级指标中的各具体指标赋予权重，再将微观维度中的一级指标赋予 1/3 权重，计算出中国东北三省和内蒙古中心城市的社会发展得分。计算结果如表 4-41 所示，可以发现，2015～2021 年，中国东北三省和内蒙古中心城市社会发展平均得分总体呈现上升趋势，由 2015 年的 0.4219 上升为 2021 年的 0.4471。具体地，各地级市社会发展得分排名呈现如下变化：2015 年，排名前十的城市分别为沈阳市、哈尔滨市、大连市、长春市、呼和浩特市、辽源市、吉林市、鄂尔多斯市、鞍山市、阿拉善盟；2017 年，排名前十的城市分别为呼和浩特市、沈阳市、哈尔滨市、大连市、长春市、包头市、鞍山市、锡林郭勒盟、本溪市、鄂尔多斯市；2019 年，排名前十的城市分别为兴安盟、乌海市、包头市、四平市、丹东市、鸡西市、双鸭山市、阿拉善盟、伊春市、辽源市；2021 年，排名前十的城市分别为乌海市、乌兰察布市、兴安盟、巴彦淖尔市、通化市、呼和浩特市、呼伦贝尔市、松原市、赤峰市、丹东市。可以发现，除呼和浩特市社会发展得分相对较高，排名相对靠前外，经济发展水平较高的城市，社会发展水平反而得分较低。从排名变化来看，各个城市的排名变化较大，其中，沈阳市、哈尔滨市、大连市、长春市的排名下滑较为严重，分别由 2015 年的第 1 名、第 2 名、第 3 名、第 4 名下降为 2021 年的第 23 名、第 40 名、第 39 名、第 38 名。相比较而言，2015 年，社会发展水平排名后十位的城市为葫芦岛市、牡丹江市、朝阳市、本溪市、绥化市、兴安盟、阜新市、大庆市、黑河市、鹤岗市；2017 年，社会发展水平排名后十位的城市为大庆市、白城市、兴安盟、七台河市、双鸭山市、白山市、鸡西市、鹤岗市、铁岭市、葫芦岛市；2019 年，社会发展水平排名后十位的城市为松原市、盘锦市、锦州市、白山市、七台河市、佳木斯市、齐齐哈尔市、鹤岗市、黑河市、鄂尔多斯市；2021 年，社会发展水平排名后十位的城市为鹤岗市、长春市、大连市、哈尔滨市、双鸭山市、伊春市、铁岭市、大庆市、佳木斯市、绥化市。从排名变化来看，鹤岗市、大庆市、黑河市的排名一直处于靠后位置，社会发展水平较低，且与排名较前的地级市差距较大。

表 4-41　2015～2021 年中国东北三省和内蒙古中心城市社会发展综合得分及排名

排名	2015 年		2017 年		2019 年		2021 年	
	城市	得分	城市	得分	城市	得分	城市	得分
1	沈阳市	0.7114	呼和浩特市	0.6744	兴安盟	0.6615	乌海市	0.7372
2	哈尔滨市	0.6857	沈阳市	0.5786	乌海市	0.6437	乌兰察布市	0.6740
3	大连市	0.6560	哈尔滨市	0.5463	包头市	0.6371	兴安盟	0.6615
4	长春市	0.6274	大连市	0.5132	四平市	0.5643	巴彦淖尔市	0.5920
5	呼和浩特市	0.5724	长春市	0.5115	丹东市	0.5615	通化市	0.5565
6	辽源市	0.5473	包头市	0.3815	鸡西市	0.5390	呼和浩特市	0.5564
7	吉林市	0.5096	鞍山市	0.3633	双鸭山市	0.5245	呼伦贝尔市	0.5473
8	鄂尔多斯市	0.4732	锡林郭勒盟	0.3594	阿拉善盟	0.5016	松原市	0.5467
9	鞍山市	0.4703	本溪市	0.3565	伊春市	0.4960	赤峰市	0.5423
10	阿拉善盟	0.4576	鄂尔多斯市	0.3551	辽源市	0.4870	丹东市	0.5377
11	盘锦市	0.4559	齐齐哈尔市	0.3516	抚顺市	0.4864	阿拉善盟	0.5038
12	包头市	0.4428	抚顺市	0.3492	呼伦贝尔市	0.4818	本溪市	0.5019
13	锡林郭勒盟	0.4421	锦州市	0.3446	大连市	0.4604	四平市	0.5007
14	伊春市	0.4392	阿拉善盟	0.3328	铁岭市	0.4360	鄂尔多斯市	0.4941
15	齐齐哈尔市	0.4373	松原市	0.3318	吉林市	0.4337	白山市	0.4917
16	通化市	0.4320	通辽市	0.3308	巴彦淖尔市	0.4335	锡林郭勒盟	0.4833
17	四平市	0.4254	通化市	0.3284	本溪市	0.4283	朝阳市	0.4663
18	呼伦贝尔市	0.4193	吉林市	0.3281	锡林郭勒盟	0.4243	锦州市	0.4636
19	白城市	0.4175	呼伦贝尔市	0.3258	葫芦岛市	0.3992	辽源市	0.4603
20	通辽市	0.4153	乌海市	0.3186	朝阳市	0.3966	葫芦岛市	0.4567
21	乌兰察布市	0.4048	牡丹江市	0.3132	营口市	0.3945	白城市	0.4512
22	营口市	0.3951	伊春市	0.3036	白城市	0.3772	通辽市	0.4445
23	松原市	0.3944	盘锦市	0.2985	赤峰市	0.3767	沈阳市	0.4426
24	乌海市	0.3928	赤峰市	0.2935	通化市	0.3760	包头市	0.4339
25	佳木斯市	0.3909	丹东市	0.2915	阜新市	0.3728	鞍山市	0.4281
26	赤峰市	0.3894	巴彦淖尔市	0.2812	通辽市	0.3700	辽阳市	0.4281
27	双鸭山市	0.3864	辽阳市	0.2796	哈尔滨市	0.3678	阜新市	0.4170

续表

排名	2015 年		2017 年		2019 年		2021 年	
	城市	得分	城市	得分	城市	得分	城市	得分
28	丹东市	0.3840	营口市	0.2779	乌兰察布市	0.3661	抚顺市	0.4093
29	白山市	0.3836	朝阳市	0.2766	沈阳市	0.3622	吉林市	0.4048
30	七台河市	0.3827	四平市	0.2734	绥化市	0.3602	齐齐哈尔市	0.3949
31	抚顺市	0.3784	绥化市	0.2729	辽阳市	0.3496	鸡西市	0.3897
32	辽阳市	0.3761	阜新市	0.2720	呼和浩特市	0.3455	牡丹江市	0.3827
33	鸡西市	0.3743	辽源市	0.2714	鞍山市	0.3403	盘锦市	0.3775
34	巴彦淖尔市	0.3717	乌兰察布市	0.2669	长春市	0.3386	七台河市	0.3728
35	铁岭市	0.3627	佳木斯市	0.2650	牡丹江市	0.3321	黑河市	0.3710
36	锦州市	0.3618	黑河市	0.2634	大庆市	0.3229	营口市	0.3703
37	葫芦岛市	0.3564	大庆市	0.2458	松原市	0.3222	鹤岗市	0.3635
38	牡丹江市	0.3558	白城市	0.2439	盘锦市	0.3160	长春市	0.3539
39	朝阳市	0.3554	兴安盟	0.2428	锦州市	0.3130	大连市	0.3538
40	本溪市	0.3371	七台河市	0.2396	白山市	0.3126	哈尔滨市	0.3463
41	绥化市	0.3274	双鸭山市	0.2382	七台河市	0.3125	双鸭山市	0.3417
42	兴安盟	0.3249	白山市	0.2380	佳木斯市	0.2991	伊春市	0.3286
43	阜新市	0.3217	鸡西市	0.2231	齐齐哈尔市	0.2988	铁岭市	0.3286
44	大庆市	0.3032	鹤岗市	0.2173	鹤岗市	0.2945	大庆市	0.3219
45	黑河市	0.3001	铁岭市	0.2077	黑河市	0.2818	佳木斯市	0.3053
46	鹤岗市	0.2975	葫芦岛市	0.1835	鄂尔多斯市	0.2721	绥化市	0.2984
平均得分	—	0.4219	—	0.3212	—	0.4102	—	0.4471

（2）具体维度对比分析

经计算，可以发现，中国东北三省和内蒙古各中心城市的人口与就业综合得分排名呈现如下变化（表4-42）：2015 年，排名前十的城市分别为大连市、沈阳市、鄂尔多斯市、乌海市、鞍山市、营口市、阿拉善盟、包头市、呼和浩特市、盘锦市；2017 年排名前十的城市分别为沈阳市、鄂尔多斯市、大连市、包头市、乌海市、阿拉善盟、哈尔滨市、呼和浩特市、营口市、鞍山市；2019 年，排名前十的城市分别为包头市、鄂尔多斯市、大连市、阿拉善盟、乌海市、哈尔滨市、沈阳市、盘锦市、呼和浩特市、营口市；2021 年排名前十的城市分别为沈阳市、鄂尔多斯市、阿拉善盟、大连市、包头市、乌海市、呼和浩特市、哈尔滨市、盘锦市、营口市。从排名变化来看，大连市、鄂尔多斯市、沈阳市的人口与就业排名较靠前。相比较而言，2015 年，排名后十位的城市为绥化市、齐齐哈尔市、朝阳市、赤峰市、葫芦岛市、伊春市、白城市、乌兰察布市、兴安盟、鹤岗市；2017 年，排名后十位的城市为四平市、白山市、鸡西市、铁岭市、双鸭山市、乌兰察布市、阜新市、兴安盟、白城市、葫芦岛市；2019 年，排名后十位的城市为绥化市、铁岭市、乌兰察布市、松原市、七台河市、阜新市、鹤岗市、白城市、葫芦岛市、朝阳市；2021 年，排名后十位的城市为通辽市、丹东市、七台河市、乌兰察布市、白城市、兴安盟、朝阳市、阜新市、葫芦岛市、白山市。其中，乌兰察布市、兴安盟的排名有所上升。

表 4-42　2015～2021 年中国东北三省和内蒙古中心城市人口与就业综合得分及排名

项目	排名	2015 年		2017 年		2019 年		2021 年	
		城市	人口和就业综合得分	城市	人口和就业综合得分	城市	人口和就业综合得分	城市	人口和就业综合得分
2015～2021 年中国东北三省和内蒙古中心城市人口与就业综合得分及前十排名	1	大连市	0.8204	沈阳市	0.7205	包头市	0.6536	沈阳市	0.7577
	2	沈阳市	0.8010	鄂尔多斯市	0.6001	鄂尔多斯市	0.6481	鄂尔多斯市	0.7328
	3	鄂尔多斯市	0.6878	大连市	0.5926	大连市	0.6458	阿拉善盟	0.6967
	4	乌海市	0.6445	包头市	0.5643	阿拉善盟	0.6204	大连市	0.6853
	5	鞍山市	0.6333	乌海市	0.5641	乌海市	0.6035	包头市	0.6531
	6	营口市	0.6331	阿拉善盟	0.5586	哈尔滨市	0.5940	乌海市	0.6502
	7	阿拉善盟	0.6288	哈尔滨市	0.5552	沈阳市	0.5808	呼和浩特市	0.6283
	8	包头市	0.6231	呼和浩特市	0.5339	盘锦市	0.5641	哈尔滨市	0.6192
	9	呼和浩特市	0.6133	营口市	0.5104	呼和浩特市	0.5320	盘锦市	0.5835
	10	盘锦市	0.6048	鞍山市	0.4887	营口市	0.4756	营口市	0.5663
2015～2021 年中国东北三省和内蒙古中心城市人口与就业综合得分及后十排名	37	绥化市	0.3041	四平市	0.3077	绥化市	0.2618	通化市	0.2919
	38	齐齐哈尔市	0.2892	白山市	0.3062	铁岭市	0.2477	丹东市	0.2892
	39	朝阳市	0.2875	鸡西市	0.2964	乌兰察布市	0.2354	七台河市	0.2800
	40	赤峰市	0.2842	铁岭市	0.2890	松原市	0.2340	乌兰察布市	0.2626
	41	葫芦岛市	0.2826	双鸭山市	0.2704	七台河市	0.2315	白城市	0.2223
	42	伊春市	0.2762	乌兰察布市	0.2703	阜新市	0.2202	兴安盟	0.2219
	43	白城市	0.2464	阜新市	0.2668	鹤岗市	0.2186	朝阳市	0.2124
	44	乌兰察布市	0.2250	兴安盟	0.2244	白城市	0.2068	阜新市	0.2004
	45	兴安盟	0.1940	白城市	0.2215	葫芦岛市	0.2015	葫芦岛市	0.1950
	46	鹤岗市	0.1934	葫芦岛市	0.1995	朝阳市	0.1963	白山市	0.1454

经计算，可以发现，各地级市的社会福利综合得分排名呈现如下变化（表 4-43）：2015 年，排名前十的城市分别为沈阳市、哈尔滨市、大连市、长春市、鞍山市、齐齐哈尔市、吉林市、包头市、抚顺市、赤峰市；2017 年排名前十的城市分别为沈阳市、大连市、哈尔滨市、长春市、齐齐哈尔市、松原市、鞍山市、包头市、吉林市、抚顺市；2019 年，排名前十的城市分别为沈阳市、大连市、齐齐哈尔市、长春市、哈尔滨市、通辽市、赤峰市、鞍山市、抚顺市、兴安盟；2021 年排名前十的城市分别为沈阳市、大连市、齐齐哈尔市、哈尔滨市、呼伦贝尔市、呼和浩特市、抚顺市、包头市、鞍山市、营口市。从排名变化来看，沈阳市、大连市、齐齐哈尔市的排名较靠前，其中在2021 年，营口市首次挤进了前 10 名。相比较而言，2015 年，排名后十位的城市为白城

市、七台河市、辽源市、乌海市、鹤岗市、双鸭山市、锡林郭勒盟、阿拉善盟、绥化市、黑河市；2017 年，排名后十位的城市为双鸭山市、伊春市、兴安盟、白山市、阿拉善盟、鹤岗市、锡林郭勒盟、辽源市、乌海市、黑河市；2019 年，排名后十位的城市为白城市、乌兰察布市、巴彦淖尔市、鹤岗市、辽源市、黑河市、白山市、包头市、乌海市、阿拉善盟；2021 年，排名后十位的城市为伊春市、巴彦淖尔市、长春市、白城市、兴安盟、白山市、乌海市、阿拉善盟、佳木斯市、黑河市。

表 4-43　2015～2021 年中国东北三省和内蒙古中心城市社会福利综合得分及排名

项目	排名	2015 年		2017 年		2019 年		2021 年	
		城市	社会福利综合得分	城市	社会福利综合得分	城市	社会福利综合得分	城市	社会福利综合得分
2015～2021 年中国东北三省和内蒙古中心城市社会福利综合得分及前十排名	1	沈阳市	0.8157	沈阳市	0.8733	沈阳市	0.8550	沈阳市	0.5787
	2	哈尔滨市	0.7114	大连市	0.8369	大连市	0.7942	大连市	0.5291
	3	大连市	0.6338	哈尔滨市	0.6662	齐齐哈尔市	0.6341	齐齐哈尔市	0.5111
	4	长春市	0.5831	长春市	0.6637	长春市	0.4199	哈尔滨市	0.4969
	5	鞍山市	0.3001	齐齐哈尔市	0.3368	哈尔滨市	0.3744	呼伦贝尔市	0.3481
	6	齐齐哈尔市	0.2590	松原市	0.2804	通辽市	0.3155	呼和浩特市	0.3434
	7	吉林市	0.2538	鞍山市	0.2684	赤峰市	0.2854	抚顺市	0.2606
	8	包头市	0.2328	包头市	0.2649	鞍山市	0.2602	包头市	0.2561
	9	抚顺市	0.2299	吉林市	0.2539	抚顺市	0.2202	鞍山市	0.2373
	10	赤峰市	0.2128	抚顺市	0.2463	兴安盟	0.2013	营口市	0.2066
2015～2021 年中国东北三省和内蒙古中心城市社会福利综合得分及后十排名	37	白城市	0.0715	双鸭山市	0.0636	白城市	0.0570	伊春市	0.0741
	38	七台河市	0.0606	伊春市	0.0595	乌兰察布市	0.0523	巴彦淖尔市	0.0707
	39	辽源市	0.0587	兴安盟	0.0559	巴彦淖尔市	0.0516	长春市	0.0645
	40	乌海市	0.0471	白山市	0.0534	鹤岗市	0.0462	白城市	0.0633
	41	鹤岗市	0.0457	阿拉善盟	0.0500	辽源市	0.0309	兴安盟	0.0630
	42	双鸭山市	0.0447	鹤岗市	0.0472	黑河市	0.0296	白山市	0.0560
	43	锡林郭勒盟	0.0412	锡林郭勒盟	0.0445	白山市	0.0214	乌海市	0.0361
	44	阿拉善盟	0.0112	辽源市	0.0439	包头市	0.0163	阿拉善盟	0.0325
	45	绥化市	0.0051	乌海市	0.0329	乌海市	0.0161	佳木斯市	0.0303
	46	黑河市	0.0022	黑河市	0.0304	阿拉善盟	0.0042	黑河市	0.0227

经计算，可以发现，各地级市的公共服务综合得分排名呈现如下变化（表 4-44）：2015 年，排名前十的城市分别为哈尔滨市、沈阳市、齐齐哈尔市、锡林郭勒盟、长春市、大连市、大庆市、呼伦贝尔市、赤峰市、乌兰察布市；2017 年排名前十的城市分别为锡林郭勒盟、哈尔滨市、通辽市、长春市、阿拉善盟、伊春市、本溪市、齐齐哈尔市、呼伦贝尔市、阜新市；2019 年，排名前十的城市分别为哈尔滨市、阿拉善盟、锡林郭勒盟、伊春市、齐齐哈尔市、长春市、阜新市、乌兰察布市、呼伦贝尔市、赤峰市；2021 年排名前十的城市分别为阿拉善盟、伊春市、锡林郭勒盟、长春市、吉林市、

哈尔滨市、齐齐哈尔市、大庆市、呼伦贝尔市、牡丹江市。从排名变化来看，2015～2021 年，长春市、阿拉善盟、伊春市的公共服务排名在不断上升。相比较而言，2015 年，排名后十位的城市为葫芦岛市、松原市、双鸭山市、乌海市、辽源市、白山市、鸡西市、黑河市、鹤岗市、七台河市；2017 年，排名后十位的城市为鸡西市、大连市、鞍山市、吉林市、大庆市、鹤岗市、营口市、七台河市、铁岭市、葫芦岛市；2019 年，排名后十位的城市为鹤岗市、沈阳市、鞍山市、七台河市、铁岭市、绥化市、葫芦岛市、营口市、通辽市、本溪市；2021 年，排名后十位的城市为松原市、鹤岗市、鞍山市、大连市、营口市、七台河市、本溪市、铁岭市、绥化市、葫芦岛市。其中，鹤岗市的公共服务排名上升较快。

表 4-44　2015～2021 年中国东北三省和内蒙古中心城市公共服务综合得分及排名

项目	排名	2015 年		2017 年		2019 年		2021 年	
		城市	公共服务综合得分	城市	公共服务综合得分	城市	公共服务综合得分	城市	公共服务综合得分
2015～2021 年中国东北三省和内蒙古中心城市公共服务综合得分及前十排名	1	哈尔滨市	0.8260	锡林郭勒盟	0.5734	哈尔滨市	0.5377	阿拉善盟	0.6236
	2	沈阳市	0.5424	哈尔滨市	0.5461	阿拉善盟	0.5320	伊春市	0.6135
	3	齐齐哈尔市	0.5212	通辽市	0.5130	锡林郭勒盟	0.5025	锡林郭勒盟	0.5851
	4	锡林郭勒盟	0.5025	长春市	0.4863	伊春市	0.4413	长春市	0.5283
	5	长春市	0.4462	阿拉善盟	0.4529	齐齐哈尔市	0.4404	吉林市	0.4659
	6	大连市	0.4409	伊春市	0.4334	长春市	0.4371	哈尔滨市	0.4600
	7	大庆市	0.4319	本溪市	0.4094	阜新市	0.4351	齐齐哈尔市	0.4414
	8	呼伦贝尔市	0.3915	齐齐哈尔市	0.3915	乌兰察布市	0.3858	大庆市	0.4411
	9	赤峰市	0.3876	呼伦贝尔市	0.3793	呼伦贝尔市	0.3829	呼伦贝尔市	0.4400
	10	乌兰察布市	0.3737	阜新市	0.3780	赤峰市	0.3822	牡丹江市	0.4226
2015～2021 年中国东北三省和内蒙古中心城市公共服务综合得分及后十排名	37	葫芦岛市	0.3045	鸡西市	0.2082	鹤岗市	0.1966	松原市	0.3354
	38	松原市	0.2964	大连市	0.1891	沈阳市	0.1894	鹤岗市	0.2091
	39	双鸭山市	0.2618	鞍山市	0.1730	鞍山市	0.1663	鞍山市	0.2057
	40	乌海市	0.2436	吉林市	0.1476	七台河市	0.1430	大连市	0.2051
	41	辽源市	0.2243	大庆市	0.1229	铁岭市	0.1278	营口市	0.1298
	42	白山市	0.2142	鹤岗市	0.0944	绥化市	0.1277	七台河市	0.1281
	43	鸡西市	0.2112	营口市	0.0937	葫芦岛市	0.1195	本溪市	0.1264
	44	黑河市	0.1218	七台河市	0.0704	营口市	0.1188	铁岭市	0.1257
	45	鹤岗市	0.1036	铁岭市	0.0657	通辽市	0.1090	绥化市	0.1162
	46	七台河市	0.0734	葫芦岛市	0.0588	本溪市	0.1032	葫芦岛市	0.1100

4.6 中国东北三省和内蒙古国际口岸经济发展潜力对比分析

4.6.1 中蒙俄国际经济走廊重点口岸社会经济发展的优势分析

(1) 区位优势

二连浩特、满洲里、绥芬河和黑河四大口岸具有得天独厚的区位优势，形成了较为完备的铁路、公路及航空交通运输网络，是我国向北开放的最前沿和重要窗口。二连浩特北与蒙古国口岸城市扎门乌德隔界相望，是我国对蒙开放的最大陆路口岸，也是我国唯一的对蒙铁路口岸。满洲里、绥芬河和黑河是我国对俄最主要的口岸。满洲里西北与俄罗斯接壤，是我国最大的对俄口岸，承担着中俄贸易 60% 以上的陆路运输任务，与俄罗斯远东工业中心之一的赤塔及蒙古国的乔巴山构成了"黄金三角"，极具跨境经济合作区位优势。绥芬河地处东北亚经济圈的中心地带，紧邻俄罗斯远东特殊发展区——自由港经济特区，是黑龙江省最便捷的出海口，也是承接我国东北振兴和俄罗斯远东开发两大战略的重要节点城市，被誉为连接东北亚和走向亚太地区的"黄金通道"。而绥芬河、哈尔滨、满洲里至俄罗斯的国际运输通道，在乔巴山-阿尔山铁路建成后，将形成一条新的中蒙俄国际运输大通道。黑河可利用俄罗斯阿穆尔州布拉戈维申斯克（海兰泡）口岸通过 109km 的支线铁路与独联体欧亚大陆桥——西伯利亚大铁路和贝阿铁路相接，通过西伯利亚大铁路和贝阿铁路可进入俄罗斯腹地，到达独联体和东欧各国；布拉戈维申斯克（海兰泡）航空港有 50 多条航线与全国各地相通，特别是中俄双方实行江海联运后，从黑河口岸通过黑龙江（阿穆尔河）通过鞑靼海峡进入日本海并到达日本、韩国、东南亚及太平洋诸国。

(2) 政策优势

随着我国实施新一轮全方位对外开放，国家出台了面向东北亚开放的《黑龙江和内蒙古东北部地区沿边开发开放规划》《中国东北地区面向东北亚区域开放规划纲要（2012—2020 年）》，旨在打造形成国家沿边开放的新高地、面向俄罗斯及东北亚开放的重要枢纽、沿边重要经济增长区域以及东北地区重要生态安全屏障。中俄两国共同编制实施了《中国东北地区与俄罗斯远东及东西伯利亚地区合作规划纲要（2009—2018 年）》，2015 年中蒙俄共同确定《中华人民共和国、俄罗斯联邦、蒙古国发展三方合作中期路线图》。2016 年，中蒙俄三方合作规划——《建设中蒙俄经济走廊规划纲要》正式对外发布，将进一步推动中蒙俄三方合作走向深化。此外，我国实施的西部大开发战略、振兴东北战略及各类城市群发展战略等，都将对口岸经济发展提供重要助力。

(3) 平台优势

四大口岸均已建立起多个机制平台。二连浩特、满洲里、绥芬河以及黑河都是国家重点开发开放试验区，满洲里所处的呼伦贝尔市为中俄蒙合作先导区。四大口岸拥有的常规化机制平台还包括边民互市贸易区、边境经济合作区、综合保税区及跨境贸易电子商务试点等，同时还正在争取设立跨境经济合作区、自由贸易试验区等合作平台。此外，金砖国家新开发银行、亚洲基础设施投资银行和丝路基金等区域金融机构也将为口岸经济发展提供进一步的融资支持。

（4）产业优势

近年来，二连浩特、满洲里、绥芬河、黑河四大口岸经济发展迅速，呈现出前所未有的发展潜力。四市的产业结构均以第三产业为主，占比超过60%。随着我国内陆沿边开放的不断提速，二连浩特市边境经济合作区基础设施日臻完善，跨境电子商务集散中心逐步形成，国际贸易物流业稳步发展，进出口加工业规模不断壮大，绿色清洁能源业加快发展，文化旅游业活力持续释放。满洲里依托自身资源及俄蒙毗邻地区资源优势，积极发展煤转电、煤化工、金属冶炼等能源工业，打造全国最大的进口木材加工集散基地、绿色农畜产品加工输出基地，发展汽车组装、电子产品生产和轻工、电子、服装等出口加工业，积极开拓俄蒙旅游市场，着力打造跨境精品旅游线路和休闲度假基地，加快跨境电子商务平台建设。绥芬河目前已成为我国最大的俄罗斯木材进口集散地和商品集散地，也是全国最大的俄罗斯食品销售中心，该市外贸企业已与上百个国家的5000多家企业建立了经贸合作关系，对俄贸易进出口商品达到200大类、3000多个品种。黑河积极打造进口资源转化、出口产品加工、商贸物流、旅游休闲养生四大基地，加快培育能源、有色金属、木制品加工、电子信息、商贸物流、旅游服务等优势产业群体。特别是，四大口岸城市背靠我国东北三省一区腹地，是我国重要的农牧业和工业基地，对口岸经济发展起着极其重要的辐射支撑作用。

（5）人文优势

四大口岸城市都是多民族聚居区，拥有多样的民族文化和历史人文，与俄蒙多个城市缔结为友好城市，教育科技、文化体育、卫生防疫等领域的交流合作初具规模，从而为口岸经济发展奠定了深厚的人文基础。近年来，二连浩特与蒙古国立大学、俄罗斯图瓦共和国国立大学等蒙俄高等院校开展"2+2"联合办学，常态化举办中蒙那达慕、"茶叶之路"文化节、中蒙汽车拉力赛、中蒙足球邀请赛等系列文体活动等。满洲里不断强化与俄蒙毗邻地区政府间交流机制，积极推进与俄蒙友好城市建设，着力加强教育、科技、文化、医疗卫生、生态建设等领域务实合作，并以中国北方（满洲里）科技博览会为平台积极承接俄罗斯高新技术和先进实用技术的转移。绥芬河先后成功举办中国（绥芬河）国际口岸贸易博览会、中俄首届果蔬肉食品采购大会和旅游节等，市民及商家店员均会讲俄语，被誉为"会说俄语的城市""中俄友谊城"。截至2023年11月，绥芬河与俄罗斯27个城市建立友好往来；截至2024年6月，黑河已与俄罗斯4个城市（区）正式缔结了友好城市关系，与阿穆尔州首府布拉戈维申斯克（海兰泡）市、克拉斯诺亚尔斯克市、萨哈（雅库特）共和国雅库茨克市、涅留恩格里区、奥伊米亚康区等州、市、区合作密切，每年参加对方举办的大型展销会、重要论坛、节日庆祝活动等，并举行地方领导人会晤，就促进经贸、投资合作、加强跨境基础设施建设、实现口岸通关便利化、加强友好交往和人文领域交流等进行深入探讨，推动了黑河–布拉戈维申斯克界江公路大桥建设及一批重点项目的合作。

（6）生态优势

各口岸地处我国东北部及北部地区，蕴涵多种生态资源，对生态改善和环境保护起着重要的作用。该区域内有锡林郭勒草原和呼伦贝尔草原，大小兴安岭、长白山等我国最大的天然林区，以及呼伦湖等多个湖泊和多条江河及多个国家地质公园。这种天然独特的生态优势将有助于发展农牧林业和跨境生态旅游业。

4.6.2　中蒙俄经济走廊重点口岸社会经济发展劣势分析

（1）俄蒙两国经济体量和市场规模较小

俄罗斯人口约 1.44 亿人，2022 年 GDP 为 2.24 万亿美元，尤其与我国接壤的远东西伯利亚地区为高寒地带，地广人稀。蒙古国人口约 340 万人，2022 年 GDP 为 171.47 亿美元。可见，中蒙俄经济走廊俄蒙两国段经济总量偏小和市场规模不大，是制约中蒙俄经济走廊建设和相关口岸经济发展的重要因素。现阶段，蒙俄两国主要向我国出口矿产资源、原木以及初级工业品，进口轻工产品、机电产品、矿产品、食品、蔬果等，我国与蒙俄两国的贸易往来已初具规模。但是，下一阶段如何通过相互间贸易促进三方投资和产能务实合作，推动我国优势产能、资本、技术、标准、服务走出去，进一步打开蒙俄国内市场，仍面临一定的困难和挑战。

（2）基础设施和产业基础薄弱

基础设施方面，二连浩特、满洲里、绥芬河和黑河是中蒙俄经济走廊的关键口岸城市，其基础设施相对要好于其他口岸，目前铁路、公路和航空立体交通网络已经形成，但各口岸的物流园区、产业园区等基础设施还不完善，与其相邻的部分口岸和边民互市点基础配套设施仍比较陈旧，口岸验货场、储货仓、联检查验设施等设施不完善、不配套，显著影响了物流、人流的快速通关作业和口岸功能的整体发挥。产业发展方面，目前各口岸功能主要体现在货物过境通道上，其整体产业基础相对薄弱，相互关联效应不强，缺乏带动力强的支柱产业或主导产业，金融和电子商务等现代服务业发展还不够充分。

（3）体制机制创新仍显不足

目前，四大口岸同走廊其他口岸之间的通关效率仍然不高，报关自动化、查验和检验程序化、口岸信息化管理等有待逐步完善，陆路口岸与区外航空口岸、水运口岸等的高效合作和无缝对接尚未真正实现。从长远看，各大口岸城市在探索内陆沿边自由贸易试验区、推动重点地区开发开放等方面仍面临较大的压力和挑战。

（4）综合经济开发能力有待提升

各口岸城市综合开发意识较为淡薄，往往只注重口岸的门户、通道功能，而忽视培育和发挥口岸的综合经济开发功能。目前，各口岸产业集聚能力不强，作为产业集群重要载体的工业园区建设尚处于起步阶段，推进区域合作一体化的产业集群和产业链尚未形成，承接国内外产业转移、吸引外资等平台功能较弱，尚未能形成上下游配套产业链在当地的拓展与延伸，对周边地区经济和境外市场形成的辐射带动效应不强。

4.7　中国东北三省和内蒙古自治区社会经济发展的机遇分析

目前，全球经济整体低迷，部分国家贸易保护主义流行，中美贸易摩擦不断。在此背景下，我国积极推进自由贸易政策，多边贸易、共享经济发展成果、构建人类命运共同体成为最主要的开放政策。中国"一带一路"倡议的提出，为东北三省和内蒙古发挥区位优势创造了前所未有的机遇。"中蒙俄经济走廊"作为经济带建设六大经济走廊之一，是符合中蒙俄共同利益的战略选择。内蒙古、黑龙江、吉林和辽宁是中蒙俄经济走廊建设的核心省区，同时也是我国向北开放的桥头堡，通过开展与蒙古国、俄罗斯的沟通与合作，构建开放型经济新体制和全面对外开放的新格局，为区域经济合作注入新的活力。

4.7.1　政策沟通不断深化，合作关系向好

党的十九大报告指出，中国坚持对外开放的基本国策，坚持打开国门搞建设，积极促进"一带一路"国际合作。2014年9月，中蒙俄三国元首举行会晤，提出共同打造中蒙俄经济走廊的意愿，即实现"丝绸之路经济带"同俄罗斯跨欧亚大铁路、蒙古国"草原之路"计划的对接。2016年中国、蒙古国、俄罗斯签署了《建设中蒙俄经济走廊规划纲要》（以下简称《规划纲要》），推动了中蒙俄三国在经贸、人文、安全以及其他事项上的区域合作。2017年3月24日，中蒙俄三国牵头部门在北京召开《规划纲要》推进落实工作组司局级会议。2018年6月9日，习近平主席同俄罗斯总统普京、蒙古国总统巴特图勒嘎在青岛举行中俄蒙三国元首第四次会晤。

搭建经济走廊的目的是为三个国家的经济贸易提供发展的空间，挖掘潜藏的实力，使三方各自的优势最大化地得到发挥，为各国的繁荣强盛共同努力。中俄蒙三国毗邻而居，互为传统战略伙伴，开展合作有天然优势和良好基础。在经济全球化和区域经济一体化深入推进的今天，良好的沟通为三个国家的合作提供了政策保障。

4.7.2　中蒙俄三国具有良好的合作基础

中蒙俄三国地缘优势有利于三国企业合作、人口流动以及资金与技术往来。中俄边境线长达4300km，中蒙边境线长达4710km。俄罗斯拥有漫长的疆界线，且横跨欧亚大陆，优越的地理位置决定了俄罗斯的战略地位。蒙古国是与中国接壤的14个国家中边境线最长的国家，蒙古国在东南西三面与中国接壤，北面与俄罗斯为邻，处于"中蒙俄经济走廊"的中间地带，成为中蒙俄经济走廊不可替代的桥梁，得天独厚的地缘优势为开展双边经贸合作提供了便利的地缘条件。

中蒙俄三国资源禀赋、技术差异及其经济互补性为中蒙俄经济走廊建设夯实了经济基础。俄罗斯制造业长期低迷，主要依靠能源输出来维系经济运行，在国际能源市场剧烈波动的背景下，迫切需要改造其制造业，急需与中国进行产能合作。蒙古国处于中俄之间，是一个没有出海口的内陆国家，工业发展受制于中俄两国，但可以将资源优势转化为制造优势。中国恰好可以利用"一带一路"的契机，开展三国间务实的产能合作，扎实推进中蒙俄经济走廊建设。中蒙俄联合签署的《建设中蒙俄经济走廊规划纲要》强调，要加强三方产能与投资合作。深入研究中蒙俄经济走廊产能合作，有利于推进"丝绸之路经济带"建设和中蒙俄三国经济的持续发展。中蒙俄经济合作的领域主要有能源开发及深加工、装备制造业、信息技术和电信产业、农林牧业、轻工业制造业等。产能合作不仅受到企业利益的驱动，更重要的是地缘政治和国家战略的需要。我国企业在中蒙俄经济走廊产能合作和投资合作的过程中，不完全受到企业利润最大化的驱动，企业在对外投资过程中的收益往往体现在宏观经济收益上。因此，政府的工作重点不仅

在于形成相对公平和自由的市场环境，而且需要出台各种政策措施支持和鼓励我国企业走出去。同时，完善政府对外投资过程中的战略规划，做好企业"走出去"过程中内外政策的衔接，进一步完善政府对"走出去"的企业的服务和管理体系。

4.7.3　基础设施合作独具优势

口岸建设进一步推进与完善。随着我国对外开放力度的不断加大，东北三省与内蒙古口岸数量不断增加，并建立了综合保税区，口岸经济发展迅猛，特别是口岸跨境铁路线路为内蒙古对外口岸贸易量的增长打下了坚实的基础。目前，中蒙、中俄边境有满洲里、二连浩特等 14 个国家级对外开放口岸，其中对蒙古国开放的口岸有 10 个，对俄罗斯开放的口岸有 4 个。满洲里口岸是我国环渤海地区通往俄罗斯等独联体国家和欧洲最重要的大通道，二连浩特铁路口岸是我国通往蒙古国的唯一铁路口岸和沟通欧亚大陆的重要国际通道。

道路联通初具规模。基础设施建设最重要的就是道路的顺畅，国内包括高速公路、城际铁路和支线机场的建设，而与外方的设施联通，还需要依靠国家层面的深入协商和落实。《建设中蒙俄经济走廊规划纲要》将内蒙古确立为"中蒙俄经济走廊"重要支点，未来规划建设的 7 条铁路线路中的 6 条途经内蒙古。国家《铁路"十三五"发展规划》提出，要在全面贯通"四纵四横"高速铁路主骨架的基础上，推进"八纵八横"主通道建设，实施一批客流支撑、发展需要、条件成熟的高速铁路项目。呼和浩特、包头、呼伦贝尔等多个城市被纳入国家"八纵八横"主动脉中，呼和浩特被列为重要节点。国家《"十三五"现代综合交通运输体系发展规划》提出，构建横贯东西、纵贯南北、内外畅通的"十纵十横"综合运输大通道，加快实施重点通道连通工程和延伸工程，强化中西部和东北地区通道建设。其中，二连浩特至湛江、珲春至二连浩特列入国家"十纵十横"综合运输大通道。交通主干道和支线网络建设的调研和规划工作，有助于加速区域铁路网对接合作，早日实现相关陆运口岸的"通关"。

4.7.4　中蒙俄经贸合作日益密切

中国与蒙古国和俄罗斯的经贸合作是"走出去"投资的地缘需要，也是扩大贸易规模、提升投资质量、转型升级的内在改革需要。"要积极推进全方位对外开放，注重同俄罗斯远东地区开发战略对接，积极参与'中蒙俄经济走廊'建设。加强对俄罗斯、蒙古国乃至朝鲜半岛的务实合作，使黑龙江成为国际合作的辐射点。"习近平总书记在 2016 年 3 月 7 日两会期间参加黑龙江省代表团审议时的重要指示一语中的地指出了黑龙江省扩大对俄蒙朝日韩合作的战略意义。自中蒙俄经济走廊建设提出以来，中蒙俄合作发展势头良好，三国之间的贸易互动更加密切和深入。我国既是俄罗斯第一大贸易伙伴，也是蒙古国第一大贸易伙伴。2019 年 8 月 15 日在内蒙古二连浩特市举办了 2019·中国二连浩特中蒙俄经贸合作洽谈会（简称"二洽会"），2009～2019 年"二洽会"签约项目涵盖了合作区建设、跨国贸易合作及便利化、跨境电子商务和国际物流、文化旅游、教育、金融创新等诸多合作领域。

随着中蒙俄经济走廊建设的积极推进，双方互信增强，合作领域不断扩大，双边贸易有了突破性增长。商务部的数据显示，2022 年，中蒙贸易额 122 亿美元，同比增长

34.1%，其中，中国对蒙出口29亿美元，自蒙进口93亿美元，同比分别增长30.2%和35.3%。中蒙俄经济走廊建设，为三国经贸合作提供了新契机，随着合作的深入，应实施贸易多元化战略，进一步扩大贸易合作范围，全面推进矿产品加工、农牧业、新能源、旅游、生活消费品等多方面的合作。

4.7.5　中蒙俄文化交流与合作协同推进

中蒙俄三国文化融合具有深厚的历史渊源，中华人民共和国成立后，蒙古国和苏联是首批与中国建立外交关系的国家。现如今，中国是蒙古国最大的贸易伙伴和投资国，也是俄罗斯主要的贸易伙伴，三国文化融合具有深刻的现实基础。中蒙俄经济走廊作为"丝绸之路经济带"的一部分，经济贸易发展过程中必定伴随人员交流与文化碰撞，"民心相通"是中蒙俄经济走廊建设中必须解决的问题，而不同国家、民族之间的文化认同是"民心相通"的关键，文化交流与合作是最有效的民心基础。

《"一带一路"文化发展行动计划（2016—2020年）》提出文化交流合作机制逐步完善、文化交流合作平台基本形成、文化产业及对外文化贸易渐成规模等目标。《内蒙古自治区"十三五"文化改革发展规划》中提出，要推动民族文化宽领域高层次"走出去"。《关于进一步加强与俄罗斯和蒙古国进行文化交流的意见》提出要以推进与蒙俄文化交流合作为重点，加强文化交流机制建设、打造中蒙俄文化交流品牌。经贸合作为人文交流提供经济基础和平台保障，经贸活动为中华文化"走出去"提供了良好的交流合作平台，为具有民族特色的文化产品和服务"走出去"提供了难得的发展机会。内蒙古自治区"感知中国"·内蒙古文化周活动在蒙古国已连续举办多届；"中国—蒙古国博览会"已举办四届；中俄开展文化艺术交流；中蒙俄在学术交流、智库合作、新闻论坛、旅游方面开展交流与合作。通过与蒙古国和俄罗斯进行各文化领域合作，激发文化交流参与主体，创新文化交流机制，丰富文化交流载体，综合提升中蒙俄文化交流合作水平，进一步推动民心相通、构建人类命运共同体。

4.7.6　跨境旅游稳步推进

从国际看，旅游业作为实现可持续发展的目标，已经成为全球经济的重要引擎，国际旅游经济增长速度持续多年超过世界经济增长速度，旅游出口增长连续7年快于商品出口，减少了许多国家的贸易逆差，新兴和发达经济体都受益于旅游收入的增长。中蒙俄三国有着悠久的国际关系史和密不可分的地缘、人缘、文缘、商缘联系。由于历史的原因，在三国间形成了多民族跨境而居的独特格局。这些跨境民族彼此间语言、文化基本相同，人文联系素来密切，共同构筑了联结三国历史与现实的人缘脉络，多元人文联系是"中蒙俄经济走廊"建设的历史基础。

2018年，中俄两国签署了《中俄在俄罗斯远东地区合作发展规划（2018—2024年）》，规划中推荐在俄远东地区开展中俄经贸合作的七个优先领域之一就涵盖旅游业。"跨境旅游合作区"建设是近年来国家支持沿边地区发展的重要举措，是边境旅游发展的新趋势和热点之一。黑龙江省黑河市与布拉戈维申斯克（海兰泡）市"中俄双子城"的城市发展定位及黑龙江大桥的建设为"两区"建设提供了千载难逢的机遇。内蒙古通过各种合作机制成立了"万里茶道"国际旅游联盟，极大地推动了内蒙古旅游品牌

的建设，进一步加强了中俄蒙跨境旅游合作。2023 年 1～8 月，内蒙古接待俄罗斯游客
11 万人次、蒙古国旅客 68.4 万人次，分别约占全国接待量的 89%、90%。国务院于
2018 年 4 月同意设立满洲里边境旅游实验区，推进了跨境跨区旅游提质增效。近年来，
依托盟市、口岸地区开展对俄蒙旅游合作，举办了中俄蒙青少年旅游夏令营、蒙古族服
装服饰大赛、中俄蒙国际冰雪节、中俄蒙国际选美大赛等多项大型的中俄蒙旅游交流活
动，为人文交流合作注入新活力。

4.8　中国东北三省和内蒙古更好融入中蒙俄国际经济走廊的政策建议

在新时代背景下，尤其是新冠疫情冲击后，国际秩序重构速度加快，地区和世界形
势将发生深刻变化。"一带一路"合作逆势增长，中蒙俄经济走廊建设是其主要平台之
一，而东北亚有望成为全球率先走出疫情影响的地区，成为启动新一轮区域经济一体化
的次区域。中国内蒙古、东北三省与蒙古国、俄罗斯在基础设施互联互通、完善贸易投
资机制、提升产业合作层次、推进合作平台建设等方面的务实合作，是未来一个时期内
中国内蒙古自治区和东北三省全面融入"丝绸之路经济带"、深度参与"中蒙俄经济走
廊"建设的重中之重。要充分发挥内蒙古、东北三省与俄蒙区域合作的潜力和优势，加
快推进各领域合作，迅速形成内蒙古和东北三省向北开放新局面，实现经济发展空间的
拓展、区域经济结构的改善，进一步夯实开放型经济发展基础，早日实现建成我国向北
开放重要桥头堡的战略目标。

4.8.1　完善合作制度，搭建次区域合作软环境

1）对接"一带一路"倡议，进一步完善次区域合作制度框架。首先，国家应继续
以"一带一路"建设为契机，不断创新中蒙俄在经贸、能矿、金融和旅游等多个领域
的合作交流机制，积极倡导、大力推进"大图们倡议"的机制升级，将"大图们倡议"
由"务虚型"向"务实型"转变，由临时性的协调组织向具有法律约束力的实体机构
转变，由副部长级国际协调磋商向总理级、国家元首级磋商转变。其次，要利用"中蒙
俄经济走廊"建设的磋商平台与机制，如中国吉林·东北亚投资贸易博览会、东北亚地
区地方政府首脑会议等，积极构建宏观政策沟通交流机制，及时交流和对接双方经济发
展战略与对策，协商解决合作中的问题。再次，要始终坚持共享发展理念，充分尊重
俄、蒙两国发展道路和模式的选择，从政府和企业两个层面，以和谐包容、互促共进为
出发点，扶持和拉动俄罗斯与蒙古国的经济发展，为增进俄罗斯、蒙古国两国对中国的
战略信任做出应有贡献。最后，推进三国边境地区突发应急区域协调机制建设，以应对
新冠疫情、鼠疫等诸多突发风险，完善合作交流保障机制。

2）衔接现有政策，并完善政策体系。2019 年是中华人民共和国成立 70 周年，也
是中俄、中蒙建交 70 周年。地区层面，各省要坚持将中国"西部大开发"战略、"兴
边富民"行动、"振兴东北老工业基地"战略、"黑龙江和内蒙古东北部地区沿边开发
开放规划"等与蒙古国"矿业兴国"战略、俄罗斯"振兴远东地区"战略计划等相衔
接，将规划项目落到实处，把合作潜力转化为现实成果。与此同时，各省要把对俄罗

斯、蒙古国开放放到全局工作的重要位置，深刻领会、自觉贯彻中央深化对蒙俄合作的战略意图，深入研究、准确把握深化与俄蒙合作的切入点和突破口，紧紧抓住这一关键时间节点，多方面向国家争取针对性政策支持，力争把祖国北部边疆变为对外开放前沿。比如，争取国家政策鼓励支持矿产、能源类边境贸易；争取国家设立的外经贸发展专项资金支持从事境外投资的企业发展壮大，以黑龙江作为典型示范，各省参照设立外经贸发展专项资金，推动对外贸易规模扩大，增强出口竞争力，促进对外经济合作。

3）不断强化智力支持。加强干部队伍建设，选拔一批懂专业、善谋划、敢担当、能干事的优秀人才充实向北开放职能部门力量，为提升内蒙古向北开放水平提供组织保障。把人才发展体制机制改革作为向北开放重要战略支撑，聚焦优势主导产业和战略性新兴产业，大力引进能够引领产业升级、优化企业管理、突破关键技术的行业领军人才和创新创业团队。破除体制机制障碍，利用优惠政策吸引和集聚一大批高层次创新创业人才，打造区域性人才政策高地。建设向北开放专门研究机构和专业智库，引进高水平智库人才，推出高质量的科研成果，为内蒙古向北开放提供切实有效的咨询服务和智力支持。

4）切实抓好责任落实。四省区要抓好统筹，压实各职能部门责任，完善协同推进体制机制，着力推动各项政策措施落实落地。坚持问题导向，围绕经济发展质量不高、招商效果不佳、项目落地不快、开放型经济发展滞后等问题，针对需要从省级层面搭建工作架构、建立完善工作机制、统筹协调推进事项，深入梳理研究，拿出解决方案，全力破解阻碍开放发展的卡点、痛点、堵点，创优营商环境，推进高效能服务，有效推动向北开放发展不断取得新成效。

5）突出前瞻性领域的经济合作。坚持把经济合作作为中俄蒙三方合作的优先和重点领域，主动对接俄蒙两国发展战略，在推动区域经济合作上下功夫。内蒙古和东北三省要立足自身产业优势和区位优势，在"中蒙俄经济走廊"建设中主动作为，深入挖掘俄蒙的禀赋优势和潜力，在重点推动基础设施、能源运输等方面合作的同时，积极探索新技术、房地产、金融、互联网经济等新兴产业的合作，推进三国毗邻地区次区域合作。采取建设跨境经济合作区合作模式，依托二连浩特、黑河等口岸，立足内蒙古和东北三省与俄蒙资源结构、产业结构的互补性，通过基础设施的互联互通，口岸海关的协同，推进贸易与贸易投资便利化，为三国深化经济合作奠定基础。加快推进核技术、新材料、光子学等高科技领域合作，共同编制边疆地区崛起规划，在防治荒漠化、极端条件高速路建设等方面加强合作，共同开发北极航道，加快推进"冰上丝绸之路"共建，积极推动三方数字经济跨境合作，在中蒙俄经济走廊共建中实现基础设施信息化与数字化。

4.8.2　着力推动友好交往变务实合作

1）要创新合作机制。建立内蒙古"一带一路"建设发展基金，解决"中蒙俄经济走廊"专项建设和企业融资需求。成立口岸事务协调委员会，积极争取口岸建设、跨国物流和交通运输领域的政策扶持，可探索推动以劳务输出、技术输出、技术合作、参股等方式，参与俄蒙铁路、公路、机场等基础建设项目，并通过提供低息贷款等方式换取长期使用权，为加快俄蒙资源和能源进口创造条件。建立区域金融保险合作协商机制，改善内蒙古境外投资企业的融资难和风险高的问题。给予对外投资大型设备企业资金支持，争取扩大内蒙古境外投资企业在境外融资许可范围，积极建立境外投资金融服务和保险制度体系。要整合各项合作基金，缓解资金供需矛盾，提高基金的整体合力、使用效益和政策效应的发挥。

2）要利用友好交往平台推动合作深入。加强内蒙古自治区、东北三省与蒙古国外交部常设协商工作组、中俄边境和地方经贸合作协调委员会等磋商机制，促进三方更深层次的沟通交流。利用友好城市关系和海外侨商组织，通过官方渠道和民间渠道同蒙俄方高层积极互动沟通，将中蒙跨境经济合作区打造成集国际贸易、物流仓储、进出口加工、电子商务、旅游娱乐及金融服务等多功能于一体的综合开发开放平台。巩固发展各口岸所在城市与俄蒙17个省区市的友好城市关系，增加友好城市数量，推动友好城市深入交往。充分发挥商协会、行业协会的作用，推进全方位合作和交流，鼓励地区、部门、行业加强与俄蒙地区、部门、行业之间的合作交流。

4.8.3　加快构建服务开放发展的便捷通道

1）重视抓好统筹谋划。要站在把内蒙古和东北三省建成全国向北开放大通道的高度，充分发挥内蒙古和东北三省重要的区位优势，畅通交通通道、运输通道和物流通道，不断挖掘通道建设中的战略价值，使通道优势变为经济优势。构筑交通基础设施网络，优先打通缺失路段，畅通瓶颈路段，提升道路通达水平。加强与俄罗斯跨欧亚铁路的衔接和蒙古国铁路的沟通，加强与莫斯科、乌兰乌德、赤塔、伊尔库茨克等俄罗斯重要城市和乌兰巴托等蒙古国城市的航空网络建设，形成跨欧亚立体化大通道。构筑能源输送网络，推进跨境电力与输电通道建设，积极开展区域电网升级改造合作。合作开发远东和西伯利亚的石油、天然气资源，在东北亚建设石油、天然气供应网和电能输送线。构筑信息化输送网络，扩大信息交流与合作，共同推进跨境光缆等通信干线网络建设，大幅度提高通信互联互通水平。

2）构建内陆省区市向北开放的物流通道。要立足口岸服务全国，将内蒙古和东北地区的口岸优势与内陆省区市的腹地资源及货物集散地优势紧密结合起来，着眼于打造内陆省区市向北出境的国际物流通道和国际商贸集散基地，打造联结内地、联通国外、辐射全国的物流枢纽。充分利用《国家物流枢纽布局和建设规划》的政策支持，建设好呼和浩特、鄂尔多斯、乌兰察布、满洲里、二连浩特、珲春、包头、沈阳、大连、长春和哈尔滨等国家物流枢纽承载城市，充分发挥内蒙古和东北三省在全国物流网络中的关键节点、重要平台和骨干枢纽作用。支持内陆省区市和满洲里、二连浩特、佳木斯及绥芬河等口岸互设物流集散中心、跨境电商物流集散中心等，建立国际贸易分拨、集散、加工、结算的新型物流中心，提高蒙古国优质矿产资源、畜牧产品通过内蒙古和东北三省的入境率，提升内蒙古和东北三省口岸物流大通道辐射西北、华北、西南、长江经济带等区域的能力。进一步完善满洲里、二连浩特、黑河、佳木斯和绥芬河等口岸的物流枢纽功能，在土地、税收等方面对企业进行支持，培育和提升大型物流公司、进出口公司的辐射能力，促进生产制造企业落地，使商贸物流业和制造业联动发展，提升内蒙古和东北三省在对外开放、贸易层次及在国际物流体系中的地位。打造图们江地区国际物流基地，构建以长吉图为中心、连接东北地区、辐射东北亚的大型现代国际物流体系。

3）全力推动公路、铁路项目建设。建设连通俄蒙、对接沿海的立体大通道，按照中蒙俄经济走廊规划，依托铁路中央走廊、铁路北部走廊、亚洲公路网 AH3 建设，加大公路口岸、铁路口岸建设；依托铁路东部走廊、公路东部网络建设，将珠恩嘎达布其口岸规划建设为东部走廊重要节点。依托满洲里口岸，打造贯通东北地区陆海联动的"大哈满（大连—哈尔滨—满洲里）经济走廊"。加快满洲里铁路换装和公路口岸通关设施改造，建设黑山头、室韦口岸铁路，打通"肠梗阻"。加快海拉尔、满洲里国际机场改扩建及新巴尔虎右旗等地区通用机场建设，推进珲春—扎鲁比诺—束草航线、珲春—扎鲁比诺—浦项航线、珲春—日本西海航线复航和辟建。推动货运产品多元化，加快推进对铁路换装站及铁路口岸、珲春口岸、圈河口岸等基础设施的扩能改造，完善与俄蒙两国协调机制。加快基础设施跨境项目的建设进度，共同推进满洲里—赤塔铁路电气化改造、阿日哈沙特—乔巴山、阿尔山—乔巴山等跨境铁路建设。加快推进铁路枢纽、换装站扩能改造，进一步提升内通道的通达能力，提升中欧班列的运营规模和效率，提高铁路客货运输能力。推动阿日哈沙特—哈比日嘎—乔巴山等跨境公路的建设，形成功能完善、布局合理的干线公路网络。

4）切实加强跨境信息高速公路建设。加强跨境电子商务平台、通信网络运行管理平台、数据中心等信息基础设施建设，建设三方跨境陆地光缆，扩容完善满洲里—后贝加尔斯克、黑河—布拉戈维申斯克（海兰泡）等中俄跨境光缆，打造欧亚电信传输的重点节点。依托云计算基地及中俄、中蒙国际光缆，逐步加大内蒙古和东北三省的云计算、大数据等新兴技术和服务能力输出，将内蒙古和东北三省打造成中蒙俄经济走廊数据信息港。依托中俄蒙大数据中心、中俄蒙"一带一路"物流大数据平台等，逐步提高内蒙古自治区知识密集型和技术密集型产品的出口创汇能力，优化自治区贸易结构，增强国际核心竞争力。

5）努力提升"中欧班列"效能。建设"中欧班列集结中心"，借鉴乌兰察布（海铁空联运）、重庆（铁公联运、铁空联运）、辽宁（海铁联运）、浙江（海铁空公联运）等地的成功经验，大力发展多式联运，实行集成运作，创造新的货源供给。在枢纽节点或出境口岸筹建"中欧班列集结中心"，开展班列集结编组作业，有效降低中欧班列的运行费用。建立全国中欧国际货运班列（中、东）联盟，推动中欧国际货运班列（西线）联盟扩展为中欧国际货运班列（中国）联盟。升级优化中欧班列现有路线，东线整合集聚外向型要素资源，构建中俄跨境邮政包裹分拨中心，发展海铁联运、陆桥服务；中线推动口岸功能一体化发展，打造中欧班列枢纽中心；西线推进甘其毛都/策克与乌海一体化发展，推进蒙古国煤炭与乌海焦炭运贸一体化发展。

4.8.4 着力推动"过路经济"向"落地经济"转型

1）优先发展现代能源经济。习近平总书记强调，能源合作是共建"一带一路"的重点领域。内蒙古和东北三省资源富集，发展能源经济潜力巨大，要进一步加强与俄蒙的能源合作，充分发挥三方科研、技术、装备制造优势，深化油气、煤炭、电力、可再生能源、能源设备和能效、资源型城市转型等领域的合作，开拓更加广阔的市场空间，推动三方能源合作由能源贸易向能源产业链拓展，实现资源优势转化为经济优势，打造

"经济高地"。推进能源开发与深加工结合，加强中蒙俄能源领域产能合作，建设石油和天然气战略通道，扩大与俄蒙石油、天然气的合作规模，不断扩展能源开发产业链。例如，做大做强以电、气、油产输用为特色的能源项目，进一步推进太阳能、风能等新能源技术和装备通过俄蒙、中西亚拓展到欧洲市场。加大对俄罗斯和蒙古国资源引进与开发力度，鼓励区内企业以成套设备出口、直接投资、收购与兼并、承包工程等方式在俄蒙两国建设钢材等工业原料生产基地以及资源深加工基地。在俄蒙两国开展能源上下游深加工，延伸产业链，提升能源价值，做大做强产业链。鼓励内蒙古自治区具有优势的矿产机械设备制造企业到俄蒙积极开展融资租赁业务。发挥内蒙古地缘优势，在电力方面与俄蒙进行电站和输电线建设合作，支持区内电力设备制造企业"走出去"，在当地投资电厂建设，推动当地企业更新电力设备，促进输变电设备的出口。拓宽合作模式与合作领域，坚持能源地缘战略合作，加快推进市场主导的合作模式，通过持股、并购、购买区块、合资建厂等方式深化中蒙俄在油气勘探、技术服务、炼化、装备等油气全产业链的合作，在向北开放中打造"内蒙古能源"品牌。

2）全力打造优势产业链集群。利用内蒙古和东北三省的地缘、空间与能源产业优势，建立大宗能源商品仓储物流集散地，构建跨境大宗能源商品交易市场，加强与俄蒙在能矿、木材、农畜产品、石油化工等领域的合作，延长产业链、催生供应链、形成价值链，提升产业实力和能力，打造有较强竞争力的产业体系。围绕优势资源打造跨境加工产业集群，形成以传统优势产业和战略性新兴产业为主体、现代服务业为支撑的现代产业体系，带动进口资源落地加工业发展。立足俄蒙农牧业资源优势和内蒙古劳动力、技术、资金优势，加快建设高水平农畜产品生产基地，扩大农牧业开发，扶持在俄蒙边境地区建设农牧业综合开发示范园区。大力创新农牧业经营主体，加快发展现代农牧业企业，推动农牧业微观主体和生产经营方式现代化，实现一二三全产业链融合发展，引领绿色有机农畜产品占领高端市场，做大做强内蒙古和东北三省的绿色品牌。加快推进中俄蒙边境毗邻地区自由贸易试验区建设，大力推进投资、贸易、金融、政府监管等领域的改革创新，促进与俄蒙的投资贸易便利化。推动包头、巴彦淖尔、大连等保税物流园区整合提升为综合保税区，拓展其功能和发展定位，切实为进口资源转化搭建平台。积极发挥区位优势，为各省区与俄蒙合作提供土地保障、交流平台、物流通道和人文服务，大力引进内地各省市优势企业，合作建设面向俄蒙乃至欧洲市场的落地资源加工基地和出口产品制造基地，实现对外开放与对内协作的互促共赢。

3）加快发展泛口岸经济。共建沿边开发开放经济带，依托满洲里、二连浩特、丹东、绥芬河等重点口岸，完善国家开发开放试验区、边民互市贸易区等开发开放平台，发展壮大泛口岸经济，深化与俄罗斯、蒙古国、朝鲜等周边国家合作交流，推动沿边地区与东北腹地、沿海地区联动开发开放。一是推动口岸与腹地联动，把口岸加工区功能布局到内陆区城镇。例如，二连浩特与乌兰察布加强合作，甘其毛都和临河加强合作等，并在有关城镇区建设进口商品深加工区。二是建立口岸与毗邻省市联合投资合作联络机制，重要口岸建设项目争取和毗邻省市联合投资。例如，满洲里口岸和俄罗斯后贝加尔斯克口岸区域建设，可探索东北三省合作或联合投资；二连浩特口岸和蒙古国扎门乌德口岸区域建设，可探索与北京、天津、河北合作。积极创造条件带动内地及南方省区对俄、对欧进出口贸易，充分发挥内蒙古和东北地区"向北开放""南联北进西通欧洲"不可替代的作用，构建内蒙古与内陆省区市联动发展新模式。重点拓展商业性经济功能，围绕口岸通道—口岸经济—口岸城市的升级方向，打造前岸—中园—后城的空间布局模式，推动口岸功能由公益设施向商业平台升级。遵循产业园区的代际升级规律，推动口岸园区由一二代园区向高代际园区升级，着力提升园区的产业体系、空间形态、社会功能和环保水平等。发挥内外两个扇面的联结辐射作用，打造口岸特殊经济功能区。以代表性口岸所在城镇为核心区域，将沿边开放平台整合打造成集边境区域性加工制造、境外资源合作开发、生产服务、区域性国际物流采购等多功能为一体的经济功能区。推动重点口岸形成"整体效应"，逐渐建立中俄蒙边境口岸集群，带动自治区腹地经济发展。

4）深化内蒙古自治区东部盟市对内开放。进一步明确东、中、西部城市开发开放发展定位，推动向北开放和对内开放一体化发展，构建高质量高层次的大开放、大交流、大融合的开放型经济。内蒙古自治区东部盟市要抓住新一轮东北振兴战略机遇，主动融入东北三省、对接京津冀，为更好地联通中俄蒙作出贡献。加强与东北三省在规划、政策、制度等领域的协调，深化与毗邻省市的沟通合作，加快发展高端制造业、生产型服务业，不断提升创新能力，培育区域发展新动能，激发区域发展新活力。充分利用内蒙古自治区东部盟市内接东北三省、京津冀，外连俄蒙，距离天津港、大连港等出海口相对较近的地缘优势，以及得天独厚的陆海联运优势，大力推进能源矿产、装备制造、商贸物流、生物制药、冶金建材新型化工、绿色农畜产品加工、文化旅游等领域的区域合作，扩大内蒙古自治区东部盟市全方位开放，打造内蒙古对内对外开放发展的新引擎。

5）挖掘民营企业潜力。切实降低企业税费负担，优化金融支持机制，完善专业配套服务体系。整合社会力量，缓解企业"融资难、融资贵、融资慢"问题，完善融资信用担保体系，探索建立由担保机构、银行、民营企业与政府共担风险的机制，建立健全担保行业风险控制、损失补偿机制，探索建立再担保机构，进一步拓宽民营企业的融资渠道，充分激发中小型民营企业的创新活力，推动进口资源落地加工业发展。发挥行业商会作用，有针对性地帮助解决协调民营企业在境外发展过程中遇到的问题，有效解决民营企业与俄蒙的经贸合作中存在的跨国经营管理人才的匮乏，对国外市场、法律、政策的研究不足，对资本项目的前期调查、可行性的研究不充分、风险估计不足，对境外投资项目的运营和管理经验的缺乏等问题，实现内蒙古企业"抱团发展"。

6）大力推进沿边金融综合改革。借鉴广西、云南沿边金融综合改革试验区建设的成功经验，进一步深化沿边金融、跨境金融、地方金融改革，促进人民币周边区域化，提升内蒙古地区和东北三省对外开放和贸易投资便利化水平，推动沿边开放实现新突破。鼓励金融机构合理配置信贷资源，加大对沿边地区的信贷支持力度。创新跨境人民币业务，在畅通人民币资金汇划渠道、搭建银行间市场区域交易平台、建立跨境投融资循环圈等方面进行尝试和探索，为中俄蒙贸易投资结算提供便捷、高效的市场服务。鼓励国有银行和商业银行大力支持实体经济与重点产业发展，加强境内外金融合作，助力夯实沿边建设的发展基础。深入推进跨境人民币结算业务，降低边贸结算的时间和资金成本，简化人民币跨境直接投资和境外项目人民币贷款管理，鼓励银行开展境内外联动的人民币资金池业务，提升金融开放水平。

7）构建"双循环"新发展格局，加快实现产业链协同和供应链融合。内蒙古和东北三省深度参与中蒙俄经济走廊建设，实现战略转移效应树立如下理念：一是提升产业链供应链现代化水平，大力推动科技创新，加快关键核心技术攻关，打造未来发展新优势；二是以国内大循环为主体，绝不是关起门来封闭运行，而是通过发挥内需潜力，使国内市场和国际市场更好联通，更好利用国际国内两个市场、两种资源，实现更加强劲的可持续发展；三是从长远看经济全球化仍是历史潮流，各国分工合作、互利共赢是长期趋势。我们要坚持深化改革、扩大开放，推动建设开放型世界经济。

4.8.5　构建多层次、宽领域交流合作格局

1）深化教育领域交流合作。扩大境外办学，进一步完善相关政策法规，争取境外办学的政策支持，加强与境外学位认证组织机构合作，做好境外办学学历学位的认证等相关工作。推动在蒙俄城市如乌兰巴托、乔巴山、扎门乌德、乌兰乌德、伊尔库茨克等地，建设以汉语、蒙古语和俄语教育为主的综合学校，着力加深文化认同。开展国际化留学生教育综合试验区。建立面向俄蒙教育投资中介服务机构，为评估内蒙古对俄蒙留学生的培养效果、调整相关政策提供依据。鼓励内蒙古自治区高校抓住"丝绸之路经济带"机遇，培养国际经济贸易人才。引导各高校增设对沿线国家的语言、文化、社会、法律、经济相关专业，培养一批既懂语言，又具有专门知识的实用型人才。

2）拓宽科技合作渠道。创建多方位互动平台，设立自治区"一带一路"科技合作专项，鼓励学校、科研院所、企业积极参与，实现国内企业、科研机构与创新平台载体的多方互动，加大与俄蒙科技合作与交流的深度与广度。深入开展农牧业领域的科技合作，充分利用俄罗斯和蒙古国的农牧业比较优势，主动对接，积极参与农牧业资源再分配。发挥中俄蒙智库联盟和中俄蒙智库论坛的作用，在中俄蒙合作的战略定位、规划对接、政策协调、方案机制设计等方面提供智力支持。

3）深化旅游合作。完善协商合作机制，建立中俄蒙跨境旅游合作委员会，就签证便利化、跨境旅游线路、法律、旅游安全服务等方面加深合作，最大限度地减少三国间跨境旅游障碍；建立中蒙、中俄跨境旅游基金，促进双方口岸公共服务设施和配套旅游设施，为跨境旅游提供良好服务环境。改善交通条件，增加国际航线，开通省区（自治区）主要城市与俄蒙的直飞航班与航线，为游客提供便利的交通条件，吸引国际和我国东中部发达地区的游客。打造三国跨境区域旅游圈，打造北接蒙古国乌兰巴托市、苏赫巴托尔省等地和俄罗斯乌兰乌德、伊尔库茨克等地，南连我国内地的跨境跨区域旅游圈，开发精品旅游线路，提升三国跨境旅游规模。创新跨境旅游合作及发展模式，利用二连浩特跨境旅游合作区、满洲里边境旅游试验区建设机遇，打造体现内蒙古口岸、文化、区位特色，与商贸流通、医疗养生、教育科技、人文交往等为一体的中蒙、中俄文化经济合作交流示范区。

4）深化生态环境保护领域合作。继续做好跨界自然保护区生态保护和界河监测工作，积极按照《中蒙俄关于达乌尔自然保护区协议》《中蒙俄生态环保大数据服务平台战略合作协议》开展联合考察、科研监测和宣传教育活动。不断提高生态环保科技水平，充分利用已有大数据服务平台和遥感技术，积极开展生物多样性保护、荒漠化治理、森林草场防火等多领域的信息交流、数据互换与共享。鼓励中俄蒙三国科研院所、

大学、企业、研发机构等开展广泛合作，推进生态环境保护的研发中心、实验室、技术转移中心等项目建设，重点支持在能源、交通、农牧业等领域具有较高生态效益的科技创新和合作项目。

5）深化文化各领域交流合作。积极探索创新教育、科技、蒙医蒙药、旅游合作、生态环境等领域文化交流合作形式、机制和模式，通过合办联办重大活动，开展历史遗存和文化交流研究，设立人文交流项目，实现从文化冲突到文明共生。积极创办以"'一带一路'民心相通"为主题的峰会、论坛、研讨会、博览会，推动中俄蒙关系的全面发展。按照因地制宜、因时制宜的原则，将满洲里、二连浩特、策克口岸作为中俄蒙文化交流重要枢纽。依托中心腹地城市具备一定能力和条件的高校及科研机构，在代表性口岸探索"口岸文化"试验区建设，赋予口岸—腹地联动文化意义与功能。根据不同区位不同的文化资源禀赋、市场发育条件、文化基础设施等，定位发展模式，如在口岸城市应采取政府组织+民间交流+市场辅助的模式，而在文化、教育资源较为集中的腹地应采取政府引导+社会力量组织+群众参与的模式。积极培育文化产业发展新动能，重点发展契合文化惠民指向的特色文化产业，使中俄蒙民族能分享文化产业发展收益，增强获得感。规划建设一批投资少、见效快的特色化、标准化的文化体验园，如非物质文化遗产体验站、中俄蒙抗日文化纪念馆等，共享文化共建友谊硕果。加快培育知识产权型文化企业、服务型文化企业以及产品型文化企业，推动中俄蒙文化企业深层次合作。基于供应链、内容和资本的合作，推动中俄蒙文化的融合与创新，塑造本区企业文化品牌，提升国际影响力和竞争力。拓宽多元资金渠道，为文化产业高质量发展保驾护航。综合运用公共财政投资，银行信贷、信托计划等间接金融，以及文化产业投资基金、民间投资和港澳台等境外资金的市场化方式，如成立"中蒙俄文化产业走廊投资基金"，促使投资多元化，激活产业发展活力。

中　篇
中蒙俄经济走廊投资环境综合评价

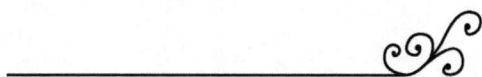

第5章　中蒙俄经济走廊俄罗斯区域投资环境评价

5.1　俄罗斯区域投资环境评价

5.1.1　投资环境评价指标体系

投资环境是指一定时间及空间范围内，影响投资活动的各种因素的总和。投资环境的优劣是投资区位选择的基础。为全面揭示俄罗斯各行政区的投资环境特征，本研究在充分挖掘和分析俄罗斯省级尺度区域投资环境数据、综合考虑中国对俄投资战略重点及中蒙俄经济走廊建设现实需求的基础上，构建一套由目标层—要素层—指标层所构成的俄罗斯投资环境评价指标体系。综合考虑六大要素，即投资经济环境、投资社会环境、投资基础设施环境、投资政策环境、投资资源基础以及投资可达性。其中，投资经济环境反映区域适合进行投资活动的综合经济发展情况；投资社会环境反映区域适合进行投资的社会服务水平及社会发展情况；投资基础设施环境反映区域现代化程度和交通便捷度，对投资者而言，完善的基础设施可以在一定程度上减少企业投资成本；投资政策环境反映区域针对外商投资所给予的政策倾斜程度；投资资源基础反映区域适合进行投资的资源禀赋；投资可达性反映中国企业赴俄投资的便捷程度（表 5-1）。

表 5-1　俄罗斯投资环境评价指标体系

目标层	要素层	指标层
俄罗斯各行政区投资环境综合评价	投资经济环境	X1：人均收入、X2：固定资产投资总额、X3：外商直接投资额、X4：劳动力总数、X5：就业率、X6：第一产业比例、X7：第二产业比例、X8：工业生产指数、X9：农业生产指数、X10：第三产业比例、X11：出境游人数、X12：与独联体国家对外贸易出口额、X13：与独联体国家对外贸易进口额、X14：与远东对外贸易出口额、X15：与远东对外贸易进口额、X16：货币购买、X17：货币出售、X18：主要住房市场销售价格指数、X19：主要住房市场平均价格、X20：平均每月名义应计工资
	投资社会环境	X21：人口密度、X22：人口总数、X23：人口自然增长率、X24：老年人口比例、X25：青少年比例、X26：壮年人数、X27：低收入人口比例、X28：失业率百分比、X29：退休人员比例、X30：罪行数量、X31：拖欠工资数、X32：俄罗斯联邦主体国家机构的总人数、X33：宗教组织数量、X34：万人病床数、X35：万人医生数、X36：研究开发人员数量、X37：研究开发组织数量、X38：普通教育机构数量、X39：文化遗产、X40：考古遗产、X41：展会数量、X42：旅游公司数、X43：入境游人数、X44：人口迁移增量

目标层	要素层	指标层
俄罗斯各行政区投资环境综合评价	投资基础设施环境	X45：每 1000 人拥有的自驾车数量、X46：每 10 000 人公交车数目、X47：铁路密度、X48：公路密度、X49：货运量、X50：货运周转量、X51：客运量、X52：客运周转量、X53：电力生产、X54：居民住房总面积、X55：每 1000 人移动无线电话（蜂窝）通信用户、X56：接入互联网的家庭占比
	投资政策环境	X57：欧亚经济联盟、X58："茶叶之路"旅游合作协议、X59：首届中俄蒙三国旅游部长会议联合宣言、X60：万里茶道旅游地图、X61：俄罗斯经济特区、X62：《俄罗斯联邦经济超前发展区法》、X63：《俄罗斯联邦外国投资法》、X64：《外资进入对国防和国家安全具有战略性意义行业程序法》、X65：《俄罗斯远东地区土地免费配发法案》、X66：俄罗斯东部经济议程、X67：远东和贝加尔地区发展基金、X68：《2025 年前俄远东和贝加尔地区社会经济发展战略》、X69：俄罗斯联邦"远东和贝加尔地区社会经济发展"国家规划、X70：《俄罗斯远东边境地区 2015—2025 年发展纲要》、X71：《俄罗斯联邦经济特区法》、X72：俄罗斯跨越式发展区、X73：农业扶持发展规划、X74：《关于补偿外国公民在俄境内购买商品的增值税法案》、X75：2020 年西伯利亚发展战略、X76：《符拉迪沃斯托克自由港发展战略》、X77：伊尔库茨克创新战略（2008—2020）、X78：《鞑靼斯坦共和国投资经营法》、X79：《莫斯科市企业财产税第 64 号法律》、X80：中国银行俄罗斯分部、X81：中国工商银行、X82：中国农业银行、X83：中国建设银行
	投资资源基础	X84：水利资源、X85：耕地资源、X86：森林资源、X87：煤炭资源、X88：油气资源、X89：金属矿产、X90：非金属矿产、X91：渔猎资源、X92：动植物资源
	投资可达性	X93：航空可达性、X94：水运可达性、X95：铁路可达性、X96：公路可达性

5.1.2　投资环境评价方法

俄罗斯投资环境定量评估是一项复杂的系统工程，需要综合考虑俄罗斯各行政区的投资经济环境、投资社会环境、投资基础设施环境、投资政策环境、投资资源基础以及投资可达性，而这六类要素的数据类型不同，赋值方式不同，评价方法也不同。需要首先将区域的投资经济环境、投资社会环境、投资基础设施环境三要素进行量化评估，随后纳入投资政策环境、投资资源基础以及投资可达性三要素，进行二次量化评估，以获得投资环境的综合评价。根据以上需求，构建俄罗斯投资环境综合评价模型——ESI-PRA 模型（Economic Social Infrastructure-Policy Resource Accessibility Model），定量评估俄罗斯各省级行政单元的综合投资环境。

（1）投资经济、社会、基础设施环境评价模块

构建由 83 个联邦主体，56 个经济、社会、基础设施的指标组成初始数据矩阵 $\boldsymbol{X} =$
$\begin{bmatrix} x_{11} & \cdots & x_{1n} \\ \vdots & \ddots & \vdots \\ x_{m1} & \cdots & x_{mn} \end{bmatrix}$。其中，$x_{ij}$ 表示矩阵 $\boldsymbol{X}$ 中第 i 个样本第 j 项评价指标的数值，$0 \leqslant i \leqslant m$，

$0 \leqslant j \leqslant n$。

对评价指标进行标准化，以消除量纲影响。

$$
\begin{cases}
x'_{ij} = \dfrac{x_j - x_{\min}}{x_{\max} - x_{\min}} & \text{正向指标} \\[3mm]
x'_{ij} = \dfrac{x_{\max} - x_j}{x_{\max} - x_{\min}} & \text{逆向指标}
\end{cases}
\tag{5-1}
$$

式中，$0 \leq i \leq m$；$0 \leq j \leq n$；x_j 为第 j 项指标值；$x_{\max}$ 为第 j 项指标最大值；$x_{\min}$ 为第 j 项指标最小值；x'_{ij} 为标准化值。

第 j 项指标的熵值为

$$
e^j = -k \sum_{i=1}^{m} s_{ij} \ln s_{ij}
\tag{5-2}
$$

式中，s_{ij} 为第 j 项指标下第 i 个样本值占该指标的比例；$s_{ij} = \dfrac{x'_{ij}}{\sum\limits_{i=1}^{m} x'_{ij}}$；$k$ 为常数，$k = \dfrac{1}{\ln m}$。

进而获得第 i 个样本的经济、社会、基础设施的指标层评价分值：

$$
\begin{cases}
c_1 = \sum\limits_{j=1}^{n} w^j x'_{ij} & \text{经济指标层} \\[3mm]
c_2 = \sum\limits_{j=1}^{n} w^j x'_{ij} & \text{社会指标层} \\[3mm]
c_3 = \sum\limits_{j=1}^{n} w^j x'_{ij} & \text{基础设施指标层}
\end{cases}
\tag{5-3}
$$

式中，w^j 为第 j 项指标的权重，$w^j = \dfrac{g^j}{\sum\limits_{j=1}^{n} g^j}$（$g^j$ 为第 j 项指标的信息效用值；$g^j = 1 - e^j$）。

（2）投资政策环境评价模块

投资政策环境由 27 项指标构成，按照各项指标评价得分为 [0，1]，计算第 j 项指标下第 i 个样本的分值：

$$
p_{ij} = \begin{cases} 1 & \text{政策惠及} \\ 0 & \text{政策未惠及} \end{cases} \quad (0 \leq i \leq m, 0 \leq j \leq n)
\tag{5-4}
$$

进而获得第 i 个样本的投资政策环境评价得分：

$$
c_4 = \sum_{j=1}^{n} p_{ij}
\tag{5-5}
$$

（3）投资资源基础评价模块

投资的资源基础由 9 个项指标构成，按照各项指标评价得分为 [0，1]，计算第 j 项指标下第 i 个样本的分值：

$$
r_{ij} = \begin{cases} 1 & \text{资源分布} \\ 0 & \text{资源未分布} \end{cases} \quad (0 \leq i \leq m, 0 \leq j \leq n)
\tag{5-6}
$$

进而获得第 i 个样本的投资济源基础评价得分：

$$
c_5 = \sum_{j=1}^{n} r_{ij}
\tag{5-7}
$$

（4）投资可达性评价模块

本研究中投资可达性指标选取中国投资者到达投资地所采用的交通方式及其所需交通时间，采用逐级判别法测算。

$$t_i = \begin{cases} i\ \text{为边境省份}, & t_i = 30\min \\ i\ \text{为非边境省份} \begin{cases} i\ \text{为可直达省份}: t_i = \min(t_1, t_2, t_3, t_4) \\ i\ \text{为不可直达省份}: t_i = t_a + t_b \end{cases} \end{cases} \quad (5\text{-}8)$$

式中，t_i 为中国最近的海关通关进入投资地所需时间；t_1，t_2，t_3，t_4 分别为可直达省份选择航运、水运、铁路及公路所需时间；t_a 为到达与研究省份 i 邻近的参照省份 f 所需时间；t_b 为参照省份 f 到达研究省份 i 所需时间。

由于到达投资地所需时长是逆向指标，因此第 i 个样本的投资可达性评价得分为

$$c_6 = \frac{1}{t_i} \quad (5\text{-}9)$$

（5）投资环境综合评价模块

中国企业赴俄罗斯进行投资需要综合考虑俄罗斯各行政区的投资经济环境、投资社会环境、投资基础设施环境、投资政策环境、投资资源基础以及投资可达性。由于该 6 项要素所反映的区域情况不同，且不同企业对此 6 项要素的重视程度不同，因此，各要素权重选择等权赋值。

将各指标层初始得分标准化，

$$c'_q = \frac{c_q - c_{\min}}{c_{\max} - c_{\min}} \quad (5\text{-}10)$$

式中，q 为投资环境评价中第 q 要素层，$1 \leqslant q \leqslant 6$。

俄罗斯各行政区的投资环境综合水平为

$$H = \sum_{q=1}^{6} c'_q w_q \quad (5\text{-}11)$$

式中，w_q 为各指标层权重。

5.1.3　数据来源

研究团队承担国家科技基础资源调查专项"中蒙俄国际经济走廊多学科联合考察"，多次赴俄进行实地考察调研，获得大量一手调研数据，并以此作为本研究的主要数据基础。此外，研究数据还包括《俄罗斯统计年鉴 2016》《俄罗斯地方统计年鉴 2016》《俄罗斯联邦外国投资法》《俄罗斯联邦经济特区法》《2020 年西伯利亚发展战略》《俄罗斯远东边境地区 2015—2025 年发展纲要》《2025 年前俄远东和贝加尔地区社会经济发展战略》等。

投资环境的政策数据为对俄罗斯 2015 年以来的重大国家级、区域级发展战略和政策，共计 27 个项目的系统梳理。其中，重大发展战略包括：欧亚经济联盟、"茶叶之路"旅游合作协议、首届中俄蒙三国旅游部长会议联合宣言、万里茶道旅游地图；俄罗斯国家级发展规划包括：俄罗斯联邦高速铁路服务长期国家发展计划、《俄罗斯经济特区法》、《俄罗斯联邦社会经济超前发展区法》、《俄罗斯联邦外国投资法》、《俄罗斯远东地区土地免费配发法案》、远东和贝加尔地区发展基金、《2025 年前俄远东和贝加尔

地区社会经济发展战略》、俄罗斯联邦"远东和贝加尔地区社会经济发展"国家规划、《俄罗斯远东边境地区 2015—2025 年发展纲要》、中国银行俄罗斯分部；俄罗斯国家法案包括：《俄罗斯联邦外国投资法》《外资进入对国防和国家安全具有战略性意义行业程序法》《俄罗斯远东地区土地免费配发法案》《俄罗斯联邦经济特区法》《关于补偿外国公民在俄境内购买商品的增值税法案》《鞑靼斯坦共和国投资经营法》《莫斯科市企业财产税第 64 号法律》；俄罗斯区域发展战略包括：《2025 年前俄远东和贝加尔地区社会经济发展战略》、俄罗斯联邦"远东和贝加尔地区社会经济发展"国家规划、《俄罗斯远东边境地区 2015—2025 年发展纲要》、2020 年西伯利亚发展战略、《符拉迪沃斯托克自由港发展战略》、伊尔库茨克市创新战略（2008～2020）；各类金融机构的设置：远东和贝加尔地区发展基金、中国银行俄罗斯分部、中国工商银行、中国农业银行、中国建设银行（表 5-2）。

表 5-2　中蒙俄对跨国投资具有重大影响的发展战略和政策

分类	名称	发布时间	成员	战略内容
对跨国投资具有重大影响的国际发展战略	欧亚经济联盟	2015 年 1 月 1 日	俄罗斯、白俄罗斯、哈萨克斯坦、亚美尼亚、塔吉克斯坦、吉尔吉斯斯坦	1. 在 2025 年前实现商品、服务、资本和劳动力的自由流动，终极目标是建立类似于欧盟的经济联盟，形成一个拥有 1.7 亿人口的统一市场。2. 内容涉及能源、交通、工业、农业、关税、贸易、税收和政府采购等诸多领域，还列出了自由贸易商品清单，但其中不包含烟酒等敏感商品。3. 优先发展领域为农业、工业、交通、能源等领域，将推行协调一致的政策和统一的卫生、技术标准。4. 执行四步走的发展战略，将按照"自由贸易区—关税同盟—统一经济空间—欧亚经济联盟—欧亚联盟"的路线整合苏联地区的各类经济体
	"茶叶之路"旅游合作协议	2015 年 10 月 24 日	中国福建省、江西省、湖南省、湖北省、河南省、河北省、山西省、内蒙古自治区，蒙古国乌兰巴托市，以及俄罗斯外贝加尔边疆区、布里亚特共和国、伊尔库茨克州等地旅游部门	中俄蒙三国旅游资源整合包装，共同开展了"万里茶道"系列宣传推广活动，多次走进中国、蒙古国、俄罗斯、哈萨克斯坦、丹麦和瑞典等国家进行形象宣传；组织开展了多项探访、自驾、夏令营等活动；共同设计了近 10 条"万里茶道"旅游线路等。中俄蒙三国旅游部门已举办"2017 美丽中国-万里茶道"、蒙古高原蓝色之旅等一系列旅游宣传推广活动，连续开通国际旅游包机、国际旅游专列，推进跨境旅游合作区建设，进一步挖掘跨境旅游交流潜力
	首届中俄蒙三国旅游部长会议联合宣言	2016 年 7 月 22 日	中国、俄罗斯、蒙古国	成立中俄蒙"万里茶道"国际旅游联盟，旨在深入挖掘"万里茶道"的内在价值，发挥"万里茶道"的富民惠民作用，深化三国地方在品牌设计、产品推广上的国际合作，支持"万里茶道"国际旅游联盟，共同打造"万里茶道"跨境旅游线路。让"万里茶道"成为连接三国的纽带，在中俄蒙经济走廊建设和三国人文交流中发挥重要作用

分类	名称	发布时间	成员	战略内容
对跨国投资具有重大影响的国际发展战略	万里茶道旅游地图	2017年5月	中国、俄罗斯、蒙古国	"万里茶道"旅游地图包含了中蒙俄三国"万里茶道"沿线节点城市的主要旅游景点。三国旅游合作区、边境旅游试验区、跨境旅游区合作也在进一步的积极研究和探索之中
俄罗斯对跨国投资具有重大影响的国家发展战略	俄罗斯联邦高速铁路服务长期国家发展计划	2012年	俄罗斯铁路公司	第一阶段：到2020年，开通高速铁路线路10条，高速线路总长可达4300km，接待乘客860万人次，基础设施投资总额估计为2.5万亿卢布。第二阶段：至2030年，开通高速铁路线路3条，建设高速服务试验示范区，高速铁路总长度达到12 000km，乘客数量每年约为3200万人次，基础设施投资总额估计为3.8万亿卢布
	《俄罗斯经济特区法》	2005年	俄罗斯联邦政府	俄罗斯共批准设立经济特区27个，其中工业生产型经济特区5个，技术推广型特区4个，旅游休闲型特区14个，港口型特区3个，创新发展型经济特区1个
	《俄罗斯联邦社会经济超前发展区法》	2014年		批准14个超前经济发展区。1. 实行优惠的相关不动产租赁价格。2. 实行俄联邦税法中规定的优惠税制。3. 根据相关法律规定，免交财产税和土地税。4. 实行特殊的国家和地方监管制度：国家和地方监察机关对发展区进行的单项例行检查要共同进行，检查程序由联邦政府确定；每年的例行检查计划要与联邦委派机构协商确定。例行检查自检查之日起15个工作日内结束。正常情况下，针对区内小型企业每年检查总计时间不得超过40小时，针对微小企业不得超过10小时。5. 优先接入基础设施管网。6. 享有国家服务。7. 实行自由关税区制度
	《俄罗斯联邦外国投资法》	2011年	俄罗斯国家杜马1999年6月25日通过，联邦委员会1999年7月2日通过，2011年修订	1. 俄罗斯政府鼓励外商直接投资领域大多是传统产业，如石油、天然气、煤炭、木材加工、建材、建筑、交通和通信设备、食品加工、纺织、汽车制造等行业。2. 在外国投资者对俄罗斯联邦政府确定的优先投资项目（主要涉及生产领域、交通设施建设或和基础设施建设项目）进行投资，且投资总额不少于10亿卢布时，将根据《俄罗斯联邦海关法典》和《俄罗斯联邦税法典》的规定对外国投资者给予相应进口关税和税收的优惠。3.《鼓励进口技术和产品目录（2016年版）》中明确指出了俄罗斯鼓励引进的先进技术206项，鼓励进口的重要装备134项，鼓励发展的重点行业6项

分类	名称	发布时间	成员	战略内容
俄罗斯对跨国投资具有重大影响的国家发展战略	《俄罗斯远东地区土地免费配发法案》		俄罗斯，远东联邦管区	俄罗斯公民可在远东联邦管区下辖的萨哈（雅库特）共和国、堪察加边疆区、滨海边疆区、哈巴罗夫斯克边疆区、阿穆尔州、马加丹州、萨哈林州、犹太自治州和楚科奇自治区范围内，一次性无偿获得不超过1hm²的土地使用权。使用权为期5年，到期后获赠土地如果得到开发，可以由公民承租或者转为私有财产；如土地仍未使用则将被国家收回。法案还明确规定，凡涉及居民区，或特别指定的地块，如国防和矿产勘探等用途的土地，将不被列入可分配土地范围
	远东和贝加尔地区发展基金	2010 年	俄罗斯，远东联邦管区和贝加尔地区	俄罗斯对外经济银行成立远东和贝加尔地区发展基金，这是继北高加索发展基金之后俄罗斯对外经济银行成立的第二个地区发展扶持基金。基金法定资本5亿卢布，国家私人合作模式进行的项目融资额将不少于700亿卢布
	《2025 年前俄远东和贝加尔地区社会经济发展战略》			第一阶段（2009～2015 年），主要目标是加快该地区的投资增长速度，在该地区推广节能技术，提高劳动就业率，兴建新的基础设施项目、工业领域和农业领域项目。 第二阶段（2016～2020 年），主要目标是兴建大规模能源项目，增加过境客运和货运量，建立核心运输网络，对原材料进行深加工并加大其产品的出口份额。 第三阶段（2021～2025 年），主要目标是发展创新型经济，对石油天然气进行大规模开采、加工并出口，完成对大型能源和交通项目的建设等
	俄罗斯联邦"远东和贝加尔地区社会经济发展"国家规划	2014 年 4 月 15 日	俄罗斯，远东联邦管区和贝加尔地区	通过修建和改造地区级公路，提高交通便利程度，提高远东和贝加尔地区居民生活质量；通过极大提高铁路过货能力和发展港口设施，确保远东地区生产的产品和远东与贝加尔地区过境货物的及时可靠外运；通过改造地区和地方级机场设施，为提高远东和贝加尔地区居民出行方便程度创造条件
	《俄罗斯远东边境地区 2015—2025 年发展纲要》	2015 年 11 月	俄联邦政府，远东边境地区	纲要将按 2015～2016 年、2017～2025 年两个阶段实施。第一阶段先要解决设立相关政府部门间纲要工作组，以及制定纲要具体实施计划、项目等问题。第二阶段是在各地区推动落实纲要，实施优先项目
	中国银行俄罗斯分部	2017 年	中国银行	截至 2017 年中国银行在俄罗斯有 3 家金融网点，分别为中国银行（俄罗斯）营业部（莫斯科市）、中国银行（俄罗斯）哈巴罗夫斯克分行（哈巴罗夫斯克（伯力）市）、中国银行（俄罗斯）滨海分行（符拉迪沃斯托克（海参崴）市）

5.1.4 投资环境评价结果

根据 ESI-PRA 模型计算，获得俄罗斯各行政区投资经济环境、投资社会环境、投资基础设施环境、投资政策环境、投资资源基础以及投资可达性的得分，进而获得投资环境的综合评价得分。

（1）投资经济环境

根据 ESI-PRA 模型，计算俄罗斯各省级行政区的投资经济环境得分，获得俄罗斯投资经济环境空间分异格局，并根据投资经济环境评价的得分情况将全俄罗斯 83 个省级行政区划分为投资经济环境优秀（I级）、良好（II级）、一般（III级）、较差（IV级）4 个等级。其中，投资经济环境优秀的行政区包括：罗斯托夫州、亚马尔–涅涅茨自治区、涅涅茨自治区、莫斯科州以及诺夫哥罗德州；投资经济环境较差的区域包括：北奥塞梯共和国、滨海边疆区、图瓦共和国、犹太自治州、外贝加尔边疆区（图5-1，表5-3）。

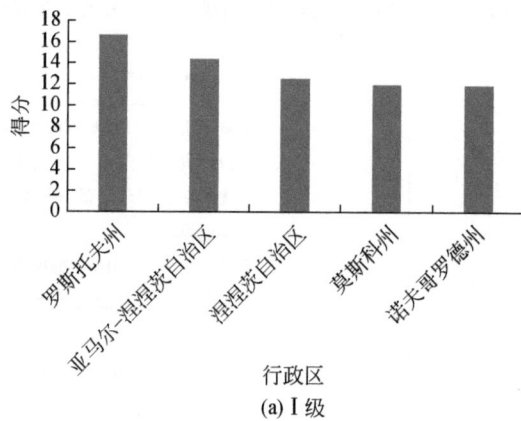

(a) I 级

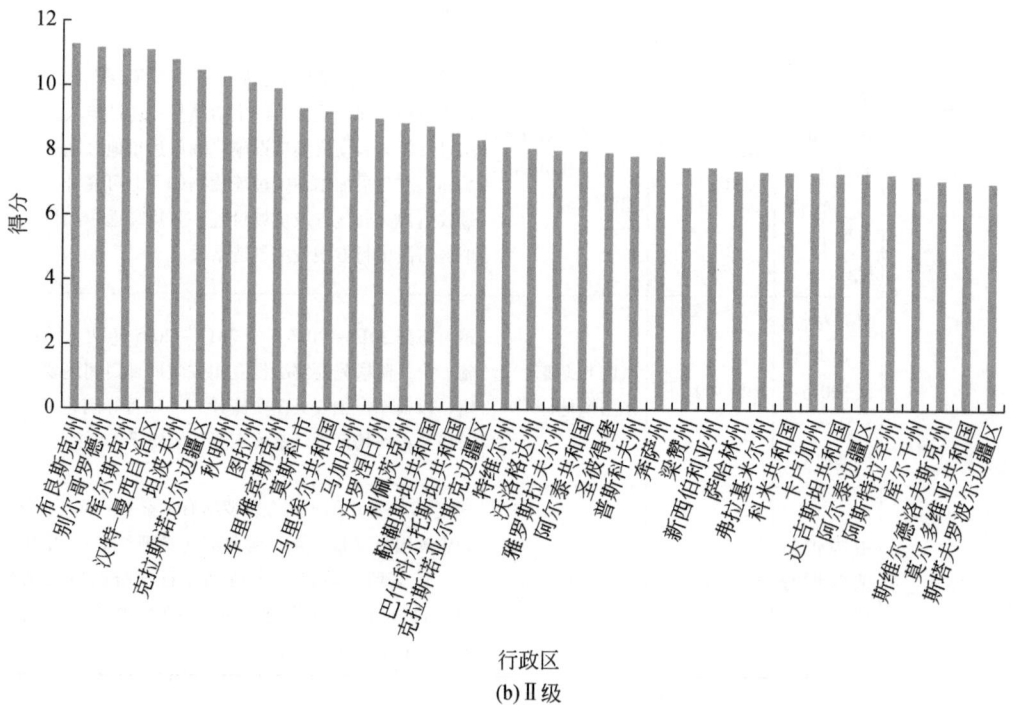

(b) II 级

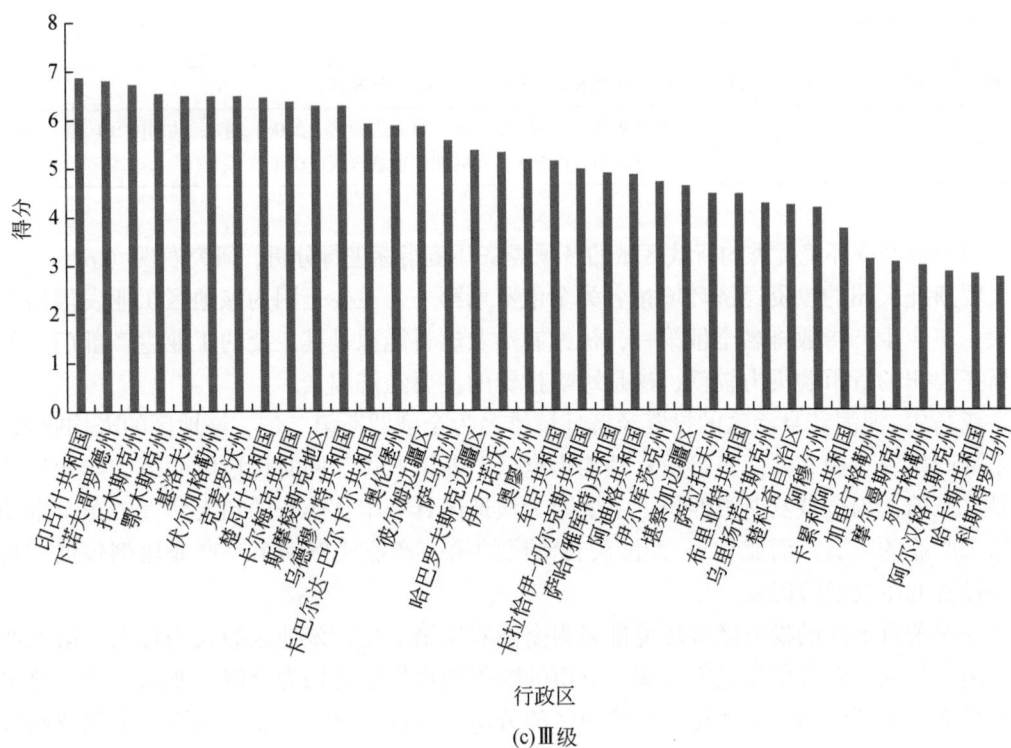

(c)Ⅲ级

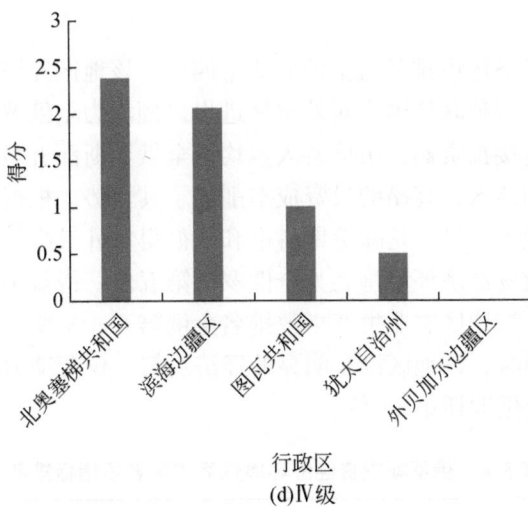

(d)Ⅳ级

图 5-1 俄罗斯省级行政区投资经济环境

表 5-3 俄罗斯省级行政区投资经济环境评价等级

等级	分值	行政区
Ⅰ级：优秀	11.90 ~ 16.70	罗斯托夫州（16.67）、亚马尔-涅涅茨自治区（14.37）、涅涅茨自治区（12.53）、莫斯科州（11.98）、诺夫哥罗德州（11.91）
Ⅱ级：良好	7.00 ~ 11.90	布良斯克州（11.26）等 37 个行政区

等级	分值	行政区
Ⅲ级：一般	2.50~7.00	印古什共和国（6.87）等36个行政区
Ⅳ级：较差	0~2.50	北奥塞梯共和国（2.38）、滨海边疆区（2.06）、图瓦共和国（1.01）、犹太自治州（0.50）、外贝加尔边疆区（0.01）

对投资经济环境优秀的行政区域的各项经济环境指标进行分析，研究发现（表5-4）：

罗斯托夫州的投资经济环境排名为全俄罗斯第一，主要是因为该地区工业发展潜力巨大，工业生产指数排名全俄第一，机械制造及燃料能源是其主要的工业生产部门。但罗斯托夫州的货币购买力较低，这是影响投资的主要经济因素。

亚马尔-涅涅茨自治区的投资经济环境排名为全俄罗斯第二位，该地区的人均收入、固定资产投资总额和外商直接投资额均为全俄罗斯第二位，同时该地区的第二产业比例也排名靠前，为全俄罗斯第四位，主要因为该地区具有丰富的石油和天然气资源，带动了第二产业的发展。而亚马尔-涅涅茨自治区的第一产业比例和第三产业比例较低，是影响投资的主要经济因素。

涅涅茨自治区的投资经济环境排名为全俄罗斯第三位，该地区的人均收入、第二产业比例、与远东对外贸易进出口额、货币的购买与出售能力均为全俄罗斯第一位，奠定了其投资经济环境的领先地位。而该地区的劳动力总数、第三产业比例均为全俄罗斯最后一位，与独联体国家对外贸易进出口额为全俄罗斯的倒数第二位，影响了投资的经济环境。

莫斯科州的投资经济环境排名为全俄罗斯第四位，该地区经济基础良好，经济活跃度较高，劳动力总数、与独联体国家对外贸易进出口额均为全俄罗斯第二位，另外固定资产投资总额、外商直接投资额、出境游人数均为全俄罗斯前五名。而该地区作为俄罗斯经济发展水平最高的地区，高昂的投资成本削弱了其优势。根据分析，莫斯科州的住房市场销售价格是全俄第三高，是除莫斯科市和圣彼得堡外最高的地区。

诺夫哥罗德州的投资经济环境排名为全俄罗斯第五位，得益于其巨大的农业发展潜力和较低的投资成本，该地区农业生产指数排名全俄第五，主要住房市场销售价格指数为全俄罗斯第三高。同时，该地区没有明显的经济弱势，仅劳动力总数和第三产业比例排名略为靠后，均为全俄罗斯第68位。

表5-4　俄罗斯投资经济环境优秀省区各项指标排名

行政区	X1	X2	X3	X4	X5	X6	X7	X8	X9	X10	X11	X12	X13	X14	X15	X16	X17	X18	X19	X20
罗斯托夫州	33	12	68	6	43	20	54	1	37	32	10	11	7	69	71	78	74	30	49	35
亚马尔-涅涅茨自治区	2	2	2	70	5	83	4	20	57	80	63	69	73	44	60	34	15	68	77	82
涅涅茨自治区	1	26	51	83	3	79	1	12	7	83	78	82	82	1	1	1	1	43	53	81
莫斯科州	11	4	46	2	68	73	58	49	21	10	4	2	2	63	81	73	71	60	80	71
诺夫哥罗德州	38	44	16	68	21	36	17	31	5	68	57	45	38	48	55	17	22	3	32	40

（2）投资社会环境

根据 ESI-PRA 模型，计算俄罗斯各行政区的投资社会环境得分，获得俄罗斯投资社会环境空间分异格局，并根据投资社会环境评价的得分情况将全俄罗斯 83 个省级行政区划分为投资社会环境优秀（Ⅰ级）、良好（Ⅱ级）、一般（Ⅲ级）、较差（Ⅳ级）4个等级。其中，投资社会环境优秀的行政区包括：莫斯科市、圣彼得堡、莫斯科州、楚科奇自治区、亚马尔–涅涅茨自治区；投资社会环境较差的区域包括：奔萨州、普斯科夫州、图拉州、坦波夫州、库尔干州（图 5-2，表 5-5）。

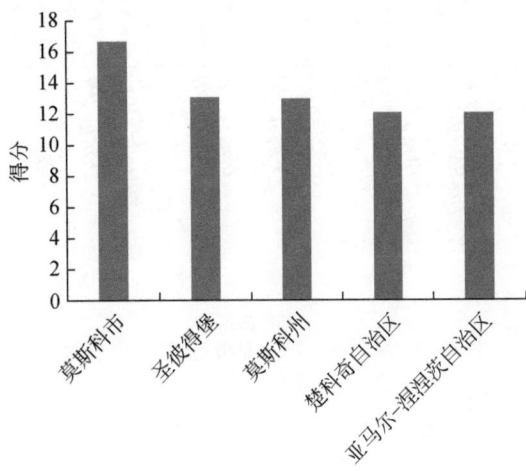

行政区
(a) Ⅰ级

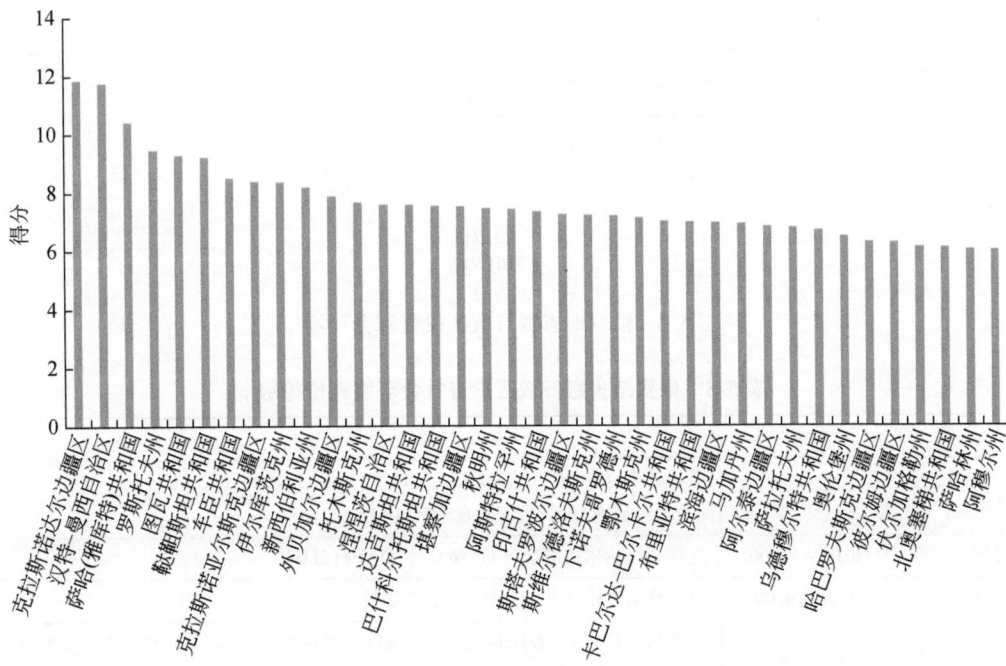

行政区
(b) Ⅱ级

行政区
(c)Ⅲ级

行政区
(d)Ⅳ级

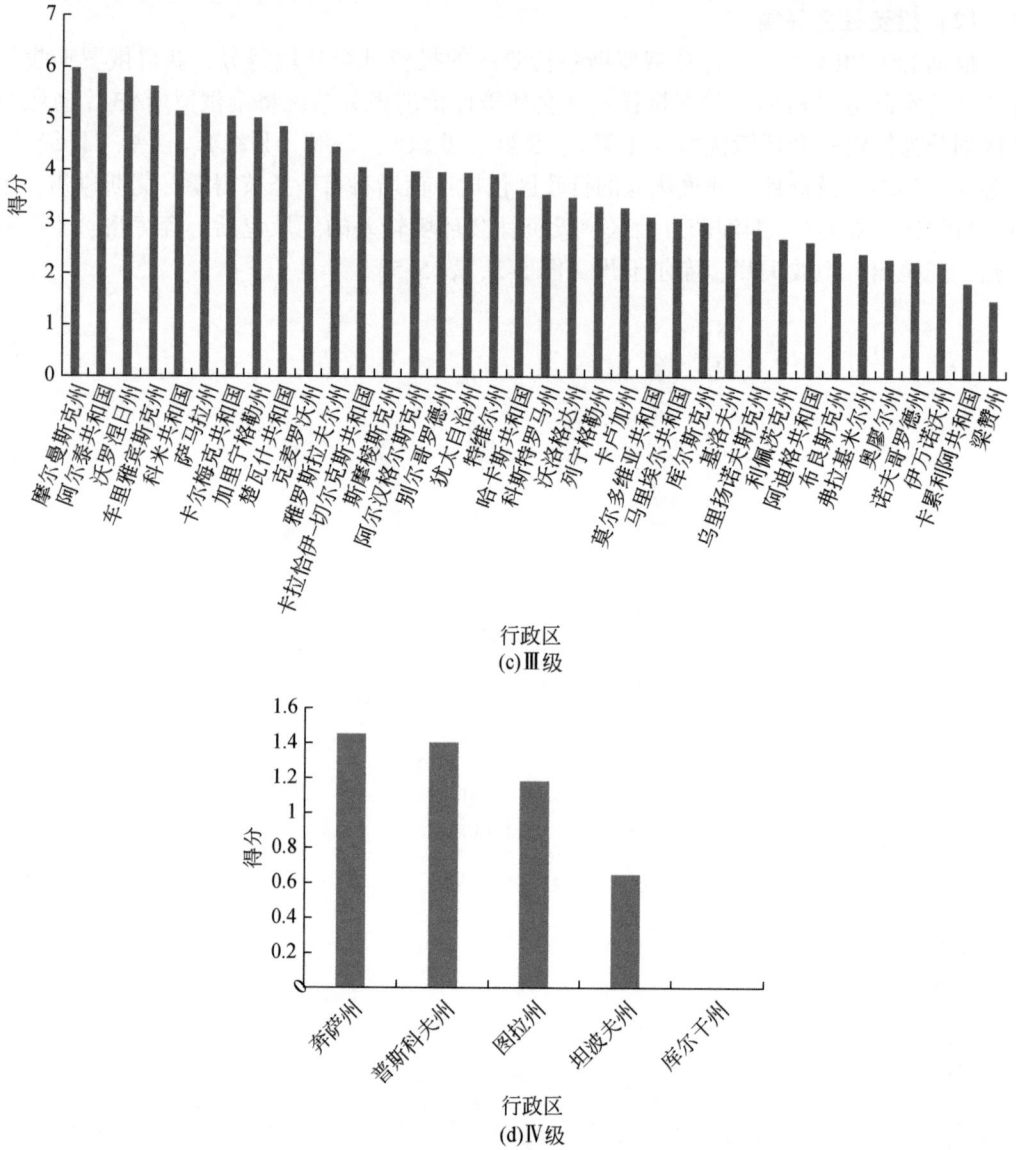

图 5-2　俄罗斯省级行政区投资社会环境

表 5-5　俄罗斯省级行政区投资社会环境评价等级

等级	分值	行政区
Ⅰ级：优秀	12.00~16.70	莫斯科市（16.67）、圣彼得堡（13.09）、莫斯科州（12.98）、楚科奇自治区（12.05）、亚马尔–涅涅茨自治区（12.03）
Ⅱ级：良好	6.00~12.00	克拉斯诺达尔边疆区（11.86）等 37 个行政区
Ⅲ级：一般	1.46~6.00	摩尔曼斯克州（5.98）等 36 个行政区
Ⅳ级：较差	0~1.46	奔萨州（1.45）、普斯科夫州（1.40）、图拉州（1.18）、坦波夫州（0.65）、库尔干州（0.01）

对投资社会环境优秀的行政区域的各项社会环境指标进行分析，研究发现（表5-6）：

莫斯科市的投资社会环境排名为全俄罗斯第一，主要因为该地区人口总数、俄罗斯联邦主体国家机构的总人数、研究开发人员及组织数量、文化遗产数量、入境游人数及人口迁移增量均居于全俄首位，且莫斯科市失业率全俄罗斯最低。这说明莫斯科市科技水平、劳动力保障及司法环境在俄罗斯均处于领先地位，但该地区存在青少年占比低、犯罪数量高等问题。

圣彼得堡的投资社会环境排名为全俄罗斯第二位，该地区万人医生数为全俄罗斯第一位，拖欠工资情况最为轻微。俄罗斯联邦主体国家机构的总人数、研究开发组织数量及文化遗产数量排名全俄罗斯第二位，保障了圣彼得堡稳定的社会环境。但青少年比例排名最末，人口结构失衡，劳动力后备资源不足是影响投资社会环境的主要因素。

莫斯科州的投资社会环境排名为全俄罗斯第三位，该地区旅游公司数排名全俄罗斯第一位，研究开发人员数量、人口总数及人口迁移增量均排名第二位，说明了该地区区域吸引力强，但该地区罪行数量、宗教组织数量及拖欠工资数排名在末尾，宗教组织数量是俄罗斯第二高，拖欠工资是俄罗斯第四高，罪行数量是全俄罗斯第五高，导致莫斯科州社会治安不稳定。

楚科奇自治区的投资社会环境排名为全俄罗斯第四位，该地区医疗保障水平高，体现在万人病床数为全俄罗斯第一，万人医生数为全俄罗斯第二。楚科奇自治区壮年人数排名全俄罗斯第二，但人口密度及俄罗斯联邦主体国家机构的总人数排名为全俄罗斯最后一位，研究开发人员数量、研究开发组织数量、普通教育机构数量、文化遗产数量、旅游公司数均为全俄罗斯倒数第二位。因其位于俄罗斯最东部，大部分地域在北极圈内，人口稀疏，区域吸引力相对较弱。

亚马尔–涅涅茨自治区投资社会环境排名为全俄罗斯第五位，该地区壮年人数比例排名全俄罗斯第一，老年人口比例小，在全俄罗斯排名第二，说明该地区人口年龄结构处于年轻型。研究开发人员数量及研究开发组织数量位于全俄罗斯倒数第四位，因此科研教育是亚马尔–涅涅茨自治区需要加强的领域。

表 5-6　俄罗斯投资社会环境优秀省区各项指标排名

行政区	X21	X22	X23	X24	X25	X26	X27	X28	X29	X30	X31	X32	X33	X34	X35	X36	X37	X38	X39	X40	X41	X42	X43	X44
莫斯科市	5	1	21	53	82	12	6	1	4	83	6	1	79	78	1	1	1	20	1	53	15	3	1	1
圣彼得堡	11	4	21	56	83	13	3	2	20	65	1	2	68	41	1	3	2	23	2	83	26	8	4	4
莫斯科州	13	2	44	42	61	15	5	5	14	79	80	3	82	71	68	1	3	6	59	3	1	6	2
楚科奇自治区	83	82	13	6	11	2	6	6	38	4	20	83	52	1	2	82	82	82	82	52	32	82	81	34
亚马尔–涅涅茨自治区	2	71	5	2	9	1	2	5	5	25	32	37	5	41	23	80	80	76	78	38	55	70	64	82

（3）投资基础设施环境

根据 ESI-PRA 模型，计算俄罗斯各行政区的投资基础设施环境得分，获得俄罗斯投资基础设施环境空间分异格局，并根据投资基础设施环境评价的得分情况将全俄罗斯83 个省级行政区划分为投资基础设施环境优秀（Ⅰ级）、良好（Ⅱ级）、一般（Ⅲ级）、较差（Ⅳ级）4 个等级。其中，投资基础设施环境优秀的行政区包括：莫斯科州、莫斯科市、圣彼得堡、克拉斯诺达尔边疆区、汉特-曼西自治区；投资基础设施环境较差的区域包括：印古什共和国、图瓦共和国、卡拉恰伊-切尔克斯共和国、达吉斯坦共和国、涅涅茨自治区（图 5-3、表 5-7）。

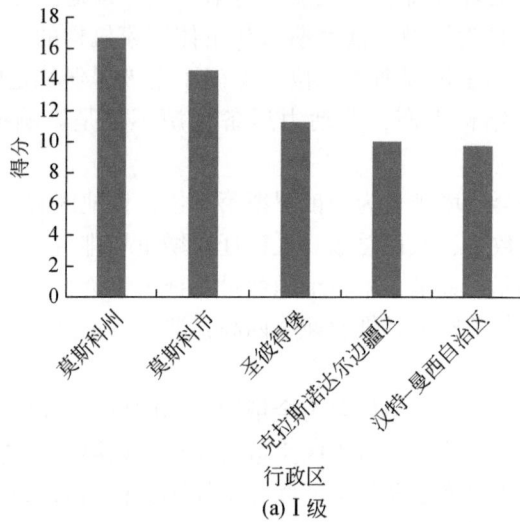

(a) Ⅰ级

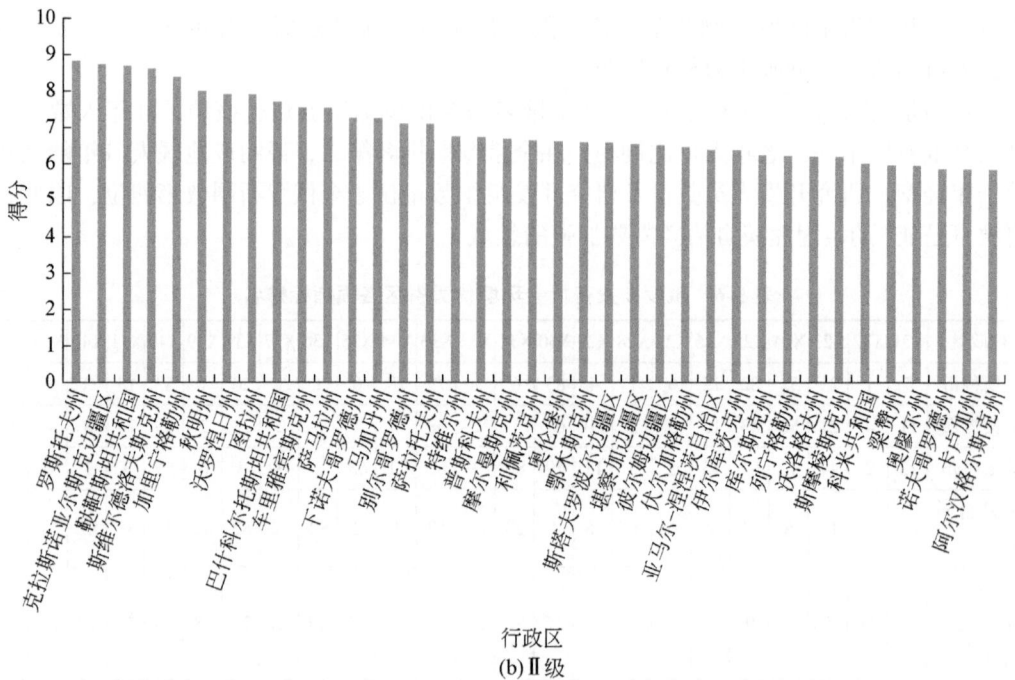

(b) Ⅱ级

(c) Ⅲ级

行政区
(d) Ⅳ级

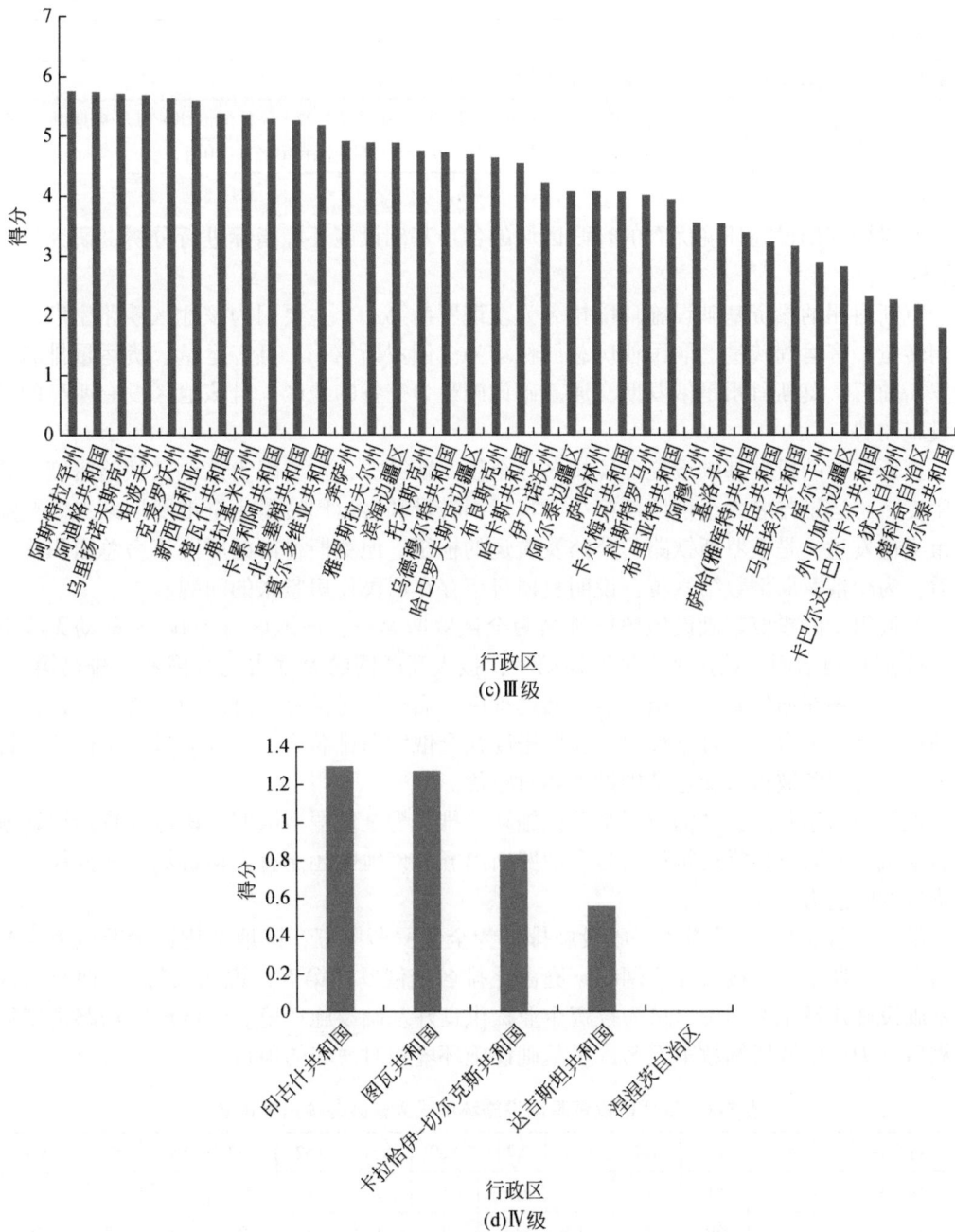

图 5-3　俄罗斯省级行政区投资基础设施环境

表 5-7　俄罗斯省级行政区投资基础设施环境评价等级

等级	分值	行政区
Ⅰ级：优秀	9.00～16.70	莫斯科州（16.67）、莫斯科市（14.58）、圣彼得堡（11.28）、克拉斯诺达尔边疆区（10.02）、汉特–曼西自治区（9.75）
Ⅱ级：良好	5.80～9.00	罗斯托夫州（8.83）等 37 个行政区

等级	分值	行政区
Ⅲ级：一般	1.50~5.80	阿斯特拉罕州（5.76）等36个行政区
Ⅳ级：较差	0~1.50	印古什共和国（1.30）、图瓦共和国（1.27）、卡拉恰伊–切尔克斯共和国（0.83）、达吉斯坦共和国（0.56）、涅涅茨自治区（0.01）

对投资基础设施环境优秀的行政区域的各项基础设施环境指标进行分析，研究发现（表5-8）：

莫斯科州的投资基础设施环境排名为全俄罗斯第一，主要因为该地区铁路密度、货运周转量、客运周转量、居民住房总面积均为全俄罗斯第一，且客运量、货运量排名全俄罗斯前五。莫斯科州是俄罗斯交通基础设施最为完备的地区，且该地区没有明显的基础设施弱势。

莫斯科市的投资基础设施环境排名为全俄罗斯第二，主要因为该地区铁路密度、公路密度、客运量排名为全俄罗斯第一，货运周转量和客运周转量为全俄罗斯第二。莫斯科市交通发达，是俄罗斯铁路、公路及航运的枢纽。但莫斯科市的居民住房总面积排名靠后，为全俄罗斯倒数第六位，说明莫斯科市存在居民住房紧张的问题。

圣彼得堡的投资基础设施环境排名为全俄罗斯第三，该地区每1000人移动无线电话（蜂窝）通信用户数排名全俄罗斯第一，接入互联网的家庭占比全俄罗斯排名第三，说明圣彼得堡在通信基础设施及信息通达程度方面有绝对优势，可以为投资企业提供良好的信息互换平台，而且圣彼得堡公路密度在全俄罗斯排名第二，客运量在全俄罗斯排名第三，说明圣彼得堡交通基础设施相对较优。

克拉斯诺达尔边疆区的投资基础设施环境排名为全俄罗斯第四，该地区货运周转量排名全俄罗斯第三，货运量排名为全俄罗斯第五，该地区还建有大型机场，充分保证了其货运吞吐能力。

汉特–曼西自治区的投资基础设施排名为全俄罗斯第五，该地区货运量及电力生产均为全俄罗斯第一，接入互联网的家庭占比排名全俄罗斯第五，说明汉特–曼西自治区的基础设施建设基本到位，可为投资企业提供良好基础设施环境。但该地区铁路密度排名靠后，为全俄罗斯倒数第五名，是基础设施环境相对薄弱的项目。

表5-8　俄罗斯投资基础设施环境优秀省区各项指标排名

行政区	X45	X46	X47	X48	X49	X50	X51	X52	X53	X54	X55	X56
莫斯科州	9	41	1	4	3	1	2	1	15	1	3	12
莫斯科市	41	69	1	1	14	2	1	2	5	78	3	9
圣彼得堡	37	31	37	2	26	8	3	11	21	57	1	3
克拉斯诺达尔边疆区	30	44	12	12	5	3	10	7	29	47	5	42
汉特–曼西自治区	12	62	79	77	1	3	41	36	1	75	7	5

（4）投资资源基础

根据ESI-PRA模型，计算俄罗斯各行政区的投资资源基础得分，获得俄罗斯投资资源基础空间分异格局。研究发现，俄罗斯投资资源基础呈现出东部明显优于西部的空间差异。投资资源基础评价的得分情况将全俄罗斯 83 个省级行政区划分为投资资源基础优秀（Ⅰ级）、良好（Ⅱ级）、一般（Ⅲ级）、较差（Ⅳ级）4 个等级。其中，投资资源基础优秀的行政区包括：萨哈（雅库特）共和国、伊尔库茨克州、滨海边疆区、外贝加尔边疆区、萨哈林州、哈巴罗夫斯克边疆区；投资资源基础较差的区域包括：坦波夫州、楚科奇自治区、萨拉托夫州、阿斯特拉罕州、涅涅茨自治区（图 5-4、表 5-9）。

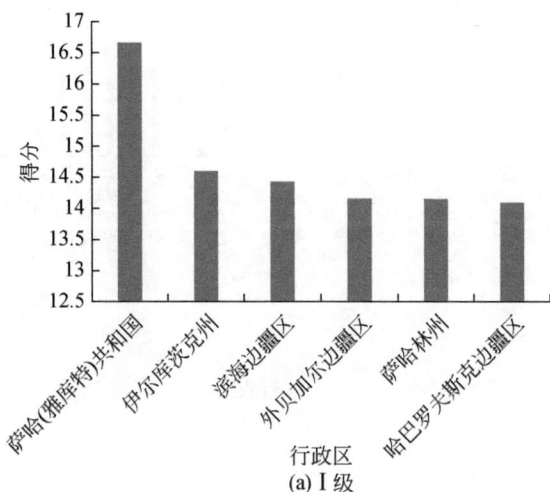

(a) Ⅰ级

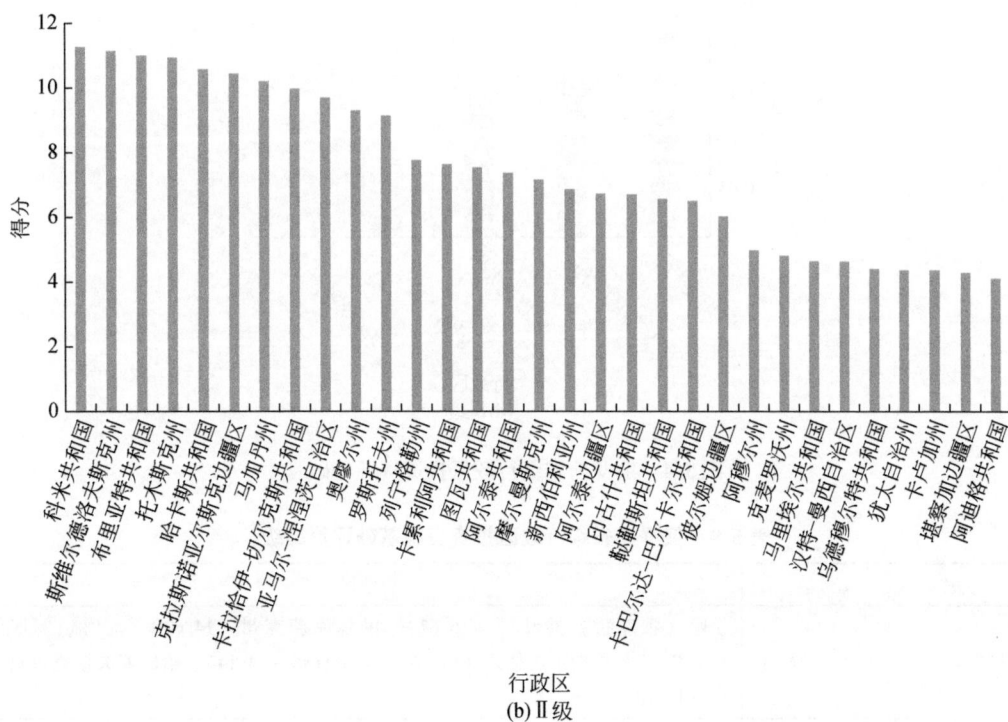

(b) Ⅱ级

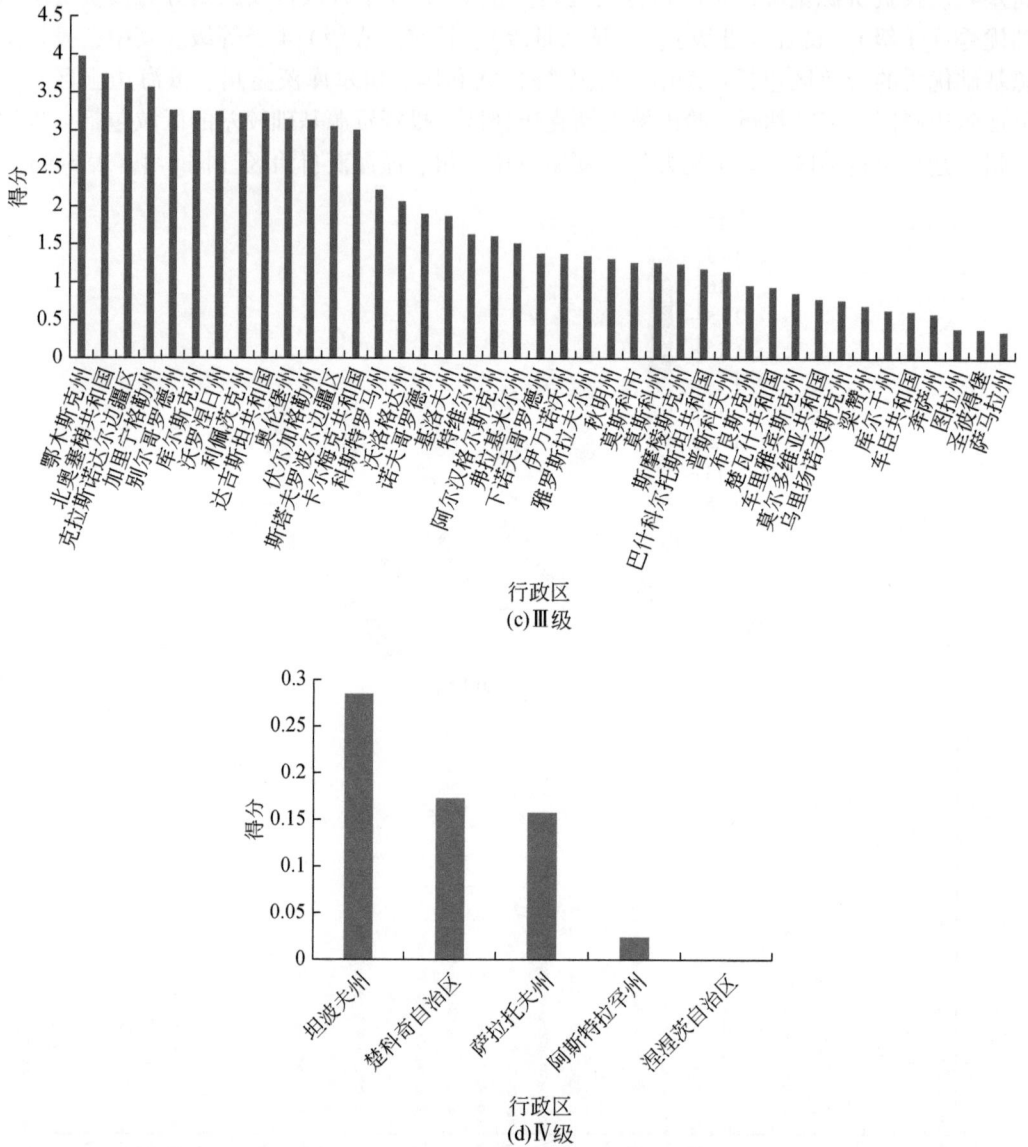

图 5-4 俄罗斯省级行政区投资资源基础

表 5-9 俄罗斯省级行政区投资资源基础评价等级

等级	分值	行政区
Ⅰ级：优秀	14.00～16.70	萨哈（雅库特）共和国（16.67）、伊尔库茨克州（14.60）、滨海边疆区（14.43）、外贝加尔边疆区（14.16）、萨哈林州（14.14）、哈巴罗夫斯克边疆区（14.10）
Ⅱ级：良好	4.00～14.00	科米共和国（11.26）等 31 个行政区
Ⅲ级：一般	0.30～4.00	鄂木斯克州（3.97）等 41 个行政区

等级	分值	行政区
Ⅳ级：较差	0 ~ 0.30	坦波夫州（0.28）、楚科奇自治区（0.17）、萨拉托夫州（0.16）、阿斯特拉罕州（0.02）、涅涅茨自治区（0.01）

其中，萨哈（雅库特）共和国资源种类繁多，储量丰富，拥有水利资源、煤炭资源、油气资源以及金属和非金属矿产等，且该地区的钻石产量居全俄第一，为投资奠定了极佳的资源基础，因而投资资源基础全俄排名第一。伊尔库茨克州和外贝加尔边疆区均位于贝加尔湖水域周边，贝加尔湖是世界上最深、蓄水量最大的淡水湖，拥有着全球20%的淡水资源。此外，伊尔库茨克州具有丰富的森林资源，森林覆盖率高达82.8%。伊尔库茨克州和外贝加尔边疆区两个行政区的煤炭、油气资源和稀有金属储量也十分丰富，资源基础在全俄分别排名第二位和第四位。滨海边疆区因矿产资源种类多样，其投资资源基础在全俄排名第三。该区主要资源有煤、锡、钨、铅、钛、萤石矿等多种矿藏，同时，该地区萤石产量极高，占全俄罗斯的80%。萨哈林州及哈巴罗夫斯克边疆区的投资资源基础在全俄分别排名第五位和第六位，这两个行政区都具有较为丰富的森林资源及矿产资源，未来在优化开采模式、降低生态损伤的前提下，具有较大的开发利用潜力。

（5）投资政策环境

根据 ESI-PRA 模型，计算俄罗斯各行政区的投资政策环境得分，获得俄罗斯投资政策环境空间分异格局，研究发现俄罗斯投资政策环境呈现出东部明显优于西部的空间差异。投资政策环境评价的得分情况将全俄罗斯 83 个省级行政区划分为投资政策环境优秀（Ⅰ级）、良好（Ⅱ级）、一般（Ⅲ级）、较差（Ⅳ级）4 个等级。其中，投资政策环境优秀的行政区包括：滨海边疆区、哈巴罗夫斯克边疆区、阿穆尔州、萨哈（雅库特）共和国、萨哈林州；投资政策环境较差的区域包括：汉特–曼西自治区、亚马尔–涅涅茨自治区、卡累利阿共和国、伊万诺沃州、阿斯特拉罕州（图5-5、表5-10）。

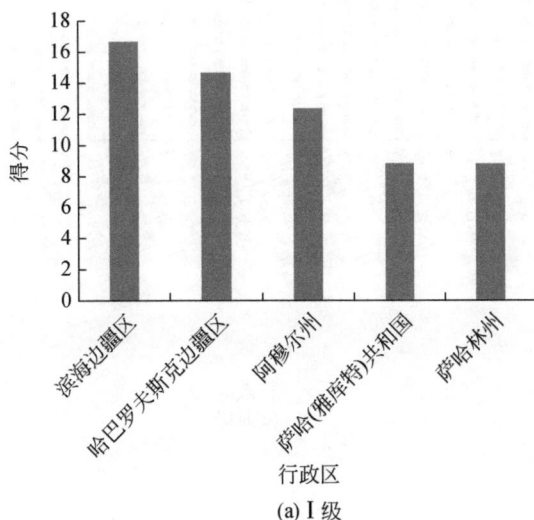

(a) Ⅰ 级

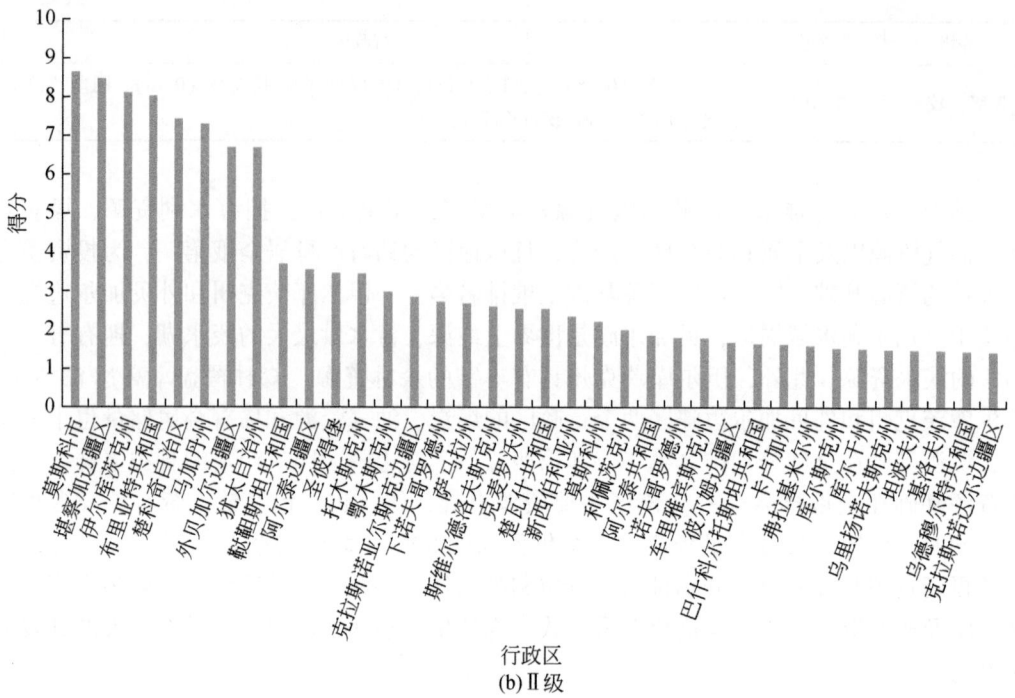

(b) II级

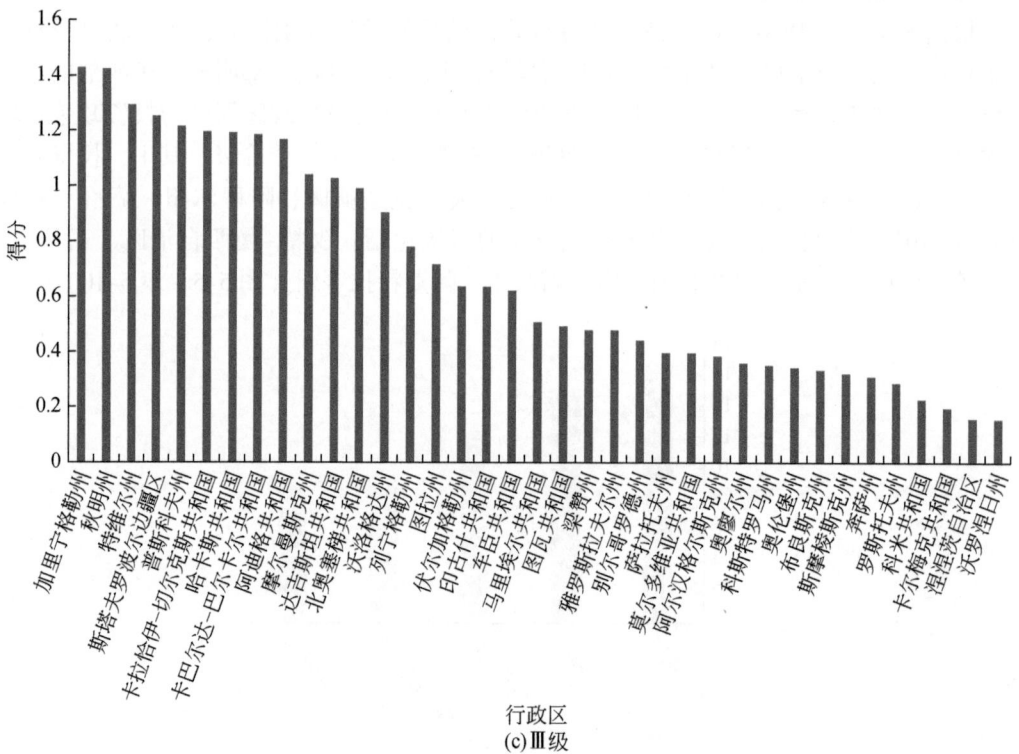

(c) III级

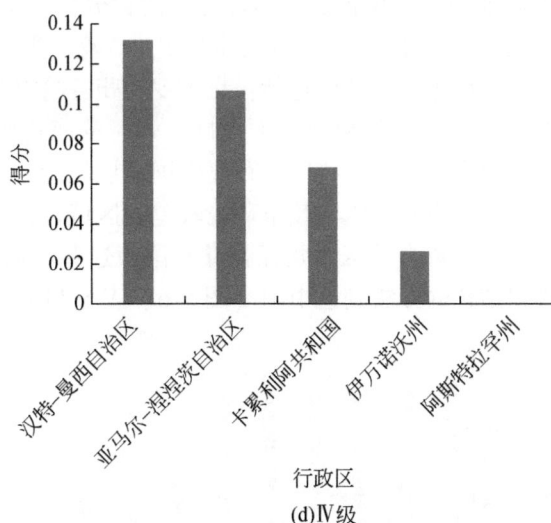

(d)Ⅳ级

图 5-5　俄罗斯省级行政区投资政策环境

表 5-10　俄罗斯省级行政区投资政策环境评价等级

等级	分值	行政区
Ⅰ级：优秀	8.70~16.70	滨海边疆区（16.67）、哈巴罗夫斯克边疆区（14.66）、阿穆尔州（12.36）、萨哈（雅库特）共和国（8.83）、萨哈林州（8.80）
Ⅱ级：良好	1.43~8.70	莫斯科（8.65）等 36 个行政区
Ⅲ级：一般	0.15~1.43	加里宁格勒（1.43）等 37 个行政区
Ⅳ级：较差	0.00~0.15	汉特–曼西自治区（0.13）、亚马尔–涅涅茨自治区（0.11）、卡累利阿共和国（0.07）、伊万诺沃州（0.03）、阿斯特拉罕州（0.01）

　　滨海边疆区的投资政策环境全俄排名第一。在政策评价体系中，《俄罗斯联邦社会经济超前发展区法》、俄罗斯远东地区土地免费配发法案、俄罗斯东部经济议程、远东和贝加尔地区发展基金、《2025 年前俄远东和贝加尔地区社会经济发展战略》等 16 项政策对于滨海边疆区都有所惠及，且该地区设有中国银行俄罗斯分部，是俄罗斯发展中政策优惠度最高的地区。哈巴罗夫斯克边疆区的投资政策环境全俄排名第二。在政策评价体系中，俄罗斯超前发展区、俄罗斯跨越式发展区、《2025 年前俄远东和贝加尔地区社会经济发展战略》等 15 项政策对于该地区有惠及，哈巴罗夫斯克边疆区同样设有中国银行俄罗斯分部。阿穆尔州的投资政策环境在俄罗斯排名第三位，俄罗斯超前发展区及俄罗斯跨越式发展区等 13 项政策能够惠及该地区。萨哈（雅库特）共和国和萨哈林州的投资政策环境在俄罗斯排名第四位和第五位，远东和贝加尔地区发展基金、《2025 年前俄远东和贝加尔地区社会经济发展战略》、俄罗斯远东边境地区 2015~2025 年发展纲要等政策为萨哈（雅库特）共和国及萨哈林州的发展创造了有利条件。

（6）投资可达性

　　根据 ESI-PRA 模型，计算俄罗斯各行政区的投资可达性得分，获得俄罗斯投资可达性空间分异格局，研究发现俄罗斯投资可达性得分最高的区域是：环贝加尔湖区域、远东南部地区及新西伯利亚州。根据投资可达性评价的得分情况将全俄罗斯83个省级行政区划分为投资可达性优秀（Ⅰ级）、良好（Ⅱ级）、一般（Ⅲ级）、较差（Ⅳ级）4个等级。其中，投资可达性优秀的行政区包括：克麦罗沃州、哈巴罗夫斯克边疆区、阿穆尔州、外贝加尔边疆区、阿尔泰共和国、犹太自治州、滨海边疆区、布里亚特共和国、伊尔库茨克州、新西伯利亚州，这些区域距离中国边境较近，拥有直通中国的航线或路线，且都具备完善的交通设施。投资政策环境较差的区域包括：印古什共和国、阿尔泰边疆区、基洛夫州、楚科奇自治区、楚瓦什共和国，这些区域距离中国边境较远，需要通过多种交通方式相结合的办法到达中国（图5-6、表5-11）。

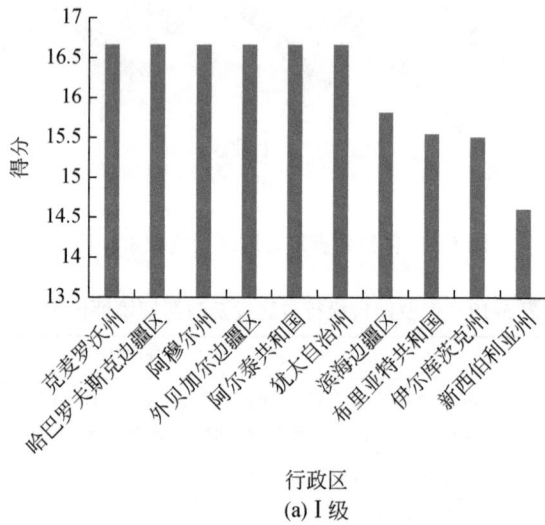

(a) Ⅰ级

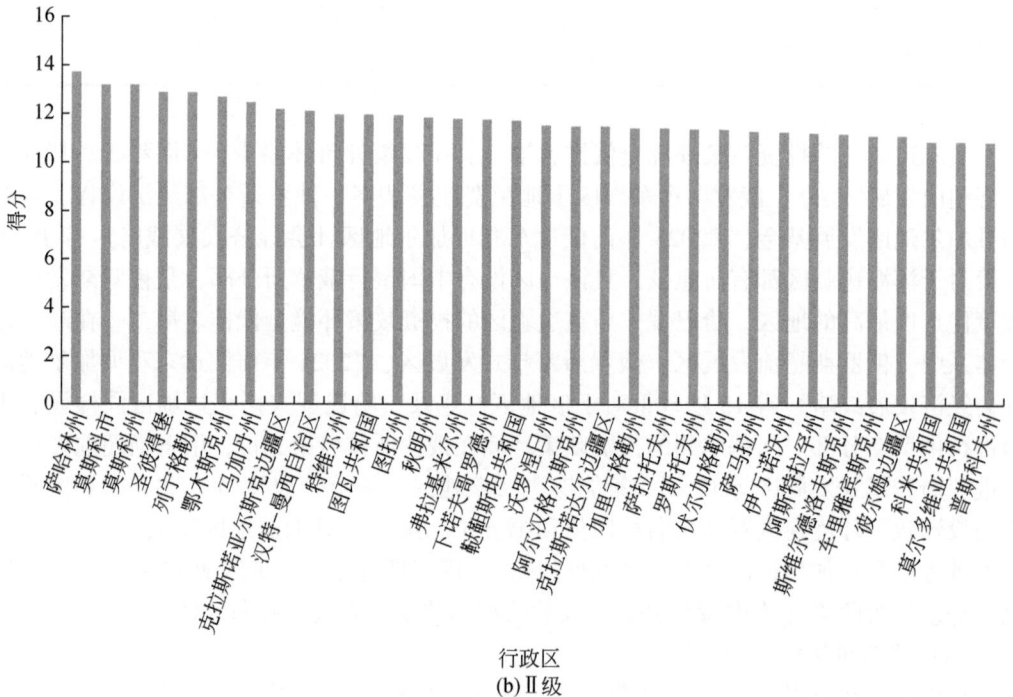

(b) Ⅱ级

行政区
(c)Ⅲ级

行政区
(d)Ⅳ级

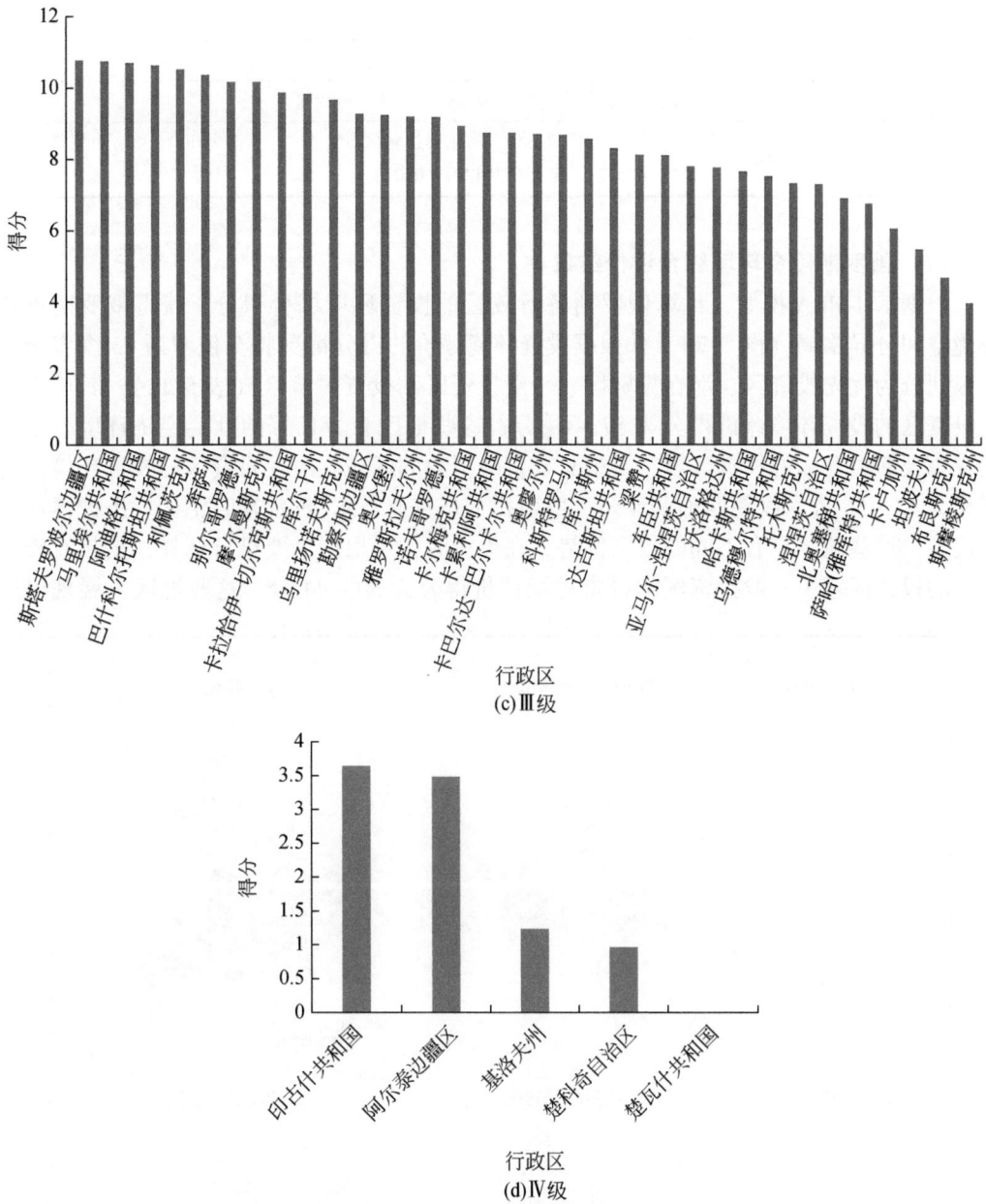

图 5-6　俄罗斯省级行政区投资可达性

表 5-11　俄罗斯省级行政区投资可达性评价等级

等级	分值	行政区
Ⅰ级：优秀	14.00～16.70	克麦罗沃州（16.67）、哈巴罗夫斯克边疆区（16.67）、阿穆尔州（16.67）、外贝加尔边疆区（16.67）、阿尔泰共和国（16.67）、犹太自治州（16.67）、滨海边疆区（15.81）、布里亚特共和国（15.54）、伊尔库茨克州（15.50）、新西伯利亚州（14.61）
Ⅱ级：良好	10.80～14.00	萨哈林州（13.72）等 32 个行政区

等级	分值	行政区
Ⅲ级：一般	3.80～10.80	斯塔夫罗波尔边疆区（10.78）等 36 个行政区
Ⅳ级：较差	0～3.80	印古什共和国（3.64）、阿尔泰边疆区（3.49）、基洛夫州（1.24）、楚科奇自治区（0.97）、楚瓦什共和国（0.01）

（7）俄罗斯投资环境综合评价结果

根据 ESI-PRA 模型，计算俄罗斯各行政区的投资环境综合得分，获得俄罗斯投资环境空间分异格局（图 5-7）。并根据投资环境评价的得分情况将全俄罗斯 83 个省级行政区划分为优先投资区、潜在投资区、一般投资区和投资风险区（表 5-12）。其中，优先投资区的投资环境评价得分为 57～64 分，这些地区有着良好的社会经济环境、丰厚的资源禀赋、开放的投资环境，是最具投资吸引力的区域。潜在投资区的投资环境评价得分为 45～56 分，以新西伯利亚州、罗斯托夫州及亚马尔-涅涅茨自治区、圣彼得堡等为代表，这些地区具有不同的投资优势，在投资时，可根据需要进行选择，是具有较大潜力的投资区域。一般投资区的投资环境评价得分为 30～44 分，这些地区未展现出适

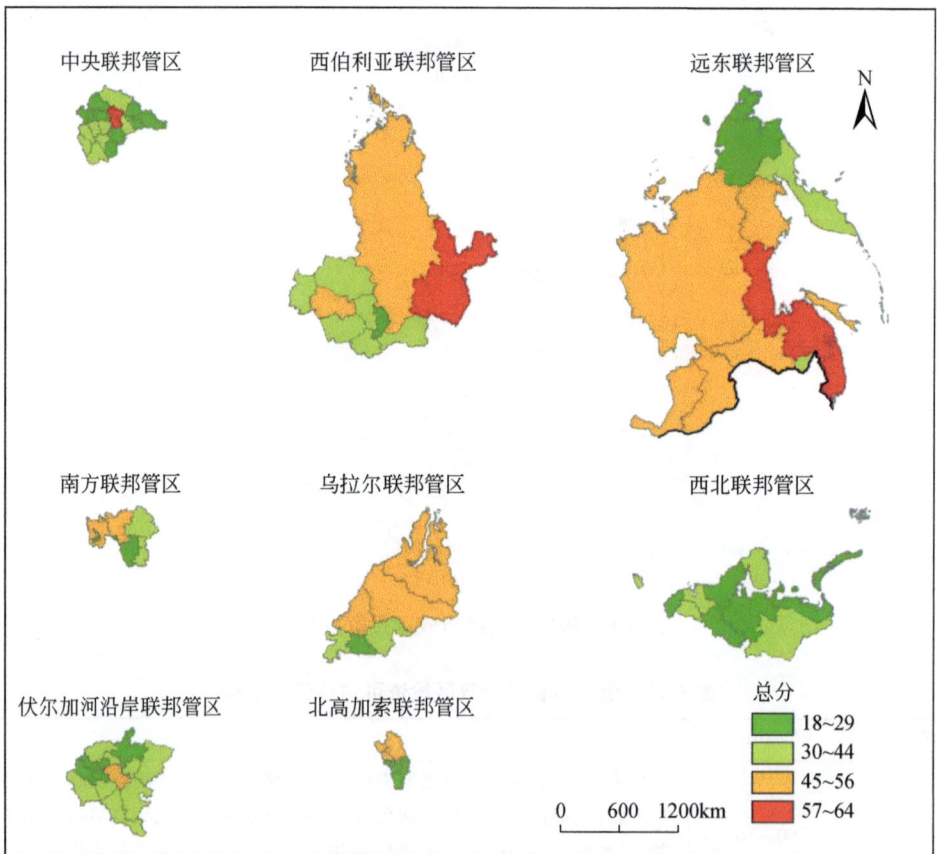

图 5-7 俄罗斯省级行政区投资环境空间分异

合投资的相对优势，是在投资时应慎重考虑的地区。投资风险区的投资环境评价得分为 0 ~ 29 分，以库尔干州、楚科奇自治区等地区为代表，这些地区自然环境恶劣、社会经济发展水平较低、基础薄弱，是投资时应规避的地区。

表 5-12　俄罗斯投资区划

类型	分值	行政区
优先投资区	57 ~ 64	莫斯科市（63.60）、哈巴罗夫斯克边疆区（61.74）、滨海边疆区（60.81）、莫斯科州（58.28）、伊尔库茨克州（57.67）
潜在投资区	45 ~ 56	罗斯托夫州（55.74）等 15 个行政区
一般投资区	30 ~ 44	阿尔泰共和国（41.54）等 37 个行政区
投资风险区	0 ~ 29	阿迪格共和国（29.19）等 26 个行政区

对优先投资区域的各项投资环境要素进行分析，研究发现：

莫斯科市的投资环境在全俄排名第一，该地区投资的社会环境和基础设施环境较好，排名分别为全俄的第一和第二，但该地区投资的资源基础薄弱，排名仅为全俄的第 62（表 5-13）。

哈巴罗夫斯克边疆区的投资环境在全俄排名第二，该地区投资的政策环境和投资可达性较好，均为全俄排名的第二，但该地区投资基础设施环境薄弱，排名仅为全俄第 59（表 5-13）。

滨海边疆区的投资环境在全俄排名第三，该地区投资的政策环境和资源基础较好，排名分别为全俄的第一和第三，但该地区投资的经济环境薄弱，排名仅为全俄第 80（表 5-13）。

莫斯科州的投资环境在全俄排名第四，该地区投资的基础设施环境和社会环境较好，分别为全俄排名的第一和第三，但该地区的投资资源基础薄弱，排名仅为全俄第 63（表 5-13）。

伊尔库茨克州的投资环境在全俄排名第五，该地区的投资资源基础较好，为全俄排名第二，但该地区的投资经济环境薄弱，排名仅为全俄第 65（表 5-13）。

表 5-13　俄罗斯优先投资区各项要素得分排名

行政区	投资经济环境（E）	投资社会环境（S）	投资基础设施环境（I）	投资政策环境（P）	投资资源基础（R）	投资可达性（A）
莫斯科市	15	1	2	6	62	12
哈巴罗夫斯克边疆区	58	37	59	2	6	2
滨海边疆区	80	32	56	1	3	7
莫斯科州	11	3	1	26	63	13
伊尔库茨克州	65	24	32	8	2	9

5.2 俄罗斯区域投资重点与风险

5.2.1 俄罗斯各联邦管区投资重点

（1）俄罗斯政府确定财政拨款优先发展的领域

俄罗斯政府确定财政拨款优先发展的领域包括：农业、加工业（包括食品加工）、化工、机械制造（航空、传播、汽车生产等）和住房建设。优先投资项目包括运输行业，包括空运（空港、空运商业、运输基础设施），通信与电信，以及电气水和其他资源的生产与分配。石油产品和医药产品的生产也在优先投资之列，包括在加工业中。2016 年 2 月，俄工贸部制定了 2017 年农业扶持发展规划，拟定政府投资 1400 亿卢布（18.18 亿美元）。

（2）俄罗斯各联邦管区优先投资领域

根据俄罗斯各联邦管区主体行业增值指数，可判定各联邦管区的优先投资领域（图 5-8）。其中，中央、西北联邦管区的优先投资领域为批发零售业、制造业、房地产业；西北联邦管区的优先投资领域为制造业、批发零售业、房地产业；西伯利亚联邦管区的优先投资领域为制造业、矿业、批发零售业、运输与通信；乌拉尔联邦管区的优先投资领域为矿业、制造业；南方联邦管区的优先投资领域为批发零售业、制造业、农业、运输与通信；北高加索联邦管区的优先投资领域为批发零售业、农业；远东联邦管区的优先投资领域为矿业、运输与通信、批发零售业；伏尔加河沿岸联邦管区的优先投资领域为制造业、批发零售业、矿业。

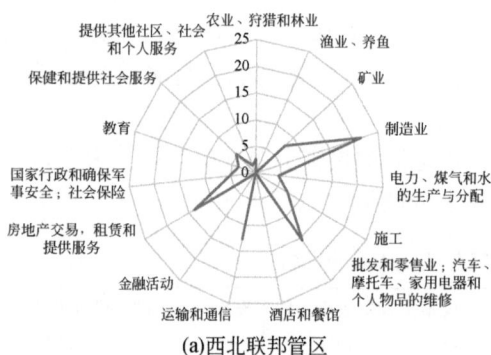

(a)西北联邦管区

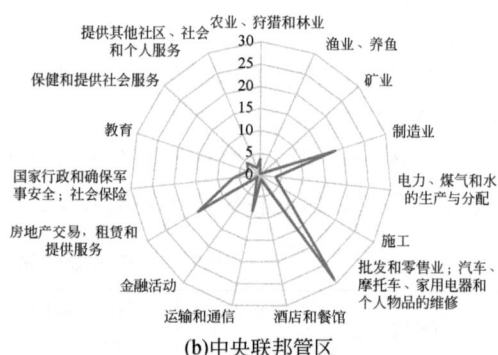

(b)中央联邦管区

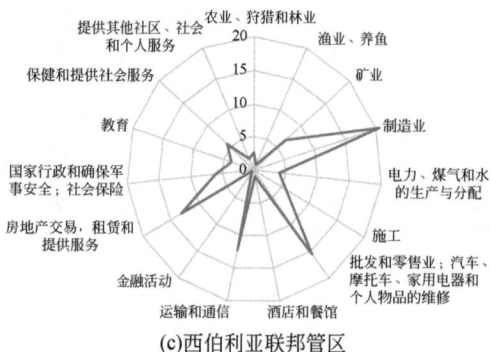

(c)西伯利亚联邦管区

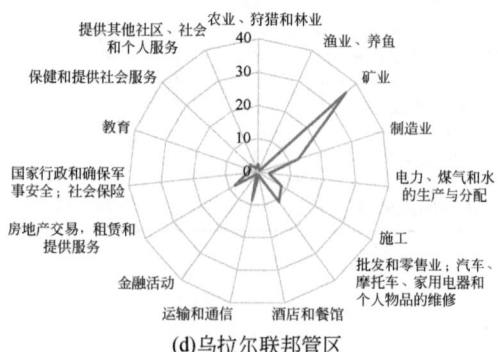

(d)乌拉尔联邦管区

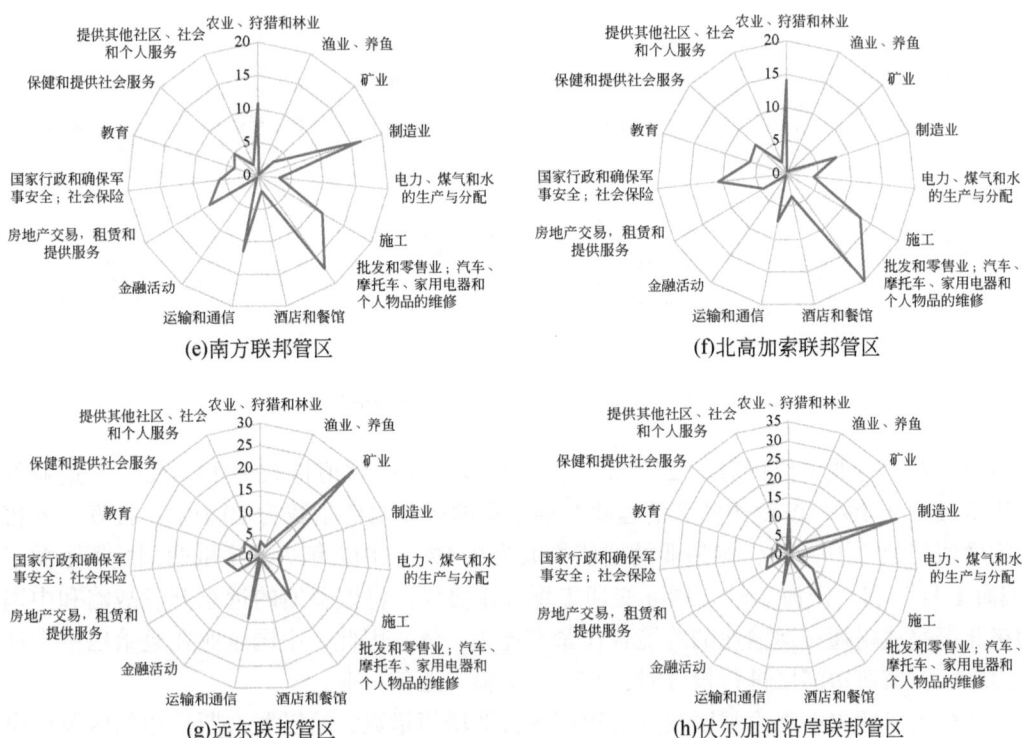

图 5-8　俄罗斯各联邦管区主体行业增值指数

5.2.2　俄罗斯优先投资区投资重点

（1）莫斯科市及莫斯科州投资重点

根据莫斯科市及莫斯科州行业增值指数，莫斯科市及莫斯科州的优势行业为批发零售业、房地产交易业及制造业。莫斯科市的批发零售业的行业增值指数为 35.4%，房地产交易业指数为 18.5%，制造业指数为 15.6%。莫斯科州的批发零售业的行业增值指数为 22.7%，房地产交易业指数为 17.9%，制造业指数为 17.7%。根据《2016 年度中国对外直接投资统计公报》，2016 年中国企业对外直接投资流量中制造业、批发零售业、房地产业排名为第二、第三、第五，是对外投资占比较大的行业，说明中国对外投资的导向与莫斯科市及莫斯科州优势行业吻合，因此中国企业在对莫斯科市及莫斯科州进行投资时，应充分利用莫斯科市及莫斯科州在优势行业的领先地位，借助中国对外投资行业导向，发挥最大经济效益。

根据莫斯科市及莫斯科州行业增值指数，莫斯科市及莫斯科州的劣势行业为渔业、矿业及酒店和金融活动（图 5-9）。莫斯科市的渔业和矿业的行业增值指数为 0，金融活动指数为 1.3%。莫斯科州的渔业的行业增值指数为 0，矿业的为 0.2%，金融活动的为 0.5%。中国企业在对莫斯科市及莫斯科州进行投资时，应尽量规避该地区的劣势行业。

（2）哈巴罗夫斯克边疆区及滨海边疆区投资重点

根据哈巴罗夫斯克边疆区及滨海边疆区行业增值指数，哈巴罗夫斯克边疆区及滨海边疆区的优势行业为运输与通信业、批发与零售业及制造业。哈巴罗夫斯克边疆区的运

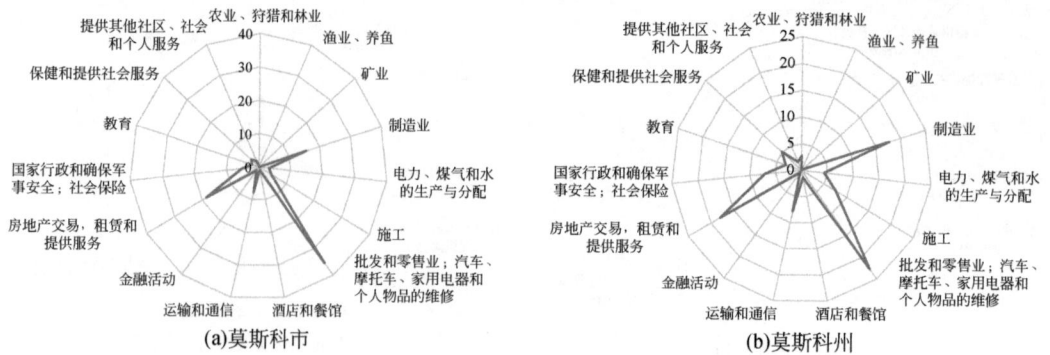

(a)莫斯科市　　　　　　　　　　　　(b)莫斯科州

图 5-9　莫斯科市及莫斯科州行业增值指数

输与通信业的行业增值指数为 25.7%，批发与零售业的增值指数为 15.1%，制造业的增值指数为 9.4%。滨海边疆区的运输与通信业的行业增值指数为 20.0%，批发与零售业的增值指数为 19.8%，制造业的增值指数为 9.4%。2017 年 7 月中俄两国签署了关于"滨海 1 号"和"滨海 2 号"国际交通走廊合作协议，将俄罗斯的远东开发战略和中国的东北振兴战略通过运输业的跨境合作紧密连为一体。因此，中国企业在赴哈巴罗夫斯克边疆区及滨海边疆区进行投资时，宜首选运输与通信行业。

　　根据哈巴罗夫斯克边疆区及滨海边疆区行业增值指数，哈巴罗夫斯克边疆区及滨海边疆区的劣势行业为金融活动、酒店和餐饮业与社会服务业（图 5-10）。哈巴罗夫斯克边疆区的金融活动的行业增值指数为 0.3%、酒店和餐饮业的为 1.2%、社会服务业的为 1.4%。哈巴罗夫斯克边疆区的金融活动的行业增值指数为 0.3%、酒店和餐饮业的增值指数为 1.6%、社会服务业的增值指数为 1.5%。中国企业在对哈巴罗夫斯克及滨海边疆区进行投资时，应尽量规避该地区的劣势行业。

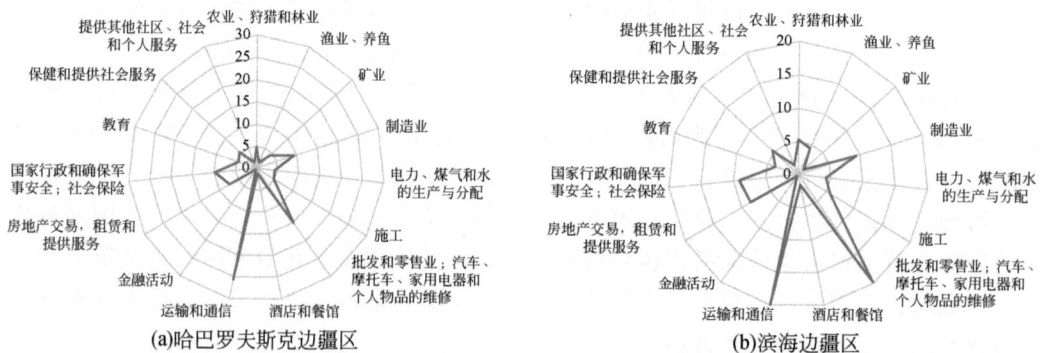

(a)哈巴罗夫斯克边疆区　　　　　　　(b)滨海边疆区

图 5-10　哈巴罗夫斯克边疆区及滨海边疆区行业增值指数

（3）伊尔库茨克州投资重点

　　根据伊尔库茨克州行业增值指数，伊尔库茨克州的优势行业为矿业、运输与通信业和制造业，行业增加值指数分别为 19.9%、15.8% 和 12.8%（图 5-11）。伊尔库茨克州拥有丰富的矿产资源，煤炭、油气资源和稀有金属储量都十分丰富，因此中国企业在赴伊尔库茨克州进行投资时，宜首选矿业。另外，伊尔库茨克州紧邻欧亚大陆最大的淡水湖——贝加尔湖，贝加尔的湖水资源储量大、质量好，其净水绝对储量占世界淡水储量的20%，因此中国企业在伊尔库茨克州进行投资时，可充分利用贝加尔湖资源，开展旅游合作。

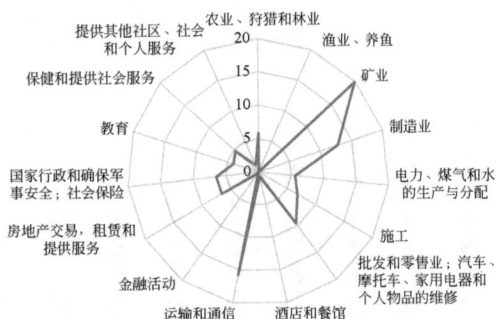

图 5-11　伊尔库茨克州行业增值指数

5.2.3　俄罗斯优先投资区投资风险

(1) 莫斯科市及莫斯科州投资风险

1）投资成本高。投资成本是企业进行区位选择时首要考虑的因素，莫斯科市及莫斯科州作为优先投资区，存在房价居高不下、劳动力成本价格高的问题（图 5-12、图 5-13）。其中，莫斯科市的房价居于全俄首位，劳动力成本排名为全俄第五。莫斯科州房价居于全俄第四。高昂的投资成本将阻碍中国企业进入该地区进行投资，加大了中国企业在莫斯科市的投资不确定性。

2）治安风险严重。莫斯科市及莫斯科州拥有较多的宗教组织，人员构成复杂成为影响社会安定的重要因素。其中，莫斯科州共有 1493 个宗教组织，居全国第二，莫斯科市共有 778 个宗教组织，居全国第五（图 5-14）。同时，莫斯科市及莫斯科州的暴力犯罪数量居高不下（图 5-15），仅 2015 年，莫斯科市的暴力犯罪数量为 16 124 起，全国最高，莫斯科州的暴力犯罪数量为 12 996 起，居全国第五。2020 年，暴力犯罪数量减少，经济犯罪数量增加。不稳定的社会治安风险，将对中国企业在该地区投资的人员安全及资本安全造成威胁。

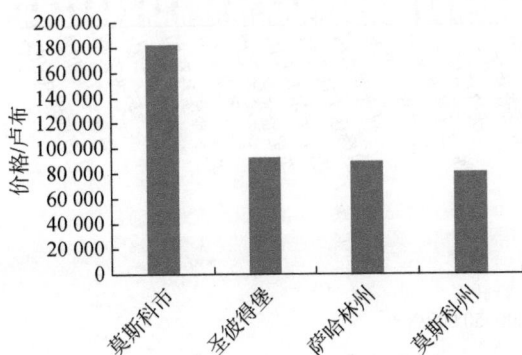

(a)80 000～190 000卢布

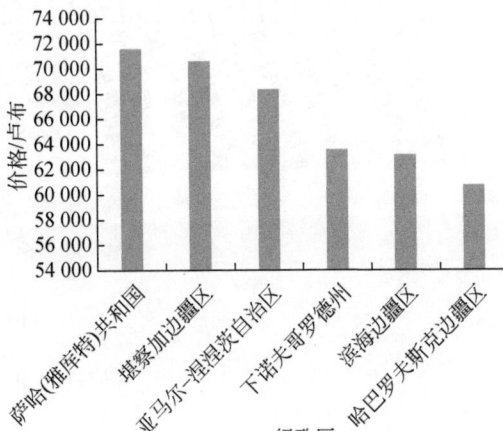

(b)60 000～80 000卢布

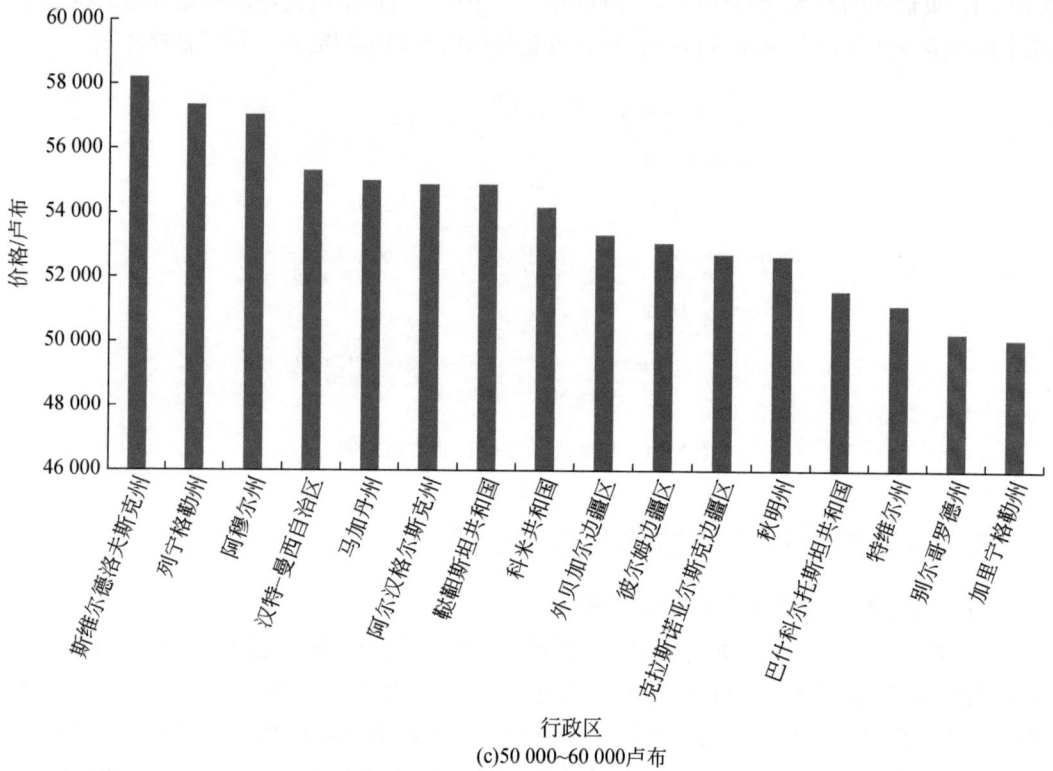

行政区
(c)50 000~60 000卢布

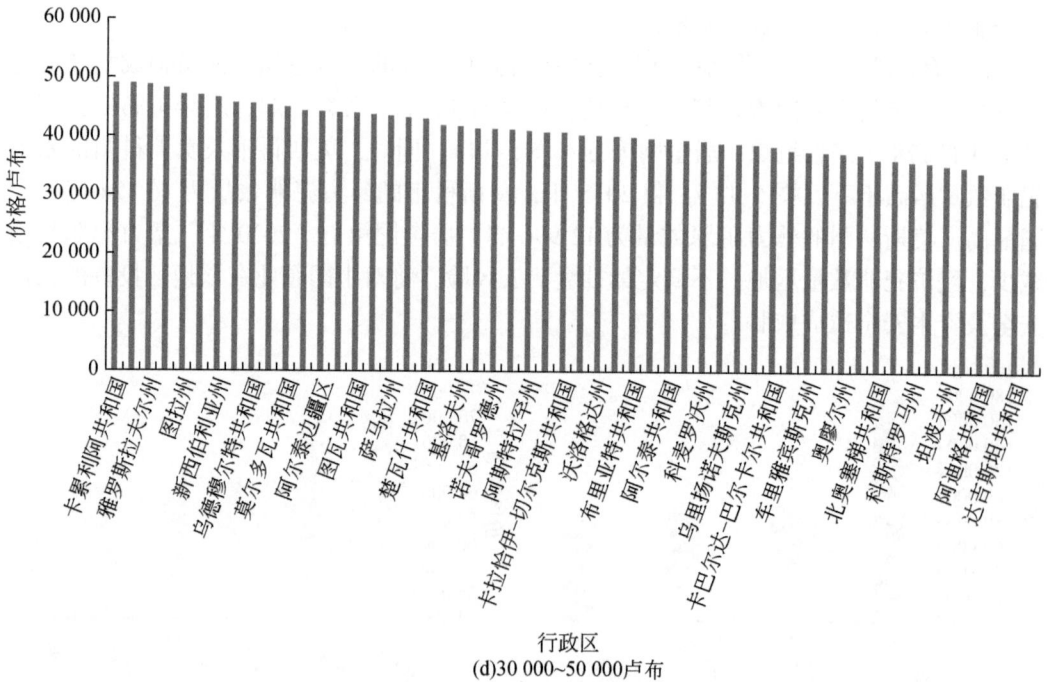

行政区
(d)30 000~50 000卢布

图 5-12　俄罗斯住房价格

3）哈巴罗夫斯克边疆区及滨海边疆区投资风险分析。①经济发展滞后。哈巴罗夫斯克边疆区及滨海边疆区的经济发展水平较低，第二产业落后，哈巴罗夫斯克边疆区的第二产业比例为23%，全俄排名倒数第9，滨海边疆区的第二产业比例仅为20.5%，全俄排名倒数第三。同时，该区域的对外进出口贸易活力较差，与独联体国家的出口贸易分别为全俄倒数第10和倒数第11。较低的经济发展水平与对外贸易活力，给中国企业在哈巴罗夫斯克边疆区及滨海边疆区进行投资带来较大影响。②基础设施落后。受经济基础和气候因素等的限制，哈巴罗夫斯克边疆区及滨海边疆区的铁路与公路建设难度大，与东部地区相比，该区域的铁路、公路密度较小（图5-16、图5-17）。哈巴罗夫斯克边疆区的铁路密度在全俄排名为第59，公路密度在全俄排名76。滨海边疆区铁路密度在全俄排名为第71，公路密度在全俄排名57。交通不畅、基础设施落后，给中国企业在哈巴罗夫斯克边疆区及滨海边疆区进行投资带来较大限制。

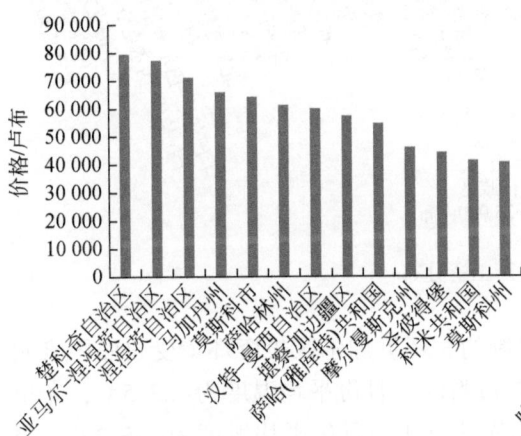

行政区
(a)40 000~80 000卢布

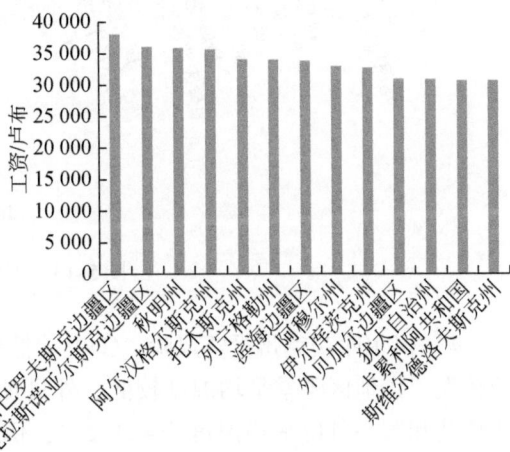

行政区
(b)30 000~40 000卢布

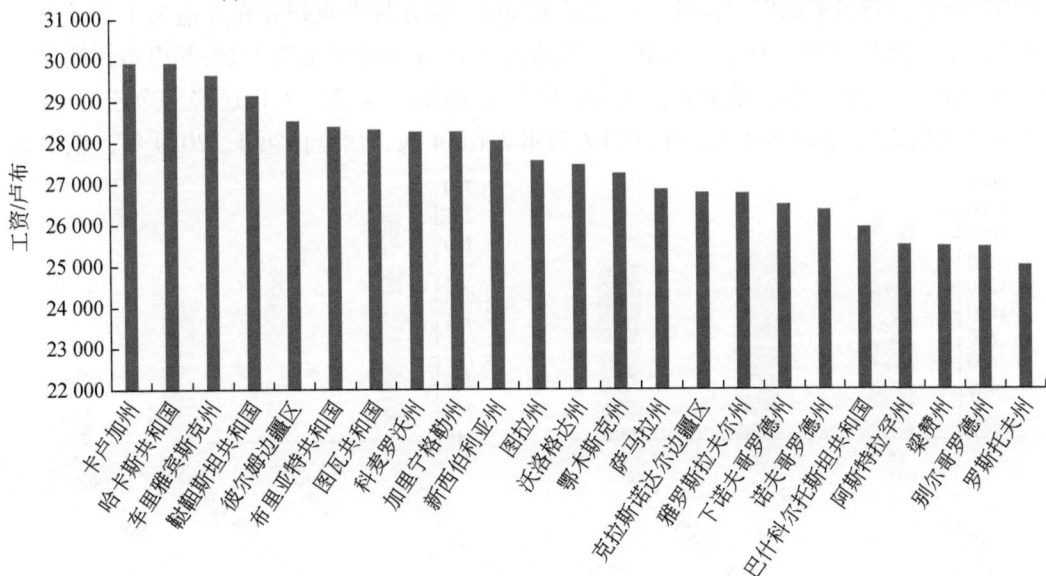

行政区
(c)25 000~30 000卢布

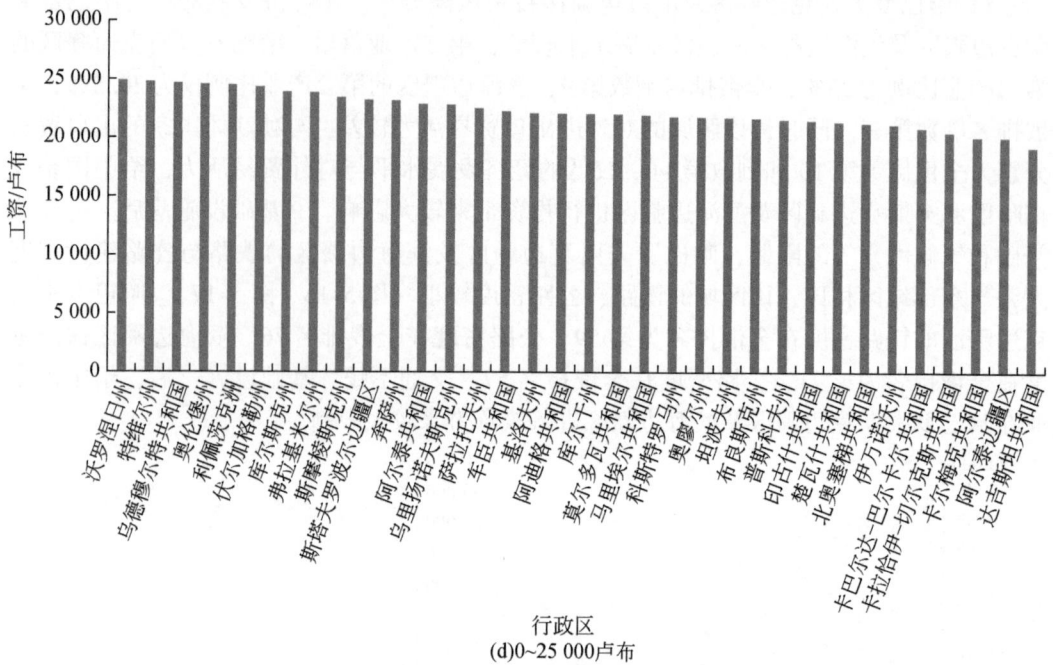

图 5-13 俄罗斯工资分布

4) 伊尔库茨克州投资风险。①极端低温制约。环贝加尔区投资环境受自然因素制约较大，该地区冬季平均温度较低。外贝加尔边疆区一月份平均温度为 -22.5℃，布里亚特共和国一月份平均温度为 -21.2℃，伊尔库茨克州一月份平均温度为 -15.2℃。极端低温给交通运输、建筑施工等都造成很大的困难。严酷的气候条件成为中国企业在伊尔库茨克州进行投资的巨大挑战。②劳动力风险。伊尔库茨克州存在着拖欠工资及人口外流严重的问题（图 5-18、图 5-19）。该地区 2015 年共拖欠工资 1708 万卢布，拖欠工资居全俄第 4，2022 年，俄罗斯拖欠国有雇员工资增长 14 倍。人口迁移为净迁出地区，2015 年迁出人口为 67 740 人，净迁出人口量为 6114 人，居全俄第 4。2020 年，俄罗斯

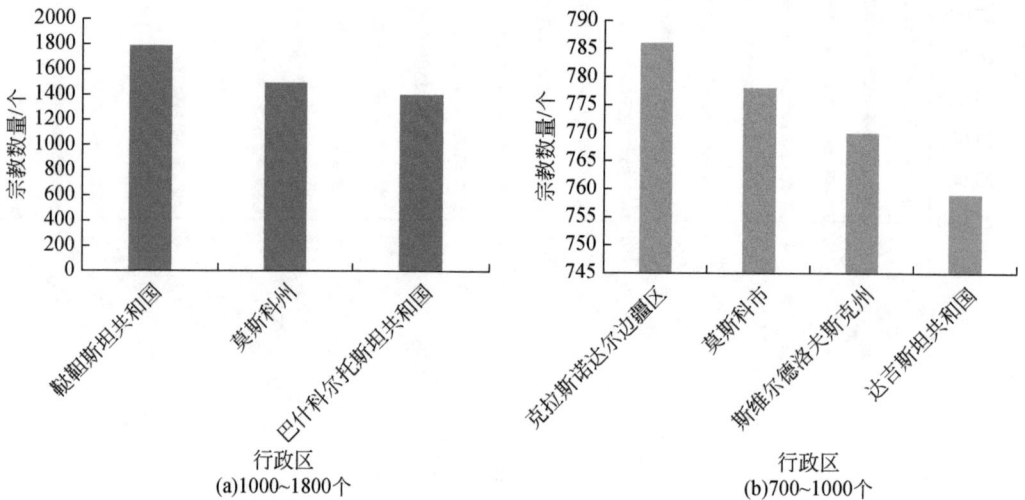

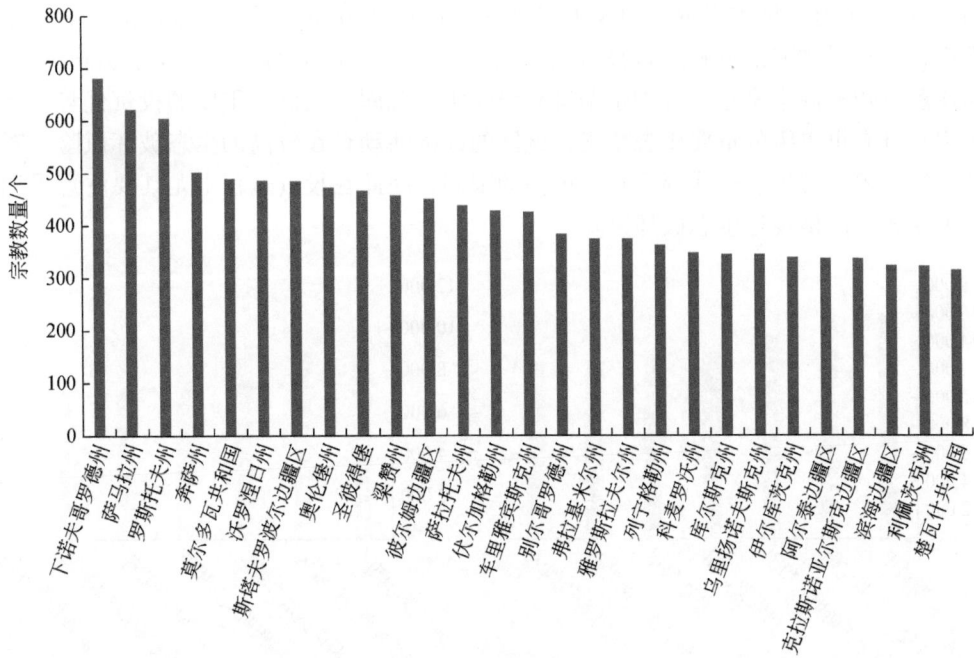

(c)300~700个

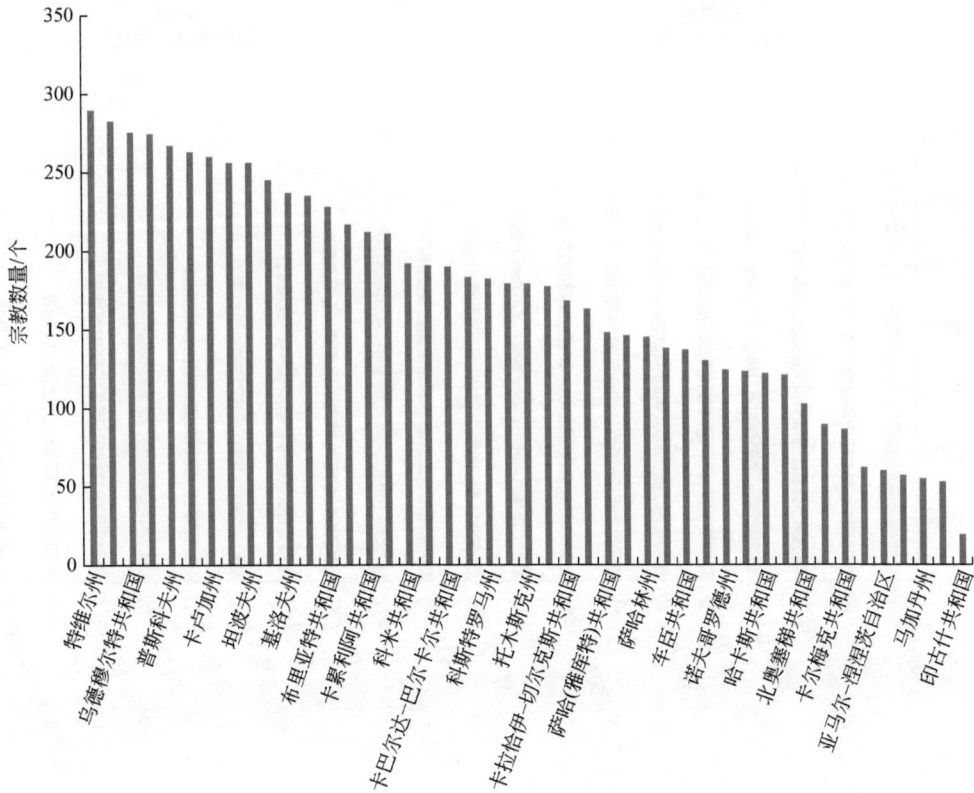

(d)0~300个

图 5-14　俄罗斯宗教组织数量分布

人口减少约 51 万。拖欠工资现象及人口外流对该地区劳动力保障带来挑战。对于中国企业而言，在伊尔库茨克州进行投资时应注意劳动力不稳定的风险。③生态破坏风险。伊尔库茨克州资源丰富且有贝加尔湖世界级淡水资源库，是该区重要的投资优势，但同时也因其具有世界级的重要生态意义，该区的经济活动存在较高的生态破坏风险，对投资活动的对象、规模、模式等也具有更多的限制，因此在投资过程中尤其要注意采用绿色发展模式，严格规避生态破坏风险。

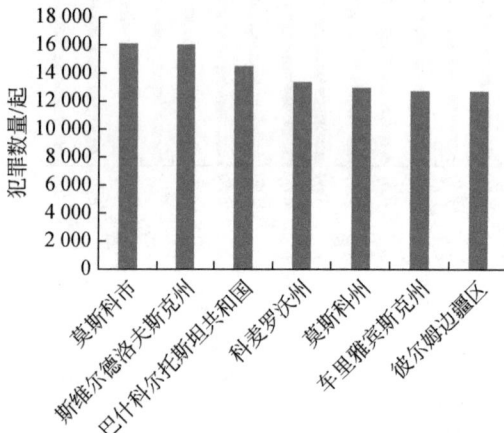

(a)12 000~17 000起

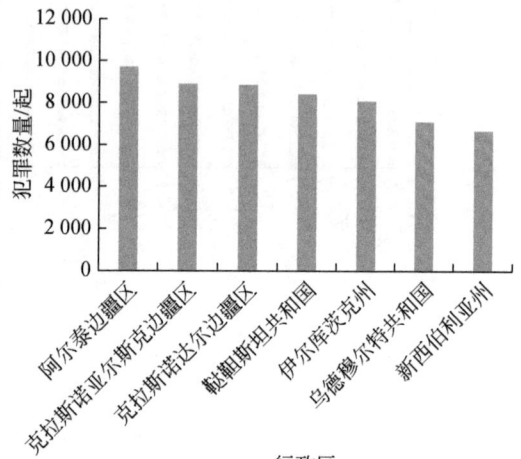

(b)6500~12 000起

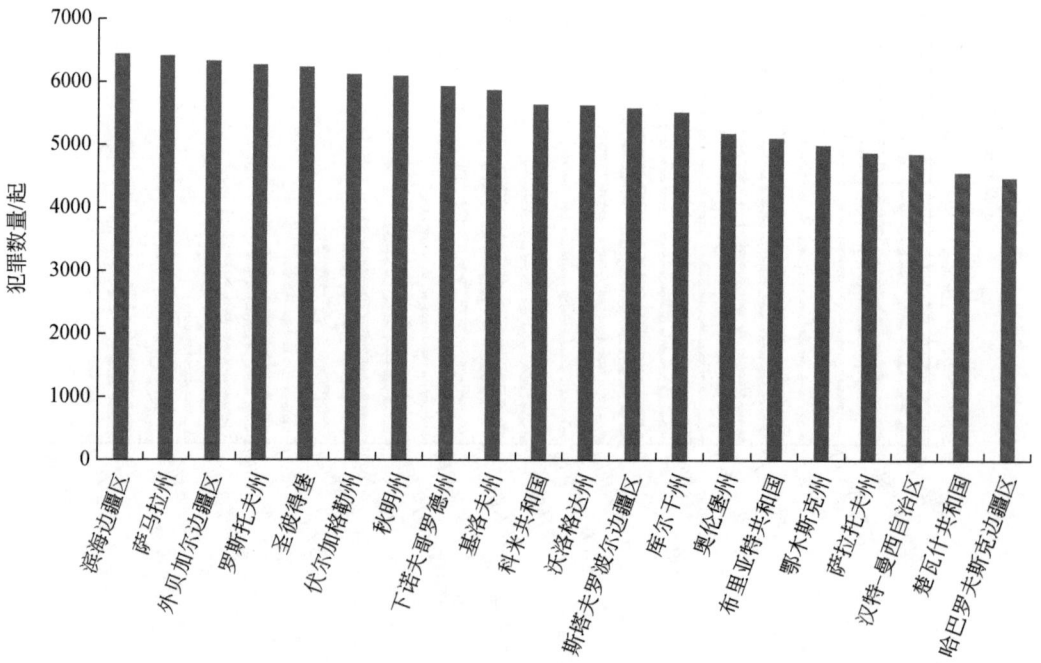

(c)4000~6500起

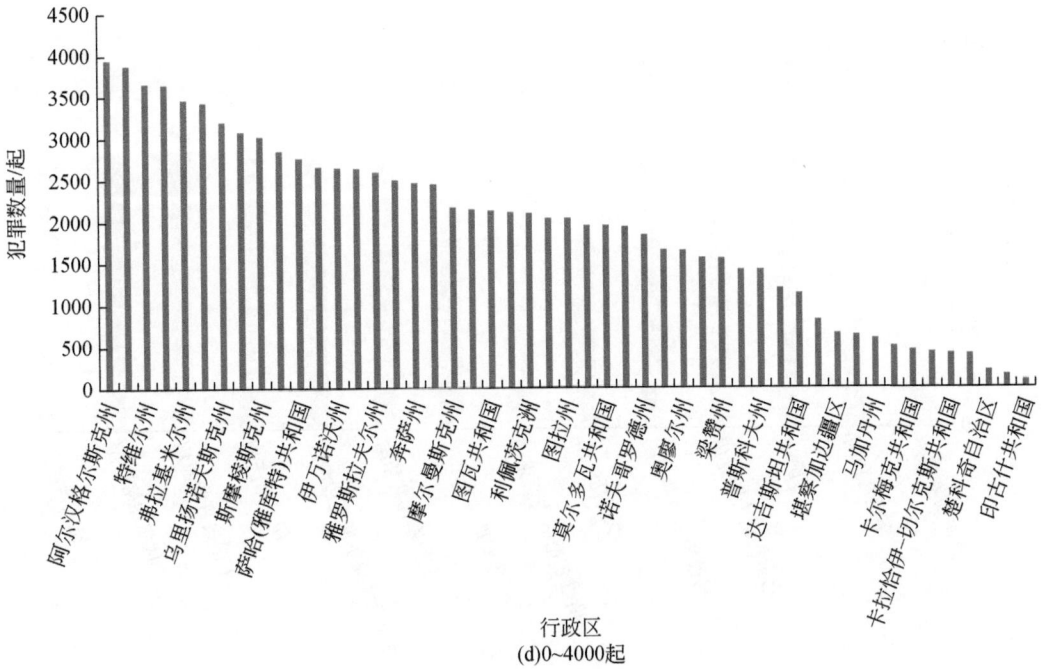

图 5-15　俄罗斯犯罪数量分布

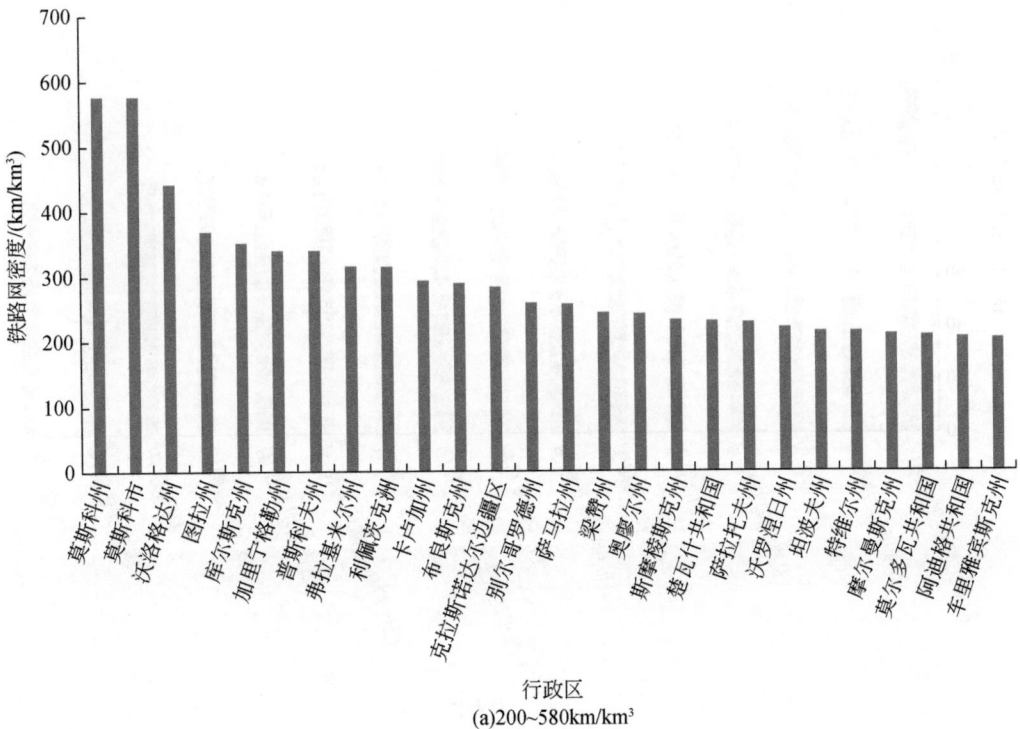

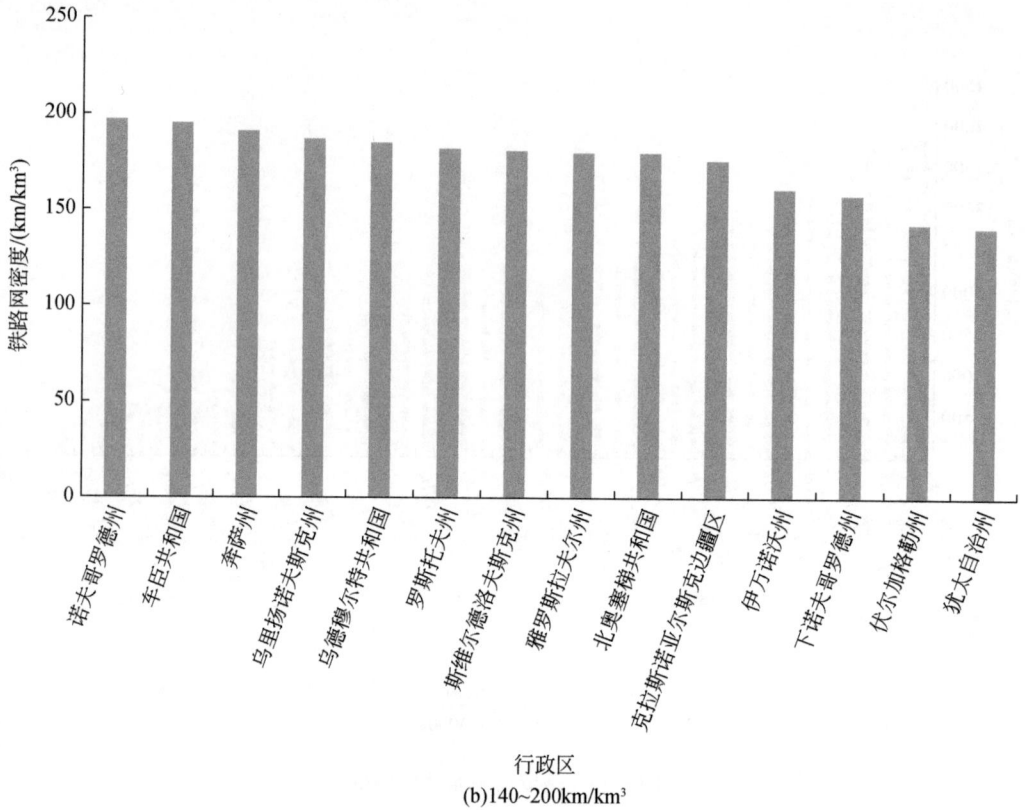

行政区
(b)140~200km/km³

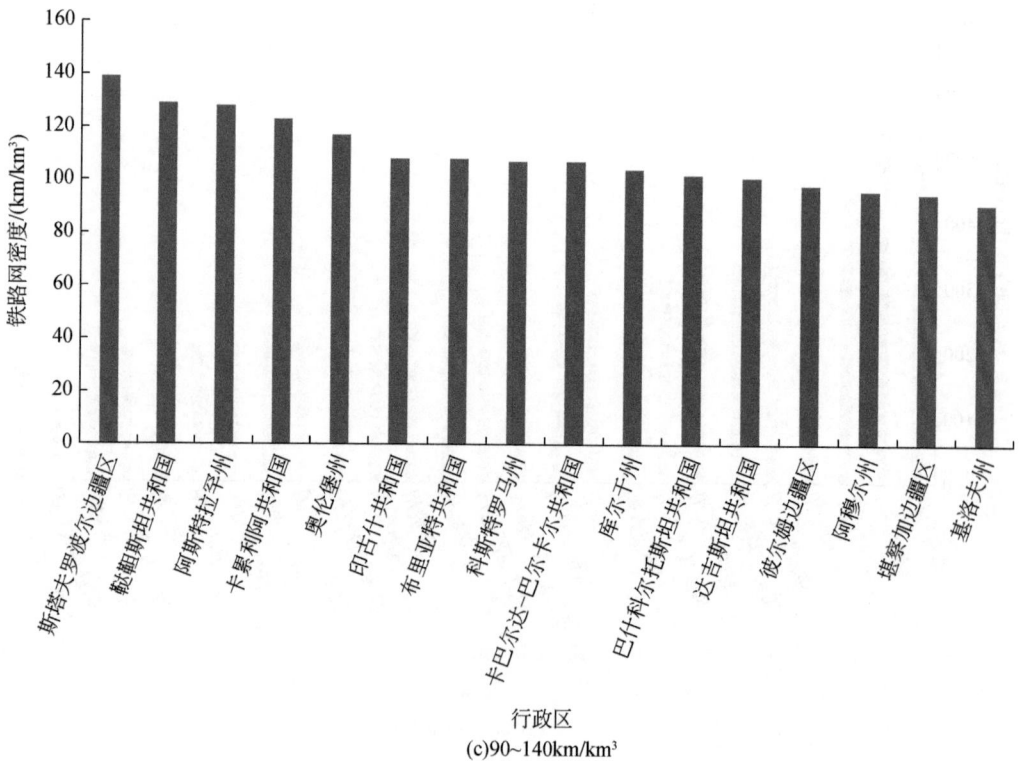

行政区
(c)90~140km/km³

(d)0~90km/km³

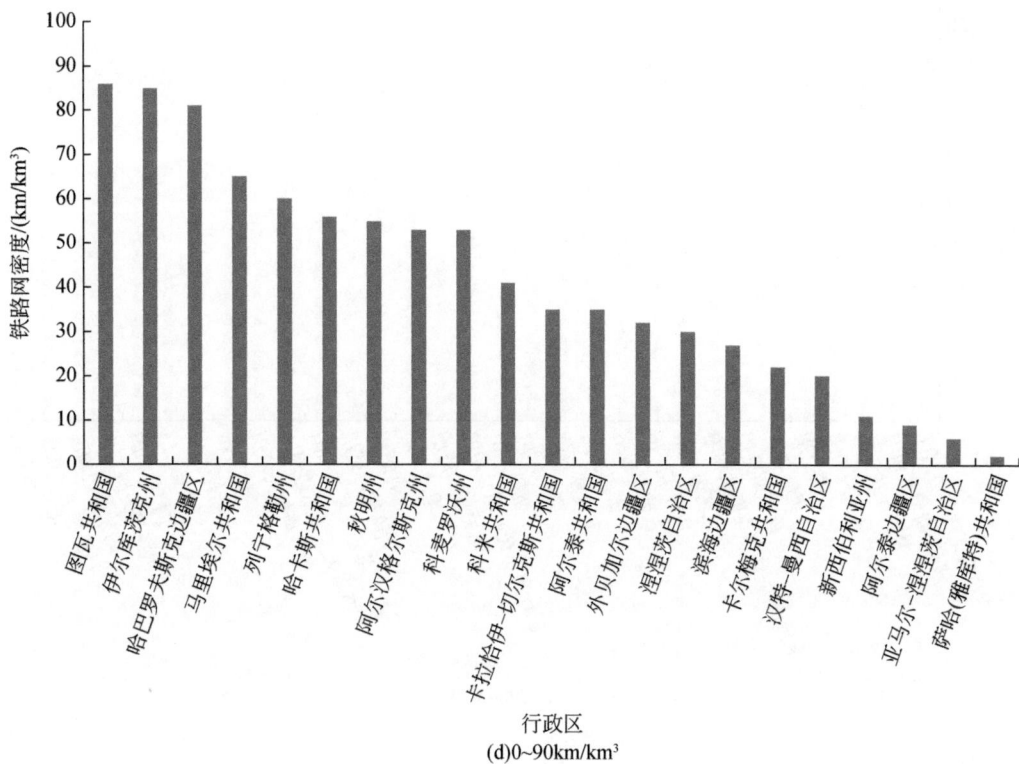

图 5-16　俄罗斯铁路网密度分布

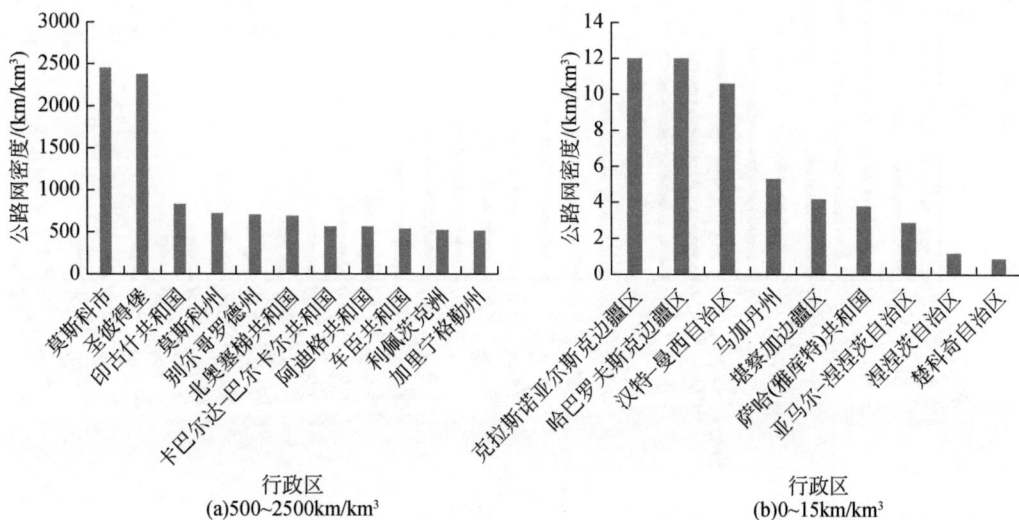

(a)500~2500km/km³

(b)0~15km/km³

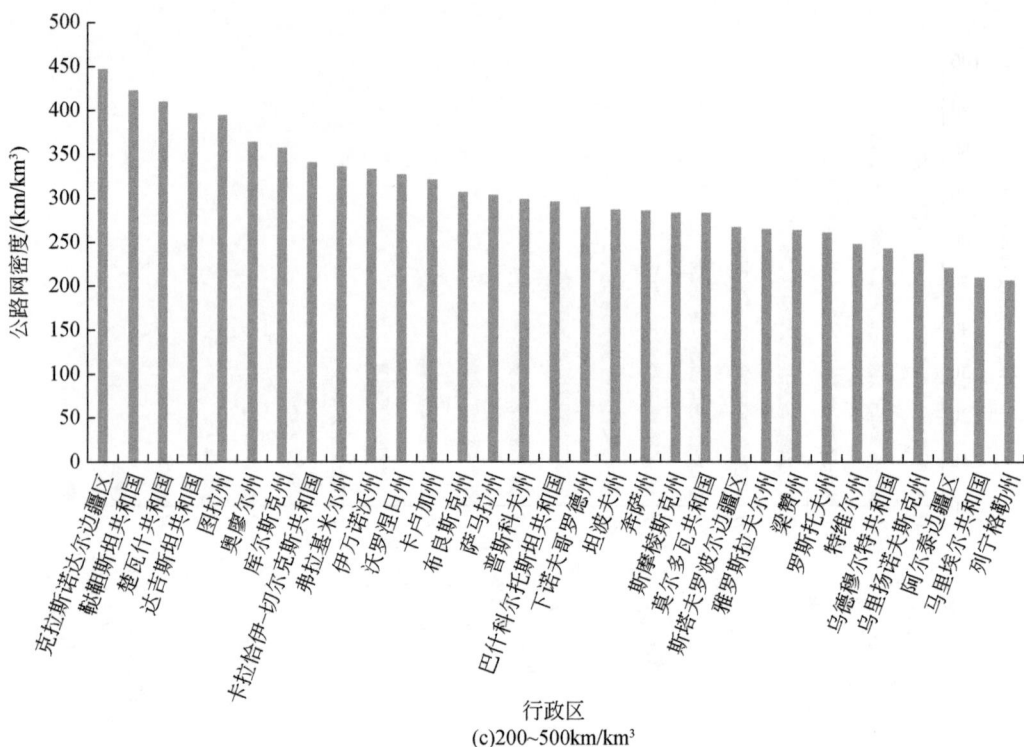

行政区
(c)200~500km/km³

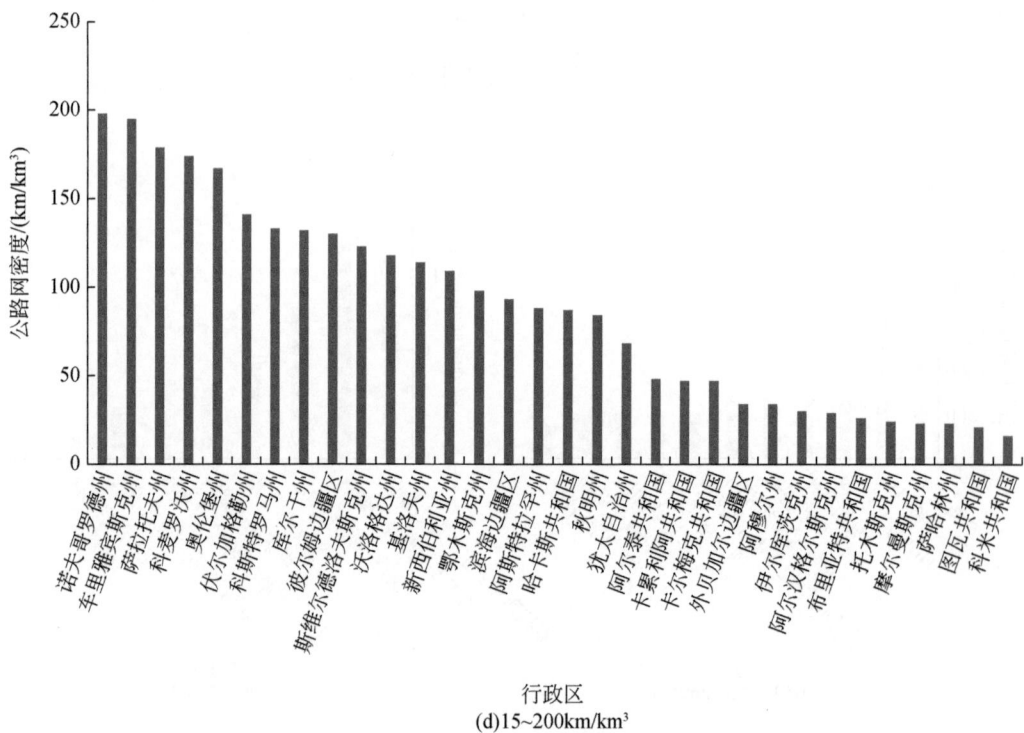

行政区
(d)15~200km/km³

图 5-17　俄罗斯公路网密度分布

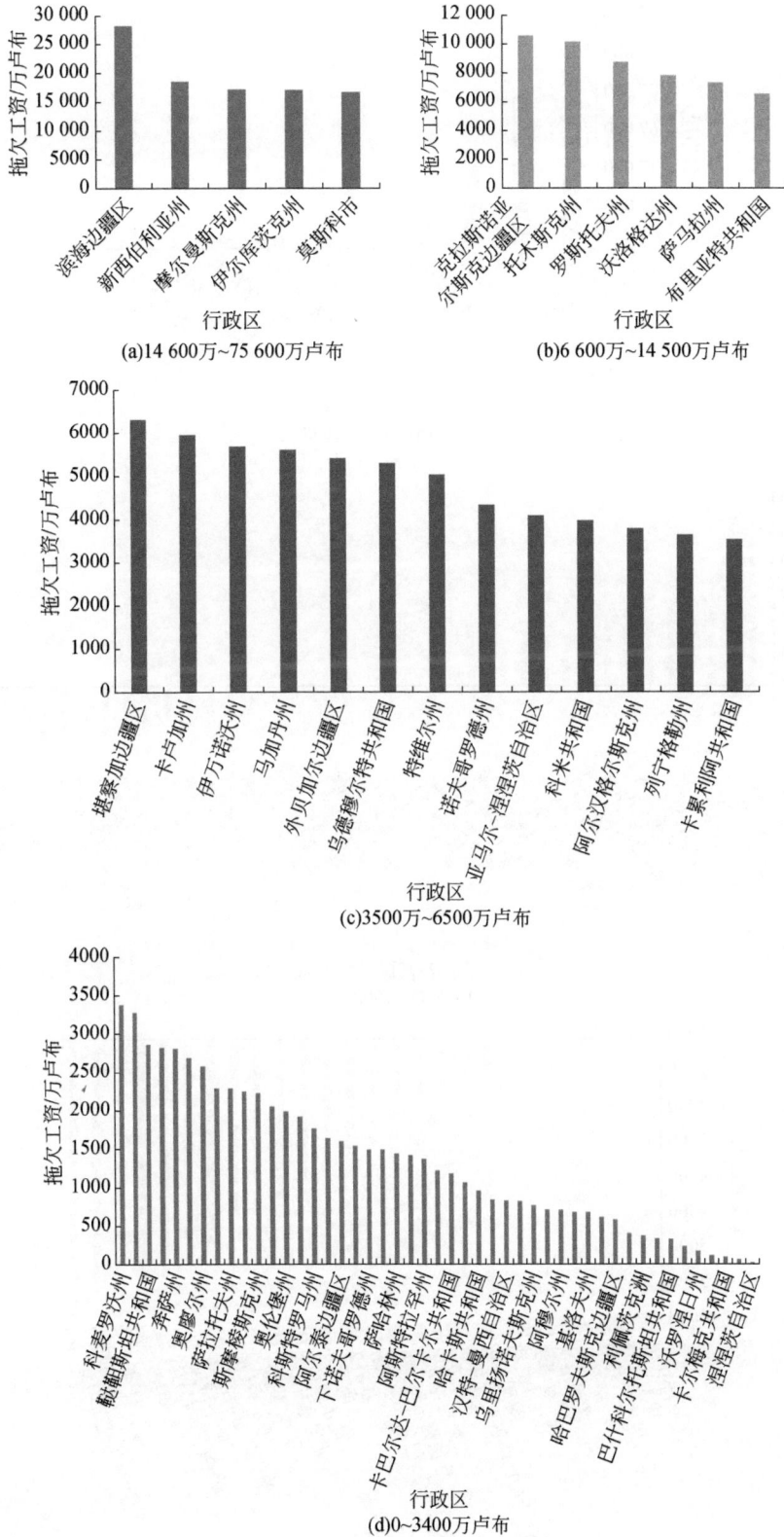

(a)14 600万~75 600万卢布

(b)6 600万~14 500万卢布

(c)3500万~6500万卢布

(d)0~3400万卢布

图 5-18　俄罗斯拖欠工资情况

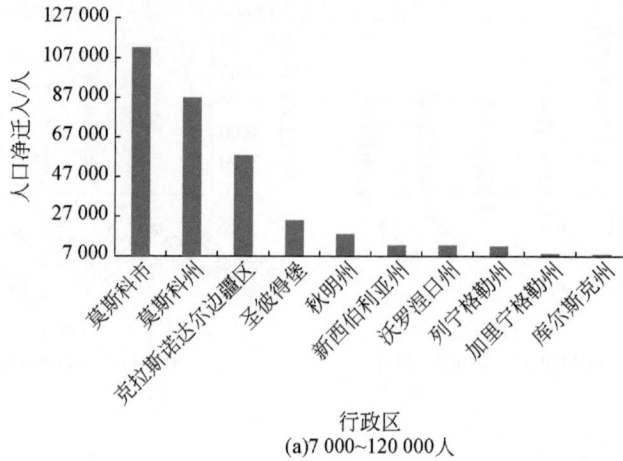

行政区
(a)7 000~120 000人

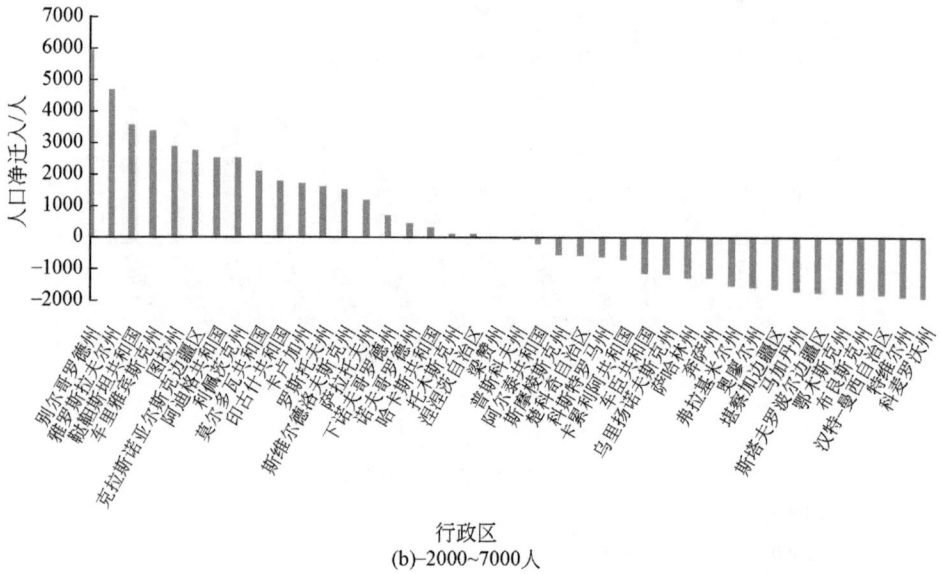

行政区
(b)-2000~7000人

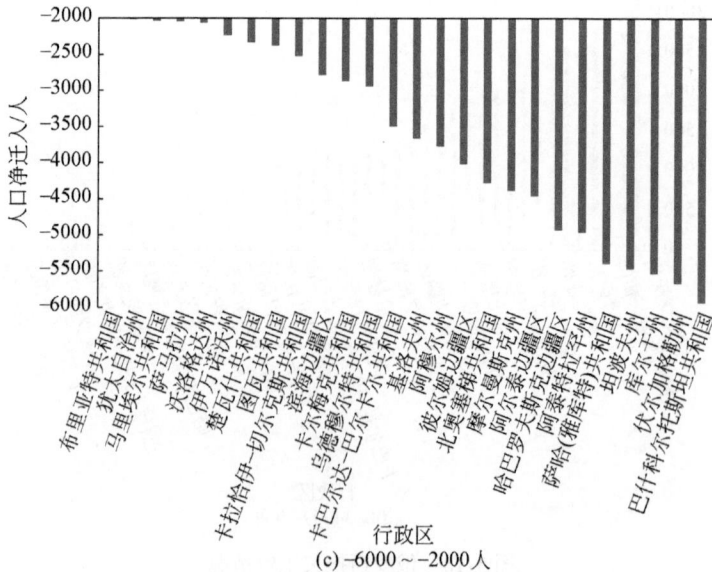

行政区
(c)-6000～-2000人

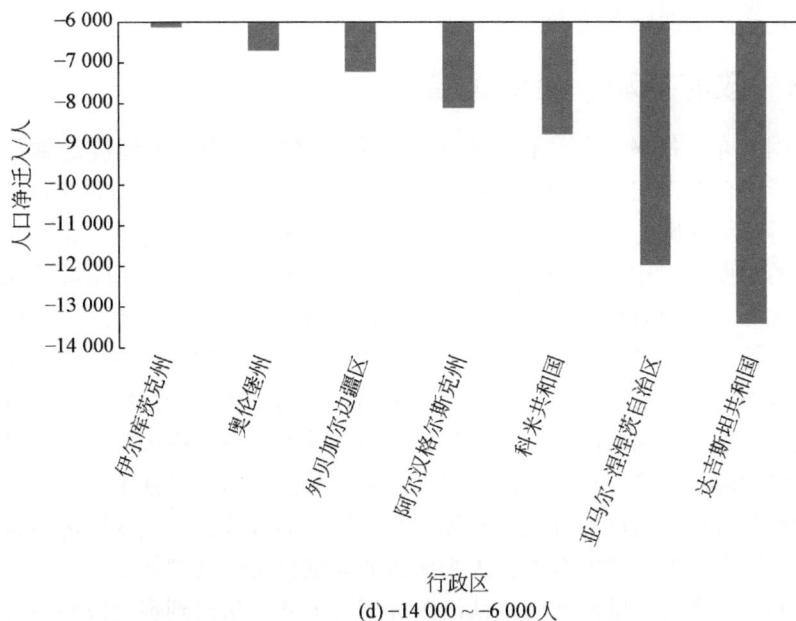

行政区
(d) −14 000 ～ −6 000人

图 5-19　俄罗斯人口迁移情况

5.3　俄罗斯区域投资对策

基于 ESI-PRA 模型的分析结论，在积极推动中国与俄罗斯贸易往来，促进中国企业赴俄罗斯进行投资的同时，针对中国企业赴俄罗斯投资的区域、产业选择及可能面对的投资风险，提出以下战略对策建议。

5.3.1　分区有序推进

根据本研究结论，建议我国海外投资机构在对俄投资活动中，采用分区分阶段的有序推进模式，近期重点投资哈巴罗夫斯克边疆区及滨海边疆区、伊尔库茨克州、莫斯科市及莫斯科州等投资环境优越的优先投资区。中期逐渐扩展投资区域，优选资源开发、旅游、金融、制造业等行业，布局于潜力投资区域；近中期不考虑、远期待投资环境有较大提高后，适度考虑一般投资区；尽量规避风险投资区。

5.3.2　优选投资

围绕中蒙俄经济走廊建设战略需求，在优先投资区优选有潜力的投资行业开展战略性投资。建议对哈巴罗夫斯克边疆区及滨海边疆区，优先投资运输与通信业、批发与零售业、制造业等行业，为繁荣中俄滨海通道、扩大中俄经贸合作提供有力支撑；建议对伊尔库茨克州主要投资旅游业、矿业、运输与通信业、石化产业、以矿产资源开发利用和精深加工为主的制造业等行业，打造中蒙俄经济走廊示范性综合产业集群，打造远东绿色发展增长极；对莫斯科市及莫斯科州重点投资批发零售业、房地产交易业、制造业及高科技产业等行业，推动中俄高科技产业领域的经贸合作，促进科研联合和科技成果跨境转移转化，造福两国人民。

5.3.3　政府推动，企业运营

加强中国"东北振兴"与"俄罗斯远东开发战略"、"中蒙俄经济走廊"和"欧亚经济联盟"等的政策对接，充分认识到两国在经济、政治等方面利益诉求的一致性，以共同的利益诉求为准则，深化两国全面战略协作伙伴关系，增强政治互信。

从中方的角度讲，中方应加强对俄罗斯基本国情、利益诉求、能源政策、投资环境、民族文化等方面的研究，同时加大对中国正面国际形象的宣传，不断拓展交往方式，实现从首脑外交到民间交流、从政治交往到文化交往、学术交往、人才交往等的多方位交流与合作，增加俄罗斯对中国国情、中国文化的了解，增信释疑，消除俄罗斯对中国的偏见和顾虑。中国的国家相关部门应加强与俄方会商，积极与俄罗斯签订区域性投资准入与保护协定、境外经贸合作区建设协定，从法律角度增强中国投资保障，降低项目建设的社会风险。通过签订政府间投资合作协议的方式，达成区域内普遍认可的争端解决机制，扩大中俄利益汇合点，为中国企业对俄投资保驾护航。

从俄方的角度来讲，俄罗斯应该认清国际国内形势，认识到现阶段自身发展的利益诉求，认识到与中国加强务实合作对促进俄经济复苏、突破西方国家制裁的重要作用，摒弃对与中方合作的偏见，切实推动中俄合作。

5.3.4　积极完善贸易制度

本着公开、公正、平等、透明的原则，完善贸易秩序与制度，严厉打击、取缔"灰色清关"现象。①俄罗斯应加强对"正规清关"（又称白色清关）的保障，优化通关程序，加快普及电子报关和通关自动化，提高通关效率。建立"商品和服务参考价格系统"，保证价格信息系统在实际工作中的运用，吸引国际公司参与。②俄罗斯应加大对"灰色清关"的打击力度，行"灰色清关"都将根据情节严重程度受到惩处，如补缴税费、没收商品，甚至追究刑事责任。③加强后续监管并建立"货物追溯系统"。货物放行后，如发现偷漏海关税费行为，海关仍有权要求企业补缴海关税费。④建立有效的内部执法环境。从某种意义上来说，中俄贸易间的"灰色清关"是俄罗斯政府官员和海关官员腐败的产物，反过来又助长腐败现象的蔓延。建立有效的内部执法环境，严厉打击腐败现象是确保"打关"成功的关键。

5.3.5　加强交通基础设施建设

①加强重点口岸交通基础设施建设。中国应加强对满洲里、绥芬河、黑河、抚远等发展潜力巨大但面临运输瓶颈的口岸的基础设施，尤其是交通基础设施建设的投资力度。俄罗斯应加强对后贝加尔斯克、布拉戈维申斯克（海兰泡）、哈巴罗夫斯克（伯力）、波格拉尼奇内等主要口岸地区的交通基础设施建设。通过加强交通基础设施建设，提高运输能力与运输效率。②加强中俄跨境交通运输走廊建设，打造"点对点"的运输模式，提高运输效率。稳步推进"中俄同江铁路大桥"（黑龙江同江—犹太自治州谢列宁斯阔耶）、"中俄黑龙江大桥"（黑龙江黑河市—布拉戈维申斯克（海兰泡）市）的建设，加强施工进度对接，定期开展工程项目汇报，保证按时顺利竣工；加快开通

"滨海 2 号"（吉林省至扎鲁比诺港）国际交通走廊，与"滨海 1 号"国际交通走廊（中国黑龙江省至纳霍德卡港）共同使用，降低东北地区企业的运输时间和运输成本，增加货物量；加快中俄跨境高铁建设论证研究，包括大连—沈阳—长春—哈尔滨—满洲里—赤塔—布里亚特—伊尔库茨克的中俄东北—西伯利亚高铁，长春—珲春—符拉迪沃斯托克（海参崴）—哈巴罗夫斯克（伯力）的中俄沿海高铁，以及哈尔滨—黑河—布拉戈维申斯克（海兰泡）的中俄东北高铁，落实《建设中蒙俄经济走廊规划纲要》中加强基础设施互联互通、打造国际陆上交通走廊的战略规划。③加强双方政府在口岸开通、口岸运营、大项目执行及跨境基础设施修建等领域的协商，形成自上而下建设的机制。

5.3.6　加强人才培养

加强对俄研究投入，培养对俄研究专业人才，组建对俄研究专门机构，加强对俄科研机构与投资主体的密切合作。对在俄具体投资区域的经济基础、社会环境、法律政策环境、文化风俗、投资需求等进行针对性深入研究，为中资企业提供长期决策咨询，做到科学投资、有效投资、安全投资和共赢投资。例如，俄罗斯对于外来投资禁止的行业是赌博业及人寿保险业。对国防军工、核原料生产、宇航设施和航空器研究、联邦级的地下资源区块开发等有一定限制，而对石油、天然气、煤炭、木材加工、交通和通信设备等行业持鼓励态度。

5.3.7　增强文化交流

积极寻求建立中俄文化交流机制，推动民间文化、艺术团体的广泛交流，布局孔子学院等海外中国文化传播、培训机构，加强中国对俄文化产品输出，注重与当地文化整合，在体现中国特色的同时适应俄罗斯国情，促进中俄文化互信，协助投资企业处理好与当地民众、企业、工会的关系，减少文化的冲突，实现中俄"民心相通"，提升俄民众对中资项目的接受度和欢迎度，消除因误解、文化障碍等造成的各类风险。

5.3.8　增强投资企业社会责任感

中国在俄企业是中国形象的象征，因此企业必须明确自身责任，切实履行企业的社会责任，在企业内外营造良好的经营环境，促进与当地企业和谐相处，负责任地参与当地事务，将企业增效与当地发展联系起来，实现共同发展。通过中资企业的良好社会经济影响，促进中俄长期、深入的投资合作。

5.3.9　重视生态保护

俄罗斯大部分优先开发区资源丰富、生态良好，政府及民众的生态保护意识强烈，在投资活动进行过程中，必须严格按照俄罗斯环保要求筛选投资项目，尽量采用低碳、绿色、循环的资源开发利用模式，降低和消除生态环境影响，规避生态风险，避免由环境问题引发的投资排斥事件。

第6章　中蒙俄经济走廊蒙古国区域投资环境评价

6.1　蒙古国区域投资环境评价

6.1.1　自然环境与资源

蒙古国位于蒙古高原北部，地跨88°E～120°E、41°N～52°N，国土面积156.41万 km²，地势自西向东逐渐降低，平均海拔1580m。北部、中部地区多山地，主要有阿尔泰山、杭爱山等，面积约占国土面积的1/2，山地间多溪流、湖泊；东部多丘陵和平原，南部多戈壁和沙漠，面积约占国土面积的1/4，有极其独特的自然景观以及良好且脆弱的生态环境（图6-1）。

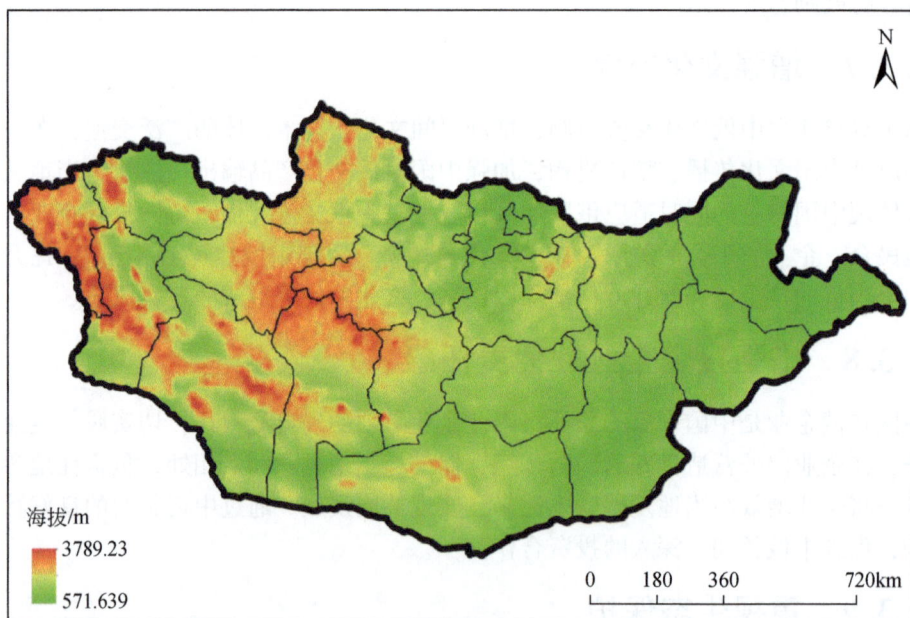

图 6-1　蒙古国地形

蒙古国具有强烈的大陆性气候特征，属温带草原气候，冬长夏短、干旱少雨，年均降水量在250mm左右，集中在7～8月。由于海陆位置以及地形复杂多样，蒙古国气温年较差大，表现在阿尔泰山脉、杭爱山脉等山区夏季平均气温为14～15℃，冬季平均气温为-30～-25℃，最低气温低至-40℃；夏季南部戈壁和东部平原夏季最高气温在40℃以上，冬季最低气温为-38℃。蒙古国每年有一半左右的时间被强大的蒙古高压控制，冬季为东亚季风气候区"寒潮"的源地之一。这样的气候条件，对其发展旅游观光业和采矿业都会产生负面的影响。

蒙古国水资源紧缺，且分布不均。全国的淡水资源约 6080 亿 m^3，年径流量 390 亿 m^3，88% 的河流为内流河。境内大小湖泊和沼泽共 3613 处，占国土面积的 1%，较大的湖泊有西北部的乌布苏湖、库苏古尔湖等（图 6-2）。中南部地区干旱缺水，有内流湖零星分布，中南部矿产资源富集，但水资源的匮乏成为投资者扩大投资的限制因素。

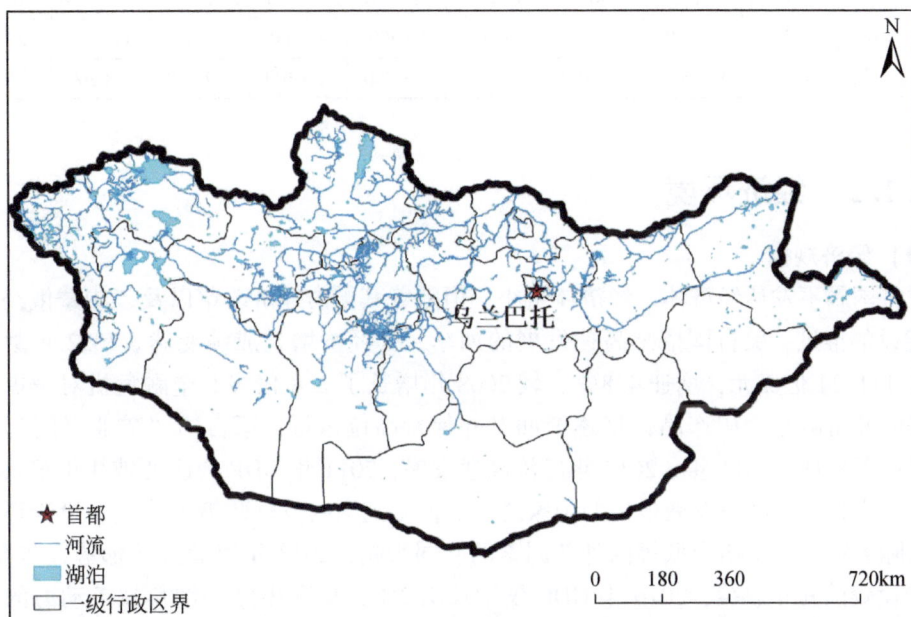

图 6-2　蒙古国河流、湖泊分布

蒙古国森林主要分布在肯特省、库苏古尔省、戈壁阿尔泰省的山区，面积共 1530 万 hm^2，覆盖率达 8%。蒙古国设立了多个国家级自然保护区，以保护其自然生态环境，这成为投资者投资的另一限制因素。

蒙古国自然资源富集，尤其是煤和金属矿产资源种类繁多。已探明的矿产有 80 多种，如煤炭、铜、金、铝、铀、石油等，现有 1336 个矿床和 8000 多个采矿点。其中，煤炭储量约 3000 亿 t 以上，分布广泛，集中在北部、西南部和东部地区，现已探明的塔温陶勒盖煤田储量约 530 亿 t，属优质炼焦煤，是世界上紧缺煤种；已探明的黄金储量 1619t，金矿 130 多个，具有分布广、蕴藏丰富的特点，分布在与中国接壤的西部、南部和东部各省；铜的储量约 2.4 亿 t，分布在北部、中部地区以及南戈壁省、东戈壁省，已经探明的奥尤陶勒盖铜金矿是亚洲最大的超大型优质铜矿；萤石蕴藏量约 2800 万 t，产量仅次于中国和墨西哥，磷矿储量约 57 亿 t，居亚洲第一、世界第五，集中在库苏古尔省和扎布汗省。另外，蒙古国还有铁 20 亿 t，以及石油 80 亿桶（表 6-1、表 6-2）。

表 6-1　2013～2022 年蒙古国煤炭产量　（单位：百万 t）

年份	2013	2014	2015	2016	2017	2018	2019	2020	2021	2022
产量	30.1	25.3	24.2	35.5	48.1	51.4	55.8	43.87	33.7	37.3

表 6-2　2014～2022 年蒙古国主要矿产品产量　　　　（单位：t）

矿产	2014 年	2015 年	2016 年	2017 年	2018 年	2019 年	2020 年	2021 年	2022 年
金	11.5	14.5	18.4	19.8	20.7	16.3	20.2	19.1	19.4
铜精矿	1 080 400	1 334 700	1 445 100	1 317 600	1 310 800	1 262 400	1 276 710	1 326 300	1 189 800
钼精矿	4 050	5 210	5 170	5 760	5 490	5 300	6 120	6 330	5 910
锌精矿	93 200	89 600	100 200	82 700	8 790	83 100	76 300	75 200	399 600
铁矿石	6 293 100	4 273 600	4 936 200	7 694 700	6 225 400	8 572 200	9 224 400	9 171 900	7 659 900
酸级萤石粉	71 900	47 300	34 100	55 200	80 700	47 500	85 000	60 300	24 500
冶金级萤石块	303 000	183 500	167 700	108 900	101 200	156 100	127 300	118 300	122 900

6.1.2　经济环境

（1）经济规模

蒙古国属不发达经济体，经济体量小。但随着其国内经济改革以及"中蒙俄经济走廊"建设的推进，蒙古国搭乘高速发展的列车，其经济增长成绩斐然。2022 年蒙古国GDP 为 171.24 亿美元，增速 4.8%，较 2008 年增长了 2.8 倍多。金融危机对蒙古国经济发展的冲击减小，矿产品价格逐渐回升并保持高位运行，蒙古国"矿业兴国"战略的成果逐渐显现，2011 年、2012 年经济高速发展，2011 年 GDP 增速突破往年纪录，达17.3%，成为全球经济发展最快的国家之一。但受到国内投资政策不连续、投资环境不佳、国际大宗产品价格走低等内外部因素的共同影响，2013 年以后经济形势逐步恶化，GDP 增速较前几年放缓，2016 年 GDP 仅增长 1.2%，呈现出经济增长缺乏动力的现象（图 6-3）。

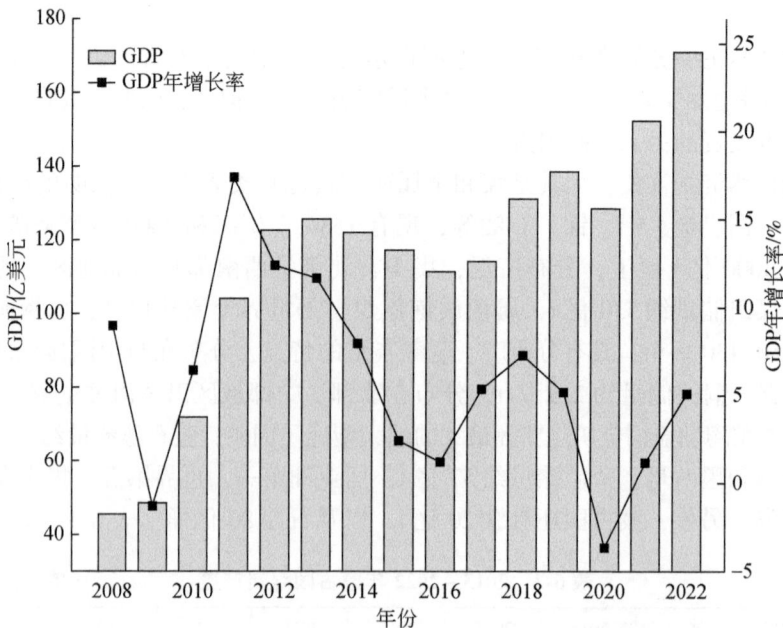

图 6-3　2008～2022 年蒙古国 GDP 总量及年增长率

蒙古国区域经济差异不断扩大。2008～2022 年，首都乌兰巴托发展最快，占蒙古国 GDP 总量的比例最大，2010 年后占 GDP 总量的比例维持在 65% 左右；鄂尔浑省经济发展次之，但发展速度明显不及首都，其 GDP 不及乌兰巴托的十分之一，2022 年 GDP 为 10.65 亿美元，仅占全国 GDP 的 6.2%；南戈壁省位居第三，仅占全国的 5.3%；戈壁苏木贝尔省经济量最小，2022 年 GDP 仅 0.48 亿美元。

（2）产业结构

就蒙古国产业结构来看，服务业占比最高，农业占比最低，虽然个别年份第一产业占比有所提升，第二、三产业占比略微下降，但基本符合产业结构优化规律，产业布局朝着现代化、国际化方向发展。

就区域产业结构协调度来看，各省（市）产业结构差异大，尤其是东西部差别明显。2022 年各地区第一产业比例明显减少，比例为 11.5%；2022 年第一产业比例为 13.1%。超过 50% 的省份有后杭爱省、布尔干省、中戈壁省、中央省和肯特省，其中后杭爱省和布尔干省的工业比例与服务业比例不相上下；巴彦乌列盖省、戈壁阿尔泰省、扎布汗省、乌布苏省和科布多省以农业与服务业发展为主；巴彦洪戈尔省、库苏古尔省和中央省农业比例在 40% 左右，略高于工业和服务业，但工业和服务业所占比例基本平衡。鄂尔浑省、东方省以矿产开采和深加工为主，2022 年第二产业比例、第三产业比例分别为 40.2%、46.8%；苏赫巴托尔省、色楞格省、南戈壁省工业占比也在 50% 左右，这几个地区矿产资源丰富，矿业的发展带动了建筑业的进步，但工业部门技术并未及时更新，可能导致工业发展与生产力脱节。乌兰巴托作为一个现代化城市，服务业占比最大，戈壁苏木贝尔省、达尔汗乌拉省、东戈壁省主要发展对外贸易，第三产业比例均高于第二产业比例和第一产业比例。

（3）经济稳定性

2008～2019 年蒙古国年均通胀率波动较大，受金融危机的影响，经济处于萧条阶段，国内通胀压力持续较高，人民生活压力较大，2010 年蒙古国年均通胀率创最高值 39.18%，2013 年年均通胀率明显下降，2015 年年均通胀率达到近几年的最低值 1.73%，经济趋于缓和、稳定。

通货膨胀的变化一定程度会影响失业率，失业率又与宏观经济的稳定性密不可分，虽然高的失业率有利于外商投资降低劳动投入成本，但不利于货币的升值，会加重经济负担，导致经济发展缓慢甚至停滞。2009 年受经济危机影响，蒙古国失业率由 2.8% 突增至 11.6%，2010 年后失业率降低，保持稳定，2019 年失业率维持在 10%。

从蒙古国各省（市）的失业率来看，受经济危机影响，各省（市）失业率波动较大，其中巴彦乌列盖省、扎布汗省、巴彦洪戈尔省、鄂尔浑省、戈壁苏木贝尔省、达尔汗乌拉省、东戈壁省、南戈壁省、肯特省失业率变化幅度较大，其他省份变化幅度较小。2019 年，除巴彦乌列盖省、东方省、达尔汗乌拉省和库苏古尔省失业率较高以外，其他省份均保持较低的失业率，巴彦乌列盖省的失业率为 24.2%，高出全国水平 14 个百分点；东方省的失业率次之，为 20.9%，高出全国水平 10 个百分点。各地区失业率的大范围波动导致其他地区经济发展不稳定，会进一步影响投资者的信心。大量人员进城务工，同时又为投资者带来大量廉价劳动力，但地区经济后续增长力不足，必然影响投资活动的顺利进行，过高的失业率可能导致社会治安混乱，国内环境不稳定。

外债风险也会影响经济稳定和外商投资的积极性。2008~2012 年蒙古国外汇储备不断增多，"矿业兴国"战略初有成效，矿产品出口的增多带动了经济增长，2013 年以后矿产和投资政策的调整，使得蒙古国外商投资减少，再加上本币的不断贬值以及稳定汇率的需要，外汇储备大幅减少，2013 年同期缩水 24.36 亿美元，2017 年回升至 30.08亿美元。外债余额和外债存量占 GNI 比例不断增加，2017 年蒙古国外债余额较 2010 年增加了 1.9 倍，外债存量占比较上年同期增加了 38.67%（表 6-3）。

表 6-3　2010~2019 年蒙古国外债情况

年份	2010	2011	2012	2013	2014	2015	2016	2017	2018	2019
外汇储备/亿美元	20.9	24.57	36.29	11.93	16.5	13.23	13.04	30.08	32	43
外债余额/亿美元	59.28	96.29	153.85	189.21	166.07	216	237.85	260.24	268.11	275.98
外债存量占 GNI 比例/%	89.69	100.81	137.23	161.57	188.66	203.41	246.87	285.54	—	—
汇率（美元/本币）	1355.9	1265.5	1359.4	1525.7	1818.3	1970.7	2147.7	2440.6	2472.67	2663.94

汇率作为保持贸易收支平衡的调节工具之一，对东道国的经济发展至关重要。2000 年蒙古图格里克（蒙图）与美元的兑换率为 1077.7:1，紧接着汇率开始贬值，2008 年金融危机后，本币开始大幅度贬值，2008 年汇率为 1437.9，较上年同期贬值了 13.8%。2011 年虽由于矿业收入的大幅增长，汇率出现小幅度上升，但随着蒙古国引进外资和矿业收入的减少，截至 2019 年底，蒙图与美元汇率为 2663.94:1，较 2008 年已贬值了92.6%。本币的持续贬值并没有给蒙古国的出口贸易带来机遇，反而扩大了贸易逆差。

（4）经济外向度

自 1994 年蒙古国通过《蒙古国对外政策构想》，至 2013 年底，蒙古国已与俄罗斯、中国、美国、日本等 173 个国家建交，对外开放程度越来越高。此外，蒙古国还是连接中俄的门户，是中蒙俄经济走廊的重要组成国。

蒙古国经济对外依存度很高，对外贸易是拉动其经济增长的重要动力，2019 年出口占 GDP 比例达 51.9%。2008~2013 年受国际市场大宗产品价格持续走低的影响，其出口额一直低于进口额，本币不断贬值。贸易逆差自 2010 年逐渐拉大，2014 年对外贸易总额共计 110.1 亿美元，同比增长 3.6%。其中，出口额共 57.7 亿美元，较上年同期增加 35.3%；进口额共 52.4 亿美元，较上年同期减少 17.6%。2014 年后，受铜矿石和原油出口量大幅增加影响，出口实现大幅增长，蒙图持续贬值，进口额出现较大幅减少，首次在对外贸易中实现顺差，随后贸易顺差不断加大。2022 年蒙古国进口额计 98.5亿美元，同比增长 27.42%，出口额首次突破 80 亿美元，同比增长 21.12%（图 6-4）。

蒙古国外贸结构较为单一，主要出口的商品是矿产品、纺织品、生皮、熟皮、畜毛及其制品、珍珠、宝石、贵金属、文化用品等，矿产品占总出口比例超过 80%（图 6-5）。国内制造业的发展起步较晚，除农畜产品可以自给自足以外，其他各类生活日用品和生产材料均需进口，如机电零配件、交通运输工具及配件、化工产品、碱金属和制成品等。2022 年蒙古国矿产品出口 64.95 亿美元、贵金属出口 4.18 亿美元、纺织品出口 3.35 亿美元，占总出口比例分别为 83.7%、5.5%、5.7%。进口产品主要为能

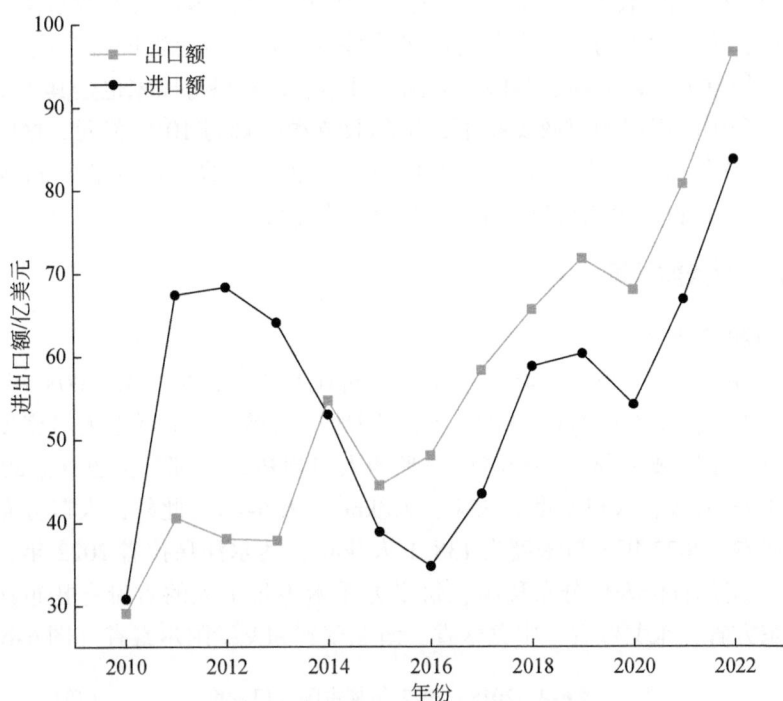

图 6-4　2010～2022 年蒙古国进出口额

源产品、机电及配件、交通运输工具及配件，其进口额分别为 13.6 亿美元、9.21 亿美元、9.4 亿美元，占总进口比例分别为 22.4%、20.2%、19%。

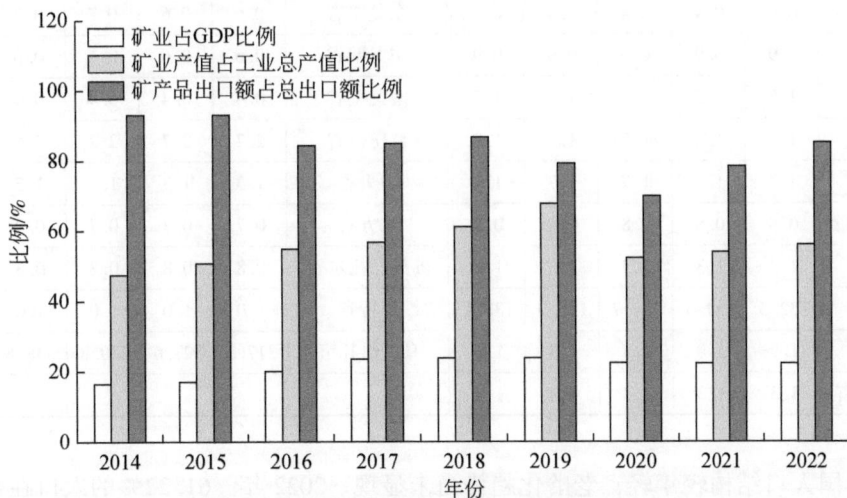

图 6-5　2014～2022 年矿业产值情况

中国、加拿大、卢森堡、新加坡、韩国等为主要外资来源国。2013 年以来受国际大宗矿产品价格不断降低和国内投资环境不佳的影响，外商的投资规模大大缩减，外资公司注册数量的增长放缓，投资集中在矿产开采、房地产开发、对外贸易、餐饮服务等领域，2019 年蒙古国吸收外国投资 23 亿美元。中国是蒙古国最大的贸易伙伴国和主要的投资来源地，来自中国的投资占蒙古国吸收外国直接投资总额的近三成。除中国外，荷兰、韩国、加拿大、俄罗斯、英国、美国、日本、卢森堡等国家也是其主要投资来源地。在捐助国和国际组织的财政支持下，国际收支盈余超过 10 亿美元。据联合国贸发会议发布的 2020 年《世界投资报告》，2019 年，蒙古国吸收外资流量为 24.43 亿美元；截至 2019 年底，蒙古国吸收外资存量为 225.56 亿美元。

6.1.3　社会环境

（1）人口和劳动力

2022 年蒙古国总人口达 345.75 万人，同比增长 1.8%，较 2008 年人口增长 20.2%，城镇人口占总人口的 68.35%。蒙古国地广人稀，是世界上人口密度最低的国家之一。人口分布区域差异大，全国近一半的人口聚集在首都乌兰巴托。2022 年乌兰巴托人口 169.18 万人，人口密度为 354.3 人/km² （表 6-4）。此外，人口分布较为集中的还有鄂尔浑省，2022 年人口密度为 138.1 人/km²，达尔汗乌拉省 2022 年人口密度为 33.1 人/km²，其他省份人口分布稀疏，每平方千米不足 1 人的省份有扎布汗省、巴彦洪戈尔省、东方省、东戈壁省、中戈壁省、南戈壁省和戈壁阿尔泰省（图 6-6）。

表 6-4　2018～2022 年蒙古国人口密度　　　　（单位：人/km²）

行政区	人口密度					行政区	人口密度				
	2018 年	2019 年	2020 年	2021 年	2022 年		2018 年	2019 年	2020 年	2021 年	2022 年
全国	2.1	2.1	2.1	2.2	2.2	戈壁苏木贝尔省	3.2	3.3	3.3	3.3	3.4
巴彦乌拉盖省	2.3	2.4	2.4	2.5	2.5	达尔汗乌拉	32.1	32.4	32.4	32.7	33.1
戈壁阿尔泰省	0.4	0.4	0.4	0.4	0.4	东戈壁省	0.6	0.6	0.7	0.7	0.7
扎布汗省	0.9	0.9	0.9	0.9	0.9	中戈壁省	0.6	0.6	0.6	0.6	0.6
乌布苏省	1.2	1.2	1.2	1.2	1.2	南戈壁省	0.4	0.4	0.4	0.4	0.4
科布多省	1.2	1.2	1.2	1.2	1.2	色楞格省	2.7	2.7	2.7	2.6	2.7
后杭爱省	1.7	1.7	1.7	1.7	1.7	中央省	1.3	1.3	1.3	1.3	1.3
巴彦洪戈尔省	0.8	0.8	0.8	0.8	0.8	东方省	0.7	0.7	0.7	0.7	0.7
布尔干省	1.3	1.3	1.3	1.3	1.3	苏赫巴托尔省	0.8	0.8	0.8	0.8	0.8
鄂尔浑省	132.5	134.5	134.7	135.9	138.1	肯特省	1.0	1.0	1.0	1.0	1.0
前杭爱省	1.9	1.9	1.8	1.8	1.9	乌兰巴托市	317.3	327.6	339.8	348.8	354.3
库苏古尔省	1.3	1.3	1.3	1.4	1.4						

蒙古国人口结构较年轻，老龄化趋势尚未显现。2022 年，61.22% 的人口在 35 岁以下，其中 14 岁以下共 110.5 万，占 31.95%。15～39 岁共 129.2 万，占全国人口的 37.37%，说明蒙古国青壮年劳动力丰富，全国人口的 4.7% 为 65 岁以上的老人，仅有 16.2 万人。

蒙古国城市化水平较高，但区域城市化率差别较大。乌兰巴托市城市化率最高，为 100.0%，鄂尔浑省城市化水平在全国排名第二，约为 96.3%，达尔汗乌拉省城市化率

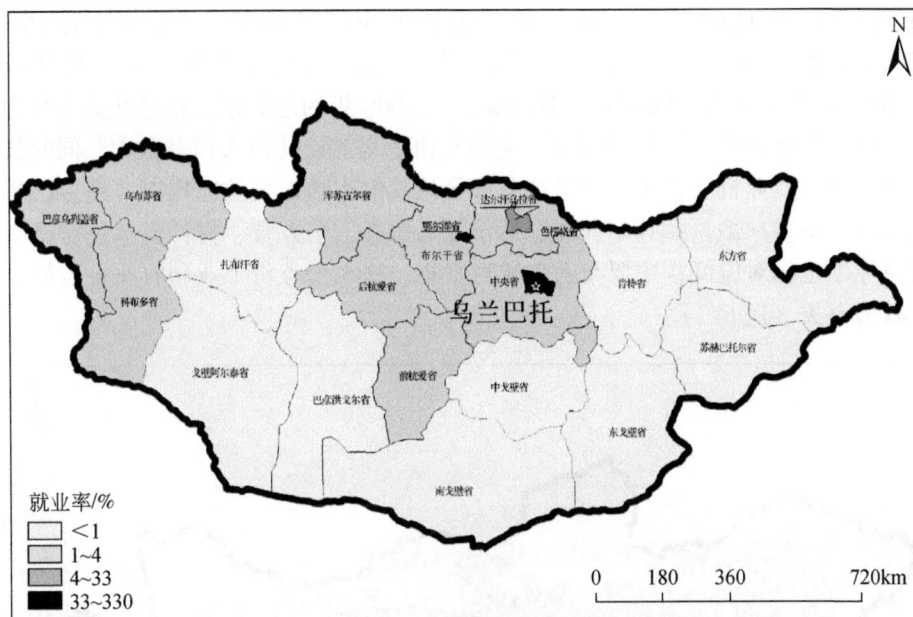

图 6-6　2022 年蒙古国人口密度

全国排名第三，约为 81%，戈壁苏木贝尔省、东方省城市化率分别约为 60.0%、55.8%，其他省份城市化水平较低（表 6-5）。由此可以看出，蒙古国东部交通便捷、产业发展较快的省份城市化水平较高，而西部对外交通不便、相对闭塞的省份城市化水平较低。

表 6-5　2018～2022 年蒙古国各省（市）城市化率　　　　（单位：%）

省、首都	城市化率					省、首都	城市化率				
	2018 年	2019 年	2020 年	2021 年	2022 年		2018 年	2019 年	2020 年	2021 年	2022 年
全国	67.4	67.8	68	68.4	69.1	戈壁苏木贝尔省	59.7	59.8	59.8	59.7	60
巴彦乌拉盖省	37.2	37.5	37.8	38.2	38.4	达尔汗乌拉省	81.3	79.8	80.3	80.6	81
戈壁阿尔泰省	33.1	32.5	32.5	32.4	32.7	东戈壁省	63.5	64	64.1	64.3	65
扎布汗省	22.8	22.4	22.4	22.5	22.5	中戈壁省	26.6	26.6	26.7	27.4	28.5
乌布苏省	36.2	37	36.7	36.8	37	南戈壁省	37.6	37.7	38.6	39.6	40.1
科布多省	34.3	34.9	34.9	35.4	36	色楞格省	34.7	34.5	34.4	34.3	34.3
后杭爱省	22.1	21.9	21.7	21.8	21.7	中央省	18.2	18	18.2	18.4	18.5
巴彦洪戈尔省	34.6	36.1	35.8	36.1	36.4	东方省	56.9	56.6	55.9	55.8	55.8
布尔干省	25.4	25.3	25.3	25.5	25.6	苏赫巴托尔省	29.2	29.5	29.9	30.4	31.3
鄂尔浑省	96.4	96.3	96.3	96.2	96.3	肯特省	35.5	35.6	35.5	35.2	35.4
前杭爱省	27.7	28.4	28.9	29.5	30.5	乌兰巴托市	100	100	100	100	100
库苏古尔省	31.8	32.9	33.2	33.5	33.7						

2008～2019 年蒙古国就业人数不断增加，但行业和地区分布不均衡现象仍然存在。

2019 年就业总人数 114.6 万人，较 2008 年增加 38.6%，就业率达 54.4%。近 10 年来，除首都乌兰巴托市外，各省就业人数变化不大，差距也较小，2019 年乌兰巴托市就业人数最多，约 47.1 万人，同期增长 10.1%，是 2008 年的近 2 倍，在总就业人数中占比 41.4%，但就业率较低，仅有 48.7%。主要是由于乌兰巴托市人口基数大，同时其他省经济发展较差，就业机会很少，大量务工人员从其他省涌入乌兰巴托市，乌兰巴托市就业人数和就业率存在偏差。鄂尔浑省、达尔汗乌拉省、东方省、肯特省、色楞格省、南戈壁省就业率也相对偏低，主要与人口相对密集，这几个省份工业和农业发展好，劳动力涌入较多有关（图 6-7）。

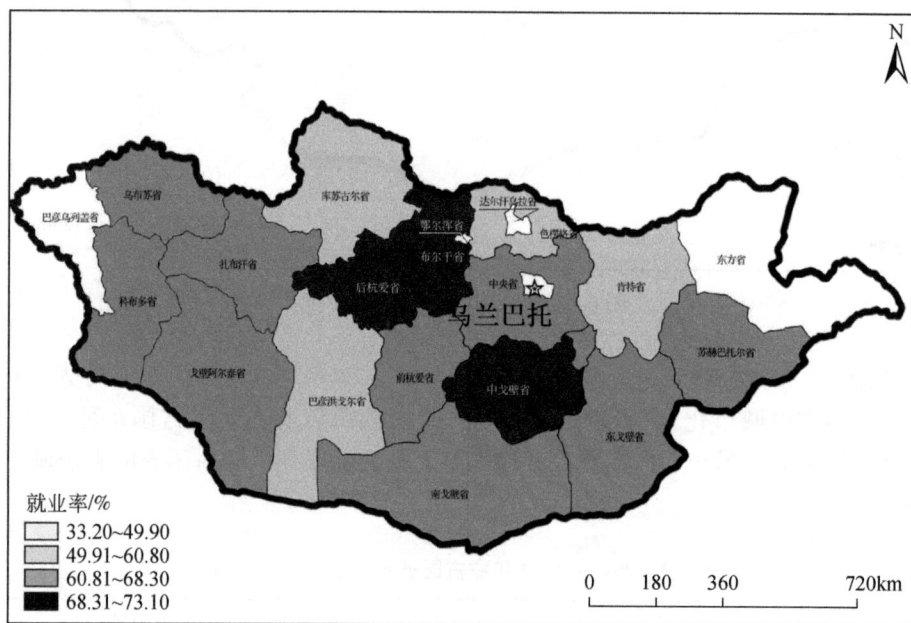

图 6-7　2019 年蒙古国就业情况

在劳动力工资水平上，2016 年采矿业工资水平最高，是 2008 年工资的 5 倍多，各省（市）人均可支配收入不断提高。鄂尔浑省由于工业发展较快，因此居民月均工资和奖金最高，2016 年人均可支配收入 112.4 万图格里克，高于全国水平；乌兰巴托市由于服务业发展较好，居民月均工资和奖金次之，2016 年人均可支配收入 95.3 万图格里克，同样高于全国水平；戈壁苏木贝尔省、达尔汗乌拉省、东戈壁省、南戈壁省、东方省人均可支配收入在 70 万图格里克以上，接近全国平均水平，其他省份工资水平均远在全国平均水平之下。可见蒙古国采矿业和服务业劳动力投入多且工资报酬较高。

（2）科教文化

蒙古国的科研能力较薄弱。自市场化以来，科研机构不断减少，2017 年蒙古国科研机构共 60 所，整体科研支出仅有 475.5 亿图格里克。世界平均研发支出占 GDP 比例为 1.09%，而蒙古国研发经费占比只有 0.17%，与世界水平相差较远。

目前，蒙古国推行 "6+4+2" 的教育体制，普通教育减免学杂费逐步普及，2022 年有全日制普通教育学校共 859 所。学年入学率在 98% 左右，但公民接受基础教育的观念薄弱，政府仍需不断加强管理和宣传。蒙古国对高等教育重视程度高，2022～2023

年度有高校 69 所, 其中国立高校 16 所、私立高校 50 所、宗教学校 3 所。接受高等教育的学生共 8.88 万人, 毕业生人数 5.2 万人。长期以来, 蒙古国教育投资少、结构不当, 高等教育受重视, 基础教育质量不高且薄弱, 教育资源区域分布不均衡。但是近年来蒙古国政府加强了对教育的重视和经费的投入, 2022 年教育投入经费共 6.55 亿美元, 占政府支出的比例为 12.2%, 人均教育支出 65.6 万图格里克 (表 6-6)。

表 6-6　2012~2022 年蒙古国公共教育支出占政府支出和 GDP 比例　(单位:%)

年份	2012	2013	2014	2015	2016	2017	2018	2019	2022
占政府支出比例	14.9	15.2	16.7	14	12.9	13.5	15	15.3	12.2
占 GDP 比例	5.34	4.88	5.35	4.32	5.10	4.35	4.27	4.73	3.83

(3) 医疗卫生

目前, 蒙古国医疗保险基本覆盖全体公民。2019 年蒙古国各级各类卫生机构共 3824 个, 千人占有床位数 8 张, 从事医疗卫生人员 54 687 人, 均低于世界水平。2017 年医疗卫生支出 3.09 亿美元, 较去年同期增长 11.7%, 占政府预算支出的 7.2%, 人均医疗卫生支出 97 美元, 较 2008 年增加了两倍。2008~2019 年蒙古国的医疗设施和公民医疗保障得到了很大的改善, 预期寿命指数逐渐上升。但医疗水平有限, 部分医疗用品、设备需要依赖进口, 专业医护人员数量少。

蒙古国医疗资源紧缺且地区分布不均, 主要集中在乌兰巴托市以及工业发展快、经济基础好的省份。2019 年乌兰巴托市万人拥有医生 49 位, 全国万人拥有医生 39 位, 远超全国平均水平, 东戈壁省、戈壁苏木贝尔省、戈壁阿尔泰省万人拥有医生与全国平均水平保持一致, 鄂尔浑省、中戈壁省万人拥有医生 35 人, 接近全国平均水准, 其他省份与全国水准相差较远; 乌兰巴托市医疗机构最多, 占全国医疗机构的 58.4%, 其次是鄂尔浑省、库苏古尔省、达尔汗乌拉省、前杭爱省, 占全国医疗机构均在 3% 左右, 其他省份医疗机构数量较少。

(4) 宗教、习俗

外国投资者在进行投资活动时不仅要考虑是否能与东道国的习惯和观念相契合, 还要顾及东道国居民对外来投资者所持有的态度。如果双方文化习惯差异较小, 当地人对投资活动采取积极、欢迎的态度, 那么就有利于投资活动的进行, 反之则不然。

蒙古国传统宗教为藏传佛教, 目前有 53% 的公民信奉藏传佛教, 还有部分居民信奉基督教和伊斯兰教等。蒙古人热情豪放, 注重礼仪, 针对自己的收入、宗教信仰等隐私问题比较敏感, 同时生活节奏较慢, 民众时间观念不强, 投资者在雇佣劳动力时要适当强调时间观念, 以保证投资活动的效率。由于尊崇大自然, 蒙古国非常重视对草原和水资源的保护, 人与自然和谐观念强, 投资者在进行投资活动时, 不仅要考虑经济效益, 同时还要考虑生态效益。

(5) 社会治安

近几年, 蒙古国社会贫富分化愈发严重, 且受 2013 年经济危机影响, 就业形势严峻, 从而引发了诸多暴力事件, 直接影响蒙古国的治安。据统计, 2022 年蒙古国发生大小案件共 35 340 起, 同比增加 39.0%, 万人犯罪 159 起, 万人刑事案件犯罪 54 起,在各类案件中涉案人多为 16~30 岁的男性，而在受害者中将近一半为女性。就蒙古国各省万人犯罪率来说，乌兰巴托市万人犯罪率最高，远远超过全国平均水平，犯罪率过高直接关系着社会环境的稳定性，容易打击投资者的信心。

总体来讲，蒙古国当地治安基本尚可，中小型案件较多，在集贸市场、超市、车站等场所，盗窃案时有发生。

6.1.4 政治法律环境

(1) 政治环境

对投资者来说，政治环境的稳定关系着投资风险、投资规模和发展速度的大小，也影响着东道国经济、社会及其他方面平稳发展、有序运行。

2019 年 11 月 14 日，蒙古国修改宪法。新宪法规定，总统任期 6 年，不得连任。蒙古国有多个政党，主要政党为人民党和民主党，其政治制度为宪政共和国。

蒙古国奉行"爱好和平、开放、独立、多支点的外交政策"，主要发展同俄罗斯、中国两大邻国的友好关系，发展三方外交。目前，蒙古国分别加入联合国、欧洲安全与合作组织、世界贸易组织、世界卫生组织、国际民主联盟等国际和地区组织。同时，蒙古国又是上海合作组织观察员国、北约和平伙伴关系国。

(2) 法律环境

吸引外商投资是促进蒙古国经济增长的重要动力，为保障外国投资者的权益，蒙古国颁布了一系列的法律法规。蒙古国整体的政治环境稳定，但受选举周期和政党轮替影响，法律法规的完整性、连续性较差。

受国内换届选举等政治因素的影响，2012 年 6 月通过的《战略领域外国投资协调法》，将矿产、金融、媒体通信三个领域列为关系国家安全的战略性领域，并对外国投资者及投资领域设置了严格限制。《战略领域外国投资协调法》生效后，严重打击了外商投资信心，导致蒙古国外商直接投资 (FDI) 大幅减少，由 2011 年的 16 亿美元锐减至 2012 年的 6.3 亿美元，对蒙古国经济增长产生了严重影响。迫于经济发展的压力，2013 年 9 月国家大呼拉尔废止了《战略领域外国投资协调法》，研究通过了新《投资法》。新《投资法》对国外和本土投资者实行统一待遇，简化了企业注册审批程序，取消了对国外私营投资者投资领域的限制。新《投资法》的实施虽然有利于恢复外国投资者的信心，但受大宗矿产品价格走低等外部因素的影响，蒙古国 FDI 在 2013 和 2014年连续大幅减少。2014 年 FDI 约 5.08 亿美元，2015 年已下降至 1.21 亿美元。

蒙古国政策不稳定还体现在《矿产法》的多次修改。2006 年国家大呼拉尔废除了1997 年通过的《矿产资源法》；2008 年 1 月蒙古国政府讨论了矿产法的修改方针；2010年 6 月，蒙议会通过禁止发放新矿产资源开采特别许可证的法律，并延长了该法的有效期；2014 年 4 月矿产部向议会提交了《矿产法》修订草案，提出恢复新勘探特别许可证。

2019 年蒙古国发生腐败案件 523 起，同比增加 44%，涉案人员 793 人，同比增加9.7%，因腐败案件所造成的损失达 695 亿图格里克，占犯罪造成总损失的 35.1%，蒙古国政府清廉指数在 141 个统计国家中排名靠后。据《全球营商环境报告》指出，2016~2018 年蒙古国营商便利度指数逐年下降，表明该期间营商环境较差，2019 年营商便利度指数上升至 69.03，营商环境得到改善；2018 年法律权利力度指数由 2015～2017 年的 5.0 上升至 9.0，反映了国家执法力度不断加大，为引进外资逐步改善政策法规环境（表 6-7）。

表 6-7　2015～2019 年蒙古国国内营商环境

年份	2015	2016	2017	2018	2019
清廉指数（0～100）	39	38	—	—	—
营商便利度（0～100）	65.02	68.83	68.15	67.74	69.03
法律权力度指数（0～12）	5	5	5	9	9

6.1.5　基础设施

基础设施是全社会赖以生存发展的一般物质条件，是投资环境的硬性条件。蒙古国地广人稀，基础设施的发展处于起步阶段，道路、能源、电力等设施建设较差，生产成本高，已不能满足经济快速增长对相关配套设施的需求。同时尚未形成联通全国的运输网络，多数道路路况较差，使蒙古国引进外资、促进经济进一步增长受到限制。

（1）交通运输

蒙古国地处亚欧大陆内部，地广人稀，交通运输以铁路运输为主，多承接进出口运输，公路和航空运输运输成本高，多承接旅客和小型货物运输，道路建设主要依赖政府的公共投入。境内目前仅有两条铁路，一条为乌兰巴托铁路，另一条为自乔巴山向北至蒙俄边境口岸铁路，两条铁路里程共 1815km。现阶段蒙古国铁路运输主要依赖乌兰巴托铁路（中蒙俄国际联运铁路"北京—二连浩特—扎门乌德—乌兰巴托—莫斯科"），该铁路全长 1811km，蒙古国境内共 1110km，承接了蒙古国大部分的货运和客运量。2019 年铁路运营收入约 2.65 亿美元，同比增加 15%，货运量 2.8 亿 t，较上年同期增加 7.7%，客运量 294.8 万人次，较上年同期显著增加，国内旅客较多。但近年来蒙古国矿产品出口规模不断扩大，乌兰巴托铁路的运载能力已不能满足运输需求，严重的线路和设备老化问题导致运输效率极低，同时蒙古国境内铁路使用的 1520mm 宽轨铁路与我国使用的 1435mm 标轨铁路对接时，列车需要在二连浩特—扎门乌德口岸进行换装，很大程度增加了运输时间和成本。

为解决铁路领域面临的主要问题，中蒙俄三方交通运输部门和企业近年来一直就铁路电气化和改造与升级复线建设开展积极协商。蒙古国曾于 2014 年 10 月首次批准在其国内建设标准轨距铁路，为中蒙两国互联互通合作奠定了基础。但在 2020 年 5 月 13 日，蒙古宪法法院废止国家大呼拉尔 2014 年 64 号决议，取消修建塔温陶勒盖—嘎舒苏海图标准轨距铁路，最终确定以宽轨建设。由塔温陶勒盖煤矿至嘎舒苏海图口岸之间新建的全长为 258.4km 的铁路，已于 2022 年 9 月建成通车。

蒙古国公路主要有三类：国家级公路、地方公路、单位自用路。近年来，政府加快了交通设施建设的步伐，除国家财政投入外，还利用国外政府和亚洲开发银行等国际金融机构的援助，先后启动了省级公路、西部公路建设项目等。蒙古国还分别同中俄两国之间通过公路连接架设了多个边境口岸，中蒙两国目前共 13 个公路口岸。2019 年蒙古国公路运营收入约 2.99 亿美元，同比增加 14.0%，货运量 0.68 亿 t，同比增长 1.8%，客运量 1.7 亿人次，同比减少 12.2%。截至 2020 年，蒙古国公路总里程约 11.9 万 km，其中铺装路面 1.1 万 km。蒙古国主要交通路线见图 6-8。

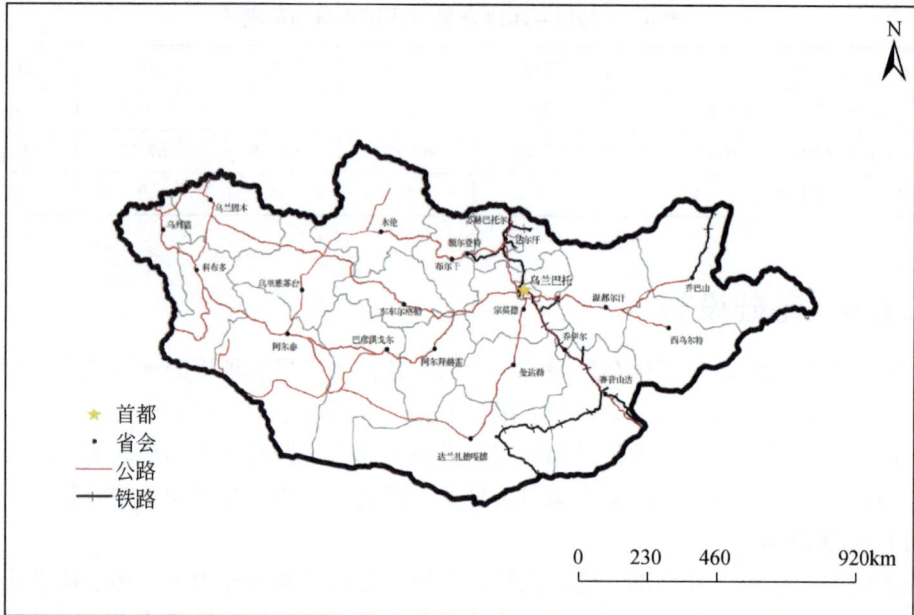

图 6-8　蒙古国主要交通线路

2022 年航空运输收入约 1.51 亿美元，货物运输 0.57 万 t，同比减少 0.3%，运送旅客 95.2 万人次，其中 64.9% 为国外旅客。

蒙古国最大的机场为成吉思汗国际机场，位于中央省色尔格楞县，距乌兰巴托市市区以南约 50km，2020 年 7 月 1 日正式启用。该机场航站楼面积 53 726m²，设 6 座登机廊桥；民航站坪设 21 个机位；跑道长 3600m，宽 45m；可满足年旅客吞吐量 1100 万人次、货邮吞吐量 1.19 万 t 的使用需求。现代化的新国际机场将对提高飞行安全水平、稳定航空运输业、推动经济发展具有重要意义。

（2）邮电通信

近年来，通过出台政策、鼓励外资及本国企业发展通信技术，蒙古国邮电通信取得了较大进步，但发展速度缓慢。通信和互联网网络的不完善，导致固定和移动通信网络覆盖率较低，信号难以覆盖到偏远地区，地区发展极不平衡。

截至 2022 年底，蒙古国电信运营收入共 5.09 亿美元，较上年同期增长 8.07%，固定电话共 34.1 万台，较上年同期增长 8.12%，有线电视用户共 99.1 万，较上年同期增长 3.76%，固定互联网用户 48.3 万人，较上年同期增长 4.92%。乌兰巴托市通信发展较快，市内无线网络覆盖率较高，公共汽车、商场等均有免费的无线网络。2022 年乌兰巴托市电信营业收入 40 611 万美元，占全国电信营业收入的 79.8%，固定互联网用户 26 150 户，占全国的 54.1%（表 6-8）。达尔汗乌拉省、鄂尔浑省和色楞格省电信收入分别为 886 万美元、871 万美元、734 万美元，三省收入仅占全国收入的 4.9%，固定互联网用户分别为 1300 户、1330 户、1270 户，其他省份电信收入则更少。

蒙古国主要的电信供应商包括：Mobicom、Gmobile、Skytel、Unitel 和 Mongolia Telecom。

表 6-8　2022 年蒙古国邮电通信情况

省份	电信收入/万美元	固定互联网用户/户	省份	电信收入/万美元	固定互联网用户/户
巴彦乌列盖省	575	1 120	戈壁苏木贝尔省	146	210
戈壁阿尔泰省	338	760	达尔汗乌拉省	886	1 300
扎布汗省	389	1 000	东戈壁省	516	990
乌布苏省	387	970	中戈壁省	227	580
科布多省	521	1 040	南戈壁省	679	1 600
后杭爱省	452	1 070	色楞格省	734	1 270
巴彦洪戈尔省	352	1 020	中央省	481	1 210
布尔干省	327	700	东方省	462	1 040
鄂尔浑省	871	1 330	苏赫巴托尔省	404	810
前杭爱省	520	1 220	肯特省	512	1 180
库苏古尔省	147	210	乌兰巴托市	40 611	26 150

（3）电力供应

蒙古国煤炭资源虽然丰富，但电力设施建设跟不上国内发展的需要，很多发电设备尚未更新换代，仍沿用苏联时期的设施，目前国内电力装机容量 88 万 W，主要为火力发电，电力供应无法自给自足，5.8% 的电力依靠中国和俄罗斯的出口。蒙古国的电力供应系统主要由中部、西部、东部三区组成，仍有多个县未纳入中央电力系统。据世界银行 2020 年《营商环境报告》公布，近年来在蒙投资的企业获得电力指数在不断下降，电力供应成为制约投资者加大投资的限制因素（表 6-9）。为缓解国内电力紧张问题，政府加快了对电力设施的建设，提出了一批对现有电厂改造、扩容和建设新电厂的项目。由于国家财政紧张，政府鼓励通过政府和社会资本合作的模式更新电力设备。同时，蒙古国政府不断开发可再生能源，根据联合国国际能源署网站报告，2022 年蒙古国发电量的 9.8% 来自风能、太阳能和水能等可再生能源。

表 6-9　2015～2019 年蒙古国企业获得电力情况

年份	2015	2016	2017	2018	2019
获得电力分数（0～100）	60.91	55.31	55.12	55	54.88
供电可靠性和电费透明度指数（0～8）	—	3	3	3	3

6.1.6　蒙古国区域投资环境分析

投资环境是一个多维度的综合系统，影响东道国投资环境的因素则更为繁复，彼此之间还存在错综复杂的联系，需要结合东道国的实际情况具体分析，使评价指标具有针对性、特殊性和普遍性。考虑到蒙古国国情以及其国内投资环境现状的基础，根据与投资环境相关性较强的指标的可量化性，采用定性与定量指标相结合的方式对蒙古国投资环境进行评价。有相关统计数据作为测算依据的，以定量指标进行度量，无法进行定量描述的则采用定性指标。

6.1.6.1 指标的建立及说明

蒙古国投资环境定量评价指标的选取在考虑数据的可获得性的基础上，严格遵循指标的全面性、可量化性、可比性、时效性等原则，把经济发展与对外开放水平、产业发展水平、基础设施水平及社会发展环境四大层面作为评价综合层，再依次细分为 59 个三级指标，对蒙古国投资环境进行定量评价（表 6-10）。

本研究样本为 2008～2019 年的时间序列数据，选取《蒙古国统计年鉴》为基础数据，其他补充性数据来自蒙古国国家统计办公室、中华人民共和国驻蒙古国大使馆经济商务参赞处编辑的《蒙古国投资指南》等。

表 6-10 蒙古国投资环境定量评价指标

一级指标	二级指标	三级指标		性质
经济发展与对外开放水平	经济发展水平	人均 GDP	X1	正
		GDP 年增长率	X2	正
		人均 GNI	X3	正
		居民可支配收入	X4	正
		年均通货膨胀率	X5	负
		固定资产投资额	X6	正
	对外开放水平	进出口总额	X7	正
		出口占 GDP 比例	X8	正
		外商直接投资额	X9	正
		外商投资占总投资比例	X10	正
产业发展水平	农牧业发展水平	农业总产值	X11	正
		农业产值占 GDP 比例	X12	正
		农业产值增长率	X13	正
		农业用地面积	X14	正
		农作物播种面积	X15	正
		牲畜存栏量	X16	正
		草料年产量	X17	正
	工业发展水平	工业总产值	X18	正
		工业产值占 GDP 比例	X19	正
		制造业增长率	X20	正
		制造业占工业的比例	X21	正
	服务业发展水平	服务业总产值	X22	正
		服务业产值占 GDP 比例	X23	正
		服务业产值增长率	X24	正

续表

一级指标	二级指标	三级指标		性质
基础设施水平	生活设施条件	人均供水量	X25	正
		人均发电量	X26	正
		人均供热量	X27	正
		住宅区使用面积	X28	正
		饮用水供应站	X29	正
	交通设施	年客运总量	X30	正
		年货运总量	X31	正
		铁路货运周转量	X32	正
		铁路运营收入	X33	正
		公路货运周转量	X34	正
		公路运营收入	X35	正
		改善的公路长度	X36	正
	邮电通信	固定电话数	X37	正
		移动电话用户数	X38	正
		固定的互联网用户数	X39	正
		邮电业务总额	X40	正
社会发展环境	社会环境	失业率	X41	负
		城市化率	X42	正
		批发、零售销售额	X43	正
		服务业就业比例	X44	正
	医疗环境	人均拥有医生数量	X45	正
		人均拥有护士数量	X46	正
		婴儿死亡率	X47	负
		卫生机构数量	X48	正
		医疗机构床位数	X49	正
		人均卫生支出	X50	正
	科技环境	科研机构数量	X51	正
		拥有科学学位和头衔的全职员工数量	X52	正
		科技总支出	X53	正
	教育环境	职业技术院院学生数量	X54	正
		大学教育学生数量	X55	正
		教育部门支出占政府预算中的比例	X56	正
		普通教育专任教师数量	X57	正
		职业技术院校数量	X58	正
		基础教育入学率	X59	正

蒙古国属于不发达经济体，但近年来经济一直保持较高增速，人民生活得到改善，经济前景向好，同时对外开放程度越来越高，进出口占 GDP 比例将近一半，这不断吸引着外国投资者在这片土地上进行投资。因此，本研究选取了人均 GDP、GDP 年增长率、人均 GNI、居民可支配收入、年均通货膨胀率、固定资产投资额来衡量蒙古国的经济发展水平，其中人均 GDP 剔除了人口因素，是衡量经济发展状况的有效指标，具有很强的可比性，GDP 年增长率可以反映经济发展速度、经济活力，人均 GNI 和居民可支配收入在一定程度上反映人民生活水平状况，年均通货膨胀率用来表达国家经济的稳定程度，固定资产投资额通过货币形式反映了国家的投资潜力。

进出口总额和出口占 GDP 比例用以观察一个国家（地区）外贸的发展，是衡量经济外向程度的指标，外商直接投资额和外商投资占总投资比例直观地表现了国外投资者对国家（地区）的投资热度，能够通过货币和数字体现投资环境质量与投资规模，以上指标共同影响着蒙古国的对外开放水平。

产业发展水平反映国家（地区）经济结构的合理性，是影响外商投资的核心因素，外国投资者的投资力度主要表现在对具体产业、领域的投资上。蒙古国大部分国土被草原覆盖，可耕地较少，是一个农牧结合的国家，农牧业作为基础产业，大量的畜牧产品出口是吸引外商投资的一个重要原因，第二、三产业比例及制造业占比主要是衡量产业结构布局和相关配套服务水平，经济发展水平主要依赖于第三产业的在产业结构中的比例。

基础设施水平是评价蒙古国投资环境的基础性指标，是社会生产和居民生活的物质条件，基础设施越完善，越可以为企业投资减少投资成本，增加投资利润。蒙古国国内基础设施发展仍处于起步阶段，尚未形成完整的、联通全国的交通运输网络，蒙古国境内现有两条铁路，均位于东部地区，其他地区以公路、沥青路和自然路为主，许多省份仍存在缺乏现代化交通工具和运输线路的地区，因此通过生活设施条件、交通设施、邮电通信来表现蒙古国基础设施水平。用以下五个指标来表达生活设施水平：人均供水量、人均发电量和人均供热量反映了能源供应状况，是地区生产经营的重要保证；住宅区使用面积、饮用水供应站则与居民日常居住和生活密切相关，同样是吸引投资的重要指标。由于蒙古国是一个内陆国家而且地广人稀，水运和空运在交通运输中所占比例微乎其微，因此主要选取客运量、货运量、铁路、公路指标来反映交通运输的规模和速度，交通的通达性不仅关乎国内各地区发展的平衡性，同时更关系着国家对外交流的便利程度，是外商直接投资区位选择的重要因素之一，邮电业务总额是用于观察蒙古国内外交流和沟通程度的重要指标，固定电话数、移动电话用户数、固定的互联网用户数都反映了城市现代化程度。

社会发展环境是投资者在蒙古国开展生产经营活动的重要保障，外国投资经营者通过利用国内的各类生产要素，以达到投资目的，主要反映国家整体社会发展现状及潜力，包括的内容较为丰富，本研究主要从社会环境、医疗环境、科技环境、教育环境四个方面入手。失业率主要反映国家（地区）剩余劳动力的状况，与阶段性经济现状和社会稳定息息相关，城市化率直接反映城市的现代化程度，是反映社会进程的综合性指标。医疗卫生条件是国家（地区）公民健康生活的保障，1994 年 1 月起，蒙古国实行《医疗保险法》，医疗保险的参保范围已基本覆盖全民。本研究用人均拥有医生数量、人均拥有护士数量、婴儿死亡率、卫生机构数量、医疗机构床位数、人均卫生支出来评价蒙古国医疗发展水平。科研机构数量、拥有科学学位和头衔的全职员工数量、科技总支出是国家（地区）科研能力与自主创新能力的反映，科技因素可以提高投资效率、扩展投资范围。教育水平反映了国家（地区）劳动力素质的高低，蒙古国共有高校 69 所，受高等教育的人数在总人口中占比较高。职业技术院院学生数量、大学教育学生数量、普通教育专任教师数量、职业技术院校数量、基础教育入学率很大程度上表现了蒙古国在教育资源、人才储备量、劳动力素质等方面的现状。

6.1.6.2 投资环境评价方法

因子分析是一种简化数据的手段，通过研究多个可观测变量之间的内部关系，用少数几个不可观测的公因子来解释和概括初始数据的主要信息。

本研究选取的评价指标较多，可以通过因子分析解决各指标之间的相关性问题，对所选取的各项指标通过变量替换的方法进行处理，通过提取较少的综合指标评价蒙古国整体投资环境。

6.1.6.3 蒙古国投资环境定性评价

（1）指标的建立及说明

蒙古国投资环境定性指标的选取遵循突出重点、可操作性与可比性相结合的原则。为了加强评价指标的使用价值，把自然环境、制度环境、政务环境、社会环境作为一级评价指标，再细分为 16 个二级指标（表6-11）。

表 6-11　蒙古国投资环境定性评价指标

一级指标	权重	二级指标	代码	性质	权重
自然环境（A）	0.2290	地理位置	A1	正	0.1742
		气候条件	A2	正	0.1033
		资源禀赋状况	A3	正	0.7225
制度环境（B）	0.5737	政策法规完备性	B1	正	0.2132
		法律监督体系完善性	B2	正	0.0854
		外商政策与保护机制	B3	正	0.7014
政务环境（C）	0.1361	政局稳定程度	C1	正	0.4727
		政府办事效率	C2	正	0.1409
		政府管理水平	C3	正	0.0368
		政府廉洁性	C4	正	0.2971
		政务公开及透明度	C5	正	0.0525
社会环境（D）	0.0612	社会腐败程度	D1	负	0.1157
		社会治安状况	D2	正	0.2776
		社会信用状况	D3	正	0.1756
		可获得的劳动力素质、成本	D4	正	0.3998
		民众对外商投资态度	D5	正	0.0312

自然环境是人类和社会赖以生存发展的基础，是吸引外商投资最基础的因素，对蒙古国自然环境的评价从地理位置、气候条件、资源禀赋状况着手。投资国和受资国的地理位置越近，外商投资越便利；气候条件越差，对国外投资者的阻力越大；资源禀赋是衡量投资潜力的重要指标，众所周知蒙古国矿产资源丰富，地大物博，这是外国投资者看中蒙古国市场的一个主要原因。资源禀赋越丰富，资源禀赋的租金越低，资源型企业进行开采时也就越容易，企业越容易获得更高的利润，这促使企业进行更多的投资。

制度环境是外国投资者利益的保障，主要用政策法规完备性、法律监督体系完善性、外商政策与保护机制来表达。近年来，受蒙古国政党轮替的影响，外商保护政策连续性较差，投资者在投资中受限较大，蒙古国的外商投资下降明显。

政务环境指影响行政事务的内部和外部各种因素的总和，直接影响外国投资者的决策、工作和办公环境，是东道国投资环境中最为敏感的因素。蒙古国政党制度为多党制，政府为国家权力最高执行机关，成员均由国家大呼拉尔任命，政治环境整体稳定，但是政治局势复杂，政府及内阁成员变动较频繁，政府职能部门下设行政机构冗杂，办事效率低下，政府清廉度指数较低，无形中增加了企业的运营成本，影响外商投资效益，因此本研究选取政局稳定程度、政府办事效率、政府管理水平、政府廉洁性、政务公开及透明度五个指标评价政务环境。

社会环境是影响外资进入的重要因素，近年来赴蒙古国工作学习的人越来越多，针对外国人的盗窃、抢劫、诈骗活动数量也随之攀升，以及针对外商入蒙投资的排挤活动也在发生，但当地治安形势基本尚可，因此本研究用社会腐败程度，社会治安状况，社会信用状况，可获得的劳动力素质、成本，以及民众对外商投资态度来衡量蒙古国的社会环境。

（2）投资环境评价方法

德尔菲法也称专家调查法，主要是组织者通过问卷调查和函件的形式向专业人士咨询意见，运用匿名反馈的交流方式，经过几轮的调查、修改，将各专家意见汇集成一致性看法，并以此作为预测的结果。DHP 有效地运用了专家的集体经验、知识和智慧，为解决非结构化问题提供了科学化、民主化和可操作化的方法。

层次分析法（AHP）是定性描述与定量分析相结合的一种灵活且实用的分析方法。通过比较各关联因素的重要性来为分析、决策提供定量的依据，目前被广泛应用于对权重的确定方面。层次分析法分为以下 4 个步骤：

1）构建层次结构模型；

2）进行各层次因素两两重要性比较，构造判断矩阵；

3）求解判断矩阵的特征向量，并进行层次单排序的一致性检验；

4）层次总排序及一致性检验。

（3）评价过程及结果

本研究首先通过文献综述整理出投资环境定性评价指标，其次运用德尔菲法确定蒙古国投资环境指标的权重，具体步骤如下。

步骤一，选择专家。本次技术预见的专家选择来自企业、高校和科研院所科研第一线的科技骨干，熟悉蒙古国经济、政治、社会等基本概况，工作与投资环境尤其是中蒙俄经济走廊建设紧密相关，能够对蒙古国投资环境提出建议、参与讨论。其中，选择 5

名在蒙投资建企的主要负责人和10名投资环境研究领域的专家学者组成专家小组。

步骤二，专家匿名评估。根据投资环境定性评价指标的具体内容，结合蒙古国国内环境现状建立了4个准则层和16个子准则层。首先由专家确定自然环境、制度环境、政务环境和社会环境相对于投资环境的重要性，然后以非常重要、很重要、重要、有点重要、不重要来评价16项指标的相对重要性。

步骤三，三轮专家咨询反馈和完成后，根据专家对于指标重要性的评价计分，"非常重要"计5分、"很重要"计4分、"重要"3计分、"有点重要"计2分、"不重要"计1分，进行统计分析。采用Saaty标度衡量法1~9评分标准对于两两指标重要性的评价计分，使重要性程度与Saaty标度所匹配，建立判断矩阵的初始数值。投资环境准则层判断矩阵见表6-12。

表6-12　投资环境准则层判断矩阵

投资环境评价体系	自然环境	制度环境	政务环境	社会环境
自然环境	1	1/3	2	4
制度环境	3	1	5	7
政务环境	1/2	1/5	1	3
社会环境	1/4	1/7	1/3	1

步骤四，根据判断矩阵进行一致性检验（表6-13），结果如下：判断矩阵一致性检验：$CI = \dfrac{\lambda_{max} - n}{n-1}$。CI的值代表判断矩阵偏离的程度，CI越大，判断矩阵一致性越差。当CI=0时，说明判断矩阵具有完全一致性。检验系数：$CR = \dfrac{CI}{RI}$。CR越小，判断矩阵的一致性越好，当CR<0.1时，通过一致性验；CR>0.1时，则视为一致性检验未通过。RI表示相对应的平均随机一致性指标，其来源于大量随机样本矩阵的一致性指标值的算术平均值，RI是计算随机一致性比率的必备数据。

表6-13　判断矩阵一致性检验结果

判断矩阵	λ_{max}	CI	CR	检验结果
T	4.0674	0.0225	0.0250	CR<0.1，通过一致性检验
A	3.0291	0.0145	0.0251	CR<0.1，通过一致性检验
B	3.0324	0.0162	0.0279	CR<0.1，通过一致性检验
C	5.1751	0.0438	0.0391	CR<0.1，通过一致性检验
D	5.0710	0.0178	0.0158	CR<0.1，通过一致性检验

注：T表示投资环境目标层的判断矩阵；A为自然环境的判断矩阵；B为制度环境的判断矩阵；C为政务环境的判断矩阵；D为社会环境的判断矩阵

步骤五，基于相同原理及计算步骤求得16个子准则层的指标权重。

从一级指标权重可以看出，制度环境权重最高，为0.5737，对蒙古国投资环境质量影响较大。自然环境其次，权重为0.2290，对投资环境质量的影响较小。接着，政务环境权重为0.1361，社会环境对蒙古国投资环境质量的影响最小。

由二级指标看出，资源禀赋状况所占权重位居第一，这符合投资者在进行区位选择时首要考虑的因素，外商投资额的 70% 集中在采矿业。外商政策与保护机制权重位居第二，因为东道国投资法规和优惠政策的完善，对投资者有较大吸引力，能够使投资者实现利益最大化。例如，2012 年颁布的《战略领域外国投资协调法》，对外国投资者的投资领域作了严格限制，直接影响了蒙古国国外投资的增加。第三是政局稳定程度，因为国家政局的稳定与矿产开采和投资密切相关，政局不稳定会导致投资的不可预测性和投资风险的加大，2016～2017 年蒙古国领导人换届选举中，个别政治人士就中蒙关系发表的不实言论，很大程度会打击投资者的信心。第四是可获得的劳动力素质、成本，高素质的劳动者和低成本的劳动力可以为投资者提供良好的环境，有效地保障投资回报。政府的廉洁性、社会治安以及政策法规完备性权重不相上下，因为这三者直接影响投资效率和投资活动的顺利进行，政策不稳定会严重阻碍投资判断，尤其是矿产投资。蒙古国就投资和矿产法律法规进行过多次大的修订，政策的不连续性以及国家对投资的态度，会影响投资活动的进行。民众对外商投资态度权重最小，是因为现阶段全球化过程中，投资对国家经济增长、民众生活水平的提高有很大作用，一般都采取积极支持的态度。

（4）蒙古国区域投资环境评价

区域投资环境的构成要素既有普遍性又存在差异性，因此在选择评价指标时，要考虑指标的特殊性、可量化和可操作性。

由于蒙古国各省（市）指标的差异性较大以及数据获得的局限性，各省投资环境指标在原有指标体系基础上删减了部分指标，并将数据平均值作为定量分析的数据样本。通过因子分析，计算各省（市）投资环境综合得分（表6-14）。

表6-14 各省公共因子综合得分

地区	公因子					综合得分	排名
	F1	F2	F3	F4	F5		
巴彦乌列盖省	0.916	0.210	1.292	1.042	1.000	0.836	22
戈壁阿尔泰省	0.881	0.403	1.259	0.981	1.100	0.847	21
扎布汗省	0.875	0.477	1.298	0.995	1.054	0.859	18
乌布苏省	0.891	0.381	1.312	1.004	0.986	0.851	19
科布多省	0.892	0.390	1.300	0.953	0.992	0.850	20
后杭爱省	0.857	0.715	1.239	0.849	0.980	0.874	16
巴彦洪戈尔省	0.876	0.577	1.354	0.938	1.009	0.878	15
布尔干省	0.842	0.863	1.009	0.844	1.008	0.870	17
鄂尔浑省	0.859	1.282	1.556	0.993	0.808	1.006	2
前杭爱省	0.872	0.714	1.233	0.953	1.036	0.891	12
库苏古尔省	0.880	0.668	1.146	0.998	0.979	0.879	14
戈壁苏木贝尔省	0.788	0.995	1.325	1.167	1.855	0.946	4
达尔汗乌拉省	0.862	0.819	1.523	1.480	0.938	0.953	3
东戈壁省	0.815	0.834	1.189	1.967	1.035	0.924	7

续表

地区	公因子					综合得分	排名
	F1	F2	F3	F4	F5		
中戈壁省	0.840	0.862	1.035	0.933	1.228	0.886	13
南戈壁省	0.844	0.980	1.281	0.922	1.009	0.922	8
色楞格省	0.826	1.003	1.299	1.209	0.927	0.928	5
中央省	0.824	1.138	1.049	1.068	0.930	0.920	9
东方省	0.810	0.914	1.442	1.483	0.866	0.927	6
苏赫巴托尔省	0.823	1.056	1.231	0.844	0.935	0.910	10
肯特省	0.850	0.931	1.136	0.993	1.052	0.909	11
乌兰巴托市	1.820	0.938	1.377	1.141	1.110	1.552	1

从蒙古国区域投资环境得分值的分布来看，平均值为 0.897，乌兰巴托市得分最高，高出平均值 0.655，巴彦乌列盖省综合得分值最低，低于平均值 0.061，说明各区域投资环境存在明显差异（表 6-15）。偏斜度为 4.519>0，呈正偏态分布，数据偏离中心，右偏态分布明显（图 6-9）。峰值为 20.887>0，分布的峰态陡峭，呈尖峰分布，并且标准偏差为 0.208，数值较小，得分值集中分布，说明得分值中等的区域多。极差较大，说明蒙古国各省（市）投资环境差距较大（表 6-15）。

表 6-15　蒙古国区域投资环境综合得分分布

指标	平均数	标准偏差	偏斜度	峰度	最小值	最大值	极差
综合得分	0.897	0.208	4.519	20.887	0.788	1.820	1.032

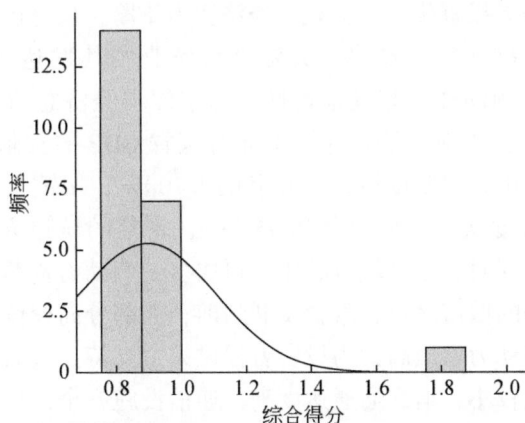

图 6-9　综合得分值偏态分布

将蒙古国各省（市）综合得分值在 SPSS 中进行 K 均值聚类分析，根据得分情况将各省（市）划分为四类投资环境类型区（图 6-10）。得分值为 0.83～0.86 划分为一类，即巴彦乌列盖省、戈壁阿尔泰省、扎布汗省、乌布苏省、科布多省；得分值在 0.86～0.90 的分为一类，即后杭爱省、巴彦洪戈尔省、布尔干省、前杭爱省、中戈壁省、库苏古尔省；得分值为 0.90 ~ 0.96 的归为一类，即戈壁苏木贝尔省、达尔罕乌拉省、东戈壁省、南戈壁省、色楞格省、中央省、东方省、苏赫巴托尔省、肯特省；得分值为 0.97 ~ 1.56 为一类，即鄂尔浑省和乌兰巴托市。

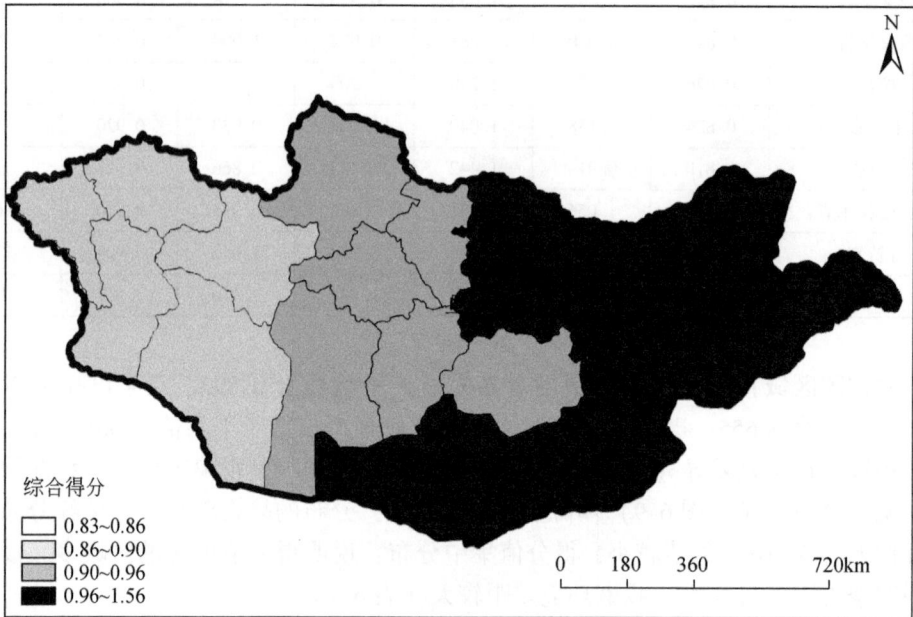

图 6-10　蒙古国投资环境分类

第一类为投资环境最优区，即鄂尔浑省、乌兰巴托市，综合评分值分别为 1.006、1.552。鄂尔浑省是蒙古国的工业发展较快的省份，乌兰巴托市又是蒙古国的政治、经济中心，该区域拥有先天投资优势。首先，经济实力雄厚，乌兰巴托市经济总量远超其他省份，占总 GDP 的 65.9%，餐饮、贸易等服务业尤其发达，占当地经济总量的 60%，固定资本投资总额同样远超其他地区；鄂尔浑省经济总量位居全国第二，2019 年实现 GDP 7.6 亿美元，工业发展迅速，工业对该省 GDP 的贡献率达 88.3%。其次，市场容量大，乌兰巴托市人口密度最大，城市化达 100%，城镇人口占全国城镇人口的 68%，鄂尔浑省人口密度次之，城市化达 96.3%，密集的城市人口有利于带动消费，投资者有市场做后盾。同时，该区域青壮年人口居多，劳动力资源丰富，乌兰巴托市是世界上人口结构较年轻的城市之一，教育发展超前，大部分高校位于乌兰巴托市，该市受高等教育人数多，劳动力素质高，为投资者提供人力支持。最后，该区域基础设施完善，鄂尔浑省虽然面积较小，但交通通达度高，通信设施齐全，乌兰巴托市作为蒙古国对内对外交往的交通枢纽，铁路和公路网密布，通信及电力设施均位于其他地区前列，无线网络覆盖全市，为投资者减少投入成本。

第二类为投资环境优化区，综合得分值略低于投资环境最优区。整体看来，几个省份地形平坦，位于铁路沿线，交通便利，矿产资源丰富，煤炭资源集中连片分布，便于投资者开发，如东方省的乔巴山煤盆地、鄂尔浑-色楞格煤盆地、南戈壁煤盆地等，其中南戈壁省的塔温陶勒盖矿煤质优良。经济发展来看，该区域经济基础好，经济外向度高, 工业和服务业发展较快, 在其产业结构中占据重要位置, 2019 年东方省和色楞格省工业在其产业构成中占比分别为 66.6% 和 48.5%, 达尔罕乌拉省和南戈壁省服务业占其 GDP 的将近一半, 同时色楞格省的阿拉坦布拉格自由贸易区、东戈壁省的赛音山达工业园区均是贸易的集散地; 就市场规模来看, 几个省份的城市化率均较高, 其中达尔罕乌拉的城市化达 79.8%, 居民月均可支配收入位居前列, 消费水平较高, 购买力强。但这几个省份贫富差距较大, 尤其是戈壁苏木贝尔省、色楞格省以及东方省, 2019 年贫富差距分别为 17.5%、11% 以及 12.3%。

第三类为投资环境一般区, 综合得分值低于但接近平均值。这几个省份河网密布, 耕地资源丰富且有煤炭等矿产分布, 但储量明显少于前两个区, 丰富的资源结构为投资者提供了充足的原料。就人口总量来说, 前杭爱省、库苏古尔省均是人口大省, 人口在 10 万人以上, 城市化也基本在 30% 左右。该区域经济总量处于中等水平, 占全国 GDP 比例较低, 人均 GDP 中等偏上, 农牧业在其产业结构中占比在 50% 以上, 土地资源优越, 如后杭爱省土地面积的 70% 为牧场, 土壤肥沃, 多为灰褐色土和黑土, 还有塔米尔自然保护区, 但工业规模较小, 以低端制造业为主。该区域就业率普遍高于全国平均水平, 在 60%~75%, 居民月均工资和奖金收入普遍偏低, 购买力小, 但提升空间大。就基础设施来看, 这一区域城市化水平整体较低且无铁路, 交通运输主要依靠公路和航空, 运输费用较高, 投资者的回报率较低。

第四类为投资环境谨慎区, 综合得分值远低于平均值。该区域地理位置特殊, 与我国和俄罗斯接壤, 境内有口岸连接对外贸易, 经济外向度高。这一区域资源优势大, 巴彦乌列盖省、乌布苏省等大部分地区位于中西部山地, 地势高低起伏, 有许多山脉、森林、湖泊、河流分布, 还有戈壁沙漠, 多样的地貌结构和独特的自然景观也为投资者提供另一种方向和可能。例如, 巴彦乌列盖省拥有著名的温泉以及钼、铜等有色金属, 乌布苏省矿产种类大概有 20 多种, 布尔干省动植物资源富饶, 混合林占全省面积的 30%。但复杂多样的地形不利于开发, 同时周边牧场自然保护区较多, 投资时要考虑森林资源的保护, 投资风险大。就经济水平来看, 该区域经济体量小, 以畜牧业发展为主, 在全国平均水平之上, 工业基础薄弱, 服务业以旅游服务为主, 2019 年扎布汗省牲畜存栏量约 385 万头, 超过全国均值 60 多万头, 工业产值仅占 GDP 总量的 16%。就基础设施来看, 由于地势的局限性, 某种程度上限制了交通发展, 公路网和航空运输尚需完善, 电话等通信设施较差, 仅与部分省会城市建立了电话联系, 投资者在投资前期投入成本太高, 投资风险大。此外, 这些地区就业人数低于全国平均水平, 居民的购买力较低, 市场规模小, 这无疑会导致投资成本的增加。总体来说, 该区域的投资环境很难有起色。

6.2　蒙古国区域投资重点与风险

6.2.1　中国对蒙古国投资现状

近年来, 中国不断加大对蒙古国的投资力度, 逐步成为蒙古国外资来源的第二大国, 这得益于中蒙两国天然相邻的地理优势, 而且蒙古国是中蒙俄经济走廊不可或缺的一部分，2014 年蒙古国提出了"草原之路"战略，该战略中的诸多举措与我国"中蒙俄经济走廊"建设相辅相成。

2008 年金融危机爆发以来，中蒙经济往来并未受到太大冲击，中国不断加大对蒙古国直接投资的规模。据统计，2008 年中国对蒙古国直接投资流量和存量分别为 2.4 亿美元和 9 亿美元，2008 年全球 96 个国家共 9170 家企业对蒙古国进行投资，累计投资额 30 亿美元，中国对蒙直接投资的比例占 39.3%，累计投资项目达到了 3770 个左右。

2011 年金融危机后，中国经济增长疲软，尽管对蒙古国直接投资额不断增加，但是增速明显下降，后劲不足。2011 ~ 2016 年中国对蒙古国直接投资占其 FDI 总量的 20% 左右，年均增量约为 10 亿美元。2012 年中国对蒙古国直接投资流量达 9 亿美元，存量也增加至 29.5 亿美元，但 2013 年后受蒙古国国内法律环境不稳定的影响，中国对蒙古国直接投资流量和存量均在减少，增速也逐年放缓，中国在蒙新注册的企业仅 190 家。据中国商务部统计，2019 年中国对蒙古国直接投资流量 1.28 亿美元；截至 2019 年末，中国对蒙古国直接投资存量 34.31 亿美元。投资主要分布在矿产、能源、建筑、金融、畜产品加工、餐饮服务等行业。

根据中国商务部对外投资和经济合作司编制的《对外投资合作国别（地区）指南》（蒙古国 2023 年版），在蒙古国的中资企业主要集中在能源、矿业、建筑、建材、运输、通信等行业，部分在蒙古国的中资企业见表 6-16。

表 6-16　中国在蒙古国投资的主要企业

公司名称	行业	公司名称	行业
中国石油大庆塔木察格有限责任公司	能源	中建股份蒙古国有限责任公司	建筑
中国石化胜利油田东胜公司	能源	中交一公局集团有限公司	建筑
中国核工业集团有限公司	能源	中国银行乌兰巴托代表处	金融
中国兵器工业集团有限公司	机械	中国工商银行蒙古国代表处	金融
中国五矿集团有限公司	机械	中国路桥工程有限责任公司蒙古分公司	建筑
中国二冶集团有限公司	建筑	中国电建集团国际工程有限公司	建筑
中国机械工业集团有限公司	机械	中国能建国际建设集团蒙古有限公司	建筑
中国有色鑫都矿业有限责任公司	矿业	中国国际航空股份有限公司乌兰巴托营业部	航空
中铁资源新鑫有限责任公司	矿业	中国地质工程集团有限公司蒙古分公司	勘探
中国建材集团联合水泥蒙欣公司	建材	中国交通建设股份有限公司蒙古分公司	建筑
中烟蒙古烟草有限责任公司	烟草	中国检验认证集团蒙古有限公司	服务
中国葛洲坝集团蒙古有限公司	能源	北京住总集团蒙古有限责任公司	建筑
中国中铁四局集团蒙古有限责任公司	建筑	北京建工集团蒙古有限责任公司	建筑
中国中铁一局集团蒙古有限责任公司	建筑	上海建工集团海外（蒙古）有限公司	建筑
中国中铁国际集团蒙古有限公司	运输	华为技术服务（蒙古）有限责任公司	通信
蒙古顺丰快递有限责任公司	快递	中兴通讯（蒙古）股份有限公司	通信

6.2.2   蒙古国区域投资重点领域

2002 年蒙古政府通过了《关于建立自由贸易区法》,并设立了四大自由经济区,即阿拉坦布拉格自由贸易区、扎门乌德自由经济区、赛音山达工业园区和查干诺尔自由贸易区。

(1) 阿拉坦布拉格自由贸易区

该区位于蒙古国与俄罗斯接壤的色楞格省阿拉坦布拉格县,是蒙古国第一个投入运行的自由贸易区。阿拉坦布拉格,蒙古语意为"金色之泉",历史上曾有"茶市"美称的中俄贸易"买卖城"即在此地附近。该自由贸易区园区占地 500hm²,2014 年 6 月开始试运营。据统计,2018 年,入区人数达 5.9 万人次,同比增长 1 倍,贸易总额达 4.85 亿美元,同比增长 51.6%,以免税的烟酒、化妆品、食品的小额贸易为主。对在该自由贸易区投资基础设施建设的投资者,免征所得税;对投资设立贸易企业者,除前 5 年免征所得税、接下来的三年减半征税以外,还按照国际惯例对该企业运入自由贸易区的货物免征关税。

(2) 扎门乌德自由经济区

该区位于中蒙边界二连浩特市北侧蒙古国扎门乌德西南 1km 处,占地 900hm²,规划由工商贸易区、旅游娱乐区和国际机场三个部分组成,是蒙古国境内面积最大、功能最全的自由经济区,由蒙古国中央政府直接管理,行政长官由总理直接任命,也是蒙古国"境内关外"形式运行的单独保税区。外商进入该区享受免除关税等优惠政策,外国公民可以凭护照(免签证)或本国身份证自由出入。2024 年 3 月 19 日,中国政府正式批准设立中蒙二连浩特-扎门乌德经济合作区。中方区域面积 9.03km²,位于二连浩特市中蒙边境公路口岸西北侧。扎门乌德目前是蒙古国对中国唯一的铁路、公路双口岸,横贯亚欧的铁路和亚洲 3 号公路(AH3)从这里进入中国。

(3) 赛音山达工业园区

赛音山达工业园区位于东戈壁省省会赛音山达市,连接中蒙俄三国的铁路和公路从这里通过。2010 年 5 月,蒙古国政府成立了由时任总理巴特巴勒德为首的赛音山达工业园区建设筹备委员会,并初步提出了园区发展规划和投资方向。园区依托蒙古国南部地区丰富的矿产资源,重点发展洗煤炼焦、炼钢、炼油、铜冶炼等矿产资源加工产业,将初级原料生产转换成成品或半成品,延长产业链,提高附加值。产品除通过中国二连浩特口岸销往中国市场外,还将通过规划中的赛音山达-乔巴山-博尔贾铁路线连接到俄罗斯西伯利亚大铁路,从符拉迪沃斯托克(海参崴)港口出口到日本、韩国、印度等。

(4) 查干诺尔自由贸易区

查干诺尔自由贸易区位于蒙古国西部巴彦乌列盖省,邻近俄罗斯联邦阿尔泰共和国。由于远离首都乌兰巴托等主要市场,交通运输基础设施落后,将其建成贸易自由区的难度大,目前蒙古国也没有制定相关的法律法规,还处于蓝图阶段。

此外,蒙古国还筹划在中国天津建立专属经济区,同时打通乌兰巴托到天津港的出海通道。

6.2.3 蒙古国区域投资风险

1）政治稳定性。蒙古国政治环境整体稳定，但受政治选举周期和政党轮替影响，政策连续性和稳定性时有波动。蒙古国实行一院制，每逢政府换届，都要对上届政府未实施的议案进行重新审议。这给包括中国在内的外国投资者带来了较大的政策风险。同时，中蒙关系面临美、俄、日等国家与国际组织的竞争和挑战。

2）劳动力制约因素。蒙古国人口基数小，增长速度有限，劳动力短缺。同时，人才外流现象严重。目前，蒙古国内各类专业技术人才稀缺以及劳动力素质普遍较低，造成企业"用工荒"，但劳动力"剩余"。尤其是矿产、自动化机械、建筑等领域的专业技术人才短缺，加上外国技术人员和工人的入境配额存在限制，劳动力因素在一定程度上制约了蒙古国经济发展。

3）经济风险。近年来，蒙古国财政赤字大幅度扩大。为了应对新冠疫情，蒙古国政府实施了一项约 5 万亿图格里克的经济刺激计划。更大的赤字将持续降低蒙古国抵御金融风险的能力，加之蒙古国最主要外汇来源——矿产品出口收入受国际大宗商品价格波动的影响。随着外债在 2020 年及 2021 年陆续大规模到期，以及蒙古国政府推行大规模经济刺激计划，其政府外债融资需求大幅增加，但在新冠疫情全球大暴发的背景下，获得外债融资的难度和成本均大幅增加，导致蒙古国外债违约风险进一步加大。

4）影响投资的其他风险。蒙古国基础设施落后，制约投资发展。蒙古国是内陆国家，没有出海口，并且国内各项基础设施特别是交通运输条件相对落后。投资建厂时需要大量的前期配套投入，初期投资成本较高。蒙古国属于贫水国家之一，只有 60% 的领土有地下水。降水主要集中在北部地区，而中南部区域恰是矿产资源富集地区，水资源匮乏严重制约矿产资源的正常开采和深度开发。

6.3 蒙古国区域投资对策

6.3.1 针对国家层面的建议

（1）加强两国在经济、文化等领域的交流

中蒙两国地理位置相邻，边境线长，同时经济有强互补性，结构差异大，因此中蒙双方经济合作尤为重要。文化交往上，我国应该建立良好的交流平台，通过对蒙口岸，增加双方文化交流活动，加强对留学生的培养，让蒙古国人民感受和接纳我国文化，保持健康的民族关系，遏制"泛蒙古主义"思潮的蔓延，避免出现极端的民族主义情绪。经济交往上，蒙古国经济对外依存度较高，吸引外资和发展对外贸易是蒙古国经济发展的重要手段。加强中蒙经贸区建设，以口岸经济为主，带动周边共同发展，这不仅是互利共赢的举措，还能促进两国人民的相互往来，增强两国互信程度。

（2）优化投资产业结构

长久以来，中国对蒙古国投资的领域局限于矿产勘探开发、餐饮服务等资源和劳动密集型行业，这种现象不利于维持中国对其投资活动的长久发展。因此，中国政府应当从蒙古国国内市场需求以及中国经济建设的需要出发，加大对教育、科技、金融、信息

化产业的投入，积极参与蒙古国交通、邮电通信等基础设施建设的援助，扩大对蒙的投资规模，提升对蒙的投资质量，同时蒙古国旅游资源种类多，仍有很大的开发空间，因此加大对旅游业的投资是明智的选择。在直接投资形式上，我国应当改变传统粗放的投资方式，加强对资源的深加工处理，与蒙古国开展劳务、技术合作，采取工程承包与生产合作相结合等多种合作方式。

（3）建立有效的风险管控机制

由于蒙古国投资政策的不连续性和多变性，外商投资存在诸多不可控因素，增加了外国企业在蒙古国投资的风险，许多企业望而却步。面对这种情况，我国政府应当完善对蒙古国直接投资政策制度和风险控制机制，设立投资管理委员会，建立蒙古国信息网站，时刻关注蒙古国相关政策、法律的调整，为企业投资提供风险预警，方便投资者及时决策，为中国企业保驾护航。政府还应该积极与蒙古国签订司法协定等双边协定，使在蒙投资的中国企业从制度上得到保障。

6.3.2　针对企业层面的建议

（1）做好市场调研，规避投资风险

中国企业赴蒙古国投资时，首先应当熟悉当地租用土地、创办企业需要的手续和条件，以及针对外商投资的优惠政策，遵守当地法律，依法纳税，履行一定的社会责任，为我国其他赴蒙古国投资的企业赢得良好口碑。同时，企业投资应当放远目光、抓住机遇，树立正确的投资目标，合理配置企业资源。其次，企业应当提高整体竞争力，树立良好的竞争和合作意识，切勿将眼光局限在资源开采和加工制造业，应当多元化投资，积极提升企业的科技创新能力，培养专业性和复合型人才。这样企业既可以深入蒙古国市场，又能分散投资风险。

（2）尊重当地文化习俗

由于蒙古国以蒙古族为主，因此我国企业应当全面了解当地的风俗习惯，尤其是禁忌习俗，积极适应当地的生活习惯。企业在进行投资前，应当对企业内的员工开展相关培训，积极学习当地语言和文化，密切与当地居民的关系，切忌随意大谈对方的隐私。在雇佣当地员工时，要注意当地人对于工作时间和薪金的要求，避免发生劳务纠纷。

（3）保护当地生态环境

蒙古族作为传统的游牧民族，人们崇尚自然，主张保护水源和草原，同时对火存有崇高的敬意，因此中国企业在蒙古国投资建厂时，应当提前对生产过程中产生的废气等污染进行科学评估，并提供解决方案，将保护环境作为投资的首要方面，引进先进设备，将环境污染问题降到最低，做好矿区的绿化；在运输过程中要减少对草原、草场的破坏，切实保障当地人的权益，争取双方合作的顺利进行，实现经济效益、社会效益和生态效益相统一。

第7章　中蒙俄经济走廊中国东北区域投资环境评价

7.1　中国东北区域投资环境评价

7.1.1　投资环境评价指标体系

根据投资环境评价需求，本研究采用与俄罗斯投资环境评价相同的模型，并依据中国研究区域实际情况，构建一套由目标层–要素层–指标层所构成的中国投资环境评价指标体系（表7-1）。

表 7-1　中国投资环境评价指标体系

目标层	要素层	指标层
中国投资环境综合评价	投资经济环境	GDP、GDP 增速、固定资本形成总额、社会消费品零售总额、最终消费支出、人均 GDP、第一产业比例、第二产业比例、第三产业比例、居民人均可支配收入、一般公共预算收入、一般公共预算支出、财政赤字率
	投资社会环境	年末人口数量、人口自然增长率、城镇化率、总抚养比、15 岁及以上文盲人口占总人口的比例、失业率、普通高等学校数、普通高校师生比、每十万人口高等教育在校生、普通本专科毕业生数、公共图书馆、总藏量、人均拥有公共图书馆藏量、每万人拥有公共图书馆建筑面积、博物馆数量、从业人员、文化藏品、R&D 人员、R&D 经费、R&D 项目数、有效发明专利数、医疗卫生机构、城乡居民养老保险参保人数、城镇职工养老保险参保人数、罪行数量
	投资生态环境	废水排放量、二氧化硫、氮氧化物、烟（粉）尘、一般工业固废产生量、生活垃圾清运量、森林覆盖率、湿地面积占辖区面积比例、草原总面积占辖区面积比例、自然保护区个数、自然保护区面积
	投资政策环境	"一带一路"、京津冀协同发展、长江经济带、粤港澳大湾区、泛珠三角、西部大开发、东北振兴、中部崛起、东部率先、淮河经济带、长三角一体化发展、黄河流域生态保护和高质量发展、雄安新区、西部陆海新通道总体规划、汉江生态经济带发展规划、海峡西岸经济区发展规划、直辖市、首都、自由贸易区、保税区
	投资资源基础	水资源量、人均水资源量、石油、天然气、煤炭、铁矿、锰矿、铬矿、钒矿、原生钛铁矿、铜矿、铅矿、锌矿、铝土矿、菱镁矿、硫铁矿、磷矿、高岭土
	投资交通运输	航空可达性、水运可达性、铁路可达性、公路可达性、铁路路网密度、内河航道密度、公路网密度、客运量、旅客周转量、分地区货运量、分地区货物周转量

7.1.2　投资环境评价方法

投资环境定量评估是一项复杂的系统工程，需要综合考虑投资经济环境、投资社会环境、投资生态环境、投资政策环境、投资资源基础以及投资交通运输。而这六类要素的数据类型不同，赋值方式不同，评价方法也不同。需要首先将区域的投资经济环境、投资社会环境、投资生态环境三要素进行量化评估，随后纳入投资政策环境、投资资源基础以及投资交通运输三要素，进行二次量化评估，以获得投资环境的综合评价。根据以上需求，构建中国投资环境综合评价模型 ESE-PRT 模型（Economic social ecological-Policy resource transportation Model），定量评估中国综合投资环境。主要构成如下。

（1）投资经济、社会、生态环境评价模块

构建经济、社会、生态环境的指标组成初始数据矩阵 $X = \begin{bmatrix} x_{11} & \cdots & x_{1n} \\ \vdots & \ddots & \vdots \\ x_{m1} & \cdots & x_{mn} \end{bmatrix}$。其中，

x_{ij} 表示矩阵 X 中第 i 个样本第 j 项评价指标的数值，$0 \leqslant i \leqslant m$，$0 \leqslant j \leqslant n$。

对评价指标进行标准化，以消除量纲影响。

$$\begin{cases} x'_{ij} = \dfrac{x_j - x_{\min}}{x_{\max} - x_{\min}} & \text{正向指标} \\[3mm] x'_{ij} = \dfrac{x_{\max} - x_j}{x_{\max} - x_{\min}} & \text{逆向指标} \end{cases} \tag{7-1}$$

式中，$0 \leqslant i \leqslant m$；$0 \leqslant j \leqslant n$；$x_j$ 为第 j 项指标值；$x_{\max}$ 为第 j 项指标最大值；$x_{\min}$ 为第 j 项指标最小值；x'_{ij} 为标准化值。

则第 j 项指标的熵值为

$$e^j = -k \sum_{i=1}^{m} s_{ij} \ln s_{ij} \tag{7-2}$$

式中，s_{ij} 为第 j 项指标下第 i 个样本值占该指标的比例；$s_{ij} = \dfrac{x'_{ij}}{\sum\limits_{i=1}^{m} x'_{ij}}$；$k$ 为常数，$k = \dfrac{1}{\ln m}$。

进而获得第 i 个样本的经济、社会、生态环境的指标层评价分值：

$$\begin{cases} c_1 = \sum\limits_{j=1}^{n} w^j x'_{ij} & \text{经济指标层} \\[3mm] c_2 = \sum\limits_{j=1}^{n} w^j x'_{ij} & \text{社会指标层} \\[3mm] c_3 = \sum\limits_{j=1}^{n} w^j x'_{ij} & \text{生态指标层} \end{cases} \tag{7-3}$$

式中，w^j 为第 j 项指标的权重，$w^j = \dfrac{g^j}{\sum\limits_{j=1}^{n} g^j}$（其中 g^j 表示第 j 项指标的信息效用值，$g^j = 1 - e^j$）。

（2）投资政策环境评价模块

投资政策环境由最新优惠政策指标构成，按照各项指标评价得分为 [0，1]，计算第 j 项指标下第 i 个样本的分值：

$$p_{ij} = \begin{cases} 1 & \text{政策惠及} \\ 0 & \text{政策未惠及} \end{cases} \tag{7-4}$$

式中，$0 \leq i \leq m$；$0 \leq j \leq n$。

进而获得第 i 个样本的投资政策环境评价得分：

$$c_4 = \sum_{j=1}^{n} p_{ij} \tag{7-5}$$

（3）投资资源基础评价模块

投资的资源基础由资源禀赋指标构成，按照各项指标评价得分为 [0，1]，计算第 j 项指标下第 i 个样本的分值：

$$r_{ij} = \begin{cases} 1 & \text{资源分布} \\ 0 & \text{资源未分布} \end{cases} \tag{7-6}$$

式中，$0 \leq i \leq m$；$0 \leq j \leq n$。

进而获得第 i 个样本的投资资源基础评价得分：

$$c_5 = \sum_{j=1}^{n} r_{ij} \tag{7-7}$$

（4）投资交通运输评价模块

当前可达性的量算方法日益丰富，目前常用的指标包括最短旅行时间、加权平均旅行时间、经济潜力及日常可达性等。不同指标反映出学者对可达性概念理解上的差异，大部分指标都考虑了节点间的旅行成本及目的地节点的吸引力。本研究综合考虑交通网络最短旅行时间和节点社会经济发展水平，采用加权平均旅行时间模型来测度各节点单方式（航运、公路、铁路）的交通可达性水平，公式如下：

$$A_i = \sum_{j=1, j \neq i}^{N} (T_{ij} \times M_j) \Big/ \sum_{j=1, j \neq i}^{N} M_j \tag{7-8}$$

式中，A_i 为节点 i 的加权平均旅行时间，即可达性；N 为节点总个数；T_{ij} 为节点 i 到节点 j（$j \neq i$）的最短旅行时间；M_j 用于反映节点 j 的吸引力，本研究选取人口（POP）和 GDP 的算数平方根反映节点 j 的社会经济发展水平，即 $M_j = \sqrt{POP_j \times GDP_j}$。因为人口较多、经济发达的地方，由于其自身发展的需求，人口流动较为频繁，有较强的对外联系的交通需求。

现代高质量交通网均为兼具多种运输方式的综合立体的交通网络，海陆空多种运输方式在充分发挥各自优势的同时，相互补充与共同协作，以满足国民经济发展对运输业的要求。在区域综合交通系统中，各种交通方式具有不同的特征，在综合交通体系中承担着不同功能，因此本研究利用综合加权平均旅行时间来表征综合交通可达性。公式如下：

$$IA_i = \sum_x A_{ix} \times w_x \tag{7-9}$$

式中，IA_i 为节点 i 的综合加权平均旅行时间；A_{ix} 为 i 节点 x 交通方式（x 取值为 1～4，分别代表航运、水运、铁路和公路四种运输方式）的加权平均旅行时间；w_x 为 x 交通方式在综合交通网络中的权重。本研究依据不同交通网络的客运量数据确定不同交通运输方式的权重。航运网、水运网、铁路网、公路网的权重分别为 0.1、0.2、0.4、0.3。

可达性系数是指网络中某节点的可达性值与所有节点可达性平均值之比，能够反映该节点在网络中可达性水平的相对值。公式如下：

$$A_i' = A_i / \left(\sum_{i=1}^{n} A_i / n \right) \tag{7-10}$$

式中，A_i' 为节点 i 的可达性系数；A_i 为节点 i 的可达性值；n 为节点总个数。可达性系数大于 1 说明该节点的可达性低于区域平均水平，小于 1 说明优于区域平均水平。

本研究中的投资交通运输指标选取交通运输水平及运量周转量两个子指标层评估，采用逐级判别法测算。

$$t_i = \begin{cases} i \text{ 为边境省份}, t_i = 30\text{min} \\ i \text{ 为非边境省份} \begin{cases} i \text{ 为可直达省份}: t_i = \min(t_1, t_2, t_3, t_4) \\ i \text{ 为不可直达省份}: t_i = t_a + t_b \end{cases} \end{cases} \tag{7-11}$$

式中，t_i 为中国最近的海关通关进入投资地所需时间；t_1，t_2，t_3，t_4 分别为可直达省份选择航运、水运、铁路及公路所需时间；t_a 为到达与研究省份 i 邻近的参照省份 f 所需时间；t_b 表示研究省份 i 到达参照省份 f 所需时间。

由于到达投资地所需时长是逆向指标，因此第 i 个样本的投资交通运输环境评价得分为

$$c_6 = \frac{1}{t_i} \tag{7-12}$$

（5）投资环境综合评价模块

投资环境评估需要综合考虑各行政区的投资经济环境、投资社会环境、投资生态环境、投资政策环境、投资资源基础以及投资交通运输水平。由于该 6 项要素所反映的区域情况不同，且不同企业对此 6 项要素的重视程度不同，因此，各要素权重选择等权赋值。

将各指标层初始得分标准化：

$$c_q' = \frac{c_q - c_{\min}}{c_{\max} - c_{\min}} \tag{7-13}$$

式中，q 为投资环境评价中第 q 要素层，$1 \leqslant q \leqslant 6$。
则中国各行政区的投资环境综合水平为

$$H = \sum_{q=1}^{6} c_q' w_q \tag{7-14}$$

式中，w_q 为各指标层权重。

7.1.3　投资环境评价结果

根据 ESE-PRT 模型，计算中国各行政区的投资环境综合得分，获得中国投资环境空间分异格局（图 7-1），并根据投资环境评价的得分情况选取中国 31 个省级行政区（不含港、澳、台）划分为优先投资区、重点投资区、潜力投资区和风险投资区（表 7-2）。其中，优先投资区的投资环境评价得分为 50~100，这些地区有着良好的社会经济环境、丰厚的资源禀赋、开放的投资环境，是最具投资吸引力的区域，包括广东、浙江、

江苏、北京、四川 5 个省（直辖市）。重点投资区的投资环境评价得分为 40~50，以内蒙古、辽宁、山东等为代表，这些地区具有不同的投资优势，在投资时，可根据需要进行选择，是具有较大潜力的投资区域。潜力投资区的投资环境评价得分为 25~40，这些地区未展现出适合投资的相对优势，是在投资时应慎重考虑的地区。风险投资区的投资环境评价得分为低于 25，以海南、青海、宁夏 3 个省（自治区）为代表，这些地区自然环境恶劣、社会经济发展水平较低、基础薄弱，是投资时风险较大的地区。

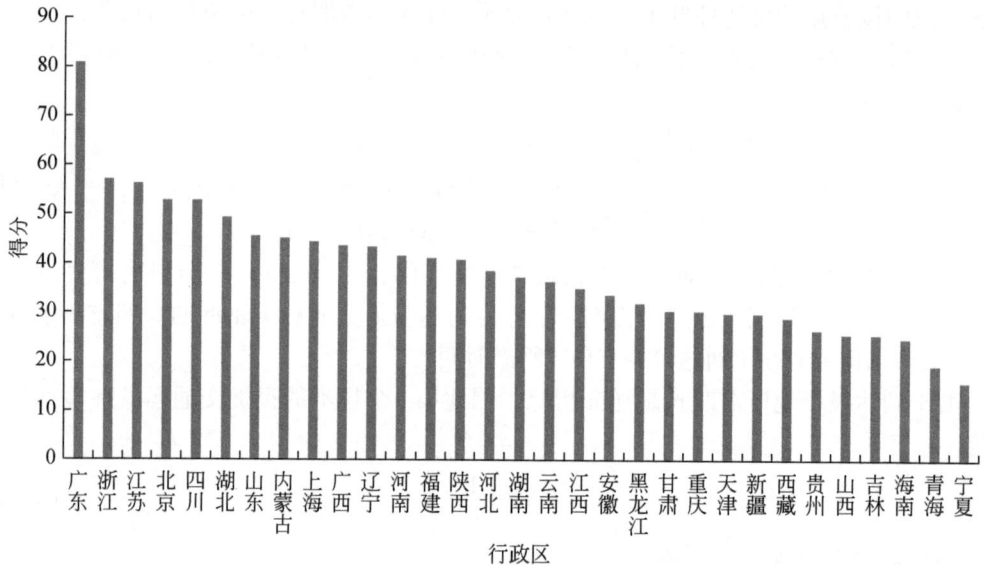

图 7-1　中国内部省级行政区投资环境分异

不含港、澳、台，后同

表 7-2　中国内部投资区划分

类型	分值	行政区
优先投资区	50~100	广东、浙江、江苏、北京、四川 5 个行政区
重点投资区	40~50	湖北、山东、内蒙古、上海、广西、辽宁、河南、福建、陕西 9 个行政区
潜力投资区	25~40	河北、湖南、云南、江西、安徽、黑龙江、甘肃、重庆、天津、新疆、西藏、贵州、山西、吉林 14 个行政区
风险投资区	0~25	海南、青海、宁夏 3 个行政区

7.1.3.1　投资经济环境

投资经济环境代表了投资的经济基础和经济保障及经济发展潜力，是投资环境评价的重要因素。根据 ESE-PRT 模型，计算中国各省的投资经济环境得分，获得中国投资经济环境空间分异格局（图 7-2），并根据投资经济环境评价的得分情况将选取的中国 31 个省级行政区划分为投资经济环境优秀、良好、一般、较差 4 个等级（表 7-3）。投资经济环境优秀的省份主要分布在沿海地区，包括广东、江苏、山东、浙江。投资经济环境良好的省份主要分布在华中地区及华北部分地区，包括上海、北京、河南、湖北等。投资经济环境一般的省主要分布在西南地区，包括云南、广西、黑龙江、陕西等。
投资经济环境较差的省份主要分布在西北地区，包括甘肃、山西、西藏、宁夏、青海。

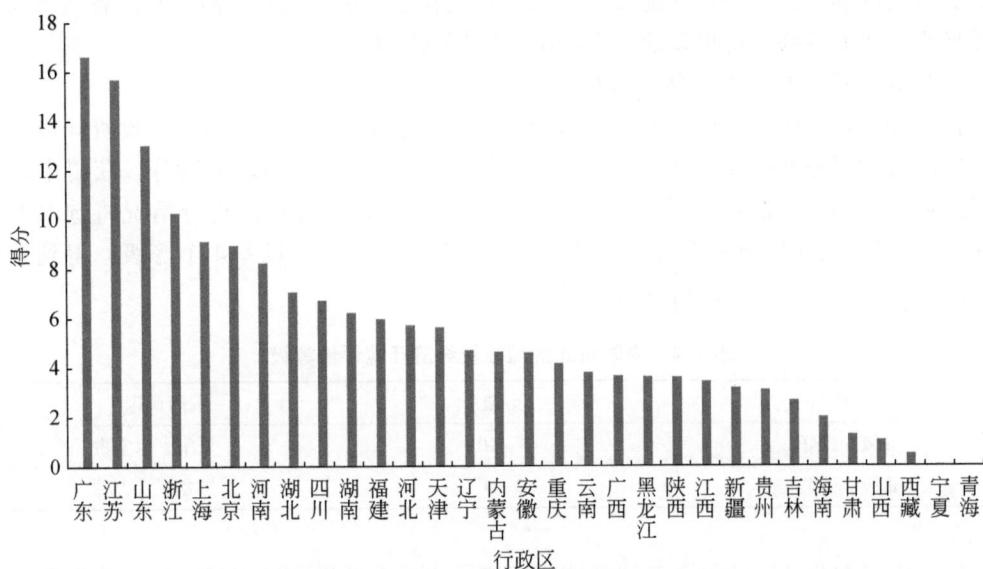

图 7-2　中国内部省级行政区投资经济环境

表 7-3　中国内部投资经济环境评价等级

等级	分值	行政区
Ⅰ级：优秀	10～17	广东、江苏、山东、浙江 4 个行政区
Ⅱ级：良好	4～10	上海、北京、河南、湖北、四川、湖南、福建、河北、天津、辽宁、内蒙古、安徽、重庆 13 个行政区
Ⅲ级：一般	2～4	云南、广西、黑龙江、陕西、江西、新疆、贵州、吉林、海南 9 个行政区
Ⅳ级：较差	0～2	甘肃、山西、西藏、宁夏、青海 5 个行政区

（1）投资经济环境分析

对投资经济环境优秀的行政区域的各项经济环境指标进行分析，研究发现，在选取的 31 个省份中：

广东省的投资经济环境排名为中国第一，主要为该地区 GDP、社会消费品零售总额、一般公共预算收入均排名中国第一。但该地区 GDP 增速排名全国中等，是影响投资的主要经济因素。

江苏省的投资经济环境排名为中国第二，主要为该地区 GDP、固定资本形成总额、最终消费支出、一般公共预算收入及支出均为全国第二，并且社会消费品零售总额、人均 GDP、居民人均可支配收入均为中国前列。另外，该地区的财政赤字率全国最低，为 2.37。

山东省的投资经济环境排名为中国第三，该地区的固定资本形成总额为中国第一，并且 GDP、社会消费品零售总额等均为全国前列，且该地区没有明显的经济弱势，是中国经济实力最强的省份之一，同时也是发展较快的省份之一。

浙江省的投资经济环境排名为中国第四，得益于该地区经济基础良好，经济活跃度较高，该地区的居民人均可支配收入、GDP 等均排名靠前。同时，浙江省内各城市间发展差异小，协调度高，这也是浙江省经济环境好的因素之一。

（2）东北区域投资经济环境分析

投资经济环境代表了投资的经济基础和经济保障及经济发展潜力，是投资环境评价的重要因素。根据 ESE-PRT 模型，计算中国各省份的投资经济环境得分，获得中国投资经济环境空间分异格局（图 7-2），并根据投资经济环境评价的得分情况将选取的中国 31 个省级行政区划分为投资经济环境优秀、良好、一般、较差 4 个等级，得到东北地区的投资经济环境评价的得分情况（表 7-4）。

表 7-4　中国东北区域投资经济环境评价等级

等级	分值	行政区
Ⅱ级：良好	4~10	辽宁、内蒙古
Ⅲ级：一般	2~4	黑龙江、吉林

聚焦中国东北地区的投资经济环境，辽宁、内蒙古的投资经济环境评价的得分分别为 4.70、4.64，投资经济环境评价等级属于良好，黑龙江、吉林的投资经济环境评价的得分分别为 3.64、2.69，投资经济环境评价等级属于一般（图 7-3）。中国东北地区投资经济环境在全国整体处于中低水平，在东北地区排名第一的辽宁省在全国的排名仅为第 14 位，在东北地区排名末位的吉林省在全国的排名为第 25 位，反映出东北区域的投资经济环境亟须改善。

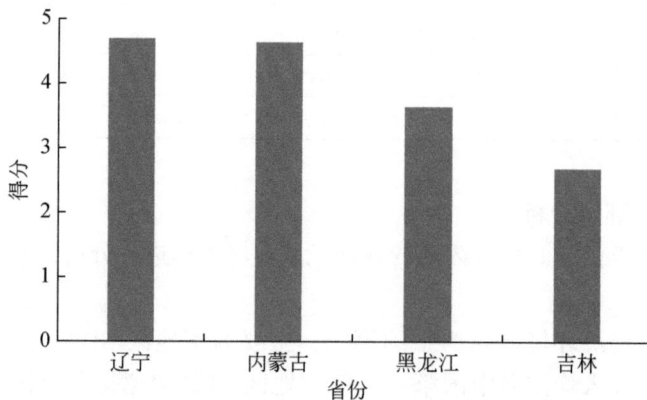

图 7-3　中国东北区域投资经济环境评价得分

投资的经济环境反映区域适合进行投资的经济基础和经济保障及经济发展潜力，以下主要从 GDP、GDP 增速、固定资本形成总额、社会消费品零售总额、最终消费支出、人均 GDP、第一产业增加值、第二产业增加值、第三产业增加值、居民人均可支配收入、一般公共预算收入、一般公共预算支出、财政赤字率 13 个指标，从经济发展水平、居民生活水平和政府财政风险三个角度对中国东北区域的投资经济环境进行分析（表 7-5、表 7-6）。

表 7-5　中国东北区域投资经济环境评价指标体系

目标层	要素层	指标层
中国东北区域投资经济环境评价	经济发展水平	GDP、GDP 增速、固定资本形成总额、社会消费品零售总额、最终消费支出、第一产业增加值、第二产业增加值、第三产业增加值
	居民生活水平	人均 GDP、居民人均可支配收入
	政府财政风险	一般公共预算收入、一般公共预算支出、财政赤字率

表 7-6　中国东北区域投资经济环境各项指标在全国的排名

行政区	X1	X2	X3	X4	X5	X6	X7	X8	X9	X10	X11	X12	X13	全国综合排名
辽宁	10	31	9	12	10	8	12	9	12	8	17	14	9	14
内蒙古	16	24	6	18	14	19	11	20	21	10	19	17	16	15
黑龙江	21	29	21	9	23	16	19	15	15	16	26	19	24	20
吉林	22	28	12	20	20	24	17	16	26	15	25	26	21	25

1）经济发展水平分析。

GDP 是一个国家所有常住单位在一定时期内生产活动的最终成果，它能够反映一个地区经济发展的整体情况。东北区域的 GDP 总量整体处于全国中等水平，辽宁、内蒙古情况较好，排名分别位于全国第 10 位、第 16 位，而黑龙江和吉林排名则在 20 名开外，反映出黑龙江和吉林的经济水平下滑严重（图 7-4）。

GDP 增速，又称 GDP 增长率，能够反映地区经济发展活力，是宏观经济的主要观测指标之一。东北区域的 GDP 增速在全国的表现均不理想，辽宁、黑龙江、吉林分列 GDP 增速倒数第一、第三和第四，东北四省区 GDP 增速均处于全国倒数 10 名行列，反映出整个东北区域缺乏经济发展活力（图 7-5）。

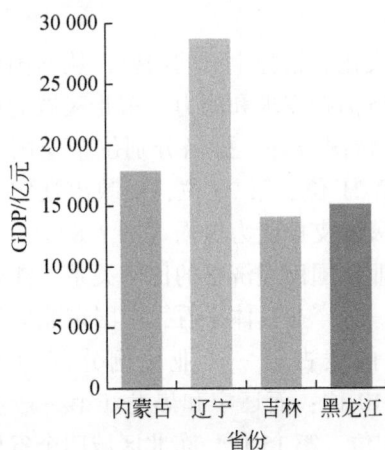

图 7-4　中国东北区域 GDP 情况　　　　图 7-5　中国东北区域 GDP 增速情况

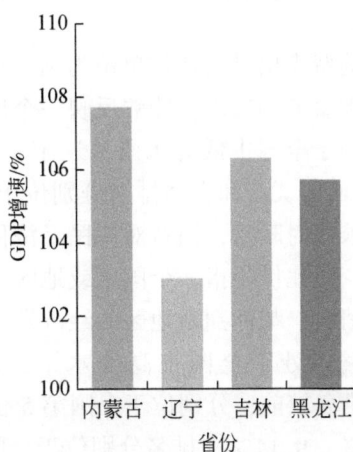

固定资本形成总额是常住单位在一定时期内获得的固定资产减处置的固定资产的价值总额。固定资产是通过生产活动生产出来，它能反映一个地区经济生产活动的开展情

况。中国东北区域的固定资本形成总额整体处于全国中等水平，内蒙古、辽宁情况较好，排名分别位于全国第 11 位、第 12 位，而吉林和黑龙江排名分别位于全国第 17 位、第 19 位，反映出吉林和黑龙江的产业发展过程中，可能存在科技力量投入不足，导致固定资产形成总额较低的问题（图 7-6）。

社会消费品零售总额是指批发和零售业、住宿与餐饮业及其他行业直接销售给城乡居民和社会集团的消费品零售额，能够反映一定时期内人民物质文化生活水平的提高情况，同时也反映了社会商品购买力的实现程度和零售市场的规模状况。中国东北区域的社会消费品零售总额整体处于全国中等水平，辽宁情况较好，排名位于全国第 9 位，而黑龙江、吉林和内蒙古排名分别位于全国第 15 位、第 16 位和第 20 位，反映出黑龙江、吉林和内蒙古当前面临人民物质文化生活水平不高和社会商品购买力不足的困境（图 7-7）。

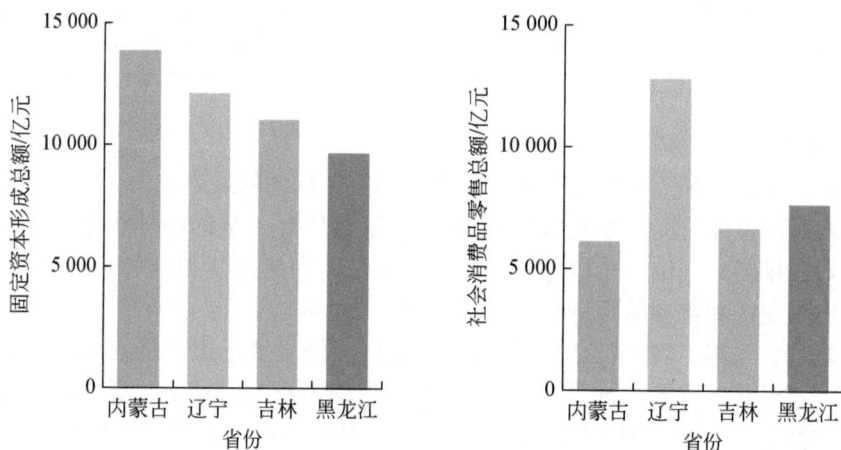

图 7-6　中国东北区域固定资本形成总额　　图 7-7　中国东北区域社会消费品零售总额

最终消费支出是指常住单位为满足物质、文化和精神生活的需要，从本国和国外购买的货物和服务的支出，能够反映一个地区经济消费需求和能力。东北区域的最终消费支出整体处于全国中低等水平，辽宁、黑龙江情况较好，排名分别位于全国第 12 位、第 15 位，而内蒙古和吉林排名分别位于全国第 21 位、第 26 位，反映出辽宁、黑龙江的消费需求相对旺盛，消费对国民经济稳定发展的支撑能力更强（图 7-8）。

三次产业比例是指一个国家或地区三大产业在国民经济中的比例关系，能够反映出产业结构情况，帮助判断地区的经济发展阶段。分产业具体来看，中国东北区域的第一产业比例整体处于全国中高等水平，吉林、内蒙古第一产业比例分别为 10.37%、9.71%，排名较前，分别位于全国第 5 位、第 10 位；而辽宁和黑龙江第一产业比例分别为 9.42%、9.14%，排名分别位于全国第 14 位、第 15 位。东北区域四个省份的第二产业比例差异较大，内蒙古第二产业比例 46.23%，排名位于全国第 2 位，仅次于江苏；吉林和黑龙江第二产业比例比较接近，分别为 45.52% 和 45.32%，排名分别位于全国第 10 位和第 11 位；辽宁第二产业比例较低 43.25% 排名位于全国第 20 位。东北区域的第三产业比例整体处于全国中低等水平，辽宁、黑龙江、吉林、内蒙古第三产业比例分别为 47.33%、45.54%、44.11%、44.06%，排名分别位于全国第 17 位、第 22 位、第 28 位、第 29 位。内蒙古和吉林第二产业比例最高，辽宁和黑龙江则是第三产业比例最高，反映出内蒙古和吉林的产业结构仍待调整（图 7-9 ~ 图 7-12）。

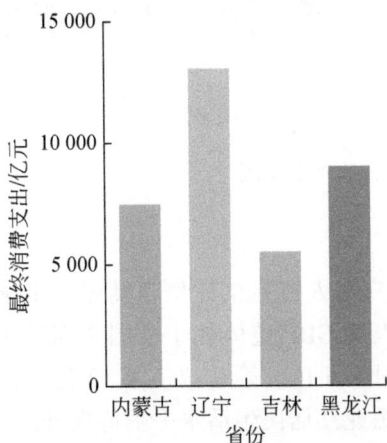

图 7-8　中国东北区域最终消费支出情况

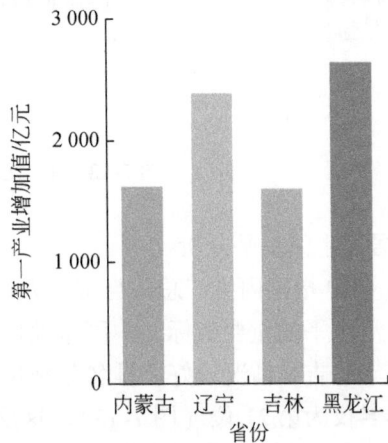

图 7-9　中国东北区域第一产业增加值情况

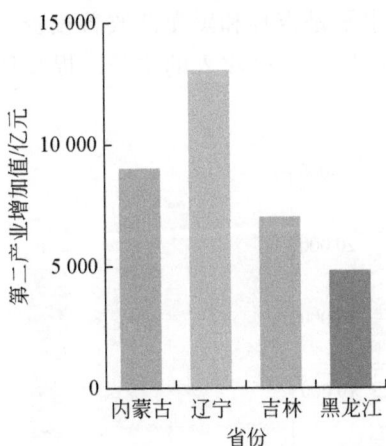

图 7-10　中国东北区域第二产业增加值

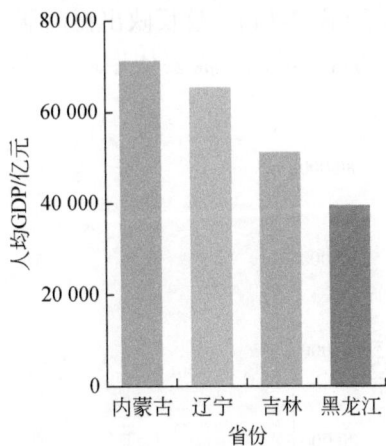

图 7-11　中国东北区域第三产业增加值

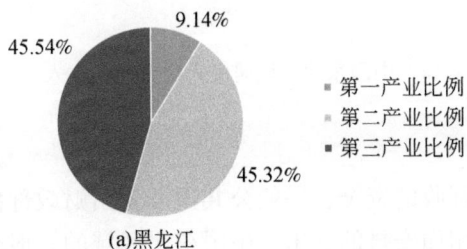

(a)黑龙江

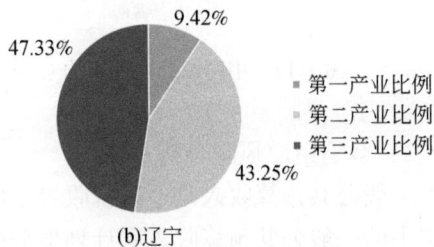

(b)辽宁

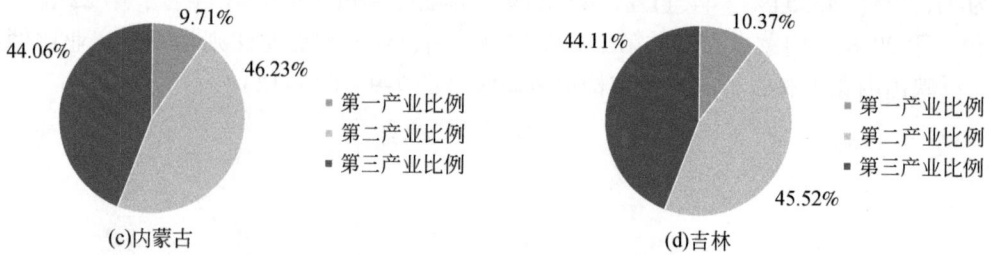

图 7-12　中国东北区域三次产业比例

2）居民生活水平分析。

人均 GDP 指国内生产总值与常住人口（或户籍人口）的比例是衡量一个国家或地区居民生活水平的重要指标。中国东北区域的人均 GDP 整体处于全国中高等水平，内蒙古、辽宁、吉林情况较好，排名分别位于全国第 6 位、第 9 位、第 12 位，而黑龙江的全国排名仅为第 21 位（图 7-13）。这反映出黑龙江居民生活水平亟待提升。

居民人均可支配收入是指一个地区的居民可用于最终消费支出和储蓄总和的平均水平。中国东北区域的居民人均可支配收入整体处于全国中高等水平，辽宁、内蒙古情况较好，排名分别位于全国第 8 位、第 10 位，而吉林和黑龙江的全国排名分别为第 15 位和第 16 位（图 7-14）。这反映出提高居民生活水平是吉林和黑龙江改善投资经济环境需要解决的首要问题，需要依靠地区经济的发展拉动居民收入的增长，提高居民生活水平。

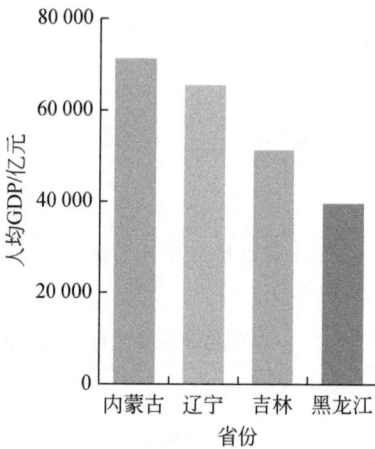

图 7-13　中国东北区域人均 GDP　　图 7-14　中国东北区域居民人均可支配收入

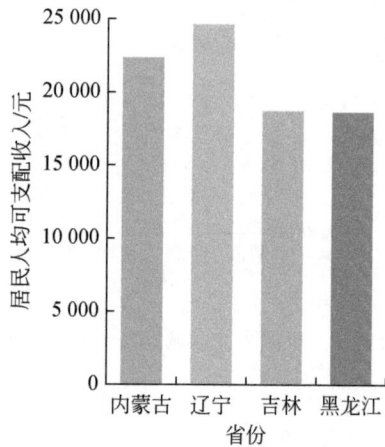

3）政府财政风险分析。

一般公共预算收入是通过税收等手段进行征收的资金，一般公共预算支出财政部门对集中的一般公共预算收入有计划地分配和使用而安排的支出。中国东北区域的一般公共预算收入整体处于全国中低等水平，辽宁、内蒙古情况较好，排名分别位于全国第 17 位、第 19 位，而吉林和黑龙江的全国排名分别为第 25 位和第 26 位。中国东北区域的一般公共预算支出整体处于全国中等水平，辽宁、内蒙古和吉林情况较好，排名分别位于全国第 14 位、第 17 位和第 19 位，而黑龙江的全国排名仅为第 26 位。这反映出东北区域的地方政府的可支配财政水平整体不高，区域经济长期低迷，政府财政收入水平较低，同时区域经济发展需要政府财政支持，政府财政存在一定风险，需要盘活消费市场，激发经济发展活力（图 7-15、图 7-16）。

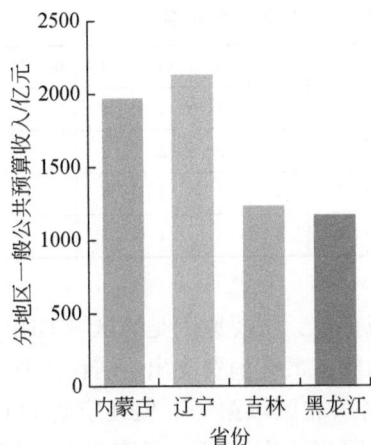

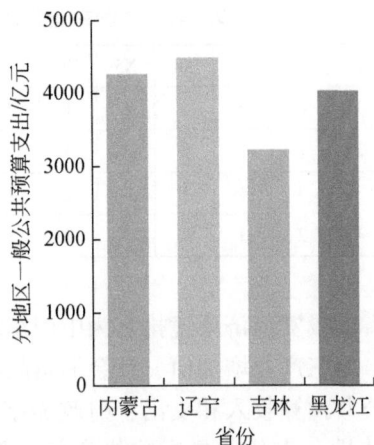

图 7-15　中国东北区域一般公共预算收入　图 7-16　中国东北区域一般公共预算支出

财政赤字率是指财政赤字占 GDP 的比例，它是衡量财政风险的重要指标。保持合理适度的财政赤字率水平，有利于增强财政可持续性。国际上对财政赤字率给出了 3% 的国际警戒线。中国东北区域的财政赤字率整体处于全国中低等水平，辽宁、内蒙古、吉林、黑龙江的财政赤字率分别为 8.21%、12.83%、14.13%、18.93%，均处于高位，存在极大的财政风险，对财政可持续性造成负面影响，应对各种风险挑战的政策调控能力不足（图 7-17）。

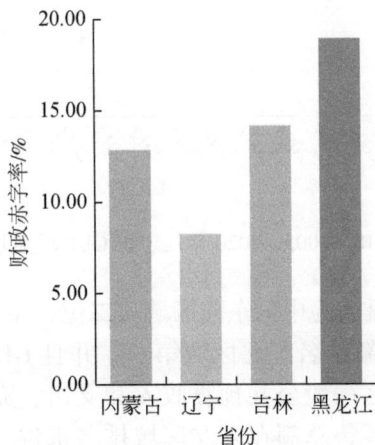

图 7-17　中国东北区域财政赤字率情况

4）中国东北区域投资经济环境内部对比。

中国东北老工业基地经过了半个世纪的开发利用后，自 20 世纪 80～90 年代起出现资源枯竭和经济增长动力不足的不利趋势。同时，东北区域内部四省区的经济发展也存在差异。因此，对中国东北区域投资经济环境的各项经济环境指标进行区域内部的展开并进一步对比分析（表7-7）。

表7-7 中国东北区域投资经济环境各项指标排名

行政区	X1	X2	X3	X4	X5	X6	X7	X8	X9	X10	X11	X12	X13	东北区域综合排名
辽宁	1	4	2	2	1	1	2	1	1	1	1	1	1	1
内蒙古	2	1	1	3	2	3	1	4	3	2	2	2	2	2
黑龙江	3	3	4	1	4	2	4	2	2	4	4	3	4	3
吉林	4	2	3	4	3	4	3	3	4	3	3	4	3	4

辽宁省的投资经济环境排名为中国东北区域首位，主要原因是该区域 GDP、第二产业增加值、第三产业增加值、社会消费品零售总额、最终消费支出、居民人均可支配收入、一般公共预算收入和支出、财政赤字率排名东北区域第一。但辽宁省的 GDP 增速在东北区域排名末位，是影响投资的主要经济因素。据统计，辽宁省的 GDP 增速自 2008 年以来，呈现持续波动下降的态势（图7-18），主要原因是受到产业结构单一的影响。辽宁省的产业结构长期以能源重化工业为主，产业结构单一，在能源价格下行的情况下，受到了很大的冲击。

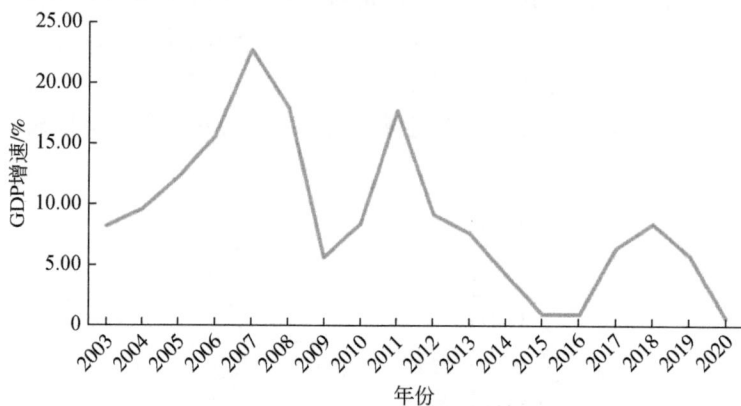

图7-18 2003～2020 年辽宁省 GDP 增速趋势

内蒙古的投资经济环境排名为中国东北区域第二位，主要原因是该区域 GDP 增速、人均 GDP、固定资本形成总额排名东北区域第一，并且 GDP 总量、第二产业增加值、居民人均可支配收入、分地区一般公共预算收入和支出、赤字率排名均为东北区域第二。但内蒙古的社会消费品零售总额在东北区域排名末位，是影响投资的主要经济因素。这说明内蒙古的经济发展水平在政府财政支持下，得到了较好的发展，但现阶段仍缺乏市场活力，消费水平不高。导致其消费能力不足的主要原因有政府财政中公共支出比例过低、人均居民可支配收入过低，反映出内蒙古注重发展经济的同时，社会公共体制改革滞后、公共财政体制还不够完善。

黑龙江的投资经济环境排名为中国东北区域第三位，该区域的 GDP 增速、第二产业增加值、固定资本形成总额在东北区域排名末位，是影响投资的主要经济因素。但黑龙江的第一产业增加值排名东北区域第一，并且第三产业增加值、社会消费品零售总额、最终消费支出排名均为东北区域第二。这说明黑龙江的市场状况较好，具备强大消费潜力。同时，黑龙江省大力发展特色旅游、金融产业和电子商务，出现了明显的消费升级、消费带动发展趋势。2015 年，黑龙江社会消费品零售总额 7640.2 亿元，消费对经济增长的贡献率（70%）高出全国，消费已经成为黑龙江经济增长的主要动力。促进消费持续发力，将为黑龙江省实现稳增长、调结构提供新的动力。

吉林省的投资经济环境排名为中国东北区域末位，主要原因是该区域 GDP、第一产业增加值、第三产业增加值、最终消费支出、分地区一般公共预算支出排名东北区域末位，处于劣势地位，是影响投资的主要经济因素。吉林省经济增长的速度较快，但出现了发展的质量不高、经济发展的内生动力不足、产业结构不合理、政府和居民消费能力不足等问题。目前制约吉林经济又好又快发展最突出的矛盾和问题就是经济结构不合理、经济发展方式转变滞后。吉林经济增长与居民收入增长不协调，经济增长对居民收入增长的带动力弱，进而制约了区域消费能力。同时，由于吉林省经济结构不合理，以重化工业为主，重化工业资本有机构成高，对就业的带动作用有限，吉林经济增长与就业增长不协调。因此，吉林需要积极顺应形势的变化，加快经济结构调整，加快经济发展方式的转变。

5）中国东北区域投资经济环境提升对策。

从全国尺度来看，中国东北区域的投资经济环境在全国整体处于中低水平，GDP 增速等指标处于全国倒数水平。这说明当前东北地区经济发展遭遇瓶颈，内需不足，缺乏投资。东北地区需要在消费和出口方面寻找经济发展的突破点，保证经济平稳发展的同时，坚持深化改革，进一步优化产业结构，为东北经济增添活力，从而提升和改善投资经济环境。

从东北区域内部各省来看，辽宁省是目前中国东北地区投资经济环境最好的省份，多项指标领先于东北地区的其他三个省份，尤其是经济总量是东北最高，这为外商到辽宁省直接投资提供了强有力的经济基础，而 GDP 增速缓慢、地区经济缺乏活力，是辽宁省提升投资经济环境的首要问题。辽宁省需要发挥沿海、沿边优势，在对外贸易中寻找新的经济增长点，以激发自身乃至整个东北地区的经济发展活力。吉林省的投资经济环境亟待优化，它的投资经济环境在东北区域排名末位，这给吉林省直接投资造成了巨大的障碍。为了加快吉林省经济快速发展，需要投入更多人力物力来改善投资经济环境。需要依托优势产业，吸引能与吉林省优势产业配套的外资企业在吉投资。同时，激发地区经济发展的内生动力，利用好省内高等教育资源，合理和有效地培养人才，提高区域科技创新能力，进而改善其投资经济环境。

7.1.3.2　投资社会环境

投资社会环境代表了投资的社会稳定性和投资安全保障、文化融入等特征，是投资环境评价重要内容，社会发展水平优秀的省份人口众多，城市化率高，社会负担小，教育、科学技术和医疗保障水平高。而社会发展水平较差的省则相反。根据 ESE-PRT 模型，计算中国各省的投资社会环境得分，获得中国投资社会环境空间分异格局（图 7-19），并根据投资社会环境评价的得分情况将中国 31 个省级行政区划分为投资社会环境优秀、良好、一般、较差 4 个等级（表 7-8）。投资社会环境优秀的省份主要分布在沿海地区，包括广东、江苏、山东、浙江、河南、北京、四川。投资社会环境良好的省份主要分布在华北、华中、华南区域，包括湖北、上海、陕西、河北等。投资社会环境一般的包括甘肃、广西、内蒙古、云南等。投资社会环境较差的包括海南、贵州、宁夏、西藏和青海。

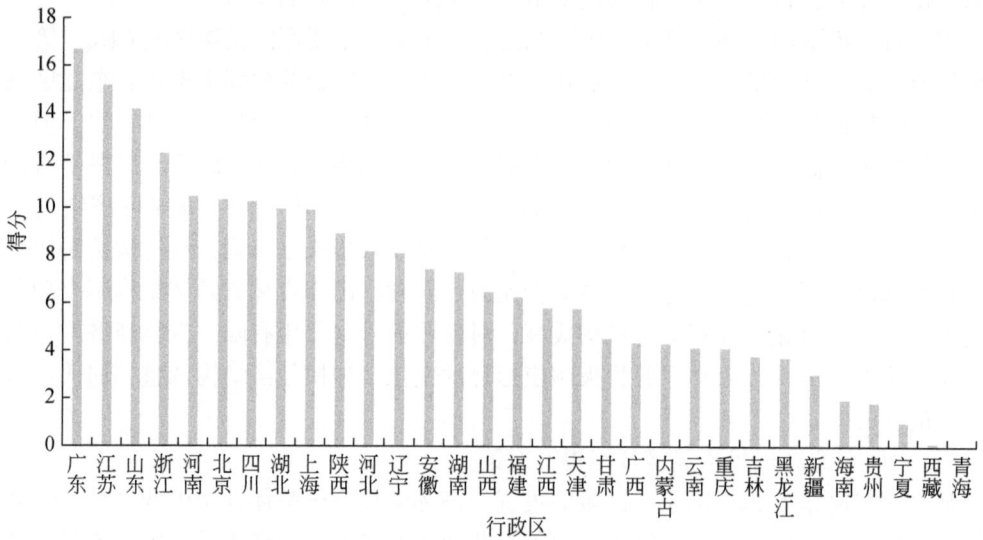

图 7-19 中国内部省级行政区投资社会环境分异

表 7-8 中国内部投资社会环境评价等级

等级	分值	行政区
Ⅰ级：优秀	10～17	广东、江苏、山东、浙江、河南、北京、四川 7 个行政区
Ⅱ级：良好	5～10	湖北、上海、陕西、河北、辽宁、安徽、湖南、山西、福建、江西、天津 11 个行政区
Ⅲ级：一般	2～5	甘肃、广西、内蒙古、云南、重庆、吉林、黑龙江、新疆 8 个行政区
Ⅳ级：较差	0～2	海南、贵州、宁夏、西藏、青海 5 个行政区

1）投资社会环境分析。

对投资社会环境优秀的行政区域各项社会环境指标进行分析，研究发现，在选取的 31 个省份中：

广东省的投资社会环境排名为中国第一，主要由于该地区年末人口数量、R&D 经费、有效发明专利数、新产品开发经费支出、城镇职工养老保险参保人数比例均为中国第一。除此之外，普通高等学校数及普通高等学校教职工数、R&D 人员以及城镇化率均排名靠前，说明广东省科技水平、教育水平、社会福利等均在中国处于领先地位，广东省整体社会环境较为稳定。

江苏省的投资社会环境排名为中国第二，该地区普通高等学校数、普通高等学校教职工数、普通本专科毕业生数、R&D 人员、新产品开发项目数、新产品销售收入、博物馆数量均为中国第一，江苏省高等教育水平和科技水平处于中国领先地位，给江苏省社会发展带来了有利条件。

山东省的投资社会环境排名为中国第三，该地区博物馆数量为中国第一，并且年末人口数量、普通高等学校数、有效发明专利数、医疗卫生机构数量、城乡居民养老保险参保人数、公共图书馆数量均排名靠前，完善的医疗及养老保障、深厚的文化底蕴使得山东省社会环境稳定。

浙江省的投资社会环境排名为中国第四，该地区 R&D 项目数排名中国第一。除此之外，浙江省人均拥有公共图书馆藏量、新产品开发项目数均位于中国前列，保障了浙江省稳定的社会环境。

北京市的投资社会环境排名为中国第五，作为中国政治文化中心，北京市的社会投资环境优秀，该地区就业率全国最高，就业保障好，高等教育在校生人数全国第一，教育完备程度高，教育资源后备力量强，城镇化率全国第二，仅次于上海市，居民人均收入全国第二位。除此之外，公共预算收入、老年人口保障程度、文化藏品数量、有效发明专利数等社会投资环境要素均居于全国前列，是中国社会环境最为稳定、社会保障最为完善、社会服务最为完备的地区。

四川省的投资社会环境排名为中国第六，该地区公共图书馆数量为中国首位，医疗卫生机构、文化藏品数量排名全国首位。除此之外，年末人口数量、就业人员数量等均在全国前十位，使四川省社会稳定、发展迅速。

2）东北区域投资社会环境分析。

中国东北区域是国土开发的重要板块，对全国发展、生态文明与国防建设及地缘政治均具有战略意义，其投资社会环境代表了东北区域的社会稳定性、投资安全保障、文化融入等特征，是投资环境评价重要内容。根据 ESE-PRT 模型，计算中国东北区域的投资社会环境得分，辽宁省的投资社会环境得分为 8.10，等级属于良好，在选取的全国 31 个省份中投资社会环境排名为第 12 名，水平处于中等以上，内蒙古、吉林和黑龙江的得分分别为 4.32、3.80、3.73，等级均属于一般，在 31 个省份中投资社会环境排名分别为第 21 位、第 24 位和第 25 位，水平在全国属于中等靠下（图 7-20）。

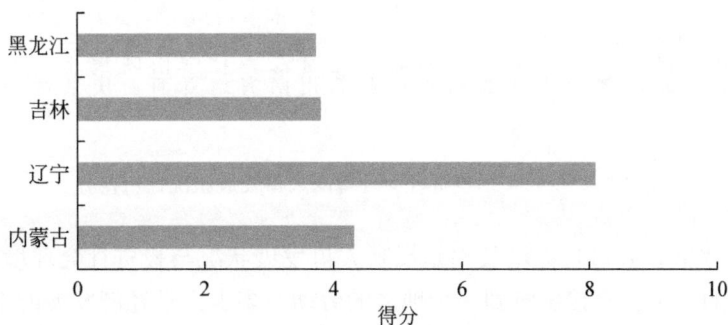

图 7-20　中国东北区域投资社会环境评价得分

投资的社会环境反映区域适合进行投资的社会服务水平及社会发展情况，以下主要从人口发展状况、城镇化发展水平、教育和文化公共服务水平、劳动与社会保障水平、科技发展水平和医疗卫生公共服务水平6个方面对中国东北区域的投资社会环境进行分析。其中，年末人口数量和人口自然增长率等人口指标表示东北区域的人口发展状况；城镇化率表示城镇化发展水平；总抚养比、失业率、基层工会劳动法律监督组织受理违法、违规案件数等劳动与社会指标表示劳动与社会保障水平；15岁及以上未受教育人口占总人口的比例、普通高等学校数、普通高等学校教职工数、普通高校师生比、每十万人口高等教育在校生、普通本专科毕业生数等在校生及毕业生人数，以及公共图书馆、总藏量、人均拥有公共图书馆藏量、每万人拥有公共图书馆建筑面积、图书馆从业人员和文化藏品等表示教育和文化公共服务水平；科研人员全时当量、科研经费和有效发明专利数等科研情况表示科技发展水平；医疗卫生机构、城乡居民养老保险参保人数比例和城镇职工养老保险参保人数比例等医疗保险情况表示医疗卫生公共服务水平。

根据ESE-PRT模型，计算反映中国东北区域的投资社会环境的人口发展状况得分，其中，从全国尺度来看，中国东北区域的投资社会环境的人口发展状况得分分别为内蒙古1.23、辽宁1.20、黑龙江1.17和吉林1.16，在全国的排名均在25名后，人口发展状况不佳（图7-21）。从东北区域尺度来看，反映辽宁省投资社会环境的人口发展状况得分最高，为1.53，其次为内蒙古、黑龙江和吉林，得分分别为1.50、1.35和1.22（图7-22）。

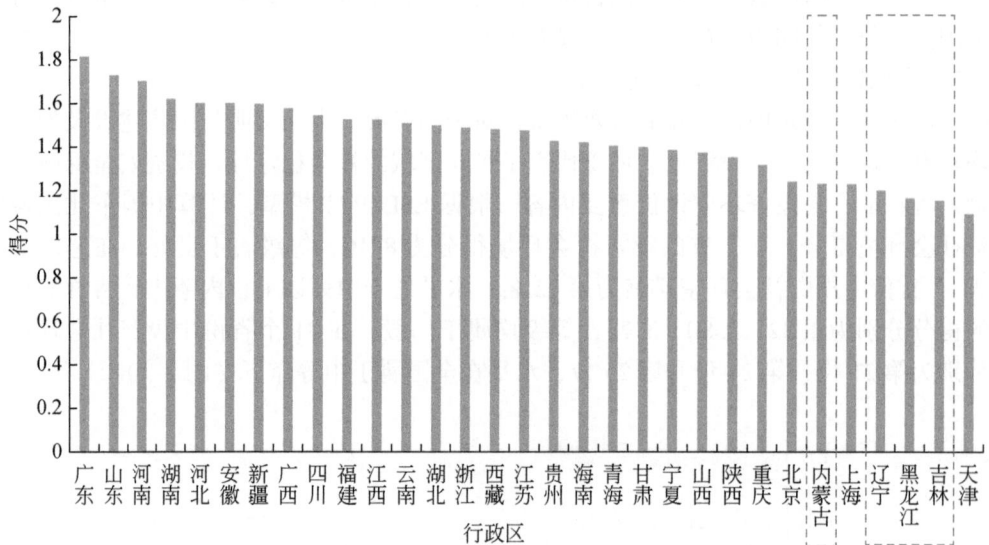

图7-21　反映中国投资社会环境的人口发展状况评价得分

年末人口数量和人口自然增长率是反映人口发展状况与投资社会环境的重要因素。年末人口数量的多少，直接影响到一个地区的劳动力多少，是经济发展的重要动力，是投资社会环境需要考虑的重要因素，人口自然增长率反映人口自然增长的趋势和速度，是制定人口计划的重要指标。

从全国尺度来看，整个东北区域的年末人口数量和人口自然增长率分别处于中等偏

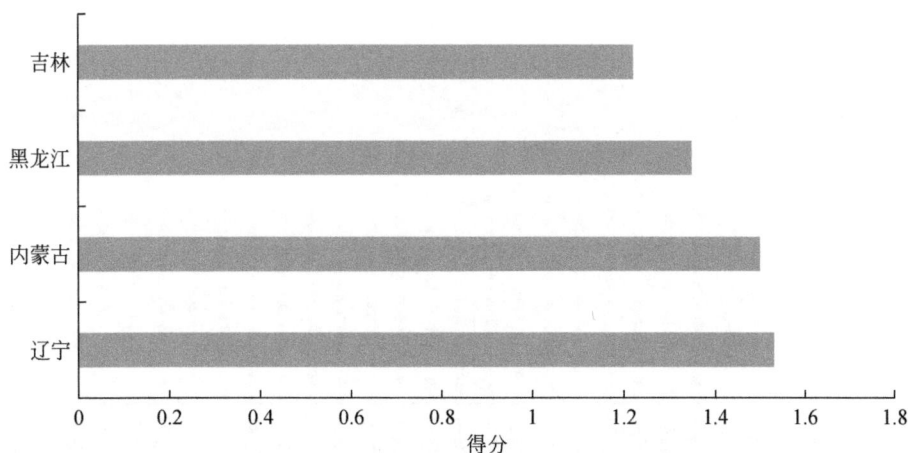

图 7-22　反映中国东北区域投资社会环境的人口发展状况评价得分

下及倒数的水平，其中，辽宁省的年末人口数量排名为 14，处于中等，其他三省区的年末人口数量排名分别为 16、21、23，排名靠后。整个东北区域的人口自然增长率处于倒数的水平，内蒙古、吉林、辽宁和黑龙江的年末人口数量排名依次为第 26 位、第 28 位、第 30 位和第 31 位。究其原因，一方面是因为东北全域处于高纬度地区，冬季寒冷而漫长；另一方面受生育观念、生育行为等因素的影响，东北地区的人口自然增长率长期低于全国平均水平。从东北区域尺度看，辽宁省是东北区域年末人口数量最多的省份，其年末人口数量为 4382 万人，原因是辽宁省是东北区域最南的省份，冬季最低气温及时长不及其他 3 个省区。内蒙古是东北区域年末人口数量最少的省份，其年末人口数量为 2511 万人，内蒙古虽然是东北区域占地面积最大的省份，但由于其地处内蒙古高原，地势较高，纬度高且受西西伯利亚冷空气影响大，冬季寒冷而漫长，这些地理环境导致内蒙古地区从古至今地广人稀、人口密度比较小、年末人口数量少。东北区域要积极采用人才引进和鼓励生育的政策，逐渐增加年末人口数量和人口自然增长率，改善区域的人口发展状况和投资社会环境。

根据 ESE-PRT 模型，计算反映中国东北区域投资社会环境的城镇化发展水平得分。从全国尺度来看，反映中国东北区域投资社会环境的城镇化发展水平得分分别为辽宁 1.66、内蒙古 1.54、黑龙江 1.52 和吉林 1.46，在全国的排名均在前 15 名，表明东北区域的城镇化发展水平高于全国的平均水平（图 7-23）。从东北区域尺度来看，反映投资社会环境的城镇化水平得分辽宁省最高，为 2.00，其次为内蒙古、黑龙江和吉林，得分分别为 1.41、1.29 和 1.00（图 7-24）。

城镇化率是反映城镇化发展水平的重要指标，城镇化发展水平是区域经济发展程度的重要标志，也是投资社会环境需要考虑的重要因素。从全国尺度来看，整个中国东北区域的城镇化率在全国处于中等偏上的水平，辽宁、内蒙古、黑龙江和吉林的城镇化率的全国排名分别为第 5、第 10、第 11 和第 14。其原因一方面是由于日俄战争、甲午战争、屯垦制度等历史因素，城市发展开始时间早；另一方面是由于东北区域煤矿、金矿和石油等资源丰富，资源开采所需要的劳动力为城镇化发展提供了条件。从东北区域尺

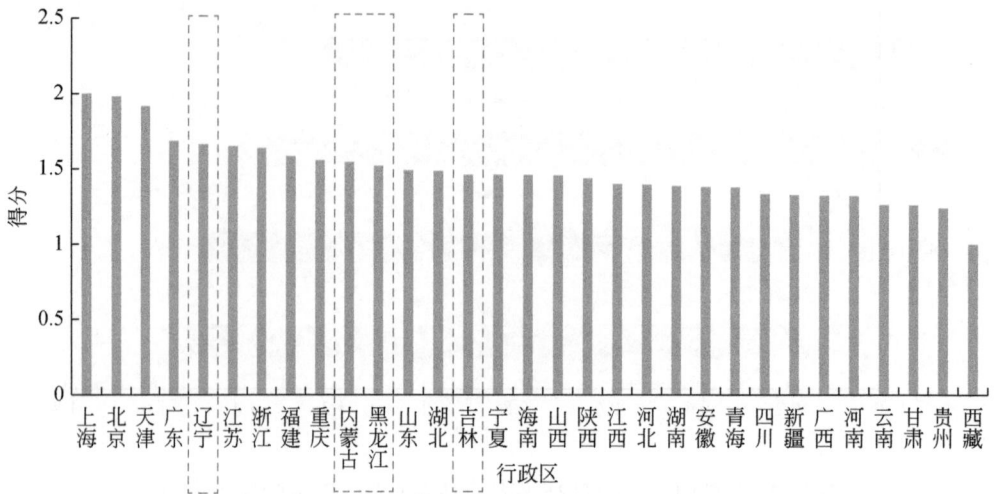

图 7-23 中国投资社会环境的城镇化发展水平

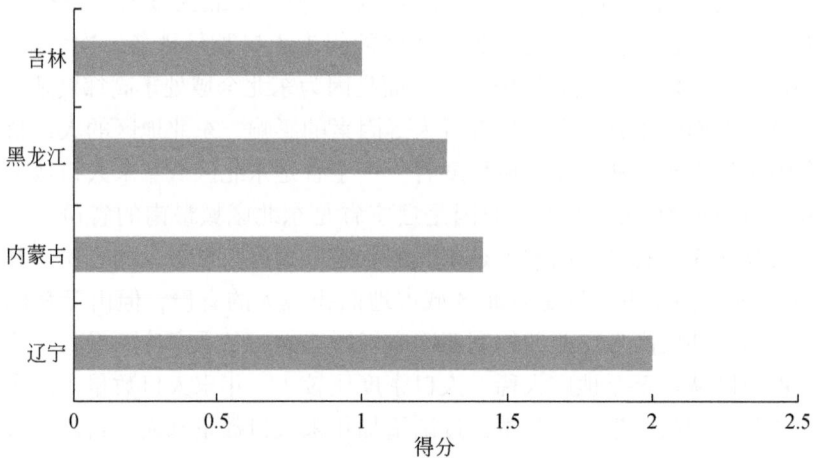

图 7-24 中国东北区域投资社会环境城镇化发展水平

度看，辽宁是东北区域城镇化率最高的省份，其城镇化率为 67.35%。近年来，辽宁省不断加大对交通、通信、电力、燃气、水循环等方面基础设施的建设力度，加大对生态环境的整治力度，提高城镇的综合承载能力，使得辽宁省的城镇化发展水平仅次于北京、上海、天津和广东，位列全国第 5。吉林省是东北区域城镇化率最低的省份，其城镇化率为 55.31%。原因是城镇化的产业支撑力不强，第一产业比例明显偏大，吉林省统筹推进特色城镇化的 21 条政策意见的宣传不够、落实不足，政策效力低。东北地区未来的城镇化发展过程中应注意加快推进户籍制度和土地制度改革，使进城农民无后顾之忧，专心投入城市建设，促进他们与城市居民形成一个统一的整体，拓宽融资渠道，为民间资金投资城镇化建设创造良好的政策环境，从而在促进城镇化进程的同时改善东北区域投资的社会环境。

根据 ESE-PRT 模型，计算反映中国东北区域投资社会环境的教育和文化公共服务水平得分，从全国尺度来看，反映中国东北区域投资社会环境的教育和文化公共服务水平得分分别为辽宁 2.83、内蒙古 2.60、黑龙江 2.58 和吉林 2.56，在全国的排名分别为第 10、第 20、第 22 和第 24，教育和文化公共服务水平低于全国平均水平（图 7-25）。从东北区域尺度来看，辽宁省反映投资社会环境的教育和文化公共服务水平得分最高，为 3.47，其次为黑龙江、内蒙古和吉林，得分分别为 2.85、2.78 和 2.61（图 7-26）。

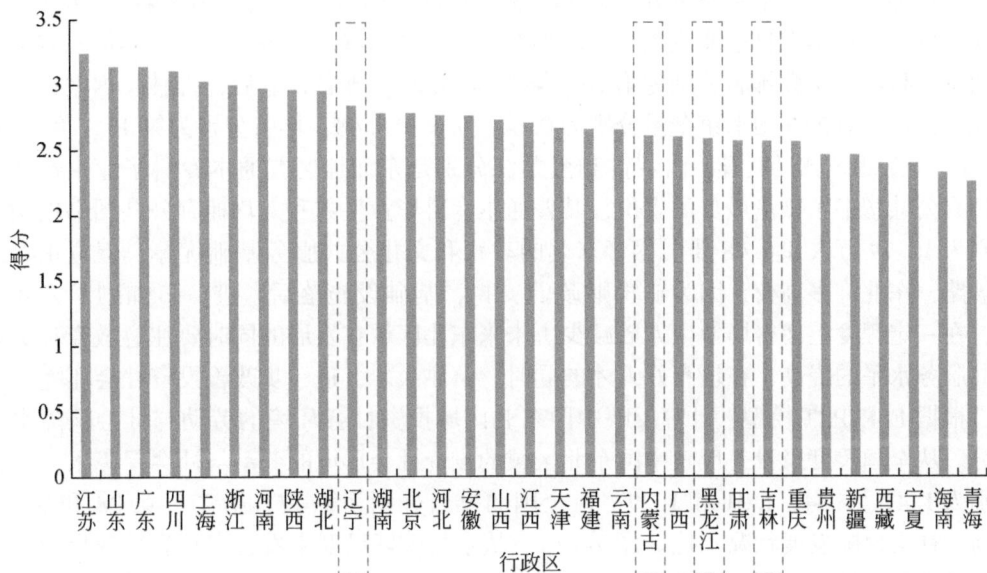

图 7-25　中国投资社会环境的教育和文化公共服务水平

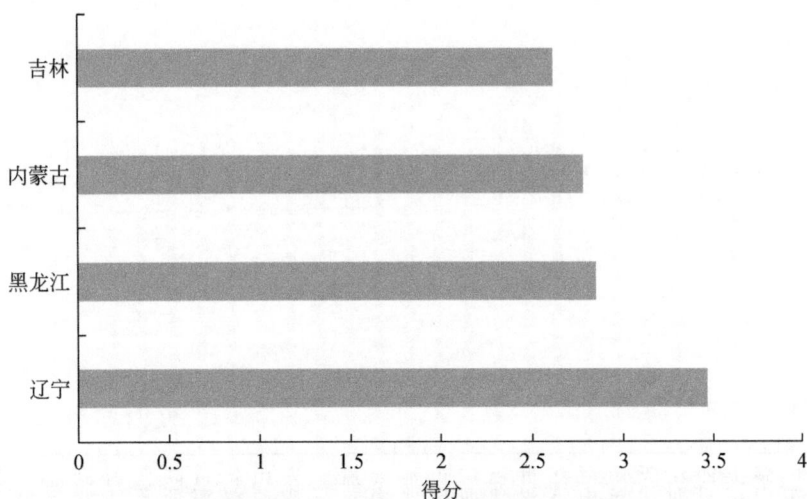

图 7-26　中国东北区域投资社会环境的教育和文化公共服务水平

普通本专科毕业生数与人均拥有公共图书馆藏量是反映教育和文化公共服务水平等投资社会环境的重要因素。普通本专科毕业生数直接反映教育的成效，是高校能为社会输送人才数量的直接衡量，这些人才数量和质量的高低反映了区域教育能力与水平，是区域发展的动力，也是投资社会环境评价中需要考虑的重要因素。人均拥有公共图书馆藏量多少是区域文化公共服务水平高低的重要体现，文化公共服务水平高的地区，投资的社会环境也较好。

从全国尺度来看，整个中国东北区域的普通本专科毕业生数处于中等偏下的水平，但人均拥有公共图书馆藏量却高于全国的平均水平。其中，辽宁省的普通本专科毕业生数和人均拥有公共图书馆藏量分别为25.83万人和0.85册，排名分别为第9和第6，是东北区域的普通本专科毕业生数和人均拥有公共图书馆藏量最多的省份，其他三省区的普通本专科毕业生数排名分别为第16、第23和第25，排名较靠后，吉林、内蒙古和黑龙江的人均拥有公共图书馆藏量分别为0.64、0.6和0.48，排名分别为第11、第12和第18。从东北区域尺度看，内蒙古和黑龙江分别是东北地区普通本专科毕业生数和人均拥有公共图书馆藏量最少的省份，其普通本专科毕业生数和人均拥有公共图书馆藏量分别为10.79万人和0.48册。尽管东北的教育和文化公共服务基础优厚，但也正在走下坡路，东北许多高校，因为缺少财政的支持，基础设施落后，进一步加剧了人才流失，在一定程度上使得毕业生人数减少。未来东北区域在发展的同时要注意教育和文化公共服务水平的提高，在培育好人才的同时，留住人才，进一步改善投资社会环境。

根据ESE-PRT模型，计算反映中国东北区域投资社会环境的劳动与社会保障水平得分。从全国尺度来看，反映中国东北区域的投资社会环境的劳动与社会保障水平得分分别为1.47、1.34、1.31和1.29，在全国的排名分别为第17、第27、第28和第30，劳动与社会保障发展状况不佳（图7-27）。从东北区域尺度来看，吉林省反映投资社会环境的劳动与社会保障水平得分最高，为1.73，其次为内蒙古、辽宁和黑龙江，得分分别为1.71、1.54和1.33（图7-28）。

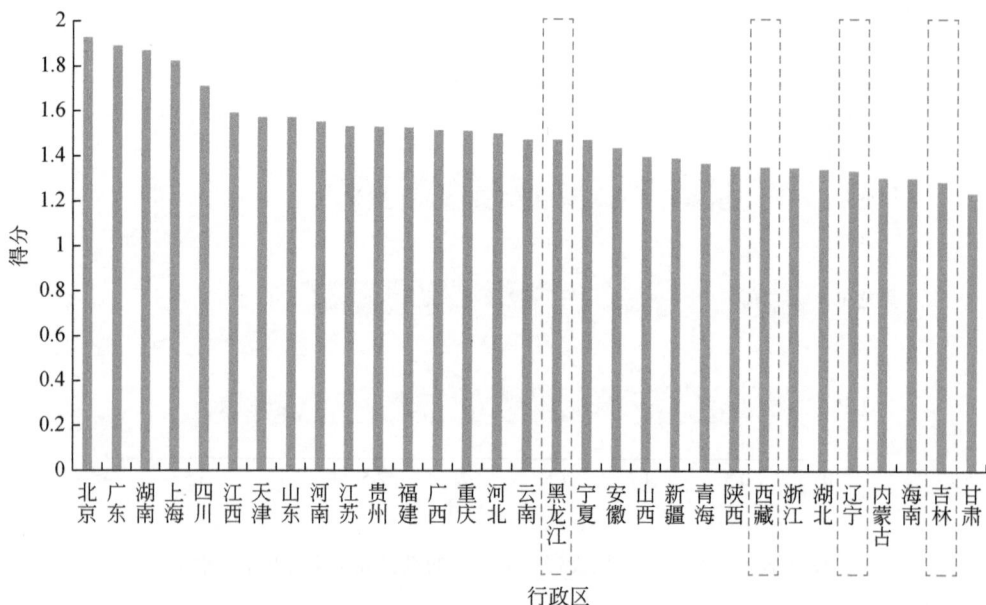

图7-27　中国投资社会环境的劳动与社会保障水平

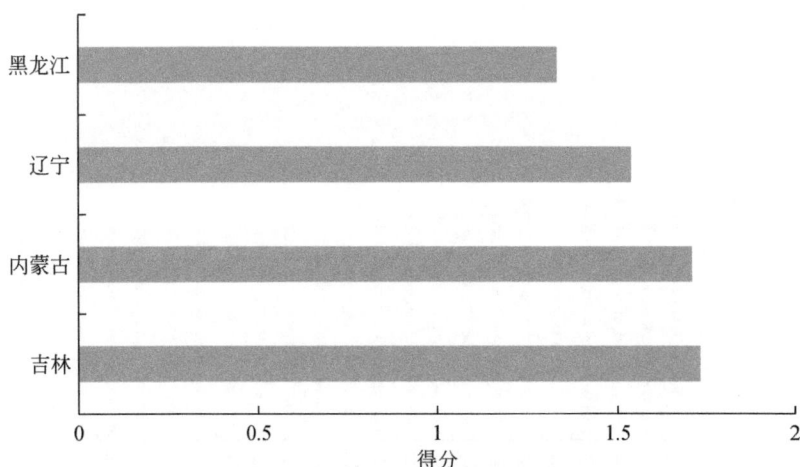

图 7-28　中国东北区域投资社会环境的劳动与社会保障水平

失业率和总抚养比是反映劳动与社会保障水平等投资社会环境的重要因素。总抚养比也称人口负担系数，其值越高，劳动力人口为养活非劳动力人口付出的成本越高。失业率是一定时期满足全部就业条件的就业人口中仍有未工作的劳动力数字，是反映一个国家或地区失业状况的主要指标，失业率过高会导致社会总需求下降，经济增长动力也将减弱，影响社会经济的长期稳定发展和投资社会环境。

从全国尺度来看，整个东北区域的失业率处于中等偏下的水平，其中，辽宁省的失业率排名为第 15，处于中等，其他三省区的失业率排名分别为第 21、第 24 和第 31，排名靠后。其原因为东北区域的经济体制长期受计划经济影响，国有企业比例高，结构臃肿，随着东北振兴战略的提出，东北区域的经济体制和产业结构逐渐转变，大批的国有企业职工下岗失业，从而使东北区域的失业率明显高于全国其他地区。从东北区域尺度看，辽宁是东北地区失业率最低的省份，失业率为 3.4%，黑龙江省的失业率是全国最高，为 4.5%。原因一方面随着黑龙江省经济结构调整和经济发展方式转变，控制过剩产能、节能减排淘汰退出的企业带来新的岗位流失，另一方面有部分国有企业仍然承担着吸纳就业人口的责任，并且以生产效率低下来换取社会稳定。国有企业改制工作是影响东北区域失业率的重要因素。未来东北区域在发展的同时要注意降低失业率和总抚养比，减少劳动力的就业及抚养压力，从而提高东北区域的劳动与社会保障水平，完善其投资社会环境。

根据 ESE-PRT 模型，计算反映中国东北区域投资社会环境的科技发展水平得分，从全国尺度来看，反映中国东北区域投资社会环境的科技发展水平得分分别为辽宁 1.11、黑龙江 1.05、内蒙古 1.05 和吉林 1.04，在全国的排名分别为第 15、第 19、第 21 和第 22（图 7-29）。从东北区域尺度来看，辽宁省反映投资社会环境的科技发展水平得分最高，为 2.00，其次为黑龙江、内蒙古和吉林，得分分别为 1.21、1.11 和 0.03（图 7-30）。

有效发明专利数是反映一个地区科技发展水平的重要指标，从全国尺度来看，整个东北区域的有效发明专利数处于中等偏下的水平，其中，辽宁省的有效发明专利数排名

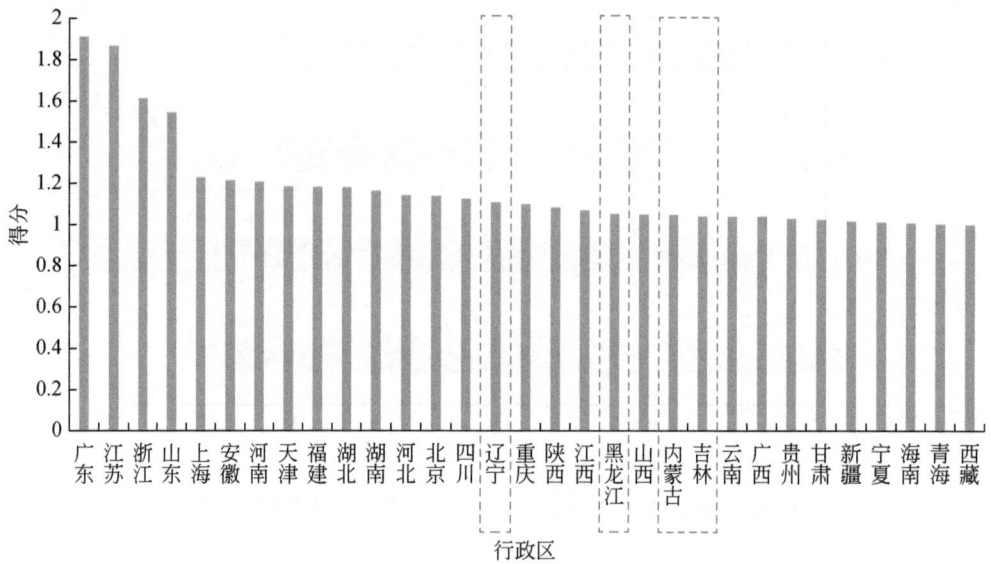

图 7-29　中国投资社会环境的科技发展水平

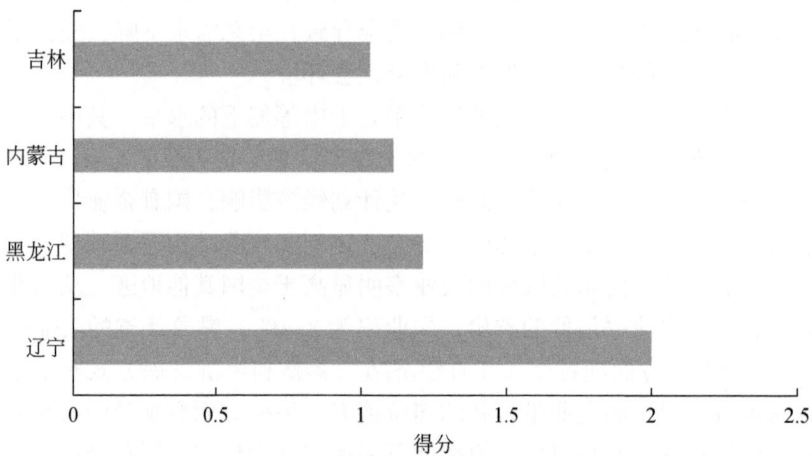

图 7-30　中国东北区域投资社会环境的科技发展水平

为第 14，处于中等，其他三省区的有效发明专利数排名分别为第 23、第 24 和第 25，排名靠后。其中，辽宁是东北地区有效发明专利数最高的省份，其有效发明专利数为 10 372 件，内蒙古的有效发明专利数是东北区域最低的，为 2175 件，约为辽宁省的 21.0%，其与东北区域以国有企业为主、企业活力有限，以及东北地区的教育水平走下坡路等因素有关，经济活力低和人才流失使得东北区域的有效发明专利数低于全国平均。未来东北区域在发展的同时要注意提高科研能力，为科研提供充足经费，争取更多的研发项目，从而提高反映投资社会环境的科技发展水平，进一步改善东北区域的投资社会环境。

　　根据 ESE-PRT 模型，计算反映中国东北区域投资社会环境的医疗卫生公共服务水平得分，从全国尺度来看，反映中国东北区域投资社会环境的医疗卫生公共服务水平得分分别为1.46、1.35、1.32和1.31，在全国的排名分别为第13、第25、第25和第26，医疗卫生公共服务水平低于全国平均水平（图7-31）。从东北区域尺度来看，辽宁省反映投资社会环境的医疗卫生公共服务水平得分最高，为1.58，其次为黑龙江、吉林和内蒙古，得分分别为1.56、1.52和1.41（图7-32）。

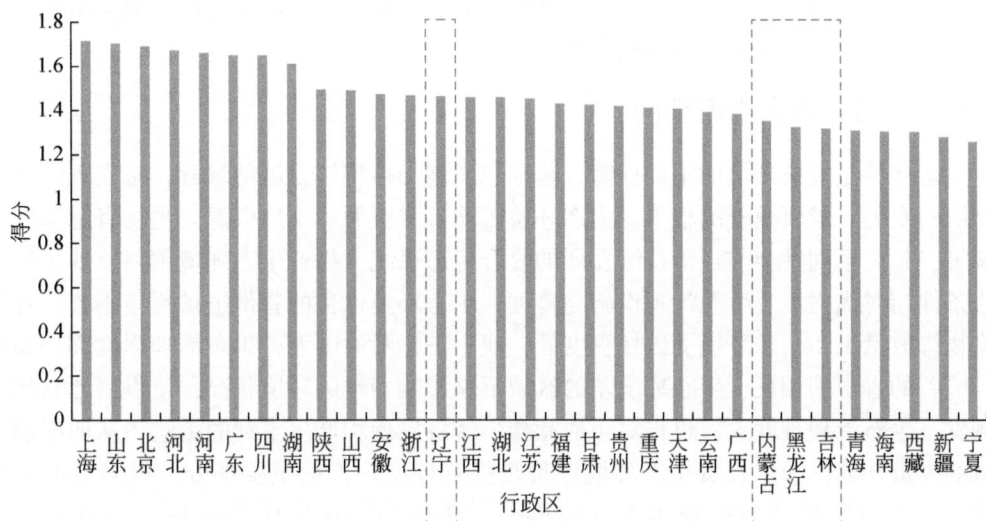

图7-31　中国投资社会环境的医疗卫生公共服务水平

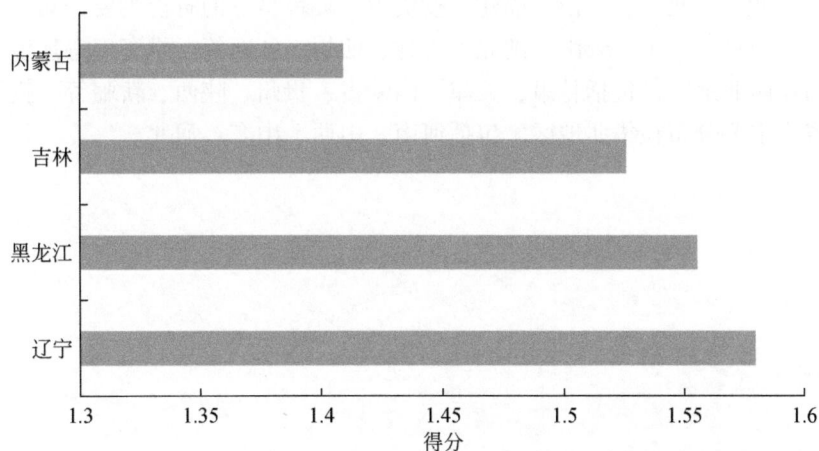

图7-32　中国东北区域投资社会环境的医疗卫生公共服务水平

　　医疗卫生机构数是反映区域医疗卫生公共服务水平的重要评判指标，从全国尺度来看，整个东北区域的医疗卫生机构数处于中等偏下水平，其中，辽宁省的医疗卫生机构数排名为第11，其他三省区的医疗卫生机构数排名分别为第20、第21和第22，排名靠后。从东北区域尺度看，辽宁是东北地区医疗卫生机构数最高的省份，其医疗卫生机构数为35 236个，吉林的有医疗卫生机构数是东北区域最低的，为20 612个，比辽宁省少了41.5%。辽宁省初步建立了能够满足城乡居民基本医疗卫生服务要求的医疗卫生服务体系，全省医疗卫生服务利用逐年上升。吉林省的医疗卫生机构数低于全省平均水平，且存在医疗资源区域配置不平衡、公共卫生机构与医疗机构以及医疗机构之间分工协作机制仍不健全等问题。未来东北区域在发展的同时，要注意提高医疗卫生公共服务水平，平衡医疗资源的区域配置、完善医疗机构之间的分工协作、合理规划医疗卫生机构数量，为居民提供基础的医疗保障，从而提高反映投资社会环境的医疗卫生服务体系的同时，进一步改善东北区域的投资社会环境。

7.1.3.3 投资生态环境

生态环境是投资环境的重要保障，是绿色发展与可持续发展的基础，是实现经济与生态协同发展、健康投资的根本。生态环境影响着水资源、土地资源、生物资源及气候资源等，是关系到社会与经济持续发展的复合生态系统。投资生态环境主要反映了生态本底条件相对优劣以及生态治理设施完善度。生态环境优良的省份植被覆盖率高，环境污染物排放量少，生态环境受破坏程度低，或生态保障力度大，生态治理强度高。而生态环境差的省份则相反，生态环境差的区域不仅影响当地的环境状况，使得当地自然灾害频发、生态治理难度大，也将对当地社会、经济发展均产生不利的影响，从而影响该区域的投资环境，因此投资生态环境评价是投资环境评价的重要部分。根据 ESE-PRT模型，计算中国各省的投资生态环境得分，获得中国投资生态环境空间分异格局（图7-33），并根据投资生态环境评价的得分情况将中国 31 个省级行政区划分为投资生态环境优秀、良好、一般、较差 4 个等级（表7-9）。投资生态环境优秀的省份是西藏、海南、青海、浙江、北京、广西、福建。投资生态环境良好的省份主要分布在西南、华南地区，包括宁夏、广东、云南、湖北、吉林、四川、江西等。投资生态环境一般的省份主要分布在西北地区，包括甘肃、天津、内蒙古、贵州、陕西、新疆等。投资生态环境较差的省份主要分布在华北地区，包括河南、山西、山东、河北。

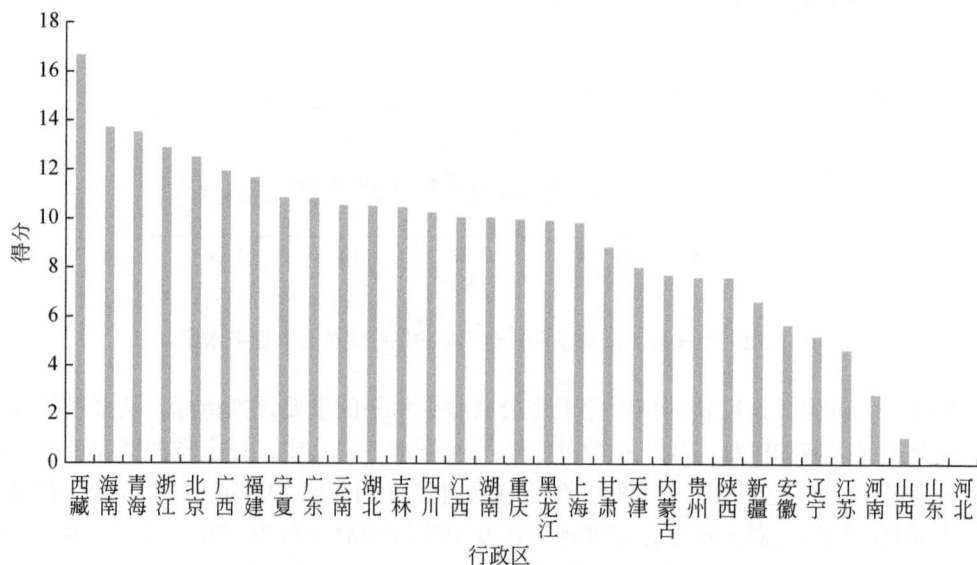

图7-33 中国内部省级行政区投资生态环境分异

表 7-9　中国投资生态环境评价等级

等级	分值	行政区
Ⅰ级：优秀	11 ~ 17	西藏、海南、青海、浙江、北京、广西、福建 7 个行政区
Ⅱ级：良好	9 ~ 11	宁夏、广东、云南、湖北、吉林、四川、江西、湖南、重庆、黑龙江、上海 11 个行政区
Ⅲ级：一般	3 ~ 9	甘肃、天津、内蒙古、贵州、陕西、新疆、安徽、辽宁、江苏 9 个行政区
Ⅳ级：较差	0 ~ 3	河南、山西、山东、河北 4 个行政区

（1）投资生态环境分析

对投资生态环境优秀的行政区域各项生态环境指标进行分析，研究发现，在选取的 31 个省份中：

西藏的投资生态环境排名为中国第一，该地区废水排放总量、二氧化硫排放总量、氮氧化物排放总量、粉烟尘排放总量、工业固废排放总量、生活垃圾清运量均为全国最少，因为该地区经济活动强度低，原真性保持较为完好，污染型产业数量较少，草原总面积、草原面积占辖区的比例、自然保护区面积均为全国第一。西藏在生态环境方面具有绝对优势，是中国湖泊最多的地区，面积广阔，人口稀少，造就了破坏较少的自然生态环境。

海南的生态环境优秀，在中国排第二。海南二氧化硫排放总量、氮氧化物排放总量、烟粉尘排放量、一般固体废物排放量均为全国倒数第二位，仅次于西藏。森林覆盖率排名全国前十，废水排放总量少。近年来，海南在保持旅游产业迅速发展的同时，坚持生态环境保护，坚持"绿水青山就是金山银山"的生态理念，坚持创新、协调、绿色、开放、共享的新发展理念，将海南建成生态文明建设的样板。

青海生态环境在中国排第三，其自然生态系统原真性高，生态系统完整性好，也是中国重要的生态系统保障区。青海是中国湿地面积最大的省份，湿地面积 814.36 万 hm^2，其中自然湿地面积 800.1 万 hm^2。三江源头的青海省在筑牢中国生态安全屏障、保障生态调节中起到关键作用。

浙江生活垃圾清运量在全国排前十，一般工业固体废弃物产生量较少，说明浙江生态治理保障较为完善。长江经济带高质量发展的国家战略引导长三角各省实现经济与生态的协调发展，在保护生态环境的前提下提升经济发展的质量，对于大气环境、水环境等均有提升。

北京投资生态环境在全国排第五，近年来，作为中国首都，北京在空气治理、固体废弃物治理等方面成效显著，其中工业固体废弃物排放量、烟粉尘排放量、二氧化硫排放量、氮氧化物排放量均较少，生态环境逐渐优化。

广西投资生态环境在全国排第六，该地区氮氧化物排放量较少。近年来，广西坚持生态优先，绿色发展，生态环境质量持续向好并保持全国排前列。

福建生态环境排名全国第七，该省二氧化硫及氮氧化物排放控制较好，二氧化硫及氮氧化物排放量均低于全国平均水平。福建省作为首批国家生态文明试验区，生态基础良好，资源环境承载力较强，投资的生态环境优秀。

（2）东北区域投资生态环境分析

从中国各省投资生态环境总体情况来看，中国东北地区处于平均水平，其中吉林和黑龙江评级为良好，内蒙古和辽宁评级为一般，对区域经济发展影响中等，环保行业的投资吸引力较高，同时生态治理设施完善度有着较强的发展潜力。

在国家高度重视"双碳"的发展趋势下，环境–社会–治理（Environmental Social Governance，ESG）投资理念正在逐步升温，ESG 源于全球公众环境保护意识的提升，其关注环境、社会、公司治理绩效，是一种新的价值理念和评价工具，深刻影响实体经济发展的方向。当前，摩根大通数据显示，2020 年底全球广义的 ESG 投资资产规模已经达到约 45 万亿美元。投资者越来越注重企业的生态可持续发展能力，对于投资者而言，地区或者企业漠视环保问题反映出发展与经营理念存在瑕疵，不重视可持续发展和潜在声誉危机。但是环境治理带来的环保产业投资机会也不容忽视。因此，对投资区域进行投资生态环境分析愈发重要。

基于投资生态环境指标特征，分析中国东北地区各投资生态环境指标在全中国的情况，并探讨各指标内部东北四省情况。

废水排放量是指工业、第三产业和城镇居民生活等用水户排放的水量，不包括火电直流冷却水排放量和矿坑排水量。东北地区整体废水排放总量为 646 409 万 t/a，位于第二位，占全国的 9%，仅次于广东，略高于江苏［图 7-34（a）］。废水排放总量情况一定程度上反映了东北地区的工业发展及居民生活水平较高，但是水资源污染问题不容忽视，该区域作为发展整体的废水排放量高于江苏等经济发达省份。随着人民环保意识的提高及国家支持力度的增强，污水治理将成为未来环保工作的重中之重，因此，在投资废水处理方面东北地区具有较大的投资潜力与价值。

东北区域废水排放总量情况如图 7-34（b）所示。其中，辽宁废水排放总量最多，达到 260 045 万 t/a，占到东北地区的 40%，黑龙江、吉林、内蒙古三省份相近，分别为 23%、20%、17%。辽宁客观上由于人口总数为东北地区之最多、经济水平较高、东北老工业基地重工业区基础较好，相应的工业产生废水以及城镇居民生活用水总量较多，但是由于一些工业企业环境保护意识淡薄造成了污水排放较多的局面。虽然辽宁省废水排放存在一定的问题，但是当地政府一直在废水治理方面努力。辽宁在《辽宁省"十四五"生态环境保护规划》中，对排污口规范化建设工程、工业集聚区污水收集处理工程、城镇污水处理设施补短板工程等水污染防治重点工程提出了新的目标。黑龙江的废水排放总量为 148 595 万 t/a，黑臭水体整治工作存在明显短板。作为投资者，关注区域废水排放情况可以一定程度上对投资区可持续发展能力评估进行参考。

二氧化硫排放量指标表示报告期内工业二氧化硫排放量与生活二氧化硫排放量之和。工业二氧化硫排放量表示报告期内企业在燃料燃烧和生产工艺过程中排入大气的二氧化硫总量。生活二氧化硫排放量表示除工业生产活动以外的所有社会、经济活动及公共设施的经营活动中燃煤所排放的二氧化硫。

东北地区整体二氧化硫排放量居于首位，达到 301.89 万 t/a，占全国的 16%，约为第二名山东的两倍，远高于全国平均水平（图 7-35）。二氧化硫的主要来源分天然污染源和人为污染源，在本研究中主要统计人为污染源，包括矿物燃料燃烧、金属冶炼、石油生产、化工生产和采矿等。二氧化硫的污染属于低浓度长期污染，对生态环境是一种

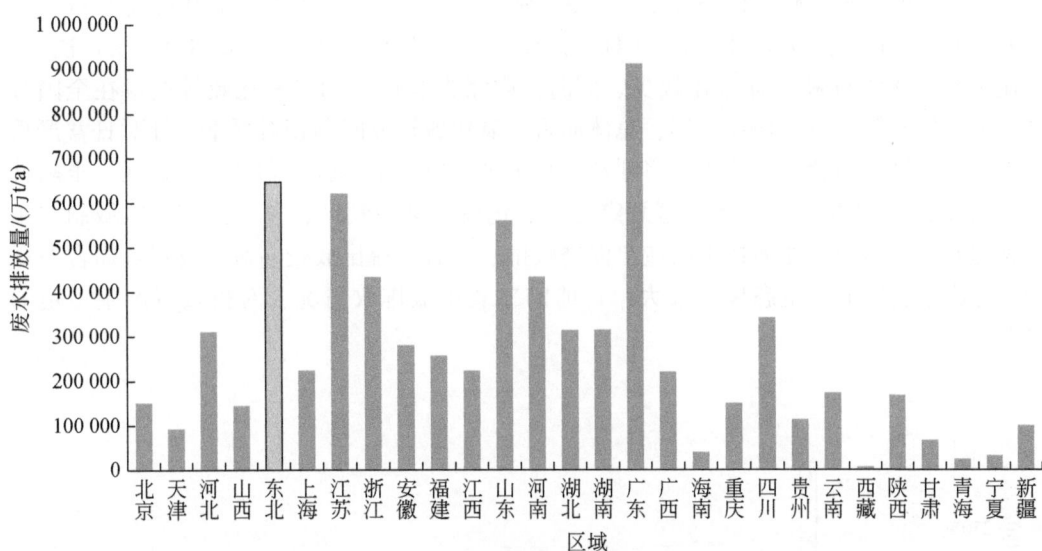

(a)中国其他各省份废水排放情况

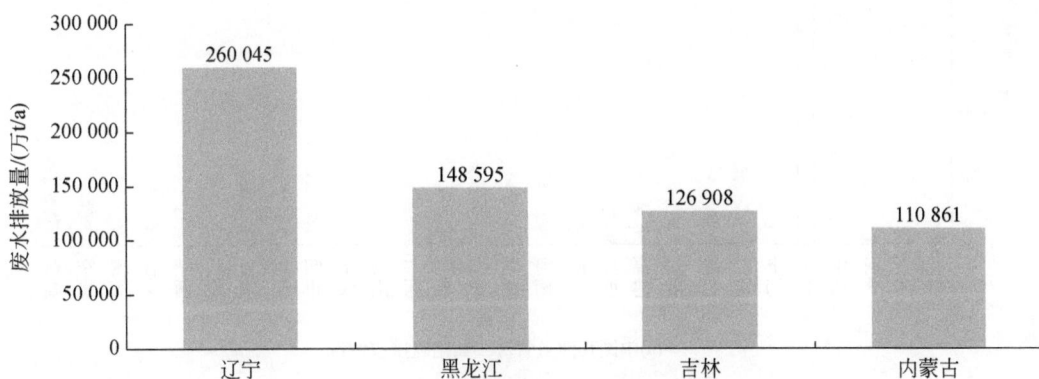

(b)东北区域废水排放情况

图 7-34   废水排放情况

慢性叠加性长期危害，它已经对自然生态平衡、人类健康、工农业生产、建筑物、材料等方面造成一定程度的危害。因此，二氧化硫排放不仅对生态环境造成破坏，同时对社会经济环境影响显著，地区二氧化硫排放量也是投资者关注投资生态环境的重要指标。

多重区位优势以及工业基础还有冬季供暖期长造成了东北地区二氧化硫排放较多的现状。东北地区能源储量丰富，内蒙古金属冶炼行业相对发达，环渤海地区以及辽源、松原、鹤岗等以木材加工和煤电为核心产业发展的城市，能源基础原材料产业比例的上升促进了地区工业二氧化硫排放的增加。随着东北老工业基地振兴相关政策的实施，东北地区各个地市工业经济取得长足进展，同时因为工业技术的进步以及政府行之有效的节能减排措施，促进了工业二氧化硫排放的降低，整体呈现"绿色转型"态势。虽然东北地区在未来很长一段时间内仍将为二氧化硫重要排放区域，但是随着控制方法的不断掌握、管控力度的不断加深，相信二氧化硫排放部分的投资生态环境前景会不断向好。

东北区域二氧化硫指标情况如图 7-35 所示。其中，内蒙古的二氧化硫排放量最高（123.09 万 t/a），达全东北地区的 41%；辽宁二氧化硫排放量（96.88 万 t/a）次之，占比 32%；黑龙江和吉林占比较少。同时，内蒙古和辽宁的二氧化硫排放量在全国分别是第二位与第六位，均在前列，总体而言二氧化硫排放问题相对严重。针对日益严重的二氧化硫排放问题，内蒙古已将呼和浩特市区、包头市市区（包括石拐矿区、土默特右旗）、乌海市市区、赤峰市市区划定为二氧化硫污染控制区，并要求相应区域制定用煤管理的各项制度，加强技术改造，促进减排。二氧化硫排放较多对于投资者而言投资的生态成本会增加，生态风险较大，目前的二氧化硫排放情况会对投资者产生一定的参考。

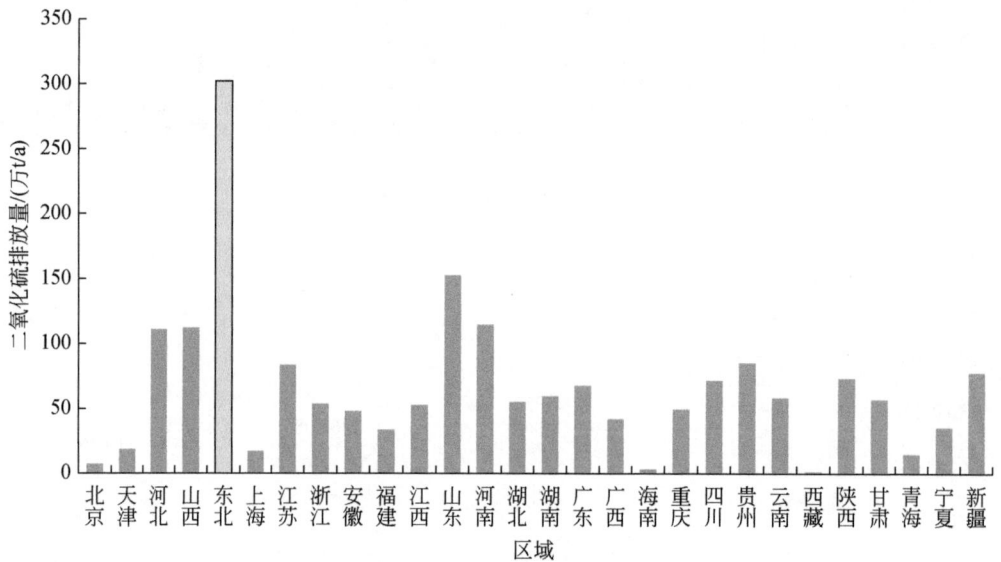

(a)中国其他各省份二氧化硫排放情况

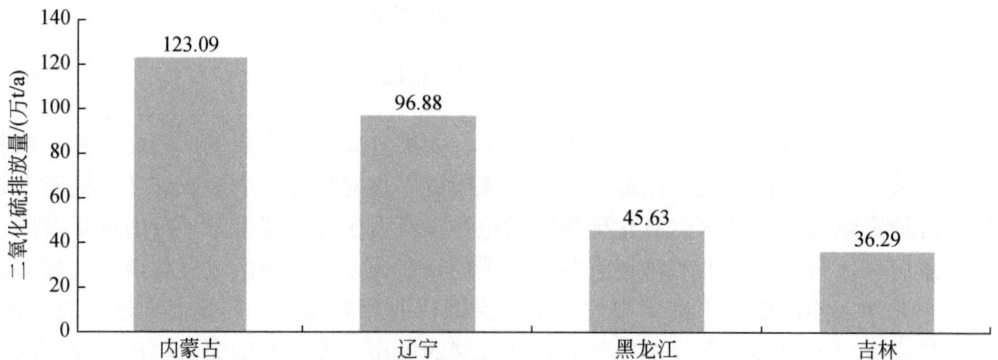

(b)东北区域二氧化硫排放情况

图 7-35　二氧化硫排放情况

氮氧化物排放量指计算期内工业、城镇生活、机动车、集中式污染治理设施的氮氧化物排放总量。氮氧化物作为一次污染物本身会对人体健康产生危害，被吸入人体后与水结合成硝酸，引起咳嗽、气喘，甚至肺气肿和心肌损伤，同时它也是影响空气质量及区域酸沉降的重要因素。氮氧化物排放是大气污染的重要指标之一，展现了区域内大气生态环境情况。同样地，其也是投资者考虑的重要投资生态环境指标。

东北地区氮氧化物排放总量共311.36万t/a，占全国的17%，位于首位，比第二位山东高9个百分点，并且高于二氧化硫排放全国占比，说明氮氧化物污染较为严重，需要得到投资者的关注。自然空气中的氮氧化物主要是天然源，但城市大气中的氮氧化物大多来自燃料燃烧，即人为源，如汽车等流动源，工业窑炉等固定源。与二氧化硫排量较多的原因相似，东北地区由于自身资源本底以及优势工业等原因，氮氧化物总排放较多。但是近年来，随着污染物排放标准的严格控制以及除尘装置的普及和脱硫装置的增加，东北地区二氧化硫的增长趋势有所减缓，投资生态环境在不断完善。

东北区域氮氧化物指标情况如图7-36所示。其中，内蒙古的氮氧化物排放量为113.9万t/a，占比最高；辽宁二氧化硫排放量次之，为82.81万t/a；黑龙江和吉林占比较少。同时，内蒙古和辽宁的氮氧化物排放量分别是全国的第四位与第八位，均在全国前列，总体分布情况和二氧化硫排放接近，大气污染问题相对严重。近年来，东北地

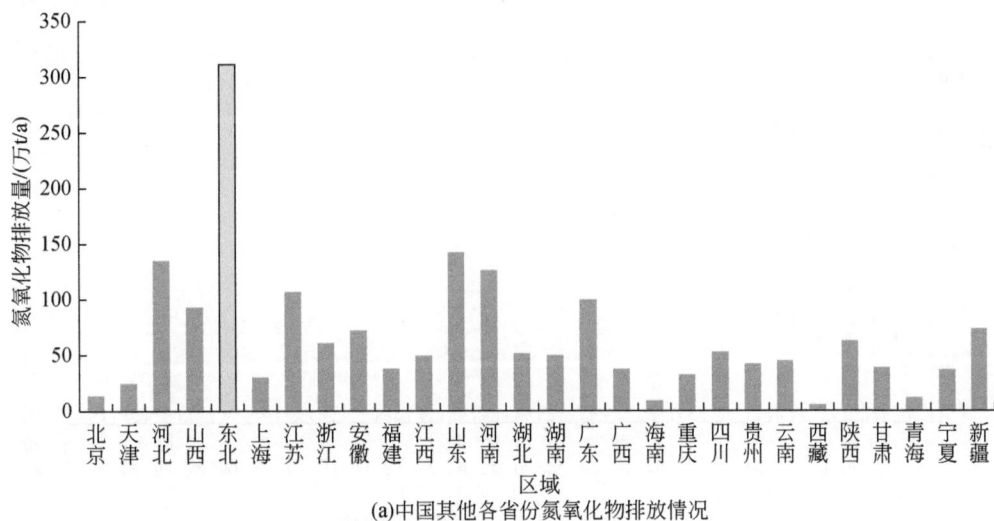

(a)中国其他各省份氮氧化物排放情况

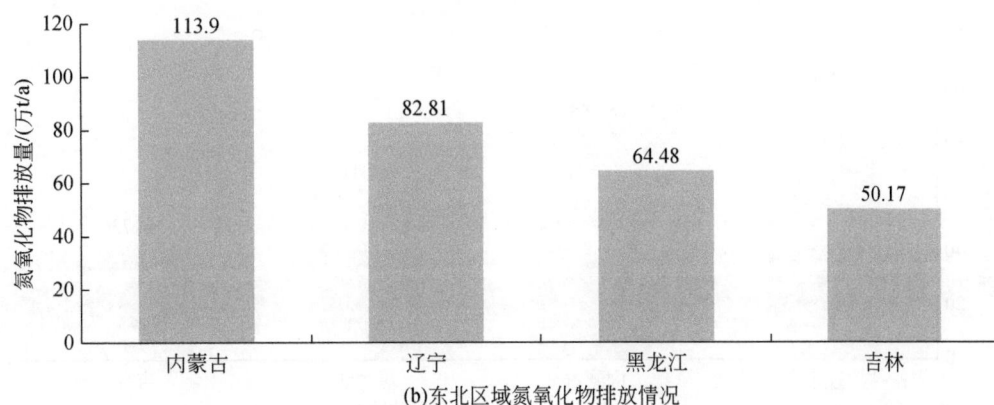

(b)东北区域氮氧化物排放情况

图7-36　氮氧化物排放情况

区通过重点抓好水泥、焦化等行业及工业锅炉、窑炉和移动源监管的方式，努力持续降低氮氧化物排放量。氮氧化物的排放对空气产生了污染，对投资生态环境起到了负面作用。但是从政府为了节能减排保障蓝天的行动方面，对于投资者来说，减少污染排放的环保项目投资是一个较大的发展机遇。

工业烟（粉）尘排放量指标表示报告期内企业在燃料燃烧和生产工艺过程中排入大气的烟尘及工业粉尘的总质量之和，同样也是大气污染的重要组成部分。东北地区的总工业烟（粉）尘排放量为 297.02 万 t/a，排放总水平较高。东北地区由于冬季供暖期较长，供暖产生的烟尘排放污染较为严重，使东北冬季持续出现重污染天气。据原环境保护部（现生态环境部）统计数据，仅 2016 年 10 月就有 39 家企业大气污染物排放数据异常、涉嫌超标，涉及沈阳、大连、长春、哈尔滨等。粉尘超标带来的大气污染问题对投资生态环境存在副作用，不利于投资者在东北投资活动的进行。

东北区域区工业烟（粉）尘排放量指标情况如图 7-37 所示。其中，辽宁的烟（粉）尘排放量占比最高，达 100 万 t/a；内蒙古烟（粉）尘排放量次之，为 87.88 万 t/a；黑龙

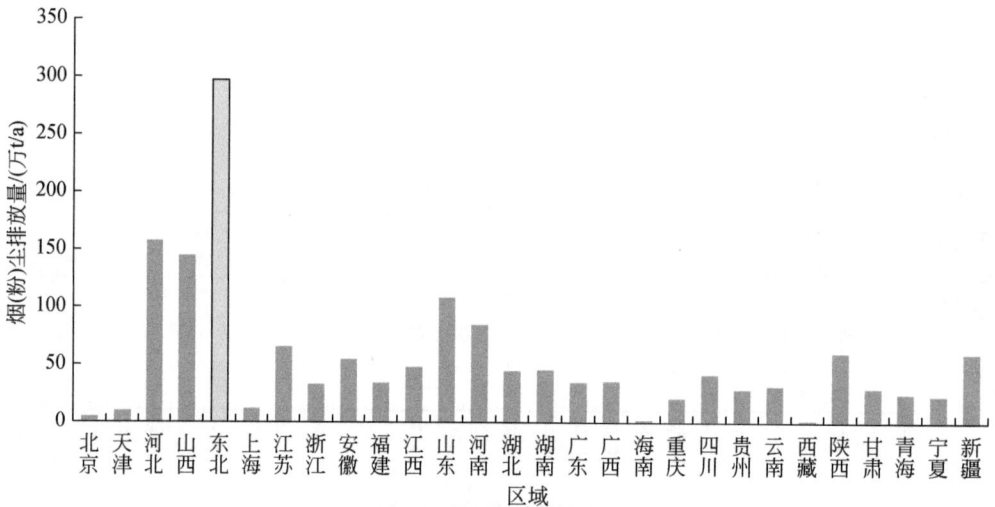

(a)中国其他各省份烟(粉)尘排放情况

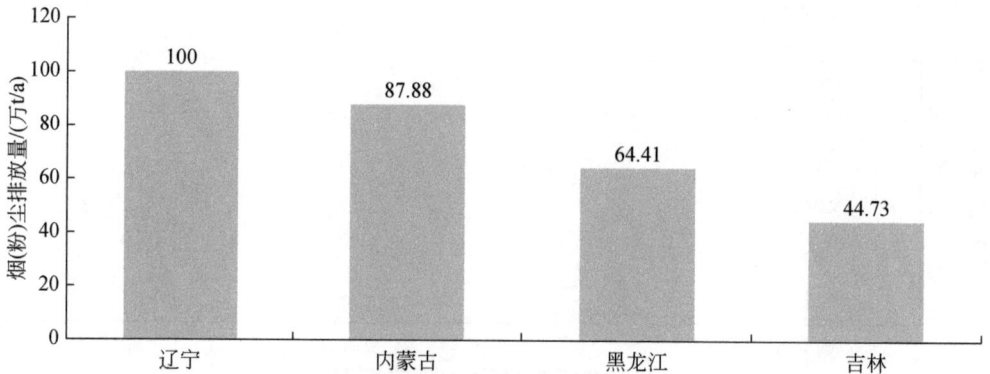

(b)东北区域烟(粉)尘排放情况

图 7-37　烟（粉）尘排放情况

江处于第三位，吉林最少。同时，辽宁、内蒙古和黑龙江的烟（粉）尘排放量均位于全国前十位，分别为第4、第5和第8。在辽宁省控制扬尘排放已成为空气污染治理的重点之一，环境保护厅（现生态环境厅）印发《施工及堆料场地扬尘排放标准》（DB21/2642—2016），通过定量排放标准来对场地扬尘污染进行控制，促进施工及堆料场地环保水平提升，进而改善大气环境质量。在对供暖粉尘问题的解决方面，东北地区也在做出自己的努力。例如，黑龙江推进传统燃煤供暖向清洁供暖转型，2021年年底清洁取暖率达到70.2%，随之而来的是空气环境质量的不断改善。这样积极的生态环境变化也会向投资者释放出一系列积极的信号，增强投资者的投资信心。

一般工业固体废物产生量指未被列入《国家危险废物名录》或者根据国家规定的危险废物鉴别标准（GB 5085）、固体废物浸出毒性浸出方法（GB 5086）及固体废物浸出毒性测定方法（GB/T 15555）鉴别方法判定不具有危险特性的工业固体废物产生总量。一般工业固体废弃物属于工业污染物的一种，同样是衡量地区生态投资环境的重要指标之一。东北地区整体一般工业固废产生量较多，达到71 983万t/a，均值在各省份中也达到了较高的水平。东北作为老工业基地，以冶金、建材、煤炭、石油、电力、化工等行业为主导产业，这些行业高消耗、高排放，造成了工业固体废物产生量大的现状。该现象产生的原因大致有三：①设备陈旧、工艺技术落后、管理不当；②以资源粗加工为主工业比例较大；③工业生产中缺乏有效产业循环链条，很难实现资源二次分配和利用。

固废增加了环境治理的难度，但是对投资者而言，百亿级固废市场空间释放，东北地区在环保领域具有较强的发展潜力。近年来，东北地区的环保类项目大幅增加，环保需求释放速度加快。2020年，辽宁成立固废产业技术创新研究院，针对辽宁省尾矿、冶金废渣、城镇生活垃圾等固废所造成的环境污染问题，依托东北大学优势学科资源，集成整合各方创新力量，研发固废资源化利用关键技术，壮大资源循环利用产业规模，大幅提高资源利用效率，以新发展理念引领辽宁固废资源利用产业转型升级。2019年黑龙江省将61个固废治理项目打包招商，总规划投资额达84.76亿元。

东北四省区一般工业固废产生量指标情况如图7-38所示。其中，辽宁的一般工业固废产生量最高，达32 434万t/a，全国排第二；内蒙古一般工业固废产生量全国排第四。对投资者而言，辽宁、内蒙古固废环保领域具有较大的投资潜力。

生活垃圾清运量指报告期收集和运送到各生活垃圾处理厂（场）和生活垃圾最终消纳点的生活垃圾数量。生活垃圾指城市日常生活或为城市日常生活提供服务的活动中产生的固体废物以及法律行政规定的视为城市生活垃圾的固体废物。从数据可以看出，东北四省区生活垃圾清运量总体量约与广东省相当，约有2275.6万t/a。

随着经济的发展，城镇化进程不断推进，我国垃圾产生量和清运量逐年增长，但垃圾清运量仍远低于垃圾产生量。我国经济发达地区城镇化进程快，人口聚集，广东省垃圾无害化处理量规模最大，然而东北地区生活垃圾处理量和处理率普遍处于较低水平，多地生活垃圾处理规划项目建设滞后，存量填埋设施已经成为生态环境新的风险点。虽然生活垃圾不足会对投资环境产生负面影响，但是国家出台的一系列有利于垃圾处理行业发展的政策也同时带来新的投资机遇。

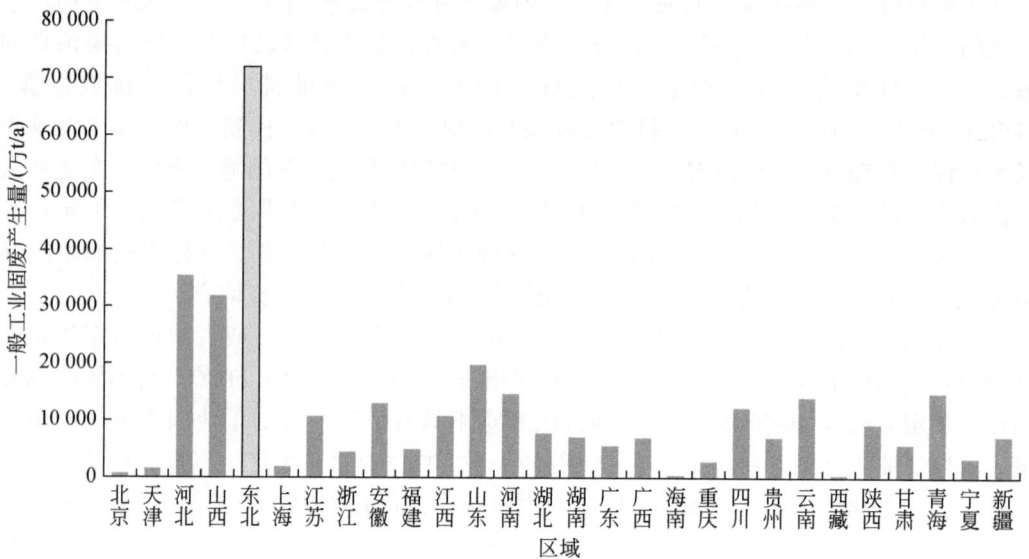

(a)中国其他各省份一般工业固废产生情况

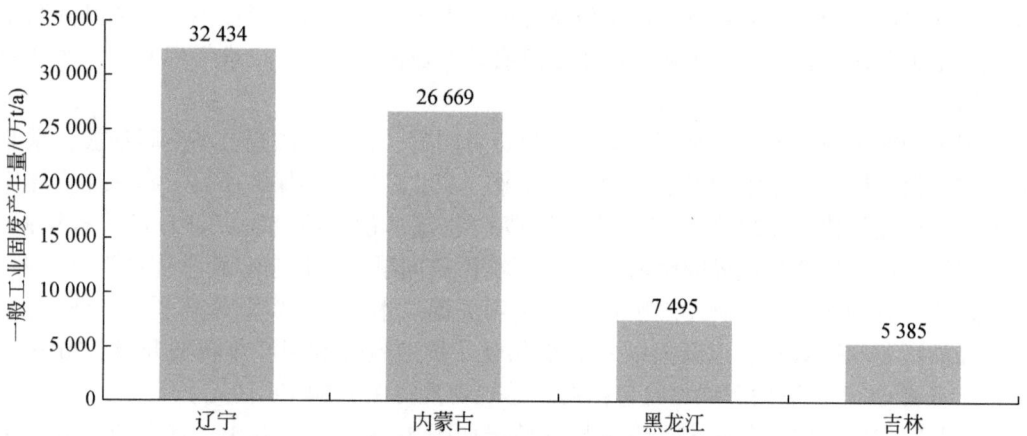

(b)东北区域一般工业固废产生情况

图 7-38　一般工业固废产生量情况

东北四省区生活垃圾清运量指标情况如图 7-39 所示。其中，辽宁的生活垃圾清运量为 933.2 万 t/a，达全东北地区的 41%，同时全国排第五；黑龙江、吉林生活垃圾清运量次之，分别为 523.0 万 t/a 和 490.3 万 t/a。面对严重的生活垃圾污染问题，辽宁省住房和城乡建设厅将"持续推进垃圾分类和减量化、资源化"的目标写进了 2022 年的生态环境保护工作计划的目标中。在减污降碳协同增效的背景下，东北各地区也积极响应，推进垃圾分类处理系统建设，推进垃圾资源化处理产业发展。例如，辽宁省沈抚改革创新示范区管理委员会规划建设和生态环境局发布 2~6 月政府采购意向，其中生活垃圾分类储运及资源化处置一体化 PPP 项目，预算约 1.98 亿元。东北地区在垃圾资源化处理方面有着较大的发展潜力。

中国各省森林覆盖率情况如图 7-40 所示。森林覆盖率指以行政区域为单位的森林

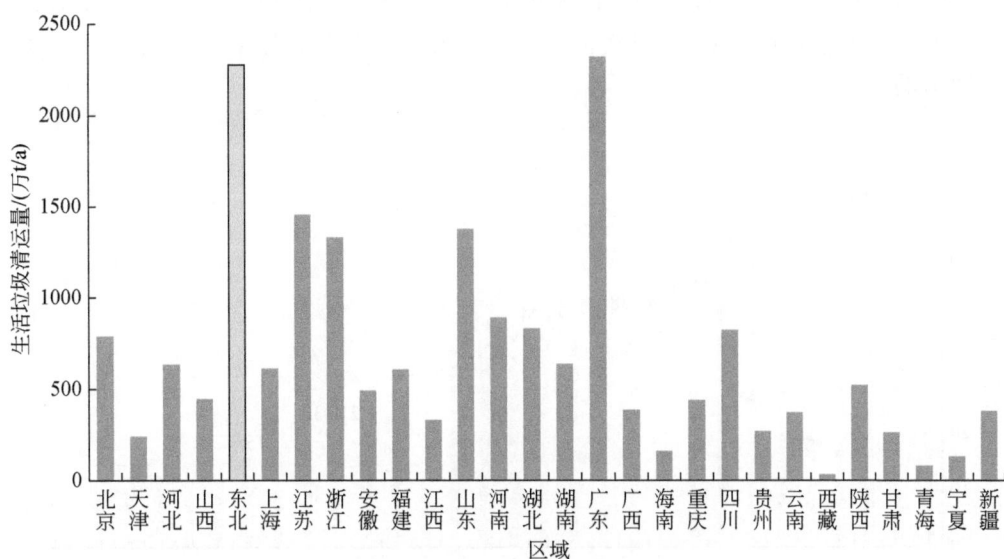

(a)中国其他各省份生活垃圾清运情况

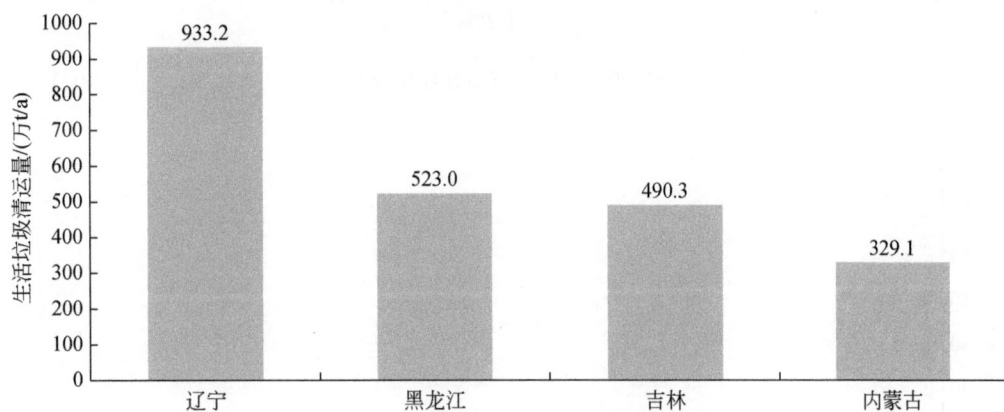

(b)东北区域生活垃圾清运情况

图 7-39 生活垃圾清运情况

面积占区域土地总面积的比例，反映出一个地区的森林覆盖情况，是地区生态环境的重要指标之一，同时也对投资生态环境产生重要影响。但是由于区域所处的位置不同、水热条件不同，所以评判结果具有相对性。

在东北区域，黑龙江、吉林以及辽宁森林覆盖率较高，均在40%左右，这是由于三地处于平原丘陵地区，适宜森林生长。内蒙古森林覆盖率较低，因为内蒙古大部分区域位于内蒙古草原上，土地覆被以草地为主。因此，从土地覆被角度考虑投资生态环境需要因地制宜。

中国各省湿地面积占辖区面积比例如图 7-41 所示。湿地指天然或人工、长久或暂时性的沼泽地、泥炭地或水域地带，包括静止或流动的淡水、半咸水、咸水体，低潮时水深不超过 6m 的水域，以及海岸地带的珊瑚滩和海草床、滩涂、红树林、河口、河流、淡水沼泽、沼泽森林、湖泊、盐沼及盐湖。东北四省区中，黑龙江湿地面积占比最大，达到 11.31%。辽宁湿地面积占比为 9.42%，四个省份中排在第二位，辽宁有较长的海岸线，从而带来了丰富的湿地资源。吉林和内蒙古湿地面积占比较少，均在 5% 左右（图 7-41）。

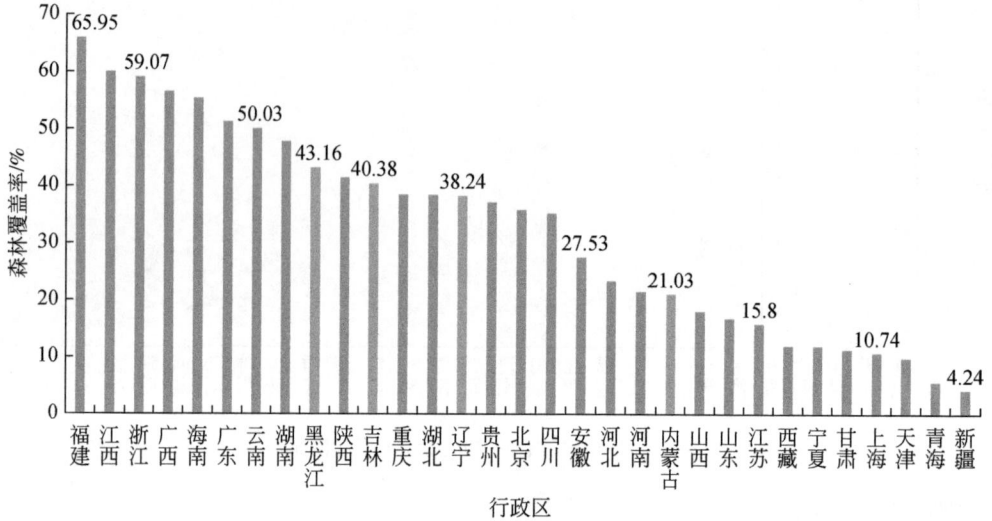

图 7-40　中国各省份森林覆盖率

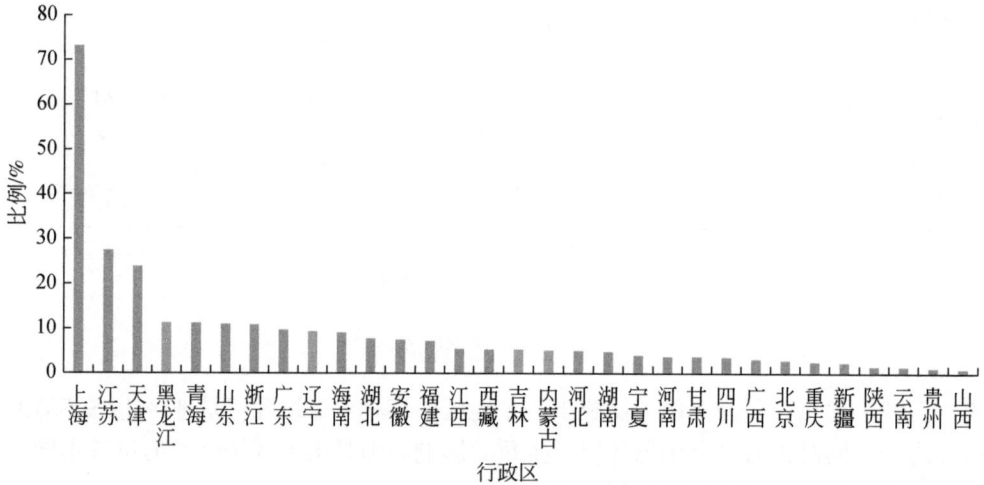

图 7-41　湿地面积占辖区面积比例

　　湿地具有多种功能，包括保护生物多样性、调节径流、改善水质、调节小气候、提供食物及工业原料、提供旅游资源等。湿地带来适宜发展的生态环境，还可以催生多产业的发展，对投资者具有较高的吸引价值。

　　中国各省草原面积占辖区面积比例如图 7-42 所示。草原指生长草本植物为主的土地。中国是世界上草原资源最丰富的国家之一，草原总面积将近 4 亿 hm²，占全国土地总面积的 40%。东北地区拥有中国五大草原区之一的东北草原区，包括黑龙江、吉林、辽宁三省的西部和内蒙古的东北部，面积约占全国草原总面积的 2%。丰富的草地资源为第一产业发展提供充足的资源条件。东北四省中，内蒙古草原规模最大，占辖区面积的 66.0%；吉林草原面积次之，占辖区面积的 31.16%；辽宁草原面积占比 22.89%；黑龙江草原面积占比最小，约为辖区面积的 16.56%。东北四省区丰富的草地资源对外来投资者是一个强有力的吸引。

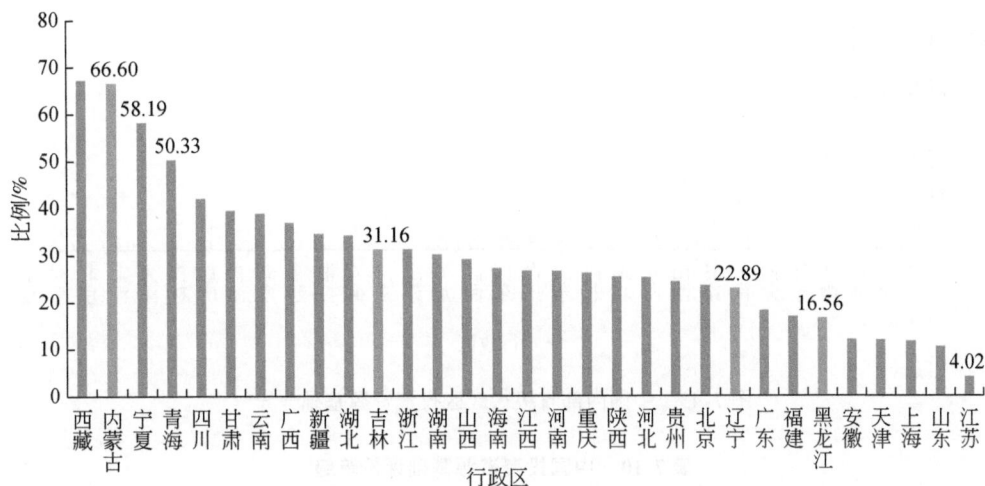

图 7-42　草原面积占辖区面积比例

总体来说，在投资生态环境方面，东北四省区整体环境相对不利，存在较重的废水、废气、粉尘以及固废等环境污染问题，对投资环境造成一定的负面影响。但是同时危险与机会共存，该地区环保产业在迅速发展，对投资者而言，此方面具有广阔的投资前景。

7.1.3.4　投资资源基础

投资资源条件决定了投资方向与潜力，是各国投资需要考虑的重要因素。尤其在世界资源短缺的背景下，资源禀赋决定了一个国家发展的前景，是国家或地区持久竞争优势的源泉。资源丰富的国家和地区具备发展优势，能够充分利用本国或本区域的资源，而资源禀赋欠佳的国家和地区存在资源短板，在发展中受到很大限制，因此为了得到发展机会，资源禀赋欠佳的国家或地区需要从别国或地区进口资源。而资源储备充足的区域成为各国开展重要投资的优先考虑区域，也是投资潜力巨大的区域。根据 ESE-PRT 模型，计算中国各省份的投资资源基础得分，获得中国投资资源基础空间分异格局（图 7-43），并根据投资资源基础评价的得分情况将选取的中国 31 个省级行政区划分为投资资源基础优秀、良好、一般、较差 4 个等级（表 7-10）。投资资源基础优秀的省份是内蒙古、四川、广西、新疆。投资资源基础良好的省份主要分布在辽宁、西藏、云南、甘肃、山西等。投资资源基础一般的省份包括黑龙江、江苏、河南、安徽、浙江。投资资源基础较差的省份包括福建、湖南、青海等。

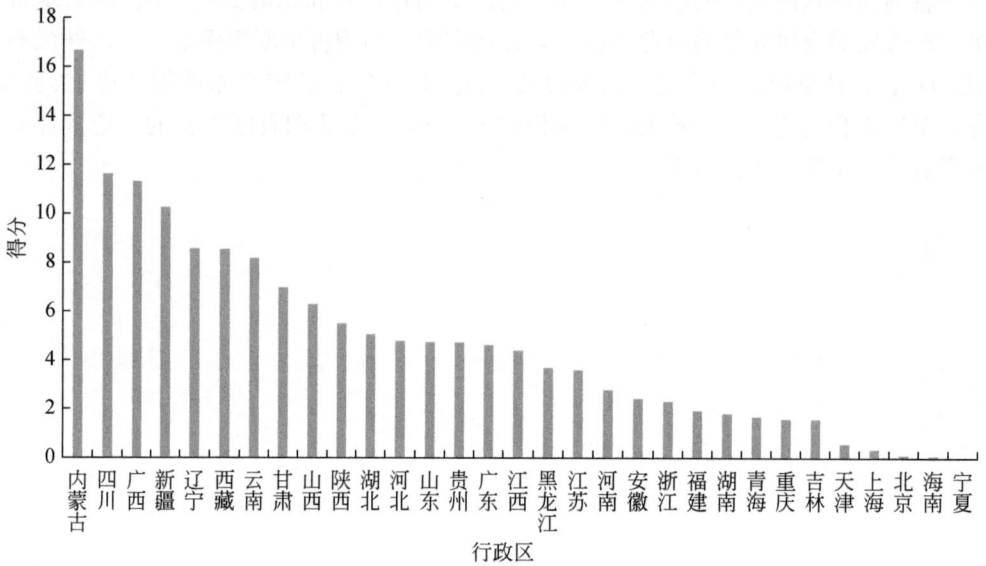

图 7-43　中国内部省级行政区投资资源基础分异

表 7-10　中国投资资源基础评价等级

等级	分值	行政区
Ⅰ级：优秀	10~17	内蒙古、四川、广西、新疆 4 个行政区
Ⅱ级：良好	4~10	辽宁、西藏、云南、甘肃、山西、陕西、湖北、河北、山东、贵州、广东、江西 12 个行政区
Ⅲ级：一般	2~4	黑龙江、江苏、河南、安徽、浙江 5 个行政区
Ⅳ级：较差	0~2	福建、湖南、青海、重庆、吉林、天津、上海、北京、海南、宁夏 10 个行政区

（1）投资资源基础分析

对投资资源基础优秀的行政区域各项资源基础指标进行分析，研究发现，在选取的 31 个省份中：

内蒙古投资资源基础排名中国第一，内蒙古铅矿资源储量 593.2 万 t，锌矿储量 1248.5 万 t，居于中国第一位，铜矿资源储量为 421.2 万 t，居于中国第二位（图 7-44）。该区域拥有丰富的矿产资源，未来在优化开采模式、降低生态损伤的前提下，具有较大的开发利用潜力。

四川的投资资源基础排名为中国第二，该地区天然气资源储量为 12 654.5 亿 m³，排名中国第一位，钒矿、原生钛铁矿和硫铁矿资源储量分别为 553.8 万 t、19 157.1 万 t 和 38 052.9 万 t，居全国第一位。四川钛资源储量占世界资源总储量的 80% 以上，钒资源储量占世界资源总储量的 30% 左右；锂矿、芒硝等 11 种矿产资源储量均居全国前列。同时，四川矿产资源分布相对集中，从而具备建设综合性矿物原料基地的条件。四川西南部是中国冶金基地之一，具有有色金属与稀土资源的优势。

广西投资资源基础排名中国第三，广西矿产资源种类多、储量大，其中铝、锡等有色金属最为丰富，是全国10个重点有色金属产区之一。广西水资源量2433.6亿 m³；锰矿资源储量为14 019.5万 t，居于中国第一位；铝土矿资源储量为48 722.3万 t，居中国第一位；高岭土资源储量为31 925.5万 t，居于中国第一位；钒矿资源储量171.5万 t，居于中国第二位。

新疆投资资源基础排名中国第四，新疆水资源量极为丰富，人均水资源量居全国前列，同时矿产资源种类多、储量大。石油、天然气、煤、金等蕴藏丰富。新疆油气资源勘探的潜力巨大，远景可观。

（2）东北区域投资资源基础分析

内蒙古投资资源基础排名中国第一，得益于其丰富的矿产资源，内蒙古是中国发现新矿物最多的省区。自1958年以来，中国获得国际上承认的新矿物有50余种，其中10种发现于内蒙古，包括钡铁钛石、包头矿、黄河矿、索伦石、汞铅矿、兴安石、大青山矿、锡林郭勒矿、二连石、白云鄂博矿等矿物。包头白云鄂博矿山是世界上最大的稀土矿山。截至2015年底，内蒙古自治区保有资源储量居全国之首的有17种、居全国前3位的有43种、居全国前10位的有85种。内蒙古自治区稀土查明资源储量居世界首位；全区煤炭累计勘查估算资源总量8518.80亿 t，其中查明的资源储量为4220.80亿 t，预测的资源量为4298.00亿 t。全区煤炭保有资源储量为4110.65亿 t，占全国总量的26.24%，居全国第一位；全区金矿保有资源储量金688.86t，银48 817t；铜、铅、锌3种有色金属保有资源储量共5041.18万 t。

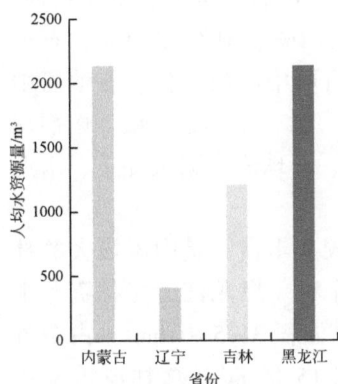

(a)人均水资源量

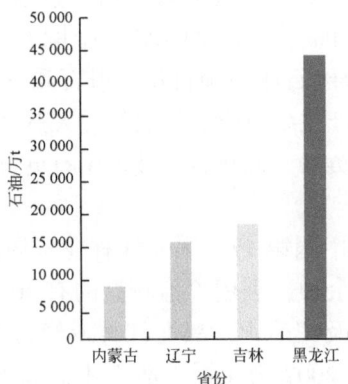

(b)石油

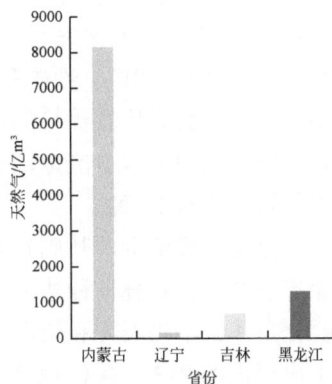

(c)天然气

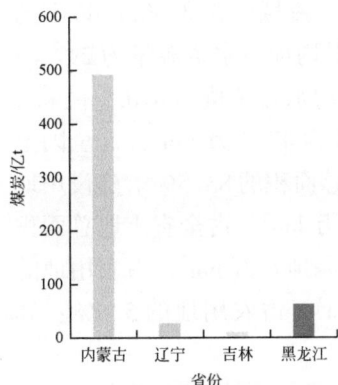

(d)煤炭

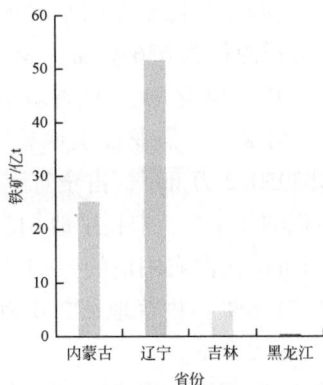

(e)铁矿

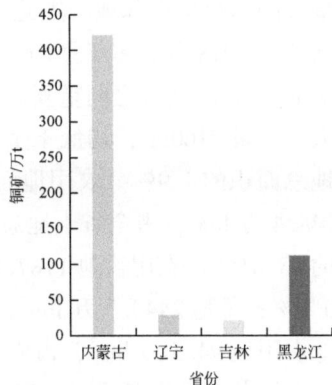

(f)铜矿

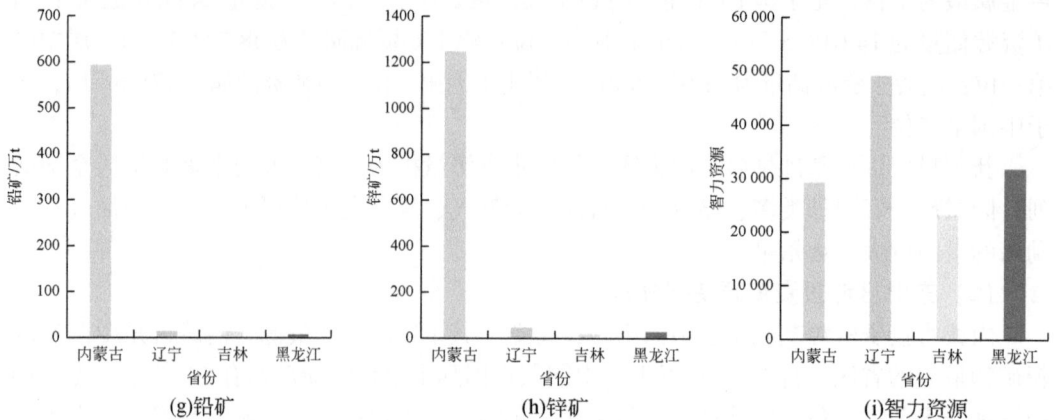

图 7-44　东北地区资源基础各项指标

辽宁投资资源基础排名中国第 5，辽宁处于环太平洋成矿带北缘，地质成矿条件优越，矿产资源丰富，已发现各类矿产 110 种，其中已获得探明储量的有 66 种（不含石油、天然气、煤层气、放射性矿产、地下水和矿泉水），矿产地 672 处。对国民经济有重大影响的 45 种主要矿产中，辽宁省有 36 种 620 处矿产地。辽宁的菱镁矿是世界上具有优势的矿种，质地优良、埋藏浅，保有资源量 25.6 亿 t，分别约占中国和世界的 85.6% 和 25%，在中国具有优势的矿产还有硼、铁、金刚石、滑石、玉石、石油 6 种。保有资源量全国占比硼矿 56.4%、铁矿 24.0%、金刚石 51.4%、滑石 20.1%、石油 7.9%，其中，硼矿、铁矿和金刚石居中国首位，滑石和玉石居中国第二位，石油居中国第四位。具有比较优势的矿产主要有煤、煤层气、天然气、锰、钼、金、银、熔剂灰岩、冶金用白云岩、冶金用石英岩、硅灰石、玻璃用石英石、珍珠岩、耐火黏土、水泥用灰岩、沸石 16 种。

黑龙江投资资源基础排名中国第 17，黑龙江林业资源较为丰富，是中国最大的林业省份之一，森林树种达 100 余种，利用价值较高的有 30 余种。黑龙江天然林资源主要分布在大小兴安岭和长白山及完达山。黑龙江林业经营总面积 3175 万 hm²，占全省土地面积的 2/3，有林地面积 2007 万 hm²，活立木总蓄积 15 亿 m³，森林覆盖率达 43.6%，森林面积、森林总蓄积和木材产量均居全国前列，是国家最重要的国有林区和最大的木材生产基地。黑龙江水资源总量低于全国平均水平，流域面积在 50km² 以上的河流有 1918 条，多年平均地表水资源量为 686 亿 m³，多年平均地下水资源量为 297.44 亿 m³，扣除两者之间重复计算量 173.14 亿 m³，全省多年平均水资源量为 810.3 亿 m³，人均水量 2160m³，均低于全国平均水平。黑龙江土地总面积为 47.3 万 km²，占全国土地总面积的 4.9%。农用地面积 3950.2 万 hm²，占全省土地总面积的 83.5%。建设用地 148.4 万 hm²，占全省土地总面积的 3.1%。未利用地 615.5 万 hm²，占全省土地总面积的 13.01%。农用耕地 1187.1 万 hm²，占农用地的 30.1%；园地 6 万 hm²，占农用地的 0.2%；林地 2440.3 万 hm²，占 51.6%；牧草地 222.4 万 hm²，占农用地的 5.6%；其他农用地 94.5 万 hm²，占农用地的 2.4%。

黑龙江作为资源型大省，是国家重要的能源工业基地，是主煤炭调出省之一。其中，东部地区为优质煤炭产区，有鸡西、鹤岗、双鸭山及七台河四大煤矿，是中国煤油焦煤的重要产区之一，有中国最大的油田——大庆油田。截至2015年底，黑龙江共发现各类矿产135种，其中已查明资源储量的矿产有84种，占全国2013年已查明229种矿产资源储量的36.68%。

独特地理位置造就了黑龙江丰富的冰雪旅游资源，作为我国纬度最高、气候最寒冷、冰雪资源最丰富的地区，黑龙江冰雪旅游发展潜力巨大，黑龙江冰雪期长、降雪量大，是全国"冰+雪"资源空间赋存条件最好的省份，春季滑雪和漠河寒极滑雪在全国具有绝对竞争优势。

吉林投资资源基础排名中国第26位，吉林的投资资源基础较为薄弱，在东北地区排名末位，属于能源资源欠丰富地区，这给吉林直接投资造成了巨大的障碍。主要原因是吉林属于中度缺水地区，其中辽源、松原属重度缺水区，长春、四平属极度缺水区，长春、四平、松原、白城还属于生态缺水区。从当前和未来社会经济的发展看，吉林水资源供需形势不容乐观。同时，吉林能源自给能力严重不足，对外依存度逐年上升，每年都需从黑龙江、内蒙古等省区大量调入能源。

7.1.3.5　投资政策环境

投资政策环境代表着地区受优惠程度，有利于企业开展经营活动。根据ESE-PRT模型，计算中国各省的投资政策环境得分，获得中国投资政策环境空间分异格局（图7-45），并根据投资政策环境评价的得分情况选取中国31个省级行政区划分为投资政策环境优秀、良好、一般、较差4个等级（表7-11）。投资政策环境优秀的省份主要集中在东南沿海省份及北京，包括广东、北京、上海、浙江、福建。投资政策环境良好的省份主要分布在华中及西南省区，包括重庆、天津、辽宁等。投资政策环境一般的省包括江西、河南、贵州等。投资政策环境较差的省份包括吉林、山西。

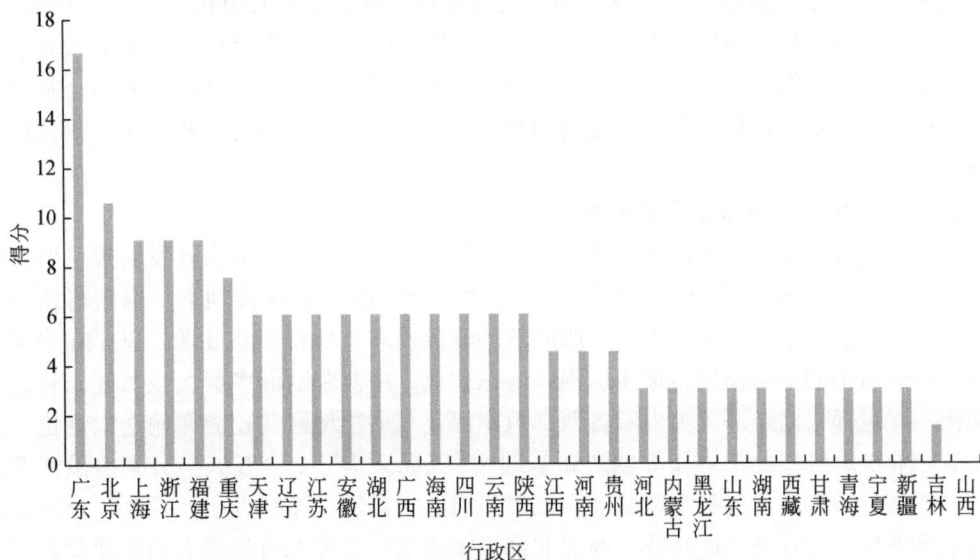

图7-45　中国内部省级行政区投资政策环境分异

表 7-11　中国投资政策环境评价等级

等级	分值	行政区
Ⅰ级：优秀	9～17	广东、北京、上海、浙江、福建 5 个行政区
Ⅱ级：良好	6～9	重庆、天津、辽宁、江苏、安徽、湖北、广西、海南、四川、云南、陕西 11 个行政区
Ⅲ级：一般	3～6	江西、河南、贵州、河北、内蒙古、黑龙江、山东、湖南、西藏、甘肃、青海、宁夏、新疆 13 个行政区
Ⅳ级：较差	0～3	吉林、山西 2 个行政区

（1）投资政策环境分析

对投资政策环境优秀的区域进行分析，研究发现，在选取的 31 个省份中：

广东的投资政策环境中国排名第一。在政策评价体系中，"一带一路"倡议、粤港澳大湾区政策、泛珠三角政策、东部率先发展政策、海峡两岸经济区发展规划等政策均惠及广东，并且广东有 1 个自由贸易区，6 个保税区，分别为沙头角、盐田港、广州、珠海、汕头、深圳福田，因此广东是中国政策惠及度最高的省份。

北京作为首都城市，在政策评价体系中处于优势地位，并且京津冀协同发展战略等将进一步促进北京发展。

上海投资政策环境中国排名第三，"一带一路"倡议、长江经济带发展的国家战略、东部率先发展战略、长三角一体化发展等战略极大地促进了上海的发展，作为中国直辖市之一，上海对外开放程度较高，上海市自由贸易试验区的设立更是给上海投资政策带来了极大的便利和优惠。

浙江投资政策环境中国排名第四，长三角一体化发展的国家战略，海峡西岸经济区发展规划等政策均惠及该省。位于浙江省的宁波保税区于 1992 年经国务院批准设立，享有"免税、保税、免证"等特殊政策，为企业投资提供了极大便利。

福建投资政策环境中国排名第五，"一带一路"倡议、深化泛珠三角发展政策、东部率先发展政策、海峡西岸经济区发展规划政策惠及该省。作为东部沿海省份，福建自由贸易试验区及福州保税区使得福建省对外开放程度高，对外贸易优势突出，投资政策优势明显。

（2）东北地区投资政策环境分析

内蒙古投资政策环境中国排名第 21，"一带一路"倡议、西部大开发政策、西部陆海新通道总体规划等政策均惠及内蒙古。在"一带一路"倡议推动下，内蒙古作为向北开放的重要桥头堡，立足俄蒙、放眼欧亚的开放发展优势将不断显现，口岸在中蒙俄陆海联运通道中的枢纽作用将逐步增强，与东北亚、中亚和欧洲多层次经贸往来将进一步深化。呼包鄂银榆经济区为内蒙古西部口岸深化与周边地区共建能源输送大通道、提升能源产业链跨区域分工协作等创造新基础，"五纵三横"（"五纵"分别为黑河至港澳、二连浩特至湛江、包头至防城港、临河至磨憨、额济纳至广州，"三横"分别为绥芬河至满洲里、珲春至二连浩特、西北北部运输通道）国家综合运输大通道建设和对外综合交通体系不断完善，大幅压缩内蒙古口岸与东北、华北、西北的时空距离，将为内蒙古自治区发挥向北开放重要桥头堡提供互联互通支撑作用。

辽宁投资政策环境中国排名第 8，"一带一路"倡议、东北振兴、东部率先发展等政策均惠及辽宁，同时大连保税区使得辽宁省对外开放程度高，对外贸易优势突出，投资政策优势明显。辽宁开放型经济水平显著提升，构建对外开放大平台、畅通对外开放大通道等方面取得重要进展，开放型经济新体制基本形成。"一带一路"倡议提出后，辽宁深度融入"一带一路"建设，高水平建设东北亚合作中心枢纽，务实推动中蒙俄经济走廊建设，深化同欧洲、东盟等区域经贸合作；引领沈阳现代化都市圈、辽宁沿海经济带、辽西融入京津冀协同发展战略先导区、辽东绿色经济区对外开放；积极开拓以"一带一路"国家为主的新兴市场和 RCEP 协定国市场，加快培育外贸新业态新模式，促进外贸均衡发展。

黑龙江投资政策环境中国排名第 22，"一带一路"倡议、东北振兴战略等国家政策惠及黑龙江省，但仍存在外商投资保障不完善等问题。因此黑龙江省应扩大外资开放领域。全面落实准入前国民待遇加负面清单管理制度，严格外商准入政策，促进内外资企业公平竞争。建立健全全省招商引资重点项目台账制度，积极做好重大外资项目跟踪服务工作。建立外商投诉处理机制，及时回应和解决外资企业反映的问题。

吉林投资政策环境中国排名第 30，投资政策环境排名较为落后，体制机制障碍是吉林发展难以逾越的问题。因此，吉林应重点激发科技创新源头活力，优化升级创新创业平台，不断培育壮大市场主体。对现有举措实施效果进行评估和优化升级，加快营造高效便利的政务环境、公开公正的法治环境、利企惠企的市场环境、保障有力的要素环境，全力推动吉林投资环境优化。

7.1.3.6　投资交通运输环境

投资可达性是克服跨国投资的距离阻碍的重要因素，交通运输对于远距离投资具有时空收敛作用，投资交通运输环境优秀的区域交通运输设备相对完善，投资可达性高，空间摩擦小，产业合作及投资均具有优势，客货运输量和周转量等较大，投资交通运输环境较差的区域则相反。

根据 ESE-PRT 模型，计算中国各省的投资交通运输环境得分，获得中国投资交通运输水平空间分异格局（图 7-46~图 7-49），并根据投资交通运输水平的得分情况将选取的中国 31 个省级行政区划分为投资交通运输环境优秀、良好、一般、较差 4 个等级（表 7-12）。投资交通运输环境优秀的省份为上海、江苏、河北、广东、河南、江苏、辽宁、湖北、山东、北京、浙江 10 个行政区。投资交通运输环境良好的省份主要分布在陕西、内蒙古等。投资交通运输环境一般的省份包括江西、广西、福建等。投资交通运输水平较差的省份包括天津、新疆、云南等。

表 7-12　中国投资交通运输环境评价等级

等级	分值	行政区
Ⅰ级：优秀	10~17	上海、江苏、河北、广东、河南、辽宁、湖北、山东、北京、浙江 10 个行政区
Ⅱ级：良好	7~10	陕西、内蒙古、湖南、黑龙江、四川、安徽 6 个行政区
Ⅲ级：一般	4~7	江西、广西、福建、山西、甘肃、吉林、贵州 7 个行政区
Ⅳ级：较差	0~4	天津、新疆、云南、重庆、青海、宁夏、海南、西藏 8 个行政区

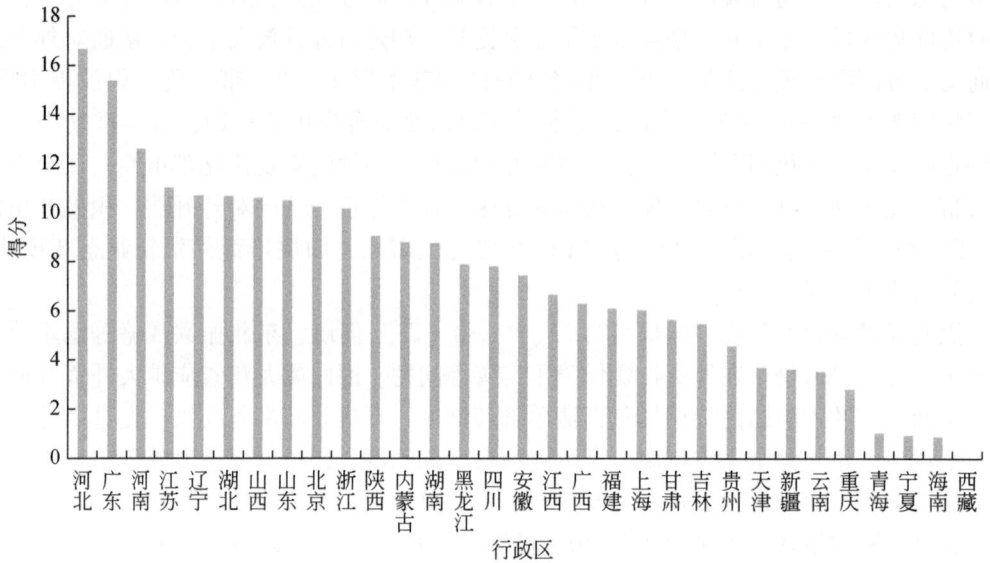

图 7-46　中国内部省级行政区投资交通运输水平分异

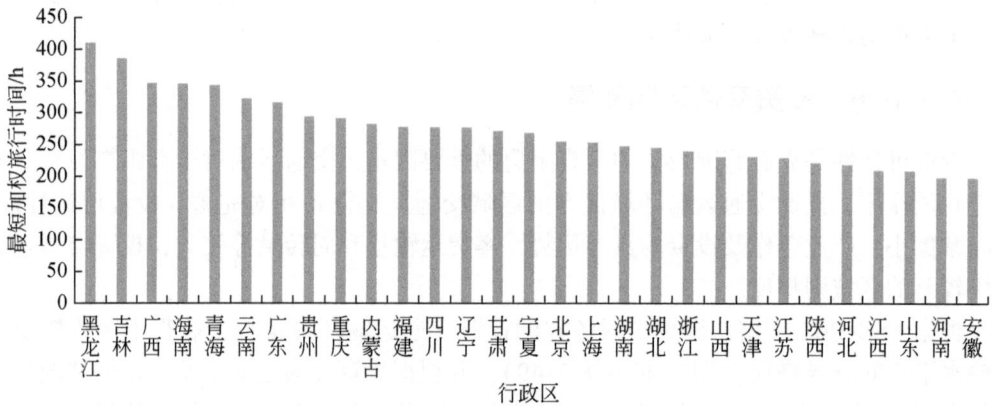

图 7-47　中国陆路可达性

（1）投资交通运输环境分析

对投资环境优秀的行政区域的各项交通运输水平进行分析（表 7-12），研究发现，在选取的 31 个省份中：

河北、广东、河南、江苏、辽宁、湖北、上海、山东、北京、浙江等投资交通运输环境优秀的区域属于中国交通运输较为完善的区域，如上海投资交通运输环境中国排名第一，内河航道密度及公路路网密度以及分地区货物周转量居中国第一位，是中国交通运输环境最为完善的地区。江苏投资交通运输环境中国排名第二，其内河航道里程及客运量居中国第一位。2017 年末，江苏首轮规划的"四纵四横四联"高速公路网主骨架全面建成。2019 年 10 月 15 日，交通运输部确定江苏省为第一批交通强国建设试点

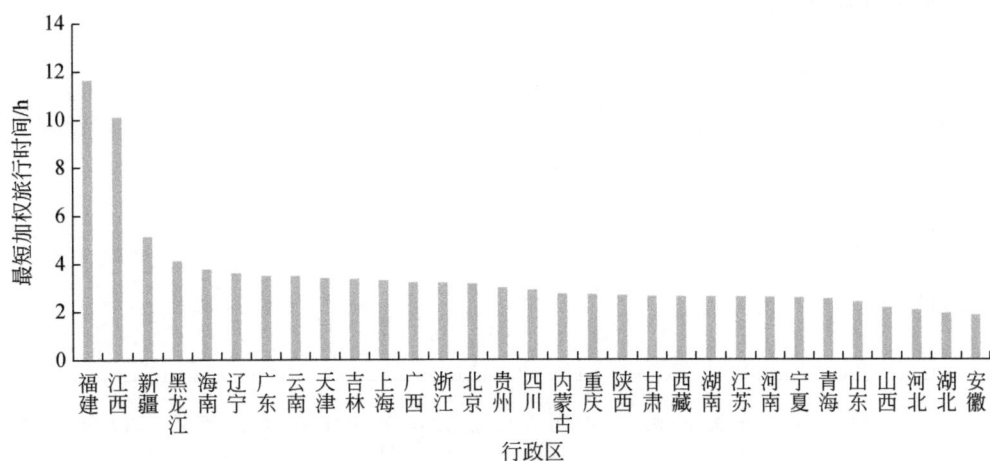

图 7-48　中国航空可达性

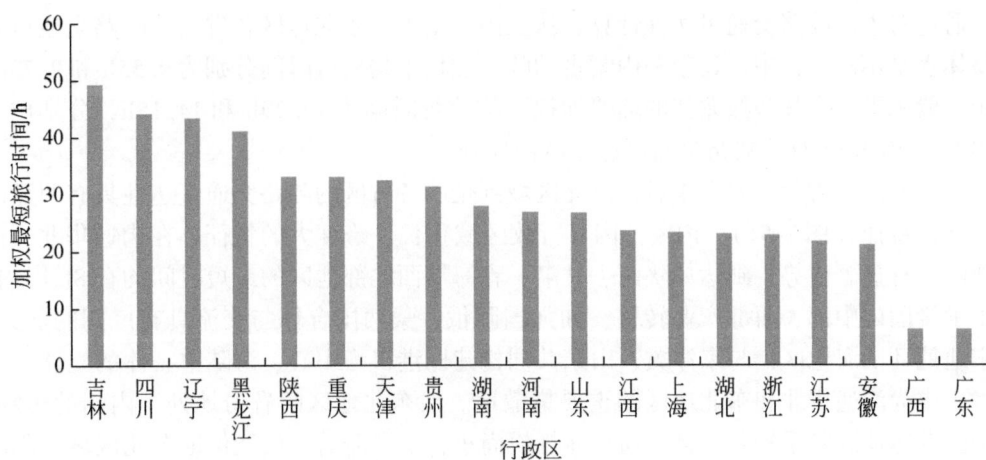

图 7-49　中国水运可达性图

地区。

（2）东北区域投资交通运输环境分析

交通网络是地理空间运输联系的基础，也是城市间产生经济往来的重要纽带，可达性被定义为交通网络中节点间相互作用机会的大小，可理解为利用某种交通网络从一给定区位到达另一给定区位的便捷程度。交通可达性优秀的区域其交通运输设备相对完善，投资交通运输环境较好，在产业合作及投资方面均具有优势。交通可达性较差的区域则相反。

便捷的交通是经济稳定增长的助推剂，交通便捷性是区域经济吸引、资源集聚程度的有效表征，是投资交通运输环境的重要评价内容。根据综合交通可达性计算中国东北地区的投资交通便捷性状况。从全国尺度上来看，内蒙古、辽宁、黑龙江和吉林的投资交通便捷性水平得分分别为 1.80、1.73、1.63 和 1.58，分别位于全国的第19、第 21、第 23、第 24。总体来说，东北区域的投资交通便捷性整体较弱，低于全国平均水平（图7-50）。

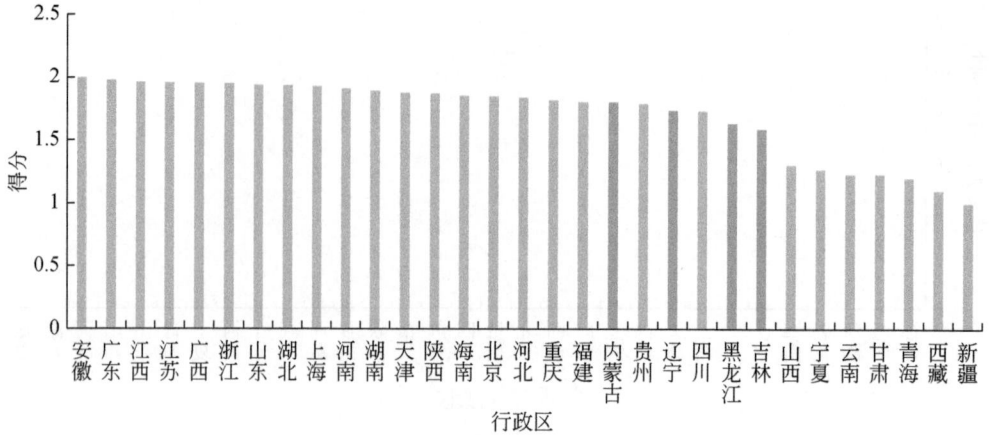

图7-50　中国投资交通运输环境的交通便捷性水平

通过对中国陆路交通可达性计算，从全国尺度下，东北地区各省区的陆路交通可达性整体水平不高。其中，辽宁和内蒙古的陆路加权平均旅行时间分别为9.55h和9.73h，处于一般水平，吉林和黑龙江的陆路加权平均旅行时间为13.29h和14.15h，分别位于全国的第30和第31，陆路交通可达性亟待提升。

从东北区域省际差异上来看，东北区域到全国各省区的陆路交通可达性具有明显的空间分异特征（图7-51）。内蒙古因其行政区域狭长、跨度大的特征，在沟通华北、西北地区具有显著优势，到达如陕西、甘肃、青海等西北部地区的最短时间均在8h以内，对于承接国内中部、西部产业转移，加强国际俄、蒙两国合作与交流具有广阔的前景。辽宁地处环渤海地区，与京津冀、山东共同构建以港口为中心、海陆空一体的立体交通网络，成为沟通华北和东北地区的重要集散地。而东北地区的省份地处半内陆的边疆，与全国发达地区联系较弱，且交通总体规模尚小，发展滞后，仅能保证东北区域内部的互联互通。

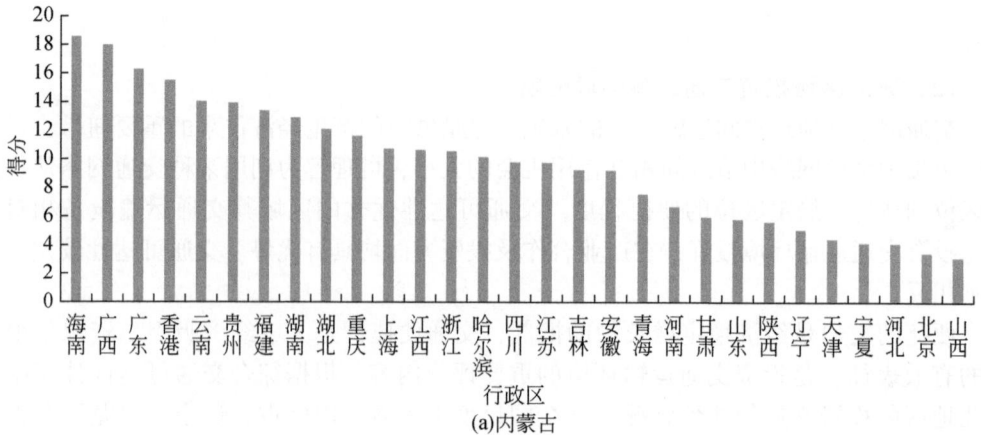

(a)内蒙古

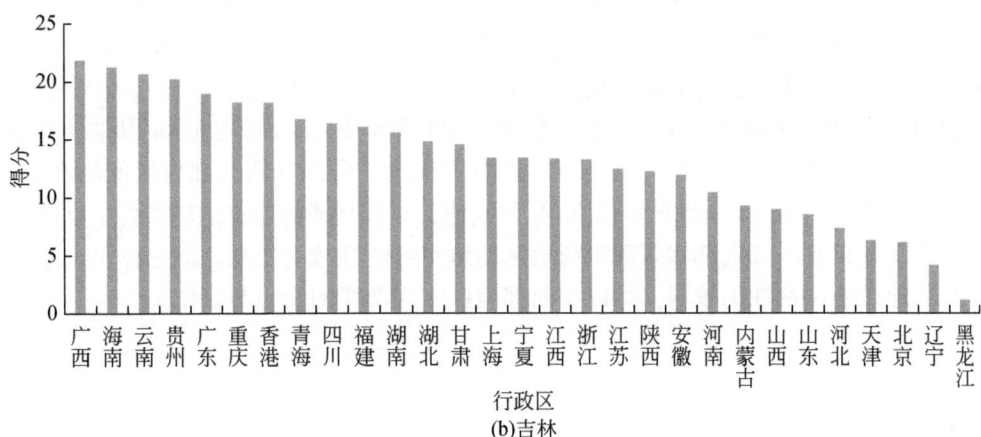

(b)吉林

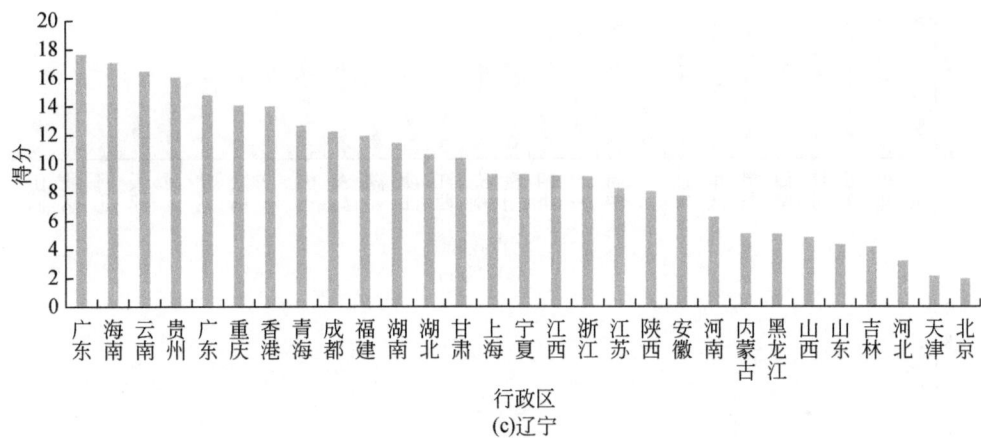

(c)辽宁

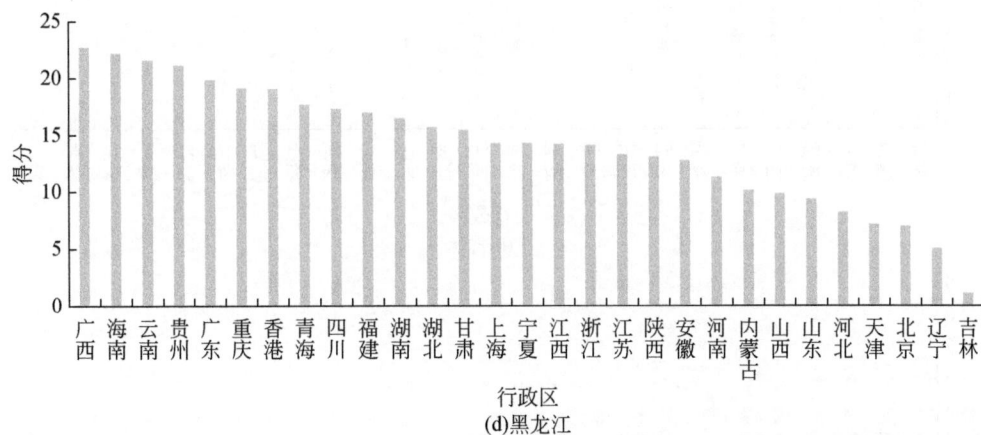

(d)黑龙江

图 7-51　中国东北区域陆路可达性

　　航空运输客货运量虽然相对较小，但随着社会经济的发展，航空运输已成为地区对外联系的空中门户，不仅能够提高经济交往的效率和效益，同时能够改变区域社会经济联系的空间格局，在航空网络中具有较高可达性的城市能够提高其在区域的竞争优势。

从全国尺度上来看，东北地区航空可达性处于中等较低水平，其中内蒙古的航空可达性较优，航空加权平均旅行时间为2.72h，评级为良好；吉林、辽宁和黑龙江航空可达性一般，其航空加权平均旅行时间分别为3.35h、3.61h和4.12h（图7-52）。

2020年，东北区域到达全国各省区的航空加权平均旅行时间均在8h以内，具有便捷、高效的空运基础。内蒙古的航空可达性较为优越，中部和西北部地区能够在2h内到达，31个省区内有24个省区可以在4h内到达，享有优质的航空运输条件。辽宁、吉林、黑龙江在东北区域内部和东部沿海地区的航空可达性较为便利。但总体上，东北区域与西部地区的可达性仍较弱，难以与西部地区实现便捷的交流与合作。

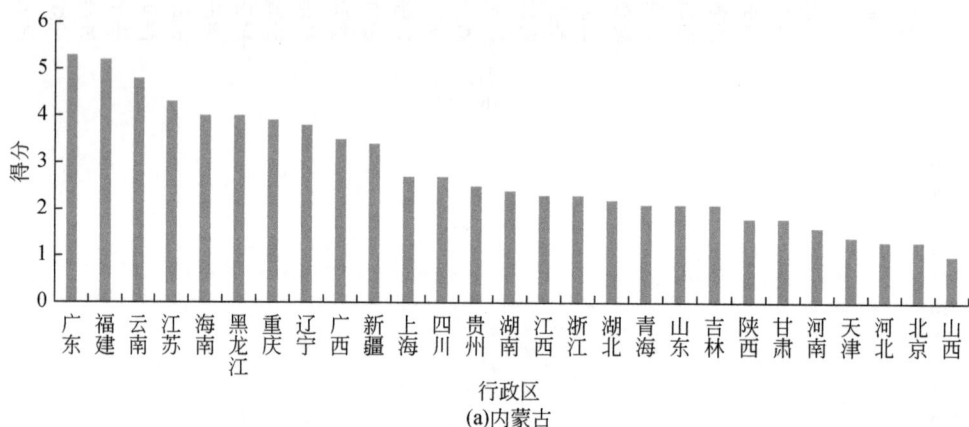

(a)内蒙古

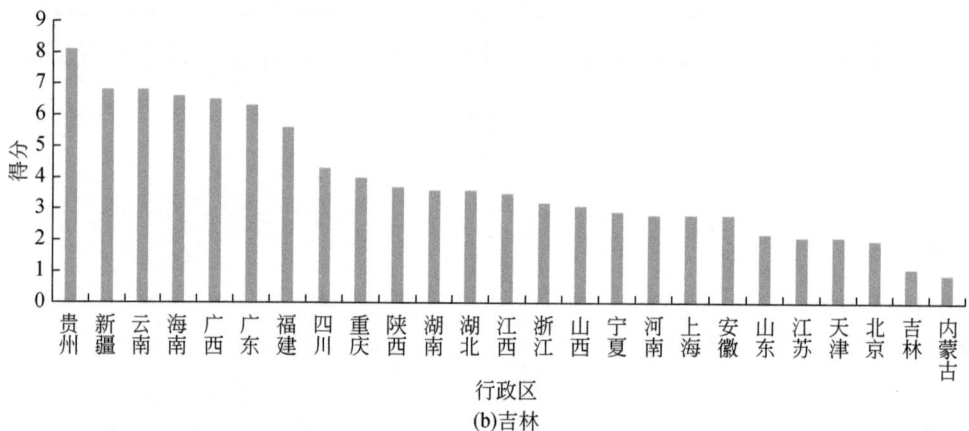

(b)吉林

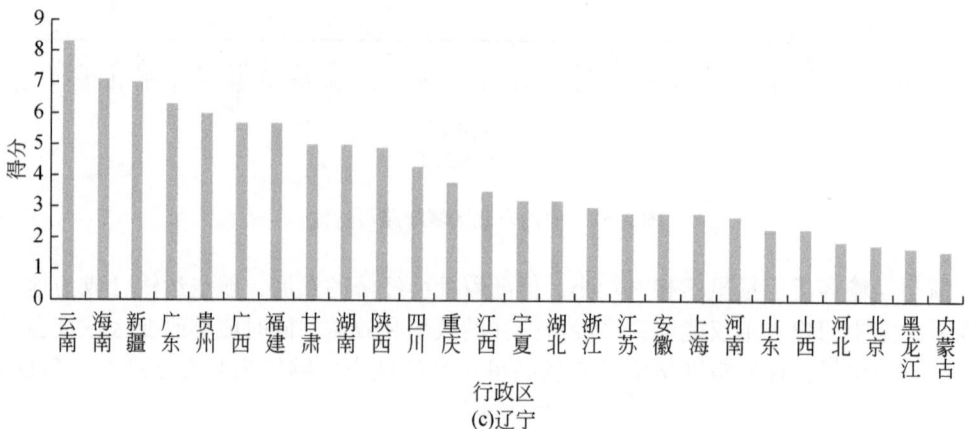

(c)辽宁

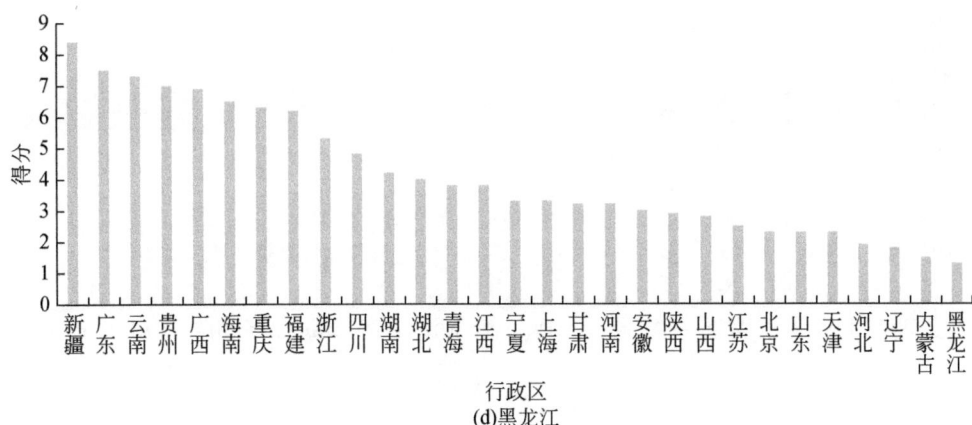

(d)黑龙江

图 7-52　中国东北区域航空可达性

水运包括内河运输和海洋运输两部分，是交通运输业中一个重要组成部分，其运输成本低，能以最低的单位运输成本提供最大的货运量，是发展国际贸易的强大支撑。东北地区虽临海但不沿海，水运可达性整体较弱。在全国尺度下，吉林省、辽宁省、内蒙古和黑龙江省的水运加权平均旅行时间均排名靠后，分别为 3.35h、3.61h、3.72h 和 4.21h，东北区域的水运可达性一般，不具备较为优越的水陆运输优势（图 7-53）。

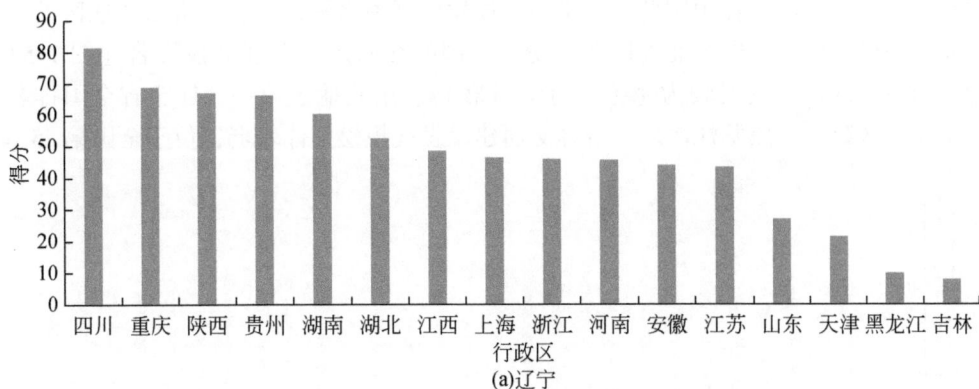

(a)辽宁

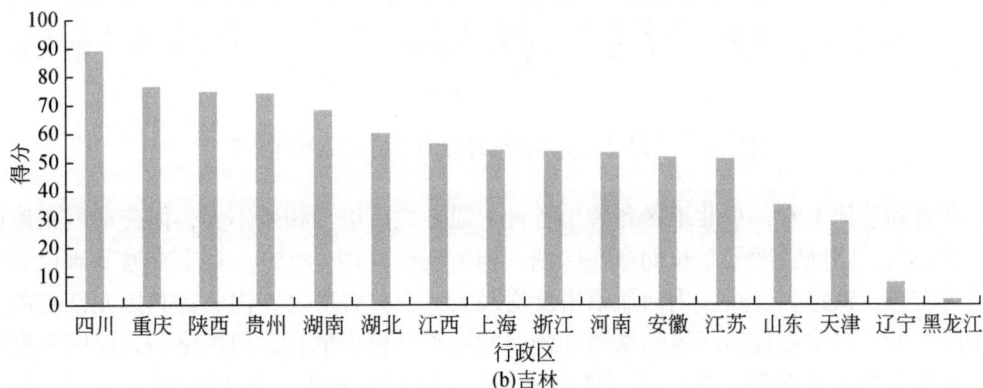

(b)吉林

339

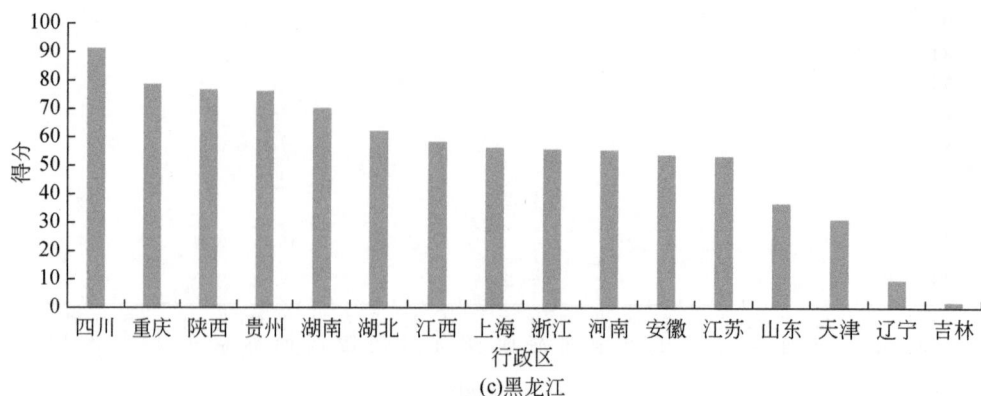

(c)黑龙江

图7-53 中国东北区域水运可达性

从东北区域尺度上来看，辽宁位处环渤海地区，具有丰富的港口资源，享有环渤海地区40多个港口的密集港口群的便捷的港口服务，能够为东北区域振兴提供新的发展机遇。但当前辽宁的航运市场体系仍不完善，水运可达性仍较弱，需进一步沿海港口资源配置，推进港口资源整合，促进港口集中集约发展，推动辽宁成为东北地区水路运输发展突破口，提升水路运输效率和质量。

自东北振兴以来，东北地区交通基础设施建设取得了较快的发展，但仍处于全国较低水平。通过熵权法计算中国各省区交通建设发展规模水平得分，分析东北地区的交通建设发展规模，获得中国东北地区各省份在全国的交通建设发展规模排名（图7-54）。其中，内蒙古的建设发展较为完善，为全国第14、东北地区第一，辽宁省全国排名第16、东北地区第二，黑龙江次之，吉林交通建设发展规模整体较弱，位于全国第25位。

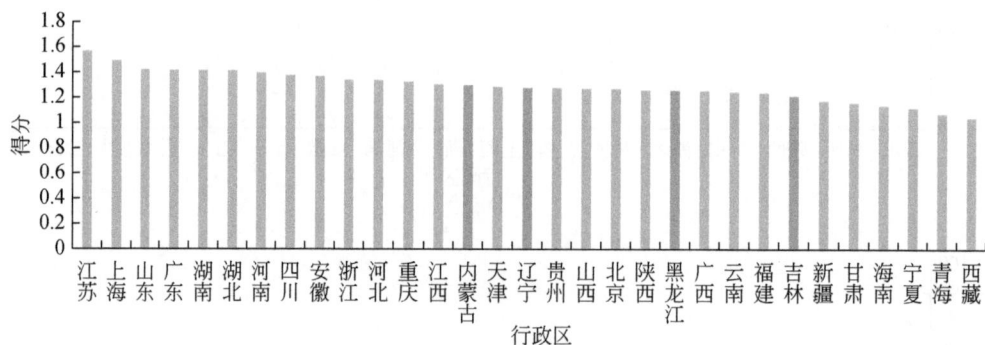

图7-54 中国投资交通运输环境的建设发展规模水平

从省际差异上看，东北地区各省份各种交通方式总里程相差不大，但交通网密度区域差异较大，路网密度分布长期存在区域不均衡现象（图7-55）。辽宁交通基础设施建设最为完善，铁路、公路、内河航道密度均最大，吉林省次之，内蒙古和黑龙江省的路网密度较低。内蒙古自治区虽然铁路和公路的通车总里程最长，但铁路和公路网密度最低。2015年内蒙古公路和铁路路网密度分别为1482.21km/km²和102.22km/km²，远低于东北地区公路和铁路路网平均密度4597.72km/km²和224.67km/km²，与东北地区其他省份存在较大差距。

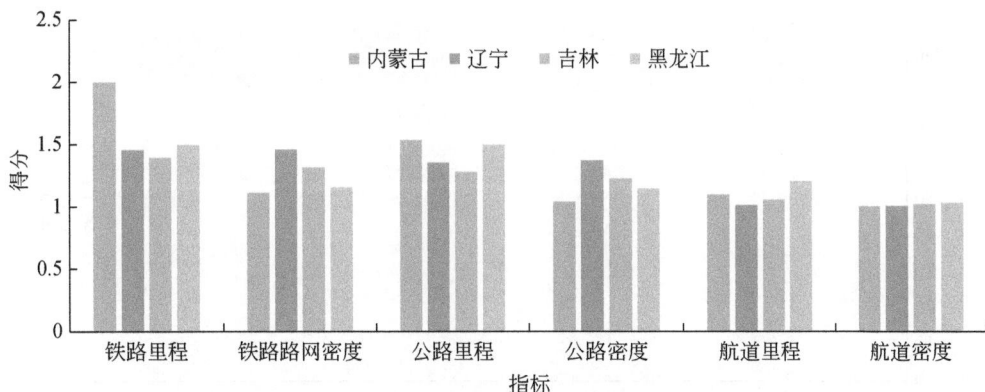

图 7-55　中国东北区域交通建设发展规模指标

从交通运输结构上来看，通过铁路和公路的陆路交通方式是东北地区的主要运输方式。其中，内蒙古地跨我国东北、华北以及西北地区，借助其 2400 多千米的东西跨度，区内形成了"连接三北、通疆达海"的陆路运输网络，铁路运营里程位居全国第一，公路运营里程也位居东北地区首位，为东北地区综合交通网络建设奠定了坚实基础。

根据熵权法计算反映中国东北区域的交通服务水平状况得分。在选取的全国 31 个省区中，东北地区的交通服务水平整体较弱，其中辽宁省交通服务水平较优，位于全国第 10 位。而东北地区其他省份的交通服务水平较差，依次分别为内蒙古、黑龙江和吉林，得分分别为 1.30、1.22 和 1.18（图 7-56）。

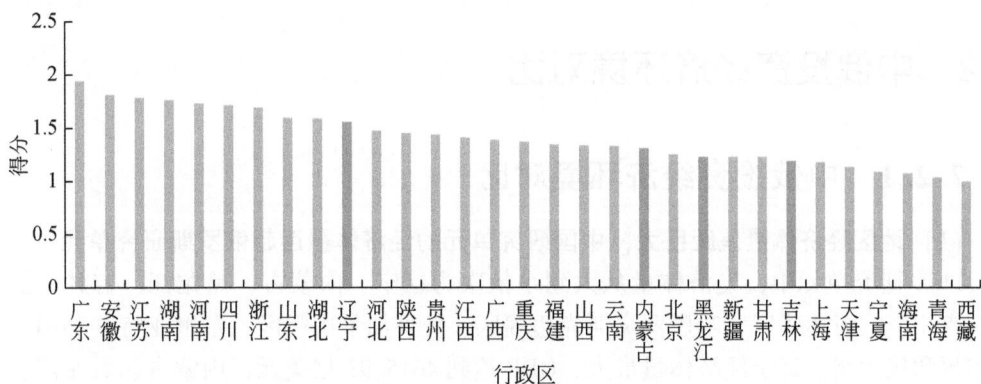

图 7-56　中国投资交通运输环境的服务水平

客运量和货运量能够测度运输业的运输能力与运输需求之间的适应程度，反映地区的交通服务水平。从省际差异来看，无论是在货运还是在客运上，辽宁的运量均为最大，其货运量和客运量分别为 202 021 万 t 和 73 659 万人，优势显著，吉林和黑龙江与其相比仍存在较大差距，吉林的货运量和客运量不足辽宁的 25%，交通服务水平亟待提高。从货运和客运的比例来看，由于东北地区人口自然增长率长期处于倒数水平，且客运基础设施建设普遍存在建设滞后等原因，东北地区总货运量均大于总客运量，其中内蒙古的客运量和货运量比接近 10∶1（图 7-57）。

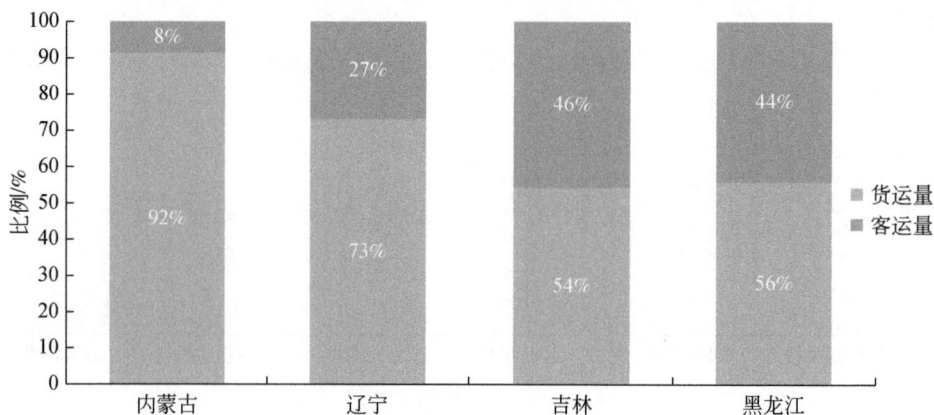

图 7-57　中国东北区域交通服务水平指标

近年来，东北地区沿海沿边优势和保税物流政策，促进物流业国际化发展。加强港口基础设施建设，大力发展集装箱海铁联运，提升港口综合服务能力。例如，覆盖了东北三省和内蒙古部分地区的快运班列线路，形成入关、抵港、出国的东北货物快运网络。班列每日开行 16 趟货运快车，最高时速 120km，总发货量超过 40 万 t，日均发送近 6000t。未来有望依托满洲里、绥芬河、黑河、同江、黑山头、室韦等口岸，发展中俄沿边物流和环日本海物流；依托丹东、珲春、图们等口岸，发展中朝沿边物流；依托阿尔山、珠恩嘎达布其、二连浩特等口岸，发展中蒙沿边物流。交通服务水平具有较大的提升空间，中国东北地区具有较强的国际投资潜力。

7.2　中俄投资经济环境对比

7.2.1　中俄投资经济环境对比

（1）地区经济体量差距巨大，中国研究单元的经济体量远超俄罗斯研究单元

11 个研究单元中，经济体量从大到小依次为辽宁、内蒙古、黑龙江、吉林、伊尔库茨克州、滨海边疆区、哈巴罗夫斯克边疆区、外贝加尔边疆区、布里亚特共和国、阿穆尔州和犹太州。辽宁经济体量最大，GDP 达到 4615.93 亿美元，内蒙古、黑龙江、吉林的 GDP 均在 2000 亿美元以上。反观俄罗斯，经济总量最大的为伊尔库茨克州，GDP 仅为 166.32 亿美元，经济体量最小的犹太州 GDP 仅为 7.36 亿美元，俄罗斯 7 个研究单元的 GDP 总量仅为辽宁的 1/10，中俄研究单元的经济总量差距巨大，中国研究单元的经济体量远超俄罗斯研究单元。

（2）经济增速悬殊，俄罗斯多个研究单元经济呈现负增长，经济增长前景堪忧

11 个研究单元中，经济增速最高的为内蒙古，为 7.7%，其次是外贝加尔边疆区、吉林、黑龙江，经济增速均在 5% 以上，经济增速较快。辽宁、伊尔库茨克州经济增速相对缓慢，分别为 3.0% 和 0.4%，经济增长动力稍显不足。此外，布里亚特共和国、滨海边疆区、犹太州和哈巴罗夫斯克边疆区经济均为负增长，经济呈现衰退趋势，形势最严峻的哈巴罗夫斯克边疆区经济负增长率达到-4.3%，经济发展动力严重不足。俄罗斯7个研究单元中有4个经济呈衰退趋势，经济发展前景堪忧。

（3）人均GDP差距显著，部分地区经济发展水平严重滞后

人均GDP从高到低依次为内蒙古、辽宁、吉林、哈巴罗夫斯克边疆区、伊尔库茨克州、黑龙江、滨海边疆区、阿穆尔州、犹太州、外贝加尔边疆区和布里亚特共和国，其中仅内蒙古、辽宁、吉林的人均GDP超过8000美元，根据钱纳里多国模型对工业经济发展阶段的划分（表7-13、表7-14），研究单元中仅上述三个地区进入工业化后期阶段，其他地区均处于工业化中期阶段，布里亚特共和国、外贝加尔边疆区等地区尚处于工业化中期的早期阶段。

综合研究区经济总量、经济增速以及人均GDP情况可知，中国研究单元在上述三个方面整体优于俄罗斯研究单元。俄罗斯研究单元经济发展水平整体较低，且部分地区经济呈现显著的衰退趋势，俄罗斯经济发展前景堪忧。

表 7-13　地区经济总量指标

地区	GDP/亿美元	GDP 增速/%	人均 GDP/美元
辽宁	4 615.93	3.0	10 495
吉林	2 258.41	6.5	8 204
黑龙江	2 422.30	5.7	6 337
内蒙古	2 863.50	7.7	11 547
伊尔库茨克州	166.32	0.4	6 890
布里亚特共和国	33.50	-0.4	3 446
外贝加尔边疆区	40.84	6.9	3 763
阿穆尔州	23.54	3.1	4 765
犹太州	7.36	-1.7	4 433
哈巴罗夫斯克边疆区	93.79	-4.3	7 018
滨海边疆区	117.60	-0.5	6 090

表 7-14　钱纳里多国模型对工业经济发展阶段的划分①

发展阶段	工业化起始阶段	工业化实现阶段			后工业化阶段
		初期阶段	中期阶段	后期阶段	
人均 GDP（1970 年美元）	140～280	280～560	560～1 120	1 120～2 100	2 100 以上
人均 GDP（2007 年美元）	748～1 495	1 495～2 990	2 990～5 982	5 981～11 214	11 214 以上
人均 GDP（2015 年美元）	914～1 828	1 828～3 657	2 656～7 314	7 314～13 712	13 712 以上
人均 GDP（2015 年人民币）	5 694～11 388	11 388～22 776	22 776～45 552	45 552～85 409	85 409 以上

---

① 2007 年和 1970 的美元换算因子通过核算《美国统计概要（2009）》中公布的 CPI 指数变动情况计算得到，为 5.34。2015 年与 2007 年的美元换算因子通过世界银行公布的 CPI 指数变动情况计算得到，为 1.22。

7.2.2 中俄政策环境研究

2013 年以来，我国为振兴东北老工业基地和俄罗斯为开发远东地区均出台了一系列新举措。我国出台的举措主要包括《中共中央 国务院关于实施东北地区等老工业基地振兴战略的若干意见》《中共中央 国务院关于全面振兴东北地区等老工业基地的若干意见》《关于支持沿边重点地区开发开放若干政策措施的意见》，通过体制机制改革，支持符合条件的地区建设边境贸易中心、经济合作区、出口加工区、进口资源加工区等措施促进东北振兴。俄罗斯出台的举措主要包括《俄联邦远东和贝加尔地区社会经济发展国家规划》《俄罗斯联邦社会经济超前发展区法》《俄罗斯远东边境地区 2015—2025 年发展纲要》《远东"一公顷"土地法》，通过加强组织领导，政策扶持，以及设立超前发展区和自由港、向俄公民无偿提供远东 $1hm^2$ 土地等措施，激发远东地区经济活力，促进远东经济发展。中俄两个毗邻地区同步实施振兴的这种耦合，为两国地区经济互动合作提供了新机遇。为充分利用这一难得机遇，两国成立了中国东北地区和俄远东地区地方合作理事会，签署了《中华人民共和国国家发展和改革委员会与俄罗斯联邦经济发展部关于加强中俄地区与边境合作的谅解备忘录》和《关于加强中俄远东区域、产业及投资合作的谅解备忘录》[①]，为促进东北振兴与俄罗斯远东开发契合、协同发展奠定了基础。

7.3 中蒙俄三国跨国投资优势分析

（1）中蒙俄三国开展跨国投资可有效推动三国经济发展

从中蒙俄三国经济发展现状与发展水平看出，三国在经济总量、经济结构上均存在较大差别，中国的经济发展水平优于俄蒙两国。与俄蒙两国相比，中国拥有巨大的经济资本，较高的生产技术和科技手段，优势的人力资本，中蒙俄三国加强经贸合作对于促进三国尤其是为俄蒙两国注入活力与资本，以及带动俄蒙两国经济发展具有重要作用。

（2）产业结构、技术优势高度互补，为跨国投资提供了基础

中国东北地区是中国的老工业基地，形成了以能源化工、装备制造业等重化工业为支柱的产业结构，曾产生了"吉林省第一汽车制造厂"以及"大庆石化公司"等一批知名企业，掌握了一批先进技术。

俄罗斯能源、矿产等自然资源丰富，借此形成了能源、原材料加工等支柱产业，也成为国家的经济命脉。然而，俄罗斯的产业结构存在虚高度化问题，除能源产业外，加工制造业、建筑业、交通运输业等水平平均比较滞后，俄罗斯产业发展存在着产业结构原料化的问题，并且产业结构原料化进一步限制了俄罗斯的发展。俄罗斯在《关于俄罗斯到 2020 年的发展战略》中把重点创新发展领域放在第二产业，创新发展高技术产业以及用高新技术装备改造传统工业是俄产业结构的两条主线，"再工业化"成为俄罗斯发展的主要战略。中俄产业结构及技术优势上的互补性为中俄合作投资奠定了良好的基础。

---

① 王兵银.2016. 东北老工业基地振兴与俄罗斯远东地区开发的耦合与互动. 东北亚学刊，(3)：25-31.

对于蒙古国而言，蒙古国自实施"矿业兴国"战略以来，迫切需要国外投资与支持，矿业是蒙古国支柱产业，矿业收入占蒙古国财政收入的1/3，中蒙发展潜力巨大。

（3）中蒙俄各领域市场供需高度互补，未来投资潜力巨大

东北老工业基地经过了半个世纪的开发利用后，自 20 世纪 80 ~ 90 年代起，开始出现资源枯竭和经济增长动力不足的趋势。随着 2013 年中国经济进入新常态，东北地区充分利用国际市场拓展资源进口途径成为助推老工业基地振兴、保障我国资源安全的重要途径。俄罗斯、蒙古国能源矿产资源丰富，高度互补的资源禀赋以及优越的地理位置为中国与俄蒙两国加强资源合作奠定了良好基础。同时，加强东北地区与俄罗斯远东及西伯利亚地区以及蒙古国乌兰巴托、东方省、东戈壁省的资源合作成为保障我国海外资源供给的关键途径。

（4）中蒙俄政策支持为跨境投资合作提供了坚实保障

2013 年以来，我国为振兴东北老工业基地、俄罗斯为开发远东地区、蒙古国为加强对外合作均出台了一系列新举措，俄罗斯也出台了一系列政策。中俄毗邻地区同步实施振兴，这一耦合为两国经贸往来合作提供了新机遇和巨大潜力。

蒙古国提出的以公路、铁路、石油管道、天然气管道和输电线路五大通道为内容的"草原之路"倡议与我国"一带一路"倡议在理念、内容上契合度高，双方在基础设施的互联互通、矿产能源开发和跨境经贸合作等方面的合作潜力巨大。

7.4　中蒙俄三国跨国投资风险

（1）政策变动和审批手续烦琐不利于中蒙俄经济走廊建设

尽管中蒙俄三国存在良好的合作基础和合作机遇，但从政策环境看，俄蒙两国政策环境存在很大的不确定性，并且在中资企业进入俄蒙两国时，两国投资政策和法规存在特殊性，因此外资企业在进入俄蒙市场进行投资时不得不适应当地的市场和文化，被动嵌入当地市场，导致外资企业在俄蒙投资进展缓慢，动力不足，阻力巨大。比如说外资企业进入俄罗斯需要一系列复杂的手续并且有可能受到地方势力的阻碍。俄罗斯矿产资源是吸引外资企业赴俄投资的优势企业之一，但是俄罗斯目前仍然缺少矿产开发的完整的法律文件，导致矿产开发的法律保障不足，增加了投资风险。

蒙古国民族主义影响深远，政策不稳定性同样较高，给中蒙经贸合作带来了阻碍。蒙古国法律变更较为频繁，从 20 世纪 90 年代开始，蒙古国为满足本国转型发展的需要，各项法律的"立""改""废""释"较为频繁。受"矿业兴国"战略的影响，一方面蒙古国部分法律中放宽了矿业开采限制，减少了对经济增长不利的政策约束，在另一方面又防止牧民生产生活由于矿产开发而遭受损失，对此加强了环境保护及矿产开发限制。法律法规的矛盾与变动频繁，增强了投资环境的不稳定性，加大了外商企业投资蒙古国的难度，使外国投资者对投资蒙古国产生怀疑。

（2）交通运输不便增加了中蒙俄跨国投资的难度

中俄双方交通运输基础差距较大，以俄罗斯远东地区为例，该地区的交通基础设施大大落后于全国水平，公路与铁路分布密度仅为全国水平的1/5 和1/3，铁路设施建设较为落后，并且客货运输路基老化状况也较为严重，铁路运输速度较慢，严重影响了运输效率，增加了运输时间。中国交通运输优于俄罗斯，但仍无法满足两国经贸合作深化发展的需求。以黑龙江内最大的铁路口岸——绥芬河口岸为例，铁路运力几乎达到饱和，黑河大桥、同江大桥等跨江公路桥一直未能建成，部分沿江口岸一般只能采取夏季水路、冬季靠气垫船等方式过货过人，交通运输能力成为影响俄蒙的互联互通和合作进程的瓶颈。

蒙古国交通设施不完善增加了其与"一带一路"倡议对接的难度。铁路运输难以满足大规模矿产资源开发的需求。蒙古国仅有机场枢纽，铁路通道严重稀缺。其境内仅有一条全长1811km的乌兰巴托铁路，联通蒙古国南北部，作为与中俄联系的交通要道。然而，由于该铁路设备老化、资金缺乏和技术标准的不同，中蒙间铁路运输的成本大大增加。比如中蒙间铁路轨距不同，蒙古国采用的是宽轨，而中国是标准铁轨，因此跨境列车需要在中蒙边境换轮后通行。蒙古国目前国际机场仅有乌兰巴托市的成吉思汗机场。蒙古国境内高等级公路仅覆盖20%，大都为草原自然地面，可达性低，严重限制了中蒙间合作与畅通。

（3）文化、体制差异较大对中资企业赴俄蒙投资形成一定障碍

俄蒙两国在民族、文化等方面都与我国存在着较大的差异，其差异根植于语言、生活习惯等，从而中资企业进入俄蒙进行投资时，由于语言不通无法顺利交流，无法看懂俄语、蒙语文件而影响投资活动顺利进行，使得中资企业难以融入俄蒙两国的环境。

7.5 中国东北区域与俄蒙投资合作对策

在推动中蒙俄经济走廊建设的背景下，提出以下优化中国投资环境方法对策，以提高俄蒙企业在中国投资便利度，吸引俄蒙更多企业与中国合作。

（1）改善融资环境，加强企业自身建设

在政府层面，积极改善融资环境，多样化融资方式，健全融资法律体制制度，积极引导培育小微企业，为其提供资金支持。协调好各部门之间的关系，统筹政府部门、金融机构、各类企业、当地民众之间的利益关系。引导企业增强自身建设，鼓励企业推行股份合作制，培育企业自谋发展的能力。

（2）建立跨境投资国际化运营体系

引导建立跨境投资国际化运营体系，积极建设境外经贸合作区。境外经贸合作运营企业要加强投资环境分析和市场调研能力建设，做好充分的尽职调查和中长期战略规划；加强海外投资与协作能力建设，联合不同类型的投资伙伴或战略投资者；提高海外投资风险意识和应对能力，对于风险综合评级较高的国家要谨慎投资；加强人力资本建设，提高对入区企业的综合服务能力；注重吸纳更多俄蒙当地员工参与园区管理，提高园区的本土化、包容性和共享性。

（3）加强三国基础设施互联互通，推进贸易投资便利化

重点推进基础设施互联互通，加强铁路、公路、口岸等基础设施建设，推动跨境铁路、公路的对接建设，完善跨境运输。重视三方跨境运输、物流及商贸标准、规则等完善，加快推进国际通关体制完善。积极推动建立贸易投资便利化机制，降低成本，建立地方开放合作平台。

下　篇
中蒙俄经济走廊生态经济区划
与绿色发展模式

第8章 中蒙俄经济走廊生态经济区划

8.1 生态经济区划研究综述

8.1.1 生态经济区划研究演进

区划是刻画地球表面基本特征的语言（王传胜等，2005），是探索自然、社会、经济、文化等方面地域分异规律的手段。其最早可以追溯到 19 世纪初，至今已有 200 多年的发展和应用（刘佳骏，2012）。从 19 世纪早期 Humboldt 的"世界植被带"、Докучаев 的"世界气候带"、Kopen 的"全球气候带"，到 Beiley 的"美国生态区域"、Wiken 的"加拿大生态带"，再到中国竺可桢的"中国气候带"、黄秉维的"中国植被带"、傅伯杰的"中国生态区划"，以及中国的"六大经济区"等（王传胜等，2005；刘佳骏，2012；李斌，2009；石惠春等，2009；傅伯杰等，2001），区划研究已在全球和中国范围内的自然、生态与人文经济等领域得到广泛应用。然而，随着全球生态环境问题逐渐凸显，绿色发展与生态文明已成为时代潮流和紧迫需求，单纯的自然区划、生态区划和经济区划已不能满足可持续发展的客观需求。20 世纪 60 年代，美国经济学家肯尼斯·鲍尔丁（Kenneth Boulding）发表重要论文《一门科学——生态经济学》，标志着生态经济学的诞生。1962 年蕾切尔·卡森出版《寂静的春天》，揭示了近代工业对自然生态的影响和经济生产与自然生态的关系。此后，《增长的极限》《生存的蓝图》《只有一个地球》《B 模式：拯救地球 延续文明》等系列生态经济相关著作诞生，生态经济学逐渐走向成熟（杨洋，2019）。中国的生态经济学研究始于 20 世纪 80 年代，著名经济学家许涤新积极倡导建立中国生态经济学。环境学家马世骏于 1981 年首次提出了社会–经济–自然复合生态系统理论，指出生态系统是由人类社会、经济活动和自然条件共同组合而成的生态功能统一体（马世骏和王如松，1984）。王松霈（2000）认为生态经济的研究主体——生态经济系统是由生态系统与经济系统相互作用、相互交织、相互渗透而形成的具有一定结构和功能的复合系统。傅毅明和宋国君[①]指出生态经济学是研究人类经济活动与生态系统之间相互制约、相互作用的经济学分支学科。

伴随着生态经济学理论的不断完善，为支撑区域的绿色可持续发展，区划研究逐渐扩展至生态经济领域。1983 年，生态学研究中心发表《生态经济区划原则》一文，提出"生态经济区划在性质上属于功能单元的区划，从区域的功能总体观点出发，根据其

---

① 傅毅明，宋国君. 生态经济学研究"三部曲". 人民日报. http：//theory. people. com. cn/n/2015/0601/c40531-27083834. html（2015-06-01）［2022-04-23］.

自然环境结构和社会经济系统结构及其功能的分异规律，把特定的空间环境划分为不同生态经济单元"（生态学研究中心生态区划组，1983）。时正新等（1986）指出"生态经济区是生态与经济的综合体，可以从自然生态、经济以及自然生态与社会经济相统一等不同的角度进行划分"。此后，学者分别从农业、林业等不同产业（刘书楷，1988；陈静波和马汉生，1988）以及微观（生态经济区、县域）（高群和毛汉英，2003；龚江丽和谢正观，2011）、中观（城市）（李乃康等，2007；刘薇，2021）、宏观（省级、流域等）（孟令尧，1994；许月卿，2007；张青峰和吴发启，2009；Zhang et al.，2011）等不同尺度对生态经济进行区划研究。实践应用方面，1999 年和 2005 年，笔者先后主持完成中国科学院知识创新工程重大项目课题"西部生态经济类型划分与环境可持续利用对策"和国家发展和改革委员会"十一五"规划前期研究课题"西部生态经济区划与典型区可持续发展对策"，发表《生态经济区划研究——以西北 6 省为例》（王传胜等，2005）和《中国区域发展报告（2007~2008）》（戚本超等，2008），研究成果被用于西部大开发规划，同时被列入马凯主编的《"十一五"规划战略研究》（马凯，2005）和中国科学院 2004 年度院工作会议文件资源环境领域重大创新成果。2012 年，笔者再次主持完成国家发展和改革委员会项目"基于地理信息技术的中国东部沿海地区生态经济区划研究"，研究成果被国家林草"十四五"空间布局规划研究采用。时至今日，生态经济区划已成为生态产业、区域绿色可持续发展的重要支撑，广泛应用于生态经济发展、绿色发展和生态文明建设等领域的理论与实践中。

笔者在过去 20 多年从事区域生态经济学研究生教学和问题导向式的应用研究中发现，区域生态经济学是研究区域生态经济系统及其子系统和要素之间相互作用机理、地域分异规律，以及系统结构、功能、平衡、效益和调控的新兴交叉学科，是生态经济学与区域经济地理学、生态学和区域经济学等学科交叉融合创新的学科（吴玉萍和董锁成，2001），并开创了全国首个区域生态经济学方向博士招生点。区域生态经济系统则是由一定地域的资源、生态、环境和社会经济子系统及其要素相互作用形成的复合巨系统。生态经济区划就是按照生态经济学系统思想，综合分析区域生态经济系统及其子系统和诸要素地域分异规律与空间格局的综合性、系统性、创新性研究，它是开展区域绿色发展理论和实践研究的重要基础手段。

8.1.2　生态经济区划原则

区划是地理学认识地理环境地域分异规律和优化人地关系地域系统结构与功能的有效手段的思想，综合生态经济系统及生态经济区划内涵研究，生态经济区划应遵循以下基本原则。

1）生态经济系统性与整体性原则。生态经济区包括生态要素和人文要素，二者互动作用形成整体功能大于部分之和的生态经济系统。生态经济区划采用定性与定量相结合，自上而下和自下而上相结合的方法，既要深入系统地分析生态要素和人文要素的地域分异规律与格局，也要综合分析各要素或各子系统之间互动作用的系统关系，揭示区域生态经济系统的整体性特征，确定其在空间上的契合关系，从而为实践中协调区域生态与经济的关系提供科学依据。

2）差异性与相似性原则。差异性是指不同类型的生态经济系统及其生态环境、经济、社会等要素存在着显著的差异性。相似性则是指同类生态经济系统及其要素具有区内相似性。生态经济系统地域分异规律决定了生态经济区域的差异性和相似性。该原则要求生态经济区划必须体现生态经济区域差异性和相似性，最大限度地显示生态经济系统的地域分异规律。

3）主导性与综合性原则。生态经济区划要抓住决定或影响区域生态经济系统主要特征和发展方向的要素，充分考虑其主导作用，对其赋予较大的权重，也要全面考虑诸要素作用，通过对生态经济系统主导因素和诸要素的定性、定量综合分析，选择合理的界限指标，方能开展科学合理的生态经济区划。

4）区域性与等级性原则。生态经济区划研究基于特定的区域，区域尺度大小影响甚至决定着生态与经济互动作用过程和区划结果。同时，区域生态经济系统是一个包容性等级系统，是由多个层次水平不同等级的要素和子系统体系构成的，不同等级的生态经济地域单元具有生态经济系统的等级层次性，这是进行生态经济区逐级划分或综合的重要原则。

5）地域连续性与行政区划完整性原则。地域连续性是指生态经济区在空间上集中连片。同时，为使区划结果在生态保护、经济发展实践中具备较强的可操作性，应尽可能使区划保持行政区域的完整性，以便于政府制定和实施政策，开展生态经济区绿色发展绩效评价和综合管理。

8.1.3　生态经济区划方法

1）聚类分析法。将分类单元对应的指标因素构成分类矩阵，每次将最相似的两类合并，然后重新计算新类与其他类之间的距离或相近性，直到所有分类单元归为一类。常用的聚类分析方法包括系统聚类分析方法、模糊聚类分析方法、星座聚类分析方法等。

2）生态经济综合评价方法。选取典型代表性的生态指标和经济指标，构建生态经济综合评价指标体系，采用德尔菲法、专家打分法、层次分析法、熵值法等主、客观评价方法，对区域生态经济水平进行量化评估，进而根据评估结果进行区划。

3）3S 分析方法。随着技术手段不断提升，地理信息系统（GIS）、遥感（RS）和全球定位系统（GPS）已广泛应用于生态经济区划研究。例如，通过解译遥感影像数据，可以获取土地利用、坡度、植被、人类活动强度等生态和人文数据，基于解译数据对研究区进行区划。

8.2　中蒙俄经济走廊生态经济区划方案

根据生态经济区划原则，本研究设计了两级分类方案，由高到低逐渐纳入自然地理要素、生态环境要素和社会经济要素，将研究区划分为生态经济区和生态经济亚区两级。

根据生态经济区划指标的选取原则，一级区划指标主要选取大地构造、地貌类型、气温、降水等自然地理要素以及人类活动强度等人文经济要素反映。二级区划指标选取自然景观、植被类型、人类活动及其特征等。因此，本研究首先选取地貌、气候等自然地理要素以及经济开发强度作为一级区划指标，分析其特征和地域分异规律，将研究区划分为若干类一级生态经济区。而后，引入二级区划指标土地利用、环境污染物、经济质量、发展潜力，综合分析研究区生态环境质量和社会经济发展水平的分布格局，进一步将生态经济区划分为若干类生态经济亚区。

8.2.1 生态经济区划指标体系

(1) 生态经济区区划指标体系

选取地貌、气候（降水、气温）两类典型自然地理要素反映研究区的自然地理分布格局，选取地均 GDP 反映研究区经济开发强度的分布格局。要素划分标准如表 8-1 所示。

表 8-1 生态经济区区划指标体系

区划目标	一级指标	划分标准
生态经济区	地貌	平原（海拔<200m），丘陵（海拔 200~500m），山地（海拔 500~1000m），高原（海拔>1000m）
	降水	干旱（0~200mm/a），半干旱（200~400mm/a），半湿润（400~800mm/a），湿润（>800mm/a）
	气温	极低（−14~0℃），较低（0~4℃），较高（4~8℃），高（8~12℃）
	经济开发强度（地均 GDP）	强度开发区（1000~111 418 美元/m²），中度开发区（200~1000 美元/m²），欠开发区（0~200 美元/m²）

注：地貌、降水的划分标准采用国际统一标准；气温、地均 GDP 的划分标准按中蒙俄经济走廊气温和地均 GDP 的分布格局划分

(2) 生态经济亚区区划指标体系

本研究的区划对象涉及中蒙俄三国 48 个省级行政单元，由于三国在统计指标和统计口径上的差别，三国共有的指标非常有限。综合对比分析已有研究中的生态经济区划指标体系（傅伯杰等，2001，王传胜等，2005；李斌，2009；石惠春等，2009；刘佳骏，2012），同时结合本研究区数据指标的典型性、代表性以及中蒙俄三国数据的共有性和可对比性，本研究构建了如下生态经济亚区区划指标体系（表 8-2）。

1）生态环境指标：生态环境指标选取研究单元共有的林地、草地、湿地、耕地占辖区面积的比例和人均固体废弃物产生量来反映。林地、草地、湿地比例反映生态环境本底情况，比例越高，生态本底情况越好。耕地比例在一定程度上可反映对生态环境的开发程度，耕地比例越高，对生态环境的开发越强，对生态环境的干扰越大。因此，林地、草地、湿地比例越高，耕地比例和人均固体废弃物产生量越小，生态环境越好。

2）社会经济指标：从经济质量和发展潜力两方面评估社会经济发展水平。经济质量选取人均 GDP、三次产业结构、城市化率和失业率来反映。人均 GDP、三次产业结构水平、城市化率越高，失业率越低，经济质量越高。发展潜力选取人均固定资产投资额、人口密度、人口增长率、GDP 增速和每万人医生数量来反映。人均固定资产投资额反映资本要素，人口密度、人口增长率反映劳动力要素，资本和劳动力越丰富，发展潜

力越大。GDP 增速反映经济增长情况，GDP 增速越高，发展潜力越大。每万人医生数量反映社会保障水平，社会保障水平越高，对人口及资本等要素的吸引力越强，发展潜力越大。评价指标体系如表 8-2 所示。

表 8-2　考察区生态经济亚区区划指标体系

区划目标	一级指标	二级指标	三级指标
生态经济亚区	生态环境	土地利用	林地比例
			草地比例
			耕地比例
			湿地比例
		环境污染物	人均固体废弃物产生量
	社会经济	经济质量	第一产业比例
			第二产业比例
			第三产业比例
			人均 GDP
			城市化率
			失业率
		发展潜力	人均固定资产投资额
			人口密度
			人口增长率
			GDP 增速
			每万人医生数量

注：由于三国数据统计口径和可获得性限制，未获得其他可对比的生态环境指标

8.2.2　方法

(1) 生态经济区区划方法

首先根据研究区地貌、降水、气温等自然地理要素和经济开发强度等人类活动要素的分布格局，采用系统聚类分析方法，将研究区 48 个地区划分为若干类生态经济区。

(2) 生态经济亚区区划方法

由于生态经济亚区区划指标较多，首先采取综合评价法对各地区的社会经济发展水平和生态环境质量进行综合评估，基于评估结果，将各地区划分为若干生态经济亚区。目前，综合评价法中常用的确权方法包括专家打分法、德尔菲法等主观评价方法以及熵权法、层次分析法、主成分分析法等客观评价方法。主观评价方法是基于专家的经验、认知、偏好等对难以量化的指标进行确权，常用于决策制定中。客观评价方法是基于客观数据对指标权重进行判定。由于本研究是基于客观数据，故采用客观评价法对经济发展水平和生态环境承载力下各指标权重进行确定。客观评价法中，熵值法是基于数据的离散程度来确定指标的权重。数据的离散程度越大，信息熵越小，其提供的信息量越大，该指标对综合评价的影响越大，其权重也应越大，反之，则越小。熵值法可以有效

解决多指标变量间信息的重叠问题，已被广泛地应用于综合评价研究中。具体步骤如下。

1）指标的归一化处理：由于各项指标的计量单位不统一，首先需对指标进行标准化处理：

$$x'_{ij} = \frac{x_{ij} - x_{j\min}}{x_{\max} - x_{\min}} \quad 正向指标（值越大，风险越大）$$

$$x'_{ij} = \frac{x_{ij} - x_{j\max}}{x_{\min} - x_{\max}} \quad 负向指标（值越大，风险越小） \tag{8-1}$$

式中，x_{ij} 为样本 i 指标 j 的数值；$x_{j\max}$ 和 $x_{j\min}$ 分别为指标 j 的最大值和最小值；x'_{ij} 为标准化后的指标值，$0 \leqslant x'_{ij} \leqslant 1$。

2）计算样本 i 指标 j 占所有样本指标 j 的比例：

$$s_{ij} = \frac{x'_{ij}}{\sum\limits_{i=1}^{m} x'_{ij}} \tag{8-2}$$

式中，s_{ij} 为样本 i 指标 j 占所有样本指标 j 的比例；m 为样本数量。

3）计算指标 j 的熵值：

$$e^{j} = -k \sum\limits_{i=1}^{m} s_{ij} \ln s_{ij} \tag{8-3}$$

式中，e^{j} 为指标的熵值，$e^{j} > 0$；k 为常数，$k = \dfrac{1}{\ln m}$。

4）计算信息熵冗余度：

$$d_j = 1 - e_j \tag{8-4}$$

式中，d_j 为指标 j 的冗余度。

5）确定指标权重：

$$\omega_j = \frac{d_j}{\sum\limits_{j=1}^{n} d_j} \tag{8-5}$$

式中，ω_j 为指标权重；n 为指标数量。

8.2.3 数据来源

因部分指标的最新数据为 2018 年，本研究基于 2018 年数据对中蒙俄经济走廊进行生态经济区划研究。地貌和气温数据取自 WorldClim 网站，降水数据取自全球降水资料数据集。社会经济指标数据从《中国统计年鉴 2019》《蒙古国统计年鉴 2019》《俄罗斯联邦统计年鉴（2019 年）》和俄罗斯联邦国家统计局网站获取。林地、草地、湿地、耕地占辖区的比例通过解译 MODIS 产品 MCD12Q1 获取，中国和蒙古国地区的人均固体废弃物产生量从《中国统计年鉴 2019》和《蒙古国统计年鉴 2019》中获取，俄罗斯的人均固体废弃物产生量从俄罗斯各地区的 2019 年统计年鉴或地区统计局网站获取。

8.3 中蒙俄经济走廊生态经济区划结果

8.3.1 中蒙俄经济走廊生态经济区

(1) 中蒙俄经济走廊自然地理要素地域分异格局

1) 地貌。中蒙俄经济走廊海拔由东西两端向中部、由北向南逐渐升高。中蒙俄经济走廊西部地形相对平坦,海拔多低于200m,乌拉尔山将经济走廊西部隔开,乌拉尔山以西形成东欧平原,乌拉尔山以东形成西西伯利亚平原。中蒙俄经济走廊中部海拔较高,多数地区高于1000m,主要为高原区。以萨彦岭为分界线,将南北划分为蒙古高原和中西伯利亚高原。中蒙俄经济走廊东部地形多样,海拔高度多介于200~1000m,极少数地区的海拔高于1000m,东北部俄罗斯远东地区以山地为主,其次为丘陵和平原。东南部中国东北地区以平原为主,其次是丘陵和山地(图8-1)。

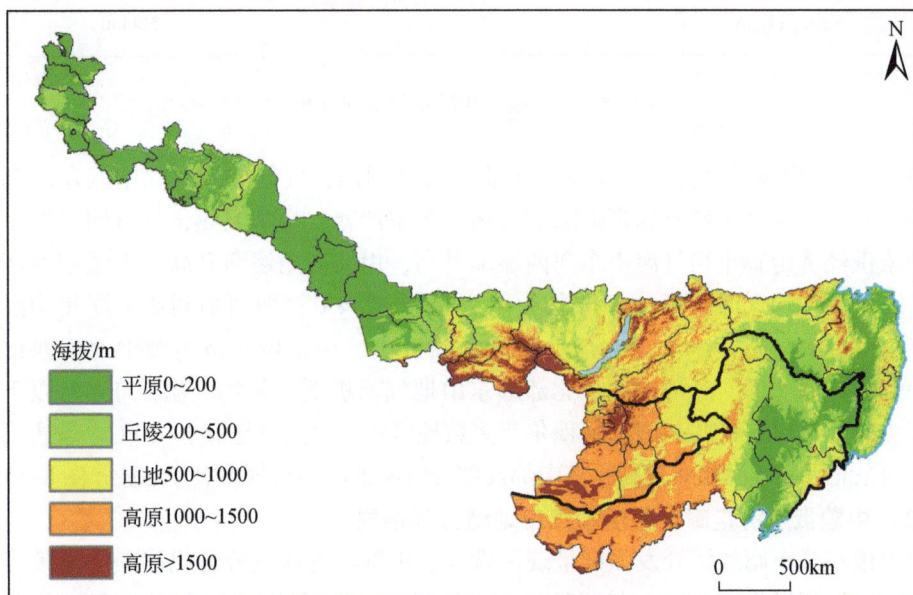

图 8-1 考察区地形空间分布

2) 降水。中蒙俄经济走廊年降水量介于 50~1000mm,地区差异较大。中蒙俄经济走廊降水自东向西逐步减少,至蒙古高原干旱半干旱地区降水最少,西伯利亚和东欧平原降水有所增加,总体上呈现经向地带性规律。中蒙俄经济走廊东部主要为半湿润区,年降水量多介于 400~800mm,少数沿海地区为湿润区,年降水量大于 800mm。大兴安岭是中国 400mm 年降水量线经过的地方,是中国半干旱区和半湿润区分界线,大兴安岭以东中国东北地区多为半湿润区,以西蒙古高原为干旱半干旱区。中蒙俄经济走廊其他地区主要为半湿润区(图8-2)。

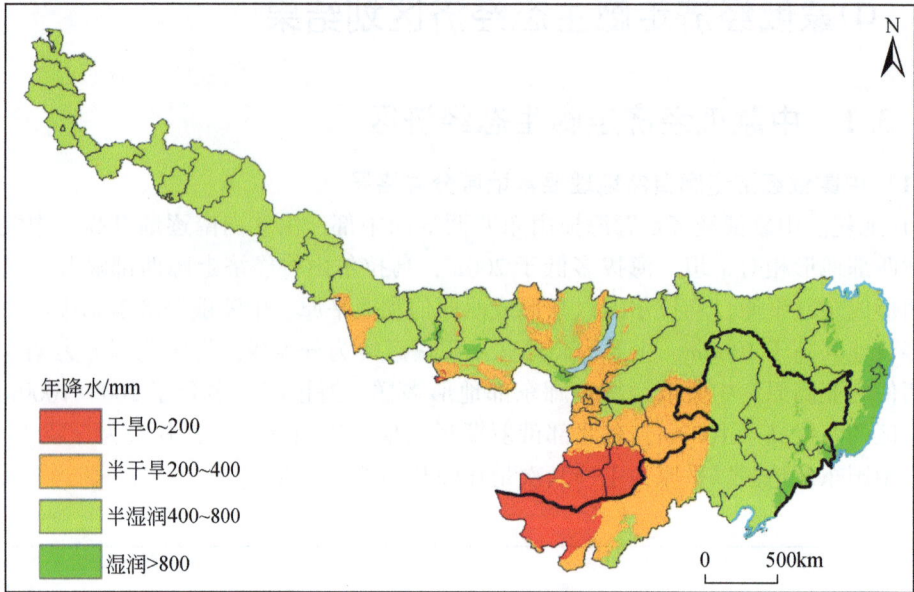

图 8-2　考察区年降水量空间分布

3）气温。中蒙俄经济走廊整体位于北温带范围内，气候多变，除中国东北部为温带季风气候，大部分区域属温带大陆性气候，冬季严寒，夏季温热，具有明显的季节分异。中蒙俄经济走廊年均气温由东向西逐渐升高，由北向南逐渐升高。中蒙俄经济走廊西部东欧平原年均气温较高，多数地区年均气温高于4℃；西西伯利亚平原年均温度较低，年均气温多介于0～4℃，北部少数地区低于0°。中蒙俄经济走廊中部中西伯利亚高原和蒙古高原北部、经济走廊东北部远东山地气温极低，年均气温位于0℃以下，伊尔库茨克州、布里亚特共和国、阿穆尔州多数地区年均气温更是低于–10℃。蒙古高原南部和中国东北平原气温相对较高，其南部及部分沿海地区年均气温高于8℃（图8-3）。

（2）中蒙俄经济走廊人类活动强度地域分异格局

中蒙俄经济走廊经济开发强度呈现两端高、中部低的地域分异规律。中蒙俄经济走廊西部东欧平原呈梯度开发，莫斯科市、圣彼得堡市及其周边地区经济开发强度较高，其他地区开发强度较低。中蒙俄经济走廊东南部东北平原地区经济开发强度较高，西西伯利亚平原、中部高原和远东山地经济开发强度均较低（图8-4）。此外，对比自然地理要素和人类活动强度的地域分异规律可知，地势平坦、降水充裕、温度较高的地区经济开发强度高，反之则低，自然地理要素的分布格局直接影响人类活动强度。

（3）中蒙俄经济走廊生态经济区

综合地貌、气候（降水、气温）等自然地理要素以及经济开发强度等人类活动要素的地域分异规律，同时考虑行政区划的完整性，将中蒙俄经济走廊划分为6类生态经济区（图8-5），包括：

Ⅰ．东欧平原生态经济区：以平原为主，半湿润气候，气温相对较高，年均气温高于0℃，西部部分地区年均气温可达8℃以上。莫斯科市、圣彼得堡市及周边地区经济

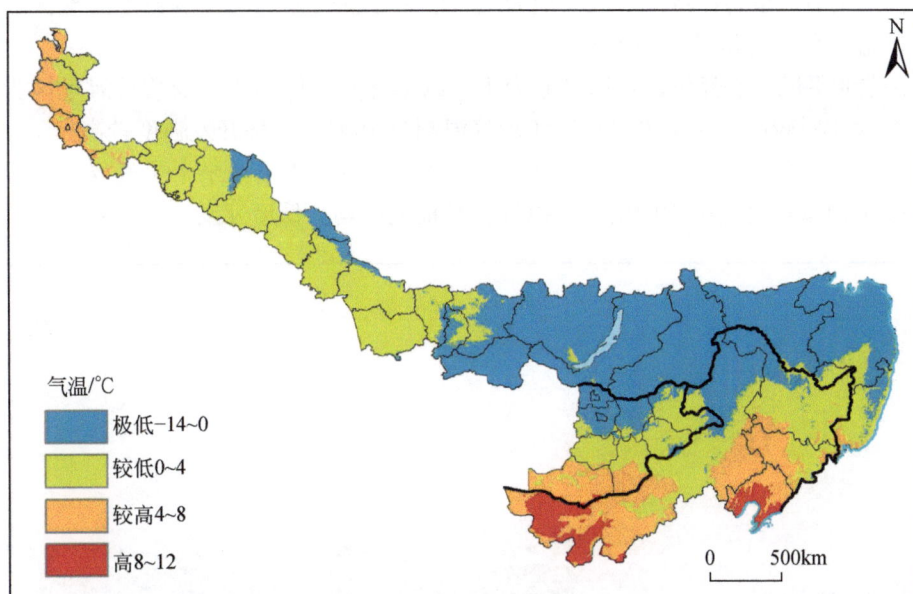

图 8-3　考察区年均气温空间分布

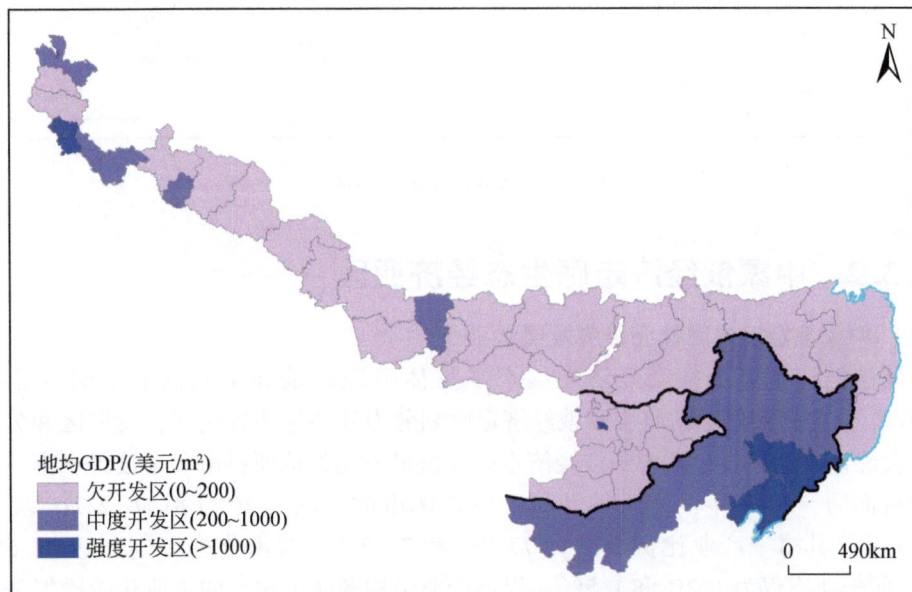

图 8-4　2018 年考察区经济开发强度空间分布

开发强度较高，其他地区经济开发强度较低。

Ⅱ. 西西伯利亚平原生态经济区：以平原为主，半湿润气候，年均气温较低，介于 0～4℃，经济开发强度低。

Ⅲ. 中西伯利亚高原生态经济区：以高原为主，半湿润气候，气温极低，多数地区年均气温低于 –10℃，经济开发强度低。

Ⅳ. 远东山地生态经济区：以山地为主，以半湿润气候为主，少数沿海地区为湿润气候，气温极低，经济开发强度低。

Ⅴ. 东北平原生态经济区：以平原为主，以半湿润气候为主，少数沿海地区为湿润气候，气温相对较高，南部沿海地区年均气温超过 10℃，经济开发强度较高。

Ⅵ. 蒙古高原生态经济区：以高原为主，降水极少，为干旱半干旱气候，气温相对较高，除了内蒙古自治区为中度开发以外，其他地区均为低度开发。

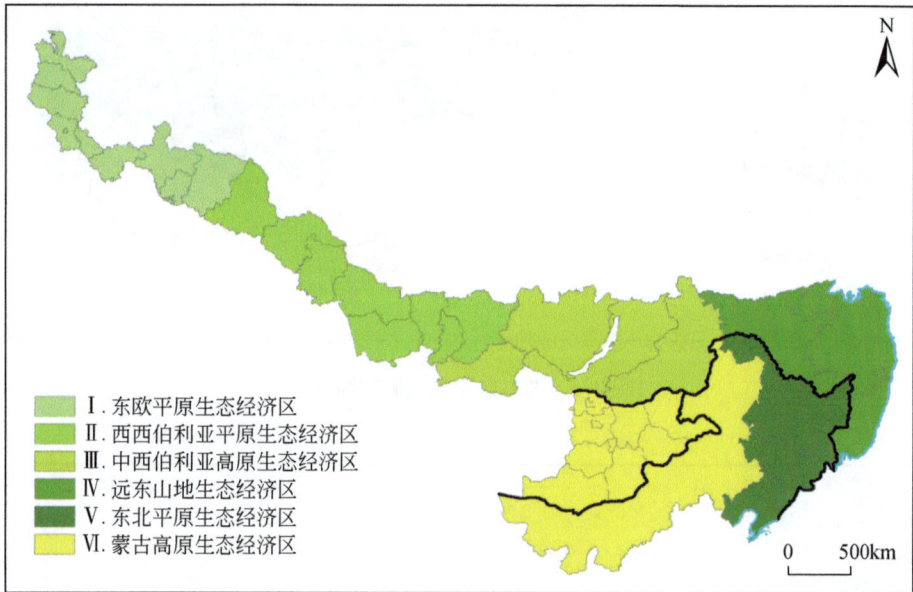

图 8-5　考察区生态经济区

8.3.2　中蒙俄经济走廊生态经济亚区

（1）中蒙俄经济走廊社会经济发展水平

中蒙俄经济走廊的社会经济发展水平整体呈现两端高中间低的空间分布格局（图 8-6）。采用自然间断法将中蒙俄经济走廊划分为社会经济发达区、发展区和欠发达区。社会经济发达区仅包括中蒙俄经济走廊经济最发达的莫斯科市和圣彼得堡市。就其经济质量而言，2018 年，莫斯科市和圣彼得堡市的人均 GDP 分别为 22 716 美元和12 466美元，其第三产业比例分别为 77.9% 和 77.7%，城市化率分别高达 98.6% 和100%，而失业率仅为 1.2% 和 1.5%。根据产业结构和城市化率的工业化阶段划分标准（陈佳贵等，2006；贾百俊等，2011），莫斯科市和圣彼得堡市已经进入后工业化阶段。就其发展潜力而言，上述地区积聚了大量资本、人才、科技等优势资源，发展潜力大。2018 年，其人均固定资产投资额分别高达 3073 美元和 2215 美元，人口数量分别为1261 万人和 538 万人，人口密度分别高达 4926 人/km² 和 3848 人/km²，人口增长率分别为 8.6‰ 和 6.0‰。莫斯科市和圣彼得堡市充足且不断积聚的劳动力与资本为其经济持续发展提供了基本要素支撑。

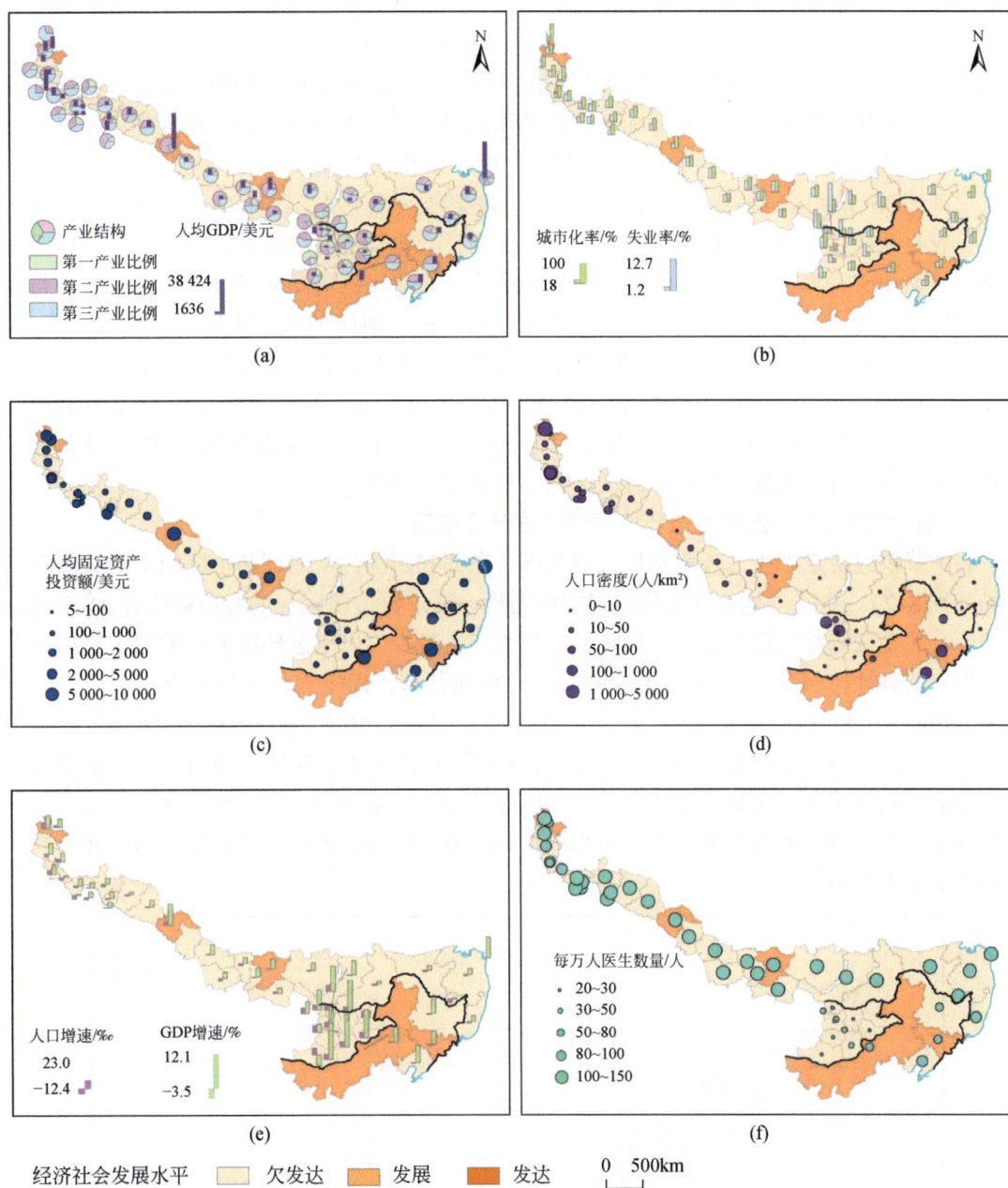

图 8-6　考察区社会经济发展水平及相关指标空间分布

　　社会经济发展区包括首都/直辖市及其周边地区、边境贸易活跃地区及资源富集地区，具体包括蒙古国首都乌兰巴托，俄罗斯莫斯科州、列宁格勒州，以及俄蒙边境贸易活跃区鄂尔浑省，俄罗斯资源富集地区萨哈林州、秋明州、鞑靼斯坦共和国、克拉斯诺亚尔斯克边疆区，以及中国资源富集地区辽宁、吉林和内蒙古。前两者得益于其毗邻首都/直辖市的区位优势，后者得益于其突出的资源优势，社会经济发展水平相对较高。以秋明州和萨哈林州为例，其为俄罗斯乃至全球著名的资源富集地区，其矿产资源开采业增加值均超过其地区 GDP 的 60%，两州矿产资源开采业增加值之和约占全俄矿产资源开采业增加值的 50%。以矿产资源开采业为支柱产业的产业结构使其具备较高的人均 GDP 和城市化率，2018 年，两者分别超过 35 000 美元和 80%。同时，为促进其矿产资源开发利用，俄加大了对秋明州和萨哈林州的投入，其人均固定资产投资额分别高达 9973 美元和 7110 美元，分别是全俄平均水平的 5 倍和 3.7 倍。

其他 35 个地区属于社会经济欠发达区。该类地区工业化、城市化水平低，人口稀疏，农牧业仍是多数地区的支柱产业，失业率高，社会经济发展滞后。以蒙古国地区为例，中戈壁省、肯特省、中央省等 7 个地区的第一产业比例仍高于 20%，中戈壁省和肯特省更是高于 50%。除达尔罕乌拉省以外，其他 9 个地区的人口密度均低于 3.2 人/km²。伴随着落后的工业化的是较低的人均 GDP、城市化率以及较高的失业率。蒙古国 10 个社会经济欠发达区中，经济发展水平最高的是东方省，但其人均 GDP 也仅为 4183 美元，仅为莫斯科市的 1/5，城市化率仅为 56.8%，而其失业率则高达 6.3%；达尔汗乌拉省、肯特省、戈壁苏木贝尔省的失业率更是高于 10%。

（2）中蒙俄经济走廊生态环境质量地域分异格局

中蒙俄经济走廊生态环境总体呈现北部、东部和西部优于南部和中部的空间分布格局（图 8-7）。生态环境优良区包括列宁格勒州、彼尔姆边疆区、滨海边疆区等 21 个地区。上述地区森林覆盖率高，人均环境污染物产生量少。以生态环境最好的列宁格勒州为例，其林地比例高达 85%，另有 9.72% 的草地分布，而年人均固体废弃物产生量仅为 1.08t。上述 21 个地区中，17 个地区的林地比例高于 50%，其中诺夫哥罗德州、彼尔姆边疆区、伊尔库茨克州等 13 个地区的林地比例更是高于 70%。同时，由于俄蒙大多数地区尚处于工业化初、中期阶段，环境污染物产生量较少，除了萨哈林州、秋明州等资源大省及俄罗斯西部个别工业化水平较高的地区以外，多数地区的年人均固体废弃物产生量不足 5t。

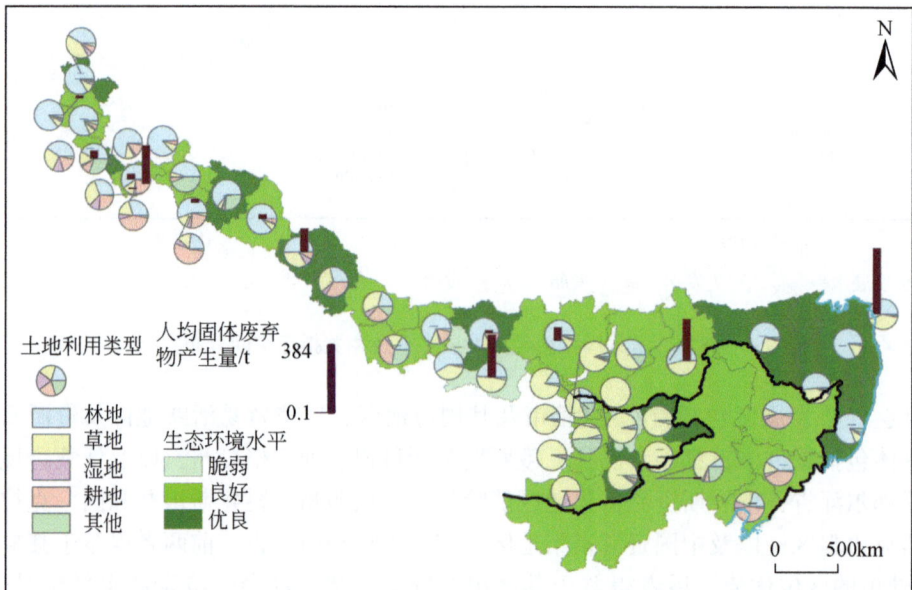

图 8-7 考察区生态环境质量、土地利用类型及人均固体废弃物产生量空间分布

生态环境良好区包括经济走廊东南部中国四省，以及俄罗斯莫斯科州、秋明州等在内的等22个地区。生态环境脆弱区包括俄罗斯萨哈林州、外贝加尔边疆区、马里埃尔共和国、图瓦共和国和蒙古国南戈壁省。生态环境脆弱区中，前四者是俄罗斯的能源和工业大省，资源开发和加工导致其产生大量环境污染物。以萨哈林州为例，其人均固体废弃物产生量高达384t，是经济走廊平均水平的数十倍，生态环境与经济增长的矛盾突出。后者南戈壁省则是因其自身极度恶劣的生态环境本底条件，其裸地占辖区的面积超过90%，生态环境极其脆弱。

（3）中蒙俄经济走廊生态经济区划结果

根据中蒙俄经济走廊的生态环境质量和社会经济发展水平的地域分异规律，进一步将6类生态经济区划分为19类生态经济亚区。其中，Ⅰ. 东欧平原生态经济区包括6类生态经济亚区；Ⅱ. 西西伯利亚平原生态经济区包括4类生态经济亚区；Ⅲ. 中西伯利亚高原生态经济区包括2类生态经济亚区；Ⅳ. 远东山地生态经济区包括2类生态经济亚区；Ⅴ. 东北平原生态经济区包括2类生态经济亚区；Ⅵ. 蒙古高原生态经济区包括3类生态经济亚区。具体如表8-3所示，空间分布如图8-8所示。

表8-3　考察区生态经济区划结果

生态经济区	生态经济亚区	地区
Ⅰ. 东欧平原生态经济区	Ⅰ（1）东欧平原生态优良经济发达亚区	莫斯科市、圣彼得堡市
	Ⅰ（2）东欧平原生态优良经济发展亚区	列宁格勒州
	Ⅰ（3）东欧平原生态良好经济发展亚区	莫斯科州、鞑靼斯坦共和国
	Ⅰ（4）东欧平原生态优良经济欠发达亚区	彼尔姆边疆区、诺夫哥罗德州、特维尔州、弗拉基米尔州、基洛夫州、乌德穆尔特共和国、楚瓦什共和国
	Ⅰ（5）东欧平原生态良好经济欠发达亚区	下诺夫哥罗德州、莫尔多瓦共和国
	Ⅰ（6）东欧平原生态脆弱经济欠发达亚区	马里埃尔共和国
Ⅱ. 西西伯利亚平原生态经济区	Ⅱ（1）西西伯利亚平原生态优良经济发展亚区	克拉斯诺亚尔斯克边疆区
	Ⅱ（2）西西伯利亚平原生态良好经济发展亚区	秋明州
	Ⅱ（3）西西伯利亚平原生态优良经济欠发达亚区	斯维尔德洛夫斯克州、新西伯利亚州、哈卡斯共和国、克麦罗沃州
	Ⅱ（4）西西伯利亚平原生态良好经济欠发达亚区	阿尔泰边疆区、鄂木斯克州
Ⅲ. 中西伯利亚高原生态经济区	Ⅲ（1）中西伯利亚高原生态优良经济欠发达亚区	布里亚特共和国、伊尔库茨克州
	Ⅲ（2）中西伯利亚高原生态脆弱经济欠发达亚区	图瓦共和国、外贝加尔边疆区

生态经济区	生态经济亚区	地区
Ⅳ. 远东山地生态经济区	Ⅳ（1）远东山地生态脆弱经济发展亚区	萨哈林州
	Ⅳ（2）远东山地生态优良经济欠发达亚区	阿穆尔州、哈巴罗夫斯克边疆区、滨海边疆区、犹太自治区
Ⅴ. 东北平原生态经济区	Ⅴ（1）东北平原生态良好经济发展亚区	辽宁省、吉林省
	Ⅴ（2）东北平原生态良好经济欠发达亚区	黑龙江
Ⅵ. 蒙古高原生态经济区	Ⅵ（1）蒙古高原生态良好经济发展亚区	乌兰巴托市、内蒙古自治区、鄂尔浑省
	Ⅵ（2）蒙古高原生态良好经济欠发达亚区	戈壁苏木贝尔省、肯特省、东戈壁省、苏赫巴托尔省、东方省、中戈壁省、中央省、色楞格省、达尔汗乌拉省
	Ⅵ（3）蒙古高原生态脆弱经济欠发达亚区	南戈壁省

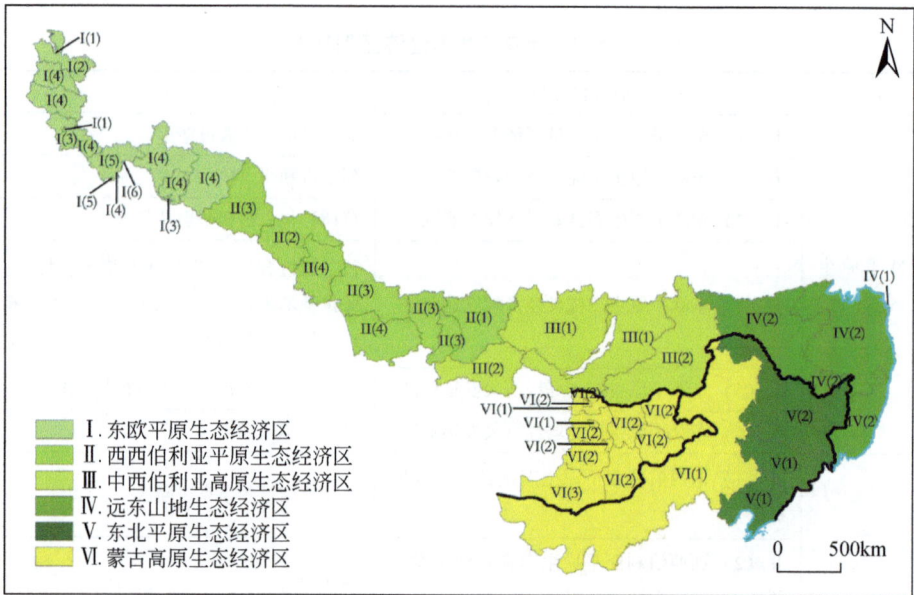

图 8-8　考察区生态经济区和亚区

8.4　中蒙俄经济走廊优化布局方案

　　按照生态经济区划的原则和绿色可持续发展理念，基于各类生态经济亚区的生态环境质量和社会经济发展水平的特征及其地域分异规律，进一步将其确定为优化发展区、重点发展区和保育发展区（图 8-9），并提出了针对这 3 种类型区的绿色发展建议。

　　优化发展区：对于Ⅰ（1），包括莫斯科市和圣彼得堡市，这类地区生态环境优良，社会经济发展水平高。在以后的发展中应进一步优化产业结构和发展模式，发展绿色、低碳、循环经济，实现人与自然的永续协调发展。

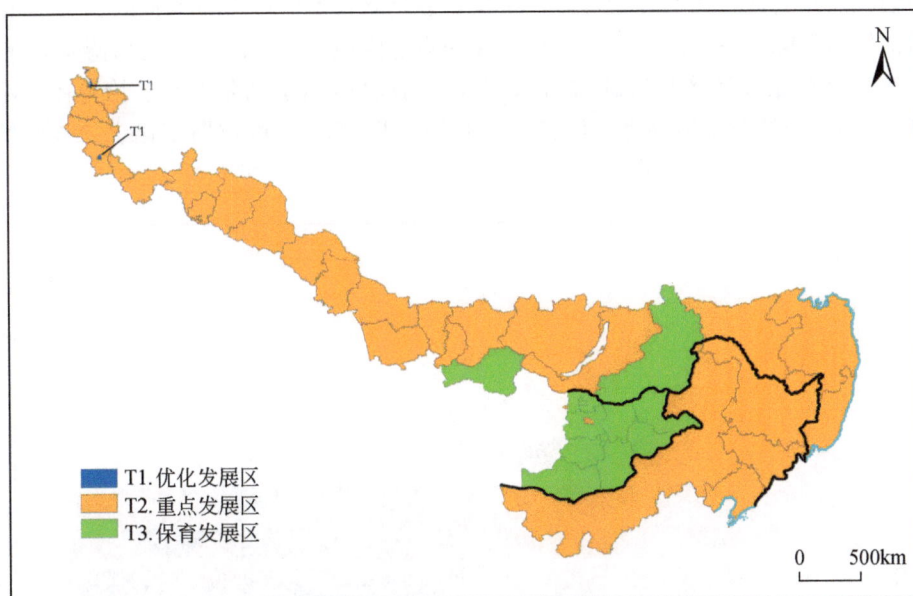

图 8-9　考察区生态经济区绿色发展空间布局图

重点发展区：对于Ⅰ（2）、Ⅰ（4）、Ⅱ（1）、Ⅱ（3）、Ⅲ（1）、Ⅳ（2），包括列宁格勒州、彼尔姆边疆区、伊尔库茨克州等 19 个地区。现阶段上述地区社会经济发展水平相对滞后，但生态环境优良，应抓住中蒙俄经济走廊建设的大好机遇，在保护好生态环境的前提下重点发展环境友好型产业和生态产业，实现生态与经济的协同发展。对于Ⅰ（3）、Ⅰ（5）、Ⅱ（2）、Ⅱ（4）、Ⅴ（1）、Ⅴ（2）、Ⅵ（1），包括俄罗斯西部莫斯科州、秋明州等 7 个地区、中国 4 省以及蒙古国乌兰巴托市和鄂尔浑省共 13 个地区，这类地区生态环境良好，经济发展水平相对较高，且人口众多，促进经济增长、提高人民生活水平是其主要功能。因此，应大力发展绿色经济、生态经济，在维持社会经济稳定发展的基础上避免对生态环境的进一步干扰和破坏，为重点发展区。对于Ⅳ（1）的萨哈林州，该地区大规模的煤炭及油气资源开采，导致其污染物产生量较高，生态环境遭到干扰。但该地区能源矿产资源丰富，是俄罗斯主要的能源富集区和近年来的重点开发地区，故而将其划分为重点发展区，但在其发展中必须做好生态环境保护和修复，尤其是矿山周边的生态环境保护与修复。

保育发展区：对于Ⅳ（2），该类地区主要位于人烟稀少的蒙古国地区，区内存在大量的无人区，生态保育是其主要功能，故呈现较低的社会经济发展水平和良好的生态环境，包括戈壁苏木贝尔省、肯特省等 9 个地区。根据生态经济区划的主导性和综合性原则，将其划分为保育发展区，即在生态保育中适度发展绿色产业和生态产业。对于Ⅰ（6）、Ⅲ（2）和Ⅳ（3），包括外贝加尔边疆区、图瓦共和国、马里埃尔共和国和南戈壁省，这类地区经济发展滞后，同时生态环境脆弱，应加强生态保育和环境治理，慎重布局产业，优先发展对生态干扰或破坏较小的绿色产业和生态产业，叫停对生态环境破坏较大的产业，切勿盲目大举开发资源促进经济增长而加剧对生态环境的破坏。

现阶段，应率先选取中蒙俄经济走廊典型地区打造生态经济示范区（图 8-10），包括新西伯利亚高科技产业循环示范区、中俄长春高新技术循环产业示范区、贝加尔湖世界自然保护与国际生态旅游示范区、伊尔库茨克低碳城市示范区、乌兰乌德生态城市示范区、乌兰巴托循环经济与低碳城市示范区、满洲里-后贝加尔斯克、恰克图-阿勒坦布拉格、黑河-布拉戈维申斯克、同江-下列宁阔耶、珲春-可拉斯基诺、二连浩特-扎门乌德等口岸绿色自由贸易示范区。

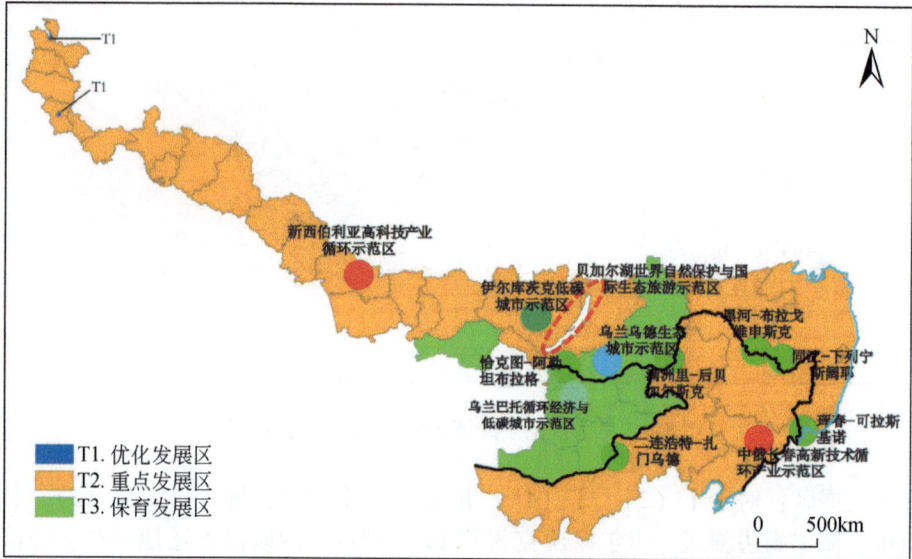

图 8-10　考察区生态经济区绿色发展空间布局及示范区建设

第9章　中蒙俄经济走廊绿色发展模式与合作对策

9.1　中蒙俄经济走廊绿色发展模式

生态文明是人与自然和谐相处的人类文明新形态，是相对于农业社会、工业化阶段人类向自然索取，人地关系矛盾对立的可持续发展的文明阶段。面对"一带一路"和中蒙俄国际经济走廊中的新的生态环境问题与风险，应全面推进绿色发展模式。

9.1.1　生态文明发展模式

生态文明是以人与自然的和谐相处为核心，以资源环境承载力为基础，以可持续发展为目标的一种新的文明形式①。党的十八大报告强调，把生态文明建设放在突出地位，融入经济建设、政治建设、文化建设、社会建设各方面和全过程。这一方面意味着生态文明与经济、政治、文化、社会建设相并列形成五大建设，同时又要将生态文明的观念贯彻到经济、政治、文化、社会建设中。

俄罗斯经济下行，蒙古高原生态环境脆弱，中国东北地区面临经济下行、资源枯竭、环境污染等多重压力，因此，中蒙俄国际经济走廊沿线区域应贯彻联合国可持续发展目标（Sustainable Development Goals，SDGs），借鉴国内外生态文明建设经验，中蒙俄国际经济走廊的生态文明模式应从生态经济、生态空间、生态环境、生态人居、生态文化和生态制度六大体系进行打造（Dong et al.，2018），如图9-1所示。以保护生态空间为基本前提，以良好的生态环境为重要支撑，以生态经济为动力，以生态文化为灵魂，以生态制度为保障，以生态人居环境为美丽家园，建设具有六位一体生态文明内涵的绿色"一带一路"样板，给沿线人民留下天蓝、地绿、水净的美好环境。

（1）以建设生态经济为基本动力

生态经济是循环经济、绿色经济、低碳经济的总称，生态产业是生态经济的支撑，是指按生态经济原理和知识经济规律组织起来的基于生态系统承载能力、具有高效的生态过程及和谐的生态功能的系统性产业。中蒙俄国际经济走廊未来发展中，应在维护自然生态系统结构和功能的基础上，按照降低能耗、物耗、污染物排放量和提高效率的原则加快产业结构调整，助推产业升级，逐步形成产业结构、生产生活方式与资源环境相互协调的循环、绿色和低碳发展模式，这是生态文明建设的基本动力。

（2）以生态空间为基本前提

生态空间是能为人类提供生态系统服务功能的区域总称，是满足人民群众日益增长

---

① 董锁成. "一带一路"绿色发展模式与对策. 中国经济时报，2017-05-11（005）.

图 9-1　中蒙俄国际经济走廊生态文明发展模式

的生态需求的必需品，生态文明建设的基本前提是保有人类社会生存的生态空间。中蒙俄国际经济走廊沿线地区应按照生态经济区划要求，进行科学的空间规划，合理布局农业生产空间、工业生产空间、城市化格局和生态安全格局。

（3）以生态环境为重要载体

生态安全是生态文明建设的前提支撑，人类的社会经济活动不能超过生态环境承载力，不能打破生态安全，一旦生存环境不能提供安全的生态保障，人类的和谐发展也就无从谈起。保护中蒙俄国际经济走廊良好的生态环境，建立国际生态防护体系是区域可持续发展的根本，是生态文明建设的重要载体。

（4）以生态人居为直接表现

绿色生活、和谐人居的理念是文明发展的趋势，是生态文明建设的直接表现和基本需要。中蒙俄国际经济走廊区域整体的绿化环境、低碳社区、生态村落以及由此而建设的基础设施、城镇体系等对生态文明的构建起着支撑作用。人们只有在和谐、静谧、舒适的生态家园中，才能逐步形成低碳的生活理念，有意识地采取绿色行为，自觉履行自己的责任和义务，共同呵护人类的"地球家园"。

（5）以生态文化为意识表现

生态文化就是从人类统治、主宰自然的文化演进到人与自然和谐相处的文化，是从以人为中心的价值取向过渡到人与自然和谐发展的重要转变。中蒙俄国际经济走廊建设同时，应注重培养全社会的生态文化意识，形成全社会关心、倡导、支持生态环境保护的观念，对生态文明建设至关重要。

（6）以生态文明制度为重要保障

中蒙俄国际经济走廊建设过程，应把资源消耗、环境污染、生态效益纳入现行的经济发展评价制度，建立经济–政治–文化–社会–生态的综合评价制度、奖惩机制，形成自上而下和自下而上相结合的生态文明制度，切实落实生态文明建设，是建设生态文明的可靠保障。

9.1.2　建立四层循环经济模式

优化产业结构，积极发展绿色循环产业，促进经济绿色转型，实现低碳、循环和可持续发展，从而减轻经济活动对生态环境压力，实现区域可持续发展的战略路径。

积极建立四层循环经济体系，即"企业循环、产业循环、区域循环、社会循环"，建设绿色经济走廊，如9-2所示。中蒙俄经济走廊产业发展和技术水平相对滞后，产业结构不合理，整体上第一、第二产业比例高，资源依赖度强，对生态环境造成巨大压力。蒙古国经济以畜牧业、矿业为主；俄罗斯军工产业、智力密集型产业优势突出，轻工业、农业发展不足；中国东北和内蒙古地区第二产业占比较高。中蒙俄国际经济走廊建设不能重蹈发达国家"先污染，后治理"的老路，必须全面确立和推广绿色循环产业。

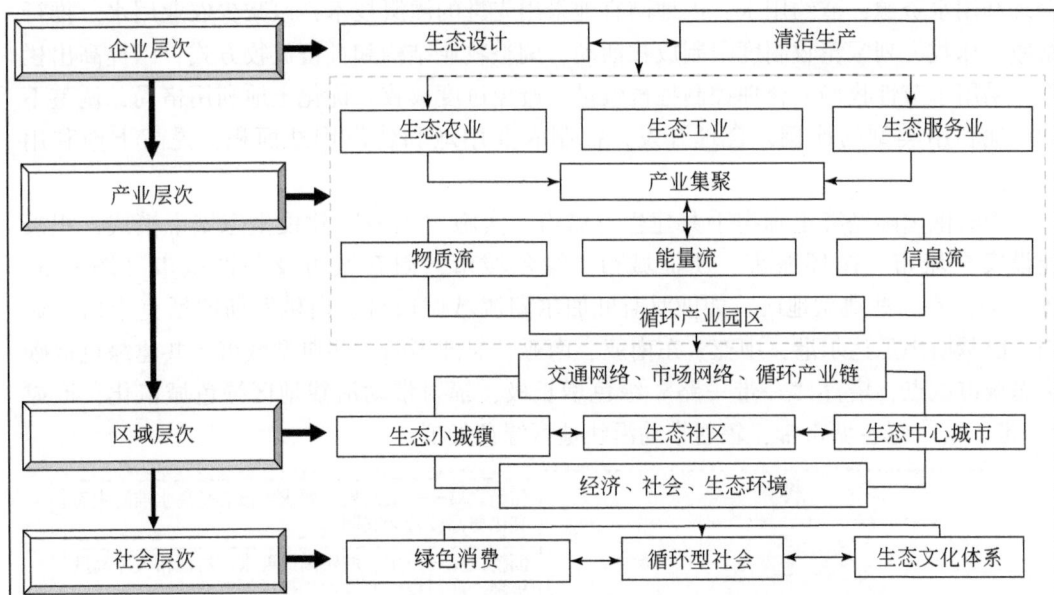

图 9-2　中蒙俄国际经济走廊四层循环经济发展模式

（1）企业循环

中蒙俄国际经济走廊沿线相关企业发展树立生态设计、清洁生产等观念文化，根据物质流、能量流、价值流等规律，建立企业循环经济链条，提高资源循环利用，降低生产过程中的资源消耗和污染物排放，使生产过程生态化、绿色化。

（2）产业循环

产业循环的关键核心在于联通三次产业，中蒙俄国际经济走廊沿线构建农业–工业–服务业连接的以高科技为支撑的绿色低碳循环产业体系，开发源头减量、循环利用、再制造、零排放的产业链接技术，建立生产–流通–消费等各环节的循环经济制度，提高资源综合利用效率、产出效率和生态效率。

（3）区域循环

区域循环的核心是形成资源优化配置、循环利用和高效运转的空间格局，中蒙俄国际经济走廊通过交通网络、信息网络、市场网络等将循环经济贯彻到城乡、海陆等空间建设布局中，建设生态小城镇、生态社区等，是更高层面的循环经济体系。

（4）社会循环

中蒙俄国际经济走廊建设过程中建立生产-流通-消费的全流程循环经济体系，打造绿色生产、绿色消费、循环社区，实行循环社会系统工程，培育全社会循环经济文化，建立全社会循环经济体制，构建循环型社会。

9.1.3　携手共建生态城市

中蒙俄国际经济走廊建设过程中应根据资源环境承载力确定人口规模，"以草定牧，以水定人"。尤其是蒙古国区域，应严格禁止森林乱砍滥伐、开荒、过度放牧、大规模采矿等人类活动。控制区域人口增长，避免人口过度集中，将人口迁移至低风险地区。合理利用水资源，节约用水，因地制宜地采用先进的灌溉技术，以减少农业用水。推行禁牧、休牧、划区轮牧制度限制放牧活动，调整牧业结构和牲畜放牧方式，以提高出栏率；采用季节性牧场，合理控制牲畜数量，避免过度放牧。优化土地利用格局，调整不同土地利用类型的比例，合理开发；控制农业用地和建设用地面积，提高土地利用效率。

中蒙俄国际经济走廊携手共建生态城市，实施"六城"建设生态城市模式，积极建设安全城市、循环城市、便捷城市、绿色城市、创新城市及和谐城市（图9-3、图9-4）。在一些典型地区，如俄罗斯贝加尔湖流域城市群、白俄罗斯明斯克中白工业园、巴基斯坦瓜达尔港，中亚、东南亚、南亚、非洲等的一些典型城市，共建绿色低碳生态城市试点，培育"一带一路"绿色增长极，辐射带动沿线地区绿色城市化，形成"一带一路"绿色城市带，辐射带动沿线地区绿色发展。

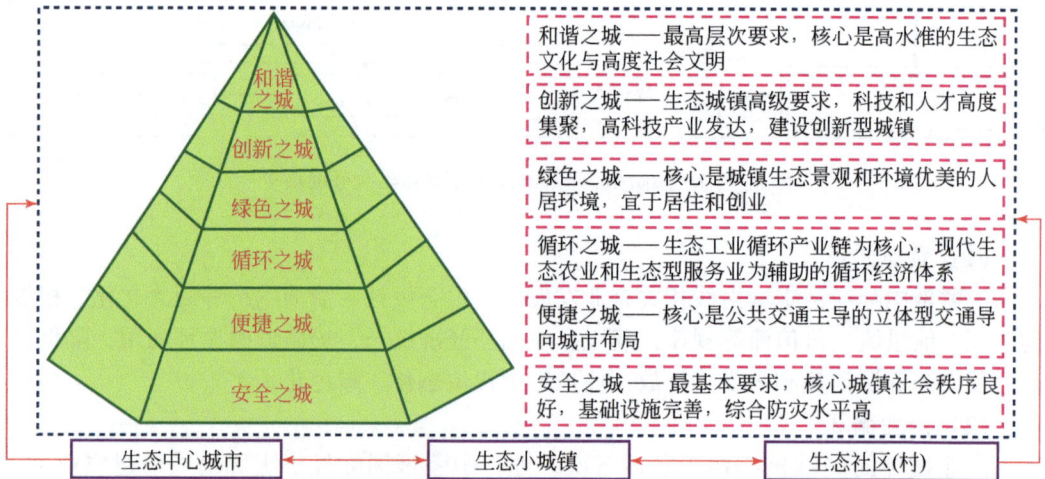

图9-3　中蒙俄国际经济走廊生态城建设模式

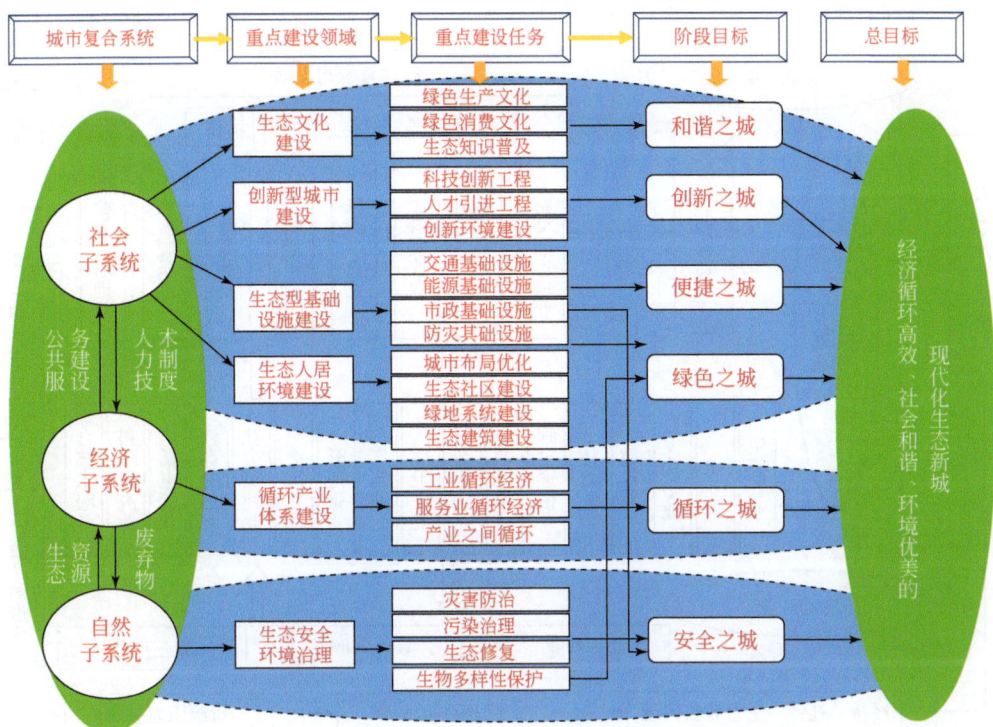

图 9-4　"六城"生态城建设路径

9.1.4　大旅游发展模式

在中蒙俄国际经济走廊建立大旅游发展模式，建设国际生态旅游带，培育绿色低碳旅游产业，既是落实中蒙俄国际经济走廊建设战略构想，发挥沿线国家旅游资源互补优势，促进旅游资源整体开发，推动沿线国家国际旅游合作、满足全球日益增长的生态旅游需求的重要举措，又是提高国家文化产业和文化形象"软实力"，形成与中国经济社会发展和国际地位相适应的文化优势。

旅游业是世界朝阳产业和现代服务业，具有强大的动力产业功能和广泛的联动效应，是中蒙俄国际经济走廊建设的先导性战略产业。旅游业作为开放性、综合性产业，在中蒙俄国际经济走廊建设战略中具有先联先通的独特优势，应当主动作为，先动先行，努力实现"互联互通，旅游先通"。

建立中蒙俄国际经济走廊大旅游发展模式，以旅游为先导产业，替代传统产业，联动三次产业，优化产业结构，建设以旅游业为节点、依靠产业链连接的大旅游产业体系（图9-5）。在大旅游发展模式框架下，基于生态位法则，提出中蒙俄国际经济走廊旅游竞合模式（图9-6）。区域内各个旅游区域占据一定的空间，发挥一定的功能，有些旅游地由于生态位重叠，产生竞争是必然存在的，只有通过生态位策略，才能实现区域旅游合作的可持续发展。

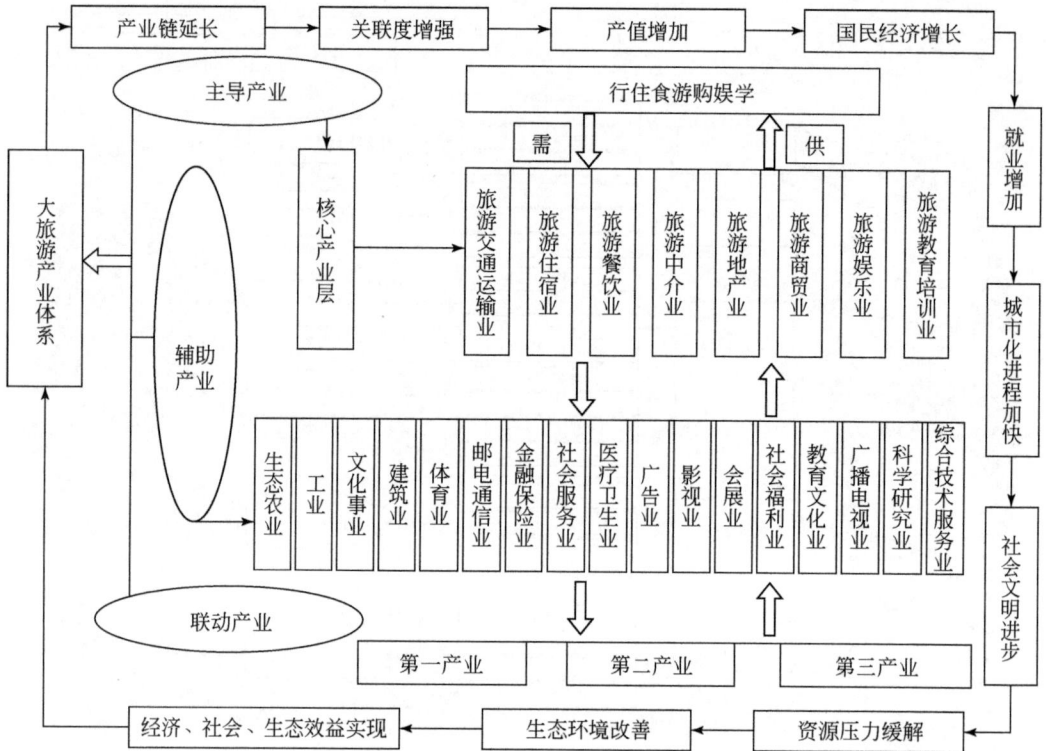

图 9-5　中蒙俄国际经济走廊大旅游发展模式

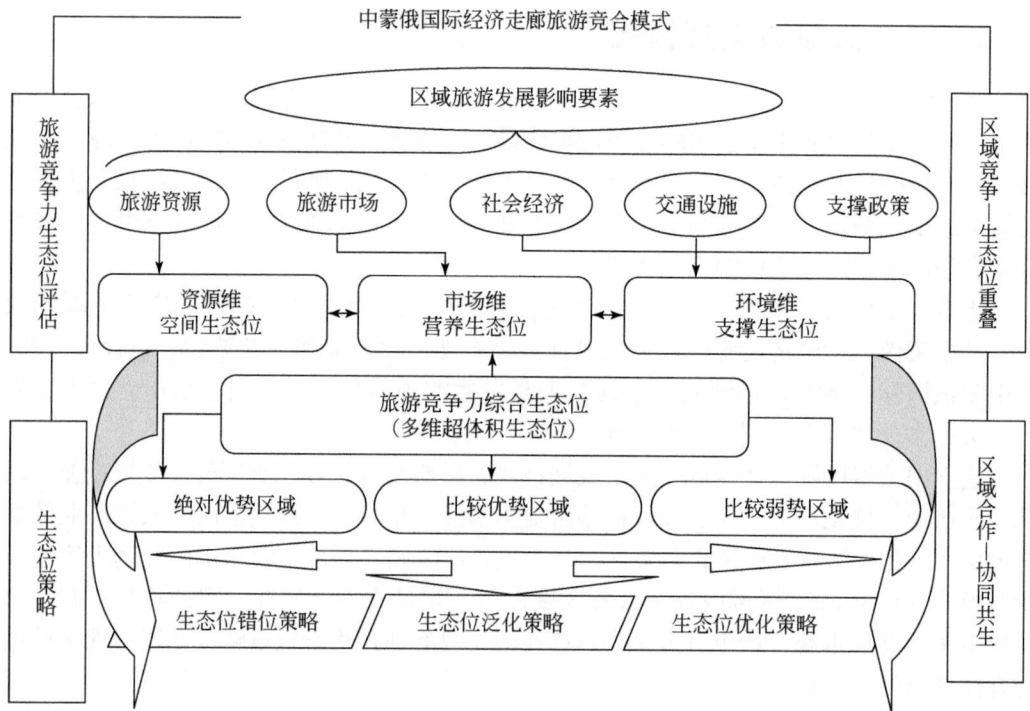

图 9-6　中蒙俄国际经济走廊旅游竞合模式理论框架

9.1.5 共筑生态安全屏障

中蒙俄国际经济走廊共建国家有着共同的生态环境保护国际合作利益和诉求，这是沿线环境合作的基础和根本所在。加强中蒙俄国际经济走廊两国跨境生态环境建设、绿色产能及生态修复国际合作，共同建设蒙古高原绿色生态安全屏障，是防治我国北方沙尘暴灾害风险、确保中蒙俄国际经济走廊生态安全和可持续发展的长远战略。在确保环境保护"携手共建、利益共享、平等互利"原则基础上，共同约定共建国家和地区环境保护的责、权、利机制，共同筑牢生态安全屏障，推动"一带一路"和中蒙俄国际经济走廊跨境自然保护区、国家公园带合作共建，中蒙俄三国联合推进生态环境有效保护，合作共赢。

1）搭建政府间生态风险防控国际合作平台。推进中、蒙、俄三国政府间高层对话，充分利用"一带一路"倡议、中蒙俄经济走廊、上海合作组织、欧亚经济论坛、亚太经济合作组织、亚洲相互协作与信任措施会议等合作机制，强化中、蒙、俄三国生态风险防控国际交流，扩大与联合国防灾减灾署、联合国防治荒漠化公约组织等相关国际组织和机构的合作；可在现有中俄友好、和平与发展委员会生态理事会基础上，成立"中蒙俄经济走廊生态风险防控国际联盟"，建立中、蒙、俄三国生态环境部部长定期会晤机制，构建由政府主导，企业、智库专家、社会组织和公众参与的多边或双边生态风险防控国际合作平台。

2）中、蒙、俄三国共建生态风险监测网络和生态风险防控国际科学实验室，联合攻关重大生态风险防控技术难题。充分利用三国现有生态监测点，提升生态监测点装备信息化水平，在中国生态系统研究网络（CERN）基础上，积极推进三国毗邻地区生态监测站点信息互联互通，构建中、蒙、俄三国生态风险监测网络体系。在"一带一路"国际科学组织联盟和"一带一路"国际科学家联盟框架下，在中、蒙、俄三国跨境地区联合建立一批沙漠化、冻土、生物多样性、气象、病虫害等监测站和实验室，重点支持沙漠化防治、冻土灾害治理等领域重大核心技术研发攻关。

3）建立生态风险信息交换与共享服务机制，强化跨境地区重点突发生态灾害通报、沟通和联防联治。中、蒙、俄三国合作建设"中蒙俄经济走廊生态大数据服务平台"，加强生态风险信息共享，提升生态风险评估与防范的咨询服务能力，推动生态风险信息产品、技术和服务合作。建立跨境地区暴雨洪水、病虫害、跨界河流水污染等重点突发生态灾害的及时通报、及时沟通和全面联防联治机制，防控灾害"源"跨境传输，将跨境灾损降到最低程度。

9.2 中蒙俄经济走廊合作对策

9.2.1 中蒙俄共建蒙古高原绿色生态安全屏障对策

（1）严峻的问题和形势

1）蒙古国荒漠化风险严峻，跨境沙尘污染传输将长期持续威胁我国北方生态安全。蒙古高原包括蒙古国、俄罗斯南部及中国内蒙古、新疆部分地区。蒙古国是蒙古高原核心地区，属大陆性温带草原气候。近年来蒙古国荒漠化趋势虽然略有改善，但总体形势依然严峻，特别是中南部戈壁及其边缘地区持续加剧，自然灾害频发，沙尘暴数量呈现逐年增加趋势。遥感监测发现，2015～2019年，蒙古国南部巴彦洪戈尔省和戈壁阿尔泰省裸地面积分别增长289km²和611km²。实地调查发现，蒙古国南部戈壁地区沙尘暴发生的频率最近几十年也显著增加。1990年蒙古国年均强沙尘天气已达到56天，约是1960年的4倍。至2015年，蒙古国中南戈壁沙漠地区每年发生强沙尘的天数已经普遍达到70～120天，尤其是与我国邻近的东戈壁省省会赛音山达市，其2016年强沙尘天气数高达151天。蒙古国沙尘暴在蒙古气旋等大气环流作用下向我国北方地区跨境传输。2021年3月14～19日、27～29日，发源于蒙古国杭爱山脉的特大沙尘暴灾害在席卷蒙古国中南部地区后，跨境传输覆盖了我国西北、华北及东北177个地级市，对我国北方地区造成极大污染。随着蒙古国荒漠化程度不断加剧，沙尘暴跨境传输将持续对我国北方地区生态安全造成严重威胁。

2）沙尘跨境传输高度高、范围广，单靠我国境内生态安全屏障建设，很难将其彻底阻挡，亟须开展源头治理和国际联合防控。蒙古国戈壁荒漠面积广阔，约53.38万km²，占其国土面积34.15%。每年春秋季节，蒙古气旋造成的强风形成巨量沙尘传输转移，总体高度可达到3～5km甚至超过万米，范围可覆盖我国大部分北方地区。我国三北防护林显著改善了生态状况，但仍然难以完全阻挡巨量沙尘暴传输。尤其是沙尘中粒径较小的浮尘（PM2.5～11）能够从高空越过防护林，进入我国北方地区形成大面积持续性污染。

因此，亟须通过开展中蒙国际合作，在蒙古高原腹地蒙古国沙尘源头建立蒙古高原生态安全屏障，与我国北方生态安全屏障共同作用，最大限度消除蒙古国沙尘暴对我国的影响。

3）自然及人类活动双重因素导致蒙古国荒漠化加剧，须从生态治理和产业转型并重才能有效防控沙尘灾害传播风险。蒙古国荒漠化风险加剧和沙尘暴灾害频发的原因主要有三个方面：一是全球气候变暖导致蒙古国暖干化趋势加剧。1940～2019年，蒙古国气温升高了2.04℃。1942～2018年，年平均降水量则降低了7%。干旱缺水加剧了蒙古国的荒漠化风险。二是畜牧业是蒙古国的支柱产业。私有制改革以来，蒙古国牲畜数量规模不断扩大，至2019年底已增加至7100万头。传统有利于草场恢复的长距离游牧模式，转变为小范围划区定点的持续性放牧模式。超载过牧造成草场生产力长期得不到有效恢复，直接加剧了荒漠化程度。根据蒙古国实地调研发现，蒙古国沿河、沿湖及沿交通走廊等"三沿"地区的草场退化、荒漠化加剧和生态破坏等问题更为突出。三是蒙古国支柱产业采矿业近年来快速发展。但众多采矿企业缺乏资金、技术等支持，生产方式粗放，造成生态破坏和荒漠化加剧。

在自然因素和人类活动共同作用下，蒙古国约70%的草场出现不同程度的退化和沙化，700多个湖泊干涸。为保障粮食供应，蒙古国近年来耕地开发进一步加剧了荒漠化风险。2010～2019年蒙古国开垦草地使耕地面积增加了1828km²。虽然蒙古国政府近年来开展了"绿墙计划"等草场保护措施，但受制于经济和技术等因素，仍然难以遏制荒漠化的势头。因此，亟须在生态修复和产业转型两个方面开展中蒙国际合作，这样才能有效解决这一重大生态难题。

（2）合作对策

1）把"中蒙合作共建蒙古高原绿色生态安全屏障，防治沙尘暴灾害风险"作为我国北方生态安全屏障建设重要战略任务以及绿色"一带一路"和绿色中蒙俄经济走廊建设的战略突破口，以确保我国第二个百年奋斗目标、美丽中国和生态文明建设千年大计，以及联合国 2030 年可持续发展目标的实现。

国际社会高度重视蒙古国生态环境国际合作。在联合国开发计划署（UNDP）-日本伙伴关系基金的资助下，联合国（UN）在发展中国家通过减少砍伐森林和减缓森林退化而降低温室气体排放方案（REDD）第二阶段项目正在蒙古国实施。2016 年 1 月，蒙古国启动了第一阶段的 UN-REDD 国家计划（2016～2018 年），UN-REDD 基金为其筹款 400 万美元。在当前的 REDD+第二阶段项目中，由于缺乏足够的资金，蒙古国拟加强与国际组织的技术合作和资金援助。2006 年，在蒙古国加入《联合国防治荒漠化公约》之后，韩国山林厅通过与蒙古国共同开展的"韩国-蒙古国绿色带植树造林项目（2007～2016 年）"，在蒙古国与中国接壤的南部边境戈壁上种植了 3000hm² 的西伯利亚榆树和沙棘等林木。捷克政府与蒙古国政府合作，在达尔罕和色楞格实施了"蒙古国森林与地方森林遗传资源开发"项目，为其无偿提供 100 万美元的援助，旨在加强当地林木种子产业的发展。德国国际合作机构（GIZ）与蒙古国自然环境与旅游部合作，实施了蒙古国第一个系统性的森林清查（NFI）项目，并完成了清查报告的编写。蒙古国政府表示，未来 40 年将根据这一报告对森林进行监测。日本一直以来都在协助蒙古国植树造林，通过日本国际协力机构（JICA）开展各种合作项目。我国与蒙古国是历史渊源深厚的友好邻邦，两国全面战略伙伴关系深入发展，双边合作不断加强。中国科学院等相关部门也曾对蒙古国开展过治沙技术转化、技能培训等防沙治沙国际合作工作，并取得了一定成效。但与蒙古高原联合防沙治沙现实需求相比，还有很大差距。因此，在新的国际地缘战略格局下，积极加强中蒙生态环境合作，有利于打破有关国家一贯认为我国攫取外国资源破坏当地环境的错误论调，并以此为基础促进双方资源、经贸和人文等相关领域合作的不断深入。这对于我国北方地区及中蒙俄经济走廊的可持续发展都具有重要的战略意义。

2）中蒙联合建立"四带一区"的蒙古高原生态安全屏障，包括中蒙跨境铁路沿线绿色防护工程带、中部荒漠化高风险区绿色防护工程带、南部中蒙跨境生态修复工程带、北部经济快速发展区绿色产能合作示范带、西部阿尔泰山区中蒙俄哈跨境国际自然保护区。

蒙古国荒漠化风险主要集中在蒙古国西部山地、南部戈壁及其边缘地带，包括巴彦乌列盖省大部、乌布苏南部和科布多北部、戈壁阿尔泰省北部、巴彦洪戈尔省中部、前杭爱省中部与中戈壁省中部、南戈壁省部分地区和东戈壁省中部及与我国毗邻的东部地区（图 9-7）。我国与蒙古国重点在上述地区开展防沙治沙生态修复合作示范。发挥我国在治沙防沙领域领先的技术优势，中蒙共同研发适合蒙古国防沙治沙的工程技术方案及优选耐旱沙生植物。一是合作建设近期以中蒙跨境铁路、公路（二连浩特—扎门乌德—赛音山达—乔伊尔—乌兰巴托—达尔罕铁路、公路）沿线地带为主体、远期覆盖蒙古国省际主要交通干线沿线地区的绿色防护支线工程带。二是逐步推进，共同在蒙古国荒漠化高风险区布局建设防沙治沙及草场恢复工程，构建绿色防护主线工程带，推广我国四季轮牧、人工牧场恢复等先进技术和管理模式。三是扩展我国北方生态安全屏障体系，与蒙古国共建南部跨境地区绿色生态防护工程带。

图 9-7 蒙古高原生态安全屏障体系布局

3）经济快速发展区及主要矿业开发区建设绿色产能与循环经济合作示范区，引导蒙古国产业转型，有效降低人类经济活动的生态破坏。一是联合开展绿色矿山建设工程，输出我国绿色矿山建设和矿区生态修复技术、产能，全面提升蒙古国现有低技术、高污染、高破坏矿区的生态保护与修复水平。示范推广以采矿为核心的"采煤-发电-建材-城市集中供暖"等循环经济体系，近期选择蒙古国乌兰巴托等典型经济快速发展区、达尔罕等荒漠化高风险带的主要矿区，布局建设一批绿色矿山及循环经济示范区，中远期示范推广至蒙古国其他主要矿区。二是加强对蒙畜牧业及采矿后续产业的定向投资和产能合作，引导蒙古国经济活动向下游产业链延伸，减少初级资源高强度开发带来的生态破坏。在荒漠化风险加剧带各省区投资建设一批清真食品加工业、纺织业、皮毛制品等以畜牧业为原材料的下游加工产业。这些产业在我国属于过剩和向外转移输出产能，却是蒙古国以初级资源开发为主的经济体系转型升级的重要急需产能。三是加强集约型、可持续农牧业合作。加强对蒙古国设施农业技术和产能输出，协助蒙古国建立高效、集约的设施农业和集中养殖产业，提升单位耕地产量，减少农牧业发展对牧场规模的依赖。四是加强沙产业跨境合作，输出沙产业发展经验、技术及产能。在荒漠化高风险区协助蒙古国发展沙生经济作物、沙地旅游等新兴产能。

4）阿尔泰跨境国际自然保护区，创建绿色"一带一路"建设示范样板。蒙古高原西部的阿尔泰山脉是蒙古国沙尘源头的上风向天然生态屏障和蒙古国荒漠化高风险区的起始地带，蒙古气旋形成的强风从阿尔泰山脉向南、向东刮过蒙古国戈壁沙源形成沙尘暴，向东南袭击我国形成强沙尘天气。保护阿尔泰山脉的生态环境和植被条件，能够有效降低下风向戈壁沙漠区域的扬沙规模，是建立源头生态屏障、防控蒙古国沙尘暴的关键之一。阿尔泰山脉地跨中、蒙、俄、哈四国，是我国"一带一路"倡议框架内中蒙俄经济走廊和中国-中亚-西亚经济走廊的交会地区,具有"四国毗邻、两带交会"的地缘战略和生态区位。阿尔泰山脉已有中国喀纳斯国家自然保护区、俄罗斯卡通国家自然保护区、哈萨克斯坦共和国卡顿卡拉盖国家公园、蒙古国塔万博格多国家公园,为同一生态系统。因此,一是我国主导联合蒙俄哈共建大阿尔泰跨境国际自然保护区,联合保护阿尔泰山脉区域跨境生态系统和生物多样性;二是我国主导联合建立以生态旅游、冰雪运动为核心的大阿尔泰绿色经济自由贸易区,构建绿色发展示范区,在有效提升区域福祉的同时,降低人类活动对区域生态环境的不利影响,将其打造成绿色"一带一路"建设示范样板。

我国主导共建大阿尔泰跨境国际自然保护区,既能加强阿尔泰山脉的生态保护,有效降低蒙古国沙尘暴风险,也将为绿色"一带一路"建设提供有力支撑和国际示范,产生良好的示范性国际影响和巨大的社会效益。

5) 投融资合作机制,保障蒙古高原生态安全屏障建设资金。以往蒙古国"绿墙"生态修复工程得到了世界银行等提供的低息贷款援助等资金支持,目前蒙古国生态建设资金严重缺乏。因此,创新投融资机制,探索多元化蒙古高原生态安全屏障建设投融资模式:一是在"一带一路"倡议框架下,建立蒙古高原跨境生态保护合作机制,动员中、俄、蒙、韩、日等东北亚邻国共同参与蒙古高原生态安全屏障建设。二是在适度援建范围之外,积极创新资源开发与生态保护合并融资机制。蒙古国正重启塔温陶勒盖煤矿等大型矿区的整体开发招标计划,可通过资源开发股份合作等形式,置换开展生态修复工程建设和技术转移,通过股权、经营利润分成等更为灵活的方式抵偿生态安全屏障建设资金投入。三是创新生态治理+特许经营模式。在蒙古国生态安全屏障建设区、交通走廊支线生态防护带范围内,通过获得特许产业经营、共同经营、基础设施租赁等权益抵偿相关生态建设和维护费用。四是动员社会力量,包括企业、社团、群众积极参与蒙古高原绿色生态屏障建设。韩国民间力量在蒙古国达尔罕市河流东岸植树造林,建起了一条近十千米长的绿色林带,发挥了良好的示范效果,得到了蒙古国政府和当地百姓的好评。

9.2.2　中国东北与俄罗斯远东和贝加尔地区合作对策

东北地区与俄罗斯远东和贝加尔地区毗邻,是东北亚的地理中心,在"一带一路"倡议、中蒙俄经济走廊、俄罗斯欧亚经济联盟建设、俄罗斯远东与贝加尔地区开发战略具有重要作用,区位优势显著。东北地区在资源枯竭、产能过剩、工业优势减弱、经济下行等现实约束下,东北振兴必须充分发挥区位优势,紧抓政策契机,打造与俄罗斯远东和贝加尔地区的跨境合作创新模式,实施"两头在外"战略,输入外部资源供应、输出过剩产能,培育新的经济增长点。根据东北地区与俄罗斯远东和贝加尔地区的区位特征以及两大区域的经济联系程度,东北地区联系紧密的国际合作对象主要包括伊尔库茨克州、布里亚特共和国、外贝加尔边疆区、阿穆尔州、犹太自治州、哈巴罗夫斯克边疆区和滨海边疆区。考虑到研究单元尺度的统一性、可比性,将内蒙古自治区这一省级行政单元纳入本节的研究单元中。本节对东北地区与俄罗斯远东和贝加尔地区的经济发展水平、工业化水平等进行了量化评估,对区域发展瓶颈与制约、资源优势、发展需求与发展政策等方面进行了系统分析,从而为东北地区与俄罗斯远东和贝加尔地区的跨境合作提供科学支撑。

（1）资源优势高度互补，经济合作潜力巨大

1）能源矿产等自然资源高度互补。资源枯竭是东北地区经济增长的重要制约因素，东北地区亟须寻找外部资源供应。俄罗斯能矿资源丰富，石油、天然气、镍、铁、金刚石的探明储量均位于世界前列。俄罗斯石油探明储量约 109.6 亿 t，位居世界第七位，天然气探明储达到 47.8 万亿 m^3，位居世界第一，已勘探的煤炭资源（包括烟煤、无烟煤和褐煤）的储存量为 1570 亿 t，居世界第三位，已发现的铁矿石储量大约是 390 亿 t，位居世界第三位；已经发现的铜矿储量大约是 3000 万 t，排名世界第七；金刚石矿资源大约是 4000 万 Ct（克拉），位居世界第五位。而俄罗斯远东和东西伯利亚地区是俄罗斯最主要的矿物原料基地，该地区集中了全俄 80% 的能矿资源，储量潜在价值约为 25 万亿美元，且开发利用程度较低，是目前全球仅存的未充分开发的地区，开发潜力巨大（张鸿翔，2009）。因此，俄罗斯远东和东西伯利亚地区是东北地区最便捷的资源供应地。此外，近年来，为了促进远东和贝加尔地区的经济发展，俄罗斯地区加大了对远东和贝加尔地区资源开发的力度。因此，推动东北地区与俄罗斯远东和贝加尔地区的能矿资源合作，一方面能满足东北地区寻找替代资源，另一方面将促进俄罗斯远东和贝加尔地区的经济发展。

2）劳动力资源优势高度互补。东北地区人口众多，劳动力资源丰富，俄罗斯远东和贝加尔地区人口稀少且人口流失严重，劳动力严重不足，已经成为制约其经济增长的重要因素。俄罗斯远东和贝加尔地区的人口总量仅为 871.3 万人，为内蒙古人口数量的 1/3，辽宁省人口数量的 1/5，人口密度更是远低于东北地区，人口极度稀少。此外，远东和贝加尔地区人口流失严重，连续多年大量人口迁出。仅 2015 年，上述地区的净迁出人口将近 3 万人。人口稀少和人口外流已经对当地经济增长与国家安全构成严峻挑战。

东北地区丰富的劳动力资源与俄罗斯远东和贝加尔地区稀缺的劳动力资源高度互补，远东和贝加尔地区与东北地区开展劳务合作，将极大地缓解远东和贝加尔地区劳动力不足的问题，促进远东和贝加尔地区经济增长，同时也将拓宽东北人民的增收路径。

3）农业资源优势高度互补。俄罗斯远东耕地丰富，达到 280 万 hm^2，集中分布在远东南部滨海边疆区、哈巴罗夫斯克边疆区、犹太自治州和哈巴罗夫斯克边疆区，人均耕地面积超过 0.5hm^2，耕地开发面积仅占 3/4（彭亚俊，2017）。但俄罗斯农业生产效率、技术设施水平有限，农业劳动力资源匮乏。我国东北地区耕地资源有限，人均耕地面积仅为远东地区的一半，但农业劳动力丰富，具有先进的农业生产技术、农业专业人才和农业管理经验，农作物综合生产能力高，农业现代化程度也已经达到中等发达国家水平（汪晓波和成芳，2017）。此外，我国东北地区与俄罗斯远东相邻，气候条件、种植的农作物相似，东北地区的农业劳动力、农业技术、农业现代化正是俄罗斯急需的，东北地区和俄罗斯远东在农业资源优势方面高度互补。

4）工业化水平高度互补，产能合作潜力巨大。东北地区是我国的老工业基地，工业优势突出，装备制造业实力雄厚。俄罗斯工业落后，工业结构以能源原材料开采等重工业为主，制造业发展水平有限，工业化水平落后于东北地区。根据前文工业化阶段划分，俄罗斯多个研究单元处于工业化前、初期阶段，我国东北地区处于工业化中、后期阶段，工业化阶段高度互补。东北地区装备制造、原材料加工等的优势产能恰好是俄罗斯远东和贝加尔地区所需的，未来东北地区与俄罗斯远东和贝加尔地区产能合作潜力巨大，东北地区与远东和贝加尔地区开展产能合作、输出先进技术，一方面将有助于缓解东北地区产能过剩的问题，培育新的经济增长点，另一方面也将促进远东和贝加尔地区的工业化发展。

5）交通基础设施建设合作空间巨大。2015 年，辽宁、吉林、黑龙江、内蒙古的铁路路网密度分别为 395.7km/万 km²、269.6km/万 km²、137.1km/万 km²、102.2km/万 km²，同期伊尔库茨克州、布里亚特共和国、外贝加尔边疆区、阿穆尔州、犹太自治州、哈巴罗夫斯克边疆区、滨海边疆区的铁路路网密度分别为 32.6km/万 km²、34.9km/万 km²、55.6km/万 km²、80.7km/万 km²、141.0km/万 km²、27.0km/万 km²、133.6km/万 km²，上述俄罗斯研究单元的平均铁路路网密度为 47.9km/万 km²，低于俄罗斯平均水平，仅为中国研究单元平均水平的 1/4。公路路网密度方面，辽宁、吉林、黑龙江、内蒙古的公路路网密度分别为 8249.8km/万 km²、5193.5km/万 km²、3589.1km/万 km²、1482.5km/万 km²，伊尔库茨克州、布里亚特共和国、外贝加尔边疆区、阿穆尔州、犹太自治州、哈巴罗夫斯克边疆区、滨海边疆区的公路路网密度分别为 302.4km/万 km²、258.4km/万 km²、335.7km/万 km²、341.4km/万 km²、675.2km/万 km²、123.7km/万 km²、1936.8km/万 km²，上述俄罗斯研究单元的平均公路路网密度为 355.8km/万 km²，不足中国研究单元平均水平的 1/10。综上，俄罗斯的交通基础设施远落后于东北地区，交通基础设施薄弱成为制约俄罗斯远东和贝加尔地区的重要因素。铁路、公路等交通基础设施建设是东北地区的优势产能，东北地区拥有先进的科学技术和建设手段，未来东北地区和远东与贝加尔地区在交通基础设施方面合作空间巨大。

6）投资合作潜力广泛。吸引外国投资是俄罗斯远东和贝加尔地区开发、促进本地经济发展的重要任务和关键途径。为了吸引投资，俄罗斯还在远东和贝加尔地区设立超前社会经济发展区和自由港制度，设立了税收等一系列优惠政策。目前，在远东和贝加尔地区已经设立了 22 个超前社会经济发展区，建立了 5 个自由港。中国东北地区经济发展水平相对较高，资金充裕，是俄罗斯远东和贝加尔地区招商引资的重要对象。据统计，中国对远东的投资额占远东吸引投资总额的 30%，持续推动中国资本，尤其是东北地区资本向远东和贝加尔地区流动，积极融入远东和贝加尔地区的开发中，对东北寻找新的经济增长点、盘活资金、促进东北振兴具有重要意义。

（2）区域发展战略高度契合

1）东北振兴战略。2003 年 10 月 5 日，国家发布《中共中央 国务院关于实施东北地区等老工业基地振兴战略的若干意见》，东北振兴正式拉开序幕。实行深化改革和扩大开放是东北振兴的关键路径，加强同周边国家的区域合作，尤其是与俄罗斯远东地区合作是东北振兴的重要发展方向。

2003 年至今，中国政府先后制定出台了《国务院关于进一步实施东北地区等老工业基地振兴战略的若干意见》《东北振兴"十二五"规划》《中共中央 国务院关于全面振兴东北地区等老工业基地的若干意见》《关于深入推进实施新一轮东北振兴战略 加快推动东北地区经济企稳向好若干重要举措的意见》《东北振兴"十三五"规划》等一系列规划、意见，上述文件中均强调对俄合作，尤其是与远东和东西伯利亚地区的合作，因此，加强与俄罗斯远东和东西伯利亚地区的合作是东北振兴的重要突破口。《东北振兴"十三五"规划》中更是明确了与远东合作的重点任务，包括加强东北振兴战略与俄罗斯远东开发战略对接，完善中俄地区合作工作机制；研究开展滨海1号、滨海2号中俄跨境运输长廊项目合作，鼓励企业参与俄跨越式发展区和自由港建设；组建中俄地区合作发展（投资）基金；加强航空航天、铁路、电力、现代农业、林业、矿业等领域投资合作，建设中俄科技创新合作平台，加强中俄环保产业合作交流等。

2）俄罗斯远东和贝加尔地区开发战略。苏联解体以后，一方面，俄罗斯出于对地缘政治安全的考虑，开始越来越重视远东地区的发展问题。另一方面，俄罗斯远东和贝加尔地区资源丰富，加强对远东和贝加尔地区的开发，成为俄罗斯新的经济增长点，同时也将促进远东和贝加尔地区的经济发展，起到缓解俄罗斯东西部发展不平衡的问题。此外，进入21世纪以来，世界经济发展中心开始向亚太地区转移，远东地区将成为俄罗斯通向亚太地区的大门。

2009年12月26日，俄罗斯政府制定出台了《2025年前俄罗斯远东和贝加尔地区社会经济发展战略》，这是一份全面、深入、系统的发展战略，其中明确了俄罗斯远东和贝加尔地区与中国东北地区及东北亚其他国家的经济合作规划。2012年5月，俄罗斯政府增设了远东地区发展部，其主要职能是协调实施俄罗斯远东地区发展战略与规划，包括远东地区开发的重大项目。2014年俄罗斯政府批准了《俄罗斯远东和贝加尔地区社会经济发展规划》，更加明确具体地规划了发展目标、任务和达到的预期指标。2015年10月，俄罗斯政府批准了《俄罗斯远东联邦区和贝加尔地区等边境地区发展构想》，这是推动俄罗斯远东边境地区发展边境地区国际合作的重要文件，规定了开展边境国际合作的领域和优先方向。2015年9月，俄罗斯在远东城市符拉迪沃斯托克（海参崴）市举行了第一届东方经济论坛，并规定每年在符拉迪沃斯托克（海参崴）市举行一届。东方经济论坛是推动俄罗斯远东地区与亚太地区合作的对话和交流平台，目的是加快远东地区经济发展，扩大与亚太地区的国际合作，提升远东地区投资的吸引力，为俄罗斯与外国商业伙伴相互协作提供广泛机遇。

此外，为了加快远东和贝加尔地区的发展，吸引外国投资，俄罗斯还在远东和贝加尔地区设立超前社会经济发展区与自由港制度，设立了税收等一系列优惠政策。东北地区经济发展水平相对较高，资金充裕，据统计，中国对远东的投资额占远东吸引投资总额的30%，持续推动中国资本向远东和贝加尔地区流动，积极融入远东和贝加尔地区的开发中，对东北寻找新的经济增长点、盘活资金、促进东北振兴具有重要意义。

3）中俄共同签署、实施的相关规划。近年来，我国与俄罗斯远东地区不断深化合作，高层互动频繁。2009年9月，中俄两国首脑正式签署了《中华人民共和国东北地区与俄罗斯联邦远东及东西伯利亚地区合作规划纲要（2009—2018年）》，标志着东北振兴与俄罗斯东部开发互动合作进入实质性的实施阶段。2013年，我国提出"一带一路"倡议，打造包括中蒙俄经济走廊在内的六大经济走廊。2015年5月8日，中俄两国发表了《中华人民共和国与俄罗斯联邦关于丝绸之路经济带建设和欧亚经济联盟建设对接合作的联合声明》，就推动地区合作达成广泛共识。2016年6月，中蒙俄三国政府签署《建设中蒙俄经济走廊规划纲要》，制定了促进交通基础设施发展与互联互通、加强口岸建设和海关、检验检疫监管、加强产能与投资合作、深化经贸合作、推动地方及边境地区合作等七个方面的重点合作领域。上述发展战略为中国东北地区与俄罗斯远东和贝加尔地区的合作发展提供了政策契机，将持续推动中俄双方扩大开放、合作共赢发展。2017 年 9 月，中国国务院副总理汪洋与俄罗斯联邦副总理兼总统驻远东联邦区全权代表特鲁特涅夫举行中国东北地区和俄罗斯远东及贝加尔地区政府间合作委员会第一次会议，共同启动编制《中俄远东地区开发合作规划》；2018 年 6 月，中国国务院副总理胡春华再次会见特鲁特涅夫副总理，进一步推动中俄远东开发合作；2018 年 9 月东方经济论坛期间，中国商务部和俄罗斯远东发展部签署了《中俄在俄罗斯远东地区合作发展规划（2018—2024 年）》，主要发展方向为天然气和石化工业、固体矿物开发、交通和物流、农业、木材工业、水产养殖和旅游业，并且俄政府在农业方面承诺为中国投资者参与的项目提供土地和优惠融资。此外，中国商务部与俄罗斯远东发展部还签署了《关于建立中国东北地区和俄罗斯远东及贝加尔地区实业理事会的谅解备忘录》。

（3）五大合作重点

1）推动优势产能合作，共建高科技产业园区。东北地区的优势产能包括钢铁、建材、铁路、电力、化工、轻纺、汽车、通信、工程机械、航空航天、船舶等。俄罗斯远东和贝加尔地区工业化水平较为滞后，尤其是轻纺、铁路、电力、通信、装备制造业等。因此，在俄罗斯远东和贝加尔地区应重点推动通信、铁路、电力、轻纺等市场占有率较高、竞争力强的优势行业开展产能合作，鼓励投资进入俄罗斯铁路、公路、通信建设等重点行业，把我国有竞争力的装备和生产线、先进技术、管理经验等输往远东和贝加尔地区，共建高科技产业园区，充分利用两国产业优势，推动基础设施改善与产业结构升级相结合，提升俄罗斯的工业化和现代化水平（王兵银，2016）。重点推动中国移动、中国联通、中国铁路总公司、中国路桥工程有限责任公司等实力雄厚的大型国有企业进入俄罗斯通信、交通等基础设施市场，建立分公司或办事处，与俄方联合开展基础设施建设。支持东北地区纺织、木材加工等民营企业进入俄罗斯轻工业市场，入驻俄罗斯超前社会经济发展区，建立轻工业园区，在输出过剩产能的同时，为俄罗斯居民提供更多的轻纺产品，提高远东的轻工业水平。

2）加快能矿资源合作。资源枯竭成为制约东北地区经济增长的重要因素，俄罗斯远东和贝加尔地区能源、矿产资源丰富，集中了俄罗斯 80% 以上已探明的矿产资源，东北地区与俄罗斯远东的矿产资源需求高度互补。此外，中俄两国互为最大邻国，拥有 4300km 的国境线，两国合作历史悠久，政治稳定，友谊深厚。2014 年，中俄全面战略协作伙伴关系进入新阶段，中俄关系处于历史最好时期。

因此，俄罗斯远东和贝加尔地区是东北地区最便捷的外部资源供应地，加强东北地区与俄罗斯远东与贝加尔地区的能矿资源合作是缓解东北资源枯竭瓶颈的关键途径。促进东北地区与俄罗斯远东的能矿资源合作，一方面要持续加强能源矿产资源的贸易合作，不断扩大贸易量，另一方面，大力推进走出去战略，拓宽能矿合作模式与合作领域，在坚持能源地缘战略合作的前提下，加快推进市场主导的合作模式，通过持股、并购、购买区块、合资建厂等方式深化双方在油气田勘探、技术服务、炼化、装备等全产业链的合作（杨洋等，2018）。

3）加强跨境交通基础设施合作，打造中俄跨境高铁通道。俄罗斯远东与贝加尔地区交通基础设施薄弱，加快俄罗斯远东与贝加尔地区交通基础设施建设，实现东北地区和俄罗斯远东与贝加尔地区交通基础设施的互联互通是促进东北地区和俄罗斯远东与贝加尔地区经济合作畅通的首要条件。《建设中蒙俄经济走廊规划纲要》中把"促进交通基础设施发展及互联互通"列为三国重点合作领域之首，并明确提出要"建设、发展国际陆路交通走廊""提升三方铁路和公路运输潜力"，高铁作为现代科技的产物，具有速度快、输送能力大、安全性高、舒适方便、耗能低、经济效益好、环境污染少等特点，高铁是打造中蒙俄经济走廊陆路国际大通道的战略突破口，不仅能够极大地促进三国间交流与合作，更能重塑沿线区域的经济空间、城市空间、旅游空间格局，推动沿线区域快速发展（董锁成等，2018）。因此，建设中俄跨境高铁通道是连接东北地区与俄罗斯远东和贝加尔地区的关键举措。

目前，中国国家发展和改革委员会规划了中蒙俄经济走廊东线和西线两条线路，东线走廊为东北地区—满洲里—俄罗斯—蒙古国，西线走廊为京津冀地区—呼和浩特—蒙古国—俄罗斯，因此东线走廊成为打造中俄跨境高铁通道的首选区域。根据中国《中长期铁路网规划》规划构筑"八横八纵"的高铁主通道，其中规划建设绥芬河—牡丹江—哈尔滨—齐齐哈尔—海拉尔—满洲里的"绥海满通道"，目前哈大高铁、哈齐高铁已开通，未来中俄跨境高铁通道建设仅需打通满洲里—外贝加尔边疆区—布里亚特共和国—伊尔库茨克州的高铁通道。从人口分布方面，赤塔市、乌兰乌德市、伊尔库茨克市分别是外贝加尔边疆区、布里亚特共和国、伊尔库茨克州人口规模最大、人口密度最高的城市，人口规模分别为 33.99 万人、42.67 万人、62.01 万人，集中了外贝加尔边疆区 31.26%、布里亚特共和国 43.6%、伊尔库茨克州 25.6%的人口，人口密度分别达到 636.6 人/km²、1131.4 人/km²、2252 人/km²，人口规模和人口密度远高于其他地区。另外，上述三市分别是外贝加尔边疆区、布里亚特共和国、伊尔库茨克州的首府城市，是上述俄联邦主体的政治、经济、教育、科技、旅游等中心，同时也是铁路基础设施最好的地区。因此，赤塔、乌兰乌德、伊尔库茨克市等是中蒙俄高铁东线的重要节点城市，在上述城市布局高铁能够较大地降低经济和社会因子对高铁建设的影响。结合中国境内已建、在建、拟建的高铁线路，中俄跨境高铁布局建议方案为：大连—沈阳—长春—哈尔滨—齐齐哈尔—海拉尔—满洲里—赤塔—乌兰乌德—伊尔库茨克。

4）加强农业合作。中国东北与俄罗斯远东的农业合作是中俄两国经贸合作的重要组成部分，两国政府高度重视，农产品种植、加工和运输等行业是该领域的重点合作方向。2015 年首届东方经济论坛期间，俄罗斯远东发展部与中国相关企业签署成立农工产业发展基金；2016 年，该基金已同相关企业签署合作协议，在符拉迪沃斯托克（海参崴）市建设猪肉加工企业和大豆、小麦深加工企业。2016 年 3 月，在博鳌亚洲论坛上两国继续加强在俄远东地区农业合作。2018 年 9 月东方经济论坛期间，我国商务部和俄罗斯远东发展部签署《中俄在俄罗斯远东地区合作发展规划（2018—2024 年）》，农业合作是重点合作领域之一。目前，中俄已建立中俄（滨海边疆区）现代农业产业合作区，吉林省已在俄罗斯投资开发了 5 个农场，黑龙江省农垦总局在犹太自治州已种植 105 万亩[①]耕地（彭亚俊，2017）。此外，黑龙江省东宁市正在建设俄罗斯进口粮食

---

① 1 亩 ≈ 666.7m²。

仓储、加工园区等项目，建成后将可存储和加工俄罗斯进口粮食 30 万 t。哈巴罗夫斯克边疆区计划与中方合作成立合资企业，种植番茄、玉米、大豆、马铃薯、麦类等农作物。

东北地区应充分把握政策契机，进一步加强与远东农业种植业、深加工合作，推动以北大荒集团、中粮集团有限公司等大型企业为主，个体、私企为辅的投资主体，进入远东开展农业生产、加工，组建中俄合作公司，建立农业高科技加工园区，延长农产品种植加工产业链，建立现代化、国际化的农业和食品工业体系。通过持续推动中俄农业合作，建立国外粮食储备基地。

5）推动劳务合作。俄罗斯远东和贝加尔地区人口稀少且人口流失严重，劳动力资源缺乏，有大量闲置的优质黑土地。为了促进人口和资源向远东地区流动，推动这一地区的社会经济发展，俄罗斯总统普京在 2016 年 5 月 1 日签订了《"远东一公顷"土地法》，根据相关法律，每一位俄罗斯公民都有权无偿在远东获得 $1hm^2$ 土地用于自主开发经营。中国东北地区劳动力储备丰富，有大量的农业专业技术工人和善于耕种的农民，与俄罗斯远东地区的农业劳动力缺乏恰好互补，因此推动东北地区和远东地区的劳务合作对促进远东地区的农业发展具有重要作用。

与此同时，中俄农业合作的大好前景为东北地区劳务输出、中俄劳务合作提供了契机，带动了东北地区对俄劳务输出。据统计，黑龙江省每年对俄劳务输出 1.8 万人次，人均收入 3 万元以上，年劳务收入达 6 亿元，仅东宁市每年对俄输出劳务就达 1 万余人。随着中俄农业种植、加工等合作的不断深化，未来需要组织更多优质的农业技术工奔赴远东地区，不仅拓宽了农民脱贫和增收的途径，同时也弥补了远东劳动力匮乏的不足，促进地方经济发展。

（4）合作战略对策

1）增强政治互信，充分认识中俄合作的战略意义。进入 21 世纪以来，亚太地区经济迅速发展，世界经济发展重心开始向亚太地区转移，东北和远东地区在亚太地区，尤其是东北亚地区的战略地位逐渐凸显，中俄政府高度重视该区域的发展。然而，由于中俄历史上曾存在的领土争端，部分俄罗斯人士对中国参与远东开发仍心存顾虑。此外，部分人士担心俄罗斯成为中国的原材料附属地。对此，俄罗斯应摒弃偏见，增强政治互信，充分认识中俄合作的战略性，认识到东北和远东的关键战略地位，以优势互补、合作共赢的态度，促进东北和远东地区的共同发展。

2）签署政府间产能和投资合作协议，建设中俄产能合作示范园区。签署政府间产能和投资合作协议，深化两国在矿产开发及加工、制造业、交通运输、能源、农产品加工等领域的产能与投资合作，优先在远东地区建设产能合作园区，促进优势产能合作。

3）加快中俄自贸区、跨境合作区建设，实施两国免签政策，促进东北和俄罗斯远东与贝加尔地区经济一体化。加强东北振兴和俄罗斯远东与贝加尔地区开发战略、中蒙俄经济走廊建设与俄罗斯"欧亚经济联盟"的深入对接，大力推动中俄自贸区、中俄跨境经济合作区建设，推动贸易便利化和重大项目合作；加强产能合作，促进战略性资源互通有无；加强教育、人才、科技资源交流与合作，实施中俄两国间免签政策，促进人口流动，增强区域活力，提高中俄经济一体化程度（董锁成等，2018）。

4）建立国家层面的投资合作推进和保障机制，扩大共识，降低合作风险。中国国家相关部门应加强与俄方会商，积极与俄罗斯签订区域性投资准入与保护协定、境外经贸合作区建设协定，从法律角度增强中国投资保障，降低项目建设的风险。通过签订政府间投资合作协议的方式，达成区域内普遍认可的争端解决机制，扩大中俄利益汇合点，为中国企业对俄投资保驾护航。

5）加强对俄研究及人才培养，做到科学投资、有效投资、安全投资和共赢投资。加强对俄研究投入，培养对俄研究专业人才，组建对俄研究专门机构，加强对俄科研机构与投资主体的密切合作。针对在俄具体投资区域的经济基础、社会环境、法律政策环境、文化风俗、投资需求等进行针对性深入研究，为中资企业提供长期决策咨询，做到科学投资、有效投资、安全投资和共赢投资。

6）增强中俄文化交流，促进中俄"民心相通"。积极寻求建立中俄文化交流机制，推动民间文化、艺术团体的广泛交流，布局孔子学院等海外中国文化传扬、培训机构，加强中国对俄文化产品输出，注重与当地文化整合，在体现中国特色的同时适应俄罗斯国情，促进中俄文化互信，协助投资企业处理好与当地民众、企业、工会的关系，减少文化的冲突，实现中俄"民心相通"，提升俄民众对中资项目的接受度和欢迎度，消除因误解、文化障碍等造成的各类风险。

9.2.3 俄罗斯环贝加尔湖地区低碳旅游合作对策

俄罗斯环贝加尔湖地区地处东西伯利亚南部，涉及伊尔库茨克州、布里亚特共和国。第二座欧亚大陆桥穿过该区连通中国、俄罗斯及欧洲各国。该区旅游资源丰富多样，具有鲜明的地域特色，但这一地区的旅游资源开发利用程度较低，旅游基础设施建设速度缓慢，管理方式落后，具有较强与我国合作开发的意愿。加强与俄罗斯环贝加尔湖地区开展旅游跨境合作，实施生态保护、联合开发战略，输出资金、技术和服务设施，建立中俄国际低碳大旅游综合体，在推进我国"一带一路"倡议及中蒙俄经济走廊建设中具有重要的战略示范和推动意义。

（1）环贝加尔湖地区合作概况

1）旅游资源丰富、特色突出，旅游业发展迅速，面临资金短缺、基础设施不完善、管理方式落后、生态环境污染加剧等问题。

贝加尔湖是世界上最深、储水量最大的淡水湖泊，沿湖的旅游资源丰富，具有鲜明的地域特色。目前沿湖开发了贝加尔湖民族公园、贝加尔-勒拿自然保护区、维季姆保护区等旅游区，开展了登山、漂流、狩猎、捕鱼等10余种旅游项目，修建了贝加尔湖博物馆、海洋生物博物馆、建筑艺术博物馆及各种教堂等观光景点。

2010年俄联邦政府批准投资3360亿卢布建立的7个旅游休闲经济特区，其中伊尔库茨克州和布里亚特共和国各设立一个贝加尔湖沿岸旅游休闲经济区。环贝加尔湖地区的旅游服务产业占到GDP的比例为45.9%。2019年贝加尔湖沿岸国家公园接待游客为16.77万人次，较2018年增加17%，其中中国游客约5.9万人次，占比达到35%。但是环贝加尔湖地区旅游规划起步较晚，旅游资源的开发利用率不高，旅游基础设施建设的速度较慢，资金短缺，管理方式落后，旅游业的整体发展相对滞后于俄罗斯的欧洲地区。

2）中俄开展跨境旅游合作基础良好，开发意愿强烈，两国政府高度重视，具有广阔的合作前景。

中俄开展跨境旅游合作具有良好的基础。中俄边境线长达数千米，接壤省区有黑龙江、吉林、内蒙古和新疆，对于开展边境旅游来说具有十分优越的地缘条件及便利的交通条件。多年来，中俄两国一直是彼此出国旅游的主要目的国之一。

中俄双方开展跨境旅游合作开发意愿强烈。2005年8月实行中国游客赴俄罗斯部分地区免签后，两国间的旅游合作范围迅速由边境地区扩大到俄罗斯全境。目前，俄罗斯与我国的旅游合作已遍及华北、东北、华东、中南、西南、西北和港澳台七个旅游区。2012年，中俄两国继互办"国家年"和"语言年"之后，举办了"中俄旅游年"，中国各地举办各类活动121项，并与俄罗斯对开旅游专列；俄罗斯同期举办活动超过120项，其中包括促进中医药在俄罗斯的使用等。2023年，中俄互免团体旅游签证业务全面恢复后，极大了方便了两国人民往来，促进了边境旅游的快速发展。

（2）旅游合作战略意义

1）加强与俄罗斯环贝加尔湖地区开展旅游合作，建设中俄国际低碳大旅游综合体，是推进"一带一路"战略实施及中蒙俄经济走廊建设的重要抓手和重点工程。

环贝加尔湖地区是陆上丝绸之路经济带和"中俄蒙经济走廊"的战略大通道上的重要节点和旅游资源富集区域，在中俄跨境合作中具有不可替代的战略地位。建设中俄国际低碳大旅游综合体，是中俄跨境合作的重要抓手和重点工程，可以填补长期以来中俄之间跨境旅游合作的战略空白，推进"一带一路"倡议的实施及中蒙俄经济走廊的建设。

2）以建设中俄国家低碳大旅游综合体为先行示范，对加深我国与"一带一路"沿线各国的国际旅游合作，具有重大的战略示范和推动意义。

"一带一路"是中国构建可持续发展的国际政治经济新秩序的重大战略构想，将惠及沿路65个核心国家及29个辐射国家。丝绸之路沿线的跨境合作战略以"大国是重点，边境是首要"为核心原则，中俄两国作为"一带一路"沿线上两大重要的经济体，应率先开展跨境合作，环贝加尔湖地区作为中俄毗邻地区，应率先共同建设中俄国际低碳大旅游综合体，并打造成为国际合作的先行示范典型，对加深我国与"一带一路"沿线各国的国际旅游合作，具有重大的战略示范和推动意义。

（3）合作重点领域

1）资金紧张是环贝加尔湖地区扰旅游业发展的最大问题。旅游资源的开发、服务设施的建设、通信设备的改造、景区的后期维护都需要资金的支持。俄方政府迫切希望利用外资来弥补旅游基础建设资金的不足，以使旅游产业得到合理的发展。

2）设施短缺是制约环贝加尔湖地区旅游业发展的重要因素。环贝加尔湖地区是自然旅游资源中兼具地文景观和水域风光的特色旅游区。目前已开发了温泉、狩猎、钓鱼、滑雪、徒步、探险、科学考察等多项旅游项目，但宾馆接待能力不足，特别是三星级酒店尤为紧缺。酒店入住价格较高，旅游活动的形式及内容娱乐性不强，旅游服务水平不高，是长期困扰旅游业发展的重要瓶颈之一。

3）技术、文化输出是环贝加尔湖地区旅游业发展的主攻方向。根据中俄双方多年的合作及共同发展双边旅游的设想，跨境合作不应仅满足于观光购物，应在此基础上积极探讨发展多种形式的疗养旅游、医疗旅游、狩猎漂流等，同时积极开展市场促销方面的交流与合作项目，如引进双方旅游工艺品生产技术、开展多方面的文化交流、吸引双方国民跨境就业等，在信息共享、旅游投资、市场营销与推广、技能发展与培训等方面进一步加强合作，为旅游业相互投资创造良好的条件。

（4）合作对策

1）输出资金、技术、设施，建设环贝加尔湖中俄国际低碳大旅游综合体，全面示范、带动"一带一路"国家旅游资源开发合作。

实施生态保护、联合开发战略，输出资金、技术和服务，选取贝加尔湖沿岸的伊尔库茨克州及布里亚特共和国，分别建立中俄低碳旅游示范区，分别实施农旅联合、文旅联合、商旅联合战略，增设季节性渔猎采集、中俄文化之旅、功能性健康疗养等主题项目，并以此为核心，扩大旅游基地，建立环贝加尔湖旅游大环线，形成空间上点、线、面相结合，功能上核心引领、带动辐射、联动合作相呼应的大旅游低碳综合体，将伊尔库茨克建设为中俄跨境旅游中转中心、旅游信息共享中心，树立跨境地区大开放、大开发、大发展新景象，在共同开发和创建中俄跨国旅游胜地，全面示范、带动"一带一路"国家旅游资源开发合作。

2）优化环贝加尔湖冰雪旅游竞合发展模式与机制，建设以索博利纳亚滑雪旅游区为核心，五大滑雪旅游区协同发展的环贝加尔湖国际绿色低碳冰雪旅游示范区。

以中蒙俄经济走廊旅游竞合发展模式框架为基础，创新环贝加尔湖冰雪旅游竞合发展模式，建立国际绿色低碳冰雪旅游示范区。充分发挥自然条件优势，以索博利纳亚滑雪旅游区为核心，与马迈滑雪旅游区联合打造贝加尔湖国际冰雪旅游度假区，提升国际冰雪旅游综合影响力；发挥伊斯特兰滑雪旅游区、比奇亚滑雪旅游区的区位优势，与区域省会城市联动发展，分别打造成为伊尔库茨克州和布里亚特共和国重要滑雪旅游目的地，带动贝加尔湖西岸、东岸的冰雪旅游发展；打造达万滑雪旅游区成为贝加尔湖北端特色自由滑雪旅游目的地，重点开展原始滑雪体验项目，拓展温泉康养特色项目，打造健康运动特色品牌。五大滑雪旅游区应建立冰雪旅游专线，开设冬季冰雪旅游专列及航班，打造环贝加尔湖冰雪旅游网络，分别发挥独特优势，打造极限滑雪拓展基地、儿童滑雪体验培训基地及原始自由滑雪基地，形成五大滑雪旅游区协同互促发展模式。

3）培育贝加尔湖低碳旅游国际品牌，合力提升国际旅游市场竞争力，依托主要节点城市，整合国际吸引力和影响力的跨境旅游线路。

依托贝加尔湖国际级旅游资源，研究培育贝加尔湖低碳旅游国际品牌，依托伊尔库茨克市、乌兰乌德、里斯特维扬卡小镇等主要节点城市，挖掘、整合和设计大众观光游、康养度假游、商务考察游、家庭自驾游、户外探险游等一批国际跨境旅游线路。简化三国旅游城市之间入境客签证通关流程，增加国际旅游者互免签证、落地签证，加强线路连通性和可达性，着力完善三方边境城市旅游休闲度假功能，提高旅游产品多样性和特色性。

4）推进贝加尔旅游特区经济一体化，跨境高铁搭建旅游交通网络，完善综合安全保障机制和游客救助机制。

以伊尔库茨克市、乌兰乌德、里斯特维扬卡小镇等节点城市为中心，以交通干线为轴线，以线连点，高铁突破，空中快运，特色水运，重点建设互联互通基础设施和旅游服务设施，开通中蒙俄跨境高铁线路，打通贝加尔湖周边城市交通障碍。推进中蒙俄跨境、跨区域旅游综合安全保障机制建设，建立突发事件应急响应与紧急救援平台，确保游客人身和财产安全的措施。

参 考 文 献

曹乐蒙 . 2019. 蒙古国外资企业投资环境研究 . 哈尔滨：哈尔滨工业大学硕士学位论文 .

陈佳贵，黄群慧，钟宏武 . 2006. 中国地区工业化进程的综合评价和特征分析 . 经济研究，(6)：4-15.

陈静波，马汉生 . 1988. 林业生态经济区划的指标及原则 . 林业经济，(1)：57-58.

董锁成，李泽红，李富佳 . 2018. "一带一路"绿色发展模式与对策 . 公关世界，(11)：86-89.

董欣 . 2014. 新形势下俄罗斯投资环境评估 . 北方经济，1：3-4，13.

傅伯杰，刘国华，陈利项，等 . 2001. 中国生态区划方案 . 生态学报，21 (1)：1-6.

高群，毛汉英 . 2003. 基于 GIS 的三峡库区云阳县生态经济区划 . 生态学报，23 (1)：74-81.

龚江丽，谢正观 . 2011. 鄱阳湖生态经济区生态经济区划研究 . 中国人口·资源与环境，21 (S2)：
    87-91.

贾百俊，刘科伟，王旭红，等 . 2011. 工业化进程量化划分标准与方法 . 西北大学学报（哲学社会科
    学版），41 (5)：59-64.

李斌 . 2009. 四川省生态经济区划与发展模式研究 . 北京：中国科学院大学博士学位论文 .

李乃康，樊宏，任茜 . 2007. 都江堰市生态经济区划研究 . 资源与产业，(1)：85-88.

刘佳骏 . 2012. 北方沿海地区生态经济区划研究 . 北京：中国科学院大学博士学位论文 .

刘书楷 . 1988. 长江流域农业生态经济区划的初步探讨 . 中国农村经济，(7)：29-36.

刘薇 . 2021. 北京市生态经济要素的地域分异规律研究 . 中国国土资源经济，34 (4)：56-62，77.

马凯 . 2005. "十一五"规划战略研究 . 北京：北京科学技术出版社 .

马世骏，王如松 . 1984. 社会-经济-自然符合生态系统 . 生态学报，4 (1)：3-11.

孟令尧 . 1994. 城市生态经济区划：以承德市为例 . 地理学与国土研究，10 (1)：36-41.

娜琳 . 2019. "一带一路"与"发展之路"对接框架下内蒙古对蒙古国投资贸易评估与建议 . 北方经
    济，(12)：40-44.

彭亚俊 . 2017. 中国东北地区和俄罗斯远东地区农业合作问题研究 . 哈尔滨：东北农业大学硕士学位论文 .

戚本超，警体华，等 . 2008. 中国区域经济发展报告（2007~2008）. 北京：社会科学文献出版社 .

生态学研究中心生态区划组 . 1983. 生态经济区划原则（讨论稿）. 生态学报，3 (2)：102.

石惠春，王科明，周伟，等 . 2009. 生态经济区划与方法研究 . 安徽农业科学，37 (36)：
    18120-18121.

时正新，王干梅，姜学民，等 . 1986. 生态经济类型区及其特征 . 贵州社会科学，(11)：29-33.

汪晓波，成芳 . 2017. "一带一路"背景下中国东北与俄远东地区农业合作 . 西伯利亚研究，44 (3)：
    25-30.

王兵银 . 2016. 东北老工业基地振兴与俄罗斯远东地区开发的耦合与互动 . 东北亚学刊，(3)：25-31.

王传胜，范振军，董锁成，等 . 2005. 生态经济区划研究：以西北 6 省为例 . 生态学报，25 (7)：
    1804-1810.

王松霈 . 2000. 生态经济学 . 西安：陕西人民教育出版社 .

吴玉萍，董锁成 . 2001. 环境经济学与生态经济学学科体系比较 . 生态经济，(9)：7-10.

许月卿 . 2007. 喀斯特山区生态经济区划及生态建设研究：以贵州省猫跳河流域为例 . 中国农业资源与

区划，28（6）：31-34.

杨学峰．2017．基于"一带一路"探析中国对俄罗斯的投资问题．对外经贸，9：43-45.

杨洋．2019．东北区域经济增长与环境污染的互动机理及绿色发展模式研究．北京：中国科学院大学博士学位论文．

杨洋，董锁成，李泽红．2018．中蒙俄经济走廊背景下中俄能源合作进展、驱动力、挑战及对策．资源科学，40（2）：237-249.

于江薇．2018．中蒙俄经济走廊带矿业合作选区分析．北京：中国地质科学院硕士学位论文．

张鸿翔．2009．中国周边国家金属矿产资源调查与合作潜力分析．地球科学进展，24（10）：1159-1172.

张青峰，吴发启．2009．黄土高原生态经济分区的研究．中国生态农业学报，17（5）：1023-1028.

张秀杰．2020．蒙古国经济可持续发展动因分析．商业经济，（9）：6-9.

周庆芳．2014．浅析俄罗斯投资环境．北方经济，3：2-3.

Dong S C, Li Y, Li Z, et al. 2018. Ecological environment risks and green development modes of China-Mongolia-Russia economic corridor. IOP Conf. Series：Earth and Environmental Science, 190（1）：012053.

Zhang Q F, Wu F Q, Wang L, et al. 2011. Application of PCA integrated with CA and GIS in eco-economic regionalization of Chinese Loess Plateau. Ecological Economics, 70（6）：1051-1056.

索　引